中国海洋法理论研究（第二版）

金永明 著

上海社会科学院出版社

图书在版编目(CIP)数据

中国海洋法理论研究 / 金永明著 .—2 版 .— 上海：上海社会科学院出版社，2023
ISBN 978-7-5520-4170-5

Ⅰ.①中… Ⅱ.①金… Ⅲ.①海洋法—法的理论—研究—中国　Ⅳ.①D993.5

中国国家版本馆 CIP 数据核字(2023)第 119974 号

中国海洋法理论研究(第二版)

著　　者	金永明
责任编辑	杜颖颖　赵秋蕙
封面设计	黄婧昉
出版发行	上海社会科学院出版社
	上海顺昌路 622 号　邮编 200025
	电话总机 021-63315947　销售热线 021-53063735
	http://www.sassp.cn　E-mail:sassp@sassp.cn
排　　版	南京展望文化发展有限公司
印　　刷	上海颛辉印刷厂有限公司
开　　本	710 毫米×1010 毫米　1/16
印　　张	32.25
插　　页	4
字　　数	576 千
版　　次	2023 年 9 月第 2 版　2023 年 9 月第 1 次印刷

ISBN 978-7-5520-4170-5/D·691　　　　　　　定价：158.00 元

版权所有　翻印必究

序　言

21世纪的中国梦,是中华民族陆海并进的复兴强国之梦。逐步摆脱几千年来局限于黄土地的陈旧观念,中国人终于清醒地意识到,不仅要在连绵起伏的陆地,而且也要在辽阔奔腾的海洋,从大国走向强国,从而以一个现代化的陆海强国的雄姿屹立于世界的东方。

圆中国人的陆海强国之梦,需历经无数代人的卓绝奋斗,营造各种必备条件。一般认为,其中关键的四条为:海洋经济发达、海洋科技先进、海洋生态优良、海防能力强大。而要做到这四点的保障措施则是完善国家的海洋法制体系,海洋法学研究人才和成果不断涌现,并且有效管控周边及全球的海洋争端。金永明行将付梓的书稿《中国海洋法理论研究》,就是一位中国海洋法学人,为中国实现陆海强国的壮丽梦想,所呈献的一颗赤子之心。

金永明曾游学东瀛多年,日文娴熟,并取得了该国的法学学士和硕士学位。回归后一直坚持在上海社会科学院法学研究所的工作岗位上。他在2002—2005年完成了华东政法大学国际法专业博士学位的攻读。他的法学博士学位论文的选题即是国际海底区域的制度架构问题。此后,在钻研海洋法理论和实务的征途中,他一发不可停步,在短短的六七年间,以令受众赞叹的眼光、勇气和毅力,在报纸、杂志等诸种媒体上,发表了数量颇多且又有见地的文章,还出版了若干本专著和论文集。目前,他已成为上海市范围内无可争议的在海洋法领域有话语权的年轻专家和新一代学科带头人。

以《中国海洋法理论研究》书稿正文后所附的"论文索引"为例,金永明海洋法研究成果的特色可概述为以下方面:第一,面广量大。研究成果几乎涉及1982年《联合国海洋法公约》适用的各种海域和问题。

该"论文索引"罗列了 18 个标题下的论文,其中不少标题下的论文远不止一篇。第二,规格甚高。许多论文发表在中国各类法学核心刊物上,如《中国法学》等;有的则刊登在境外杂志上,如日本的《广岛法学》等。第三,注重理论性的基础研究。研究成果涵盖了对专属经济区与大陆架制度、国际海洋法法庭与国际法院、岛屿与岩礁法律要件异同等问题的比较研究。第四,与国家海洋维权实务紧密联系。如多篇论文针对中日钓鱼岛争端,有的论文则对南海断续线、中美专属经济区军事活动权利义务争议等,作了细致深入的探析。第五,受到学界重视,影响得以辐射扩散。据初步统计,在作为学术影响力标杆之一的人大复印资料上,金永明的海洋法论文在 2006 年、2007 年、2011 年和 2012 年,被全文转载达 7 次以上。

在金永明已撷取的海洋法研究的丰硕成果中,还可以观察到他真诚为国分忧的气度和胸襟。他以敏锐的视角和扎实的探究为前提,在本书稿的"前言"中,提出了中国确保海洋权益的三点独到的建议:一是从速制定国家海洋战略;二是尽早颁布施行国家海洋基本法;三是建立和健全中国的海洋管理体制和机制。这些建议对国家而言有非常迫切和实际的意义,且完全符合党的十八大的精神和 2013 年春季十二届人大通过的"国务院机构改革方案"等文件的规范。党的十八大和十二届人大文件的主旨正在得到贯彻落实。例如,国务院已就重组新的国家海洋局,并使之成为国家海洋委员会的执行机构作出部署。"长风破浪会有时,直挂云帆济沧海。"可以期待和瞻望,借着这股强劲之风,金永明号海洋研究的航船,将会持续地加足马力,劈浪前行,向着灿烂的前景,建树闪光的功业。

周洪钧

华东政法大学国际法学院教授、博士生导师

2013 年 3 月 18 日于华政园

前　言

由于诸多的主客观原因,包括长期以来我国海洋意识淡薄、海洋技术和海洋装备落后、海洋地理环境相对不利等原因,我国积累了较多的海洋问题,并随着国际社会开发利用海洋及其资源的需求及力度加大,尤其是《联合国海洋法公约》的生效和实施,海洋问题争议日益突出。而我国对外开放的深入和发展,基本具备了经略海洋的经济基础和科技条件。所以,我国开发利用海洋及其资源的力度和频度进一步提升,需要保护的海洋利益增加,相应地海洋问题冲突或纠纷也增加,同时,我国海上力量的发展和布局,国际社会存在一些误解和误判,致使解决海洋问题的难度增加。而为建设"海洋强国",维护海洋权益,确保我国的生存利益和发展利益,东海问题和南海问题特别紧要。对这些突出海洋问题的处理和解决,尤其关联海洋法的重大理论和制度,也关系我国海洋法制的完善。

一、中国面临的突出海洋问题概要

从海域及海洋权益看,我国面临的最突出的海洋问题为东海问题和南海问题。

(一) 东海问题

迄今,国际社会对于东海问题仍无明确的界定。即使在中日外交部门于2008年6月18日公布的《中日关于东海问题的原则共识》(简称《原则共识》)中也没有明确其内涵。一般认为,东海问题包括岛屿归属争议、海域划界争议、资源开发争议和海上执法争议。其核心是中日关于钓鱼岛及其附属岛屿的主权归属争议。

为解决东海问题争议，经过两国间的多次磋商和谈判，中日外交部门达成了《原则共识》，目的是在东海尽快地实施共同开发和合作开发制度，以实现资源共享目标。但由于两国对其的理解和认识不一，又由于无法消除划界原则的分歧和对立，从而《原则共识》搁置了东海海域划界争议。此外，《原则共识》的重大缺陷为，未能在钓鱼岛问题上作出安排，这是日本长期以来否认在钓鱼岛问题上存在争议、否认"搁置争议"共识的存在，致使钓鱼岛问题长期无法得到合理解决的关键原因。近期，日本政府"国有化"钓鱼岛及其部分附属岛屿，试图显示对其的"管理"或"管辖"的行为或措施，以及美国偏袒日本的言行和表态，增加了中日解决钓鱼岛问题的难度。

（二）南海问题

南海问题主要包括南沙岛礁领土争议及海域划界争议。其显现及升级，有多种原因。既有历史原因，也有经济社会发展和国际、区域制度的实施及其缺陷所致，又涉及域外大国关注的所谓航行自由及安全方面的"利益"，所以，南海问题十分复杂，解决也相当困难。一般认为，南海问题的核心是，应确定中国南海断续线（或U形线）的性质及线内水域的法律地位。从中国南海断续线出台及成形的背景和意图看，中国政府公布南海断续线的主要目的为宣示中国在南海的主权。

国际社会针对南海断续线的性质问题，主要存在四种学说：历史性水域说、历史性权利说、海上疆域线说、岛屿归属线说。它们的共同之处是，中国对南海断续线内的所有岛、礁、沙、滩等拥有主权，对南海诸岛附近海域也拥有主权；不同之处在于，对南海断续线内水域的法律地位存在差异。但这些学说在证明中国于断续线内水域有效行使或持续地行使过排他性的权利方面，存在缺陷。所以，笔者认为，中国南海断续线的性质应为岛屿归属及资源管辖线。这种断续线的性质具体反映到线内水域的法律地位，就是线内水域具有两种类型，并因来源不同而具有不同的性质，且它们并不矛盾，可平行存在。第一类为海洋法制度下的水域；第二类为基于历史性权利下的特殊水域。这两类水域的法律地位完全符合《联合国海洋法公约》的制度性规范和中国的国内法规定。

二、中国解决突出海洋问题的基本思路

海洋问题事关中国的主权、领土完整，关系中国核心利益的维护和确保，也

关系我国和平发展进程及祖国统一大业,所以必须合理有效地处理和解决。

(一) 解决东海问题的基本思路

首先,应让日本承认在钓鱼岛问题上存在争议。所谓的国家间争端或争议,从常设国际法院审理马弗罗提斯和耶路撒冷工程特许案的判决(1924年8月30日)内容可以看出,其是指两者之间在法律或事实上的某一方面存在分歧,或者在法律观点或利益上发生冲突的状况。据此判决内容,对照中日针对钓鱼岛问题的立场、态度及事实,钓鱼岛问题在中日之间是存在争议的,日本无法否认。为此,日本政府应尊重事实,与中国政府展开平等谈判,以求合理解决。其次,确认存在"搁置争议"的共识及其效果。尽管"搁置争议"内容并未在《中日联合声明》《中日和平友好条约》等文件中出现,但中日换文后两天于1978年10月25日邓小平副总理在日本记者俱乐部针对钓鱼岛问题的回答内容,表明两国政府在实现中日邦交正常化、中日和平友好条约的谈判过程中,存在约定不涉及钓鱼岛问题的事实;同时,日本政府不作出否定或反对的表态,可以认为是默认。其具有补充条约内容原则性、抽象性的缺陷,具有解释性的作用和效果。此后,日本政府也是以此方针处理钓鱼岛问题的,包括"不登岛、不调查及不开发、不处罚"。换言之,"搁置争议"为缓和钓鱼岛问题有一定的效果及作用。再次,应让日本停止对钓鱼岛周边海域实施的非法"警备体制"。中国于2012年9月10日公布了钓鱼岛及其附属岛屿的领海基线,也将领海基线和海图副本交联合国秘书长备案等,初步完善了钓鱼岛周边海域的领海制度,并实施了常态化的巡航制度,但为依法管辖日方的非法损害或有害行为,包括驱赶渔船、登岛调查、跟踪等,我国有必要完善相关海洋法制,尤应制定管辖海域巡航执法管理处罚条例、领海内外国船舶无害通过和有害通过的制度规范等。最后,应加强两岸海洋问题合作进程,以共同保卫包括钓鱼岛在内的中国领土。

(二) 解决南海问题的基本思路

为延缓南海问题争议升级,重要的是应遵守区域相关制度,包括《南海各方行为宣言》、落实《南海各方行为宣言》指导方针,关键是推进海洋低敏感领域合作进程。我国应对南海问题争议的基本思路,可分为以下三个步骤。首先,中国应与东盟国家实施低敏感领域的合作,包括海洋环保、海洋科研、海上航行和交通安全、搜寻与救助、打击海盗等,这是符合《南海各方行为宣言》和《联合国海洋法公约》规范的制度性要求的。其次,待低敏感领域的合作深化,互信增强后,应尽快制定具有法律拘束力诸如南海各方行为准则那样的文件。最后,中国应力图最终解决南海问题争议,抑或实施自主开发、合作开发和共同开发联动的政策及制度。

三、中国确保海洋权益的法制完善建议

为实现我国由区域性海洋大国向世界性海洋大国的成功转型,实现建设"海洋强国"目标,我国必须合理地处理和解决诸如南海问题和东海问题那样的重要海洋问题,为此,我国应以当前海洋问题突发为契机,重点加强国内法制建设,目的是完善海洋体制机制。而实现此目标的有效途径为,制定国家海洋发展战略和海洋基本法。这是国际社会合理有效应对海洋问题的基本选择,也是多数国家普遍而成功的实践经验。对此,中国也不例外。

中国海洋发展战略的内容,主要包括以下方面。首先,应明确国家核心利益,制定包括国家海洋发展在内的战略。对于我国来说,核心目标是建设"海洋强国"。其次,完善国家海洋发展战略实施的海洋政策,包括强化海洋理念与意识,加强海洋事务协调,提高海洋及其资源开发、控制和综合管理能力,弘扬海洋传统文化,不断开拓创新海洋科技,拓展对外交流和合作,推动我国海洋事业不断取得新成就。再次,制定海洋基本法,以保障海洋发展战略和海洋政策的推进落实,重点为完善我国的海洋体制与机制,包括设立国家海洋委员会那样的组织机构。最后,制订实施海洋基本法的海洋基本计划,以补正或充实我国海洋事业发展过程中的薄弱环节。

我国制定海洋基本法的内容,主要为:宣布国家海洋政策,包括"搁置争议、共同开发",构筑和谐海洋理念,并对外作出宣介;设置管理海洋事务的国家机构,以统一高效地协调管理国家海洋事务;公布国家发展海洋事业的重要领域。具体包括:推进海洋资源的开发利用;加强对海洋环境的监测和保护;推进专属经济区和大陆架等资源的开发活动;确保海上运输安全;确保海洋安全;强化海洋调查工作;研发海洋科学技术;振兴海洋产业和加强国际竞争力;强化对沿岸海域的综合管理;拓展海洋新空间、新资源的开发与利用活动;保护岛屿及其生态;加强国际协调和促进国际合作;增进国民对海洋的理解和认识,提升国民海洋意识,培育海洋人才;等等。

我国制定海洋基本法的原则,应遵循包括《联合国海洋法公约》在内的国际法的原则和制度,具体的原则为:协调海洋的开发、利用和保护海洋环境的原则;

确保海洋安全原则;提升海洋教育规模和布局原则,增进对海洋的科学认识和理解;促进海洋产业健康有序发展原则;综合协调管理海洋事务的原则;参与协调国际海洋事务原则;等等。

实际上,我国早在《中国海洋 21 世纪议程》(1996 年)中就提出了应制定诸如海洋基本法那样的法律要求或目标。全国人民代表大会外事委员会也于 2011 年 7 月举行了调研会和论证会,普遍认为,应尽快制定海洋基本法。现今仍没有启动的任何迹象,估计受到涉海部门利益制约。为此,在制定海洋基本法的过程中,必须打破涉海部分之间的利益诉求,要站在中华民族的高度进行协调和规划,包括在今后出台具体的海洋部门法或公布我国其他领海基线时,协调与台湾地区之间的关系,以求配合和达成共识或默契,并逐步改变我国应对海洋问题长期以来的被动、消极、缺乏全局观和整体观等的不利局面。

总之,我国将制定的海洋基本法的内容,是为了宣布我国针对海洋问题的政策性宣言。由于我国的海洋政策特别是发展海洋经济的政策,具有连续性和一贯性的特点,是对先前的海洋政策与立场的汇总与提炼,所以并未对其他国家造成不利的影响。同时,由于海洋基本法重点是政策性的宣言,对海洋的部门法和具体法规并未带来冲击和矛盾,相应地也未产生大幅度修改和协调的问题。换言之,可以很好地处理海洋基本法与现存其他部门法之间的关系,以维护现存法律体系的完整性,并为确保我国海洋权益提供保障。

第二版自序

2019年4月23日,国家主席、中央军委主席习近平在青岛集体会见应邀出席中国人民解放军海军成立70周年多国海军活动的外方代表团团长时,从海洋的本质及其地位和作用、构建21世纪海上丝绸之路的目标、中国参与海洋治理的作用和海军的贡献,以及国家间处理海洋争议的原则等视角,指出了合力构建海洋命运共同体的重要性,这为我国加快建设海洋强国、21世纪海上丝绸之路、完善全球海洋治理体系等提供了方向和指针,具有重要的时代价值和现实意义。

一、构建海洋命运共同体的必要性

习近平主席指出海洋对于人类社会生存和发展具有重要意义。这是从海洋的空间及资源的本质及特征作出的概括性总结,揭示了海洋的空间和资源对人类社会发展的依赖性和重要性。因为正如综合规范海洋事务的《联合国海洋法公约》在"序言"中规定的那样,各国意识到各海洋区域的种种问题都是彼此密切相关的,有必要作为一个整体加以考虑,以便利国际交通和促进海洋的和平用途、海洋资源的公平而有效地利用、海洋生物资源的养护以及研究,保护和保全海洋环境。所以,对海洋应采用综合管理和合作的方式加以维护,以消除海洋危害及损害,使海洋为人类持续服务。

随着海洋科技及装备的发达和各国依赖海洋资源程度的加剧,各国在开发和使用海洋时,因存在不同的利益主张和权利依据,所以在有限的海域范围内无法消除各国之间存在的争议问题。对于这些争议问题,应采用优先使用政治或外交方法予以沟通和协调,以取得妥协和平衡,消除因海洋争议带来的危害。为此,中国提出了共建21世纪海上丝绸之路倡议,目的是促进海上互联互通和各领域务实合作,推动蓝色经济发展、推动海洋文化交融,共同增进海洋福祉。这是我国针对海洋的本质和冲突,消除海洋争议危害各国关系的中国方案和中国智慧。同时,希望通过对区域性的海上丝绸之路经验的总结和推广,使其适用于其他海洋空间,实现和谐海洋之目标。

由于多种原因包括历史因素和现实需求、发展程度不一,这种理想性的合作愿望并不会那么顺利地推进,难免会出现一些海洋困境和危机。对此,中国的倡议是坚持平等协商,完善危机沟通机制,加强区域安全合作,推动涉海分歧妥善解决。经过多方努力,中国运用这些措施尤其是在东海和南海问题的处置上取得了阶段性和稳定性的成效,产生了较好的效果,所以,中国仍会继续采取这种模式延缓和处理面临的海洋争议问题。

当然,在具体实施上述危机管控机制包括与相关国家进行协商谈判时,重要而基础性的依据是国际法包括《联合国海洋法公约》所蕴含的原则和制度。《联合国海洋法公约》"序言"指出,各国认识到在妥为顾及所有国家主权的情形下为海洋建立一种法律秩序;各国确认本公约未予规定的事项,应继续以一般国际法的规则和原则为准据。这为我们协商处理海洋权利主张、海洋权利冲突等提供了解决思路;同时,在利用和用尽和平方法后无法解决争议,且对我国的海洋领土主权及海洋权益带来持续的危害或损害时,不排除采用军事行动解决的可能性,所以,适度发展与我国国情相适应的海上力量也十分必要,以捍卫我国的海洋权益,并为确保海洋安全提供保障。

二、构建海洋命运共同体的基本定位

习近平主席在青岛会见出席海军成立70周年多国海军活动外方代表团团长时,所提出的合力构建海洋命运共同体的倡议经历了一个发展阶段并确立了其应然的地位。

第一,它是对"和谐海洋"理念的继承和拓展。众所周知,我国在2009年中国人民解放军海军成立60周年之际,根据国际国内形势发展需要,提出了构建"和谐海洋"的倡议,以共同维护海洋持久和平与安全。构建"和谐海洋"理念的提出,也是我国国家主席胡锦涛于2005年9月15日在联合国成立60周年首脑会议上提出构建"和谐世界"理念以来在海洋领域的具体化,体现了国际社会对海洋问题的新认识、新要求,标志着我国对国际法尤其是海洋法发展的新贡献,所以,"海洋命运共同体"是对"和谐海洋"的继承和发展。

第二,它是对"人类命运共同体"理念的细化和深化。一般认为,人类命运共同体理念的提出发轫于2013年10月24—25日在北京举行的中国周边外交工作座谈会上。国家主席习近平指出,要让命运共同体意识在周边国家落地生根。人类命运共同体理念的成形源于在联合国大会上的表述。例如,国家主席习近平于2015年9月28日在第70届联合国大会一般性辩论时指出,我们要继承和弘扬《联合国宪章》的宗旨和原则,构建以合作共赢为核心的新型国际关系,打造人类命运共同体。人类命运共同体理念的深化,体现在国家主席习近平于2017年1月18日在联合国日内瓦总部的演讲,表现在五个方面(政治、安全、经济、文化和生态),构成人类命运共同体基本体系。这些内容已在中国的《宪法》和《中国共产党章程》中得到固化,成为指导中国特色社会主义建设的重要方针和行动指南。所以,海洋命运共同体是对人类命运共同体理念在海洋领域的细化和目标的精炼,在构建海洋命运共同体的过程中人类命运共同体理念所蕴含的原则和精神也应遵守和维护。

三、构建海洋命运共同体的目标取向

如果把构建人类命运共同体理念所蕴含的原则和精神运用到海洋命运共同体建设上,则其基本内涵及目标体现为:在政治和安全上的目标是,不称霸及和平发展,即坚持总体国家安全观和新安全观(互信、互利、平等、协作),坚决维护国家主权、安全和发展利益;在经济上的目标是,运用新发展观(创新、协调、绿色、开放和共享)发展和壮大海洋经济,共享海洋空间和资源利益,实现合作发展共赢目标。其对外的具体路径是,通过构筑新型国际关系,运用"一带一路"倡议,尤其是21世纪海上丝绸之路建设进程,对内的具体路径为坚持陆海统筹,发展和壮大海洋经济;在文化上的目标是,通过弘扬中国特色社会主义核心价值观,建构开放包容互鉴的海洋文化;在生态上的目标是,通过保护海洋环境构建可持续发展的海洋生态环境,实现"和谐海洋"理念倡导的人海合一目标,进而实现绿色和可持续发展目标。换言之,上述目标和价值取向是实现人类命运共同体视阈下的海洋命运共同体倡议之愿景,即海洋命运共同体是实现和谐海洋理念和中国海洋强国战略的终极目标和最高愿景。

在此,特别需要指出的是,海洋命运共同体的法律属性,其主体为人类。这里的"人类"是指全人类,既包括今世的人类,也包括后世的人类,体现了海洋是公共产品及人类共同继承财产、遵循代际公平原则的本质性要求。而其行动的主体为国家、相关国际组织及其他非政府组织,其中国家是构建海洋命运共同体的主要及绝对的主体,起主导及核心的作用。在客体上,海洋命运共同体规范的是海洋的整体,既包括人类开发、利用海洋空间和资源的一切活动,也包括对赋存在海洋中的一切生物资源和非生物资源的保护,体现了有效合理使用海洋空间和资源的整体性要求。这是由海洋的本质属性(如关联性、流动性、承载力、净化性等)所决定的,以实现可持续利用和发展目标。在运作方式上,应坚持共商共建共享的原则以及符合国际法的基本原则,采取多维合作的方式予以推进,以实现共同发展、共同管理、共同获益、共同进步的目标。

四、结 语

在构建海洋命运共同体的过程中,应该在不断加深认识海洋对人类生存与发展具有特别重要意义的背景和现实人类对海洋治理的碎片化、单项性制度无法维系海洋的前提下,构筑综合性管理海洋的制度并努力实现依法治海的目标。这里依法治海的法律规范是指国际社会普遍承认的法律原则和制度,尤其应遵守《联合国海洋法公约》体系。对于《联合国海洋法公约》体系中存在的一些缺陷和不足,需要在理论和实践基础上加以补充和完善,而不是拒绝遵守和实施其规范的原则和制度,特别是对于其存在的不足及缺陷具有举证责任,所提的方案须具有建设性,所提的建议也应具有合理性、可接受性,这样才能使其发展成为普遍性的规范和制度,并被国际社会所遵守。

总之,海洋命运共同体的构建如人类命运共同体构建一样,需要分阶段、有步骤、层次性地进行,以实现阶段性的目标和任务,而不是拒绝参与和合作,这是我们对待和构建海洋命运共同体理念的基本立场和态度。

(原文《构建海洋命运共同体的现代价值与意义》,载《上观新闻》2019年5月10日)

目 录

序　言／1
前　言／1
第二版自序／1

第一部分　海洋法的若干理论与制度／1

论领海无害通过制度／3
　一、问题的提出／3
　二、领海内设立无害通过制度的目的及与其他制度之间的关系／4
　三、领海内无害通过的法律要件及其对军舰的限制／8
　四、美国军舰擅自进入中国西沙领海的违法性及中国应对策略／13

专属经济区与大陆架制度比较研究／17
　一、专属经济区与大陆架制度的成形及内容比较／17
　二、专属经济区与大陆架制度的法律地位及权利基础比较／23
　三、专属经济区与大陆架制度的权利内涵比较／25
　四、专属经济区与大陆架制度的关系及划界要素比较／27
　五、结语／30

专属经济区内军事活动问题与国家实践／31
　一、专属经济区法律地位阐释／31
　二、专属经济区内海洋科学研究与军事活动的关系／33
　三、国际社会对待军事活动问题的立场与法制／40
　四、我国应对专属经济区内军事活动的措施与具体对策／45
　五、结语／49

岛屿与岩礁的法律要件论析 / 50
　一、问题的提出 / 50
　二、海洋法岛屿制度的整体性与单独性 / 51
　三、岛屿与岩礁构成要件相关术语内涵剖析 / 53
　四、完善岛屿制度若干建议 / 60

国际海底制度评价 / 62
　一、国际海底区域的法律地位概述 / 62
　二、"人类共同继承财产"理论体系剖析 / 65
　三、国际海底区域制度的演进与发展阐释 / 71
　四、中国与国际海底区域制度 / 78

国际海洋法法庭与国际法院比较研究 / 82
　一、《联合国海洋法公约》争端解决机制概述 / 82
　二、法庭与国际法院的组织法比较 / 84
　三、法庭和国际法院的管辖权比较 / 88
　四、法庭和国际法院的程序比较 / 90
　五、法庭和国际法院的判决比较 / 94
　六、结语 / 96

论海洋法的发展与挑战 / 97
　一、联合国编纂海洋法的历程及成就 / 97
　二、《公约》的基本特征及其完善 / 100
　三、《公约》生效实施以来的发展与面临的挑战 / 102
　四、中国的实践与今后的任务 / 111

国家管辖范围外区域海洋生物多样性养护和可持续利用问题 / 113
　一、联合国审议海洋生物多样性养护和可持续利用问题的必要性 / 114
　二、国际社会提起及审议海洋生物多样性养护和可持续利用问题概要 / 116
　三、海洋生物多样性养护和可持续利用新执行协定内容及焦点 / 121
　四、海洋生物多样性养护和可持续利用新执行协定展望 / 130

| 第二部分 | 东海问题与海洋法 / 135 |

论东海问题与共同开发 / 137
 一、中日关于东海问题争议之由来与双方的主张 / 137
 二、中日东海问题争议之实质 / 139
 三、中日东海大陆架划界应考量的要素 / 141
 四、东海大陆架划界解决方法与实施共同开发意义 / 142
 五、日本海洋政策与措施及对我国的启示 / 144
 六、结语 / 149

论东海问题本质与解决思路 / 151
 一、东海问题内涵界定 / 152
 二、中日针对东海问题的若干分歧辨析 / 154
 三、解决东海问题的具体思路与对策建议 / 157
 四、结语 / 162

剖析《日本关于钓鱼岛等岛屿领有权的基本见解》的错误性 / 164
 一、《日本关于钓鱼岛等岛屿领有权的基本见解》内容 / 165
 二、论析《日本关于钓鱼岛等岛屿领有权的基本见解》的错误性 / 165
 三、针对《日本关于钓鱼岛等岛屿领有权的基本见解》的几点意见 / 174
 四、结语 / 176

日本外大陆架划界申请案内涵与中国的立场 / 177
 一、日本外大陆架划界申请案内涵概要 / 178
 二、日本调查大陆架的对策与措施及其特点 / 180
 三、日本外大陆架划界申请案问题与中国的立场 / 186

中国拥有钓鱼岛主权的国际法分析 / 189
 一、钓鱼岛列屿的地理及其问题的由来 / 189
 二、中国对钓鱼岛列屿拥有主权的依据 / 192
 三、批驳日本主张拥有钓鱼岛主权的论据 / 197
 四、国际条约确认钓鱼岛列屿应完全回归中国 / 201
 五、钓鱼岛列屿问题解决方法及展望 / 208

中国维护东海权益的国际法分析 / 211
　一、钓鱼岛问题难解的要因 / 212
　二、钓鱼岛主权的国际法分析 / 218
　三、中日针对东海问题的努力及效果 / 228
　四、钓鱼岛问题若干建议及中日关系展望 / 231
　五、结语 / 237

新时期东海海空安全机制研究 / 239
　一、研究的界定与问题的提出 / 239
　二、东海海空安全机制的创设及发展进程 / 240
　三、国际社会海空联络机制的实践及作用 / 243
　四、东海海空联络机制的效果及后续任务 / 248
　五、结语 / 256

第三部分　南海问题与海洋法 / 259

论南海问题法律争议与解决步骤 / 261
　一、南海问题的成因分析 / 261
　二、南海问题的法律争议与解决路径 / 264
　三、解决南海领土争议问题应采取的几个步骤 / 266
　四、中越海上问题共识与原则协议意义 / 268
　五、结语 / 270

南沙岛礁领土争议法律方法不适用性之实证研究 / 271
　一、坚持利用政治方法解决南沙岛礁领土争议问题之艰难性 / 271
　二、利用法律方法解决南沙岛礁领土争议问题之不适用性 / 275
　三、中国应对南沙岛礁领土争议问题的若干对策 / 282
　四、结语 / 286

南海问题的政策及国际法制度的演进 / 288
　一、南海问题的背景及其政策与国际法制度的显现(1992—2001年) / 288
　二、南海问题的政策及国际法制度的形成(2002—2012年) / 292

三、南海问题的政策及国际法制度的发展(2013年) / 298
四、结语 / 299

中美在专属经济区内军事活动争议的海洋法剖析 / 301
一、军事测量活动是否属于海洋科学研究 / 301
二、军事演习活动是和平行为还是挑衅行为 / 305
三、军事活动争议的解决思路与我国的对策 / 309
四、结语 / 311

中国南海断续线的性质及线内水域的法律地位 / 312
一、针对南海断续线含义的学说分析 / 312
二、中国南海断续线的形成过程 / 316
三、中国南海断续线的性质及线内水域的法律地位 / 321
四、解决南海问题争议的方法及中国的具体措施 / 326
五、结语 / 331

论南海仲裁案对海洋法的冲击 / 332
一、南海仲裁案损害海洋法的应有作用 / 332
二、南海仲裁案冲击了海洋法有关海洋争端解决体系的完整性 / 337
三、南海仲裁案无助于海洋秩序尤其是海洋法的稳定和发展 / 344
四、结语 / 348

南海航行自由与安全的海洋法分析 / 349
导言：南海航行自由的安全性 / 349
一、美国军舰擅入南海诸岛海域事例及中国的态度 / 350
二、美国军舰航行自由行动涉及的法律问题 / 354
三、《联合国海洋法公约》体系内涵及其适用 / 359
四、中国维系南海权益的若干措施及展望 / 368

"一带一路"倡议的本质与南海区域安全合作 / 371
一、"一带一路"倡议的世界意义与中国贡献 / 371
二、"一带一路"倡议之要义 / 376
三、海上丝路困境：南海安全问题 / 380
四、南海区域合作展望 / 384

第四部分　海洋法与中国的实践 / 387

新中国在海洋政策与法律上的成就和贡献 / 389
　一、新中国在海洋法制与政策上的成就 / 389
　二、中国面临的海洋问题与实施海洋开发的必要性 / 393
　三、解决海洋问题的具体对策建议 / 396
　四、结语 / 400

中国海洋安全战略研究 / 401
　一、中国海洋安全战略基本框架 / 401
　二、中国海洋安全战略内涵 / 403
　三、中国海洋安全战略具体措施 / 409
　四、结语 / 411

中国制定海洋发展战略的几点思考 / 412
　一、中国面临的海洋问题及其要因 / 412
　二、中国海洋问题显现的原因与解决思路 / 416
　三、中国海洋发展战略内涵阐释 / 419
　四、结语 / 422

中国海洋强国战略体系与法律制度 / 423
　一、中国海洋强国战略的内容及发展进程 / 423
　二、中国建设海洋强国的路径及基本特质 / 425
　三、中国建设海洋强国的具体措施与法律制度 / 432
　四、结语 / 438

中国海洋强国建设中的外交创新及话语权问题 / 439
　一、中国海洋强国战略目标的提出及发展 / 439
　二、党的十八大以来中国外交政策的新发展与新探索 / 442
　三、中国外交新政策在依法治海中的作用及具体实践 / 444
　四、中国维护国家海洋权益的话语权问题 / 449
　五、结语 / 452

新时代中国海洋强国战略治理体系论纲 / 453
　一、中国海洋强国战略治理体系的演进及内涵 / 453
　二、中国加快建设海洋强国的价值取向与目标愿景 / 455
　三、中国加快建设海洋强国的内外路径及含义 / 456

  四、中国深化海洋强国战略治理体系的保障措施／460
  五、中国加快建设海洋强国的核心任务和身份定位／463
海洋命运共同体的基本内涵与保障制度／466
  一、海洋命运共同体的提出及渊源／466
  二、海洋命运共同体的法律基础／469
  三、海洋命运共同体的目标愿景与基本范畴／472
  四、海洋命运共同体的实践路径和保障制度／474
  五、海洋命运共同体的目标愿景展望／479

论文索引／481

主要参考文献／485

后　记／492

第二版说明／494

第一部分 海洋法的若干理论与制度

论领海无害通过制度

一、问题的提出

2016年1月30日,美国海军"威尔伯"号导弹驱逐舰未经事先通报与得到中国许可,擅自进入中国西沙领海,严重损害了中国在西沙领海的主权和安全及海洋权益,中国国防部和外交部对此予以严厉谴责。中国国防部新闻发言人指出,美国军舰违反中国法律擅自进入西沙领海后,中国守岛部队和海军舰机当即采取应对行动,对其进行识别查证,并迅即予以警告驱离;美方此举是严重违法行为,破坏了有关海域的和平、安全和良好秩序,也不利于地区和平和稳定;中国国防部对此表示坚决反对;中国早在1992年公布了《中华人民共和国领海及毗连区法》,规定外国军舰进入中国领海,必须经过事先批准。美方在知悉中国领海法的情形下,派军舰擅自进入中国领海,是有意的挑衅行为。[①] 中国针对美国严重的军事和法律挑衅行为,保持了最大的克制和采取了相应的应对措施,目的是尽力维护中美关系的稳定和南海航行安全有序。

美国实施的所谓"航行自由行动",不论出于何种目的,均无法改变其违反国际法、违反中美两国国防部达成的协议[②]和中国法律的本质,也损害了军舰在领海内无害通过制度的立法宗旨。尽管国内学者已对外国船舶(包括军舰)在领海内的无害通过制度进行了论述和研究,但以往的研究对领海内的无害通过制度的国际立法宗旨、与其他制度的关系等鲜有涉及。因此,结合美国新近在中国西沙领海的威胁行为及发展趋势,仍有必要论述外国船舶(包括军舰)在领海内的

[①] 参见《国防部发言人杨宇军就美国军舰擅自进入我西沙领海发表谈话》,http://news.mod.gov.cn/headlines/2016-01/30/content_4638189.htm,2016年1月31日访问。
[②] 中美两国国防部于2014年11月签署《重大军事行动相互通报机制谅解备忘录》和《海空相遇安全行为准则谅解备忘录》,于2015年9月签署《重大军事行动相互通报机制谅解备忘录附件》和《海空相遇安全行为准则谅解备忘录附件》。

无害通过制度。①

二、领海内设立无害通过制度的目的及与其他制度之间的关系

军舰在他国领海内的"无害通过"制度,是一个在理论和实践上均有争论的问题。理论上,其涉及领海制度、国际海峡的航行制度,最终涉及船舶的航行自由问题;实践上,军舰在领海内的"无害通过"的争议焦点体现在必须事先通知沿海国或得到沿海国事先许可,还是可以自由航行(无须事先通知或得到许可)的对立和分歧。而造成此境况的主要原因是1958年"日内瓦海洋法四公约"中的《领海及毗连区公约》和1982年通过的《联合国海洋法公约》(以下简称《公约》)并未对此作出明确的规定,尤其是上述两公约判断"无害"的标准让渡于沿海国,从而导致不同的国家实践。② 而在论述军舰在领海内的无害通过制度之前,有必要首先论述领海内无害通过制度的基本内涵。

(一) 领海内无害通过制度的基本内涵

依据《公约》第2条规定,领海是指沿海国的主权及于其陆地领土及其内水以外邻接的一带海域;此项主权及于领海的上空及其海床和底土,即国家可对自国的领域(领土、内水和领海)依据领土主权原则,行使排他性的、综合性的管辖权(立法、执法和司法管辖权)。上述规定不仅承袭了《领海及毗连区公约》第1条和第2条的内容,而且也体现了领海是沿海国家的自然而不可分的附属物的观点,即《公约》采纳了领海是"领土说"的观点。③

对于领海的宽度,《公约》第3条规定,每一国家有权确定其领海的宽度,直至从按照本公约确定的基线量起不超过12海里的界限为止,即沿海国可主张最

---

① 经笔者2016年1月10日在中国知网查询,国内学界针对外国船舶在领海内的无害通过制度的学术论文主要有:陈振国:《论领海的无害通过权》,《政治与法律》1985年第2期;朱建业:《外国军舰进入中国领海的法律问题》,《法学杂志》1993年第3期;李红云:《论领海无害通过制度中的两个问题》,《中外法学》1997年第2期;李红云:《也谈外国军舰在领海的无害通过权》,《中外法学》1998年第4期;王军敏:《论军舰在海洋法中的法律地位》,《中国海洋大学学报(社会科学版)》2002年第3期;赵建文:《论联合国海洋法公约缔约国关于军舰通过领海问题的解释性声明》,《中国海洋法学评论》2005年第2期;田士臣:《外国军舰在领海的法律地位》,《中国海洋法学评论》2007年第2期。

② 参见[斐济]萨切雅·南丹、[以]沙卜泰·罗森主编:《1982年"联合国海洋法公约"评注》(第二卷),吕文正、毛彬译,海洋出版社2014年版,第136—149页。

③ 关于沿海国对领海的管辖权,在学术界存在"地役地说"和"领土说"的对立。所谓"地役地说",是指沿海国只能行使对国际法上承认的特定事项的管辖权;所谓"领土说",是指领海是沿海国领土的延伸,沿海国对其具有排他性的管辖权。《领海及毗连区公约》采用了领海是领土说的观点,参见 D. P. O'Connel, "The Juridical Nature of the Territorial Sea," (1971) 45 *British Year Book of International law*, p.381。

大不超过12海里的领海。此条款克服了《领海及毗连区公约》中未能规定领海宽度的缺陷，为确定《公约》其他海域(毗连区、专属经济区、大陆架等)范围创造了基础条件。①

为能使国家基于领土主权原则在领海行使排他性、综合性的管辖权，包括对生物资源和非生物资源的管辖权，尤其在海关、财政、经济活动、移民、卫生及安全保障等方面的权能，《公约》赋予了沿海国在本国领海内可对本国船舶和外国船舶进行必要规制的权利。② 这些权利体现在沿海国拥有对领海的立法权、执法权和司法权上。

此外，为便利国际海上交通，《公约》承认了外国船舶包括军舰的无害通过权(right of innocent passage)。《公约》第17条规定，在本公约的限制下，所有国家，不论为沿海国或内陆国，其船舶均享有无害通过领海的权利。而沿海国不应妨碍外国船舶无害通过领海。③《公约》规定这种无害通过制度的目的，是为了协调和平衡外国船舶的航行利益和沿海国的主权利益。④ 也就是说，《公约》关于无害通过的制度是以船舶通过的航行利益(船旗国利益)和沿海国主权的严重对立为前提，在相互间寻求微妙平衡和协调的产物。⑤ 实际上，设计这种无害通过制度的理论基础是为了满足以下要求，即平衡"在事实上消除对沿海国的实际损害"和"在法律上确保沿海国的领海主权完整"要求。⑥ 所以，《公约》的领海无害通过制度是折中和协调的产物。

据此，沿海国一方面有权规定使用领海的条件和船舶的通过制度。《公约》第21条规定，沿海国可依本公约规定和其他国际法规则，对下列各项或任何一项(共8种事项)制定无害通过领海的法律和规章；《公约》第22条第1款规定，沿海国考虑到航行安全认为必要时，可要求行使无害通过其领海权利的外国船舶使用其为管制船舶通过而指定或规定的海道和分道通航制。另一方面，沿海国也具有不能否认和阻碍外国船舶无害通过领海的义务。国际法在海洋领域确立

---

① 《领海及毗连区公约》(1958年4月29日通过，1964年9月10日生效)第3条规定，除本条款另有规定外，测算领海宽度之正常基线为沿海国官方承认之大比例尺海图所标明之海岸低潮线。当然，在包括《领海及毗连区公约》在内的"日内瓦海洋法四公约"(1958年4月29日)中的《公海公约》中，海域仅分为内水、领海和公海，而无其他海域。《公海公约》第1条规定，"公海"一词是指不包括在一国领海或内水内的全部海域。

② 参见[日]山本草二：《海洋法》，三省堂1997年版，第52页。

③ 《公约》第24条第1款规定，除按照本公约规定外，沿海国不应妨碍外国船舶无害通过领海。

④ [日]山本草二主编：《海上保安法制——海洋法与国内法的交错》，三省堂2009年版，第131—132页。

⑤ [日]山本草二：《海洋法》，三省堂1997年版，第120—121页。

⑥ [日]杉原高岭：《海洋法与航行权》，日本海洋协会1991年版，第65页。

这种"无害通过"的法律地位时间,约在 19 世纪 40 年代。[①] 其实,在确立海洋二元结构(公海和领海)的 17、18 世纪,对领海的"无害使用"的概念,已在多数学者的学说上得到了主张或肯定。[②] 例如,17 世纪的雨果·格劳秀斯(Hugo Grotius)认为,沿海国不能妨碍"不带武器、没有损害意图的航行";约翰·塞尔登(John Selden)认为,海洋即使被领有(占有),也应允许外国人的"无害通过"(inoffensive passage)。18 世纪的艾默里克·德·瓦特尔(Emmerich de Vattel)认为,没有任何嫌疑的船舶,应允许在领海的"无害使用"(usages innocent);亨利·惠顿(Henry Wheaton)认为,只要对所有者不带来损害及不合理的状况,就应承认其他人员的"无害使用"(innocent use)。[③]

尽管对于非无害通过(即有害通过),沿海国可对外国船舶予以规制,以确保沿海国的保护权。例如,《公约》第 25 条第 1 款规定,沿海国可在其领海内采取必要的步骤以防止非无害的通过。但对于如何应对外国船舶尤其是军舰在领海内的有害通过,国际法尤其在《公约》上并不明确,所以,需要在各国的国内法上予以明确规定。同时,《公约》内的领海无害通过制度,无论其在内容上,还是其在审议及创设的过程中,又与国际海峡的通过制度紧密关联,两者具有联动性,即国际海峡的通过制度是与领海的无害通过制度一并达成并设立的。

(二) 与领海无害通过有关的国际海峡通过制度

由领海构成的国际海峡,因其是海上交通的要道,所以应适用特定的法律制度。《领海及毗连区公约》第 16 条第 4 款规定,在用于公海一部分和另一部分或另一外国领海之间国际航行的海峡中,不应停止外国船舶的无害通过。

有学者认为,《领海及毗连区公约》第 16 条第 4 款关于国际海峡的规定,采用了"强制性的无害通过权"或"保证性的无害通过权",[④]并得到了国际法院的认可。例如,国际法院在科孚海峡案(Corfu Channel Cases)的判决(1949 年 12 月 15 日)中指出:"一般承认,按照国际习惯,在和平时期,各国有权派军舰在不经沿海国事先批准通过处于公海两部分之间用于国际航行的海峡,条件是这种通过

---

① 参见 D. P. O'Connell, *The International Law of the Sea*, Vol.Ⅰ (Oxford: Clarendon Press, 1982), p.19.
② 一般认为,确立海洋二元结构的主要法律规范为《公海公约》(1958 年 4 月 29 日通过,1962 年 9 月 30 日生效)第 1 条。
③ [日] 杉原高岭:《海洋法与航行权》,日本海洋协会 1991 年版,第 56—58 页。
④ [日] 山本草二主编:《海上保安法制——海洋法与国内法的交错》,三省堂 2009 年版,第 132 页;陈德恭:《现代国际海洋法》,海洋出版社 2009 年版,第 88 页。

应是无害的。除非另有国际公约规定,沿海国无权禁止在和平时期通过海峡。"至于海峡的国际性质,国际法院指出,明确的标准应是在地理上连接公海两部分,并在事实上用于国际航行。① 换言之,国际法院在认定国际海峡的性质时,采用了连接公海两部分的地理标准和实际用于国际航行的功能性标准。②

随着领海制度的国家实践的发展,在第三次联合国海洋法会议期间,领海的宽度已倾向于12海里。有些宽度为6海里到24海里的海峡,在过去领海宽度为3海里时,留有公海航道;③而如果实行12海里领海宽度,则这些海峡就完全处于沿海国的领海范围之内。在世界海峡的116个中有30余个海峡被认为是"用于国际航行的海峡"。④

对此,在第三次联合国海洋法会议上,海峡沿岸国为维护其国家主权和安全,主张处于沿海国领海范围内的海峡,不论其是否用于国际航行,应属于沿海国领海不可分割的一部分,因而应保有领海的法律地位,并应实行无害通过制度;而美国和苏联从军事战略利益出发,坚持惯常用于国际航行的海峡,即使处于沿海国领海范围内,亦应实施"公海航行自由",允许一切外国船舶,包括军舰和飞机享有公海的航行自由。同时,苏联声称其安全取决于国际海峡的自由通航,并以此作为接受200海里专属经济区的条件;美国则表示除非保证用于国际航行的海峡自由航行及其上空自由飞越,否则它将不承认12海里的领海宽度。在存在难以调和的争议的情形下,马耳他代表于1973年向各国管辖范围以外海床洋底和平使用委员会提出规定"通过"的具体条件的建议,包括:遵守强制性的交通分道计划,要求不停并迅速通过;对外国潜水艇或军舰的通过,要求在3天前通知;并在通过海峡时不得使航空器飞行,不得从事研究和收集情报活动等的条件。该建议为《公约》在用于国际航行的海峡制定一项既有别于"无害通过",又有别于"自由通航"的新制度提供了基础,⑤进而也确保了《公约》的完整性。⑥

---

① *Corfu Channel Cases*, ICJ Reports 1949, p.28.参见陈德恭:《现代国际海洋法》,海洋出版社2009年版,第87页。
② [日]杉原高岭:《海洋法与航行权》,日本海洋协会1991年版,第84—87页。
③ 荷兰法学家宾凯司霍克(Bynkershoek)于1703年提出了一项原则:陆上国家的权利以其炮火射程所及的范围为限。这就是著名的"大炮射程规则"。1782年加里安尼(Galiani)建议以3海里作为大炮射程的统一标准。这一原则以后由地中海国家和法国、英国等广泛实践。而从19世纪到20世纪初期,各国所建立的领海宽度大多为3海里或4海里,但没有超过12海里。参见陈德恭:《现代国际海洋法》,海洋出版社2009年版,第50—51页;魏敏主编:《海洋法》,法律出版社1987年版,第57—60页。
④ 陈德恭:《现代国际海洋法》,海洋出版社2009年版,第79页。
⑤ 陈德恭:《现代国际海洋法》,海洋出版社2009年版,第85—92页。
⑥ 《公约》"序言"指出,本公约各缔约国意识到各海洋区域的种种问题都是彼此密切相关的,有必要作为一个整体来加以考虑。

所以,从《公约》的审议过程可以看出,领海无害通过制度的确立是与《公约》200海里的专属经济区制度和国际海峡的通过制度紧密关联的。

最后,《公约》建立了新的用于国际航行的海峡通过制度。《公约》第38条第1款和第2款规定,在第37条所指的海峡中,所有船舶和飞机均享有过境通行的权利,过境通行不应受阻碍;过境通行是指按照本部分规定,专为在公海或专属经济区的一个部分和公海或专属经济区的另一部分之间的海峡继续不停和迅速过境的目的而行使航行和飞越自由。

在此应注意的是,在用于国际航行的海峡的过境通过,并不要求通过的无害性,同时也承认了飞越自由,所以其不同于《领海及毗连区公约》第16条第4款规定的"强制性的无害通过权"或"保证性的无害通过权"。[1] 当然,《公约》关于国际航行的海峡通过制度不仅存在"过境通行""分道通航制",也存在"无害通过"。例如,《公约》第45条规定,无害通过制度应适用于下列用于国际航行的海峡:按照第38条第1款不适用过境通行制度的海峡;或在公海或专属经济区的一个部分和外国领海之间的海峡。所以,其是一种混合型的通过制度。

三、领海内无害通过的法律要件及其对军舰的限制

笔者认为,论述领海内的无害通过的法律要件时,与领海内的通过的法律要件予以比较,对于进一步认识军舰在领海内的无害通过制度是有所帮助的。

《公约》的领海制度中对于通过的要件规定在第18条(meaning of passage)。其第1款规定,通过是指为了下列目的,通过领海的航行:(1)穿过领海但不进入内水或停靠内水以外的泊船处或港口设施;或(2)驶往或驶出内水或停靠这种泊船处或港口设施。第2款规定,通过应继续不停和迅速进行;通过包括停船和下锚在内,但以通常航行所附带发生的或由于不可抗力或遇难所必要的或为救助遇险或遭难的人员、船舶或飞机的目的为限。

对于领海无害通过的法律要件,则规定在《公约》的第19条(meaning of innocent passage)。其第1款规定,通过只要不损害沿海国的和平、良好秩序或安全,就是无害的;这种通过的进行应符合本公约和其他国际法规则。其第2款规定,如果外国船舶在领海内进行下列任何一种活动(共计12种活动),其通过即应视为损害沿海国的和平、良好秩序或安全:(1)对沿海国的主权、领土完整

---

[1] [日]山本草二主编:《海上保安法制——海洋法与国内法的交错》,三省堂2009年版,第133页。

或政治独立进行任何威胁或使用武力,或以任何其他违反《联合国宪章》所体现的国际法原则的方式进行威胁或使用武力;(2) 以任何种类的武器进行任何操练或演习;(3) 任何目的在于搜集情报使沿海国的防务或安全受损害的行为;(4) 任何目的在于影响沿海国防务或安全的宣传行为;(5) 在船上起落或接载任何飞机;(6) 在船上发射、降落或接载任何军事装置;(7) 违反沿海国海关、财政、移民或卫生的法律和规章,上下任何商品、货币或人员;(8) 违反本公约规定的任何故意和严重的污染行为;(9) 任何捕鱼活动;(10) 进行研究或测量活动;(11) 任何目的在于干扰沿海国任何通信系统或任何其他设施或设备的行为;(12) 与通过没有直接关系的任何其他活动。

从《公约》第 18 条和第 19 条的内容及结构看,如果通过不符合第 18 条的要件,则可由第 19 条的行为予以判断。即《公约》采取了将通过的要件和无害通过的要件分开立法并规定的做法,以区别于《领海及毗连区公约》将通过和无害通过要件规定在同一条款中的做法。① 《领海及毗连区公约》第 14 条第 2 款规定,通过是指为了横渡领海但不进入内水,或驶入内水或自内水驶往公海而通过领海的航行。第 4 款规定,通过只要不损害沿海国的和平、良好秩序或安全,就是无害的;此项通过的进行应符合本公约各条款和其他国际法规则。

可见,《公约》与《领海及毗连区公约》在无害通过要件上的区别为:在《公约》中增加了对有害航行行为的列举性规定,这就产生了不符合《公约》第 18 条的通过要件的行为,既可用《公约》第 19 条的第 1 款,也可用《公约》第 19 条第 2 款中规定的 12 种有害行为之一加以应对的效果。例如,在领海内的徘徊、巡航、停船、下锚及其他不明行为,由于它们不能满足通过应继续不停和迅速进行的要件,所以可解释为不是《公约》第 18 条规定的通过行为,而可被视为是"与通过没有直接关系的行为"(《公约》第 19 条第 2 款第 12 项);② 即使"其他不明行为"不属于《公约》第 19 条第 2 款的行为,还可用《公约》第 25 条第 1 款予以处理。所以,《公约》第 18 条与第 19 条及第 25 条具有互相补充的作用。

对于《公约》第 19 条第 1 款与第 2 款之间的关系问题,也存在两种不同的观点。第一种观点(亦称"列举说")认为,《公约》第 19 条第 2 款是依船舶的行为或状态分类予以规制的,其只不过是对《公约》第 19 条第 1 款的列举,所以,对于

---

① [日] 山本草二:《不属于无害通过的领海侵犯》,海上保安协会编:《日本的新海洋秩序》(第 3 期),日本海上保安协会 1990 年版,第 72 页。
② [日] 山本草二主编:《海上保安法制——海洋法与国内法的交错》,三省堂 2009 年版,第 133—134 页。

"沿海国的和平、良好秩序和安全"标准的判断,应结合第 2 款对同样性质船舶的行为或状态予以判断,并不存在依船舶的分类标准予以判断并规制的余地。第二种观点(亦称"非列举说")认为,《公约》第 19 条第 2 款不需要等待沿海国的举证,其是依据船舶的行为或状态标准设计的"推定性"规定,并不是对第 19 条第 1 款的全部列举。例如,携带核武器舰艇的通过等,即使其不属于第 19 条第 2 款列举的行为,沿海国也能主张其对本国有害,进而可用第 19 条第 1 款予以规制。①

换言之,如果外国船舶的"通过"行为,即使不是《公约》第 19 条第 2 款的有害行为,或有可能被认为不是《公约》第 19 条第 1 款的有害行为,沿海国仍可通过规定领海使用的条件,对这些船舶的通过进行管辖。因为《公约》第 21 条规定,沿海国可依本公约规定和其他国际法规则,对下列各项或任何一项制定关于无害通过领海的法律和规章:(1)航行安全及海上交通管理;(2)保护助航设备和设施以及其他设施或设备;(3)保护电缆和管道;(4)养护海洋生物资源;(5)防止违犯沿海国的渔业法律和规章;(6)保全沿海国的环境,并防止、减少和控制该环境受污染;(7)海洋科学研究和水文测量;(8)防止违犯沿海国的海关、财政、移民或卫生的法律和规章。即只要是以上 8 种行为中的一种行为或与其相关,沿海国仍可依国内法予以管制。所以,《公约》第 18 条与第 19 条应与第 21 条和第 25 条看作整体并综合考虑,以判断船舶通过行为的性质。

此外,对外国船舶通过的无害性的认定标准和是否违反沿海国的国内法律及规章之间的关系问题,在学术界存在"结合说"和"分离说"两种不同的学说。②"结合说"是指,外国船舶在通过领海时,只要采取了违反沿海国国内法的行为,就可把这种通过看作是对沿海国的和平、良好秩序或安全的损害,因而其是有害的行为。"分离说"则主张,外国船舶的通过,与其是否违反沿海国国内法无关,只要损害了沿海国的重要利益,则这种通过就是有害通过。所以,基于"分离说"的观点,外国船舶违反沿海国国内法并不直接否定船舶的无害通过,只要其不损害沿海国的重要利益,并不否定其的无害通过权,仅可追究外国船舶违反沿海国国内法的责任。而对于"结合说",由于外国船舶违反沿海国国内法与认定其有害性相关联,所以,沿海国为保护本国领海的法律权益,有必要在国内法中增加

---

① [日]山本草二:《海洋法》,三省堂 1997 年版,第 125—127 页。
② [日]田中利幸:《不属于无害通过行为的国内法制》,日本海洋协会编:《联合国海洋法公约体制的发展与国内措施》(第 2 期),日本海洋协会 1998 年版,第 45 页。

不属于无害通过的行为予以管制的内容。①

可见,在对外国船舶通过领海的无害性的认定标准上,《公约》条款内容依据各种船舶的行为和状态兼采了"结合说"和"分离说"的观点,可谓是"混合说"。

即使存在上述关于外国船舶无害通过的规定,但他国军舰进入领海实施无害通过制度,并不意味外国军舰可以随意进入沿海国的领海。依据《公约》内容,军舰在他国领海内的无害通过受到一些限制,主要体现在以下方面:

第一,遵守沿海国制定的法律和规章。《公约》第 25 条规定,沿海国可在其领海内采取必要的步骤以防止非无害的通过。据此,他国军舰应遵守沿海国制定的关于无害通过的法律和规章。具体内容规定在《公约》的第 21 条第 1 款。当然,沿海国应将所有这些法律和规章妥为公布。

第二,遵守沿海国指定或规定的海道航行。《公约》第 22 条规定,沿海国考虑到航行安全认为必要时,可要求行使无害通过其领海权利的外国船舶使用其为管制船舶通过而指定或规定的海道和分道通航制。当然,沿海国应在海图上清楚地标出这种海道和分道通航制,并应将该海图妥为公布。

第三,对违反沿海国法律和规章的处置措施。《公约》第 30 条规定,如果任何军舰不遵守沿海国关于通过领海的法律和规章,而且不顾沿海国向其提出遵守法律和规章的任何要求,沿海国可要求该军舰立即离开领海。具体为:如果发现船舶有非无害的航行活动,则可要求其停止;如果其依然不停止活动,则可要求其离开领海。

以上为《公约》对军舰在他国领海内无害通过的一般性规定。② 而如上所述,军舰在领海内无害通过的争议焦点为:其是否必须事先通知沿海国或得到沿海国的事先同意,还是可以自由航行。这是由于《公约》第 17 条的模糊性和第 19 条列举性规定造成的,即《公约》第 17 条仅规定了所有船舶均享有无害通过领海的权利;《公约》第 19 条没有直接对"无害"作出明确定义,而只对有害活动作出了列举性的规定,从而出现分歧及对立的国家实践。

一般来说,海洋大国多强调"自由使用论",而发展中国家则多坚持"事先同意论"。这是从各国签署、批准《公约》时的声明以及联合国海洋事务和海洋法司

---

① [日]山本草二:《不属于无害通过的领海侵犯》,载海上保安协会编:《日本的新海洋秩序》(第 3 期),日本海上保安协会 1990 年版,第 77—78 页。

② 在《公约》的领海无害通过制度中,不仅规定了适用于所有船舶的规则,也规定了适用于商船和用于商业目的的政府船舶的规则,以及适用于军舰和其他用于非商业目的的政府船舶的规则。也就是说,《公约》采取了船舶分类区别对待的方法,以规范它们在领海的无害通过制度。以上内容,参见《公约》第 17—32 条。

提供的各国领海法资料中获得的结论。① 以美国为首的海洋大国强调"自由使用论"的目的是为了维护本国海军在世界各地的有利地位,以便自由地为投送军用武器和装备、应急的军事活动支援和情报收集活动等提供保障。多数发展中国家坚持"事先同意论"的目的是为了尽力保护本国的国防安全,相应地扩大军事缓冲地带,减少来自海上的威胁。为消除这种对立并满足《公约》第309条的要求,依据《公约》第310条的规定,各国在签署、批准或加入《公约》时,可以对此作出解释性的声明或说明。②

从国家已经作出的解释性声明或说明内容看,既有反对军舰在领海享有无害通过权的国家的声明,例如苏丹、佛得角、圣多美和普林西比、罗马尼亚;也有要求军舰通过领海进行事先通知的声明,例如埃及、马耳他、克罗地亚、芬兰、瑞典、塞尔维亚和黑山、孟加拉;更有要求军舰通过领海得到事先许可的声明,例如伊朗、阿曼、也门、中国、阿尔及利亚。同时,也有赞成军舰在领海内享有无害通过权的国家的声明,例如阿根廷、荷兰和智利允许军舰无害通过制度;德国和意大利的声明指出,《公约》未授权沿海国要求事先通过或许可;美国和苏联的联合解释、英国的声明均指出,根据《公约》和一般国际法,军舰在领海享有无害通过权而无须得到事先通知或得到许可。③

有学者认为,对于外国军舰无害通过领海的习惯国际法规则为:沿海国可以允许外国军舰无害通过领海而不加特别要求,也可以规定须经事先通知或许可,或履行其他要求,但实行这种无害通过的外国军舰必须遵守沿海国关于领海无害通过的国内法律和规章。④ 这种观点的法律基础为《公约》第30条。也就是说,国际社会存在"自由使用论"和"事先同意论"的两种不同观点,并存在对立和不同的国家实践。即使国际社会对此无法达成一致认识,但是外国军舰在领海内的无害通过制度最低限度应遵守沿海国关于领海无害通过的法律和规章,则是毫无异议的。其已成为国际习惯法规则,所以,即使不批准《公约》的美国,最

---

① [日]田中则夫:《〈联合国海洋法公约〉的成果与课题——基于公约通过30周年的时点》,《国际法外交杂志》第112卷第2期(2013年),第18—20页。
② 《公约》第309条规定,除非公约其他条款明示许可,对本公约不得作出保留或例外。《公约》第310条规定,第309条不排除一国在签署、批准或加入本公约时,作出不论如何措辞或用何种名称的声明或说明,目的在于除其他外使该国国内法律和规章同本公约规定取得协调,但须这种声明或说明无意排除或修改本公约规定适用于该缔约国的法律效力。
③ 参见赵建文:《论〈联合海洋法公约〉缔约国关于军舰通过领海的解释性声明》,《中国海洋法学评论》2005年第2期,第5—13页。
④ 参见邵津:《关于外国军舰无害通过领海的一般国际法规则》,《中国国际法年刊(1989)》,法律出版社1990年版,第138页。

低限度也应遵守沿海国关于领海无害通过的国内法律规章。①

针对军舰在领海的无害通过问题,《中华人民共和国领海及毗连区法》(1992年2月25日)第6条第2款规定,外国军用船舶进入中国领海,须经中国政府批准;第10条规定,外国军用船舶在通过中国领海时,违反中国法律、法规的,中国有关主管机关有权令其立即离开领海,对所造成的损失或者损害,船旗国应当负有国际责任。中国在1996年5月15日通过批准《公约》的决定时,也作出了以下声明,即中国重申:《公约》有关领海内无害通过的规定,不妨碍沿海国按其法律规章要求外国军舰通过领海必须事先得到该国许可或通知该国的权利。② 这些内容均体现了《公约》的原则和精神,是国家保护领海主权意志的体现,应该得到他国的尊重和遵守。

四、美国军舰擅自进入中国西沙领海的违法性及中国应对策略

美国军舰这种未经中国许可或事先通知中国政府就擅自进入西沙领海的行为,不仅违反《联合国宪章》第2条和平解决争端的原则和不得使用武力或威胁使用武力的原则,也违反《公约》第279条用和平方法解决争端的义务原则和领海内无害通过制度习惯国际法规则,亦违反多项中国法律(例如,《中华人民共和国政府关于领海的声明》,1958年9月4日;《中华人民共和国领海及毗连区法》,1992年2月25日;以及《全国人大常委会关于批准〈联合国海洋法公约〉的决定》,1996年5月15日)和中美两国国防部签署的《重大军事行动相互通报机制谅解备忘录》《海空相遇安全行为准则谅解备忘录》及其后续附件。该行为严重损害了中美关系的稳定和发展,同时也不利于南海问题解决进程努力措施的实施。

笔者认为,由于《公约》领海无害通过制度内容已成为习惯国际法规则,即使美国没有加入《公约》,其军舰擅自进入中国西沙领海进行航行已构成违反习惯

---

① 关于各国针对军舰在领海的无害通过的政策及实践内容,参见赵建文:《论〈联合国海洋法公约〉缔约国关于军舰通过领海的解释性声明》,《中国海洋法学评论》2005年第2期,第1—17页。

② 对于条约在中国国内法的地位问题,《中华人民共和国宪法》没有作出明确规定,《中华人民共和国立法法》和《中华人民共和国缔结条约程序法》也没有作出明确的规定。但在一些法律、法规中对适用条约作出了规定,其分为三类:第一,法律明确规定中国缔结或者参加的国际条约同法律有不同规定的,适用国际条约的规定。例如,《中华人民共和国民法通则》(1982年)第142条。第二,法律规定条约有特殊或具体规定的,依条约的规定。例如,《中华人民共和国红十字标示使用办法》(1996年)第23条。第三,法律直接规定在某些领域适用条约规定。例如,《中华人民共和国商标法实施细则》(1995年修订)第23条。参见段洁龙主编:《中国国际法实践与案例》,法律出版社2011年版,第215—216页。尽管对国际法与国内法的位阶及效力问题存在争议,但从中国的立法和实践看,条约具有优于国内法律的效力。参见周忠海主编:《国际法》,中国政法大学出版社2004年版,第64—66页。

国际法规则,主要表现在以下两个方面:首先,美国军舰航行行为的有害性。美国"威尔伯"号军舰具备强大的电子侦察及干扰能力,其区域防卫能力和自卫能力强,可装备数十枚对陆巡航导弹,还具有反潜能力,违反《公约》第19条第2款第(a)和(c)项内容;①其次,美国军舰航行行为不是"通过"行为,而是有害行为。"通过"是指通过领海的航行:一是穿过领海但不进入内水或停靠内水以外的泊船处或港口设施;二是驶往或驶出内水或停靠这种泊船处或港口设施。也就是说,美国军舰擅自进入西沙领海的行为不是通过行为,也不是无害通过行为,而是有害行为,因为它属于与通过没有直接关系的任何其他活动。可见,这种行为本质上是一种政治和法律挑衅行为,应该受到严厉谴责。

如果美国这种单方面派遣军舰擅自进入中国西沙领海的活动仍继续进行并扩大范围,则中国可在国际、双边和国内层面采取以下对策和措施。

第一,在国际层面。由于携带武器装备的军舰擅自闯入他国领海的有害行为,不仅严重损害沿海国的主权和安全,而且极易造成安全不测,所以对于违反沿海国国内法并具有危害和影响区域和平安全性质的行为,中国可向联合国安理会提交书面意见,建议联合国安理会进行审议。因为,《联合国宪章》第39条规定,安全理事会应断定任何和平之威胁、和平之破坏或侵略行为之是否存在,并应作成建议或抉择依第41条及第42条规定之办法,以维持或恢复国际和平及安全。尽管美国在联合国安理会具有否决权,此类安理会的决议很难通过,但联合国安理会的审议也将对美国产生政治上的约束力,可适度地限制其行为及其程度。②

第二,在双边层面。一直以来,中美两国在专属经济区内的军事活动存在争议。其焦点为:专属经济区内的军事活动,是必须得到沿海国的事先同意或通知沿海国,还是可以自由使用之间的对立。由于《公约》并未对"军事活动"作出明确的规范,即使从海洋和平利用、海洋科学研究的角度进行分析,也存在不同的理解和认识,进而在国家实践中出现不同甚至对立的做法。③ 考虑到在《公约》的框架内无法达成理解和认识,所以针对专属经济区内的军事活动争议,应通过双边对话协商机制谈判解决,以增进互信和共识,特别应遵守中美两国国防部达成

---

① 参见《美军舰擅闯我西沙领海,专家称中国应提升军事实力》,http://military.people.com.cn/n1/2016/0201/c1011-28102014.html,2016年2月2日访问。

② 例如,《联合国宪章》第27条第3款规定,安全理事会对于其他一切事项(即实质事项)之决议,应以9理事国之可决票包括全体常任理事国之同意票表决之。

③ 对于中美专属经济区内军事活动争议问题,参见金永明:《中美专属经济区军事活动争议的海洋法剖析》,《太平洋学报》2011年第11期,第74—81页。

的《重大军事行动相互通报机制谅解备忘录》《海空相遇安全行为准则谅解备忘录》及其后续附件,[1]以规范双方的行为或活动,避免出现误判和误撞事故。依据上述设想,为避免出现针对军舰在领海内的无害通过的更大对立及争议,中美两国应发挥主导作用,包括通过对话和协商,达成一些共识,以进一步丰富和完善《公约》领海无害通过制度,确保包括南海在内的安全秩序。

第三,在国内层面。在国际和双边层面很难迅速达成共识的情形下,中国可在外交上继续坚持一贯立场,积极应对并就美国军舰擅闯我西沙领海行为提出强烈抗议,在军事上做好充分应对准备并强化装备,更重要的是在法律上应尽快完善我国的领海法律制度。因为,《公约》赋予了沿海国制定关于外国船舶无害通过领海的法律和规章的权利,据此,中国应抓紧制定与《公约》配套的国内相关法律制度,健全完善与实现海洋强国目标相适应的法律体系。例如,在规范养护海洋生物资源的《渔业法》(1986年施行,2013年最新修订),航行安全及海上交通管理的《海上交通安全法》(1983年施行),规范保全海洋环境的《海洋环境保护法》(1999年施行,2013年最新修订),规范海洋科学研究的《涉外海洋科学研究管理规定》(1996年施行),《海关法》(1987年施行,2013年最新修订),《对外国籍船舶管理规则》(1979年施行)和《领海及毗连区法》(1992年施行)等法律和法规的基础上,进一步完善外国船舶通过领海的法律体系,包括制定外国军舰在领海的无害通过规章、中国海警局组织法、专属经济区内飞越和航行规则等,用法律形式表明中国反对外国军舰在中国沿海滥用航行自由权的立场,以增加对其管制的效率和功能。同时,强化中国在领海的管辖权,包括:通过确认国籍、确认无害通过,在无害通过时确保国内法律和法规的遵守;对违反国内法律和规章进行调查和处分的行政程序,搜查和逮捕的刑事程序,驱离在领海的有害航行行为;有害通过违反我国法律和规章时进行搜查及逮捕的刑事程序和调查及处分的行政程序等手段及内容,进而确保我国领海的安全和海洋利益,[2]从而为有效保护中国海洋领土主权提供法制保障。

鉴于美国在南海的军事威胁活动既涉及中国南沙,也涉及中国西沙,有可能

---

[1] 关于中美两军《重大军事行动相互通报机制谅解备忘录》内容,参见 http://www.defense.gov/pubs/141112_MemorandumOfUnderstandingOnNotication.pdf,2015年2月10日访问。《海空相遇安全行为准则谅解备忘录》内容,参见 http://www.defense.gov/pubs/141112_MemorandumOfUnderstandingRegardingRules.pdf,2015年2月10日访问。

[2] 针对外国船舶尤其军舰在领海内的无害通过行为,沿海国对其执法管辖顺序内容,参见[日]田中利幸:《对外国船舶的执行与国内法的完善》,载海上保安协会编:《与海洋法公约有关的海上保安法制》(第1期),日本海上保安协会1994年版,第47—48页。

再涉及中国中沙海域,为此,中国可根据南海安全情势的发展,包括以美国为首的国家在南海实施所谓的航行自由的范围、频度和程度等,考虑公布部分中国南沙岛礁领海基线及防空识别区,以体现中国维护南海主权和海洋权益的意志和决心,坚定地维护国家主权、安全和发展。换言之,通过进一步制定和完善领海法等国内法,使外国船舶尤其是军舰在中国领海的无害通过遵守中国的法律和规章,从而体现《中华人民共和国政府关于领海的声明》《中华人民共和国领海及毗连区法》《中华人民共和国政府关于中华人民共和国领海基线的声明》以及《中华人民共和国政府关于钓鱼岛及其附属岛屿领海基线的声明》等法律的功效及完整性,并坚持"事先同意论"立场,为维护中国领海的主权、安全和海洋权益奠定法律基础。

专属经济区与大陆架制度比较研究

专属经济区和大陆架制度均为《联合国海洋法公约》(以下简称《公约》)中两个重要的制度,分别被规定在《公约》的第五、第六部分。《公约》体系由于引入了多种海域制度,例如专属经济区和国际海底区域制度,使原先的领海以外即公海的体系发生了根本性的变化,主要表现为,各国间关于专属经济区和大陆架重叠海域增加,引发了多起海域划界争端。但迄今国际社会对海域划界应适用的原则、规则仍有很大的分歧。为进一步厘清关于上述两制度之间的区别与联系,笔者试从以下几个方面予以剖析,期望对上述两种制度有所阐释。

一、专属经济区与大陆架制度的成形及内容比较

专属经济区与大陆架制度的成立各有不同的渊源与背景,而大陆架制度的成形先于专属经济区制度。

(一)大陆架制度的成形与内容

1. 关于大陆架制度的渊源

众所周知,大陆架制度的渊源为美国杜鲁门总统于1945年9月28日宣布的关于大陆架的底土和海床的自然资源的政策,即《美国关于大陆架的底土和海床的自然资源的政策的第2667号总统公告》(简称《杜鲁门公告》)。[①]

由于美国对大陆架自然资源的政策主张,符合多数国家尤其是拉美国家对各国近海岸自然资源的开发要求,为此各国相继仿效,从而推动了联合国大

---

① 关于《杜鲁门公告》的内容,参见北京大学法律系国际法教研室编:《海洋法资料汇编》,人民出版社1974年版,第386—387页。

陆架制度的创设。主要标志为：在第一次联合国海洋法会议上缔结了《大陆架公约》(1958年)。其实，美国提出的对大陆架自然资源的政策主张，体现了美国对大陆架的自然资源开发利用的现实要求。例如，《杜鲁门公告》指出，大陆架下的自然资源，根据现代技术的发展，开发利用这些资源的技术已成为现实或即将成为现实，对这些资源予以管辖是必要的。可见，美国提出对沿岸海域大陆架自然资源的管辖权的主要目的是开发与控制大陆架的自然资源，而不是想确定大陆架的自然资源的法律地位。当然，美国对大陆架自然资源的主张已被收录在《大陆架公约》条款中。例如，《大陆架公约》第1条规定，"大陆架"是指邻接海岸但在领海范围以外、深度达200米或超过此限度而上覆水域的深度容许开采其自然资源的海底区域的海床和底土；第2条规定，沿海国为了勘探和开采(大陆架)自然资源的目的，对大陆架行使主权权利，且这种权利是专属性的。而对于大陆架边界的划分，则规定在《大陆架公约》的第6条中。[1]

2. 关于《大陆架公约》大陆架制度的特点

在《大陆架公约》中，大陆架制度内容主要包括以下两个方面：

第一，关于大陆架的定义或范围。从《大陆架公约》第1条的规定中，可以看出，大陆架定义包含两项独立的、平行的标准和两项限制，即：200米水深标准和可开发标准，且缔约国有权任选其中一个标准来确定本国的大陆架；关于两项限制，即大陆架必须与其沿岸国相邻接，该区域的自然资源必须可以开发。[2] 但随科技的快速发展，国际社会开发沿岸海域自然资源的能力日益提升，尤其是先前制定《大陆架公约》时无法勘探开发深海资源的技术利用已成为可能或现实的情况下，大陆架可开发深度将扩大，并有无限扩展之势，引起了国际社会的关注。担忧之一为，沿岸国家的大陆架将可能被拥有资金和发达技术的先进国家所独占。为此，国际社会一个明显的措施为，以马耳他驻联合国代表为首的发展中国家，提出了修改大陆架制度与建立国际海底制度的建议，从而启动了第三次联合国海洋法会议。可以说，第三次联合国海洋法会议的召开的动因之一是修改大

---

[1] 例如，《大陆架公约》第6条第1款规定，如果同一大陆架邻接两个或两个以上海岸相向的国家的领土，属于这些国家的大陆架的疆界应由这些国家之间的协定予以确定。在无协定的情况下，除根据特殊情况另定疆界线外，疆界是一条其每一点与测算各国领海宽度的基线的最近点距离相等的中间线。《大陆架公约》第6条第2款规定，如果同一大陆架邻接两个相邻国家的领土，大陆架的疆界由两国之间的协定予以决定。在无协定的情况下，除根据特殊情况另定疆界线外，疆界应适用与测算各国领海宽度的基线的最近点距离相等的原则予以决定。

[2] 朱晓青主编：《国际法》，社会科学文献出版社2005年版，第149页；魏敏主编：《海洋法》，法律出版社1987年版，第159—160页。

陆架的范围或标准。

第二，关于大陆架划界问题。关于划界方面的内容，规定在《大陆架公约》第6条中，即所谓的协定和等距离中间线原则。从该条规定可以看出，尽管大陆架边界的划分没有出现公平原则的词语，但从协定——特殊情况与中间线原则，或特殊情况与等距离原则的划界模式中，可以看出，实际上，划界已经体现了大陆架边界划分的公平要求。[1]

3. 关于大陆架制度的修改与发展

第三次联合国海洋法会议受国际法院1969年北海大陆架案判决的影响，以大陆架是陆地领土的自然延伸为根据确定大陆架范围的意见占了上风。经反复磋商，会议通过的《公约》规定了新的大陆架的定义及其划界原则。

第一，《公约》关于大陆架的范围。《公约》第76条规定，沿海国的大陆架包括其领海以外依其陆地领土的自然延伸，扩展到大陆架外缘的海底区域的海床和底土；如果从测算领海宽度的基线量起到大陆边的外缘的距离不到200海里，则扩展到200海里的距离。可见，《公约》的大陆架定义也包含确定大陆架的两项标准：自然延伸原则（标准）和200海里距离标准。当然，上述两项标准之间的关系为主次关系，即200海里的距离标准为辅助标准，它只在一国的大陆架按照自然延伸原则其外部界限距离领海基线不到200海里的情形下，才适用。同时，当一国按照自然延伸原则确定的大陆架外部界限距离领海基线超过200海里时，为防止沿海国的大陆架过宽和获取更多的利益，有失公平、公正，《公约》在以下两个方面作了制约性的规定：(1)《公约》对超出200海里的大陆架外部界限划定的限制性规定，主要包括两个方面，即关于界限距离方面的限制和界限设定方面的程序。[2] (2)《公约》对超出200海里的大陆架自然资源的开发应缴费用

---

[1] 应注意的是，实际上，《大陆架公约》第6条第1款的根据特殊情况另定界线的规定，隐含了适用公平原则的要求。参见刘楠来：《中国主张公平原则更具充分的法律依据》，《社会科学报》2006年4月27日，第4版。同时，在划界时等距离线和特殊情况是连在一起的，它们并不是相反的，而是复合的单一规则，目的是按公平原则划界。参见[日]古贺卫：《英法大陆架划界案》，载[日]田畑茂二郎、竹本正幸、松井芳郎等编：《判例国际法》，东信堂2000年版，第166页。

[2] (1)关于界限距离方面的限制。例如，《公约》第76条规定，沿海国应以下列两种方式之一，划定大陆架大陆边的外缘：(a)以最外各定点为准划定界线，每一定点上沉积岩厚度至少为从该点至大陆坡脚最短距离的1%；(b)以离大陆坡脚的距离不超过60海里的各定点为准，划定界线。但无论按照上述何种方式划定界线，均不应超过从领海基线量起350海里，或2500米等深线以外100海里。(2)关于界限设定方面的程序。根据《公约》第76条第8款和第9款的规定，沿海国为确定200海里以外大陆架界限，需经过以下程序：沿海国应向大陆架界限委员会提交有关的情报；委员会在审议上述情报与资料后，应就有关划定大陆架外部界限的事项向沿海国提出建议；沿海国根据委员会的建议划定有确定性和拘束力的大陆架界限；沿海国将永久标明其大陆架外部界限的海图和有关情报，包括大地基准点，交存于联合国秘书长。秘书长应将此情报公布。

和实物方面的规定。①

第二,关于大陆架的划界原则。在第三次联合国海洋法会议上,关于大陆架和专属经济区划界应适用公平原则还是中间线或等距离原则,是争论最为激烈的事项之一。后经妥协,双方同意采纳会议主席提出的折中案文,并被规定在《公约》的第83条中。②尽管《公约》关于大陆架划界应遵循的国际法十分宽泛,包括条约(例如,1958年《大陆架公约》)、国际法院判决和习惯法,还提出了"公平解决"结果的要求。③但不可否认的是,这种折中措辞有利于各方接受,便于《公约》通过。当然,关于大陆架(专属经济区)划界应遵循的一般国际法的原则和规则,只能依赖于国际司法判例和国家实践的积累和发展,并应不断完善"公平解决"结果的内涵。

总之,《公约》对《大陆架公约》关于大陆架制度的修改及其在《公约》体系中的规定,表明国际社会的大陆架制度已经确立,并获发展。

(二)专属经济区制度的成形与内容

1. 关于专属经济区的渊源与确立问题

在大陆架概念出现以后,拉美国家提出了200海里海洋权的主张。例如,智利总统于1947年6月23日在提出大陆架主张的同时,宣布为保护和开发自然资源的需要将国家主权扩展至邻接其海岸的200海里以内的海域。④而专属经济区概念最初是肯尼亚于1971年1月在亚非法律协商委员会科伦坡会议上提出的。具体的设想则体现在肯尼亚于1972年8月向联合国海底委员会提交的"关于专属经济区概念的条款草案"中。其要旨为,所有国家都有权在其领海以外建立宽度不超过200海里的经济区,并可对其中的自然资源行使主权权利。当时,该提案尽管受到以坚持传统的公海渔业自由原则的国家(例如,日本、苏联和波

---

① 例如,《公约》第82条规定,沿海国对从测算领海宽度的基线量起200海里以外的大陆架上的非生物资源的开发,应缴付费用或实物;费用或实物应通过(国际海底)管理局缴纳;管理局应根据公平分享的标准将其分配给本公约各缔约国,同时考虑到发展中国家的利益和需要,特别是其中最不发达的国家和内陆国的利益和需要。

② 例如,《公约》第83条第1款规定,海岸相向或相邻国家间大陆架的界限,应在国际法院规约第38条所指国际法的基础上以协议划定,以便得到公平解决;第2款规定,有关国家如在合理期间内未能达成任何协议,应诉诸(公约)十五部分所规定的程序;第3款规定,在达成第1款规定的协议以前,有关各国应基于谅解和合作的精神,尽一切努力作出实际性的临时安排,并在此过渡期间内,不危害或阻碍最后协议的达成,这种安排应不妨碍最后界限的划定;第4款规定,如果有关国家间存在现行有效的协定,关于划定大陆架界限的问题,应按照该协定的规定加以决定。

③ 朱晓青主编:《国际法》,社会科学文献出版社2005年版,第151页。

④ 参见北京大学法律系国际法教研室编:《海洋法资料汇编》,人民出版社1974年版,第296—298页。

兰等)的反对,但得到了多数发展中国家的支持,即他们认为,沿岸国无疑对200海里水域内的一切生物和矿物资源具有排他性的权利。[①] 在第三次联合国海洋法会议上,经过激烈争论和妥协,最终将专属经济区制度规定在《公约》的第五部分。同时,需指出的是,在第三次联合国海洋法会议上,关于专属经济区制度方面的争论,各国争论的焦点并不集中在是否建立专属经济区制度本身上,而是主要集中在专属经济区的划界适用的原则上。因为,随各国相继宣布本国的200海里专属经济区水域的背景下,反对设立专属经济区的国家已无法阻挡其发展趋势,不得不作出妥协,同意设立专属经济区制度。《公约》第五部分对专属经济区制度作了系统而全面的规定。

2. 关于专属经济区的内容

《公约》关于专属经济区制度的主要内容:

第一,关于专属经济区的范围。《公约》第55、57条规定,专属经济区是领海以外并邻接领海的一个区域,从测算领海宽度的基线量起,不应超过200海里。同时,《公约》第56条第1款规定,沿海国在专属经济区内有以勘探和开发、养护和管理海床和底土及其上覆水域的自然资源为目的的主权权利。可见,沿海国最多可对邻接领海以外的200海里内的自然资源(生物资源或非生物资源)具有主权权利,且这种主权权利是综合性的,具有排他性。即沿海国可对200海里内的水体和海床及其底土的自然资源行使主权权利,其他国家未经沿海国的同意,不得进入其专属经济区进行自然资源的勘探和开发活动。在此应注意的是,沿海国对专属经济区内自然资源的管辖主要涉及生物资源的开发和养护及利用。因为,《公约》第56条第3款规定,沿海国对专属经济区内关于海床和底土的权利,应按照《公约》第六部分(大陆架)的规定行使。

第二,关于专属经济区的划界。如上所述,在第三次联合国海洋法会议上,各国对于专属经济区划界应适用的原则产生了很大的分歧与争论。即在将专属经济区和大陆架的划界一并处理而设置的"海域划界及其争端解决协商小组"的审议中,公平原则派与等距离原则派间在划界适用的原则上产生了严重的对立与分歧,且互不妥让。具体体现在,一些国家坚持主张按照中间线原则或等距离原则划界,认为中间线或等距离原则是最公平、最合理的客观标准;另一些国家则认为,由于各个海域的情况十分复杂,以中间线或等距离线划界可能导致不公

[①] 朱晓青主编:《国际法》,社会科学文献出版社2005年版,第135页;[日] 小田滋:《注解联合国海洋法公约》(上卷),有斐阁2002年版,第180—184页。

平的结果,它们主张按照公平原则进行划界,并考虑到一切有关情况。在争论双方不能达成协议的情况下,会议主席提出了折中案文并获得了通过。[①] 关于专属经济区划界方面的规定,主要规定在《公约》的第 74 条中。其第 1 款规定,海岸相向或相邻国家间专属经济区的界限,应在国际法院规约第 38 条所指国际法的基础上以协议划定,以便得到公平解决;第 2 款规定,有关国家如在合理期间内未能达成任何协议,则应迅速就以谈判或其他和平方法解决争端一事交换意见,将争端提交调解或者导致有拘束力裁判的强制程序;[②]第 3 款规定,在达成协议前,有关国家应基于谅解和合作的精神,尽一切努力作出实际性的临时安排,并在此过渡期间内,不危害或阻碍最后协议的达成,这种安排应不妨碍最后界限的划定。从上述条款可以看出,专属经济区的划界既没有言及等距离原则,也没有言及公平原则,只是强调了有关国家应根据协议划界的重要性。[③] 同时,为延缓划界争端发展,从上述条款还可以看出,有关国家主要应遵循以下义务:一是为达成划界协议而进行谈判的义务;二是为缔结临时安排而努力的义务;三是禁止实施危害或阻碍最后划界协议达成的行为义务。问题是,有关国家关于解决专属经济区划界的上述义务应从何时开始?对此,主要存在以下观点或主张:(1) 义务从对同一海域的主张发生重叠时起;(2) 义务从开始谈判临时安排时起;(3) 义务从成立临时安排时开始;(4) 义务从开始谈判最终划界时起。[④] 从上述条款的宗旨来看,如果将有关国家的义务解释为从谈判开始后应遵循的话,则另一方有可能在谈判开始前就会对争议海域的资源等实施开发活动,因此,比较合理的解释为,有关国家从海域划界主张重叠时起就应遵循相关上述义务。

(三) 专属经济区与大陆架制度的成形及内容比较

从上述分析,可以得出以下几点意见:第一,在两制度成形的时间上,大陆架制度的成形(1958 年)先于专属经济区制度(1982 年)约 24 年;如果从两制度的条约生效年份来看,则大陆架制度较专属经济区制度早 30 年。第二,从两制度的范围与空间来看,在范围上,专属经济区制度管辖从领海基线量起 200 海里内

[①] [日] 小田滋:《注解联合国海洋法公约》(上卷),有斐阁 2002 年版,第 187—188 页;朱晓青主编:《国际法》,社会科学文献出版社 2005 年版,第 147—148 页。

[②] 参见《公约》第 283 条第 1 款。

[③] 参见 R. R. Churchill and A. V. Lowe, *The Law of the Sea*, Third Edition, Manchester University Press, 1999, p.191. 例如,《公约》第 74 条第 4 款规定,如果有关国家间存在现行有效的协定,关于划定专属经济区界限的问题,应按照该协定的规定加以决定。

[④] 参见 R. Lagoni, "Interim Measures Pending Maritime Delimitation Agreements", *American Journal of International Law*, Vol.78, 1984, p.364。

的自然资源,即主要管制其生物资源,采纳了"距离标准";而大陆架管辖最远至350海里或2500米等深线外100海里内的非生物资源,采纳了陆地支配海洋原则的"自然延伸标准"和"距离标准",可见,大陆架制度管辖的海底范围比专属经济区制度宽广。在空间上,专属经济区的管制对象涉及海域的水体及其海床和底土,而大陆架只管制大陆架的海床及其底土,可见,专属经济区制度规范的对象更为丰富。第三,从两制度的实施来看,专属经济区的设立需要国家宣布,即需要相关明示行为予以实现;而大陆架属国家固有的,尤其是200海里内的大陆架,不需要国家的明示行为。例如《公约》第77条第3款。

二、专属经济区与大陆架制度的法律地位及权利基础比较

(一) 关于对专属经济区的法律地位的意见或主张

在第三次联合国海洋法会议上,国际社会对专属经济区的法律地位的争论,主要存在以下几种观点。第一种观点认为,200海里经济水域应受沿海国的完全管辖,旨在扩张国家管辖范围,主要代表性国家为巴西、阿根廷、巴拿马、秘鲁等,所谓的"国家领域说"。第二种观点认为,沿海国应对邻接领海属于公海区域的200海里经济水域具有一定的优先权或特别权限,旨在维持传统的公海自由原则,主要代表性国家为苏联和日本,所谓的"优先权限说"。第三种观点认为,200海里经济水域应具有特别的性质,主张其为既不同于领海,又不同于公海的海洋空间,并应创设新的法律制度,主要代表性国家为肯尼亚,所谓的"经济水域说"。[①] 后经协商,在第三次联合国海洋法会议上,达成了以下几点共识:200海里经济水域不是沿海国的领海;仅为管辖与资源和经济活动有关的专属性水域;各国专属经济区的设定,不影响他国在该区域内的船舶的航行自由与权利。[②] 最后,各国达成合意,将专属经济区制度规定在《公约》的第五部分。从相关规定可以看出,《公约》采纳了"经济水域说",并创设了新的海洋空间及其法律制度——专属经济区制度。例如,《公约》第55条规定,专属经济区是领海以外并邻接领海的一个区域;第86条规定,本部分的规定(公海)适用于不包括在国家的专属经济区、领海或内水或群岛国的群岛水域内的全部水域,本条规定并不使各国按

---

① [日] 水上千之:《专属经济区制度》,有信堂2006年版,第42—43页。
② [日] 中村光:《专属经济区的法律性质》,《法学教室》第34期(1983年7月),第16页。

照第58条规定在专属经济区内所享有的自由受到任何减损。

(二) 关于大陆架法律地位的基础

根据《公约》关于大陆架的规定,沿海国为勘探大陆架和开发其自然资源的目的,对大陆架享有主权权利。这一权利是专属的,即如果沿海国不勘探大陆架或开发其自然资源,任何人未经沿海国明示同意,均不得从事这种活动;而且沿海国对大陆架的权利也不取决于有效或象征性的占领或任何明文公告。[①] 沿海国对大陆架享有的主权权利,主要基于大陆架是沿海国对其享有主权的陆地领土在海下的延伸这一自然事实。但是,它不同于主权,而是专为勘探大陆架和开发其自然资源的目的而行使的权利,具体包括沿海国在大陆架上进行钻探的专属权,在大陆架建造和使用人工岛屿、设施和结构的专属权和开凿隧道以开发底土的权利。即沿海国拥有为开发和利用大陆架的自然资源所必要的和与此有联系的一切权利。[②] 另外,应指出的是,沿海国对大陆架的权利,不影响大陆架上覆水域或水域上空作为专属经济区或公海或公空的法律地位。具体表现为,在200海里范围内,大陆架的上覆水域及水域上空应适用《公约》专属经济区制度,而在200海里以外的大陆架上覆水域和水域上空,则应适用公海制度。

(三) 关于专属经济区与大陆架制度的权利基础比较

从以上分析可以认为,关于专属经济区与大陆架的权利基础或根据是不同的。

沿海国对专属经济区的权利的根据是国际条约,即《公约》第五部分的规定(第55—75条),按其规定,沿海国有权对其专属经济区内的生物和非生物资源行使主权权利,以及对于人工岛屿、设施和结构的建造和使用,海洋科学研究、海洋环境的保护和保全的管辖权。沿海国在行使这些权利时,应适当顾及其他国家的权利和义务。而对于专属经济区海床和底土的权利,应按照规定大陆架制度的《公约》第六部分的规定行使。[③] 换言之,沿海国对专属经济区的权利来自国际条约,而不是它所固有的,可以因国际安排(例如,条约)的变更而变更。

然后,沿海国对大陆架的权利则来自事实,而不是条约。例如,国际法院在北海大陆架案的判决中指出,大陆架区域是沿海国陆地领土向海和海下的自然

---

① 王铁崖主编:《国际法》,法律出版社2004年版,第198页。参见《公约》第77条第1—3款。
② 朱晓青主编:《国际法》,社会科学文献出版社2005年版,第149—151页。
③ 参见《公约》第56条。

延伸;沿海国对大陆架的权利系基于沿海国对陆地的主权,它的存在是根据事实从开始就有的,这是一种固有权利,它的存在可以被宣告,但不需要被构成。① 可见,沿海国对大陆架的权利,不因国际条约是否作了规定或者有所变更而受到影响。显然,从两个制度的权利基础可以看出,一国是不能用它对于专属经济区的权利来对抗另一国对于大陆架的权利的。

三、专属经济区与大陆架制度的权利内涵比较

关于专属经济区和大陆架制度的权利,主要包括沿海国的权利和其他国家在该海域的权利两个方面。

(一) 沿海国和其他国家在专属经济区内的权利

1. 沿海国在专属经济区内的权利

沿海国在专属经济区内的权利基本上是与自然资源和经济活动有关的权利,主要包括:(1) 对勘探和开发、养护和管理海床和底土及其上覆水域的自然资源,不论为生物资源或非生物资源,有主权权利,以及对在该区域内从事经济性开发和勘探有主权权利;这些权利是沿海国的专属权利,未经沿海国同意,其他国家不得进行开发和勘探。(2) 对《公约》规定的下列事项具有管辖权:人工岛屿、设施和结构的建造和使用;海洋科学研究;海洋环境的保护和保全。(3) 沿海国享有《公约》规定的其他权利和义务,以及在专属经济区内行使自己的权利和义务时,应适当顾及其他国家的权利和义务,并应以符合《公约》规定的方式行事。

2. 其他国家在专属经济区内的权利

其他国家在专属经济区内的权利和义务,主要是:航行和飞越自由,铺设海底电缆和管道的自由,以及与这些自由有关的海洋其他国际合法用途,在行使这些权利时,应适当顾及沿海国的权利和义务,并应遵守沿海国所制定的与《公约》不相抵触的法律和规章。

(二) 沿海国和其他国家在大陆架上的权利

1. 沿海国在大陆架上的权利

这主要是:沿海国对勘探大陆架和开发其自然资源拥有主权权利,且其是专

---

① 参见《公约》第76条第1款、第77条。

属性的;沿海国有授权和管理为一切目的在大陆架上进行钻探的专属权利;沿海国对大陆架的权利基于事实,并不取决于有效或象征的占领或任何明文公告;沿海国有在大陆架上建造和使用人工岛屿、设施和结构的专属权以及开凿隧道以开发底土的权利;沿海国对大陆架的权利,不影响大陆架上覆水域或水域上空作为专属经济区或公海或公空的法律地位;沿海国对大陆架权利的行使,绝不得对航行和本公约规定的其他国家的其他权利和自由有所侵害,或造成不当的干扰。

2. 其他国家在大陆架上的权利

根据《公约》关于大陆架制度的规定,所有国家都有在大陆架上铺设海底电缆和管道的权利,沿海国除为了勘探大陆架,开发其自然资源和防止、减少和控制管道造成的污染有权采取措施外,不得对海底电缆和管道的铺设或维持加以阻碍;各国在大陆架上铺设海底电缆和管道,应遵守沿海国对进入其领土或领海的电缆或管道订立的条件,并适当顾及已经铺设的电缆和管道,特别是不应使现有电缆和管道的修理受到妨碍;管道路线的划定须经沿海国同意。

(三) 专属经济区与大陆架制度的权利比较

从《公约》专属经济区制度关于沿海国在该海域内的权利规定可以看出,沿海国的权利包括主权权利、管辖权和权利等种类。关于主权权利的性质,即未经沿海国的同意或许可,其他国家就不能在专属经济区内进行相关活动,其具有专属性或排他性。关于沿海国的管辖权,主要为对人工岛屿、设施和结构的建造和使用,海洋科学研究,海洋环境的保护和保全的管辖权。关于沿海国的权利,只要为与资源、经济活动有关的权利,沿海国在行使这些权利时,必须适当顾及其他国家的权利,并应以符合本公约规定的方式行事。从沿海国在专属经济区内的权利种类与位阶可以看出,专属经济区是一种介于领海与公海间性质的海域,具有混合或复合水域(hybrid & compound zone)的法律地位或性质。

而沿海国在大陆架内的权利,则主要具有专属性和固有性。关于专属性,即如果沿海国不勘探大陆架或开发其自然资源,任何人未经沿海国明示同意,均不得从事这种活动。换言之,它排除了任何其他国家和个人未经有关沿海国的同意,勘探大陆架或开发其自然资源的可能性。关于固有性,即沿海国对勘探大陆架和开发其自然资源的权利是固有的,不取决于有效或象征性地占领或任何明文公告。换言之,沿海国对其大陆架拥有的权利,已被国际法确认,无须通过传统国际法所谓的有效或象征占领领土或权利取得方式,也不取决于各国颁布法律或命令一类的单方面宣告。

四、专属经济区与大陆架制度的关系及划界要素比较

如上所述,关于专属经济区与大陆架的划界应适用的原则之争,为第三次联合国海洋法会议上的重大争议问题之一。《公约》最终将关于专属经济区和大陆架的划界作了统一规定,具体规定在《公约》的第 74 条和 83 条。

(一)关于专属经济区与大陆架的关系问题

国际社会关于专属经济区与大陆架的关系问题,主要存在以下观点。

1. 吸收说

有学者认为,《公约》建立的专属经济区制度已吸收了大陆架制度,大陆架制度已被纳入专属经济区制度,但这种观点并不是主流的学说,一般被否定。[1] 即使在第三次联合国海洋法会议上,有国家代表提出并认为,大陆架的法律内容已被专属经济区的法律概念所吸收,所以在专属经济区制度达成协议的情况下,就没有必要保留大陆架概念并规范大陆架制度了,但这种观点遭到多数与会国代表的坚决反对。会议肯定了大陆架作为一个独立的法律概念的存在,并在《公约》第六部分对大陆架制度作了详细的规定。另外,国际法协会的专属经济区委员会在 1986 年的年度报告中指出,虽然 200 海里内的大陆架最终有可能被专属经济区包含,但现阶段还不能断定并认为该现象已经发生。[2] 国际法院在 1985 年的利比亚/马耳他大陆架案的判决中指出,大陆架的概念并没有被专属经济区的概念所吸收。[3] 可见,大陆架已被专属经济区所吸收的观点是错误的。

2. 独立说或平行说

有多数学者认为,大陆架和专属经济区是不同的制度,它们是互相调整而存在的。专属经济区和大陆架应是两种不同而独立的制度,专属经济区制度侧重规制生物资源,包括渔业资源和与经济有关的开发活动,而大陆架制度侧重规制非生物资源。笔者认为,两制度的区别,主要体现在以下方面:(1)设立目的不同。设立大陆架制度的主要目的为开发海底的矿物资源,起初并不与海底的法律地位直接有关,其仅侧重于沿海国对处于公海的矿物资源的勘探开发行使管辖权;而设立专属经济区制度的基本目的,意在保留沿海国对渔业资源的开发行

---

[1] [日]水上千之:《专属经济区制度》,有信堂 2006 年版,第 77 页。
[2] 参见 International Law Association, *Report of the Sixty-Second Conference*, Seoul, 1986(1987), p.332。
[3] 参见 *ICJ Reports*, 1985, p.33, para. 33。

使管辖权,即侧重于与经济有关的活动行使管辖。(2)法律基础不同。沿海国对大陆架的权利不依据于它对大陆架的占领或宣布,而是根据存在的事实;而沿海国对专属经济区的权利则不同,除非沿海国宣布对专属经济区的主张,否则该海域仍为公海。即沿海国对大陆架的权利是固有的,而对专属经济区的权利依据为国际条约,并要有一定的宣示行为。(3)管辖范围不同。200海里为专属经济区的最大范围,而其却是大陆架的最小范围,大陆架范围最远可达350海里或2 500米等深线外100海里。(4)权利内涵不同。沿海国在专属经济区内的主权权利涉及生物资源和非生物资源,包括水体和海床及其底土;而沿海国在大陆架的主权权利仅限于海床和底土的矿物资源和非生物资源,以及属于定居种的生物。

同时,专属经济区和大陆架制度又是有联系的,主要为:(1)关于海床和底土的权利问题,例如,《公约》第56条第3款规定,沿海国在专属经济区内关于海床和底土的权利,应按照大陆架制度的规定行事。可见,对于海床和底土的权利,大陆架制度优先于专属经济区制度。(2)在关于大陆架定义的《公约》第76条第1款中,规定沿海国的大陆架如果宽度不到200海里时,则可扩展到200海里的距离,其引入了专属经济区的200海里距离标准。(3)关于大陆架上的人工岛屿、设施和结构,《公约》第80条规定,专属经济区制度中的第60条比照适用于大陆架上的人工岛屿、设施和结构。(4)关于倾倒造成的污染及其执行,《公约》第210条和第216条的规定,同样适用于专属经济区和大陆架,即将专属经济区和大陆架当成了相同的规制对象。由上可以看出,专属经济区和大陆架制度的联系主要为调整或协调两者的关系,根本不同于两者的区别。

可见,专属经济区和大陆架制度是各自独立的,不可替换。两制度的区别还体现在海域划界应考量的要素上。

(二)专属经济区与大陆架划界应考量的要素比较

尽管《公约》第74条和第83条未规定具体的专属经济区和大陆架划界应考量的要素,但从国际法院和仲裁的判决中,可以认为,以下因素是法院或仲裁庭重点考虑的。

关于专属经济区的划界,考量的要素主要为:鱼种的分布与存量状况,过去的捕鱼业绩,沿岸的地理、经济和社会状况,等等;而不重视地质、地形要素,只重视海岸线的长度、岛屿的存在、比例等方面的地理要素,以及争端当事国的行为和第三国的行为。① 与此相对照,在划分大陆架的界限时,法院或仲裁庭在划界时主要考虑的要素是:地理因素,包括自然延伸、海岸形状、海岸线的长度、岛屿的位置与性质;地质和地形上的要素,包括重大海床形体的改变;矿床的统一性、第三国的利益等因素。可见,专属经济区界线的划定主要依据经济因素,而大陆架界线的划定主要依据地质、地理和地形、自然资源尤其是非生物资源的结构和构造。显然,其符合设立专属经济区和大陆架制度的初衷。

(三)专属经济区与大陆架划界解决路径——临时安排

上文言及,《公约》因引入了专属经济区和大陆架制度,国际社会存在多个海域划界问题,其未凸显的要因之一为实际冲突未发生或利益冲突未实际化所致。应该说,有关国家达成最后海域划界协议是最好的方法,但由于历史、政治、经济和社会等方面的复杂原因,多数划界争议很难在短期内达成最后划界协议。为此,《公约》规定了延缓争议升级、临时处理划界争议的方法——临时安排,而临时安排中的共同开发应是各方选择的有效解决方法之一,并在国家实践中得到了应用和发展。例如,《公约》第83条第3款规定,在达成划界协议以前,有关各国应基于谅解和合作的精神,尽一切努力作出实际性的临时安排,并在此过渡期间内,不危害或阻碍最后协议的达成,这种安排应不妨碍最后界限的划定。由此可以看出,尽管"共同开发"未在该条款中显现,但显然"临时安排"包括"共同开发",且"共同开发"是"临时安排"的重要形式之一,并具有国际法基础。②

结合《公约》第83条或第74条和《公约》第123条的规定,③有关国家为达成海域划界的最后协议或临时安排,主要应遵行以下几项义务:一是诚实履行磋商义务。即双方或多方应通过对话、谈判等方法,协商解决与缩小争议分歧,互通信息,需诚意履行使磋商有效的义务。二是避免争议升级义务。即要求有关国家面对争议现状,不要采取单方面的行为和措施,保持克制,避免争议进一步升级。三是推进磋商成果义务。即在磋商中,各方应承担为推进协议达成而努力

---

① [日]小田滋:《注解联合国海洋法公约》(上卷),有斐阁2002年版,第243页;[日]水上千之:《专属经济区制度》,有信堂2006年版,第257—264页。
② 参见[日]三好正弘:《再评联合国海洋法公约体制下的共同开发》,《法学研究》第75卷第2期(2002年),第89—94页。同时,"共同开发"也得到国际法院的认可。例如,国际法院在北海大陆架案中认为,大陆架划界可通过协议解决,或达不成协议时可通过公平划分重叠区域,或通过共同开发的协议解决。参见 ICJ Reports, 1969, p.53。另外,国际法院法官在突尼斯/利比亚案(1982年)判决中也认为,共同开发是解决海洋边界争端的一个公平的替代方法。
③ 例如,《公约》第123条规定,闭海或半闭海沿岸国在行使和履行本公约所规定的权利和义务时,应互相合作。为此目的,这些国家应尽力直接或通过适当区域组织:(1)协调海洋生物资源的管理、养护、勘探和开发;(2)协调行使和履行其在保护和保全海洋环境方面的权利和义务。

的义务,坚持互谅互让,稳步推进磋商成果。四是加强合作交流义务。即为最后达成协议或阶段性共识或合意,各方应加强合作与交流,并遵守达成的共识。

五、结　语

综上所述,可以得出如下结论:专属经济区和大陆架制度因设立的目的、权利基础、范围和内涵等方面的不同,它们是两个不同而独立的制度,不可替换。简言之,专属经济区设立的目的,主要为规制生物资源的开发和与经济有关的活动;而大陆架制度设立的目的,主要为规制海床及其底土的矿物资源的开发活动。同时,在对专属经济区和大陆架的重叠区域进行划界时,法院或仲裁庭考量的要素也是各有侧重的;在为最后达成划界协议和缔结临时安排(包括共同开发制度)时,要求有关各国进行充分的合作与磋商,并遵行相关义务,避免争议进一步升级。

专属经济区内军事活动问题与国家实践

进入21世纪以来,特别自2006年7月20日起,中国海监对我国管辖海域实施维权巡航执法以来,已发现多起外国船舶(军事船舶)在我国专属经济区内从事调查或测量(军事)活动的事件,严重影响了我国的海洋安全乃至国家安全。[①]

综合规范军事活动问题的《联合国海洋法公约》(以下简称《公约》)中的专属经济区制度无论在理论上还是在实践上,均存在不同的意见和国家实践。在理论上,主要表现在两个方面:第一,专属经济区内沿海国和其他国家的权利和管辖权未具体化,从而对特定活动的管辖权产生归属争议。第二,专属经济区制度内的权利和管辖权没有全部分配给具体的国家。尽管《公约》意识到了沿海国和其他国家之间会产生针对权利和管辖权的冲突,并规定了解决的原则(例如,《公约》第59条),那么未分配权利和管辖权的活动是什么内容呢?而涉及上述两个方面的问题的最典型的事例就是专属经济区内的军事活动问题。[②]

为此,有必要研究船舶(军事船舶)在专属经济区内从事海洋科学研究(包括调查或军事活动)的法制、国家实践以及具体的应对措施,以维护我国海洋权益,保障国家海洋安全。

一、专属经济区法律地位阐释

目前,国际社会综合规范海洋问题的法律为《公约》。《公约》的重要制度之

---

① 例如,2001年4月1日中美在海南岛的撞机事件,美国海军测量船"鲍迪奇"号在中国黄海专属经济区内的测量活动。2009年3月8日,美国海军"无瑕"号船舶在南海的我国专属经济区内进行的军事测量或调查活动,引发了对峙。2009年5月1日,美国海军监测船"胜利"号未经许可在我国黄海的专属经济区从事军事测量活动。针对2009年的上述两次活动,我国外交部严正指出,美国海军船舶的有关活动违反国际法和中国法律法规规定,中方对此表示关切,并要求美国采取措施避免再次发生类似事件。参见http://www.gov.cn/gzdt/2009-05/06/content_1306112.htm,2009年5月7日访问。

② 参见[日] 林司宣:《现代海洋法的成形与课题》,信山社2008年版,第203—204页。

一是设立了专属经济区制度。而在制订《公约》的第三次联合国海洋法会议上,关于专属经济区的法律地位问题的争论,主要有以下三种观点:

第一种观点认为,200海里经济水域应受沿海国的完全管辖,旨在扩张国家管辖范围,主要代表性国家为巴西、阿根廷、巴拿马、秘鲁等,所谓的"国家领域说"。

第二种观点认为,沿海国应对邻接领海属于公海区域的200海里经济水域具有一定的优先权或特别权限,旨在维持传统的公海自由原则,主要代表性国家为苏联和日本,所谓的"优先权限说"。

第三种观点认为,200海里经济水域应具有特别的性质,主张其为既不同于领海,又不同于公海的海洋空间,并应创设新的法律制度,主要代表性国家为肯尼亚,所谓的"经济水域说"。[1]

此后在第三次联合国海洋法会议上,达成了以下主要共识:200海里经济水域不是沿海国的领海;仅为管辖与资源和经济活动有关的专属性水域;各国专属经济区的设定,不影响他国在该区域内的船舶的航行自由与权利;等等。[2] 最后各国经协商达成合意,同意将专属经济区制度规定在《公约》的第五部分。从其规定可以看出,《公约》采纳了"经济水域说",并创设了新的海洋空间及其法律制度——专属经济区制度。例如,《公约》第55条规定,专属经济区是领海以外并邻接领海的一个区域;第57条规定,专属经济区从测算领海宽度的基线量起,不应超过200海里;第86条规定,本部分的规定(公海)适用于不包括在国家的专属经济区、领海或内水或群岛国的群岛水域内的全部水域,本条规定并不使各国按照第58条规定在专属经济区内所享有的自由受到任何减损。[3] 可见,专属经济区是一种介于领海与公海之间性质的海域,具有混合或复合水域(hybrid & compound zone)的法律地位或性质。[4] 专属经济区的上述性质,还体现在沿海国和其他国家在专属经济区内的权利上。

第一,沿海国在专属经济区内的权利。沿海国在专属经济区内的权利基本上是与自然资源和经济活动有关的权利,主要包括:(1)对勘探和开发、养护和

---

[1] [日]水上千之:《专属经济区制度》,有信堂2006年版,第42—43页。
[2] [日]中村光:《专属经济区的法律性质》,《法学教室》第34期(1983年7月),第16页。
[3] 《公约》第58条第1款规定,在专属经济区内,所有国家,不论沿海国或内陆国,在本公约有关规定的限制下,享有第87条所指的航行和飞越的自由,铺设海底电缆和管道的自由,以及与这些自由有关的海洋其他国际合法用途,诸如同船舶和飞机的操作及海底电缆和管道的使用有关,并符合本公约其他规定的那些用途。
[4] 参见[日]中村光:《专属经济区的法律性质》,《法学教室》第34期(1983年7月),第18页。

管理海床和底土及其上覆水域的自然资源,不论为生物资源或非生物资源,有主权权利,以及对在该区域内从事经济性开发和勘探有主权权利;这些权利是沿海国的专属权利,未经沿海国同意,其他国家不得进行开发和勘探。(2) 对《公约》规定的下列事项具有管辖权：人工岛屿、设施和结构的建造和使用;海洋科学研究;海洋环境的保护和保全。(3) 沿海国享有《公约》规定的其他权利和义务,以及在专属经济区内行使自己的权利和义务时,应适当顾及其他国家的权利和义务,并应以符合《公约》规定的方式行事。①

第二,其他国家在专属经济区内的权利。其他国家在专属经济区内的权利和义务,主要为：航行和飞越自由,铺设海底电缆和管道的自由,以及与这些自由有关的海洋其他国际合法用途,在行使这些权利时,应适当顾及沿海国的权利和义务,并应遵守沿海国所制定的与《公约》不相抵触的法律和规章。②

尽管专属经济区具有公海的性质,但《公约》对于其他国家在专属经济区内的调查活动尤其是军事活动问题,并未作明确规定。《公约》只存在一条预备性或原则性的规定,例如,《公约》第 59 条规定,在本公约未将在专属经济区内的权利或管辖权归属于沿海国或其他国家,而沿海国和任何其他一国或数国之间的利益发生冲突的情形下,这种冲突应在公平的基础上参照一切有关情况,考虑到所涉利益分别对有关各方和整个国际社会的重要性,加以解决。而在实践中,由于该规定的原则性,实际无法操作适用,在国家间存在争议。

二、专属经济区内海洋科学研究与军事活动的关系

由于《公约》未对军事活动作出明确规定,也没有出现军事活动的术语,因此,在《公约》体系中,应从海洋科学研究方面的相关内容入手予以解析,并寻找相关依据。

(一) 关于海洋科学研究方面的内容

其内容规定在《公约》的第十三部分(第 238—265 条)。《公约》不仅规定了所有国家有权进行海洋科学研究,而且规定了国家进行海洋科学研究的具体原则。关于专属经济区内的海洋科学研究内容,《公约》第 238 条规定,所有国家,

---

① 参见《公约》第 56 条、第 60 条。
② 参见《公约》第 58 条。

不论其地理位置如何,以及各主管国际组织,在本公约所规定的其他国家的权利和义务的限制下,均有权进行海洋科学研究。《公约》第246条第1款规定,沿海国在行使其管辖权时,有权按照本公约的有关条款,规定、准许和进行在其专属经济区内或大陆架上的海洋科学研究;第2款规定,在专属经济区内和大陆架上进行海洋科学研究,应经沿海国同意;第3款规定,在正常情形下,沿海国应对其他国家或各主管国际组织按照本公约专为和平目的和为增进关于海洋环境的科学知识以谋全人类利益,而在其专属经济区内或大陆架上进行的海洋科学研究计划,给予同意。① 从上述关于海洋科学研究的目的可以看出,其他国家在他国专属经济区内进行海洋科学研究的调查结果应予以公开,否则很难达到增进海洋环境科学知识以谋全人类利益之目的。同时,从上述内容也可以看出,《公约》关于海洋科学研究的同意制度确保了其他国家在沿海国专属经济区内无法从事海洋科学研究名义以外的活动,也赋予了沿海国对是否为海洋科学研究活动进行判断的权限。

关于国家进行海洋科学研究的具体原则内容,《公约》第240条规定,国家进行海洋科学研究时应适用下列原则:专为和平目的而进行的原则;应以符合本公约的适当科学方法和工具进行的原则;不应对符合本公约的海洋其他正当用途有不当干扰,而这种研究在上述用途过程中应适当地受到尊重的原则;应遵守依照本公约制定的一些有关规章,包括关于保护和保全海洋环境的规章的原则。

实际上,在传统的海洋法领域,海洋科学研究的开始与实施原则上是自由的,沿海国只对特定事项具有管辖权。尤其在第一次世界大战后,随着海洋科学研究活动的兴起,发展中国家为保护自国近海岸天然资源的勘探和开发不被发达国家所占有或支配,力图对海洋科学研究活动进行管辖和限制。沿海国对海洋科学研究的性质、目的及实施场所等进行限制或否定始于第一次联合国海洋法会议制订的《大陆架公约》(1958年)。例如,《大陆架公约》第2条规定,沿海国为勘探和开采自然资源的目的,对大陆架行使主权权利;且这种权利是专属性的。第3条规定,沿海国对大陆架的权利不影响上覆水域作为公海的法律地位,也不影响此项水域上空的法律地位。从上可见,传统的海洋科学研究活动自由已受到限制,且对其的限制只限于对大陆架的海洋科学研究活动。换言之,《大

---

① 同时,《公约》第246条第5款规定了沿海国不同意海洋科学研究计划的情形,具体为:与生物或非生物自然资源的勘探和开发有直接关系;涉及大陆架的钻探、炸药的使用或将有害物质引入海洋环境;涉及人工岛屿、设施和结构的建造、操作或使用;含有关于海洋科学研究计划的性质和目标不正确情报,或如进行研究的国家或主管国际组织由于先前进行研究计划而对沿海国负有尚未履行的义务。

陆架公约》对同一海域(海上和海底)的海洋科学研究采取了不同的制度,即对大陆架上部水域的海洋科学研究实行公海自由原则,对大陆架本身(海床和底土)的海洋科学研究实行沿海国同意的原则。[1]

同时,《大陆架公约》根据海洋科学研究的性质将海洋科学研究分为两类。第一类为单为科学目的进行的基础海洋学研究,即纯海洋科学研究;第二类为以勘探和开发大陆架资源为经济目的具有实用性的海洋科学研究,且要求不同。具体为,对于纯海洋科学研究,要求其以公开发表结果为目的才能以公海自由原则进行海洋科学研究;而对于实用性的海洋科学研究,应得到沿海国的同意。[2] 对大陆架的物理或生物特征进行纯科学的研究,沿海国家在通常情形下不应拒绝同意;而对于进行实用性海洋科学研究的申请,沿海国是否同意则有很大的自由决定权。对此,国际科学界对上述规定存在意见。[3] 另外,《大陆架公约》没有规定纯科学研究概念的认定标准,在合格机构中是否包括从事海洋科学研究的军舰、情报舰艇及政府船舶等,《大陆架公约》也未作明确规定。在北海大陆架划界案中,国际法院指出,从《大陆架公约》第5条第8款并不是国际习惯法的结论可以看出,沿海国对于他国的军事活动申请具有决定权。[4] 而沿海国对他国在自国专属经济区内进行军事活动的担忧,主要表现在以下两个方面。

第一,经济上的担忧。首先,沿海国虽可对申请计划的事先通报、有派员参加科学研究等权利,但即使是与商业性的勘探活动并未直接有关的纯海洋科学研究活动,沿海国也应关注相关的预防措施;其次,即使是善意的科研活动,如果经调查公布相关海洋天然资源的情报和数据后,其他外国的政府和企业就会提出进一步勘探的要求;再次,如果沿海国不能确保调查的成果,就会对自国的经济开发计划、资源管理的主权权利造成侵害。因此,沿海国为防止海洋科学研究活动引发的上述潜在性危害,要求在《大陆架公约》中对调查国实施的海洋科学研究活动应规定保障措施,并认为其是不可缺少的。

第二,军事上的担忧。如果外国的军舰及政府船舶为收集有利于军事活动作战的沿海国的科学情报、为配备探测和损坏沿海国的潜水艇及其他军事设施

---

[1] 参见[日]山本草二:《关于在专属经济区与大陆架的海洋科学研究有关的国内法制比较》,载日本国际问题研究所编:《关于各国国内法制应对在专属经济区与大陆架进行海洋科学研究的调查报告》(内部资料),2000年1月,第2—3页。
[2] 参见《大陆架公约》第5条第1款、第8款。
[3] 参见《大陆架公约》第5条第8款;参见 De Marffy, A., Marine Scientific Research, in *A Handbook on the New Law of the Sea*, Vol.2 (1991), pp.1128-1129。
[4] 参见 *ICJ Reports* 1969, para.65。

的活动状况,通过军事活动就会对沿海国的国内秩序造成破坏。①

因此,沿海国不会轻易同意他国船舶在自国专属经济区内进行广义的海洋科学研究活动的申请。

(二) 关于海洋科学研究的内涵及与军事活动的关系

在《公约》制定过程中,关于海洋科学研究问题的争论,主要存在以下两种观点:

第一种观点认为,鉴于海洋科学研究活动与资源开发的权利紧密关联,应不分海洋科学研究活动的目的与区别,统一实施由沿海国事先同意的制度,所谓的发展中沿海国的主张。

第二种观点认为,继续维持《大陆架公约》的两种制度,即对于基础海洋学研究活动仍坚持自由原则,只要向沿海国通报即可,而对于实用性的海洋科学研究活动需得到沿海国的同意,所谓的希望实施相关调查活动的发达国家为中心的主张。

与上述两种主张相关联,在第三次联合国海洋法会议上,关于海洋科学研究活动的提案有以下四种。

(1) 对于所有海洋调查活动都需得到沿海国的明确同意的方案,主要代表性国家为巴西、厄瓜多尔、印度、肯尼亚、巴基斯坦、秘鲁、坦桑尼亚等。

(2) 原则坚持沿海国的同意原则,但沿海国通常应认可不拒绝同意的其他情形,主要代表性国家为阿根廷、哥伦比亚、委内瑞拉。

(3) 对纯海洋科学研究活动坚持自由,与资源有关的科学研究活动以通报为原则,主要代表性国家为美国、意大利、荷兰、德国,以及内陆国和地理不利国等。

(4) 与资源的勘探和开发直接有关的海洋调查活动,适用同意制度,主要代表性国家为澳大利亚、墨西哥、苏联。

鉴于专属经济区既不是领海,也不是公海的特殊地位,以及沿海国对其天然资源的勘探和开发具有主权权利的特点,在理论上沿海国对海洋调查活动进行规制应该是允许的。此后,第三次联合国海洋法会议对上述的(2)、(4)提案作了调整,后成了《公约》第十三部分的内容。《公约》关于专属经济区内海洋科学研究活动的规定,主要有以下特点:

---

① 当然,除上述两个主要方面的担忧以外,沿海国还有因海洋科学研究活动中的挖掘、爆炸物的使用,以及构建与使用相关结构物等对沿海国管辖海域带来的环境影响方面的担忧。参见 G. Knight and H. Chiu, *The International Law of the Sea: Cases, Documents and Readings* (1991), pp.760-761。

一是附带条件的同意特点。例如,《公约》第 246 条第 1、2 款规定,沿海国在行使其管辖权时,有权规定、准许和进行在其专属经济区内的海洋科学研究;其他国家在专属经济区内进行海洋科学研究,应经沿海国同意。同时,《公约》第 246 条第 5 款规定了沿海国拒绝同意他国在沿海国专属经济区内进行海洋科学研究计划的条件。可见,《公约》对于海洋科学研究活动,沿海国在适用同意原则的同时,还规定了沿海国判定海洋科学研究计划的附带限制条件。

二是默示同意特点。《公约》第 252 条规定,各国或各主管国际组织向沿海国提供必要情报之日起 6 个月后,如果沿海国不采取相应的措施,则该国或国际组织可开始进行海洋科学研究计划。

三是有利于沿海国管辖的特点。例如,《公约》第 253 条第 1 款规定,沿海国应有权要求暂停在其专属经济区内正在进行的任何海洋科学研究活动;第 2、3 款规定,如果研究计划或研究活动作重大改动,或研究活动所设想的任何情况在合理期间内仍未得到纠正,则沿海国应有权要求停止任何海洋科学研究活动。可见,沿海国可通过本国对研究活动或计划的认定,具有要求研究活动暂停或停止的权利。

四是规定了争端解决的程序。尽管《公约》规定了关于海洋科学研究的争端解决程序,例如,《公约》第 264 条规定,关于海洋科学研究的规定在解释或适用上的争端,应按照第十五部分(争端的解决)第 2 节和第 3 节解决。但由于最易引起争端的事项(沿海国按照第 246 条行使权利或斟酌决定权;沿海国按照第 253 条决定命令暂停或停止一项研究计划)不属于争端解决程序的范围,因此,实际上是不利于进行海洋科学研究计划的国家或国际组织的。同时,在按照第十五部分解决争端前,获准进行海洋科学研究计划的国家或主管国际组织,未经有关沿海国明示同意,不应准许开始或继续进行研究活动。[①] 显然,上述条款规定的内容,也是有利于沿海国的。

换言之,《公约》由于设立了专属经济区制度,致使沿海国管辖海域增大;同时,也引发了在专属经济区内从事海洋科学研究的争论。而从《公约》规定了沿海国对海洋科学研究实施同意原则的内容可以看出,《公约》扩大了沿海国的管辖权。

应注意的是,在对《公约》的海洋科学研究的解释或适用上,引起争论的问题之一是,为军事目的的活动,即军事活动问题,是否属于海洋科学研究活动的范

---

① 参见《公约》第 265 条。

围,是否应受到沿海国的管辖问题。因为,根据《公约》第 95、96 条和第 58 条第 2 款的规定,军舰、专用于政府非商业性服务的船舶从事军事目的的测量或调查活动时,具有完全的豁免权。

对此,在第三次联合国海洋法会议上,关于专属经济区内的军事活动问题的争论,主要有以下两种观点。第一种观点,即一些国家代表认为,应在讨论的海洋法公约中对专属经济区内的军事活动问题作出正确的规定;第二种观点,即包括主要海洋国家在内的其他国家代表则认为,该问题应在军备控制及非核化的国际会议上讨论。① 最后,《公约》并未直接对专属经济区内的军事活动问题作出明确规定,而将有关问题放在和平利用的条款中。例如,《公约》第 301 条规定,缔约国在根据本公约行使其权利和履行其义务时,应不对任何国家的领土完整或政治独立进行任何武力威胁或使用武力,或以任何其他与《联合国宪章》所载国际法原则不符的方式进行武力威胁或使用武力。但由于《公约》中,未对"和平利用"的定义作出规定,因此,就产生了只要不属于《联合国宪章》第 2 条第 4 款范围的军事活动,就可以进行海洋科学研究活动的解释。②

另外,与上述问题有关联的条款为《公约》第 58 条。其第 1 款规定,在专属经济区内,所有国家,不论为沿海国或内陆国,在本公约有关规定的限制下,享有第 87 条所指的航行和飞越的自由,铺设海底电缆和管道的自由,以及与这些自由有关的海洋其他国际合法用途,诸如同船舶和飞机的操作及海底电缆和管道的使用有关的并符合本公约其他规定的那些用途。该条款的最后部分的自由,即三种传统自由以外的第四种自由,成了其他国家在沿海国的专属经济区内进行军事活动的根据。换言之,对该部分的解释,成了允许或禁止其他国家在沿海国的专属经济区内进行军事活动的理论根据。③

第一,允许派。主张在沿海国的专属经济区内可从事军事活动的学者(即允许派)认为,第 58 条的上述规定,是为了保障外国的空军与海军在专属经济区的作战行动而设立的,应是允许的;同时,对照第 58 条的起草过程,海军在专属经济区内的作战行动、演习、设置探测器具、空中侦察外国活动,以及收集军事情报等方面的活动,应属于第 58 条规定的用途;《公约》第 79 条第 5 款、第 98 条第 1

---

① 参见[日]水上千之:《专属经济区制度》,有信堂 2006 年版,第 102—103 页。
② 例如,《联合国宪章》第 2 条第 4 款规定,各会员国在其国际关系上不得使用威胁或武力,或以与联合国宗旨不符之任何其他方法,侵害任何会员国或国家之领土完整或政治独立。
③ 参见[日]水上千之:《专属经济区制度》,有信堂 2006 年版,第 103—104 页;[日]山本草二:《关于专属经济区与大陆架的海洋科学研究有关的国内法制比较》,载日本国际问题研究所编:《关于各国国内法制应对在专属经济区与大陆架进行海洋科学研究的调查报告》,2000 年 1 月,第 6—8 页。

款规定的内容,可被认为是海洋的军事利用或至少是其的一部分。① 因此,他们得出,其他国家在沿海国的专属经济区内进行军事活动根据第 58 条第 1 款的规定是允许的结论。

第二,禁止派。主张在沿海国的专属经济区内禁止军事活动的学者(即禁止派)认为,其他国家的军舰、军用飞机在沿海国的专属经济区内从事军事测量或实验活动,对生物资源或海洋环境带来损害,或者危害沿海国的设施、航行安全、科学研究活动的进行或其他关联利益时,沿海国具有要求上述活动停止以及要求他国遵守沿海国法令的权利;同时,沿海国可以缓用《公约》第 88 条的规定,对其认为是从事非和平利用的活动进行管辖;②再次,沿海国可根据《公约》第 301 条的规定,即认为他国在自国的专属经济区内的军事活动对自国的领土完整或政治独立构成威胁,或认为其军事活动违反《联合国宪章》规定的具体的国际法原则时,可以规制军事活动。

总之,尽管《公约》对他国在沿海国的专属经济区内的军事活动以及其是否属于海洋科学研究活动的范围,并不明确,但只要沿海国认为,该军事活动在军事上威胁了其安全,就可以以自卫权或保障国家安全为理由,利用国内相关法制对其实施管辖。同时,如上所述,对于因军事目的的调查活动引发的争端,在解决程序上是有利于沿海国的,即沿海国可以声明关于上述性质的争端,不接受强制管辖的程序;③对于他国要求进行海洋科学研究计划的申请,沿海国对申请作出的拒绝,他国寻求司法救济也是很困难的。

另外,从《公约》第 19 条第 2 款将进行研究或测量活动作为损害沿海国的和平、良好秩序或安全的一种活动处理的;第 21 条第 1 款规定,沿海国可对海洋科学研究和水文测量制定关于无害通过领海的法律和规章,可见,研究或测量活动范围比海洋科学研究和水文测量活动范围大,它包含了其他的调查或测量活动。同时,从海洋科学研究的目的可以看出,其调查结果需要公开;而进行军事活动的调查结果原则上是不公开的,似乎两者存在区别,但因军事活动损害沿海国的和平与安全,所以有些国家采用事前同意原则。

因此,可以认为,军事活动问题属于海洋科学研究活动的一部分,沿海国对

---

① 《公约》第 79 条第 5 款规定,铺设海底电缆和管道时,各国应适当顾及已经铺设的电缆和管道;特别是,修理现有电缆或管道的可能性不应受妨碍。《公约》第 98 条第 1 款规定,每个国家应责成悬挂该国国旗航行的船舶的船长,在不严重危及其船舶、船员或乘客的情况下,救助碰撞后的船舶。
② 例如,《公约》第 88 条规定,公海应只用于和平目的。
③ 例如,《公约》第 298 条第 1 款:一国可在任何时间,以书面声明对于关于军事活动,包括从事非商业服务的政府船只和飞机的军事活动的争端,不接受第二节(强制程序)规定的程序。

军事活动具有管辖权,应适用同意原则。这也可从一些具有代表性的国家的国内法制与国家实践中予以证实。

三、国际社会对待军事活动问题的立场与法制

由上可以看出,关于他国在沿海国专属经济区内的军事活动问题,沿海国具有很大的自由决定权,并可以利用国内法对他国的属于军事性质的活动予以管制,包括拒绝申请、暂停或停止活动计划等手段。为此,有必要阐述国际社会关于在专属经济区内进行海洋科学研究包括军事活动方面的相关政策立场与法制内容。

(一) 一些国家对待专属经济区军事活动问题的立场与法制

1. 美国

众所周知,美国迄今未加入《公约》。对于海洋科学研究问题,美国没有综合性的国内法制,其基本立场为,海洋科学研究以公海自由为原则。从美国 1983 年的《总统声明》、1988 年的《美国国务院于 1988 年 10 月 13 日发布的关于海洋科学研究的国家实践的备忘录》中可以看出,外国人或外国船舶如想在美国的专属经济区内从事海洋科学研究活动的话,美国认为,关于海洋科学研究活动并不需要得到美国政府的许可;而如果美国的研究机构,想在外国的大陆架、专属经济区内从事海洋科学研究活动的话,根据《美国科学研究船舶的国际实行守则》的规定,相关单位或机构需在 7 个月前向国务院提出申请。[①] 实际上,上述政策规定,是结合《公约》第 246 条第 2 款、第 248 条的内容调整的。其说明,美国为征得其他国家的同意,也需进行协商的国家实践。但应该注意的是,在上述的海洋科学研究活动中,美国认为,其范围不包括为勘探资源、制作海图进行的水文测量调查,以及不以科学目的为主的军事活动之类的调查活动,仅指传统意义上的学术上的海洋学及渔业科学调查活动。即美国认为,对于不包括军事活动在内的海洋科学研究活动,需征得沿海国的同意,而对于军事问题方面的调查活动,并不需要沿海国的同意,可以以公海自由原则进行。可见,美国意在混同海洋科

---

① 参见[日]安富洁:《美国的国内法制》,载日本国际问题研究所编:《关于各国国内法制应对在专属经济区与大陆架进行海洋科学研究的调查报告》,2000 年 1 月,第 64—68 页; L. R. Stevens, *Handbook for International Operation of U. S. Scientific Research Vessels*, University-National Oceanography Laboratory System, 1986。

学研究与军事活动的本质,坚持维持有利于自国的立场与权益。这也可从 2004 年 1 月 30 日美国海军指令内容得到证明。所谓的军事活动是指,在海洋和沿岸水域收集军事目的的海洋数据的活动,包括收集海洋学、地质学、化学、生物学和音波学及其他关联情报;所谓的海洋科学研究是指,根据《公约》第十三部分的规定,为增进海洋环境的一般科学知识为目的在海洋和沿岸水域进行的活动。可以看出,上述定义是以调查的目的而区别的,即:军事活动是以军事目的而进行的调查活动;而海洋科学研究是以增进海洋科学目的而进行的调查活动。[①] 但由于有些调查活动的最终目的是事后才能知道的,所以仅从调查目的区别海洋科学研究和军事活动存在难度。

2. 英国

英国于 1997 年加入《公约》。对于海洋科学研究活动,英国也不存在相关的国内法制。如果外国机构想在英国的专属经济区内实施海洋科学研究活动,需经过外交机关至少在 3 个月前向英国外交部的海洋航空环境局提出申请,待申请批准后才能进行。而英国的调查机构如想在外国的专属经济区内从事海洋科学研究活动,则需经过向沿海国提出申请,并获得同意后进行。英国未获得他国的同意,在他国进行海洋科学研究活动的先例迄今没有。对于 1988 年在洪都拉斯海域进行的不属于海洋科学研究活动的水文测量调查活动,曾受到危地马拉海军军舰的攻击。此后,英国认为,对于在他国进行的涉及海洋军事活动方面的调查活动要求相关机构慎重,并引起注意。[②] 换言之,英国通过国内行政机构批准申请的方法与程序,处理海洋科学调查活动,并坚持自国在他国的专属经济区内的活动应得到沿海国同意的原则与立场。

3. 法国

法国于 1996 年加入《公约》。法国将海洋科学研究活动分为纯海洋科学研究与资源勘探开发活动两种。对于纯海洋科学研究活动,法国坚持自由原则,即如果外国的机构提出对大陆架的物理或生物学方面的性质进行以纯科学调查为目的的申请,法国通常会予以同意;而对于与资源的勘探开发有关的调查活动,法国为维护自国对海域的管辖权,由自国决定给予同意或拒绝

---

① J. A. Roach and R. W. Smith, *United States Responses to Excessive Maritime Claims*, Second Edition, Nijhoff, 1996, pp.425 and 429.
② 参见[日]田中利幸:《英国的国内法制》,载日本国际问题研究所编:《关于各国内法制应对在专属经济区与大陆架进行海洋科学研究的调查报告》,2000 年 1 月,第 23—30 页。

的判定。① 但问题是,何为纯海洋科学研究活动,何为非纯海洋科学研究活动,并不明确,其裁量权由法国自己决定。可见,法国坚持了《公约》的原则与制度。同时,法国还通过与他国缔结个别协定,处理海洋科学研究活动,并取得了很好的效果。

4. 韩国

韩国于 1996 年加入《公约》。对于海洋科学研究活动,韩国有 1995 年《海洋科学研究法》《海洋科学研究法实施令》《海洋科学研究法实施规则》。其中,海洋科学研究是指,为探究海洋自然现象,以对海底地面、下层土壤、上部水域以及大气为对象进行勘探和调查的活动;并规定,海洋矿物资源的开发及其相关勘探与调查活动不属于海洋科学研究活动范围。对于外国个人与组织意在领海外的海域进行的调查活动必须经过申请,并获得同意。申请计划书需在活动的 6 个月前经外交部交海洋水产部长官。海洋水产部长官需在 4 个月内决定并通告是否同意,并规定了拒绝同意的 5 种情形。② 其实,其中的 4 种情形与《公约》第 246 条第 5 款规定的情形相同。其中的第 5 种情形为,针对自国的国民及国家机关无正当理由提出计划书而加以拒绝的情形。可见,对于领海以外海域的包括军事活动在内的海洋科学调查活动,韩国也坚持事前同意原则。

5. 日本

日本于 1996 年加入《公约》。其在《专属经济区与大陆架法》第 3 条第 1 款规定,本法适用于在专属经济区和大陆架上的海洋科学研究活动,而直接对海洋科学研究活动进行规制的法律不存在,只存在由相关的部厅共同制定的《关于外国在日本领海、专属经济区或大陆架进行海洋科学研究的应对方针》(简称《方针》)。根据《方针》,其目的是,确保外国在日本的领海、专属经济区或大陆架的海洋科学研究活动不致不当延迟或拒绝同意,促进与便利海洋科学研究,掌握实施海洋科学活动进展情况,并使科学研究活动数据等得到包括日本在内的国际社会的利用以及不影响其他活动而规定了调整程序。《方针》是根据《公约》第十三部分的规定制定的,对于外国在日本的管辖海域实施的海洋科学研究活动,规定需经过事先的同意,并要求他国在 6 个月前通过外交途径提出申请计划书。相关的部厅将根据具体的标准审核申请书,并决定是否同意。具体为:如果经过

---

① 参见[日]西村号:《法国的国内法制》,载日本国际问题研究所编:《关于各国国内法制应对在专属经济区与大陆架进行海洋科学研究的调查报告》,2000 年 1 月,第 33—43 页。
② 参见[日]深町公信:《韩国的国内法制》,载日本国际问题研究所编:《关于各国国内法制应对在专属经济区与大陆架进行海洋科学研究的调查报告》,2000 年 1 月,第 69—77 页。

外交途径日本收到他国的附活动计划书要求日本同意的申请时,外交部应迅速与相关部厅对是否给予同意进行协商;判定是否同意的标准与《公约》第246条第5款第(a)至(d)项的内容相同,如果给予同意,或附带条件的同意,则同意申请,但作为条件,要求他国也同意日本在他国管辖海域的活动申请,即所谓的互相同意条件;对于外国在日本领海的海洋科学研究活动,按具体事例判定,但也坚持互相同意条件;协调与他国的关系;通报是否同意的信息;对于要求他国停止活动方面的必要措施,通过外交途径解决。[①] 但由于《方针》的法律位阶较低、对不经同意而实施的外国海洋科学研究活动缺乏具体的担保与惩罚的手段与措施,在实践中也很难判定调查船舶的目的,因此管制的效果并不理想。

从上述5个国家应对专属经济区内包括军事活动在内的关于海洋科学研究活动的政策与立场及国内法制的分析,大致可分为以下三类:第一类,通过制定法律,对海洋科学研究活动的许可条件及程序等作出明确规定,例如韩国;第二类,仅存在对海洋科学研究行使管辖的一般规定,没有具体的实施细则与程序,仅靠行政机关的审核予以应对,例如法国;第三类,不存在规范与管辖海洋科学研究活动的国内法制,例如,英国和美国。同时,由上也可看出,多数国家对于他国在自国专属经济区内的军事活动原则上是加以禁止的,是需要得到沿海国的事先同意的。最后,对于在他国专属经济区内的军事活动问题,可以在相关国家间通过缔结协议的方式共同或单独推进,或者可采用互相同意认可对方的方法解决。

(二)国际社会对待专属经济区军事活动问题的原则与立场

为了减少各国在专属经济区军事活动问题上的原则分歧,国际社会成立了由10个国家、一个国际组织(国际海洋法法庭)代表共15人组成的"21世纪专属经济区研究小组",经过审议与讨论,于2005年9月制定了《关于在专属经济区水域航行与上空飞越的行动指针》(以下简称《行动指针》)的报告。《行动指针》由序言、定义、沿海国的权利与义务、其他国家的权利与义务、海洋监视活动、军事活动、不干涉沿海国的电子系统、惩治海盗及其他违法行为、海洋科学调查、水文测量调查、沿海国法制的透明性、损害利益的禁止条款组成,共48款项。[②] 在

---

① 参见[日]小幡纯子:《日本的国内法制》,载日本国际问题研究所编:《关于各国国内法制应对在专属经济区与大陆架进行海洋科学研究的调查报告》,2000年1月,第93—96页。
② 参见日本海洋政策研究财团编:《海洋白皮书:日本的动向,世界的动向》(2006年),2006年3月,第195—197页。

《行动指针》中与本文有关的内容,主要为以下几个方面:

1. 关于军事活动问题

《行动指针》规定,军事活动是指使用舰艇、军用飞机、军用机器的活动,包括收集情报、军事演习与实验、军事训练、使用武器。

对于在专属经济区内从事军事活动的船舶和航空器具,《行动指针》规定,实施国的军事活动限于和平目的,并应遵守国际法规定的义务;如在专属经济区内实施使用舰艇、航空器具的大规模军事演习时,演习国应适时地发出航行警报、向他国包括沿海国通报演习的日期和对象水域、在可能的情形下应让沿海国作为观察员参加演习;在专属经济区内的军事活动,应不影响沿海国的搜索、救助活动,要求各国对此予以合作;在专属经济区内的军事活动,不应成为污染或影响海洋环境、海洋生物资源的原因;禁止实施国在以下水域进行军事活动:沿海国以航行与飞越安全为目的临时宣布设定的封锁水域,沿海国宣布的渔业活跃水域,根据《公约》第211条第6款第(a)项宣布的特别环境水域,沿海国根据《公约》第194条第5款的规定宣布的海洋公园或海洋保护水域,在航行船舶密集、采用航路带及航行分离方式的附近水域,沿海国在图上明确表示的电缆与管道线路附近海域。同时,《行动指针》规定,当沿海国的专属经济区与公海相邻时,进行军事演习的国家应尽力在公海举行军事演习。

2. 关于海洋科学研究

《行动指针》规定,在通常情形下,沿海国应允许为进行和平目的、为全人类增进海洋环境科学知识进行的海洋科学研究;沿海国不具有外国船舶对海洋资源进行调查的同意义务;各国具有根据《公约》第248条向沿海国提供情报义务,尤其是参加沿海国的海洋科学研究项目的实施国,应遵守《公约》第249条规定的条件义务。

3. 关于水文调查活动

《行动指针》规定,在一般情形下,沿海国应同意不属于《公约》第246条第5款规定的活动,即沿海国应对不属于上述条款规定的水文调查活动予以同意。

尽管《行动指针》规定了军事活动的定义,填补了《公约》未规定军事活动定义的缺陷,但由于该《行动指针》的位阶较低,又不具有法律拘束力,所以,在国际社会并未引起很大的影响,并产生应有的作用。为此,可否以该《行动指针》为基础,在国际社会缔结一项关于专属经济区内军事活动问题的条约,以利于规范和统一各国的实践,而要缔结该方面的条约,从国际社会的实践来看,显然是比较困难的。

(三) 修订《公约》关于军事活动内容建议

当沿海国发现在自国的专属经济区内存在未经批准的他国军船从事军事活动时,由于其享有完全豁免,而不受沿海国的管辖,所以,沿海国除了通过外交途径提出抗议外,采取的措施相当有限,一般只能采取干扰、跟踪、要求停止、退去等方法。在对方未听劝告继续进行的情形下,似乎也无能为力,当然也可以派遣军舰相威胁,但可能会引发对方也采取同样的行动,包括派军舰护航实施调查或测量活动,并有可能出现更紧张的局面。对此,一个有效的手段是,缔约国可以给联合国秘书长书面通知,要求对《公约》进行修正,增加对军事活动的规范,以解决各国对军事活动的理解与解释不同引发的争议问题,因为,多数国家坚持军事活动应得到沿海国同意的立场,所以,少数海洋大国的压力会很大,尤其是美国迄今未批准《公约》,对上述的书面通知中提到的修正案无法表态,势必处于很被动的局面。此书面通知也许在大多数缔约国的响应下,能推动《公约》的修正与完善工作,解决此难题,合理维护多数沿海国的海洋安全乃至国家安全。但根据《公约》第312条的规定,缔约国提出的关于修正案的书面通知需要有不少于半数(迄今《公约》的缔约国或成员数量为162个,不少于半数应为81个以上)的缔约国作出答复赞成修正要求,联合国秘书长才可召开会议,且修正会议作出决定的程序应以协商一致达成,所以关于修正案的书面通知方面的内容达成共识并不容易。另外,即使采用《公约》第313条的简化程序,但由于只要有一个缔约国反对提出的修正案或反对以简化程序通过修正案的提案,该提案应视为未通过,所以对以书面通知提出的相关修正案的通过事实上也是很困难的。换言之,《公约》缔约国通过相关修正案并非易事。

鉴于此,在国际社会无法就军事活动问题达成妥协,包括缔结新的协定或修改《公约》相关内容的情形下,我国完善相关国内政策与法制,就显得尤为必要。

四、我国应对专属经济区内军事活动的措施与具体对策

鉴于近期在我国的管辖海域内出现了几起与海洋科学研究活动包括军事活动有关的事例,严重影响和损害了我国的海洋权益乃至国家安全,为此,有必要分析我国的应对措施,并提出相应的对策。

(一) 我国相关法制现状与对策建议

我国于 1996 年加入《公约》。于 1998 年制定了《专属经济区和大陆架法》，其第 4 条第 2 款规定，中国对大陆架的人工岛屿、设施和结构的建造、使用和海洋科学研究、海洋环境的保护和保全，行使管辖权；第 9 条规定，任何国际组织、外国的组织或个人在中国的专属经济区和大陆架进行海洋科学研究，必须经中国主管机关批准，并遵守中国的法律、法规。可见，对于他国在我国专属经济区内的海洋科学研究活动，中国坚持事先同意原则。[①] 但迄今我国未出台细化《专属经济区和大陆架法》的原则，包括未出台具体的细则条例，因此，在执法中带来了实际困难，尤其是对于何为海洋科学研究活动，其范围、种类等实际很难认定，有时甚至出现无法应对、相当被动的局面。为此，在政策与法制上，笔者认为，主要应采取以下措施。

第一，完善我国领海基线，以确定管辖海域范围。我国自 1996 年宣布领海基线的声明以来，迄今没有宣布其他领海基线，致使我国的管辖海域模糊，执法困难。为此，我国可在宣布领海基线后，在海图上标明管辖海域的范围，以利于执法管辖。

第二，完善细化《专属经济区和大陆架法》。对于海洋科学研究活动，可制定《应对他国在我国专属经济区内从事海洋科学研究活动(军事活动)的措施或管理条例》。[②] 内容主要包括规定海洋科学研究活动的概念、种类，明确他国在我国专属经济区内从事海洋科学研究活动包括军事活动必须经我国政府的事先同意，并规定提出申请计划书的资格、程序、数据共享利用以及审核申请认定标准等。同时，应明确对于违反同意原则及同意内容的他国组织或者个人进行制裁的手段与措施，以利执法，并保障我国海洋权益。

第三，缔结相关科学研究活动条约与确立互相认可的制度。我国可与相关国家，在涉及海洋科学研究活动的有关领域，通过协商、谈判等手段，缔结共同实施有关活动的条约。实施方式可以单独进行或者共同进行的方式，同时也可以采用互相认可的制度。即对于他国在我国专属经济区内的海洋科学活动的申请予以同意的同时，作为条件应允许我国在他国的专属经济区内也同意从事同类

[①] 我国 1992 年《领海及毗连区法》第 11 条规定，任何国际组织、外国的组织或者个人，在中国领海内进行科学研究、海洋作业等活动，须经中国政府或其有关主管部门批准，遵守中国法律、法规。

[②] 尽管国务院已于 1996 年 6 月 18 日发布了《中国涉外海洋科学研究管理规定》(自 1996 年 10 月 1 日起施行)，对有关海洋科学研究活动的申请和审批程序、监督管理及从事海洋科学研究活动者应履行的义务等作出了具体规定，但该管理规定的位阶较低，有必要进行修正或制定新的管理条例。

或相似活动的申请。另外,对于争议海域内的海洋科学研究活动,缔结包括联络体制、事先预告、信息共享等方面内容在内的合作协定,也尤为重要。

第四,修正或提升我国涉外海洋科学研究管理规定。《中国涉外海洋科学研究管理规定》第 4 条规定,在中国内海、领海内,外方进行海洋科学研究活动,应当采用与中方合作的方式;在中国管辖的其他海域内,外方可以单独或者与中方合作进行海洋科学研究活动。但这些活动须经国家海洋行政主管部门批准或者由国家海洋行政主管部门报请国务院批准,并遵守中国的有关法律、法规。其第 13 条规定,违反本规定进行涉外海洋科学研究活动的,由国家海洋行政部门或者其派出机构、其委托的机构责令停止该项活动,可以没收违法获得的资料和样品,可以单处或者并处 5 万元人民币以下的罚款;违反本规定造成重大损失或者引起严重后果,构成犯罪的,依法追究刑事责任。可见,对于海洋科学研究活动,我国采取了同意原则。但上述规定,并未界定海洋科学研究活动的范围,为管理我国管辖海域,有必要对海洋科学研究活动进行明确界定,例如,可以细化第 2 条规定的对海洋环境和海洋资源等的调查研究活动内容,可以明确将军事活动问题也包含在海洋科学研究活动之中;同时,应提高违反本规定的罚款额度,并明确追究刑事责任的具体内容。即鉴于我国的实际需要与现实可能性,现可以考虑提升该规定的位阶,明确具体活动范围及相关处罚内容。

(二) 应对外国船舶实施军事活动的措施与对策建议

上文为完善我国应对他国在我国专属经济区内从事海洋科学研究活动包括军事活动的一些政策或法制层面上的措施与建议。这些措施与建议无法在近期实现的情形下,我们必须对实际发生的事例尤其是军事活动,有所考量与应对。为此,在执法过程中,笔者提出如下措施和对策建议:

第一,坚持事先同意原则。我国执法部门在专属经济区内发现他国船舶从事相关活动未得到有关主管机关的同意后,应及时向外交部门通报,寻求外交支持与帮助;同时,应与该船舶联系,要求其回答所属、活动任务、航程计划等,并说明理由。我国执法人员,可向其说明在我国管辖海域坚持事先同意原则的立场。

第二,采取跟踪行进的方式维持原状。对于不协作无法了解他国船舶的所属、活动目的,或者执法人员无法认清该船舶的活动性质,或者通过外交途径还未获得明确的指令等情形下,执法人员可跟踪监视该船舶的活动路径与作业方法。

第三,采取影响其作业进程的手段或措施。与海洋科学研究有关的数据采集与图形绘制,需要有一个稳定的环境状态,我国执法人员可采用发超声波、扩大音频等方法,干扰该船舶的作业进程;同时,利用视频设备或仪器,录制该船舶的活动轨迹与路径,以备后用。

第四,要求该船舶停止作业及时离开。当执法人员通过一系列的方法与措施,认定该船舶的活动属于禁止活动时,可要求该船舶及时离开。尽管我国未规定属于禁止活动的范围,但可根据《公约》第253条的规定加以限制。即当船舶的活动属于以下活动时,沿海国有权要求暂停或停止海洋科学研究活动:(1)研究活动的进行不按照第248条的规定提出的,且经沿海国作为同意的基础的情报;或进行研究活动的国家或主管国际组织未遵守第249条关于沿海国对该海洋科学研究计划的权利的规定。(2)任何不遵守第248条规定的情形,如果等于将研究计划或研究活动作重大改动,沿海国应有权要求停止任何海洋科学研究活动。(3)如果研究计划的情报的提出或义务的遵守在合理期间内仍未得到纠正,沿海国也可要求停止海洋科学研究活动。(4)沿海国发出其命令暂停或停止海洋科学研究活动的决定的通知后,获准进行该活动的国家或主管国际组织应即终止通知所指的活动。另外,当沿海国认定,海洋科学研究活动:与生物或非生物自然资源的勘探和开发有直接关系;涉及大陆架的钻探、炸药的使用或将有害物质引入海洋环境;涉及专属经济区和大陆架的人工岛屿、设施和结构的建造、操作或使用;进行研究活动的国家或主管国际组织由于先前进行的研究计划而对沿海国负有尚未履行的义务时,沿海国也可要求其暂停或停止研究活动。

第五,公开指定开发或勘探作业的重点区域。我国可利用《公约》第246条第6款的规定,在领海宽度的基线量起200海里以外的某些特定区域公开指定为已在进行或将在合理期间内进行开发或勘探作业的重点区域,则他国就不可在该区域从事调查活动。

第六,在他国的专属经济区内从事相似或相同的活动。如果他国在我国专属经济区内的研究活动未服从或遵守我国的命令或指示,作为对抗措施,我国可赴他国的专属经济区内从事类似或相同的研究活动。但这种对抗措施,带有冒险性,必须有完备的装备、器械、仪器及仪表等的支撑,否则难以应对紧急情况或严厉的制裁措施。

(三)加强海上执法制度建设建议

海洋的开发与保护需要强有力的维权执法队伍作保证。而对于他国船舶在我国专属经济区内的军事活动问题的发现与管制来说,完善海上执法制度尤为重要。鉴于我国管辖海洋事务存在多部门性和条块分割及缺乏统一协调性的缺陷,因而无法形成合力,为此,建议制定海洋维权执法条例,以进一步整合涉海部门的海上维权执法力量,应对他国船舶的调查活动和军事活动,维护我国海洋权益。

五、结　语

　　专属经济区内军事活动问题,是《公约》体系中争论较大的一个理论与实践相结合的现实问题,且方式多样,理论上实很难明确军事活动的概念与范畴。为此,各国多采用事先同意的原则,并根据自国的国内法规制他国船舶在专属经济区内的科学研究活动包括军事活动。沿海国对于科学研究活动具有很大的裁量权,即使提交争端解决程序或机制,进行调查活动的国家也很难获得胜诉。因此,鉴于上述要素,我国为管辖自国海域,一方面应加强研究《公约》的理论,制定完善相关的海洋政策与法制;另一方面在执法实践中,应有节、有度、有力地加强应对措施与策略的研究,避免不必要的纠纷与冲突。

岛屿与岩礁的法律要件论析

一、问题的提出

日本政府于2008年11月12日向联合国大陆架界限委员会提交了包含冲之鸟礁为基点主张的外大陆架划界案,其主张的海域面积约达74万平方千米。[①] 在日本外大陆架划界案中,日本将冲之鸟礁视为岛屿的做法,引起了国际社会的关注和不满。例如,中国和韩国针对冲之鸟礁问题提出了自国的立场,即中韩两国在向联合国秘书长提交的书面声明中指出,冲之鸟是礁不是岛,无法以其为基点主张大陆架和外大陆架,大陆架界限委员会无权审议以冲之鸟礁为基点的外大陆架相关资料。[②] 由此,引发了对冲之鸟礁的资格和法律地位的争议,这些争议涉及海洋法岛屿制度,而造成上述争议的原因为岛屿制度是折中和妥协的产物以及岩礁构成要件的相关术语的模糊性,由此针对岛屿和岩礁的构成要件和法律地位就存在认识上的分歧和不同的解释。

日本提交的以冲之鸟为基点主张专属经济区和大陆架的外大陆架划界案,正是利用国际社会针对岛屿制度的不同理解所采取的措施,即日本认为,岩礁不应满足岛屿的构成要件。日本的理论依据为,《联合国海洋法公约》(以下简称《公约》)第121条第3款只是关于岩礁的规定,不是关于岛屿的规定,岩礁不是岛屿,不应适用第1款的要件。即日本认为,《公约》第121条的第1款和第3款是独立的,但这种观点是与国际社会的多数观点矛盾的。

[①] 关于日本外大陆架划界案的详细内容,参见金永明:《日本外大陆架划界申请案内涵与中国的立场》,《中国海洋法学评论》2009年第1期,第28—39页。

[②] 中国常驻联合国代表团于2009年2月6日向联合国秘书长提交了针对日本冲之鸟的书面立场声明,参见http://www.un.org/Deps/los/clcs_new/submission_files/jpn08/chn_6feb09_c.pdf. 2009年3月12日访问。韩国也于2009年2月27日针对冲之鸟问题向联合国秘书长提出了与我国政府声明内容相同的书面声明,参见http://www.un.org/Deps/los/clcs_new/submission_files/jpn08/kor_27feb09.pdf. 2009年3月12日访问。

一般而言,所谓的海洋法,是指现今综合规范海洋问题的条约——《公约》。关于岛屿制度的内容被规定在《公约》第 121 条(所谓的岛屿制度)中。其第 1 款规定,岛屿是四面环水并在高潮时高于水面的自然形成的陆地区域;第 2 款规定,除第 3 款另有规定外,岛屿的领海、毗连区、专属经济区和大陆架应按照本公约适用于其他陆地领土的规定加以确定;第 3 款规定,不能维持人类居住或其本身的经济生活的岩礁,不应有专属经济区或大陆架。

从日本针对冲之鸟问题的立场可以看出,国际社会针对岛屿制度的争议具体体现在以下两方面:

第一,针对规范岛屿制度的《公约》第 121 条结构上的认识和理解的分歧,即应整体理解第 121 条第 1—3 款的内容,还是应单独或独立理解它们的内容上的分歧;

第二,对《公约》第 121 条第 3 款构成岩礁要件的相关术语存在解释上的分歧。

总之,上述分歧源于岛屿制度条款结构理解不一和岩礁构成要件相关术语的模糊性。

二、海洋法岛屿制度的整体性与单独性

日本针对岛屿制度条款的理解(单独说的观点)是与国际社会的多数观点(整体说)相违背的。从上述岛屿制度的条款结构来看,《公约》第 1—3 款都是关于岛屿制度的规定。具体来说,第 1 款是指广义的岛屿,即《公约》规定了广义的岛屿概念。第 2 款是关于一般意义上的岛屿的规定,即具有与陆地领土相同地位的岛屿可主张相应的海域方面的规定。第 3 款是关于岩礁的规定,它不是从岩礁的概念直接出发作出的规定,而是从岩礁效力的角度出发作出的规定。换言之,能维持人类居住或其本身的经济生活的岩礁与岛屿一样,可主张专属经济区和大陆架。即岩礁有可主张专属经济区和大陆架的岩礁与不能主张专属经济区和大陆架的岩礁两种。同时,第 3 款是对第 2 款的制约,也就是说,并不是所有的岩礁都能与第 2 款的岛屿一样可主张专属经济区和大陆架。可见,《公约》第 121 条中的第 1—3 款各具不同的特点,而构成岛屿制度的全部。《公约》第 121 条第 3 款作出如此模糊规定的主要原因为,对岩礁的概念无法作出统一的定义。这也可从讨论《公约》的第三次联合国海洋法会议上针对岛屿制度的争议内容得到佐证。

在第三次联合国海洋法会议(1973—1982年)上,关于岛屿制度的争议内容主要分为以下两种观点。第一,即主张应根据一定的标准将岛屿分类,并赋予各类岛屿不同的法律地位,所谓的"分类处理派"。理由为,让人类不能居住、不能经济生活的小岛取得其周围200海里的专属经济区等广大的海域,将严重影响海洋自由使用、限制以人类共同继承财产为基础的国际海底区域的范围,所以一些国家主张,应按照岛屿的形状、大小、人口的多少等各种标准将它们分为岛屿和岩石(或岩礁)。第二,即主张对岛屿不设具体标准,赋予所有的岛屿统一的地位,所谓的"统一处理派"。可见,前者以是否拥有专属经济区和大陆架分类岛屿为目的;后者以承认所有岛屿拥有专属经济区和大陆架为目的。[1]

经过审议和协调,结果在第三次联合国海洋法会议上通过的《公约》关于岛屿的定义(第121条第1款)中并未规定相关的要素或标准。应该说,《公约》第121条是上述两种观点妥协的产物。因为,从《公约》第121条的结构和内容可以看出,国际社会既间接地采纳了统一处理派的观点,也采纳了分类处理派的意见,岛屿制度可谓是调和的产物,具体内容体现在第1款和第3款。

确实,要让《公约》在岛屿制度中对岩礁的概念作出界定是非常困难的,因为,岩礁的概念既要考虑其本身的自然(地质学和地形学等方面的构造和形态)属性、社会属性、历史文化和经济等属性,还要考虑各国的利益,而平衡这些属性和利益确实是一件很困难的事。所以,《公约》回避了直接用概念作出规定的做法,只是从效力的角度对部分岩礁作出了界定。但《公约》第121条规定的模糊性正是在实践中引发争议问题的起因。

一般认为,《公约》第121条第3款中的岩礁,也应是第1款中的岛屿的一种,即第3款中的岩礁被认为是岛屿的一种特别形态,这种观点也多被学界认可。[2]换言之,《公约》第121条整体是关于岛屿制度的规定,第3款的岩礁只是例外的岛屿,而被称为岩礁。所以,第3款的岩礁也应符合第1款规定的要件,即岛屿是四面环水并在高潮时高于水面的自然形成的陆地区域的要件,否则其不应有专属经济区和大陆架。当然,上述对《公约》第121条的这种文本解释,也存在不

---

[1] 参见[日]加加美康彦:《联合国海洋法公约作为可持续发展的媒介——试论第121条第3款》,载日本海洋政策研究财团编:《再生"冲之鸟岛"调查研究报告书》(2005年),2006年3月,第102—103页。
[2] 参见[日]林司宣:《现代海洋法的成形与课题》,信山社2008年版,第187页;M. S. Fusillo, "The Legal Regime of Uninhabited 'Rocks' Lacking an Economic Life of their Own", *Italian YBIL*, Vol.4 (1978-1979), p.51; D. H. Anderson, "British Accession to the UN Convention on the Law of the Sea," *ICLQ*, Vol.46 (1997), p.761; J. Charney, "Rocks That Cannot Sustain Human Habitation," *AJIL*, Vol. 93 (1999), p.864。

同的意见。这正是日本和中韩两国造成对冲之鸟礁地位的争议所在。例如,日本政府代表曾于 1999 年 4 月 16 日举行的众议院建设委员会上在回答关于冲之鸟岛礁的问题时指出,冲之鸟满足《公约》第 121 条第 1 款岛屿的条件,它是岛屿不是岩礁,同时指出,第 121 条第 3 款不是关于岛屿的规定,而是关于岩礁的规定,况且《公约》也没有关于岩礁的定义,即使从国家实践来看,根据此条也不能成为特定地形不能拥有专属经济区和大陆架的依据。[①] 日本政府现仍持上述立场。从日本政府的立场可以看出,其是将《公约》第 121 条的第 1 款和第 3 款内容分开处理和单独理解的。这种理解是造成国际社会出现分歧的本质原因,同时,其不仅违反岛屿制度从文本解释得出的观点,也违反《公约》岛屿制度的立法宗旨。

可见,《公约》第 121 条中的第 1—3 款是应作为整体处理的,特别是第 3 款是对第 2 款的制约。所以,日本试图将第 1 款和第 3 款予以分离,无视第 3 款作用的做法,是不能被国际社会接受的。

三、岛屿与岩礁构成要件相关术语内涵剖析

由于《公约》岛屿制度并未对岩礁的概念作出正面的界定,所以致使有些国家利用《公约》岛屿制度的模糊性来行使《公约》的权利,日本外大陆架划界案中针对冲之鸟的立场与做法就源于此。

既然《公约》第 121 条第 1 款和第 3 款是作为一个整体的,那么如何判断是岛屿还是岩礁呢?即为判断岛屿和岩礁的法律地位,需要界定构成岩礁的法律要件。关键是需界定判定岩礁的相关术语的内涵,即需界定何为岩礁、人类的居住或本身的经济生活具体内容是什么、何谓自然形成的陆地等含义,以便判定到底是岛屿还是岩礁。

(一) 岩礁的概念与存在的问题

如上所述,尽管在岛屿的定义中没有考虑大小和人口的多少等要素,且《公约》第 121 条第 3 款的岩礁多被认为是作为岛屿的特别形态处理的,岛屿的大小问题间接地在《公约》中残存着;同时,在第三次联合国海洋法会议上,有国家提出了利用岛屿的大小和地质学上的特征标准以区分岛屿和岩礁的提案,但考虑到即使是由地质学上坚固的岩质组成的较大岛屿,有被认定为岩礁而不拥有专

---

① 参见 http://www.Shugiin.go.jp/index.nsf/htm/index_kaigiroku.htm,2009 年 12 月 16 日访问。

属经济区和大陆架的可能性;相反,以土砂为主形成的小岛,有被作为岛屿处理的可能性,这将带来不公平的结果。为此,以在认定方面并不是依据地质学上的形成过程加以区别对待为理由,最终在《公约》的条款中只留了岩礁的用语,而不增加任何的其他要件。① 可见,从第3款规定不能满足经济生活等要件的岩礁不能赋予其专属经济区和大陆架的内容可以看出,其部分地反映了这些国家的观点。所以,《公约》岛屿制度中法律意义上的岩礁,一般与大小及地质学的特征无关,即使是沙洲、环礁等也多被认为是岩礁,但这种岩礁即使在高潮时也应以露出水面为要件。如果仅在低潮时露出水面,高潮时没入水中的岩礁,则被认定为是低潮高地。此时,如果低潮高地全部或一部与大陆或岛屿的距离不超过领海的宽度,该高地的低潮线可作为测算领海宽度的基线;反之,则该高地没有自己的领海。②

另外,在第三次联合国海洋法会议上,关于岩礁的定义无任何记录,也没有对此进行讨论,所以,在《公约》中根本不存在关于岩礁定义方面的内容。③ 为此,关于岩礁的定义有待国家实践的发展而确定。

在国家实践中,一些国家有将离岸很远的孤岛作为岛屿处理,且不考虑其地质学上的特征设定专属经济区的事例。例如,位于加勒比海的委内瑞拉的 Abes 岛是由砂和礁组成的,其长约 600 米,最窄处宽度为约 30 米;位于英格兰和苏格兰附近挪威的面积约 373 平方千米的扬马延(Jan Mayen)岛为火山岛;离墨西哥海岸约 670 海里位于太平洋的法国占领的面积约 1.6 平方千米的 Clipperton 岛是由珊瑚礁和火山岩组成的,等等,这些国家均在上述岛屿周边设定了专属经济区。④ 与此相对照,也有一些国家将明显地仅由岩块组成的岩礁,不设定专属经济区的实践。例如,墨西哥没有将位于北部 Revilla Gigedo 群岛中的 Alijos 岩礁设定专属经济区;⑤英国曾根据 1976 年《渔业水域法》在离英格兰海岸约 200 海里处的岩礁 Rockall(面积约 624 平方米)周边设定了渔业水域,作为渔业海域的

---

① 参见[日]栗林忠男:《岛屿制度》,载日本海洋协会编:《新海洋法公约缔结之际国内法制研究》,1994 年,第 107—126 页。
② 例如,《公约》第 13 条第 1 款规定,低潮高地是在低潮时四面环水并高于水面但在高潮时没入水中的自然形成的陆地。如果低潮高地全部或一部与大陆或岛屿的距离不超过领海的宽度,该高地的低潮线可作为测算领海宽度的基线;第 2 款规定,如果低潮高地全部与大陆或岛屿的距离超过领海的宽度,则该高地没有自己的领海。
③ [日]栗林忠男:《岛屿制度与"冲之鸟岛"的法律地位》,载日本海洋政策研究财团编:《维持和再生"冲之鸟岛"调查研究报告书》(2007 年),2008 年 3 月,第 64—65 页。
④ [日]林司宣:《现代海洋法的成形与课题》,信山社 2008 年版,第 190—191 页。
⑤ 参见[日]加加美康彦:《联合国海洋法公约作为可持续发展的媒介——试论第 121 条第 3 款》,载日本海洋政策研究财团编:《再生"冲之鸟岛"调查研究报告书》(2005 年),2006 年 3 月,第 115 页。

一部分。该做法受到丹麦、芬兰等国的反对,因为它们认为上述的所谓岛屿为岩礁,无法主张专属经济区(渔业水域)。为此,英国在 1997 年加入《公约》时,作了如下声明:Rockall 岩礁在《公约》第 121 条第 3 款下不能成为确定英国渔业水域边界的有效基点,其界限必须再次考虑。此后,英国修改了 1976 年的《渔业水域法》,以完全满足《公约》第 121 条的要件。[①]

可见,即使在国家实践中,对于岩礁的地位和作用也存在不同的意见和做法,还未形成统一的做法,所以,在岩礁和岛屿的认定方面,仍有待国家实践的发展和新的国际规则的补充,包括修改《公约》岛屿制度,增加关于岩礁定义方面的内容等。

(二) 维持人类居住或经济生活的关系与内涵

从《公约》第 121 条第 3 款内容来看,在对其的解释或判定上应厘清以下几个问题:

第一,人类居住与经济生活的关系。在《公约》第 121 条第 3 款中包含了两个要素:"人类居住""经济生活",并且用"或"连接。所以,一般来说,只要未满足一个要件,该岩礁就不能主张专属经济区和大陆架;换言之,该岩礁只要满足一个要件,就会被作为一般的岛屿对待。当然,与这种一般观点相反,还存在应将上述两个要件一并考虑(认为上述两个要件应作为一个整体,不能分割,必须同时满足)的观点,甚至还有学者主张应再加上必须具备利用海洋空间的共同体的要求,才能主张专属经济区和大陆架的观点。[②] 这些观点严格地解释了《公约》第 121 条第 3 款,仅是少数派。应补充指出的是,在第三次联合国海洋法会议上起草该条款内容时,曾由丹麦提出用"和"的提案,但在审议过程中很快就遭到了否定,并一直由"或"作为讨论和使用的用语。[③] 所以,从制定《公约》的审议过程也可佐证,在人类居住、经济生活两者的关系上应分开考虑,而不能作为同一的要件。这种观点还得到了 1981 年爱尔兰和挪威间关于扬马延岛屿在大陆架划界案中的调解委员会的支持。该案例概要为:在扬马延没有定住民,当时只有数十人在岛上进行气象观测所需人员,并作为国防部管辖的基地常驻,在岛内并未进

[①] 参见 D. H. Anderson, "British Accession to the UN Convention on the Law of the Sea," *ICLQ*, Vol.46 (1997), pp.778-779。

[②] 参见 J. van Dyke, J. Morgan and J. Gurish, "The Exclusive Economic Zone of the Northwestern Hawaiian Islands: When Do Uninhabited Islands Generate an EEZ?" *San Diego L. Rev.*, Vol.25 (1988), pp.437-438。

[③] 参见 J. Charney, "Rocks That Cannot Sustain Human Habitation," *AJIL*, Vol.93 (1999), p.868。

行经济活动。调解委员会在1981年的报告和建议中否定了爱尔兰的主张(爱尔兰认为该岛为岩礁),认定扬马延岛可适用当时正在起草的海洋法公约的第121条第1款和第2款,调解委员会判定其有专属经济区和大陆架。[①]

第二,人类居住的含义。从《公约》条文的字面上理解,至少可以认为"人类居住"并不限于现状这种事实,如果能提供即使在将来能维持人类居住的材料,则就不能适用《公约》第121条第3款,而可主张专属经济区和大陆架,但前提是现在必须提供现在或将来人类能居住的可能性方面的证据。[②]

前已言及,主张《公约》第121条第3款的两个要件应作为一个整体的学者认为,在满足人类居住的要件中必须在该岩礁或其附近存在具有一定规模的且有组织的共同体。这种观点是基于为持续维持经济生活,上述的共同体是不可缺少为理由的。当然,如果把《公约》第121条第3款的两个要件看作是单独的观点作为通说,也存在一定的不合理性。[③] 从实践来看,正如上面提及的扬马延案中,调解委员会认为扬马延不属第121条第3款的岩礁,但调解委员会并未对该岛是否满足"人类居住"这个要件进行具体的探讨。另外,与人类居住相关的案例为Clipperton岛事件。即在离墨西哥海岸约670海里的法国占领的孤岛上,自1892—1917年曾居住着以采集植物为业的少数人员,他们依靠外部补给的食粮、水为生。[④] 为此,在海洋法公约草案审议过程中的1978年,法国在该岛周边设定了专属经济区。同时,法国认为该岛不能满足维持经济生活的要件,就建造了海岸警卫队的设施(雷达基地和海洋科学调查基地),并让军人和数名科学家驻留。[⑤]

可见,从理论和实践上看,对于人类居住的要件存在不明确的状况,需要继续关注。

第三,经济生活的含义。即所谓的不能维持本身的经济生活,是指什么?对于经济生活的意义,自然应包含开发自然资源及其他的生产活动,诸如灯塔及其他航行支援设施等有利于海运、渔业活动及娱乐产业的活动,一般多被认为是

[①] 参见 Conciliation Commission on the Continental Shelf between Greenland and Jan Mayan: Report and Recommendations to the Governments of Iceland and Norway, 1981, *ILM*, Vol.20 (1981), pp.803-804。

[②] 参见 B. Kwiatkowska and A. H. A. Soons, "Entitlement to Maritime Areas of Rocks Which Cannot Sustanin Human Habitation or Economic Life of Their Own," *Netherlands YBIL*, Vol.21 (1990) pp.160, 166 and 163。

[③] 参见[日]林司宣:《现代海洋法的成形与课题》,信山社2008年版,第193—194页。

[④] 参见[日]山本草二:《海洋法》,三省堂1997年版,第96—98页。

[⑤] 参见[日]加加美康彦:《联合国海洋法公约作为可持续发展的媒介——试论第121条第3款》,载日本海洋政策研究财团编:《再生"冲之鸟岛"调查研究报告书》(2005年),2006年3月,第114页。

"经济活动"的组成部分。同时,根据地理位置也有将商业卫星的基地作为经济活动加以利用的情形。①

当然,即使在很小的岩礁上也能设置无人灯塔及通信设施。有学者认为,如要满足经济生活的要件,仅此是不够的,还要满足商业性或生产活动的要件。②尽管这种一般不属于商业活动的气象观测及通信设施,如果将其活动和数据通过网络等公开的话,则就会发展成为广泛使用它们的情形,从而出现或具备经济活动或经济生活的要素。所以,从这个意义上来说,将它们完全区别于"经济生活"在当今社会似乎有一定的难度。

此外,对于在岩礁上以经济目的设置的无人设施和构筑物(或建筑物)通过远程操控加以维持和利用时,又将如何看待呢?随着科技的发展,可以预见这种类型的维持和利用状况在未来将会增加。为此,有学者认为,这种状况通常应被包含在"经济生活"之内。③

为满足"经济生活"要件,也有学者提出,可以在岩礁的周边通过设立海洋保护区及自然保护区等方式以实现要件的建议。④ 对此,笔者认为,尽管为保护环境采取上述措施可以产生各种形式的经济利益,例如增加鱼种资源、扩大生态观光旅游收入、开发和销售利用珊瑚的商品、减少污染带来的健康利益等,无疑这些活动最终会满足"经济生活"的要件。在国家实践中,已有国家将小岛及岩礁指定为自然保护区或特别保护区的做法,例如委内瑞拉的 Abes 岛、美国西北的夏威夷群岛等。但如果诸如上述的相关具体活动(如开发和销售利用珊瑚的商品、生态旅游等)不被认为是经济活动的话,仅靠设定所谓的自然保护区或特别保护区,是不会与《公约》第 121 条第 3 款规定的"经济生活"直接自动地相联系的。因此,对于诸如设定自然保护区或海洋保护区之类的活动,应根据各个具体的实际情况加以判断,包括积累多数的国家实践,逐步在国际社会形成这些活动为"经济生活"的共识,而赋予其符合"经济生活"的要件。当然,在目前的情形下,这种共识还很难实现。

另外,也有观点认为,岩礁的"经济生活"不应仅限于在岩礁本身陆地上的经

---

① 参见 E. D. Brown, *The International Law of Sea*, Vol.I (Aldershot: Dartmouth, 1994), p.150; J. Charney, "Rocks That Cannot Sustain Human Habitation," *AJIL*, Vol.93 (1999), p.871。
② 参见[日] 林司宣:《现代海洋法的成形与课题》,信山社 2008 年版,第 195 页。
③ 参见 B. Kwiatkowska and A. H. A. Soons, "Entitlement to Maritime Areas of Rocks Which Cannot Sustanin Human Habitation or Economic Life of Their Own," *Netherlands YBIL*, Vol.21 (1990), pp.164–165。
④ 参见[日] 林司宣:《现代海洋法的成形与课题》,信山社 2008 年版,第 195 页。

济活动,也应包括在其领海内的经济活动。因为,即使不能维持本身经济生活的岩礁,也应拥有领海,所以,在领海内的诸如渔业养护和管理活动、矿物资源开发活动等,当然属于《公约》第 121 条第 3 款规定的"经济生活";相反,在其领海外的经济活动就不属于上述条款的"经济生活"。

实际上,现今多数的国家通过制定国内法,在距海岸很远的无人岛处已设立了专属经济区和大陆架,并在其周边(不是在其领海,而主要在其专属经济区和大陆架内)进行开发石油和其他矿物资源、生物资源的活动了。①

最后,关于"不能维持"的时间范围。上已言及,《公约》第 121 条第 3 款中"不能维持"的含义不仅包括现在的状态,还应包括将来可能维持的状态。在国家实践中,尽管较少,但该观点已得到确认。例如,在挪威面积约为 13.2 平方千米的无人岛(Abel)上,政府规定禁止捕猎北极熊,对此,1996 年挪威最高法院指出,如果在上述岛屿不加禁止的话,则可维持大量的狩猎活动,为此,其判定该岛不是《公约》第 121 条第 3 款的岩礁,而是岛屿。②

第四,本身的经济生活中的"本身"的含义。《公约》第 121 条第 3 款关于"本身的经济生活"中"本身"的含义,是指仅限于其经济生活只依赖于该岩礁的资源而维持本身的活动,还是指包括通过外部的支援维持本身的经济生活,很不确定。在条文的起草过程中,也有国家提出了应强调本身自给生活的必要性的建议,甚至有学者强调了具备安定而有组织的共同体的必要性,但指出自给并不是完全必要的。③

如果该岩礁本身包括其领海且具有经济价值,例如,存在渔业资源及石油和天然气、观光资源、利用风力和海水温度差等发电资源,同时,如果该岩礁具备适合作为卫星基地的条件的话,也能产生经济价值,所以,对这些资源的开发和利用成功的话,只要从外部购买必要品就能支撑其经济活动,从而充分地维持经济生活。

在此,问题的关键在于何种程度的外部支援,才能被认为是符合"本身"的经济活动。众所周知,即使在大陆内地的一些区域,如果完全没有外部的支援,则维持其经济活动在现代社会几乎是不可能的。所以,要求处于完全与外部隔离的孤岛满足自给经济活动的要件,是绝对不合理的、无理由的。那么,何种形式、何种程度的支援才是合理的呢?对此,国际社会并没有明确的标准。一般来说,

---

① 参见[日]林司宣:《现代海洋法的成形与课题》,信山社 2008 年版,第 196 页。
② 参见 A. Oude Elferink, "Is it Either Necessary or Possible to Clarify the Provision on Rocks of Article 121 (3) of the Law of the Sea Convention?" in M. A. Pratt and J. A. Brown, eds., *Borderlands under Stress* (2000), p.392。
③ 参见[日]林司宣:《现代海洋法的成形与课题》,信山社 2008 年版,第 197 页。

在依靠外部支援时,如果对外部的依赖度越高,则发展其本身的经济活动会越困难,其本身的活动也不太可能维持。但这也不是绝对的,因为随着各种活动种类的增加及科技的进一步发展,情形会发生很大的变化,也可能改变上述的一般观点。所以,对于外部的依赖程度和支援方式也只能考虑今后的国家实践,并根据各种状况和情形作出判断。

(三) 自然形成的陆地区域的含义

《公约》第121条第1款规定,岛屿是四面环水并在高潮时高出水面的自然形成的陆地区域,且第121条第3款的岩礁是岛屿的一种,所以,也应适用岛屿的要件,即岩礁也应是自然形成的陆地区域。那么,自然形成的陆地区域是指什么?大家知道,在低潮高地建设的诸如灯塔及平台等那样的建筑物属于人工设施或结构,很明显它们不是自然形成的,所以,无法在其周围设定领海。[①]

从条文内容来看,所谓自然形成的陆地区域,其含义是不明确的,即它关注的是形成或扩张陆地的材料,还是在形成的过程中试图排除人类活动的参与(或加入),并不清楚。对此,国际社会存在两种观点或解释。[②] 为便于阐述,笔者将它们称为两要件论和单要件论。

第一,两要件论。两要件论者认为,自然形成的陆地区域既要强调形成材料的自然属性,也要强调形成过程的自然属性。

第二,单要件论。其分为强调材料要件论和过程要件论两种。材料要件论者认为,使用珊瑚礁及土砂等自然材料填埋低潮高地,制造出高潮时也高于水面的陆地,就认为是满足了自然形成的要件。过程要件论者认为,根据上述材料形成的陆地不能作为新岛处理。持这种观点的人是完全排除人工的加入,还是同意因人工的加入促进了陆地区域的自然过程,仍可认为是自然形成的陆地区域,对此,他们并没有作出回答。例如,因自然的力量出现了一小块干燥的陆地,通过人工的方法使其能保持干燥;或将处于满潮时没入水面的礁,通过人工的方法使其通常保持露出水面而干燥等,此时不能说它们完全是非自然地形成的陆地区域,当然,也不能说是完全自然形成的陆地区域。

可见,对于何谓自然形成的陆地区域,在国际社会也并未形成统一的解释,仍有待跟踪和观察。

---

① 参见《公约》第60条、第80条。
② 参见[日]山本草二:《海洋法》,三省堂1997年版,第83—85页; D. P. O'Connell, *The International Law of the Sea* (Oxford: Clarendon Press, 1982), Vol.I, p.196。

四、完善岛屿制度若干建议

从上面的分析可以看出,国际社会对海洋法岛屿制度,即对《公约》岛屿制度(第121条)的规定存在不同的解释和争议,重点是对岛屿和岩礁的地位判断存在分歧。但不可否认的是,国际社会多认为,《公约》第121条第1—3款应作为整体加以认识和理解,这也符合岛屿制度的发展历程,以及制定《公约》岛屿制度的宗旨。但即使这样,依然存在《公约》第121条第3款相关术语的模糊性。

为能使国际社会统一对《公约》第121条的认识和理解,需要考虑修改和完善关于岛屿制度的内容,包括增加岩礁的定义。而从修改《公约》的第312条规定来看,修正案需以协商一致方式达成协议进行,这并不是一时可以做到的。[①] 从《公约》第313条以简化程序进行修正的规定来看,如果缔约国给联合国秘书长书面通知,提议以简化程序修正《公约》的话,则只要有一个缔约国反对提出的修正案或反对以简化程序通过修正案的提案,该提案应视为未通过。[②] 所以,要对《公约》岛屿制度作出修改完善是相当困难的。

在无法修改《公约》岛屿制度,国际社会又未能对岛屿和岩礁地位形成统一共识的情形下,我们应该严格地解释岛屿制度中的相关术语,避免扩大解释,进而造成对公海制度和国际海底区域制度的损害。这样做是符合《公约》制定岛屿制度的初衷和宗旨的,特别是第3款的主要目的在于否定若干岩礁享有专属经济区和大陆架的权利,以免该款失去对第2款的限制意义;同时,这也是《公约》第300条要求缔约国诚意履行义务、避免滥用权利所体现的。[③] 而所谓的对岩礁的严格解释,主要体现在以下方面:

(1) 岩礁是岛屿的一种特别形态,其必须是自然形成的陆地区域,这种自然形成的陆地区域强调构成材料和过程的自然属性。

(2) 岩礁必须在相当长时期内能维持人类居住,而不是短期内维持人类居住。

---

① 例如,《公约》第312条规定,自本公约生效之日起10年期间届满后,缔约国可给联合国秘书长书面通知,对本公约提出具体的修正案,并要求召开会议审议提出的修正案;适用于修正会议的程序应与适用于第三次联合国海洋法会议的相同,除非会议另有决定。会议应作出各种努力就任何修正案以协商一致方式达成协议,且除非为谋求协商一致已用尽一切努力,不应就其进行表决。

② 例如,《公约》第313条规定,缔约国可给联合国秘书长书面通知,提议将本公约的修正案不经召开会议,以本条规定的简化程序予以通过;如果在分送通知之日起12个月内,一个缔约国反对提出的修正案或反对以简化程序通过修正案的提案,该提案应视为未通过。

③ 例如,《公约》第300条规定,缔约国应诚意履行根据本公约承担的义务并应以不致构成滥用权利的方式,行使本公约所认许的权利、管辖权和自由。

(3) 岩礁维持本身经济生活所需资源应限于岩礁本身所产，而不应包括其领海内及外地输入的资源，否则会造成扩大化的趋势，甚至出现滥用该权利的行为。

(4) 开发岩礁本身资源必须符合经济原则和保护海洋环境。因为一些国家为能使岩礁符合"经济生活"的要件，一定会试图开发岩礁本身的资源，而不讲究一般的经济开发原则，并污染海洋环境，违反缔约国保护和保全海洋环境的义务。

此外，从上面的分析也可以看出，日本针对冲之鸟问题的立场与做法是无法获得国际社会认可的，其企图扩张海域面积，获取更多海洋资源的目的也是无法实现的。因为冲之鸟主要存在以下几个无法克服的问题。

第一，以冲之鸟为基点主张专属经济区和大陆架，违反公平。因为，以冲之鸟为基点主张的专属经济区面积(约42万平方千米)远远地超过了冲之鸟的实际面积，并严重地损害了其他国家在此海域的航行和测量活动等方面的公海自由利益，损害国际海底区域制度，严重违反公平。

第二，对冲之鸟的人工加工工事，依然满足不了自然形成的陆地区域的要件。尽管日本政府出巨资强化了对冲之鸟的保护，包括构筑了钛制网、防堤波等，目的是避免其沉入水下，显然，这种通过人工方法的引入，依然改变不了其无法满足自然形成的陆地区域的要件。即冲之鸟依然是岩礁，而不能成为岛屿。[①]

第三，日本的相关行为损害、污染海洋环境。日本试图通过调查冲之鸟周边海域的珊瑚生存环境，培养适合其生长的条件，并企图利用珊瑚的残片和有孔虫壳构筑洲岛，以满足所谓的经济生活的要件。而这种以培养和繁殖珊瑚等行为有损海洋环境，引发海洋污染。因为《公约》第192条规定，各国有保护和保全海洋环境的义务。所谓的"海洋环境的污染"，根据《公约》第1条第1款的规定，是指人类直接或间接地把物质或能量引入海洋环境，以致造成或可能造成损害生物资源和海洋生物、危害人类健康、妨碍包括捕鱼和海洋的其他正当用途在内的各种海洋活动、损坏海水使用质量和减损环境优美等有害影响。

---

① 关于日本针对冲之鸟的具体政策和措施，参见金永明：《日本针对冲之鸟的政策与措施及我国的对策建议》，《上海法学研究》2010年第3期，第22—27页。

国际海底制度评价

中国"大洋一号"科考船实施大洋科考任务的主要目的为采样和调查国际海底(区域)的资源,以确保我国社会经济发展所需战略资源。该环球航次必将进一步推进我国大洋事业获得新发展。[①] 为此,有必要论述该环球航次的活动范围——国际海底制度,即国际海底区域(简称"区域")资源开发制度。在研究"区域"制度前,应先论述其基础"人类共同继承财产"的形成过程与内涵及其性质,即"区域"的法律地位与体系问题。因为,如果没有排他性的权利,投资者、承包者或开发者就无法实施勘探和开发"区域"内资源的活动,进而无法实现商业开发"区域"内资源的目的。

一、国际海底区域的法律地位概述

众所周知,"区域"制度为《联合国海洋法公约》(以下简称《公约》)的重要成果,且它是构建公正合理海洋法律新秩序的重要举措。国际社会对国际海底区域法律地位的争论或主张,主要有以下几种观点,即国际海底区域应适用无主物(res nullius)原则、共有物(res communis)原则和公海自由(the freedom of the high sea)原则、人类共同继承财产(the Common Heritage of Mankind)原则。[②]

(一)无主物原则

如果将罗马法的无主物原则,适用到国际海底,即国际海底不属于任何人,

[①] 我国首次环球科考预期将取得四大成果:第一,获取三大洋目标区海底热液口附近的硫化物、岩石、沉积物以及生物和其他实物样品;第二,初步考察某些海底区域内的热液硫化物的资源分布状况;第三,推动大洋科学研究的发展;第四,带动相关海洋技术装备的发展。参见《文汇报》2005 年 4 月 3 日,第 2 版。"大洋一号"经过近三百天的环球科考,已于 2006 年 1 月 22 日返航,取得了预期成果。

[②] 参见魏敏主编:《海洋法》,法律出版社 1987 年版,第 225 页。

国际海底为无主物或无主地,但可通过先占而取得所有权。[①] 实际上,大陆架以外的公海海底被视为无主物,可通过传统的先占理论行使所有权,但是有条件并受到制约的。即它是在考虑了沿海国对邻近海域的公海海底的定着性渔业资源具有权利的情形下形成的。[②] 同时,任何人无法对国际海底实行"有效"占有。因此,无主物原则,显然不能适用于国际海底区域。当然,现已很少有人主张国际海底区域应适用无主物原则的观点了。

(二) 共有物原则和公海自由原则

(1) 共有物原则。如果将罗马法共有物的概念,适用到国际海底,即国际海底属于全人类,私人不能占有,而任何人都可以使用和享受。其实,国际海底虽然与共有物存在共同之处。例如,为全人类共同所有,不允许特定的个人和国家通过占有而获得所有权,可为所有人使用和享受,但它们之间也存在区别。主要为:

第一,数量上的区别。共有物的特征之一为数量无限且用之不竭;而国际海底区域内的资源是有限的,且其资源生长需很长周期,并不是取之不尽、用之不竭的。

第二,使用方式的区别。共有物的另一特征为其整体不可能被任何人或任何国家占有,例如海水只能是共同使用和享受;而国际海底区域内的资源主要分布在大洋底下,例如,太平洋和印度洋,且以无数单个块状形式存于海底,可以分而取之,并不是不能分割的,它是不可能共同使用和享受的。

可见,共有物原则适用于国际海底区域的观点是片面的,它在概念上存在混乱。为此,多数西方国家多用公海自由原则试图阐释国际海底区域的法律地位。

(2) 公海自由原则。公海自由为公海制度的核心,它是通过长期的惯例而确立的国际法基本原则之一。格劳秀斯主张,根据万民法,航行对所有人自由,通商对所有人也自由。即公海对所有国家的国民开放,任何国家都不能有效地主张将公海的任何部分置于其主权之下。[③] 根据《公约》第 87 条的规定,公海自由

---

① 参见王铁崖:《论人类的共同继承财产的概念》,载王铁崖、李浩培主编:《中国国际法年刊(1984)》,中国对外翻译出版公司出版发行 1984 年版,第 32 页;李红云:《国际海底与国际法》,(北京)现代出版社 1997 年版,第 3 页。
② 参见[日]田中则夫:《探讨深海底法律地位的国际法理论(二)》,载[日]国际法学会编:《国际法外交杂志》第 86 卷第 3 期(1987 年),第 2—3 页。
③ 参见[日]小田滋:《公海自由的原则》,载[日]国际法学会编:《国际法辞典》,鹿岛出版社 1985 年版,第 172—173 页;[日]高林秀雄:《海洋自由论》,载[日]国际法学会编:《国际法辞典》,鹿岛出版社 1985 年版,第 99 页。

已由 1958 年《公海公约》第 2 条规定的四项自由发展为六项自由,即:航行自由;飞越自由;铺设海底电缆和管道的自由;建造国际法所容许的人工岛屿和其他设施的自由;捕鱼自由以及科学研究的自由。显然,公海自由不可能扩展到用于国际海底区域。因为,当初还没有在深海海底发现锰结核,且开采技术根本不允许。另外,联大决议也承认了上述观点。例如,联大第 2749 号决议(《关于各国管辖范围以外海床洋底与下层土壤的原则宣言》,简称《原则宣言》)指出,大会承认现有公海法律制度中并无实体规则,管制各国管辖范围以外海床洋底及其下层土壤之探测及其资源之开发。可见,对于国际海底的法律地位是未定的,公海自由原则不应用于国际海底区域。值得注意的是,各国只是使用公海自由,并不是占有或所有,且使用公海自由并不是不受限制的。[1]

因此,对于国际海底区域及其资源的法律地位只能用新的理论和观点去解释,才符合时代发展要求。换言之,国际海底区域及其资源的法律地位的提出是社会、科技、法律发展到一定程度的产物,对其的回答和解释不应局限于传统的概念或理论。

(三) 人类共同继承财产原则

1967 年马耳他大使帕多代表其国家提出的建议,即人类共同继承财产适用于国际海底区域的建议,符合时代发展趋势,符合广大发展中国家要求改变传统海洋法的愿望。联合国经过长达 16 年(1967—1982 年)的激烈争论,终于确立了其在《公约》中的地位,并进而发展成为《公约》的基本原则。例如,《公约》第 136 条规定,"区域"及其资源为"人类共同继承财产"。[2] 当然,各国对待"人类共同继承财产"的态度,并不是开始时就一致的。从联合国讨论情况及国家层面来看,主要分为以下三种态度。

(1) 反对态度,即反对人类共同继承财产适用于国际海底区域的态度。代表国家主要为西方发达国家。它们在马耳他提案的起初阶段,就竭力反对人类共同继承财产用语。此后,随联合国对国际海底问题审议的深入,它们的态度有了改变,到 1972 年已基本没有反对人类共同继承财产原则的国家了,即对人类共同继承财产原则适用于国际海底区域已没有争议了。

---

[1] 例如,《公海公约》第 2 条,《公约》第 87 条。
[2] 《公约》第 1 条第 1 款(a)项规定,"区域"是指国家管辖范围以外的海床和洋底及其底土。《公约》第 133 条第 1 款规定,"资源"是指"区域"内在海床或其下原来位置的一切固体、液体或气体矿物资源,其中包括多金属结核。

（2）支持态度，即广大发展中国家极力支持人类共同继承财产应适用于国际海底区域的态度。它们强调集体管理财产、集体参加活动、集体分享利益的重要性。因为，它们认为，为全人类的利益开发人类共同继承财产，不仅要考虑从开发获得的收益的公平分配的经济利益，才能保障获得先进技术、争取各种技术知识和得到训练的机会；而且要使深海底资源所开发的矿物不影响陆地生产国的经济，尤其是发展中国家的经济，要求由国际机构对其进行统一管理（例如，进行生产限制）是必要的。因此，它们采取了支持人类共同继承财产的态度。

（3）先反后赞态度。主要国家代表为以苏联为中心的东欧社会主义国家。它们先是认为，由不同经济体制和不同财产权制度形成的国际社会是无法实现统一管理深海海底资源的，由国际机构管制深海海底资源的设想只不过是一种无法实现的幻想，因而采取了反对的态度。但自《原则宣言》通过后，它们认为，建立新的机构已无法避免，其态度开始有了转变；同时，随着联合国第三次海洋法会议的进展，认为赋予国际机构对资源的开发权并让其管理深海海底活动，有利于防止西方发达国家独占深海海底资源，且易让所有国家参加开发活动，提升各国深海开采技术与水准。因此，它们转而采取了支持人类共同继承财产原则。

笔者认为，建立在人类共同继承财产概念基础上的《公约》"区域"制度，为国际社会勘探和开发"区域"内资源活动提供了法律基础。其在《公约》中地位的确立，意义重大。

二、"人类共同继承财产"理论体系剖析

《公约》"区域"制度以人类共同继承财产原则为基础，且该原则贯穿于"区域"制度（"区域"制度主要内容为《公约》第十一部分及其附件三、四）的始终。当然，"人类共同继承财产"在《公约》中地位的确立，并不是一帆风顺的。

（一）"人类共同继承财产"概念形成过程

经分析，联合国讨论人类共同继承财产概念发展为《公约》原则的过程，主要经历了以下几个阶段。

1. 提出阶段（1967—1968 年）

1967 年马耳他首次在第 21 届联大提出了将国家管辖范围以外海域的海床洋底宣布为人类共同继承财产，并应接受国际机构管制的建议。为此，联大接受了该建议，并通过了第 2340 号决议（1967 年 12 月 18 日）。该决议决定成立研究

各国管辖范围以外海床洋底和平特设委员会(简称特设海底委员会)专门研究上述问题。于1968年起该委员会开始审议讨论国际海底(区域)问题。当然,1968年联大通过了第2467号决议,决定扩大该委员会组成,并将上述委员会改称为海底委员会,即由特设海底委员会改为常设海底委员会。① 可见,联大对国际海底问题的重视。

2. 形成阶段(1969—1970年)

经海底委员会审议和讨论,联大于1970年通过了第2749号决议,即《原则宣言》决议。《原则宣言》宣告,国家管辖范围以外海床洋底及其底土以及该区域的资源为全人类共同的继承财产;任何国家或个人,均不得将该区域据为己有,任何国家不得对该区域及其资源主张或行使主权或主权权利;应建立国际制度管理该区域资源和勘探及开发活动;该区域向所有国家开放,并专为和平目的使用,为全人类谋福利;等等。② 可见,《原则宣言》不仅肯定了马耳他建议的内容,而且丰富了其内涵。因此,《原则宣言》的通过标志着适用于国际海底区域的"人类共同继承财产"体系已初步形成。

3. 发展阶段(1971—1973年)

主要标志为,联大通过第3029号决议(1972年),决定召开第三次联合国海洋法会议,以讨论海洋法的所有问题,包括国际海底区域制度。同时,在联合国框架外,《原则宣言》宣告的原则,尤其是人类共同继承财产概念所包含的原则,也得到了国家集团和国际组织的决议与宣言的尊重和确认。例如,1972年《圣多明各宣言》,美洲国家组织美洲间法律委员会《关于海洋法的决议》(1973年),不结盟国家第四次会议《关于海洋法的宣言和决议》(1973年)。③ 可见,"人类共同继承财产"的观念已获得深化与发展。

4. 确立阶段(1973—1982年)

经过第三次联合国海洋法会议长达9年共16次会议的审议,在与国际海底区域应适用无主物原则、共有物原则和公海自由原则的争斗后,终于确立了人类

---

① 参见北京大学法律系国际法教研室编:《海洋法资料汇编》,人民出版社1974年版,第102—110页。
② 参见北京大学法律系国际法教研室编:《海洋法资料汇编》,人民出版社1974年版,第116—119页。
③ 例如,(1)《圣多明各宣言》在国际海床部分指出,承袭海以外的承袭海所未覆盖的大陆架以外的海床及其资源,按照联大1970年12月17日第2749号决议所通过的宣言,是人类共同继承的财产;这个地区应遵从国际协定所设立的制度;国际协定应当设立一个国际机构。(2)美洲国家组织美洲间法律委员会关于海洋法的决议第12项指出,200海里地带及大陆架以外的海床洋底以及从那里可能采掘的资源,是人类的共同遗产。(3)不结盟国家第四次会议关于海洋法问题的决议,重申:国家管辖范围之外的区域和海床洋底资源和底土是人类的共同财产的原则;必须把联合国通过的关于原则的宣言作为建立上述区域管理制度的基础;必须建立一个国际权力机构。参见北京大学法律系国际法教研室编:《海洋法资料汇编》,人民出版社1974年版,第169—172页、第183—185页、第193—196页。

共同继承财产原则在国际海底区域的法律地位。例如,《公约》第 136 条规定,"区域"及其资源是人类共同继承财产。可见,"人类共同继承财产"已成为《公约》的重要原则。当然,《公约》不仅确立了"人类共同继承财产"的地位,而且还发展和丰富了其内涵。

(二)"人类共同继承财产"内涵考量

虽然《公约》确立了"人类共同继承财产"在《公约》中的地位,且成为《公约》的基本原则,但《公约》并未对人类共同继承财产概念作出任何定义,因此,在学者之间存在认识上的差异。[①] 为此,有必要考量"人类共同继承财产"内涵。

1. 法律属性

实际上,人类共同继承财产概念自提出起,其法律属性是明确的、确定的。也就是说,此概念的主体为"全人类"。换言之,它既包括今世的人类,也包括后世的人类。此概念的客体为"财产"。该"财产"的含义为"区域"的任何部分及其资源,即国家管辖范围以外的海床和洋底及其底土的任何部分及其资源。此概念的财产的所有权方式是"共同"的;而这种"共同",是指深海底区域及其资源的所有者是单一的,属于整体的全人类,它不为各国共有或者按份额共有。这种单一性或整体性要求国际管理机构对国际海底资源实施统一管理,包括分配从"区域"获得的收益。显然,人类共同继承财产概念是具有法律属性的概念。

2. 基本原则

人类共同继承财产概念自提出起,就具有以下基本原则:(1) 不得据为己有原则,即任何国家不得将深海底的任何部分及其资源据为己有;(2) 遵守宪章规则原则,即深海底的开发应遵照《联合国宪章》的原则和目的;(3) 共同使用发展原则,即深海底应为全人类的利益而使用,特别要用以促进贫困国家的发展;(4) 和平使用保留原则,即深海底应专门用于和平目的;(5) 国际机构管制原则,即应由国际管理机构统一管制深海底资源的勘探和开发活动。

3. 主要内容

"人类共同继承财产"发展为《公约》基本原则,其内容主要包括以下几个方面:

---

① 一般认为,人类共同继承财产概念包含以下要素:不得单独占有、共同管理、共同获益、和平使用和为后世保留等。参见 B. E. Heim, "Exploring the Last Frontiers for Mineral Resources: A Comparison of International Law Regarding the Deep Seabed, Outer Space, and Antarctica," *Vanderbilt Journal of Transnational Law*, Vol.23 (1990), pp.819 and 827。

(1) 关于"区域"及其资源的性质与范围方面内容。即"区域"及其资源为人类共同继承财产;"区域"是指国家管辖范围以外的海床和洋底及其底土;而"资源"是指"区域"内在海床或其下原来位置的一切固体、液体或气体矿物资源,其中包括多金属结核。①

(2) 关于禁止独自占有"区域"及其资源方面的内容。即任何国家不应对"区域"的任何部分或其资源主张或行使主权或主权权利,任何国家或自然人或法人,也不应将"区域"或其资源的任何部分据为己有;任何这种主权和主权权利的主张或行使,或这种据为己有的行为,均应不予承认。②

(3) 关于共同参与管理方面的内容。即对"区域"内资源的一切权利属于全人类,由管理局(即国际海底管理局)代表全人类行使;这种资源不得让渡;但从"区域"内回收的矿物,只可按照《公约》第十一部分和管理局的规则、规章和程序予以让渡。③

(4) 关于遵守宪章规则等方面的内容。例如,《公约》第138条规定,各国对于"区域"的一般行为,应按照《公约》第十一部分的规定、《联合国宪章》所载原则,以及其他国际法规则,以利维持和平与安全,促进国际合作和相互了解。

(5) 关于为全人类服务方面的内容。即对海底矿物生产进行适当限制;对国际海底的环境保护;各国在"区域"内进行海洋科学研究的自由;转让技术和参加培训的措施;等等。④ 显然,上述内容均体现了"人类共同继承财产"为全人类服务的特点。

(6) 关于非"区域"部分适用公海自由原则方面的内容。例如,《公约》第135条规定,《公约》第十一部分或依其授予或行使的任何权利,不应影响"区域"上覆水域的法律地位,或这种水域上空的法律地位;反言之,"区域"部分不适用公海自由原则,而应适用人类共同继承财产原则。

(7) 关于禁止变更人类共同继承财产原则方面的内容。例如,《公约》第152条第2款规定,审查会议应确保继续维持人类共同继承财产的原则;《公约》第311条第6款规定,缔约国同意关于人类共同继承财产的基本原则不应有任何修正,并同意它们不参加任何减损该原则的协定。

(8) 关于分配外大陆架非生物资源方面的内容。例如,《公约》第82条规定,

---

① 参见《公约》第136条、第1条第1款(a)项、第133条第1款。
② 参见《公约》第137条第1款。
③ 参见《公约》第137条第2款。
④ 参见《公约》第151、145、147、143、144条。

沿海国对从测算领海宽度的基线量起 200 海里以外的大陆架上的非生物资源的开发,应通过管理局缴付费用或实物。可见,管理局在其中的作用。它体现了"人类共同继承财产"要求的公平获益、共同发展的特点。

(9) 关于解决"区域"争端方面的内容。即《公约》规定了专职管辖"区域"内活动争端的国际海洋法法庭海底争端分庭的职权及其咨询意见的效力。[①]

显然,上述九个方面的主要内容均是人类共同继承财产概念本身固有的或从其引申出来的,它们反映了"人类共同继承财产"的要求与特点。

4. 重要特征

"人类共同继承财产"的重要特征,主要为:

(1) 共同共有。即"区域"及其资源属于整个全人类共有,为全人类利益服务。

(2) 共同管理。即"区域"内资源的一切权利由代表全人类的管理局行使,为全人类进行管理。

(3) 共同参与。即"区域"内的活动向所有国家开放,目的是通过平等参与"区域"内的活动,提高技术和获得培训的机会,以求共同发展。

(4) 共同获益。即"区域"内活动取得的收益,由各国共享,为人类获益。

当然,"人类共同继承财产"的上述特征是相互关联的,相辅相成的。其中共同获益是共同财产的目的,共同参与是共获发展的手段,共同管理是共同获益的措施,共同共有是共同管理和共同参与及共同获益的基础。因此,"人类共同继承财产"的上述特征必须全面执行,不可偏废。

(三)"人类共同继承财产"性质

虽然"人类共同继承财产"概念已发展为《公约》的重要原则,但国际社会对"人类共同继承财产"概念性质的争论一直存在。择其要者,主要为以下五种观点,即人类共同继承财产概念为习惯法概念、一般法律原则概念、强行法规则概念、政治性质概念和哲学道德概念。[②] 上述观点可根据主张者所属国的不同,将其分为两类。

1. 发达工业国家学者观点

对于习惯法和强行法规则以外的观点,代表人物多为拥有开采深海海底资

---

① 参见《公约》第 187、191、159 条。
② 参见[日] 井口武夫:《关于深海底开发新国际法的形成及其各种法律问题》,《东海法学》第 12 期 (1994 年),第 8—9 页。

源技术和资金的主要西方工业国家学者。他们片面理解人类共同继承财产概念内涵,试图抹杀其特质,其目的主要是为勘探和开发"区域"内资源活动寻找理论支撑,逃避建立在人类共同继承财产原则上的《公约》"区域"制度的约束,并拒绝履行《公约》所要求的义务。显然,这些观点违反"人类共同继承财产"特征,是错误的。

2. 发展中国家学者观点

对于习惯法和强行法规则的观点,代表人物多为发展中国家的学者。虽然,人类共同继承财产概念有向《维也纳条约法公约》第53条规定的强行法规则发展的趋向,但从迄今《公约》缔约国的数量来看,《公约》只被80%的联合国会员国所接受,即未被国际社会全体会员国所接受;[1]同时,国际社会对强行法规则内容也多有争议。[2] 因此,现阶段其还未作为强行法规则。

笔者认为,人类共同继承财产概念为习惯法概念,各国必须遵循。因为,起源于人类共同继承财产概念的联大《原则宣言》决议,系具有法律性质的决议。主要理由为:

第一,《原则宣言》获得多数赞成。即《原则宣言》是以118票赞成、零票反对、14票弃权通过的。可见,多数国家是愿受其约束的。

第二,《原则宣言》受到广泛尊重。因为,《原则宣言》宣告的有关原则已多次被联合国机构决议、其他国家集团和国际组织的宣言和决议引用,受到广泛尊重。[3]

第三,《原则宣言》得到多国遵守。这从《公约》缔约国遵守人类共同继承财产原则得以反映,尤其是1994年联大《关于执行联合国海洋法公约第十一部分的协定》(简称《执行协定》)的通过,进一步巩固和发展了人类共同继承财产原则。[4] 可见,其规范的效力正在扩大。

---

[1] 《维也纳条约法公约》第53条规定,一般国际法强制规律指国家之国际社会全体接受并公认为不许损抑且仅有以后具有同等性质之一般国际法律始得更改之规律。

[2] 国际强行法规则主要具有以下特征:第一,规定了国际法律秩序的基本原则;第二,即使在当事人之间同意不适用这些原则,也是不允许的。

[3] 例如,联合国贸易和发展会议于1979年通过的关于开发海床资源的第108V号决议重申,联大宣布在国家管辖范围以外的海床洋底及其底土,以及该区域的资源,都是人类的共同继承财产。参见王铁崖:《论人类的共同继承财产的概念》,载王铁崖、李浩培主编:《中国国际法年刊(1984)》,中国对外翻译出版公司1984年版,第26—27页。《月球协定》第11条第1款规定,月球及其自然资源均为全体人类的共同财产。

[4] 《执行协定》"前言"指出,本协定的缔约国重申国家管辖范围以外的海床和洋底及其底土(以下称"区域")以及"区域"的资源为人类的共同继承财产。

三、国际海底区域制度的演进与发展阐释

迄今,关于国际海底区域制度(即国际海底区域资源的勘探和开发制度)经历了初步确立、修改和发展三个阶段。当然,"区域"活动的平行开发制是与单一开发制、国际注册制和执照制相妥协的产物;且其为过渡性质的措施。[①]

(一)国际海底区域制度的初步确立

1.《公约》"区域"制度概要

《公约》"区域"制度不仅规范了勘探和开发"区域"内资源的平行开发制,即规范了申请开发主体资格及开发体制问题,包括审查该制度的审查制度(定期审查和审查会议)。例如,《公约》第153条第2款规定,"区域"内活动由企业部进行和由缔约国或国营企业、或在缔约国担保下的具有缔约国国籍或由这类国家或其国民有效控制的自然人或法人、或符合本部分和附件三规定的条件的上述各方的任何组合,与管理局以协作方式进行;第154条规定,从本《公约》生效时起,大会每5年应对本《公约》设立的"区域"的国际制度的实际实施情况,进行一次全面和系统的审查;第155条第2款规定,审查会议应确保继续维持人类共同继承财产的原则,为确保公平开发"区域"资源使所有国家尤其是发展中国家都得到利益而制定的国际制度,以及安排、进行和控制"区域"内活动的管理局;而且还规定了管理局管理"区域"内活动的职权,包括管理局各机关的职权及资源开发的政策和条件。例如,《公约》第157条第1款规定,管理局为缔约国按照《公约》第十一部分组织和控制"区域"内活动,特别是管理"区域"资源的组织;《公约》第160条规定,管理局大会应审议和核准理事会制定的涉及"区域"内的探矿、勘探和开发的规则、规章和程序;《公约》第150条规定,"区域"内活动应按照第十一部分的明确规定进行,以求有助于世界经济的健全发展和国际贸易的均衡增长,并促进国际合作,以谋所有国家特别是发展中国家的全面发展,并确

[①] 《公约》虽未对平行开发制作出任何定义,其是指勘探和开发"区域"内资源活动由管理局企业部进行,和缔约国或国营企业或在缔约国担保下的具有缔约国国籍或由这类国家或其国民有效控制的自然人或法人或符合公约第十一部分和附件三规定的条件的上述各方的任何组合,与管理局以协作方式进行。关于单一开发制,发展中国家主张,为真正实现人类共同继承财产原则目的,"区域"内勘探和开发活动应由管理局统一管理和实施;发达国家则认为,管理局只具有登记或颁发执照的权限,即主张登记许可制或颁发执照制,试图极力限制管理局权限。国际注册制和执照制的最大区别为,国际执照制规定了开矿者的财政义务。当然,它们的目的都是为了削弱管理局的权力,支持各国自由开采"区域"内资源。《公约》接受平行开发制的重要条件为,发达国家应提供资金担保、转让开发技术、培训技术人员,同时规定了审查平行开发制的审查制度。可见,平行开发制是暂时的、过渡性质的,且是有条件的。

保"区域"资源的开发,对"区域"资源进行有秩序、安全和合理的管理,避免不必要的浪费,确保使管理局分享收益,对企业部和发展中国家作技术转让,确保增进所有缔约国参加开发"区域"内资源的机会,并防止垄断"区域"内活动,确保为全人类的利益开发共同继承财产,等等。

2.《公约》"区域"制度面临挑战

虽然《公约》对"区域"制度作了周密而详细的安排与规定,例如,《公约》设立了管理"区域"资源的组织——管理局;设立了直接进行"区域"内活动及从事运输、加工和销售从"区域"回收的矿物的管理局的机关——企业部;同时,为能使《公约》生效后管理局迅速运转,根据《公约》决议一《关于国际海底管理局和国际海洋法法庭筹备委员会的建立》设立了实施"区域"制度的筹备委员会,以及管理"区域"内活动争端的法庭常设机构——海底争端分庭。[①] 但主要西方工业国家认为,"区域"制度在限制生产、强制性技术转让、企业部的特殊地位、审查会议和管理局的表决程序等方面,无法保证投资者及其证明国的利益,如果"区域"制度不作修改,它们是不可接受的。为此,它们采取了不签署《公约》及拒绝参加筹备委员会的做法,并在《公约》体制外制定了以公海自由原则为基础的相关国内法和在拥有开发"区域"资源技术和资金的主要工业国家之间缔结了"小条约",试图与《公约》体制,尤其是与《公约》"区域"制度抗衡。[②] 因此,《公约》"区域"制度面临严峻挑战。而如何使《公约》"区域"制度成为划一而统一的规范,就成为国际社会的重大课题。

(二)国际海底区域制度的修改

为促进《公约》的普遍化进程,联合国秘书长主持召开了磋商会议,并于1994年在联大通过了修改公约"区域"制度实质性条款的《执行协定》。

1. 修改背景

事实上,《公约》自1982年通过以来,国际社会已发生了很大变化,而这些变

---

① 参见《公约》第157条,第170条第1款,《公约》决议一前言,《公约》第186、187条,《公约》附件六第14条、第35—40条。
② 相关国内法主要为:美国深海海底硬矿物资源法(1980年),联邦德国深海海底采矿暂时调整法(1980年),英国深海采矿法暂行条例(1981年),法国深海海底矿物资源勘探和开发法(1981年),苏联关于调整苏联企业勘探和开发矿物资源的暂行措施的法令(1982年),日本深海海底采矿暂行措施法(1982年)。小条约为:1982年美国、英国、联邦德国和法国关于深海海底多金属结核暂行安排的协定,1984年美国、英国、日本、意大利、法国、联邦德国、比利时和荷兰关于深海海事宜的暂行协定。其中制定1982年小条约的目的在于解决"立法前勘探者"的区域冲突;1984年小条约旨在进一步在颁发勘探和开发许可证方面进行合作,试图与公约体制抗衡。参见张鸿增:《先驱投资者制度及其面临的挑战》,载王铁崖、李浩培主编:《中国国际法年刊(1987)》,中国对外翻译出版公司1987年版,第312—315页;刘书剑译:《外国深海海底矿物资源勘探和开发法》,法律出版社1986年版,第108页。

化和趋势,有利于国际社会重新对"区域"制度进行讨论和修改。国际社会修改"区域"制度的背景与条件,主要表现在以下几个方面:

(1) 在国际经济方面。当初,《公约》"区域"制度是以以下假设为前提的。一是《公约》一旦生效,深海海底商业性采矿就会马上开始;二是在可预见的将来,唯一具有商业开采价值的矿物资源是锰结核。但经过10多年,并从经济、科技等方面出发,对《公约》"区域"制度进行综合考虑后,才证明上述假设是错误的。① 因为,"区域"资源开发需要高额经费;《公约》通过后的10多年国际经济持续下降,严重影响了世界金属市场生产和销售;虽然对深海海底资源开采和加工在技术上可行,但据估计,深海海底资源商业开采将在2010年以后甚至更后,且今后投资者对深海海底采矿生产期望也不会很高,已不存在对深海海底采矿的刺激和吸引力。②

(2) 在国际政治方面。随着冷战的结束和苏联的解体,国际社会出现了要求修改"区域"资源开发制度模式的呼声,即:主张"区域"制度应从计划经济体制方式向市场经济原则转换;同时,考虑到深海海底资源开发,尤其是商业生产,在近阶段内不会马上实施,国际社会多认为,没有必要设立规模庞大的管理局,主张随着"区域"资源开发进程可采取渐进方式,完善管理局机构,以提高效率,节约开支,避免浪费。③

(3) 国际社会出现了合作和谅解的氛围。主要为:

第一,发展中国家转变态度。发展中国家在1980年代末,曾在筹备委员会采取了实质性的灵活态度,即它们为迎合先驱投资者的利益,同意对《公约》决议二《关于多金属结核开辟活动的预备性投资》的部分规定作修正,并望美国能参与谈判,解决深海海底采矿问题,以消除主要发达国家加入《公约》的重要障碍。

第二,美国协商"区域"制度的现实必要性。美国虽于1980年制定了国内法(《美国深海海底硬矿物资源法》),规定了深海海底采矿的法律措施,但由于美国不是《公约》缔约国,缺乏可靠的国际法权利保障,美国开矿公司或投资者不愿根据国内法进行海底开发,从而减缓或停止了海底采矿研究开发活动;同时,于

---

① 参见赵理海:《海洋法问题研究》,北京大学出版社1996年版,第159—160页。
② 参见[日]高林秀雄:《联合国海洋法公约的成果与课题》,东信堂1996年版,第64—65页。
③ 例如,《执行协定》"前言"指出,本协定的缔约国,注意到影响第十一部分的执行的各种政治和经济上的变化,包括各种面向市场的做法,希望促使《公约》得到普遍参加,认为一项关于执行第十一部分的协定是达到此一目标的最佳方式。《执行协定》附件第1节第2段规定,为尽量减少各缔约国的费用,根据《公约》和本协定所设立的所有机关和附属机构都应具有成本效益;第3段规定,管理局各机关和附属机构的设立和运作应采取渐进的方式,以便能在"区域"内活动的各个发展阶段有效地履行各自的职责。

1982年和1984年美国与其他主要工业国家之间缔结的《关于深海底安排或事宜的协定》(简称《小条约》),并不能阻止互惠国以外的任何其他国家颁发同互惠国颁发的许可证发生重叠的区域的许可证,其他国家也不会因"小条约"颁发了许可证而受到阻碍;另外,"小条约"无权也无法解决同其他勘探申请区的争议。显然,美国等国也有实质性协商调整"区域"制度的需要。

(4)《公约》体制要求修改"区域"制度。众所周知,《公约》设立了三大组织机构,即国际海底管理局、国际海洋法法庭和大陆架界限委员会,而根据《公约》及其附件的有关规定,上述机构应具有普遍性,且其运作费用是按照联合国预算分担比例由会员国承担而维持的。[1] 如果没有重要发达国家的参与,上述机构的普遍性就无法保证,也不能有效运作,进而无法切实实施国际海底制度。可见,《公约》体制本身也有实际修改"区域"制度的必要。

(5)秘书长的倡议推动了协商进程。联合国秘书长于1990年7月提出举行一次非正式磋商会议,就海底问题进行磋商和对话,正符合国际社会的要求和趋势,因而得到了多数国家的支持。

上述背景和条件,促进了秘书长主持召开的国际海底问题磋商会议。

2. 磋商成就

在联合国秘书长主持下,联合国于1990—1994年就《公约》体系(《公约》体系主要指《公约》及其9个附件)中有关深海海底采矿所涉及的一些问题,共举行了两轮15次非正式磋商。[2] 经过审议和磋商,于1994年联合国第48届会议续会,通过了《执行协定》,其由本文(共10条)和附件(共9节)组成。[3] 可见,联合国磋商会议的主要成就是通过了《执行协定》,符合国际政治经济形势发展需要;它吸收了西方主要工业国家的主张,平衡了发达国家与发展中国家的利益,加速了《公约》的普遍化进程。当然,它也进一步巩固和发展了人类共同继承财产原则。[4]

---

[1] 参见《公约》第160条第2款第(e)项,《公约》附件六第2条第2款;《公约》附件三(大陆架界限委员会)第2条第1款。

[2] 《公约》第318条规定,各附件为本公约的组成部分,除另有明文规定外,凡提到本公约或其一个部分也就包括提到与其有关的附件。

[3] 关于《公约》第十一部分与《执行协定》之间的关系,《执行协定》第1条规定,本协定的缔约国承诺依照本协定执行第十一部分,附件为本协定的组成部分;第2条第1款规定,本协定和第十一部分的规定应作为单一规定。

[4] 例如,《执行协定》"前言"指出,缔约国重申国家管辖范围以外的海床和洋底及其底土(以下简称"区域")以及"区域"的资源为人类的共同继承财产;《执行协定》附件第4节规定,《公约》第155条第2款所述的原则,制度和其他规定应予维持。

3. 修改内容

《执行协定》主要对"区域"制度的实质性条款作了修改,但从其内容来看,没有出现"修正"或"修改"的词语,只用了"不适用"的词语。一般认为,这是考虑了发展中国家的意见和要求而作出的规定。可见,《执行协定》极其巧妙地平衡了发展中国家和发达国家之间的政策。《执行协定》的通过,为真正统一实施《公约》的"区域"制度和原则创造了有利条件。《执行协定》修改"区域"制度的内容,主要有以下几个方面:

(1) 关于管理局机关设置问题。《执行协定》增设了财务委员会,少设了经济规划委员会与企业部,即:经济规划委员会任务由法律和技术委员会代行;企业部职务由秘书处代行。[①]

(2) 关于先驱投资者保护问题。为保护《公约》生效前已从事勘探"区域"内资源活动的企业利益,《公约》决议二规定了先驱投资者保护制度。《执行协定》不仅明确了未登记的先驱投资者向管理局核准勘探和开发工作计划的程序,即它使未登记的先驱投资者和已登记的先驱投资者获得了核准勘探和开发工作计划的平等地位;而且还减轻了已登记的先驱投资者的财政负担,即先驱投资者申请登记的规费,变成了勘探阶段的规费。另外,《执行协定》还扩大了担保国范围。例如,《公约》附件三第4条第3款规定,申请者必须由缔约国担保;而《执行协定》附件第1节规定,申请工作计划担保的国家,可以是缔约国,或是根据《执行协定》第7条临时适用本协定的国家,或是根据《执行协定》第1节第12段作为管理局临时成员的国家。

(3) 关于决策方面的内容。《执行协定》不仅提高了理事会的地位,例如,大会应会同理事会制订一般政策,大会的决定应依赖于理事会的建议;而且还扩大了理事会向大会作出建议事项的范围,即《公约》第160条第2款(f)项(l)目规定,理事会只能对审议和核准关于公平分享从"区域"内活动取得的财政及其他经济利益和依据第82条所缴的费用和实物的规则、规章和程序向大会作出建议,而《执行协定》则是属于理事会主管范围的任何事项。同时,《执行协定》还修改了《公约》规定的三级表决制,采用了协商一致原则与理事会成员各分组的集体否决权制度。例如,《执行协定》附件第3节第2段规定,作为一般规则,管理局各机关的决策应当采取协商一致方式;《执行协定》附件第3节第5段规定,关于实质性问题的决定,除《公约》规定由理事会协商一致决定外,应以出席并参加

---

① 参见《执行协定》附件第1节第4段,《执行协定》附件第2节第1段。

表决的成员2/3多数作出,但须理事会任一分组没有过半数反对该项决定。

(4) 关于审查制度方面的内容。《公约》第155条第1款规定,自商业生产开始的第15年后,大会应召开会议,审查"区域"制度的有关规定。对此,《执行协定》附件第4节规定,大会可根据理事会的建议,随时审查《公约》第155条第1款所述事项。但由于理事会关于实质性问题的决定,除协商一致外,应以2/3多数,且没有理事会任一分组过半数反对,才能作出。考虑到理事会各组的构成,理事会无法作出不利于发达国家的决定,因此,《执行协定》实际上取消了《公约》的审查会议制度,确保了发达国家的利益。

(4) 关于技术转让方面的内容。《执行协定》取消了《公约》附件三第5条规定的承包者具有向企业部和发展中国家转让技术的义务;《执行协定》附件第5节规定,缔约国和承包者只在企业部和发展中国家在公开市场上未能获得必要的深海底采矿技术时,才有按公平合理的商业条件与管理局和发展中国家进行合作的义务。可见,《执行协定》极大地减轻了缔约国和承包者的技术转让义务。

(5) 关于生产政策方面的内容。《执行协定》对《公约》体系中原来涉及深海底矿物生产政策的制度作了调整和修改。[①] 同时,《执行协定》列举了管理局根据市场经济原则生产政策应遵循的原则。例如,开发活动应按健全的商业原则进行、禁止向"区域"内活动提供补贴、平等对待"区域"内外的矿物,等等。[②]

(6) 关于经济援助方面的内容。《执行协定》将《公约》中对受不利影响的发展中国家的经济援助,从原来违反市场经济原则的补偿制度修改为管理局有限的财政范围内的经济援助制度。[③] 这极大地减轻了管理局的财政负担。

(7) 关于合同的财政条款方面的内容。《公约》附件三第13条第3款规定,承包者应自合同生效之日起,缴纳固定年费100万美元;自商业生产开始之日起,承包者应交付财政贡献或固定年费,以较大的数额为准;而《执行协定》附件第8节第1段规定,承包者向管理局缴费的制度应公平,且能让承包者有权选择;承包者自商业生产开始之日起应交付固定年费,年费由理事会决定;缴费制度可视情况的变化定期加以修改。显然,这也大幅度地减轻了承包者的经济负担。

(8) 关于财务委员会建议范围内容。《执行协定》附件第9节第7段就大会或理事会提出的问题所作出的决定,应考虑财务委员会的建议。实际上,财务委

[①] 参见《执行协定》附件第6节第7段。
[②] 参见《执行协定》附件第6节第1段。
[③] 参见《执行协定》附件第7节第1段。

员会为控制管理局预算、监视管理局财政问题的强有力机关。因为,在管理局除了分摊会费以外有足够资金应付其行政开支之前,向管理局行政预算交付最高款额的5个发达国家就是财务委员会的常任代表,所以,财务委员会的建议或决定不可能损害发达国家的利益,从而确保了发达国家的权益。

值得肯定的是,《执行协定》自通过以来,缔约国数量有了明显的增加。可见,《公约》及其《执行协定》的效力正在日益显现和提升。

(三) 国际海底区域制度的发展

迄今,"区域"制度的发展主要表现在两个方面:筹备委员会解决了先驱投资者的登记问题;管理局通过了《"区域"内多金属结核探矿和勘探规章》(简称《勘探规章》)。

1. 筹备委员会的主要成就

筹备委员会在设立期间(1983—1994年),共召开了十二届22期会议,解决了7个先驱投资者的登记问题。其贡献主要为:

(1) 达成阿鲁沙谅解。"阿鲁沙谅解"(1986年)是在筹备委员会主席和联合国副秘书长南丹参与下,法国、日本、苏联和印度4个先驱投资者达成的关于解决申请区域重叠和进行矿区分配的谅解。它对促进筹备委员会工作和尽快建立国际海底区域申请制度起到了积极作用。

(2) 通过关于执行决议二的声明。筹备委员会以"阿鲁沙谅解"为基础,经过反复而紧张的磋商,于1986年通过了"关于执行决议二的声明"。其最大特点是规定了申请登记的时间和程序,推进了先驱投资者登记制度,有利于实施《公约》体制内的"区域"资源开发制度,并打击和削弱了《公约》体制外行为和活动的违法性。

2. 管理局的主要成就

至今,管理局已召开了十一届16期会议。管理局在"区域"制度方面的主要成就是,2000年通过了首部规范"区域"内资源活动的《勘探规章》。根据《勘探规章》序言和第40条的规定,它只适用于"区域"内多金属结核的探矿和勘探活动。换言之,它不适用于"区域"内多金属结核的开发活动,以及"区域"内多金属结核以外资源的探矿和勘探及开发活动。当然,《勘探规章》是根据《公约》和《执行协定》的有关规定制定的。例如,《勘探规章》第1条第5款规定,本规章应符合《公约》和《执行协定》的规定及与《公约》无抵触的其他国际法规则。显然,它是对《公约》"区域"制度的具体化和细化,以便管理局实际操作,包括核准申请者勘探

"区域"内多金属结核的工作计划。例如,《勘探规章》第1条第3款规定了"探矿"和"勘探"的定义,填补了《公约》和《执行协定》未规定"探矿"和"勘探"概念的缺陷。同时,管理局根据《勘探规章》第23条的规定,已与7个先驱投资者签订了勘探合同。

(四)管理局今后的重点工作规划

虽然,经过筹备委员会和管理局的共同努力,在"区域"制度实施方面已取得了一定的成就,但管理局今后的任务仍很艰巨。经分析,管理局今后的工作重点主要为:

(1)制定和通过新规章草案。虽然,管理局已于2004年接受了法律和技术委员会提交的《关于"区域"内多金属硫化物和富钴结壳探矿和勘探规章草案》(简称《新规章草案》),但由于国际社会对这些资源的特质了解并未深入,对审议该《新规章草案》存在难度。为此,管理局应增加调研,包括听取有关国家的意见和要求,完成新规章制定工作。

(2)切实行使对勘探合同的监督职能。《勘探规章》第5条和第31条规定,与管理局签订勘探合同的承包者有义务根据合同条款提交年度报告。管理局制定该制度的主要目的是建立一种监督机制,使管理局特别是法律和技术委员会能够获得必要的信息,并根据《公约》履行职责,特别是履行与保护海洋环境使其免受"区域"内活动有害影响有关的责任。因此,《勘探规章》明确规定了承包者在提供信息时的要求,希望管理局通过审议年度报告的工作,加强管理局的监督职能,以实现《公约》规定的目标。

(3)完善信息数据库工作。管理局应继续收集和利用各种组织机构提供的数据,开发和测试可用于管理和研究工具的综合数据系统,并望获得指定的成员国代表、科学家和研究人员将数据传入数据库。鉴于管理局的现状,管理局尤其应恢复收集多金属结核数据并将其纳入数据库,接纳其他诸如多金属硫化物和富钴结壳资源的数据,开发并接纳环境数据库,以完成《公约》赋予管理局的职责。

四、中国与国际海底区域制度

中国一贯反对超级大国霸占海洋,竭力要求修订新的海洋法;并一贯支持海底委员会和第三次联合国海洋法会议工作,包括支持人类共同继承财产原则适用于国际海底区域,强调"区域"制度应由国际机构管制。[①] 当然,中国不仅支持国际海底区域制度,而且采取符合《公约》规定的制度,付诸实践,并取得了可喜的成就。

(一) 中国在"区域"制度方面的主要成就

(1) 中国成为已登记的先驱投资者。中国于1990年8月21日向筹备委员会主席提交了申请,即要求按照决议二的规定代表中国大洋矿产资源研究开发协会(简称大洋协会)登记为先驱投资者的申请。经审议,筹备委员会于1991年3月5日决定,批准中国在东北太平洋海底勘探多金属结核矿区的申请,分配给申请者面积为15万平方千米的开辟区。中国成为第五位已登记的先驱投资者。

(2) 中国大洋协会与管理局签订勘探合同。根据《勘探规章》第23条的规定,2001年5月22日中国大洋协会与管理局在北京签署了勘探合同。换言之,根据《公约》《执行协定》和《勘探规章》的有关规定,申请者在放弃开辟区的一半面积后,对7.5万平方千米的矿区具有勘探多金属结核的专属权利,以及对该区域多金属结核进行商业开采的优先开采权。

(3) 中国在"区域"制度方面的实践。经分析,我国在勘探国际海底区域资源方面的实践,主要为三个阶段。

第一,准备阶段(1978—1990年)。主要标志为,我国于1978年4月从太平洋4 784米水深的地质取样中获得了多金属结核;国务院于1990年批准设立了专职处理"区域"资源的管理机构——大洋协会。[②]

第二,收获阶段(1991—1999年)。主要标志为,中国于1991年完成先驱投资者登记工作,成为第五位已登记的先驱投资者;至1999年,中国大洋协会根据《公约》规定放弃了7.5万平方千米的开辟区。

第三,提升阶段(2000—2005年)。主要表现在以下几个方面:在深海勘查方面,我国已拥有多波束测深系统、深海拖曳观测系统、6 000米水下自治机器人

[①] 例如,中国参加联合国第三次海洋法会议的代表团曾表示,国际海底区域应用于和平目的,国际海域的资源,原则上属于各国人民共有,应该由各国共同拟订有效的国际制度和建立相应的国际机构进行管理和开发。参见《安致远代表在海底委员会全体会议上发言阐明我国政府关于海洋权问题的原则》,载北京大学法律系国际法教研室编:《海洋法资料汇编》,人民出版社1974年版,第13—18页。

[②] 大洋协会的宗旨为:通过国际海底资源研究开发活动,开辟我国新的资源来源,促进我国深海高新技术产业的形成与发展,维护我国开发国际海底资源的权益,并为人类开发利用国际海底资源作出贡献。其主要任务:组织国内有关优势单位在国际海底区域进行研究开发活动,以开辟我国新的矿产资源来源,促进深海资源开发高新技术产业的形成与发展,维护我国开发国际海底区域资源的权益。参见《中国大洋矿产资源研究开发协会简介》。

等勘查手段;在深海开采技术方面,大洋协会已展开了1 000米深海多金属结核采矿海试系统的研制工作;在能力建设方面,我国于2002年已完成对"大洋一号"科考船的现代化改装工作;在国际事务及地位方面,我国实施的"基线及其自然变化"计划已列入管理局组织的四大国际合作项目之一;我国于2000年连任理事会B组(主要投资国)成员,2004年当选为A组(主要消费国)成员。可见,我国在管理局的地位日益提高、作用将日益显现。

(二) 中国在"区域"制度方面的发展趋向

虽然我国在"区域"制度方面已取得了一定的成就,但面临的形势并不乐观。笔者认为,我国今后在勘探和开发"区域"资源方面的任务,包括发展趋向,主要为以下几个方面。

(1) 合理安排对多金属硫化物和富钴结壳资源的研究工作。我国应在管理局还未通过《新规章草案》之前,利用现有研究和先前航次的调查结果,在考虑上述两种资源的特性、开采制度、商业开采储量需要、国际金属市场需求状况,以及开发技术的难易程度等因素后,对《新规章草案》中规定的申请勘探面积、对毗连区块的要求和放弃制度等提出自己的主张。为此,我国应合理安排,加强对上述问题的研究。

(2) 加强深海开采技术攻关。"区域"制度的最终目的为实施商业开发"区域"内资源,而深海开采技术为实现商业开采的关键要素。目前,部分已登记的先驱投资者已完成深海关键技术的研制,例如,印度已完成采矿系统450米水深的海试,并将进一步发展深海技术。我国应在确保深海资源占有量的同时,应考虑和研制深海技术,包括深海技术发展目标、建立深海技术体系、储备关键深海技术等,并开展重点领域的国际合作,实现我国深海技术的跨越式发展。

(3) 加强深海科学研究工作。我国应利用大洋协会长期积累的海上调查能力,整合人才队伍,与国内优势单位配合,加强"区域"内海洋科学研究,特别应收集和分析"区域"内资源的数据,并建立数据库,增强我国在深海科学研究领域的地位。

(4) 加强对全球海底金属市场的调查研究。为实现"区域"资源的商业开采,我国应加强对全球金属市场的调查研究,合理制定我国相关产业政策,并向管理局提供制定相关资源勘探和开发规章的意见,承担我国作为管理局A组成员的重大职责。

(5) 加强国际海底区域制度研究的资金投入。实施"区域"资源的勘探和开发活动,需要巨额资金。为此,我国应不断扩大投资主体范围及合作方式,并制定相关政策,例如,在融资、税收方面的优惠政策,加大对国际海底区域制度研究所需资金投入,包括利用民资和外资。

  总之,为推进我国海洋开发战略,我国不仅应加强对《公约》的理论研究,积极利用国际、区域、双边海洋法律制度,稳定周边环境;而且应不断完善我国海洋开发法制,包括制定国际海底资源勘探规章,并丰富国家实践。笔者坚信,"大洋一号"环球科考实践必将推进我国深海事业,并为我国尽早获得"区域"内多金属结核以外资源的勘探权作出重大贡献。

国际海洋法法庭与国际法院比较研究

依据1982年《联合国海洋法公约》(以下简称《公约》)成立了三个职责不同的机构,即大陆架界限委员会、国际海洋法法庭(以下简称法庭)和国际海底管理局,在《公约》生效十周年之际,对法庭的组成、管辖和程序等进行论述,是一件有益的事。在法庭成立之前,国际法院是唯一的国际常设司法机关;而在《公约》生效后,1996年成立的法庭也成了具有强制性权限的常设专业性国际法庭,并且《国际海洋法法庭规约》(以下简称《法庭规约》)及其规则[1]是在借鉴和改进《国际法院规约》及其规则的基础上制定出来的,因此,研究法庭的组成、管辖和程序,并与国际法院制度相比较,尤为必要。

一、《联合国海洋法公约》争端解决机制概述

《公约》为解决争端提供了一套详尽而灵活的机制。它不仅规定了解决争端的方法,而且建立了解决争端的程序和机构。[2] 这样就克服了1958年日内瓦海洋法四公约中不规定争端解决机制而只在附属议定书中规定争端解决机制的弊端。《公约》成功地将争端解决程序规定在第十五部分,即要求各国以和平方法解决争端,尊重各国协议所规定的自行选择的和平方法解决争端,并根据国家主

---

[1] 《法庭规则》是根据《法庭规约》第16条的规定于1997年制定的,并于2001年进行了两次修订。第一次是对有关船只的释放程序进行修订,即对规则第111条、第112条作了修订。主要把规则第112条第3款的法庭或庭长在不开庭时确定审讯可能的最早日期,应在收到申请书第一个工作日起10日内,改为15日内;规则第112条第4款的判决应在审讯结束后不超过10日内举行的公开庭期间宣读,改为不超过14日内;规则第111条第4款的扣留国提出的陈述,应不迟于本规则第112条第3款提到的审讯开始前24小时,改为96小时。第二次是对有关法庭书记官长任期的规则第32条第1款的修改,由7年改为5年。此规则由序言、第一部分(用语)、第二部分(组织)和第三部分(程序)组成,共138条。

[2] J. Collier and V. Lowe, *The Settlement of Disputes in International Law*, Oxford University Press, 2000, p.84.

权平等原则,赋予了各国自由选择争端解决方法的权利。① 其意义重大。

(一)《公约》争端解决机制的重要性

《公约》的争端解决机制在国际争端制度的发展中占有重要地位。首先,由《公约》解释或适用而产生的争端原则上必须提交具有拘束力的国际性法院,并规定了具有强制性解决争端的程序;其次,在《公约》的争端解决制度中,不仅规定国家,而且规定将满足一定条件的自治联合体、非自治区域以及将《公约》相关事项的权限由缔约国移交给国际组织的机构,在国际性法院中也具有诉讼当事者的能力;再次,对于与国际海底区域活动有关的争端,不仅仅是缔约国之间的争端,而且对于缔约国与国际海底管理局之间的争端,缔约国、国际海底管理局企业部、国营企业、自然人或法人为合同当事者之间的争端,法庭的海底争端分庭也具有管辖权,即国家以外的主体也能向国际性法院提出申诉。② 这对国际法的主体问题产生了冲击,但由于这是基于各国同意而赋予的,且其范围极其有限,因此,对国际法的主体理论不会带来很大的影响。

(二)《公约》设立法庭的必要性

在第三次联合国海洋法会议期间,对于是否应建立法庭进行了激烈的争论。反对设立法庭的发达国家,主张继续由国际法院处理海洋法争端。其主要理由为:迄今为止,国际法院在国际争端解决机制中,已发挥了重要作用,并在国际社会已确立了其作为最高司法机关的地位,也能胜任解决海洋法的争端,强调对新《公约》的解释和适用方面的争端,必须让国际法院发挥核心作用;而对于《公约》的当事方的扩大主张只要修改国际法院规约就可以了,没有必要建立法庭,或者可在国际法院中新设专门处理海洋法争端的分庭,从而强化国际法院对新的海洋法争端的应对。支持设立法庭的发展中国家认为,《公约》争端具有很强的特殊性和专业性,并随着行为主体的多元化,已扩大了属人管辖的范围,即使扩大国际法院的当事方资格,还必须设置海洋法法庭以综合处理海洋法争端,并强调必须由专业性法庭对《公约》的解释和争端作出裁定,才符合《公约》的宗旨;同

---

① 参见[日]山本草二:《海洋法》,三省堂1997年版,第267—268页;[日]牧田幸人:《联合国海洋法公约争端解决机制法律结构(二)》,载[日]国际法学会编:《国际法外交杂志》第82卷第4期(1983年),第68—69页;A. R. Carnegie, "The Law of the Sea Tribunal", *International and Comparative Law Quarterly*, Vol. 28 (1979), pp.669-684。

② [日]高林秀雄:《联合国海洋法公约的成果与课题》,东信堂1996年版,第202—203页。

时,这也是发展中国家希望国际法院进行积极改革,不满意国际法院的工作实绩之故。① 争论的结果,发展中国家取胜,最后在《公约》体系中规定了设立法庭的条款。法庭的建立对于统一地解释《公约》和处理争端以及海洋法的特殊性活动是很有必要的。② 这对于实现《公约》目的,构建国际海洋新秩序也具有重要意义。

二、法庭与国际法院的组织法比较

(一) 不同的地位

国际法院是联合国的主要机关之一,而且是联合国主要司法机关。③ 而从《公约》第287条第1款④和《公约》附件六第1条第1款⑤的规定来看,法庭是按照《公约》附件六设立的,即国际法院是联合国主要的常设性司法机关,而法庭是《公约》体制内的常设性专业机构。

(二) 法官的选举

国际法院由品格高尚并在本国具有最高司法职位之任命资格或公认为国际法之法学家中选举出的15位法官组成;法官任期9年,并可连任。而法庭是从享有公平和正直的最高声誉,在海洋法领域内具有公认资格的人士中选出的21名法官组成;法官任期9年,连选可连任。⑥ 法庭的法官数增加到21名,是由于在其中应选出组成法庭的常设性海底争端分庭的11名法官之故;同时,法庭法

---

① 参见吴慧:《国际海洋法法庭研究》,海洋出版社2002年版,第10—13页;[日]牧田幸人:《联合国海洋法公约争端解决机制法律结构(二)》,载[日]国际法学会编:《国际法外交杂志》第82卷第4期(1983年),第64—65页。另外,在处理海洋法争端方面,有学者极力主张必须充分发挥国际法院的应有作用,参见[日]小田滋:《新渔业制度和争端解决——第三次联合国海洋法会议审议中的一个盲点》,载[日]国际法学会编:《国际法外交杂志》第79卷第4期(1980年),第1—8页。
② [日]栗林忠男:《注解联合国海洋法公约》(下卷),有斐阁1994年版,第248页。L. B. Sohn, "Settlement of Disputes Arising Out of the Law of the Sea Convention", *San Diego Law Review*, Vol.12 (1975), pp.516–517.
③ 《联合国宪章》第7条第1款,第94条。
④ 《公约》第287条第1款规定,一国在签署、批准或加入本公约时,或在其后任何时间,应有自由用书面声明的方式选择下列一个或一个以上方法,以解决有关本公约的解释或适用的争端:(a)按照附件六设立的国际海洋法法庭;(b)国际法院;(c)按照附件七组成的仲裁法庭;(d)按照附件八组成的处理其中所列的一类或一类以上争端的特别仲裁法庭。
⑤ 《公约》附件六,即《国际海洋法法庭规约》第1条第1款规定,法庭应按照本公约和本规约的规定组成并执行职务。
⑥ 《国际法院规约》第2条,第3条,第13条第1款;《法庭规约》第2条第1款,第5条第1款。

官必须是海洋法方面的专家。同时,国际法院规约规定在选举法官时,不但应考虑被选人的必要资格,而且应考虑务使法官全体确能代表世界各大文化及各主要法系;而法庭规约规定法庭作为一个整体,应确保其能代表世界各主要法系和公平地区分配,并规定了构成法庭的条件是联合国所确定的每一地理区域集团应有法官至少 3 人。① 从 1996 年成立的法庭法官组成来看,体现了上述规定。

在选举国际法院法官时,根据常设仲裁法院"各国团体"所提出的 4 人以下的候选人,由联合国秘书长依字母次序编制所提人员名单,并将此提交大会及安理会,在大会及安理会的各独立的选举中获得绝对多数票者应认为当选;而在法庭法官的选举中,每一缔约国可提名两人以下的候选人,秘书长或书记官长应按字母顺序编制出被提名的人选名单,在由缔约国 2/3 以上出席的会议上以无记名投票方式,得票最多并获得出席及参加表决的缔约国 2/3 多数票的候选人当选为法庭法官,但这种多数应包括缔约国的过半数。② 在选举法庭法官时,不仅是国家,《公约》第 305 条第 1 款所列举的主体,例如自治联合体、国际组织,也能参加选举,但像欧盟那样的国际组织,为了避免其成员国在投票时重复行使代表权,不能参加投票。③

选举法庭法官的政治色彩比选举国际法院法官更为强烈。其理由为:在投票选举法庭候选人时,各国会考虑各缔约国直接提名的缔约国的状况;在选举国际法院法官时,安理会理事国在大会和安理会行使投票权,是一种双重投票,而在选举法庭法官时,遵守一国一票的原则。同时,在法庭规约中,对于如何处理同一国的国民两人以上获得必要的选举票而当选为法官的状况,以及在第一次选举时不能选出全部法官时,不存在如《国际法院》规约第 10 条第 3 款、第 12 条那样的规定。④

(三) 法官的职权

国际法院法官不得行使任何政治或行政职务,或执行任何其他职业性质之

---

① 《国际法院规约》第 9 条;《法庭规约》第 2 条第 2 款、第 3 条第 2 款。
② 《国际法院规约》第 4—10 条;《法庭规约》第 4 条。
③ 《公约》附件九《国际组织的参加》第 4 条第 4 款规定,这一国际组织的参加在任何情形下均不应导致其为缔约国的成员国原应享有的代表权的增加,包括作出决定的权利在内。
④ 《国际法院规约》第 10 条第 3 款规定,如同一国家之国民得大会及安全理事会之绝对多数票者不止一人时,其年事最高者应认为当选。第 12 条第 1 款规定,第三次选举会后,如仍有一席或一席以上尚待补选时,大会或安全理事会各派 3 人;此项联席会议就每一悬缺以绝对多数票选定一人提交大会或安理事会分别请其接受。第 2 款规定,具有必要资格人员,即为未列入第 7 条所指之候选人名单,如经联席会议全体同意,亦得列入该会议名单。第 3 款规定,如联席会议确认选举不能有结果时,应由已选出之法官,在安全理事会所定之期间内,就曾在大会或安全理事会得有选举票之候选人中,选定若干人补足缺额。第 4 款规定:法官投票数相等时,年事最高之法官应投决定票。

任务;而法庭法官不得执行任何政治或行政职务,或对任何与勘探和开发海洋或海底资源或与海洋或海底的其他商业用途有关的任何企业的任何业务有积极联系或有财务利益,因此,法庭法官能从事不符合此条款所禁止的职业,对此的疑义应由出席法庭的其他法官以半数裁定解决,同时规定所有可以出庭的法庭法官均应出庭,法庭应确定哪些法官可以出庭组成审理某一特定争端的法庭。[①] 即法庭法官并不是专职的,这与国际法院法官的地位有本质的不同。这也可以从以下的规定中看出他们之间地位的不同。第一,国际法院法官实行年薪制,院长每年领取特别津贴;而法庭法官应领取年度津贴,并于执行职务时按日领取特别津贴,并且这种津贴在考虑法庭工作量的同时由各缔约国随时开会决定。[②] 第二,法庭法官于执行法庭职务时,应享有外交特权和豁免,此与《国际法院规约》第 19 条的规定相同。但由于国际法院受《联合国宪章》第 105 条关于联合国特权和豁免条约的保护,而法庭并不是联合国的机关,必须通过缔结新的协定以保障法庭法官的特权与豁免。[③] 此协定已于 1997 年缔结。

(四)国籍(专案)法官

《法庭规约》第 17 条第 1—3 款规定,属于争端任何一方国籍的法庭法官,应保有其作为法庭法官参与的权利;如果在受理一项争端时,法庭上有属于一方国籍的法官,争端任何他方可选派 1 人为法庭法官参与裁判;如果在审理一项争端时,法庭上没有属于当事各方国籍的法官,任何一方均可选派 1 人为法庭法官参与裁判。这些规定与《国际法院规约》第 31 条第 1—3 款的规定相同。在《国际法院规约》第 31 条第 2 款中规定,国籍法官尤以就第 4 条及第 5 条规定所提之候选人中选充为宜,即从被提名的法官候选人中选择为佳;而在《法庭规约》中并不存在此条件。国籍法官的制度也适用于海底争端分庭和特别分庭,此制度与适用于国际法院的特种案件设立的分庭和用简易程序设立分庭的规定相同。[④]

《国际法院规约》第 31 条第 4 款规定,院长应请分庭法官 1 人,或在必要时 2 人,让与属于关系当事国国籍之法官或特别选派之法官;第 26 条第 2 款规定,处

---

① 《国际法院规约》第 16 条第 1 款;法庭规约第 7 条第 1 款、第 3 款,第 13 条第 1 款、第 2 款。
② 《国际法院规约》第 32 条第 1 款、第 2 款;法庭规约第 18 条第 1 款、第 5 款。
③ 《法庭规约》第 10 条;《国际法院规约》第 19 条规定,法官于执行法院职务时,应享有外交特权及豁免;《联合国宪章》第 105 条第 1 款规定,本组织于每一会员国之领土内,应享受于达成其宗旨所必需之特权及豁免。第 2 款规定,联合国会员国之代表及本组织之职员,亦应同样受于其独立行使关于本组织之职务所必需之特权及豁免。另外,《联合国宪章》第 7 条规定,国际法院是联合国之主要机关;第 92 条规定,国际法院为联合国之主要司法机关。
④ 《法庭规约》第 17 条第 4 款;《国际法院规约》第 31 条第 4 款。

理某特定案件而设立的分庭,组织此项分庭法官之人数,应由法院得当事国之同意定之。而在《法庭规约》第17条第4款规定,庭长应与当事各方协商后,要求组成分庭的法官中必要数目的法官将席位让给属于有关当事各方国籍的法官或特别选派的法官;并在第15条第2款规定,特别分庭的组成应由法庭在征得当事各方同意后决定。可见,在分庭的组成方面,法庭更尊重了当事方的意志。

《法庭规约》第17条第5款规定,如果当事方利害关系相同,则为以上各项规定的目的,该若干方应视为一方。此规定与《国际法院规约》第31条第5款相同。但由于分庭是由很少人数的法官所组成的,因此在适用国籍法官及特别选派法官的制度时,并不那么简单。此外,法庭向各缔约国及缔约国以外的实体开放(《法庭规约》第20条),尤其是在将此制度适用于海底争端分庭时,情况将更为复杂。对此,《法庭规则》第22条已作了具体规定。例如,该条第1款规定,只有在下列情况下,国家以外的实体可选择一名特别法官:(1)其他各方之一是缔约国并且在席位中有一名具有其国籍的法官,或这一方是国际组织,席位中有一名具有该国际组织成员国之一国籍的法官或该缔约国自己选择了特别法官;(2)席位中有一名具有其他方之一的担保国国籍的法官。

国籍法官制度是继承了仲裁的传统而发展起来的。让国籍法官或特别选派的法官参与诉讼,即使他们不代表当事国的利益,但从第三者的立场出发,让他们参与诉讼,对审判机关来说是相当不愿意的。但因为这些法官能很好地理解争端当事国的主张,能参与审理的全过程,能参加判决书的制作,并且这对于提高争端当事国对法院或法庭的信赖,向国民解释判决是有帮助的。这种制度在国际裁判的发展过程中经过证明是有效的,所以在法庭中也采用了这种制度。

(五)专家

《公约》第289条规定,对于涉及科学和技术问题的任何争端,根据本节行使管辖权的法院或法庭,可在争端一方请求下或自己主动,并同争端各方协商,最好从按照附件八(特别仲裁)第2条编制的有关名单中,推选至少两名科学或技术专家列席法院或法庭,但无表决权。《国际法院规则》第9条规定,法院决定为某一诉讼案件或咨询意见的请求委派襄审官(assessor)出席法庭,但无表决权;而《法庭规约》第15条规定,当法庭应当事一方请求或主动决定选派专家时,应当根据法庭庭长的提议选派。在此《法庭规约》的规定中,将国际法院的襄审官变成了专家,这是由法庭的专业性决定的。

（六）特别分庭

《国际法院规约》第 26 条规定，法院得随时设立分庭，以处理特种案件和特定案件。这与《法庭规约》第 15 条第 1、2 款的规定相同。同时，《法庭规约》第 15 条第 3 款规定，法庭每年应设立迅速处理事务的简易程序分庭；并在该条第 5 款规定，分庭作出的判决应视为法庭作出的判决，此款规定与《国际法院规约》第 27 条规定的内容相同。

三、法庭和国际法院的管辖权比较

（一）属人管辖（ratione personae）

《国际法院规约》第 34 条第 1 款规定，在法院得为诉讼当事国者，限于国家；第 35 条第 1、2 款规定，法院受理本规约各当事国之诉讼，法院受理其他各国诉讼案件……由安理会定之。可见，在国际法院的当事国只限于国家。而《公约》第 291 条规定，第十五部分规定的所有解决争端程序应对各缔约国开放，第十五部分规定的解决争端程序应仅依本公约具体规定对缔约国以外实体开放。《法庭规约》第 20 条规定，法庭应对各缔约国及满足一定条件的缔约国以外的实体开放。即法庭的属人管辖如下：(1) 不仅包括《公约》的缔约国，而且也包括满足《公约》第 305 条第 1 款条件的自治联合体、非自治区域及国际组织；(2) 对于第十一部分明文规定的任何案件，除缔约国外，国际海底管理局、企业部、国营企业、自然人或法人也能成为当事者（《公约》第 187 条）；(3) 按照案件当事所有各方接受的将管辖权授予法庭的任何其他协定所提交的任何案件，法庭应对缔约国以外的实体开放。当然这些协定并非限于国际协定，只要案件当事所有各方接受法庭管辖，其主体范围就不受限制。[①]

（二）属事管辖（ratione materiae）

《国际法院规约》第 36 条第 1 款规定，法院之管辖包括各当事国提交之一切案件，及《联合国宪章》或现行条约及协约中所特定之一切事件。

《公约》第 288 条规定，法院或法庭对于按照本部分向其提出的有关本公

---

① ［日］高林秀雄：《联合国海洋法公约的成果与课题》，东信堂 1996 年版，第 221 页。

约的解释或适用的任何争端,应具有管辖权;对于按照与本公约的目的有关的国际协定向其提出的有关协定的解释或适用的任何争端,也应具有管辖权;法庭海底争端分庭和第十一部分第五节所指的任何其他分庭或仲裁法庭,对按照该节向其提出的任何事项,应具有管辖权。《法庭规约》第21条规定,法庭的管辖权包括按照本公约向其提交的一切争端和申请,和将管辖权授予法庭的任何其他协定中具体规定的一切申请。对于属事管辖,《国际法院规约》规定的是一切案件;而《法庭规约》规定的是与《公约》有关的一切争端和申请。可见,国际法院的管辖事项多于法庭的管辖事项。这是由法庭性质决定的。

《法庭规约》第22条规定,如果同本公约所包括的主题事项有关的现行有效条约或公约的所有缔约国同意,则有关这种条约或公约的解释或适用的任何争端,可按照这种协定提交法庭。即只要条约的所有缔约国同意,就能将事件提交法庭。但"现行有效的条约"以什么时间为基准并未明确,是否可以理解为是制定《公约》时有效的条约。

(三) 管辖权的选择

《公约》第287条第1款规定,一国在签署、批准或加入本公约时,或在其后任何时间,应有自由用书面声明的方式选择国际海洋法法庭、国际法院、仲裁法庭、特别仲裁法庭的任何一个或一个以上的方法,以解决有关本公约的解释或适用的争端。即缔约国通过事前接受解决争端的方法,就选择了法院或法庭的管辖权;在接受同一程序的争端当事国之间,只要将争端提交这种程序;没有接受同一程序时,除没有特别协议外,只能提交仲裁法庭。

《公约》缔约国根据第287条通过声明的方式,可以接受法院或法庭的强制管辖权,同时缔约国对于《公约》第298条所列举的争端也可以书面声明下列各类争端的一类或一类以上不接受自己选择的法院或法庭的强制管辖权。这种选择性的例外为:关于划定海洋边界或涉及历史性海湾或所有权的争端,军事活动以及关于行使主权权利或管辖权的法律执行活动的争端,以及正由安理会执行宪章所赋予的职务的争端;同时,对于作出这种声明的缔约国,随时可撤回声明。[1]

---

[1] 《公约》第298条第1款、第2款。

四、法庭和国际法院的程序比较

(一) 法庭和国际法院的诉讼程序

《法庭规约》第 24 条第 1 款规定,争端可根据情况以将特别协定通知书记官长或以将申请书送达书记官长的方式提交法庭,两种方式均应载明争端事由和争端各方。此规定与《国际法院规约》第 40 条第 1 款的规定相同。在程序方面,《法庭规约》中不存在相应规定的,则由《法庭规则》做出补充规定。例如,对于法庭正式文字,《法庭规则》第 43 条规定,法庭的正式文字为英语和法语,这与《国际法院规约》第 39 条相对应。《法庭规则》第 53 条规定,当事各方应由代理人代表,当事各方出庭时可以获得律师或辩护人的帮助,这与《国际法院规约》第 42 条第 1、2 款的规定相同。关于诉讼程序(书面程序和口头程序)的内容规定在《法庭规则》第 44 条中,这与《国际法院规约》第 43 条相对应,但在《法庭规则》中不存在《国际法院规约》第 43 条第 3 款那样的规定。[①] 关于判决复核,《法庭规则》在第 127—129 条作了规定,这与《国际法院规约》第 61 条相对应。

《法庭规约》第 26 条第 1 款规定,审讯应由庭长主持;第 27 条规定,法庭为审理案件,应发布命令,决定当事每一方必须终结辩论的方式和时间,并作出有关收受证据的一切安排。另外,关于书面程序,与《国际法院规则》第 44—53 条相同的内容,则规定在《法庭规则》的第 59—68 条中。对于缺席审判,《国际法院规约》第 53 条第 1 款规定,当事国一方不到法庭或不辩护其主张时,他方得请求法院对自己主张为有利之裁判;而《法庭规约》第 28 条规定,当事一方不出庭或对其案件不进行辩护时,他方可请求法庭继续进行程序并作出裁决,当事一方缺席或对其案件不进行辩护,应不妨碍程序的进行。可见,法庭对于当事一方不到庭或对案件不进行辩护持中立的态度。

(二) 法庭和国际法院的(附带)特别程序

1. 临时办法(临时措施)

因争端提交国际法院至作出最后裁判需要相当长的时间,为了保全各当事者的权利,防止出现不可回复的事态发生,法院能采取临时办法。对此,《国际法院规约》第 41 条规定,法院如认为情形有必要时,有权指示当事国应行遵守以促

---

① 《国际法院规约》第 43 条第 3 款规定,此项送达应由书记官长依法院所定次序及期限为之。

使彼此权利之临时办法。但对于临时办法是否具有法律约束力、争端当事国是否有义务遵守临时办法,《国际法院规约》并不明确。对此,《公约》则作了明确的规定。例如,《公约》第 290 条第 1 款规定,法院或法庭可在最后裁判前规定其根据情况认为适当的任何临时措施,以保全争端各方的各自权利或防止对海洋环境的严重损害;并在第 6 款规定,争端各方应迅速遵从根据本条所规定的任何临时措施。可见,《公约》对当事方遵守临时措施的义务作了明确的规定,并且法院或法庭还能为防止海洋环境的严重损害作出临时措施。

《国际法院规则》第 75 条第 1 款规定,法院能主动指示当事国所应采取或遵守的临时措施;而《公约》第 290 条第 3 款规定,临时措施仅在争端一方提出请求并使争端各方有陈述意见的机会后,才可根据本条予以规定、修改或撤销。同时,《国际法院规则》第 74 条第 1、2 款规定,指示临时措施的请求应比其他一切案件优先处理;如果在提出这项请求时法院不开庭,法院应立即开庭,作为紧急事项,对这项请求作出裁定;而《法庭规约》第 25 条第 1 款规定,按照《公约》第 290 条,法庭及其海底争端分庭应有权规定临时措施。《法庭规则》第 90 条第 1 款规定,依照本规则第 112 条第 1 款,临时措施的请求较法庭中其他一切程序优先;①第 25 条第 2 款又规定,如果法庭不开庭,或没有足够数目的法官构成法定人数,临时措施应由简易分庭加以规定,并应由法庭加以审查和修订。

在《公约》的争端解决制度中,从《公约》第 287、290 条第 3 款的规定中可以看出,法庭在指示临时措施方面,具有优先于国际法院、仲裁法庭和特别仲裁法庭的权限。

2. 初步程序

《公约》第 294 条第 1 款规定,《公约》第 287 条所规定的法院或法庭,就第 297 条所指争端向其提出的申请,应经一方请求决定,或可自己主动决定,该项权利主张是否构成滥用法律程序,或者根据初步证明是否有理由;法院或法庭如决定该项主张构成滥用法律程序或者根据初步证明并无理由,即不应对该案采取任何进一步行动。第 2 款规定,法院或法庭收到这种申请,应立即将这项申请通知争端他方,并应指定争端他方可请求按照第 1 款作出一项决定的合理期限。第 3 款规定,本条的任何规定不影响争端各方按照适用的程序规则提出初步反对的权利。初步程序制度是指在未明确证据之前,法院或法庭不采取任何行动,

---

① 《法庭规则》第 112 条第 1 款规定:当法庭要同时处理要求释放船只或船员的申请和要求指示临时措施的请求时,法庭应作出必要的决定以确保两者都不拖延地得到处理。

目的是为了防止申请国滥用法律程序。它与法院或法庭是否具有管辖权而产生争议的初步反对制度是不同的。

3. 初步反对

《公约》第288条第4款规定,对于法院或法庭是否具有管辖权,如果发生争端,这一问题应由该法院或法庭以裁定解决,这与《国际法院规约》第36条第6款规定的内容相同。《国际法院规则》第79条[①]对初步反对作出了规定,这与《法庭规则》第97条的内容相同。

4. 参加诉讼

关于第三者参加诉讼的问题,与《国际法院规约》第62、63条相同的内容,在《法庭规约》第31、32条作了规定。《法庭规约》第31条第1款规定,一缔约国如认为任何争端的裁判可能影响该缔约国的法律性质的利益,可向法庭请求准许参加。请求参加诉讼的国家只限于争端的裁判可能影响该国的法律性质的利益,其与《国际法院规约》的规定相同,但是国际法院表述的是对"案件之判断"受影响的国家,而《法庭规约》表述的是"争端之裁判"受影响的缔约国,法庭虽在请求参加诉讼的范围方面有所扩大,但能请求的主体只限于缔约国,与国际法院的国家相比在主体方面受到了一定的限制,同时在《法庭规约》中增加了第31条第3款[②]的内容。另外,《国际法院规约》第63条规定,参加诉讼的只在"协约发生解释问题"时才加以适用;而在《法庭规约》第32条规定,参加诉讼适用于"公约的解释或适用发生疑问"。可见,法庭扩大了适用参加诉讼的范围。

《法庭规则》(第99—104条)在参考《国际法院规则》(第81—86条)的基础

---

① 《国际法院规则》第79条第1款规定,被告对法院的管辖或申请的接受的任何反对主张,或对实质问题的任何下一步程序进行前要求作出的裁定的反对主张,应在为送交辩诉状所规定的期限内以书面形式提出。被告国以外的当事国提出的任何这种反对主张,应在为该当事国第一次提交书状所规定的期限内提出。第2款规定,初步反对意见应列举反对主张所根据的事实和法律、其诉讼主张以及可资佐证的文件的目录;并应指明当事国拟提出的任何证据。证件的副本应随文送达。第3款规定,在当书记官处接到初步反对主张时,关于实质问题的程序应暂时停止,法院,或在法院不开庭时,院长应确定当事国他方能提出意见和诉讼主张的书面陈述的期限;可以佐证的文件应随文送达,并应指明拟提出的任何证据。第4款规定,除法院另有裁定外,下一步程序应是口述程序。第5款规定,本条第2款和第3款所指的书状中关于事实和法律的陈述和第4款所规定的审讯中的陈述和证词,应限于与反对主张有关的事项。第6款规定,为了使法院能在程序的初步阶段确定其管辖,法院如认为必要时得要求当事国双方辩论所有与争端有关的法律和事实问题,并提出所有与争端有关的证据。第7款规定,法院在听取当事国双方意见后,应以判决书形式予以裁定,而通过该判决书支持该反对主张,或驳回该反对意见,或宣告该反对主张在该案情中不具有完全初步的性质。法院如果驳回反对主张或宣告该反对主张不具有完全初步的性质,应规定下一步程序的期限。

② 《法庭规约》第31条第3款规定,如果请求参加获准,法庭对该争端的裁判,应在与该缔约国参加事项有关的范围内,对参加的缔约国有拘束力。

上,对参加诉讼的问题作了几乎相同的规定。《法庭规则》第100条第1款规定,规约第32条第1、2款所提到的缔约国或缔约国以外的实体,希望行使规约第32条第3款所授予的参加权利,应提出这种意思的声明。因此,对于《公约》的解释,缔约国以外的国家以及国家以外的主体也能参加诉讼。

5. 船只和船员的迅速释放

船只和船员的释放制度是在《公约》中引入专属经济区制度的同时而新增加的制度。[①] 将船只和船员的迅速释放问题提交给法院或法庭后,当争端当事国之间存在协议时,并不要求争端由《公约》第287条所列举的国际性法院或法庭来裁定,同时,由于仲裁法庭和特别仲裁法庭从接受案件到组成法庭需要时间,因此将船只和船员的迅速释放问题提交给法庭的可能性很大。从法庭的司法实践来看,也证实了这一点。《公约》第292条第3款规定,法院或法庭应毫不迟延地处理关于释放的申请。《法庭规则》第112条规定,要求释放船只或船员的请求比其他诉讼优先;如果请求方在申请书中要求,而且扣留国在收到申请通知5天内通知法庭同意该请求,则此申请应由简易程序分庭处理;法庭或庭长在不开庭时,应确定审讯可能的最早期,但应在收到申请书后第1个工作日起15天内。《公约》第292条第2款规定,释放的申请尽可由船旗国或以该国名义提出。《法庭规则》第110条第2款规定,一缔约国可在任何时候通知法庭:(1)该政府当局有权授权一些人根据《公约》第292条以该国名义提出申请;(2)任何被授权以其名义提出申请的个人姓名和地址。另外,对于释放的申请一般认为没有必要用尽国内救济原则(exhaustion of local remedies)。

虽然在《公约》第292条第1款规定,扣留国在合理的保证金或其他财政担保经提供后仍然没有遵从本公约的规定,将该船只或其船员迅速释放;第3款规定,法庭或法院应毫不迟延地处理关于释放的申请。问题是,法院或法庭适用什么标准裁定合理的保证金,《公约》对此未作任何规定。而在实践中,其判断极其困难。从法庭的司法实践可以看出,法庭在决定保证金时,是在考虑船只及所装货物等的价格后决定的。《法庭规则》第113条第1款规定,法庭应在其判决中根据《公约》第292条裁定:在每一案件中,请求方指控扣留国在其支付了合理的保证金或其他财政担保后,没有遵守《公约》的规定立即释放船只或船员是否有理由。同时,《法庭规则》第113条第2款规定,如果法庭裁定指控有理由,法庭应决定释放船只或船员应支付的保证金或财政担保的数额、性质和形式。对此,

---

① [日]青木隆:《国际法海洋法法庭的五年》,《法学研究》第75卷第2期(2002年),第170页。

一般认为,当扣留国不正当地要求高额的保证金而以请求方未提供为由拒绝释放时,应认定扣留国违反了《公约》的有关规定。

《公约》第292条第4款规定,在法院或法庭裁定的保证金或其他财政担保经提供后,扣留国当局应迅速遵从法院或法庭关于释放船只或船员的裁定;并且这种裁定有确定性,争端所有各方均应遵从,裁定(裁判)具有拘束力。①

五、法庭和国际法院的判决比较

《法庭规约》在第29、30、33条分别对判决的决定方式、判决书的内容、裁判的确定性和拘束力作了规定,其与《国际法院规约》第55—60条的规定相同。

对于判决的执行,《联合国宪章》第94条规定,联合国每一会员国为任何案件之当事国者,承诺遵行国际法院之判决;遇有一方不履行依据法院判决应负之义务时,他方得向安全理事会申诉;安全理事会如认为必要时,得作成建议或决定应采办法,以执行判决。而对有关法庭判决的执行,《公约》只在以下两处作了规定:(1)《公约》第165条第2款(J)规定,法律和技术委员会经海底争端分庭作出裁判后,就任何应采取的措置向理事会提出建议;(2)《公约》第162条第2款(V)规定,经海底争端分庭作出裁判后,法律和技术委员会将此通知大会,并就其认为应采取的适当措施提出建议。同时,《法庭规约》第39条规定,分庭的裁判应在该缔约国领土内执行。可见,法庭对于判决的执行缺乏国际法院所具有的后续措施。

(一)解释判决

《法庭规约》第33条第3款规定,对裁判(decision)的意义或范围发生争端时,经当事任何一方的请求,法庭应予以解释;而《国际法院规约》第60条规定,判词之意义或范围发生争端时,经任何当事国之请求后,法院应予解释。国际法院只将"判词"的意义或范围作为解释的对象,而法庭将"裁判"的意义或范围作为解释对象,因此,法庭的解释对象不光是"判词",也包括"判决或命令"(order)。在《法庭规则》第126条第1款规定,对判决之意义或范围发生争端时,任何当事方均可请求解释。在此,只将"判决"作为解释的对象。

---

① 《公约》第286条规定,在第三节限制下,有关本公约的解释或适用的任何争端,如已付诸第一节而仍未得到解决,经争端任何一方请求,应提交根据本节具有管辖权的法院或法庭。

(二) 判决复核

《国际法院规约》第 61 条对判决复核做出了规定；而在《公约》《法庭规约》中不存在复核的条款。为此，在参考《国际法院规约》(第 61 条)及其规则(第 99 条和第 100 条)的基础上，在《法庭规则》中制定了复核的条款。其主要内容规定在《法庭规则》第 127 条第 1 款、第 128 条第 3 款、第 129 条。[①]

(三) 上诉

《公约》第 287 条第 1 款赋予了法庭、国际法院、仲裁法庭、特别仲裁法庭平等的地位，似乎任一法院或法庭做出的判决，不能向其他的法庭或法院提出上诉，但从《公约》的条款来看，并非如此。即使在其他的国际性法院或其他国际机构已经处理的争端，此争端仍能向《公约》第 287 条规定的其他法院或法庭提起上诉。其情况如下：(1)《公约》第 281 条第 1 款[②]以及《公约》第 286 条规定的状况；(2)《公约》第 188 条第 2 款(2)[③]的状况；(3) 附件七第 11 条和附件八第 4 条[④]，反过来说，只要争端当事国对上述的程序事前存在同意就能向其他的法院或法庭提出上诉；(4)《公约》第 298 条第 1 款(C)[⑤]的状况；(5)《法庭规约》第 21、22 条，[⑥]即只要存在争端当事方之间的同意，法庭就能发挥上级审的作用。

[①] 《法庭规则》第 127 条第 1 款规定，只可在发现具有决定因素性质的事实时，才可提出复核判决的请求，而当初在做出判决时，法庭和请求复核的当事方均不知道该事实，但绝对须以此种不知情并非疏忽所致为限，上述请求须最迟在发现新事实后的 6 个月内提出，且不得自判决之日起 10 年后提出。第 128 条第 3 款规定，法庭在对请求可否接受做出裁决前，应再次对当事各方提供就此提出意见的机会。第 129 条规定，如果所要复核或解释的判决是由法庭做出的，复核或解释的请求应由法庭处理；如果该判决是由分庭做出的，复核或解释的请求在可能的情况下，应由分庭处理；如果情况不允许时，该请求应由遵照规约或本规则相关规定组成的分庭处理；根据规约或本规则的规定，如果分庭的组成需要当事各方的同意而在法庭所定期限内无法取得此种同意，则该请求应由法庭处理。

[②] 《公约》第 281 条第 1 款规定，作为有关本公约的解释或适用的争端各方的缔约各国，如已协议用自行选择的和平方法来谋求解决争端，则只有在诉诸这种方法而仍未得到解决以及争端各方间的协议并不排除任何其他程序的情形下，才适用本部分所规定的程序。

[③] 《公约》第 188 条第 2 款(2)规定，在此种仲裁开始时或进行过程中，如果仲裁法庭经争端任何一方请求，或根据自己决定，断定其裁决须取决于海底争端分庭的裁定，则仲裁法庭应将此种问题提交海底争端分庭裁定。然后，仲裁法庭应依照海底争端分庭的裁定作出裁决。

[④] 《公约》附件七第 11 条规定，除争端各方事前议定某种上诉程序外，裁决应有确定性，争端各方均应遵守裁决。附件八第 4 条规定，附件七第 4 至第 13 条比照适用于按照本附件的特别仲裁程序。

[⑤] 《公约》第 298 条第 1 款(C)规定，正由联合国安全理事会执行联合国宪章所赋予的职务的争端，但安全理事会决定将该事项从其议程删除或要求争端各方用本公约规定的方法解决该争端者除外。

[⑥] 《法庭规约》第 21 条规定，法庭的管辖权包括按照本公约向其提交的一切争端和申请，和将管辖权授予法庭的任何其他国际协定中具体规定的一切申请。第 22 条规定，如果本公约所包括的主题事项有关的有效条约或公约的所有缔约国同意，则有关这种条约或公约的解释或适用的任何争端，可按照这种协定提交法庭。

另外,《国际法院规约》第 60 条规定,法院之判决系属确定,不准上诉。在此,明确地禁止了上诉。而在《法庭规约》第 33 条第 1 款中规定,法庭的裁判是有确定性的,争端所有各方均应遵行。可见,法庭并未对上诉作了禁止。但如在《公约》第 287 条中所列举的 4 个法院或法庭之间容许相互上诉的话,除在仲裁法庭、特别仲裁法庭当事方之间事前同意上述程序以外,则会对《公约》的解释和争端的处理产生不一致的判决,引起争议,从而严重影响判决的权威性。另外,即使不承认上诉,由于这 4 个法院或法庭是单独作出判决的,出现判例的不统一性也是极可能的。但我们希望随着相关海洋法争端判例的积累,包括缩小判决形式的多样化和海洋法的统一发展,这些问题是会逐渐被克服的,最后会实现判例的统一的。[①] 这只能用司法实践来证明。

六、结　语

以上在与《国际法院规约》及其规则比较的同时,分析了《公约》《法庭规约》及其规则的相关条款,阐述了法庭在组成、管辖、程序及判决方面的特征。

根据《公约》附件六设立的法庭,其是解决《公约》及与《公约》的目的有关的国际协定的解释和适用有关争端的国际性常设专业法庭,虽然法庭对管辖的事项有一定的限制,但其与国际法院一样,仍是全球普遍性的司法机关;同时,国际法院至今已具有丰富的判例与经验,并已发展成了权威性的国际司法机关;而对于新成立的法庭来说,国际法院是法庭的样板,有关法庭组成和程序的规定均是在借鉴和修改《国际法院规约》及其规则的基础上制定的。为了充分发挥专业性法庭的作用,法庭应在克服国际法院判定案件时间长、效率低的缺点,改变由少数发达国家控制国际法院等不利的状况,力争公正、迅速、合理地处理和解决争端,而法庭的司法实践已证明了这一点。但至今提交给法庭的案件多为船只和船员的迅速释放和请求临时措施,有必要加强法庭自身的地位。法庭应在公正、合理地处理案件和诉讼请求及解决争端的基础上,不断地积累司法实践经验,树立威望,增强各国对法庭的信赖,提高自身的地位,为真正地实现《公约》建立法庭的目的,构建国际海洋新秩序作出应有的贡献。

---

① 参见[日]杉原高岭:《海洋争端解决程序的选择》,《海洋时报》(季刊)第 29 期(1983 年),第 39—40 页。

论海洋法的发展与挑战

在联合国成立 70 周年之际,回顾联合国的重要领域海洋法的立法与发展进程,对于我们正确认识和理解海洋秩序和海洋制度,处理现今的海洋问题争议有一定的借鉴及启示意义。而联合国在海洋法领域的主要贡献在于组织和编纂海洋法,标志为制定了"日内瓦海洋法四公约"及《联合国海洋法公约》,构筑了现代国际海洋法体系。尤其是《联合国海洋法公约》的制定和实施对于建立海洋法律秩序,便利国际交通和促进海洋的和平用途,海洋资源的公平而有效的利用,海洋生物资源的养护以及研究、保护和保全海洋环境等,发挥了不可替代的重大作用。[①] 其被称为"海洋宪章",并成为综合规范海洋的普遍性法律文件。但随着《联合国海洋法公约》的实施,特别是各国对海洋空间及资源需求的日益增长,海洋科技的发展,《联合国海洋法公约》中一些未曾预见并存在模糊规范的问题也不断涌现,对海洋法制度提出了新的挑战,进而呈现需要不断地丰富和完善的必要。

一、联合国编纂海洋法的历程及成就

依据《联合国宪章》规定,联合国之主要机关之一大会具有应发动研究,并作成建议,以促进政治上之国际合作,并提倡国际法之逐渐发展与编纂的职权。[②] 所以,作为海洋领域的国际法(即国际海洋法)的发展与编纂任务自然地成了联合国大会的职权。[③]

---

① 参见《联合国海洋法公约》"序言"。
② 参见《联合国宪章》第 7 条第 1 款、第 13 条第 1 款。
③ 1947 年联合国大会决定成立国际法委员会,具体负责"促进国际法的逐渐发展与编纂",而国际法的编纂又被称为法典化。国际法委员会可将自认为合适的事项予以法典化,研究后的条约草案提交联合国大会,大会如认为合适,可举办联合国外交会议,或联合国大会可审议条约草案。国际法委员会在法典化方面已取得了一定的成就。例如,1958 年"日内瓦海洋法四公约",1961 年减少无国籍状态公(**转下页**)

海洋法的编纂是指国际上将有关海洋方面的原则、规则和规章、制度按其性质与类别制定成公约(条约),以便各国依照国际法上条约的生效程序采取措施对其发生效力,以确定各种不同海域的法律制度并调整各国在开发和利用海洋方面的权利和义务。①

联合国对海洋法的编纂主要是通过会议讨论和审议并缔结条约完成的。重要的四次会议为:国际联盟于 1930 年召开的海牙国际法编纂会议,以及联合国主持召开的三次海洋法会议。

(一) 海牙国际法编纂会议

1930 年 3 月 13 日—4 月 12 日国际联盟召开的国际法编纂会议在海牙举行,领海成为会议讨论的三大问题之一。由于各国对领海的宽度和毗连区的建立存在不同意见,在海洋法编纂方面虽然成效甚微,但其是国际法史上,包括海洋法史上由各国政府参加的第一次较大规模的会议。同时,与会代表提出的"关于领海的法律地位"草案,为其后编纂海洋法打下了初步的基础,其是对海洋法编纂的第一次尝试。②

(二) 第一次联合国海洋法会议

第一次联合国海洋法会议于 1958 年 2 月 24 日在日内瓦召开,于 4 月 27 日结束。会议成果为制定了 4 个公约(《领海及毗连区公约》《公海公约》《捕鱼及养护公海生物资源公约》《大陆架公约》,简称"日内瓦海洋法四公约")和一项关于强制解决这些公约可能产生的争端的任择签字议定书。③

但由于当时不少亚非国家还没有获得独立而未能参加会议,所以,"日内瓦海洋法四公约"根本不能如实反映广大发展中国家的合理要求,而某些条款仅有利于少数海洋大国。例如,《大陆架公约》第 1 条在规定大陆架的定义时使用了

(接上页)约、维也纳外交关系公约、1963 年维也纳领事关系公约、1969 年维也纳条约法公约、特别外交使团公约、1973 年关于防止和惩处侵害应受国际保护人员包括外交代表的罪行的公约、1978 年关于国家在条约方面的继承的维也纳公约、1983 年关于国家对国家财产、档案和债务的继承的维也纳公约、1986 年关于国家和国际组织间或国际组织相互间条约法的维也纳公约、1998 年国际刑事法院规约,等等。

① 参见魏敏主编:《海洋法》,法律出版社 1987 年版,第 12 页。
② 参见魏敏主编:《海洋法》,法律出版社 1987 年版,第 13—15 页;周忠海:《国际海洋法》,中国政法大学出版社 1987 年版,第 2 页、第 6 页。
③ "日内瓦海洋法四公约"及其议定书的生效日期分别为:《公海公约》和《关于强制解决争端的任择签字议定书》,1962 年 9 月 30 日;《大陆架公约》,1964 年 6 月 10 日;《领海及毗连区公约》,1964 年 9 月 10 日;《捕鱼及养护公海生物资源公约》,1966 年 3 月 20 日。参见魏敏主编:《海洋法》,法律出版社 1987 年版,第 17 页。

两个标准：200米等深线或超过此限度而上覆水域的深度容许开采其自然资源的海底区域的海床和底土（即可开采标准）。对于可开采标准，大陆架究竟能延伸到何处为止，不仅可以有不同的解释，而且取决于沿海国的海洋技术力量。这样的规定明显有利于少数海洋大国，而不利于发展中国家。而"日内瓦海洋法四公约"最大的缺陷为，未能就领海宽度问题达成一致意见。

（三）第二次联合国海洋法会议

其于1960年3月17日—4月17日在日内瓦召开，目的是解决领海宽度和捕鱼区界限问题。但因各国对领海的宽度存在重大分歧，对捕鱼区的界限问题也存在激烈的争论，所以该次会议无果而终；同时，其与第一次联合国海洋法会议间隔时间太短、会期又短，因此，无法统一各国意见并达成协议也就可想而知。

（四）第三次联合国海洋法会议

为解决前两次会议中的未决事项，尤其是领海宽度、大陆架的可开发标准的修改问题，同时鉴于海洋资源勘探和开发技术的发展，发达国家开采海底资源的深度日益提升，为此，以马耳他为代表的发展中国家提出了制定国际海底制度的建议，加速了第三次联合国海洋法会议的召开。[①]

第三次联合国海洋法会议于1973年12月3日在纽约开幕，到1982年12月10日《联合国海洋法公约》签字，持续了9年，共举行11期16次会议。会议成果为制定了《联合国海洋法公约》（1994年11月16日生效，以下简称《公约》）。其由序言、十七个部分，计320条，并由9个附件组成，共计446条。

关于《公约》与"日内瓦海洋法四公约"的关系问题，《公约》第311条第1款规定，在各缔约国间，本公约应优于1958年4月29日的"日内瓦海洋法四公约"。

---

① 1967年8月17日，马耳他驻联合国大使帕多提议在第22届联大会议议程中补充一项议题，即"关于专为和平目的保留目前国内管辖范围外海洋下海床洋底及为人类利益而使用其资源的宣言和条约"的议题，并附有一项解释性备忘录。为此，联大通过了第2340号决议（1967年12月18日），成立了由35个成员国组成的研究各国管辖范围以外海床洋底和平使用特设委员会，启动了联合国国际海底制度研究进程。在1970年的第25届联大会议上，通过了第2750号决议。该决议由三部分组成，即第2750A号决议、第2750B号决议和第2750C号决议。其中第2750C号决议决定于1973年召开第三次联合国海洋法会议以全面研究海洋法的多方面问题。参见金永明：《国际海底制度研究》，新华出版社2006年版，第7—23页。

二、《公约》的基本特征及其完善

如上所述,《公约》是综合规范海洋的普遍性法律文件。这种普遍性的标志之一为批准、加入《公约》的国家数量众多,现今《公约》的成员为 167 个(包括欧盟)。[①] 而《公约》的普遍性是由《公约》的内容和特征决定的。

(一)《公约》的基本特征

其特征主要体现在以下 6 个方面:

第一,确立了领海宽度的最大范围,例如,《公约》第 3 条,即国家可以将领海宽度确定为最大 12 海里的界限。

第二,根据海域的不同地位细化了海域范围。《公约》将海域分为内水、领海、毗连区、群岛水域、专属经济区、大陆架、公海、国际海底区域等不同海域,从而改变了传统意义上的领海以外即公海的二元论观点。[②]

第三,修改了大陆架制度的标准或范围并创设了大陆架界限委员会。如上所述,《大陆架公约》第 1 条规定了 200 米水深标准或可开采标准。而依据《公约》第 76 条第 1 款规定,《公约》对大陆架范围采用了自然延伸标准或 200 海里距离标准,从而极大地扩展了沿海国对大陆架的管辖范围。同时,《公约》为限制沿海国的大陆架范围作出了制约性规定,即大陆架外部界限制度。其内容主要体现在三个方面:一是在界限距离方面的限制;二是在界限设定程序方面的限制;三是在开发非生物资源上的制约。[③] 此外,为切实遵循外大陆架制度,《公约》设立了大陆架界限委员会。[④]

第四,建立了专属经济区制度。内容为:(1) 关于专属经济区的范围。根据《公约》第 55、57 条的规定,专属经济区是领海以外并邻接领海的一个区域,从测算领海宽度的基线量起,不应超过 200 海里。(2) 关于专属经济区的划界。这主要规定在《公约》第 74 条中。从其内容可以看出,对于专属经济区的划界,既没有言及等距离原则或中间线原则,也没有言及公平原则,只是强调了有关国家应

---

① 参见 http://www.un.org/depts/los/reference_files/chronological_list_of_ratification.htm,2015 年 4 月 14 日访问。
② 例如,《公海公约》第 1 条规定,"公海"一词是指不包括领海或内水内的全部海域。
③ 参见《公约》第 76 条第 2—7 款,《公约》第 76 条第 8 款和《公约》附件二(大陆架界限委员会),《公约》第 82 条。
④ 例如,《公约》附件二第 1 条规定,按照第 76 条的规定,应依本附件以下各条成立一个 200 海里以外大陆架界限委员会。

根据协议划界且划界结果公平的重要性。(3) 国家在专属经济区内的权利,包括两个方面：一是沿海国在专属经济区内的权利；二是其他国家在专属经济区内的权利。① (4) 关于专属经济区内的权利和管辖权归属冲突的预备性规定。例如,《公约》第 59 条。

第五,创设了国际海底制度并设置了专职机构。即《公约》建立了以"人类共同继承财产"原则为基础的国际海底制度(简称"区域"制度)。例如,《公约》第 136 条规定,"区域"及其资源是人类的共同继承财产。当然,人类共同继承财产原则在"区域"内的法律地位的确立,是与"区域"应适用无主物、共有物和公海自由原则斗争的产物,是第三世界尤其是 77 国集团在第三次联合国海洋法会议中广泛团结合作的结果。

另外,应指出的是,《公约》还设置了管理"区域"内活动的机构——国际海底管理局(简称管理局)。例如,《公约》第 157 条第 1 款规定,管理局是缔约国按照本部分组织和控制"区域"内活动,特别是管理"区域"资源的组织。同时,《公约》确立了开发国际海底资源的平行开发制,例如,《公约》第 153 条第 2 款。

第六,创设了争端解决制度并设立了国际海洋法法庭。《公约》为解决海洋争端不仅规定了解决争端的方法,而且建立了解决争端的程序和机构——国际海洋法法庭,克服了"日内瓦海洋法四公约"中不规定争端解决机制而只在附属议定书中规定争端解决机制的弊端。具体内容主要规定在《公约》的第 15 部分(争端的解决)及附件六(《国际海洋法法庭规约》)。

(二)《公约》的发展与完善

《公约》具有上述特点,但存在一些缺陷。例如,针对专属经济区内的剩余性权利归属不明,岛屿制度概念过于模糊,专属经济区和大陆架的划界原则缺乏可操作性,国际海底开发制度对少数工业大国照顾过多,等等,因而在国家实践中出现了对立和分歧,所以仍有修改和完善《公约》的必要,但其依然是综合规范海洋问题的法典,各国必须遵守。

另外,在《公约》制定后,为修正其缺陷,包括完善深海探矿的规范、满足《公约》普遍性要求,联合国大会于 1994 年 7 月 28 日通过了《关于执行 1982 年 12 月 10 日联合海洋法公约第十一部分的协定》(1996 年 7 月 28 日生效,简称《国际海底执行协定》),现批准的国家为 147 个；同时,为解决公海生物资源被过度捕捞

---

① 参见《公约》第 56 条、第 58 条。

的问题,联合国大会于 1995 年 8 月 4 日通过了《执行 1982 年 12 月 10 日联合国海洋法公约有关养护和管理跨界鱼类种群和高度洄游鱼类种群之规定的协定》(2001 年 12 月 11 日生效,简称《鱼类种群执行协定》),现批准的国家为 82 个。[①]这样就进一步地完善了《公约》的体系。

对于《公约》与上述两个执行协定之间的关系问题。第一,《公约》(第十一部分)与《国际海底执行协定》之间的关系。《国际海底执行协定》第 2 条规定,本协定和第十一部分的规定应作为单一文书来解释和适用;本协定和第十一部分如有任何不一致的情况,应以本协定的规定为准。可见,《国际海底执行协定》是修改《公约》第十一部分的规定,并优先适用于《公约》。第二,《公约》与《鱼类种群执行协定》之间的关系。《鱼类种群执行协定》第 4 条规定,本协定的任何规定均不应妨害《公约》所规定的国家权利、管辖权和义务;本协定应参照《公约》的内容并以符合《公约》的方式予以解释和适用。第 2 条规定,本协定的目标是通过有效执行《公约》有关规定以确保跨界鱼类种群和高度洄游鱼类种群的长期养护和可持续利用。可见,《鱼类种群执行协定》是协助执行《公约》规范的制度,起补充的作用。[②]

总之,1982 年通过、1994 年生效的《公约》现已成为国际社会综合规范海洋问题的条约,受到各国的普遍遵守。但不可否认的是,《公约》尽管得到了一定的发展和完善,但仍存在一些问题,也面临一些挑战。

三、《公约》生效实施以来的发展与面临的挑战

由于《公约》是折中与调和的产物,不可避免地存在多个问题和缺陷,尤其是《公约》设立的组织机构(大陆架界限委员会、国际海底管理局、国际海洋法法庭)自《公约》生效后运作以来,虽然获得了发展,但也遇到了一些问题,面临未曾考虑和审议的一些挑战。

(一)与大陆架界限委员会有关的发展与挑战

一般认为,于 1997 年成立的大陆架界限委员会,是专司执行统一解释《公约》有关大陆架外部划界规定,作为各缔约国在划定大陆架外部界限的主要依

[①] 参见 http://www.un.org/depts/los/reference_files/status2010.pdf,2015 年 4 月 14 日访问。
[②] 关于条约之规定可否分离、条约因缔结后订条约而默示终止或停止施行内容,参见《维也纳条约法公约》第 44 条、第 59 条。

据,以统一处理《公约》有关大陆架外部界限规定之方法相当复杂,且具很高的科学性及技术性问题的专职机构。① 同时,沿海国在大陆架界限委员会所提建议基础上划定的大陆架外部界限具有确定性及拘束力。② 大陆架界限委员会为履行上述职权,对如何运作该制度作出了规范并不断地加以完善,包括制定了《委员会的工作方式》(1997年2月)、《联合国大陆架界限委员会议事规则》(1998年9月)、《大陆架界限委员会科学和技术准则》(1999年5月13日)、《大陆架界限委员会内部行为守则》(2005年9月)、《大陆架界限委员会议事规则》(2008年4月17日)等,从而具备了可启动大陆架外部界限划界案审议工作的条件。

依据《公约》附件二第4条的规定,按照第76条划定200海里以外大陆架外部界限的沿海国,应在本公约对该国生效后10年内提出详情的科学和技术资料,以便委员会审议。但由于提交划界申请案的高度复杂性和高难度性,在《公约》的第11次缔约国会议(2001年)上通过了延长申请期限的决议,即凡是在1999年5月13日以前正式批准或加入《公约》的国家,都可以从这一天开始起算法定的10年提交期限。为此,自2001年12月20日俄罗斯联邦向委员会提交首份国家大陆架外部界限划界案以来,至2009年5月13日委员会已收到了50份国家划界申请案。③

尽管在《公约》的第11次缔约国会议上作出了提交划界案延迟的决议,但对于众多的发展中国家来说,在申请划界案中提交大陆架的调查数据和情报依然是很大的负担,所以,在《公约》的第18次缔约国会议(2008年)上又通过了缓和条件的决议,即只要在2009年5月13日前提交包含未完成数据的初步信息,即可被视为履行了相应的义务。换言之,使用延迟申请制度的国家,只要提交显示200海里以外大陆架的界限的初步信息,并说明准备的状况和有关申请日期的计划,向联合国秘书长提交这些材料即被认为完成了应履行的义务。④

迄今,向大陆架界限委员会提交的外大陆架划界案有77个,其中21个已提

---

① 参见傅崐成:《海洋管理的法律问题》,文笙书局2003年版,第218页。
② 例如,《公约》第76条第8款规定,从测算领海宽度的基线量起200海里以外大陆架界限的情报,应由沿海国提交根据附件二在公平地区代表基础上成立的大陆架界限委员会。委员会应就有关划定大陆架外部界限的事项向沿海国提出建议,沿海国在这些建议的基础上划定的大陆架界限应有确定性和拘束力。
③ 参见http://www.un.org/Depts/los/clcs_new/commission_submission.htm,2009年5月14日访问。
④ Decision regarding the workload of the Commission on the Continental Shelf and the ability of States, particularly developing States, to fulfill the requirements of article 4 of annex II to the United Nations Convention on the Law of the Sea, as well as the decision contained in SPLOS/72, SPLOS/183.

供了建议案;①而向大陆架界限委员会提交初步信息的国家有 49 个。② 从这些国家外大陆架划界案可以看出,它们既有单独界案,也有联合划界案;既有部分划界案,也有整体划界案。同时,大陆架界限委员会仅审议提交的资料和数据,并形成了对有争议的区域不予审议且提出建议的惯例。从其数量也可以看出,大陆架界限委员会审议外大陆架划界案的工作量还是很大的,任务很艰巨。③

同时,认定沿海国是否依据大陆架界限委员会的建议划定外大陆架以及如何评议这些外大陆架的界限,《公约》并未作出相关审查程序的规定;此外,对于沿海国划定的外大陆架超出大陆架界限委员会建议范围时如何处理,《公约》也不存在相关的程序性规定,④这些均是大陆架界限委员会面临的挑战。

(二) 与国际海底管理局有关的发展与挑战

依据《公约》最后文件决议一《关于国际海底管理局和国际海洋法法庭筹备委员会的建立》设立了执行"区域"资源勘探和开发制度的机构——国际海底管理局筹备委员会。其在 1983—1994 年的工作主要体现在两个方面:第一,解决了 7 个先驱投资者的登记问题,标志为 1986 年达成了"阿鲁沙谅解",解决了法国、日本、苏联和印度 4 个先驱投资者达成的关于解决申请区域重叠和进行矿区分配的谅解。第二,通过关于执行决议二的声明。筹备委员会以"阿鲁沙谅解"为基础,经过反复而紧张的磋商,于 1986 年通过了"关于执行决议二的声明"。其最大特点是规定了申请登记的时间和程序,推进了先驱投资者登记制度,有利于实施《公约》体制内的"区域"资源开发制度。⑤

国际海底管理局在国际海底制度上的新发展,主要体现在以下方面:第一,于 2000 年 7 月在第 6 届会议上通过了《"区域"内多金属结核探矿和勘探规章》。第二,在 2010 年 5 月的大会上通过了《"区域"内多金属硫化物探矿和勘探规

---

① 参见 http://www.un.org/Depts/los/clcs_new/commission_submissions.htm,2015 年 4 月 14 日访问。
② 参见 http://www.un.org/Depts/los/clsc_new/commission_premissions.htm,2015 年 4 月 14 日访问。
③ 在第三次联合国海洋法会议期间的 1978 年预备性讨论中,预计 33 个国家将涉及外大陆架,而在 2009 年的研究中发现将有 70 个国家涉及外大陆架,且这些国家的近 80% 属于发展中国家。鉴于外大陆架问题的复杂性和困难性,2001 年设立了信托基金,此基金由缔约国任意出资,以支付大陆架界限委员会的参加费用,并确保外大陆架制度的实施。参见[日]佐藤地:《联合国海洋法公约与日本——为开放签署 30 周年而作并以两个新制度的发展为中心》,《国际法外交杂志》第 112 卷第 2 期(2013 年),第 89—91 页。
④ 参见[日]古贺卫:《大陆架界限委员会的活动与功能——国际机构对海洋法的发展》,《国际法外交杂志》第 112 卷第 2 期(2013 年),第 46—47 页。
⑤ 参见金永明:《海洋问题专论(第一卷)》,海洋出版社 2011 年版,第 220—222 页。

章》。第三,于 2012 年通过了《"区域"内富钴铁锰结壳探矿和勘探规章》。这 3 个规章均是根据各种矿产资源的赋存条件和资源分布情况,以及针对各种矿产资源的勘探活动对环境可能带来的影响和对技术条件的需求等作出的不同规定,应该说它们为"区域"内资源的探矿和勘探活动规定了一套系统的程序和规则,使"区域"内的活动更为具体和细化。在 2013 年国际海底管理局的第 19 届会议上,审议通过了《"区域"内多金属结核探矿和勘探规章》的修正案。[①]

此外,国际海底管理局于 2010 年 5 月 11 日向国际海洋法法庭的海底争端分庭提出了咨询意见的申请,要求其对进行国际海底活动的自然人或行为体提供保证的国家的责任和义务予以明确。[②] 2011 年 2 月 1 日海底争端分庭出具了咨询意见,认为保证国应采取预防性的方法,确保由合同者履行环境影响评估义务,以及保护和保全环境的义务。[③] 这是国际海底管理局依据《公约》利用咨询意见制度的第一个案件。

鉴于国际海底管理局授予的第一批多金属结核勘探合同将于 2016 年到期。按照合同规定,这些合同将进入商业开发阶段,而如何评估它们的工作计划以及延期这些合同,如何制定这些资源的开发规章,以及如何分配"区域"内资源的收益,则是国际海底管理局面临的重大问题。此外,在国际海域区域还发现了其他资源,例如,生物基因资源,而如何制定相关的规章,如何协调与《生物多样性公约》之间的关系,也是国际海底管理局面临的挑战。

(三) 与国际海洋法法庭有关的发展与挑战

对于《公约》的海洋争端解决制度,根据《公约》相关规定,要求各国以和平方法解决争端,尊重各国协议所规定的自行选择的和平方法解决争端,并根据国家的主权平等原则,赋予各国自由选择争端解决方法的权利。[④] 而对于《公约》的解释或适用的争端,任何国家可以在签署、批准或加入公约时,或在其后任何时间,有自由用书面的方式选择一个或一个以上的方法,即依靠国际海洋法法庭、国际

---

① 国家海洋局海洋发展战略研究所课题组编:《中国海洋发展研究报告(2014)》,海洋出版社 2014 年版,第 21—24 页。

② 例如,《公约》第 191 条规定,海底争端分庭经大会或理事会请求,应对它们活动范围内发生的法律问题提出咨询意见。

③ *Responsibilities and Obligations of States Sponsoring Persons and Entities with Respect to Activities in the Area* (*Request for Advisory Opinion submitted to the Seabed Disputes Chamber*) (Case No.17), Advisory Opinion of 1 February 2011, Seabed Dispute Chamber of International Tribunal for the Law of the Sea.参见 https:// www.itlos.org/ fileadmin/ itlos/ documents/ cases/ case_no_17/ 17_adv_op_010211_en.pdf. 2015 年 4 月 27 日访问。

④ 例如,《公约》第 279 条、第 280 条、第 282 条等。

法院、仲裁法庭和特别仲裁法庭解决。如果争端各方未接受同一程序以解决这项争端,除各方另有协议外,争端仅可提交《公约》附件七所规定的仲裁。同时,缔约国对第 298 条所列举的争端也可以书面声明对于一类或一类以上争端不接受自己选择的法院或法庭的强制管辖权。[①]

国际海洋法法庭自 1996 年成立以来,不仅依据《国际法院规约》及其规则,制定了《国际海洋法法庭规则》,同时迄今已受理了 23 件案件。[②] 在这些案件中,既有 9 个船只/船员"迅速释放"和 5 个"临时措施"的案件,也有国际海底管理局请求发表咨询意见的案件(2010—2011 年),以及海洋划界案(2009—2012 年孟加拉和缅甸海洋划界案)和包括请求咨询意见在内的其他案件。这些变化不仅体现了法庭快速审判的优势和特点,而且所受理的案件类型也出现了多样化的趋势,显示国际海洋法法庭的重要性日益提升。[③]

同时,包括中国在内的 35 个国家已依据《公约》第 298 条规定作出了排除《公约》第 15 部分适用选择性例外的书面声明。[④] 例如,中国于 2006 年 8 月 25 日依据《公约》第 298 条规定,向联合国秘书长提交了书面声明,即对于《公约》涉及的海洋划界、领土争端、军事活动和法律执行活动的争端等,中国政府不接受《公约》第 15 部分第 2 节规定的任何国际司法或仲裁管辖,而采取由相关国家通过协商解决的立场。

对于菲律宾针对南海问题提起的强制仲裁案,法庭或仲裁庭不仅要考虑菲方提起仲裁的前提条件是否满足,也要考虑所提事项是否属于《公约》的解释或适用方面的争端,更要考虑菲方所提事项是否属于中国已排除的事项,即可受理性和管辖权问题,以及如果作出裁决,其可执行性及效果等问题。[⑤] 所以,国际海洋法法庭或仲裁庭面临如何处理此案的严峻挑战,以确保其权威性、独立性和合理性。对此,国际社会将严重关注,其焦点主要为仲裁庭对菲律宾提起的事项是否具有可受理性和管辖权等方面。[⑥]

[①] 参见《公约》第 287 条、第 298 条。
[②] 参见 http://www.itlos.org/en/cases/,2015 年 4 月 27 日访问。
[③] 参见国家海洋局海洋发展战略研究所课题组编:《中国海洋发展研究报告(2014)》,海洋出版社 2014 年版,第 24—26 页。
[④] 参见 http://www.un.org/depts/los/settlement_of_disputes/choice_procedure.htm,2015 年 4 月 14 日访问。
[⑤] 外交部受权发表中国政府关于菲律宾所提南海仲裁案管辖权问题的立场文件内容,参见 http://www.gov.cn/xinwen/2014-12/07/content_2787666.htm,2014 年 12 月 8 日访问。
[⑥] 有关仲裁庭是否具有可受理性和管辖权方面的内容,参见高圣惕:《论中菲南海仲裁案的管辖权及可受理性问题》,《中国海洋法学评论》2015 年第 1 期,第 64—165 页。

（四）针对岛屿制度有关的问题与挑战

自日本政府于 2008 年 11 月 12 日向大陆架界限委员会提交包含冲之鸟为基点主张的外大陆架划界案以来,针对岛屿制度的对立显性化。[①] 日本提交的以冲之鸟为基点主张专属经济区和大陆架的外大陆架划界案,是日本片面理解岛屿制度内涵所采取的措施,自然遭到了包括中国和韩国在内的国家的反对。[②] 最后,大陆架界限委员会未对日本与冲之鸟有关的外大陆架界限提出建议(2012 年 4 月 19 日)。[③]

实际上,从岛屿制度的条款结构看,《公约》第 121 条第 1 款至第 3 款都是关于岛屿制度的规定。具体来说,第 1 款是指广义的岛屿,即《公约》规定了广义的岛屿概念,其缺陷是仅从自然属性规定了岛屿的概念,而用该款判断岛屿是否拥有专属经济区和大陆架的利益就比较困难,因为这种岛屿概念规定存在严重的不完整性,没有考虑其他诸如社会和经济等方面的属性。第 2 款是狭义岛屿的规定,即具有与陆地领土相同地位的岛屿可主张相应的海域权利方面的规定。第 3 款是关于岩礁的规定,它不是从岩礁的概念直接出发作出的规定,而是从岩礁效力的角度作出的规定。换言之,能维持人类居住或其本身的经济生活的岩礁与岛屿一样,可主张专属经济区和大陆架,即岩礁有可主张专属经济区和大陆架的岩礁与不能主张专属经济区和大陆架的岩礁两种。从对第 121 条的整体理解看,第 3 款是对第 2 款的制约,也就是说,并不是所有的岩礁都能与第 2 款的岛屿一样可主张专属经济区和大陆架的。从第 121 条第 3 款可以看出,岩礁是狭义岛屿以外的一种,从广义的岛屿来看,这种岩礁也应符合岛屿的要件。

可见,《公约》第 121 条中的第 1—3 款各具不同的特点。即通过对岛屿的自然属性(广义的岛屿)、岛屿的社会和经济属性(狭义的岛屿)以及对广义的岛屿

[①] 日本外大陆架划界案内容,参见金永明:《日本外大陆架划界申请案内涵与中国的立场》,《中国海洋法学评论》2009 年第 1 期,第 28—39 页。

[②] 中国常驻联合国代表团于 2009 年 2 月 6 日向联合国秘书长提交了针对日本冲之鸟的书面声明,参见 http://www.un.org/Deps/los/clcs_new/submission_files/jpn08/chn_6feb09_c.pdf,2009 年 3 月 12 日访问。韩国于 2009 年 2 月 27 日针对冲之鸟问题向联合国秘书长提出了与我国政府声明内容相同的书面声明,参见 http://www.org.un/Deps/los/clcs_new/submission_files/jpn08/kor_27feb09.pdf,2009 年 3 月 12 日访问。

[③] 大陆架界限委员会仅对日本主张的 74 万平方千米外大陆架内的 31 平方千米作出了建议。对于中国和韩国反对的与冲之鸟有关的部分未提出建议,因为存在着不同的意见,所以大陆架界限委员会没有审议相关区域。但这并不表示对该区域要求的建议的否定,而仅是作为保留作出的决定,也即今后仍有可能作出建议的可能。参见[日]古贺卫:《大陆架界限委员会的活动与功能——国际机构对海洋法的发展》,《国际法外交杂志》第 112 卷第 2 期(2013 年),第 42 页。

概念内不具有社会和经济属性的那部分岛屿的属性(岩礁)等方面的规定共同构成岛屿制度的全部。所以,对各款的理解不能单一地解释和适用,应从该条三款整体含义出发理解。即由《公约》所确立的岛屿制度的立法宗旨是,《公约》第121条的三款均是关于岛屿制度的规定,是整体性的规范,而岩礁只是岛屿的一种特例,其也应符合岛屿的要件。

由上可知,包括岩礁在内的岛屿应符合一定的法律要件,才能主张专属经济区和大陆架的利益。这些要件重点体现在自然属性和社会及经济属性等方面,而从《公约》第121条的规定来看,确定岛屿和岩礁的法律要件的规定似乎不够具体,即确定岛屿和岩礁的法律要件的内涵并不清晰,所以存在不同的观点和对立的实践。

在无法修改《公约》岛屿制度,国际社会又未能对岛屿和岩礁地位形成统一共识的情形下,应该严格地解释岛屿制度内岩礁的法律要件,避免扩大解释,进而造成对公海制度和国际海底区域制度的损害。[1] 这样做不仅符合《公约》制定岛屿制度的初衷和宗旨,也符合《公约》第300条缔约国诚意履行义务、避免滥用权利所要求的内容。而对岩礁的严格解释,主要体现在以下方面:第一,在自然属性方面,岩礁是岛屿的一种特别形态,其必须是自然形成的陆地区域,这种自然形成的陆地区域强调构成材料和形成过程的自然属性。第二,在社会属性方面,岩礁必须在相当长时期内能维持人类居住,而不是短期内维持人类居住。第三,在经济属性方面,岩礁维持本身经济生活所需资源应限于岩礁本身所产,而不应包括其领海内及外地输入的资源,否则会造成扩大化的趋势,甚至出现滥用该权利的行为。同时,开发岩礁本身资源必须符合经济开发原则和保护海洋环境的原则。因为一些国家为能使岩礁符合"经济生活"的要件,一定会试图开发岩礁本身的资源,而不讲究一般的经济开发原则,并污染海洋环境,违反缔约国保护和保全海洋环境的义务。[2]

(五)针对剩余性权利有关的问题与挑战

在《公约》中,针对剩余性权利归属未明的代表性问题为专属经济区内的军事活动争议(军事测量活动、谍报侦察活动、联合军事演习)问题。即中美两国针

---

[1] 从修改《公约》制度的规定看,修正案需以协商一致方式达成协议进行,即使有采用简化程序修正《公约》的提议,实质性地修改完善《公约》仍相当困难。参见《公约》第312条、第313条。

[2] 关于岛屿与岩礁的法律要件分析内容,参见金永明:《岛屿与岩礁的法律要件论析——以冲之鸟问题为研究视角》,《政治与法律》2010年第12期,第99—106页。

对专属经济区内军事活动问题的自由使用与事先同意之间的对立和分歧。由于《公约》未对军事活动问题作出明确的规范,所以即使从海洋和平利用、海洋科学研究的角度进行分析,也存在不同的理解和认识,进而在国家实践中出现不同甚至对立的做法。换言之,军事活动问题无法在《公约》框架内解决。[1] 鉴于军事活动问题的高度敏感性和现实必要性,所以,只有在《公约》第58条第3款,并结合第59条的原则精神和立法宗旨,根据特定活动的状况加以判断。[2]

中美两国如果不能在《公约》规范的制度框架下解决,则只能通过双边协商包括缔结相关协议予以处理,所以,中美两国特别应遵守两国军事部门已经缔结的《重大军事行动相互通报机制》(2014年10—11月)和《海空相遇安全行为准则》(2014年11月),以规范两国军事部门海空安全行为,确保专属经济区内军事活动规范有序,进而共同维护海洋的航行自由和安全。[3] 实际上,美国主张的航行自由包括南海航行自由政策由来已久并持续坚持,重要的代表性政策文件为:《美国关于大陆架的底土和海床的自然资源的政策的第2667号总统公告》(1945年9月28日,简称《杜鲁门公告》)、1995年5月10日美国政府发表的《关于南沙群岛和南中国海的政策声明》,2012年8月3日美国政府《关于南海问题的声明》,以及2014年12月5日美国国务院发表的《海洋界限:中国在南海的海洋主张》。[4]

此外,也可对专属经济区内军事活动问题制定新的诸如执行协定那样的规范,为完善《公约》制度作出努力。在这方面的内容可以借鉴国际社会已存的成果,例如,日本海洋政策研究财团于2005年9月制定的《关于在专属经济区水域

---

[1] 中美针对专属经济区内军事活动争议内容,参见金永明:《中美专属经济区内军事活动争议的海洋法剖析》,《太平洋学报》2011年第11期,第74—81页。
[2] 《公约》第58条第3款规定,各国在专属经济区内根据本公约行使其权利和履行其义务时,应适当顾及沿海国的权利和义务,并应遵守沿海国按照本公约的规定和其他国际法规则所制定的与本部分不相抵触的法律和规章。《公约》第59条规定,在本公约未将在专属经济区内的权利或管辖权归属于沿海国或其他国家而沿海国和任何其他一国或数国之间的利益发生冲突的情况下,这种冲突应在公平的基础上参照一切有关情况,考虑到所涉利益分别对有关各方和整个国际社会的重要性,加以解决。
[3] 中美两军《重大军事行动相互通报制度》内容,参见 http://www.defense.gov/pubs/141112_MemorandumOfUnderstandingOnNotication.pdf,2015年2月10日访问。中美两军《海空相遇安全行为准则》内容,参见 http://www.defense.gov/pubs/141112_MemorandumOfUnderstandingRegardingRules.pdf,2015年2月10日访问。
[4] 例如,《杜鲁门公告》指出,大陆架上的水域作为公海的性质以及公海自由和无碍航行的权利不受任何影响。参见北京大学法律系国际法教研室编:《海洋法资料汇编》,人民出版社1974年版,第386—387页。《关于南沙群岛和南中国海的政策声明》内容,参见吴士存主编:《南海问题文献汇编》,海南出版社2001年版,第377—378页。美国南海问题声明内容,参见 http://www.state.gov/r/pa/prs/ps/2012/08/196022.htm,2012年8月8日访问。美国《海洋界限:中国在南中国海的海洋主张》内容,参见 http://www.state.gov/e/oes/ocns/opa/c16065.htm,2015年1月8日访问。

航行与上空飞越的行动指针》,2013年10月制定的《亚太专属经济区内互信和安全构筑原则》,以推动新的针对专属经济区内军事活动问题磋商和协定进程,并为进一步完善《公约》作出贡献。① 而能否在国际社会制定一部《公约》体系下的针对专属经济区内军事活动问题的统一性文件,则是面临的重大挑战。

(六)《公约》未曾预料或未明确规范的问题与挑战

对于海域划界问题尤其是专属经济区和大陆架划界问题,《公约》仅在第74条和83条规定了公平解决的结果,但它们未就划界的方法、标准等作出明确的规定。而为实现公平解决的目的,只能通过国际社会的实践尤其是国际判例的实践予以发展和确立,而在迄今的国际判例实践中,已形成了实现公平解决的范式,那就是考虑各种不同海域的具体情况予以综合判断。具体来说包括以下方面:第一,划定临时的等距离线或中间线;第二,为实现公平结果考虑相关情况,并探讨是否有必要调整临时的等距离线或中间线;第三,对海岸线的长度和所分配海域面积的比例进行校验,判定是否带来不公平的结果以便修正。②

此外,在《公约》通过后,针对保护海洋生物多样性问题的讨论日趋活跃。而在《公约》的审议过程中,并未对海洋生物多样性问题予以充分认识,即使在《公约》中也没有海洋生物多样性的用语;③ 更没有对保全海洋生物多样性有效的方法如海洋保护区作出规定。同时,国际社会于1992年6月通过《生物多样性公约》,而如何协调、补充这两个条约之间的关系,对于保全海洋生物多样性和可持续发展这些国际社会关注的共同事项,也是《公约》面临的挑战。④

对于在公海包括国际海底区域内出现的海洋基因资源问题,其调查、开采和研究等活动应适用什么样的国际法,也已成为国际社会关注的焦点。其争议的焦点在于应适用国际海底区域制度基础的人类共同继承财产原则,还是应适用

---

① 参见日本海洋政策研究财团编:《海洋白皮书:日本的动向,世界的动向》(2006年),2006年3月,第195—197页;Ocean Policy Research Foundation Edition: *Principles for Building Confidence and Security in the Exclusive Economic Zones of the ASIA-PACIFIC*, 30 October 2013, pp.1-12。

② 参见[日]田中则夫:《联合国海洋法公约的成果与课题——基于公约通过30周年的时点》,《国际法外交杂志》第112卷第2期(2013年),第17页;M. Kawano, "International Courts and Tribunals and the Development of the Rules and Methods Concerning Maritime Delimitation", *The Journal of International Law and Diplomacy*, Vol.112, No.3 (2013), p.14.

③ 例如,《公约》第194条第5款规定,按照本部分(第12部分)采取的措施,应包括为保护和保全稀有或脆弱的生态系统,以及衰竭、受威胁或有灭绝危险的物种和其他形式的海洋生物的生存环境,而有必要的措施。

④ 参见[日]田中则夫:《联合国海洋法公约的成果与课题——基于公约通过30周年的时点》,《国际法外交杂志》第112卷第2期(2013年),第20—21页。

公海的海洋科学研究的自由原则。

总之,为保全包含海洋基因在内的海洋生物多样性和可持续利用问题,应考虑的具体内容包括如何分配利益、如何制定包括海洋保护区在内的区域管理规则和环境影响评估制度,以及能力建设和海洋技术转移等方面。① 这些均是《公约》无法回避的问题。

四、中国的实践与今后的任务

中国是坚定维护《公约》体系及制度的重要国家之一,尤其是联大在 1971 年 10 月 25 日通过第 2758 号决议,决定恢复中国在联合国的合法席位后,中国更加重视参与《公约》制度建设,主要标志为中国参与了《公约》审议的全过程,并于 1996 年 5 月 15 日通过了《关于批准〈公约〉的决定》。②

同时,中国依据《公约》的相关规定和制度,中国大洋矿产资源研究开发协会向国际海底管理局申请了在"区域"内探测多金属结核矿区(1997 年)、多金属硫化物矿区(2010 年)和富钴结壳矿区(2012 年),并分别于 1997 年、2011 年和 2013 年获得了批准,从而成为在"区域"拥有优先勘探和开发多个矿区资源的国家之一。③ 此外,在中国政府的担保下,中国五矿集团公司于 2014 年 8 月 8 日向国际海底管理局提出了多金属结核资源勘探矿区申请,国际海底管理局理事会于 2015 年 7 月 20 日通过决议核准了中国五矿集团公司提出的东太平洋海底多金属结核资源勘探矿区申请。该矿区位于东太平洋克拉克恩—克利珀顿断裂带,面积近 7.3 万平方千米。④

另外,中国政府于 2009 年 5 月 11 日向大陆架界限委员会提交了"中国关于确定 200 海里以外大陆架外部界限的初步信息",并于 2012 年 12 月 14 日提交了"东海部分大陆架外部界限划界案"。⑤

此外,中国依据《公约》的原则和精神制定了与海洋有关的法律制度,初步构

---

① 参见[日]佐藤地:《联合国海洋法公约与日本——为开放签署 30 周年而作并以两个新制度的发展为中心》,《国际法外交杂志》第 112 卷第 2 期(2013 年),第 102 页。
② 全国人民代表大会常务委员会关于批准《联合国海洋法公约》的决定内容,参见国家海洋局政策法规办公室编:《中华人民共和国海洋法规选编》(第三版),海洋出版社 2001 年版,第 3 页。
③ 参见国家海洋局海洋发展战略研究所课题组编:《中国海洋发展研究报告(2014)》,海洋出版社 2014 年版,第 22—23 页。
④ 参见《中企获东太专属勘探矿区》,《解放日报》2015 年 7 月 22 日,第 7 版。
⑤ 参见 http://www.un.org/depts/los/clcs_new/commission_primitary.htm,及 http://www.un.org/depts/los/clcs_new/commission_documents.htm,2015 年 4 月 14 日访问。

筑了中国海洋法律体系。[①] 但尽管如此,中国依然不存在综合规范海洋的基本法律,例如海洋基本法,也缺乏诸如《中国专属经济区和大陆架法》的配套性法律规范,以及其他诸如海洋安全法、海岸带管理法、深海矿产资源开发法等。而这些法律法规的制定和完善,对于我国提倡的和谐海洋、海洋强国、新海洋观无疑有重大的意义和作用。同时,这些海洋法律法规的制定和完善应该是我国今后的重大任务和课题,以真正实现和谐海洋、构筑海洋新秩序的目标,并为维护国家海洋权益、确保国家海洋安全作出贡献。

[①] 中国海洋法律体系内容,主要为:《中国政府关于领海的声明》(1958年9月4日)、《中国领海及毗连区法》(1992年2月25日)、《中国政府关于中国领海基线的声明》(1996年5月15日)、《中国专属经济区和大陆架法》(1998年6月26日)、《中国海洋环境保护法》(1982年8月23日)、《中国海上交通安全法》(1983年9月2日)、《中国渔业法》(1986年1月20日)、《中国矿产资源法》(1986年3月19日)、《中国测绘法》(1992年12月28日)、《中国海域使用管理法》(2001年10月27日)、《中国海岛保护法》(2009年12月26日)、《中国关于钓鱼岛及其附属岛屿领海基线的声明》(2012年9月10日)等。

国家管辖范围外区域海洋生物多样性养护和可持续利用问题

　　国家管辖范围外区域海洋生物多样性的养护和可持续利用问题,尤其是公海和国际海底区域内的海洋生物多样性包括基因资源的利用和分配等成为国际社会关注的焦点。具体表现形式是联合国大会通过了题为《根据〈联合国海洋法公约〉的规定就国家管辖范围外区域海洋生物多样性的养护和可持续利用问题拟订一份具有法律拘束力的国际文书》的决议(A/RES/69/292,2015 年 6 月 19 日)。

　　依据该决议成立的筹备委员会应在政府间会议前提交有关案文要点的建议,供联合国主持下的政府间会议审议。2017 年 7 月 20 日,筹备委员会向联大提交了《海洋生物多样性养护和可持续利用的具有法律拘束力的国际文书建议草案》(A/AC.287/2017/PC.4/2,2017 年 7 月 31 日),同时建议在联合国的主持下尽快决定召开政府间会议,充分考虑上述草案的各项要素并依其案文展开详细讨论。[①] 为此,2017 年 12 月 24 日,联合国大会通过决议(A/RES/72/249),决定在 2018—2020 年上半年召开四届会议,其中第一届会议在 2018 年 9 月 4—17 日召开,并决定在此之前为讨论组织事项包括文书预稿的起草过程,于 2018 年 4 月 16—18 日在纽约举行为期 3 天的组织会议。[②]

　　可见,该建议草案提出的在 2018 年 9 月启动政府间会议谈判已成为现实,

---

　　① 筹备委员会报告(中文版),参见 http://www.un.org/ga/search/view_doc.asp? symbol=A/AC.287/2017/PC.4/2&referer=english/&lang=c.2018 年 2 月 20 日访问。筹备委员会报告(英文版),参见 http://www.un.org/ga/serach/view_doc.asp? symbol=A/AC.287/2017/PC.3/L.2.2018 年 2 月 20 日访问。
　　② 参见 http://www.un.org/depts/los/biodiversity/Precom.htm,2018 年 2 月 20 日访问。该组织会议已如期(2018 年 4 月 16—18 日)在纽约举行。参见 https://www.un.org/bbnj/content/webcast.2018 年 4 月 20 日访问。

而对案文建议的会议安排,计划到2020年上半年的第四次会议间形成最终协定文本并结束谈判也将可能实现。因此,涉及国家管辖范围外区域海洋生物多样性的养护和可持续利用问题的《联合国海洋法公约》将带来新的重大变化,不仅关涉各国的利益,而且涉及对《联合国海洋法公约》的原则和制度包括公海制度的公海自由原则、以人类共同继承财产原则为基础设立的国际海底区域制度等方面的影响,所以,有必要对其予以解析。

一、联合国审议海洋生物多样性养护和可持续利用问题的必要性

海洋生物多样性的养护和可持续利用是国际社会新出现的问题,其不仅关涉国际社会的生存和发展,而且对其的起因、分布和环境影响等因技术的限制并不完全了解,即使在综合规范海洋事务的《联合国海洋法公约》中并未作出明确的规定,甚至在第三次联合国海洋法会议(1973—1982年)期间也未予以讨论,所以是一个需要补充和完善的新领域。因为海洋生物多样性尤其是生态系统,不仅对于维持地球上的自然循环及生命是重要的,而且对于确保人类生存的环境和人类生活发挥着重要的作用,因而如何养护和可持续利用海洋生物多样性问题成为国际社会关注的课题。

那么,为什么国际社会多关注国家管辖范围外区域海洋生物多样性的养护和可持续利用问题,而少关注国家管辖范围内区域的海洋生物多样性的养护和可持续利用问题。

一般而言,生物多样性既存在共同性,也具有差异性。《联合国海洋法公约》是依据各种不同的海域予以规范的,主要包括两种类型,即国家管辖范围内的海域(例如,领海、专属经济区和大陆架)和国家管辖范围外的海域(例如,公海、国际海底区域)。而国家管辖范围内的海域的管辖权主要依赖于沿海国;国家管辖范围外的海域的管辖权主要依赖于船旗国,但由于各国对公海资源的过度开发和利用,严重地损害了海洋的资源和环境,给海洋的可持续利用带来危机,并损害海洋生物多样性的养护和可持续利用,进而危害人类社会的生存和发展,从而成为需要规范的新领域。

众所周知,规范海洋生物多样性的国际条约主要是《联合国海洋法公约》和《生物多样性公约》。

联合国环境发展会议于1992年6月5日通过了《生物多样性公约》,其第2条对"生物多样性"的概念规定为:是指所有来源的形形色色生物体,这些来

源除其他外包括陆地、海洋和其他水生生态系统及其所构成的生态综合体,包括物种内部、物种之间和生态系统的多样性。即《生物多样性公约》内的"生物多样性"种类既包括陆地,也包括海洋,覆盖了地球上的所有生物多样性;而依据其第22条第2款的规定,缔约国在海洋环境方面实施本公约不得抵触各国在海洋法下的权利和义务,即在海洋环境保护方面海洋法具有优先适用的功能。

在适用范围上,《生物多样性公约》第4条规定,生物多样性组成部分位于该国管辖范围的地区内;在该国管辖或控制下开展的过程和活动,不论其影响发生在何处,此种过程和活动可位于该国管辖区内也可在国家管辖区外。从此管辖范围的条款内容可以看出,在该国管辖范围外区域内的生物多样性的保护也能纳入其管辖范围,但国家对其管辖范围外的区域进行特别的规制,以保护任何国家管辖范围外区域的生物多样性的内容并未在《生物多样性公约》中作出明确的规定。而从《生物多样性公约》第1条规定的目标内容看,其目标不全是保护生物多样性,也重视对其组成部分的利用和利用遗传资源而产生的利益的公平分配。

同时,从《生物多样性公约》"序言"中可以看出,随着国际社会整体对保护地球意识的高涨,《生物多样性公约》无疑是历史上首次对生物多样性保护予以正面规制的条约。但事实上在《生物多样性公约》的通过阶段,国际社会还没有意识到独立地保护国家管辖范围外海域的生物多样性的必要性,因而也缺失相应的具体措施和管理制度。

从《联合国海洋法公约》尤其是第12部分(海洋环境的保护和保全)的内容看,尽管其规范了对海洋环境的保护和保全的内容,但未出现"生物多样性"及"遗传资源"的用语。例如,《联合国海洋法公约》第194条第5款规定,按照本部分采取的措施,应包括为保护和保全稀有或脆弱的生态系统,以及衰竭、受威胁或有灭绝危险的物种和其他形式的海洋生物的生存环境,而有必要的措施。同时,在规范"专属经济区"的第5部分、"公海"的第7部分和"国际海底区域"的第11部分等,尽管存在海洋生物资源和环境的保护内容,以及与保全生物多样性密切相关的规定,但也不存在具体的保护措施。

此外,在"海洋科学研究"的第13部分,尽管其依不同的海域规范了在领海、专属经济区、大陆架、公海、国际海底区域进行海洋科学研究的规则,同时将海洋科学研究作为公海自由之一予以鼓励,体现了社会发展过程中增进海洋科学知识的重要性,但对于海洋科学研究的定义并未作出规定,所以从保全海洋生物多样性的角度看,何种类型的调查活动是《联合国海洋法公约》规定的海洋科学研究也并不明确。[①] 即在《联合国海洋法公约》的谈判及审议过程中,针对生物多样性保护问题的认识和科学依据还并未充分,更谈不上对其予以审议和讨论并作出相应的规范了。这体现了《联合国海洋法公约》的局限性。

可见,海洋生物多样性保护问题不仅是全人类的共同关切事项,[②]同时其对人类社会的发展具有重要的作用,但国际社会的上述两个重要条约均未对海洋生物多样性的养护和可持续利用作出明确的规定,所以对国家管辖范围外区域海洋生物多样性的养护和可持续利用问题制定新的具有法律拘束力的国际文书是十分必要的。

二、国际社会提起及审议海洋生物多样性养护和可持续利用问题概要

鉴于《生物多样性公约》和《联合国海洋法公约》对海洋生物多样性的养护和可持续利用问题存在制度上的缺陷,国际社会多认为对国家管辖范围外区域海洋生物多样性的养护和可持续利用问题的新制度应与上述两个条约相一致,并具有整合性(一致性),特别应考虑它们审议和讨论此议题的发展进程、吸纳其成果。例如,2015年6月通过的联大决议指出,国家管辖范围外区域海洋生物多样性的养护和可持续利用,特别是作为一个整体的全部海洋遗传资源的养护和可持续利用,包括惠益分配问题,以及包括海洋保护区在内的划区管理工具、环境影响评估、能力建设及海洋技术转让等措施,应不损害现有有关法律文书和框架以及相关的全球、区域和部门机构。为此,有必要重点论述《生物多样性公约》和《联合国海洋法公约》机构对此议题的审议进程。

(一)海洋生物多样性养护和可持续利用问题的提起及发展

对海洋生物多样性养护和可持续利用问题的提起,可以追溯到在公海设立保护区的建议。即在美国国家海洋大气局于1991年在夏威夷举行的保护海洋野生动物的国际会议上,美国学者(Sylvia Earle)提出,应在公海设立以保护海洋野生动物的海洋保护区,目的是控制国家管辖范围外海洋的污染和因无序开发

---

① 尽管《联合国海洋法公约》未直接定义海洋科学研究的概念,但从其第246条第3款的内容可以反推出对海洋科学研究的内容。其是指为和平目的并为增进关于海洋环境的科学知识以谋求全人类利益。
② 例如,《生物多样性公约》"序言"指出,缔约国确认生物多样性的保护是全人类的共同关切事项。

对海洋带来的深刻威胁。① 设立保护区的上述建议于 1992 年在联合国环境发展会议上通过的《21 世纪议程》上有所涉及。换言之,在《21 世纪议程》的第 17 章(海洋及海洋生物资源的保护)多次言及"保护区"内容。具体内容为:第一,沿海国在自国管辖的海洋中应为维护生物多样性采取措施,并能对保护区进行设立和管理。第二,沿海国为提升收集和分析与影响海洋活动有关的情报,有必要制作沿岸海域保护区的概况。第三,沿海国为识别高阶生物多样性的海洋生态系统,特别应通过指定保护区等以对海洋的利用采取必要的限制。但应指出的是,《21 世纪议程》中的保护区范围仅限于在自国管辖范围内的海域的保护区,没有言及国家管辖范围外的海域的保护区。

国家管辖范围外海域海洋生物多样性的养护和可持续利用问题的发展,在 2002 年 9 月可持续发展世界峰会上通过的"实施计划"上得到验证。具体内容为:第一,应维持包括国家管辖范围内外的两种海域内的所有海洋脆弱性的生产能力和生物多样性;第二,强调应依据 1995 年在《生物多样性公约》第 2 次缔约国会议上通过的与海洋和沿岸生态系统的保全和可持续利用有关的"雅加达指令"所规定的工作计划实施的重要性;②第三,为促进对海洋的保存和管理,应依据《21 世纪议程》第 17 章,到 2012 年年底努力采用生态系统方法、废除有害的渔业惯例,并依据国际法及科学情报设立海洋保护区包括确立代表性的网络。③

可见,在上述"实施计划"中指出了在国家管辖范围内外海域维持生物多样性的重要性,并建议在公海设立海洋保护区的提案。这可谓是对海洋生物多样性养护和可持续利用问题的发展。

(二) 国际机构审议海洋生物多样性养护和可持续利用问题概要

1. 在《生物多样性公约》缔约国会议上的审议情况

在《生物多样性公约》缔约国会议上,比较重要的内容为以下几次会议成果:④

(1) 在 1995 年举行的第 2 次缔约国会议上通过的"雅加达指令",即为保护海洋生物多样性,应鼓励把设立海洋保护区作为生态系统方法的一部分并要求

---

① K. M. Gjerde, "High Seas Marine Protected Areas", *The International Journal of Marine and Coastal Law*, Vol.16, No.3 (2001), pp.515 - 516.
② The Jakarta Mandate, A/51/312, Annex II, decision II/10, para.12.
③ 参见 World Summit on Sustainable Development, Plan of Implementation, 4 September 2002, para.32, A/CONF.199/20, pp.24 - 25。
④ 《生物多样性公约》第 23 条第 1 款规定,特此设立缔约国会议。缔约国会议第一次会议应由联合国环境规划署执行主任于本公约生效后一年内召开。其后,缔约国会议的常会应依照第一次会议所规定的时间定期举行。

缔约国采取全球应对措施。换言之,设立海洋保护区已成为保护海洋和沿岸生物多样性及可持续利用的有效方法。

(2) 在1997年举行的第4次缔约国会议上,设立了海洋保护区特设技术专家组。其对国家管辖范围外海域的海洋保护区进行了讨论并达成以下三点共识:一是多个生态系统存在于国家管辖范围以外的海域;二是现今有效保护广泛的生物多样性的海洋保护区并不存在,但相关海域的生物多样性正遭遇很大的威胁,所以在这些海域有必要设立海洋保护区;三是对公海及国际海底区域的环境而言,有可适用的多个国际和区域文件,所以对于在公海的海洋保护区,应慎重地讨论其位置及方法,同时应与其他有关机构进行协商。①

(3) 在2004年举行的第7次缔约国会议上,就海洋保护区尤其是国家管辖范围外海域的海洋保护区内容作出了以下决定:②一是针对国家管辖范围外海域的生物多样性的危机明显增大,而在该区域的海洋保护区在目的、数量及对象方面极不充分;二是符合国际法和依据科学情报包括设立海洋保护区(如在海山、热液喷出口、冷水海域珊瑚礁以及其他脆弱生态系统等区域),同意以改善国家管辖范围外海域生物多样性养护和可持续利用为目的的国际合作和紧急行动是必要的;三是尽管海洋法对国家管辖范围以外海域的活动规范了法律框架,但要求事务局长与联合国秘书长和其他有关的国际和区域机构合作,对联合国大会的工作包括对已设立和有效管理国家管辖范围外的海洋保护区明确合适的机制提供帮助;四是决定设立保护区特设工作组,任务是依据科学情报,为在国家管辖范围以外的海域设立海洋保护区进行合作提供方法。③

2005年4月,《生物多样性公约》缔约国会议事务局长为支持上述工作组的工作,提供了《在国家管辖范围外海域设立海洋保护区有关合作的选择性方法》的详细讨论要素。④

最后应该指出的是,2003年在《生物多样性公约》的缔约国会议设立的科技助言辅助机构举行的第8次会议上,对于在公海内的海洋保护区问题,由于公海

---

① 参见 UNEP/CBD/SBSTTA/8/9/Add.1, 27 November 2002, p.14。
② 参见 Decision VII/5, Marine and Coastal biological diversity, Decisions adopted by the Conference of the Parties to the Convention on Biological Diversity at its Seventh Meeting, UNEP/CBD/COP/7/21, pp.133-175。
③ 参见 Decision VII/28, Protected Areas, Marine and Coastal biological diversity, Decisions adopted by the Conference of the Parties to the Convention on Biological Diversity at its Seventh Meeting, UNEP/CBD/COP/7/21, pp.339-358。
④ 参见 Options for Cooperation for the Establishment of Marine Protected Areas in Marine Areas beyond the Limits of National Jurisdiction, Noted by the Executive Secretary, UNEP/CBD/WG-PA/1/2, 20 April 2005。

是以公海自由原则为基础的,所以如果仅适用《联合国海洋法公约》内规定的各种原则,那么在公海设立海洋保护区与现行的国际法是很难融合的;当然也有国家代表认为,在公海设立保护区应从为保护海洋秩序和海洋环境的积极并发展的视角看,是应予以肯定的观点。即对于在公海设立海洋保护区问题,各国的意见并不一致。但不可否认的是,在国家管辖范围外海域不设立海洋保护区,则是无法实现《生物多样性公约》的宗旨和目的的,这是比较有力且基本的观点。[1]

2. 在《联合国海洋法公约》缔约国会议上的审议概要

《联合国海洋法公约》(以下简称《公约》)除规定"审查会议"(第155条)、"修正会议"(第312条)外,并未就缔约国会议作出规定,为此,在1999年通过联大决议 GA/RES/54/33 时,设立了《公约》的非正式协商缔约国会议,2000年以后每年举行此类缔约国会议,而针对与海洋生物多样性养护和可持续利用问题有关的内容如下:

(1) 在2003年举行的第4次会议上,就海洋保护区特别是在国家管辖范围外海域设立海洋保护区的问题进行了讨论。对于在公海设立保护区的法律问题,存在以下三种不同观点:合法论,即意大利主张的在现行国际法的框架下,在公海设立保护区是合法的观点;违法论,即挪威主张的在公海设立保护区与公海自由原则相抵触而违法的观点;未定论,即在现阶段无法断定这种行为的合法或违法性,有必要对此问题进行重复讨论后再断定其性质的荷兰主张。[2]

(2) 在2004年以后举行的第5—8次(2004—2007年)会议上,对国家管辖范围外海域的海底包括生物多样性的保护和管理的可持续利用问题、渔业和可持续发展对渔业的贡献、生态系统的管理方法,以及海洋遗传资源等内容进行了讨论,确认了在公海设立保护区、保护国家管辖范围外海域的生物多样性的政策等应依据包括《公约》在内的国际法,以及依据科学情报的重要性。

总之,在《公约》的缔约国会议上,对于组成海洋生物多样性的一部分的遗传资源,因污染、气候变化、生息地的破坏、破坏性的渔业活动、海洋环境的物理性改变、对海洋资源的乱捕等,这些生物的脆弱性十分明显,所以各国对有必要紧急保护遗传资源达成了共识。但对于海洋遗传资源的保护,《公约》能适用到何种程度;对海洋遗传资源的科学调查活动,可否使用在公海的公海自由原则;在国际海底区域内的相应活动,如适用国际海底区域制度的话,则受国际海底管理

---

[1] 参见 Recommendation VIII/3, Marine and coastal biodiversity: review, further elaboration and refinement of the programmer of work, 10-14 March 2003。

[2] 参见[日]田中则夫:《国际海洋法的现代形成》,东信堂2015年版,第315页。

局的管辖等问题,在国家间产生了不同的观点。不可否认,这些重要而核心的内容,均是今后应明确的议题。①

3. 在联合国的审议概要

在联合国审议国家管辖范围外区域海洋生物多样性问题的方式是通过联合国大会、联大决议,以及联合国秘书长的《海洋与海洋法》的年度报告推进的。与该主题有关的主要内容:

(1) 2002年12月的联大决议(GA/RES/57/141)。该决议指出,为阻止海洋生物多样性的丧失,各国应采取措施,并依据国际法以及科学情报于2012年年底设立海洋保护区的代表性网络,采用生态系统管理方法,消除包括违法、无报告、无规制的破坏性渔业惯例;同时要求各国与相关国际组织合作,紧急探讨依科学情报整合和改善对海山、其他海洋地物中的海洋生物多样性具有危险的管理方法。

(2) 2004年11月的联大决议(GA/RES/59/24)。该决议决定成立"研究国家管辖范围外海洋生物多样性的保护和可持续利用问题的不限名额非正式特设工作组",其任务是对联合国各机构的有关国家管辖范围以外的海洋生物多样性的保护和可持续利用有关的过去、现在的活动进行调查,从科学、技术、经济、法律、环境和社会经济的角度加以讨论,在适当时为促进国际合作明确可供选择的方案和方法。同时,该决议要求联合国秘书长为支援"不限名额非正式特设工作组"(AD Hoc Open-ended Informal Working Group)就该问题提交报告书。为此,联合国秘书长于2005年7月15日提交了该非正式特设工作组应讨论的问题的综合报告。"不限名额非正式特设工作组"的设立不仅是联合国正式讨论国家管辖范围外海洋生物多样性保护问题的论坛,而且也是具体实施《生物多样性公约》和《公约》规范的原则和制度的延伸。

(3) 自2006年2月联合国非正式特设工作组举行首次会议以来,至2015年1月共举行了9次会议。② 在这些会议中,讨论的要点及达成的共识,主要有两个方面:第一,《公约》是规范海洋所有活动的法律框架性条约,国家管辖范围外海洋生物多样性的保护和可持续利用的任何活动应符合《公约》,同时在探讨国家管辖范围外海洋生物多样性的保护和可持续利用问题时也应留意《生物多样

---

① 参见[日]田中则夫:《国际海洋法的现代形成》,东信堂2015年版,第315—317页。
② 参见 Marine biological diversity of areas beyond national jurisdiction legal and policy framework, paras. 8 - 23, pp. 2 - 7; http://www.un.org/depts/los/biodiversityworkinggroup/webpage_legal_and_policy.pdf,2018年1月5日访问。

性公约》的宗旨和目的。第二,国家管辖范围外海洋生物多样性的保护和可持续利用应基于最好可能利用的科学知识,运用生态系统及预防方法,以促进对海洋生物多样性的科学调查和研究。

(4) 按照2015年6月联大决议设立的筹备委员会(Preparatory Committee)应在2016年和2017年分别举行二次会议的要求,联合国秘书长分别于2016年3月28日—4月8日和8月26日—9月9日在联合国总部召开了筹备委员会的第一届和第二届会议;同时,根据联大于2016年12月23日作出的决议(A/RES/71/257),联合国秘书长分别于2017年3月27日—4月7日和7月10—21日,在联合国总部召开了筹备委员会的第三届会议和第四届会议。在筹备委员会上述四次会议上讨论的内容主要是包括利益分配在内的海洋遗传资源问题、包括海洋保护区在内的划区管理工具等的措施、环境影响评估、能力建设和海洋技术转让4个综合而整体性的问题。

如上所述,筹备委员会在2017年7月举行的第四次会议后向联合国大会提交了题为《海洋生物多样性养护和可持续利用的具有法律拘束力的国际文书建议草案》(A/AC.287/2017/PC.4/2),以供联合国主持下的政府间会议讨论。在此应该指出的是,筹备委员会提交的建议草案只不过是供政府间会议讨论条文的要素,正式开始条约谈判等事项则由联大判断决定。鉴于针对海洋生物多样性养护和可持续利用新执行协定的内容在国家之间存在较大的分歧,有学者预测新执行协定的最终缔结需要10多年的时间;也有学者预测只要经历几年即可达成新执行协定,因为存在《第11部分执行协定》(1994年)和《跨界鱼类执行协定》(1995年)仅需数年时间即缔结协议的先例。[①]

三、海洋生物多样性养护和可持续利用新执行协定内容及焦点

(一) 海洋生物多样性养护和可持续利用新执行协定的主要内容

从联合国迄今审议和讨论国家管辖范围外区域海洋生物多样性的养护和可持续利用问题,尤其是依联大决议就根据《公约》拟订一份具有法律拘束力的国

---

① 参见[日]西本健太郎:《国家管辖范围外区域的海洋生物多样性的养护和可持续利用——新的国际制度的形成与国内的影响》,《法学家》2016年秋季号(第19期),第8—9页。1994年《第11部分执行协定》是指《关于执行1982年12月10日〈联合国海洋法公约〉第11部分的协议》,而1995年《跨界鱼类执行协定》是指《1982年12月10日〈联合国海洋法公约〉有关养护和管理跨界鱼类种群和高度洄游鱼类种群的规定》。

际文书的案文草案要点的筹备委员会报告内容看,主要包括以下方面。

1. 新执行协定的地位和性质、原则和方法

第一,海洋生物多样性养护和可持续利用新执行协定的地位和性质。国际社会普遍认为,新执行协定应以《公约》为核心,尊重现行其他相关法律文书和框架以及相关全球、区域和部门机构的作用,包括通过增进合作和协调尤其是通过提供援助,使发展中国家,特别是处于不利地理位置的国家、最不发达国家、内陆发展中国家和小岛屿发展中国家以及非洲沿海国能够有效促进和参与国家管辖范围外区域生物多样性的养护和可持续利用。为此,需要一个全面的全球制度,以更好地处理国家管辖范围外区域海洋生物多样性的养护和可持续利用问题。换言之,新执行协议是对《公约》的细化、补充和完善,因为不仅《公约》没有直接规定相关内容,即使在已经存在的综合规范生物多样性的区域性条约中也不存在相关的制度,所以《公约》第192条规范的保护和保全海洋环境的义务在国家中并未得到切实的实施。同时,《公约》对于"环境"也未作出界定,仅在第1条第4款规定了"污染"的概念,因而,《公约》在第12部分(海洋环境的保护和保全)的规定,多是防止来自船舶污染的内容。换言之,《公约》的海洋环境保护是以防止污染为重点的,因而无法保全具有环境价值的生物多样性资源。[①] 所以,国际社会新制定一份具有法律拘束力的国际文书以保护生物多样性就特别重要。

第二,海洋生物多样性养护和可持续利用新执行协定的适用范围和基本目标。在空间范围上,新执行协定规范的是国家管辖范围以外的区域,主要是在公海和国际海底区域内的生物资源和非生物资源的养护和可持续利用问题。在属事范围上,新执行协定规范的是作为一个整体处理海洋遗传基因资源包括惠益分享问题、划区管理工具包括海洋保护区等措施、环境影响评估以及能力建设和海洋技术转让问题。所以,制定新执行协定的目的是通过有效执行《公约》,确保国家管辖范围外区域海洋生物多样性的养护和可持续利用;同时,也应以符合《公约》的方式予以解释和适用,并与现有相关法律文书和框架以及相关全球、区域和部门机构相协调和补充完善为目标。即新执行协定内容的解释和适用不应损害现有的文书、框架和机构,同时对新执行协定以及其他区域性协议的非缔约方的法律地位不受影响。

---

① 参见[日]加加美康彦:《西北夏威夷群岛的海洋保护区系谱》,载[日]松井芳郎、富冈仁、坂元茂树等编:《21世纪的国际法与海洋法的课题》,东信堂2016年版,第309页。

第三,海洋生物多样性养护和可持续利用新执行协定的基本原则和方法。新执行协定内容应包括如下原则和方法,主要为:尊重《公约》所载之权利、义务和利益的平衡;兼顾《公约》有关条款所适当顾及的事项;尊重沿海国对其国家管辖范围内所有区域,包括对 200 海里内外的大陆架和专属经济区的权利和管辖权;尊重各国主权和领土完整;只为和平目的利用国家管辖范围外区域的海洋生物多样性;促进国家管辖范围外区域海洋生物多样性的养护和可持续利用;可持续发展;在所有各级开展国际合作与协调;相关利益攸关方的参与;生态系统方法、风险预防方法、统筹方法、基于科学的方法利用现有的最佳科学资料和知识包括传统知识;适应性管理;建设应对气候变化影响的能力;符合《公约》不将一种污染转变成另一种污染的义务、谁污染谁付费原则、公众参与、透明度和信息的可取得性;小岛屿发展中国家和最不发达的特别需要,包括避免直接或间接地将过度的养护行动负担转嫁给发展中国家,以及诚信原则。[①]

2. 新执行协定在具体内容上的共识和分歧

新执行协定的协商内容主要包括如下四个方面,且对这些内容国际社会存在不同的认识和分歧:

第一,海洋遗传基因资源包括惠益分享问题。如何规范在公海和国际海底区域内的海洋遗传基因资源(Marine Genetic Resources)是生物多样性新执行协定讨论的重要内容之一。因对其的利用需要资金和技术,所以,事实上仅限于发达国家,而对如何规制海洋遗传基因资源的获取和利益分享则是发展中国家关注的焦点。对于国际海底区域(在《公约》中简称"区域")内的资源而言,已存在人类共同继承财产的原则。即《公约》第 136 条规定,"区域"及其资源是人类的共同继承财产。所谓的"区域",依据其第 1 条第 1 款的规定,是指国家管辖范围以外的海床和洋底及其底土;所谓的"资源",依据其第 133 条第 1 款的规定,是指"区域"内在海床或其下原来位置的一切固体、液体或气体矿物资源,其中包括多金属结核。如果仅从"区域"内的"资源"是"矿物资源"的内容看,无法利用人类共同继承财产原则规范存在于生物资源内的海洋遗传基因资源;但如果从"区域"本身的概念看,其规范的对象并未仅涉及矿物资源,也可规范"区域"内非生物资源的遗传基因资源;至于"区域"是否可以规范生物资源内的海洋遗传基因资源,则存在不同的观点,需要国际社会进一步审议包括在具体制度上

---

① 参见《(联合国)大会关于根据〈联合国海洋法公约〉的规定就国家管辖范围以外区域海洋生物多样性的养护和可持续利用问题拟订一份具有法律拘束力的国际文书的第 69/292 号决议所设筹备委员会报告》,第 8—9 页。

予以明确。① 同时,对于海洋遗传基因资源的获取,一些发展中国家主张在新制定的执行协定中应增加对样品的获取以及确保对其跟踪的可能性和透明性的内容;而以美、日和欧盟为主的发达国家认为,海洋遗传基因资源的获取应遵守公海自由原则,对其的研究和开发活动不应有任何的限制。此外,海洋遗传基因资源的商业开发很难与海洋科学研究的调查活动区别,所以对获取海洋遗传基因资源的讨论也将影响大学或研究机构所实施的海洋科学研究调查活动。而在海洋遗传基因资源利益分享上的最大分歧是,发展中国家强调财政上分享利益的必要性,主张应以现存的国际制度为参考制定新的国际制度;同时,认为应在新执行协定中包含保护与海洋遗传基因资源有关的知识产权内容,对此发达国家虽采取了反对的立场,但在对获取遗传基因资源的援助等方面,认为可以以非财政的利益分享方式对发展中国家进行帮助的观点。② 换言之,在海洋遗传基因资源适用的原则和惠益分享上存在公海自由原则和人类共同继承财产原则之争。

第二,划区管理工具包括海洋保护区等措施。为保护海洋生物多样性,如果仅对个别的活动及资源予以规范,则有一定的局限性,所以,自 20 世纪 90 年代以来出现了在一定地理范围内的海域对有关活动进行综合管理的有力主张。③ 其中,必要而有效的方法是设立海洋保护区,以保护该区域内的生物多样性,并实现可持续利用目标。海洋保护区虽起源于在国家管辖范围内的海域,但现今出现了在公海和国际海底区域设立海洋保护区的呼声和要求。

尽管联大决议决定在新执行协定中应商定包括海洋保护区在内的划区管理工具的措施,但对于"海洋保护区"和"划区管理工具"的概念,在国际社会并不明确存在。即在国际法中,并不存在海洋保护区的统一性定义,但海洋保护区首先是包括海洋公园等部分海域在内的保护区的一种,并在国内所辖领域内加以设定。这种包含陆地和海洋区域的国立海洋公园发轫于美国。例如,于 2000 年 5 月 26 日美国发布的"行政命令"(第 13158 号)对"美国的海洋保护区"的定义为:为持续地保护海洋天然资源和文化资源的一部分或全部,由联邦、州、区域、部族及地区各法令指定的任何海洋环境区域。④ 如果借用国际自然保护协会对"海洋

---

① 参见[日]滨本正太郎:《国家管辖范围外海洋生物多样性:保护和利用》,载[日]柳井俊二、村濑信也编:《国际法的实践》,信山社 2015 年版,第 502—503 页。
② 参见[日]西本健太郎:《国家管辖范围外区域的海洋生物多样性的养护和可持续利用——新的国际制度的形成与国内的影响》,《法学家》2016 年秋季号(第 19 期),第 9—10 页。
③ 参见[日]加加美康彦:《海洋保护区:位置本位的海洋管理》,载[日]栗林忠男、秋山昌广编:《海洋的国际秩序与海洋管理》,东信堂 2006 年,第 186—187 页。
④ 参见[日]田中则夫:《国际海洋法的现代形成》,东信堂 2015 年,第 248—251 页。

保护区"的定义,是指为达到对包括生态系统服务和文化价值在内的自然长期保护目的,通过法律及其他有效手段,明确地规定认识、使用及管理的地理空间。[1]

对于"海洋保护区"和"划区管理工具"之间的关系,一般认为"海洋保护区"是指通过一定的措施并采取比其他海域更高保护水准的海域;而"划区管理工具"一般是指为进行管理而采取一定措施的海域。[2]

尽管国际社会对于设立海洋保护区的法律依据存在争议,但在国家管辖范围内保护特定区域内的生物多样性的海洋保护区依然得到了发展,而在国家管辖范围外的海域设立特定的海洋保护区,则会在习惯国际法的公海自由原则和依据区域性的协议设立海洋保护区的义务之间发生对立和冲突,即区域性协定设立的海洋保护区无法拘束非缔约国的权利,这是无法回避的现象和事实,从而影响区域性海洋保护区协议的执行和效果。为此,在新制定的执行协定中应重视在公海及国际海底区域设立海洋保护区的程序,以及所采取的管理措施与其他已存在的协议及相关国际机构之间的关系。即在设立的程序上,应就提案的主体、科学委员会的设立、采取的措施,以及对象海域的监测等程序上的具体方法需进行审议和讨论;对于新执行协定与其他协议之间的关系,是采用"平行管理的方法"还是"垂直管理的方法",应再次予以讨论。换言之,为实现联大决议所指出的新执行协定应不损害已存在的条约及其他国际机构文书内容要求,如何协调各文书之间的内容以确保整体性是制定和审议新执行协定的难题之一。

第三,环境影响评估内容。《公约》第206条规定,各国如有合理根据认为在其管辖或控制下的计划中的活动可能对海洋环境造成重大污染或重大和有害的变化,应在实际可行范围内,就这种活动对海洋环境的可能影响作出评估,并应依照第205条规定的方式提交这些评估报告的结果。[3] 而国家提交这种评估报告的义务,依据国际海洋法法庭海底争端分庭的咨询意见,在国家管辖范围外"区域"上的活动报告,已成为习惯国际法上的义务。[4] 但在《公约》和习惯国际法

---

[1] 参见 N. Dudley (Editor), *Guidelines for Applying Protected Area Management Categories*, IUCN, 2008, p.8。
[2] 参见[日]西本健太郎:《国家管辖范围外区域的海洋生物多样性的养护和可持续利用——新的国际制度的形成与国内的影响》,《法学家》2016年秋季号(第19期),第10—11页。
[3] 《联合国海洋法公约》第205条规定,各国应发表依照第204条所取得的结果的报告,或每隔相当期间向主管国际组织提出这种报告,各该组织应将上述报告提供所有国家。第204条第1款规定,各国应在符合其他国家权利的情形下,在实际可行范围内,尽力直接或通过各主管国际组织,用公认的科学方法观察、测量、估计和分析海洋环境污染的危险或影响;第2款规定,各国特别应不断监视其所许可或从事的任何活动的影响,以便确定这些活动是否可能影响海洋环境。
[4] 参见[日]西本健太郎:《国家管辖范围外区域的海洋生物多样性的养护和可持续利用——新的国际制度的形成与国内的影响》,《法学家》2016年秋季号(第19期),第12页。

上,对必须实施环境影响评估的范围和内容并未作出具体规定。所以,细化国家管辖范围外区域的环境影响评估内容,应是制定新执行协定时所要讨论的内容。

第四,能力建设和海洋技术转让内容。《公约》第14部分规定了"海洋技术的发展和转让"内容,例如,其第266条第2款规定,各国应对在海洋科学和技术能力方面可能需要并要求技术援助的国家,特别是发展中国家,包括内陆国和地理不利国,促进在海洋资源的勘探、开发、养护和管理,海洋环境的保护和保全,海洋科学研究以及符合本公约的海洋环境内其他活动等方面海洋科学和技术能力的发展,以加速发展中国家的社会和经济发展。对于国际海底区域内的活动,《公约》第11部分第144条规定了"区域"内活动的资源开发者向管理局企业部和发展中国家转让技术的义务;但此技术转让义务因受到发达国家的反对,在1994年制定的《第11部分执行协定》中已经取消。

对于海洋技术转让问题,2003年在联合国教科文组织政府间海洋学委员会通过的自发地促进海洋技术转让的《基准及指导方针》,以及国际海底管理局和"区域"合同者依据《公约》附件三《探矿、勘探和开发的基本条件》第15条缔结的在管理局和发展中国家实施的《要员训练》,将成为讨论新执行协定有关内容的重要参考资料。

不可否认,为实现新执行协定的目的,向发展中国家提供能力建设和海洋技术转让帮助是重要的内容,但过分而强制性地帮助能力建设和转让海洋技术无疑会增加国家管辖范围外区域活动者的附加负担,所以需要有协调和平衡的制度设计。同时,对于海洋遗传基因资源的衍生物以及电子化产品包括知识产权,也应纳入海洋技术转让范围,所以,提升发展中国家的能力建设和转让海洋技术的对象范围是广泛的,对其的海洋技术范围的界定也应是新执行协定规范的内容。

(二) 海洋生物多样性养护和可持续利用新执行协定的争议焦点

尽管在国际社会尤其在联合国层面已就在《公约》框架内审议讨论国家管辖范围外区域海洋生物多样性的养护和可持续利用制定新执行协定达成了意向性的共识。这些共识在此后的政府间会议上进展如何,仍有待观察,但不可回避的焦点之一是新执行协定在适用原则上的分歧不易轻易消除,这是无法回避且不容争议的事实。

从新执行协定规范的范围看,如果依据《公约》对不同海域的规范,国家管辖范围以外的海域具体指超越国家管辖范围以内的海域(专属经济区和大陆架),

即公海和国际海底区域。如上所述,《公约》体系内的公海制度以公海自由原则为基础,国际海底区域制度以人类共同继承财产原则为基础。那么,新执行协定设立的制度应以什么原则为基础,又与这些原则如何协调和平衡?无疑是需要关注的重大问题。

1. 公海自由原则的确立及发展

长期以来,海洋自由思想是海洋秩序的基础。在古罗马时代,根据万民法,海洋对所有人开放,禁止私人占有及分割,即所谓的海洋自由原则。进入中世纪后,欧洲各国开始对沿岸海域主张领有权,从而出现了对抗自由用海的势力。大航海时代,作为海洋帝国的西班牙和葡萄牙将世界分为大陆和海洋两部分,并对其实施控制。被称为国际法之父的荷兰国际法学者雨果·格劳秀斯(Hugo Grotius,1583—1645)强烈反对对海洋的万人之物加以领有或控制,主张海洋自由原则,代表作为《海洋自由论》(*Mare Liberum*,1609)。对此,英国的约翰·塞尔登(John Selden,1584—1654)为使英国对海洋的控制正当化,提出了"领有海洋"的观点,代表作为《闭海论》(*Mare Clausum*,1618)。而在大航海时代以后的国际社会中,一般将海洋分为国家权利可及的"狭窄的领海"、不属于任何人但可以自由利用的"宽广的公海"(公海自由原则)两部分。[①]

从海洋法的视角看,1945年9月28日美国杜鲁门总统发布的《大陆架公告》(即《美国关于大陆架的底土和海床的自然资源的政策的第2667号总统公告》),直接推动了海洋法的发展。[②]《大陆架公告》指出,美国政府认为,处于公海下但毗连美国海岸的大陆架的底土和海床的自然资源属于美国,受美国的管辖和控制。此公告公布后,很多国家相继仿效,主张沿海国对其附近海域的管辖权。为此,联合国于1958年主持召开了第一次联合国海洋法会议,并缔结了包括《领海及毗连区公约》《公海公约》等在内的"日内瓦海洋法四公约"。

"日内瓦海洋法四公约"中的《大陆架公约》第1条和第2条关于大陆架的范围,以及沿海国为勘探和开采自然资源的目的,对大陆架行使主权权利的规定,不仅突破了领海以外即公海的二元论结构,而且打破了传统的海洋自由绝对论的思想。[③] 这种现象在《公约》中得到进一步的发展,例如,其第87条第2款规定,所有国家在行使公海自由时,须适当顾及其他国家行使公海自由的利益,并

---

① 参见金永明:《海洋问题时评(第一辑)》,中央编译出版社2015年版,第3—4页。
② 美国总统的《大陆架公告》内容,参见北京大学法律系国际法教研室编:《海洋法资料汇编》,人民出版社1974年版,第386—387页。
③ 例如,《公海公约》第1条规定,"公海"是指不包括在一国领海或内水内的全部海域;《领海及毗连区公约》第24条第1款规定,沿海国在毗连其领海的公海区域内,得行使下列事项所必要的管制。

适当顾及本公约所规定的同"区域"内活动有关的权利。换言之,公海自由原则经历了"自由放任"到"适当顾及"的阶段,可谓是对公海自由原则的限制。①

从《公约》制度看,对公海自由原则的限制,特别体现在专属经济区和国际海底区域制度的设立上。对于专属经济区制度,《公约》第56条赋予了沿海国对具体事项(如海洋科学研究、海洋环境的保护和保全等)的专属管辖权,所谓的事项性或功能性的管辖权;而对于这些事项性的管辖权由沿海国或船旗国予以行使,所谓的沿海国的专属性事项管辖权。但船旗国因受意愿、条件、能力、资金和技术及设备等方面的限制,《公约》所规范的目标并未能得到切实实现,包括对渔业资源的过度捕捞、海洋环境的污染等情形,所以,在国际社会出现了综合管理海洋的趋势,所谓的海洋综合治理。

一般认为,海洋的综合治理包括规范、执行、意思决定过程、完备的制度等要素,其包括两个层面的含义。第一,在规制层面上,是指公海自由应服从于国际社会共同利益的实现;第二,在执行层面上,为确保公海秩序应实施分权化的机制。② 换言之,针对公海自由原则的限制,在国际社会呈现了由事项性管辖向综合性管辖,并由不同机构包括国际、区域以及其他机构共同合作管理的发展趋势,即公海自由经历了自由放任(完全自由)、适当顾及综合管理的发展趋势。这种发展趋势应适用到海洋生物多样性养护和可持续利用的新执行协定之中,这也正是2015年6月19日联大通过决议时所指出的,应在《公约》的框架下全面地探讨新的全球性制度,以更好地处理国家管辖范围外区域海洋生物多样性养护和可持续问题,并不应损害现有有关法律文书和框架以及相关的全球、区域和部门机构之要义,这种观念应该得到国际社会的认可。

2. 人类共同继承财产原则的内涵

如上所述,《公约》确立了以人类共同继承财产为原则的国际海底区域制度。其内容主要为:第一,国际海底区域及其资源的法律地位。例如,《公约》第136条规定,"区域"及其资源是人类共同继承财产;人类共同继承财产原则成为不可减损之原则,例如,《公约》第154条规定,审查会议应确保继续维持人类共同继

---

① 不可否认,公海自由原则从"自由放任"到"适当顾及"的发展,也受到国际法院判决的影响。例如,国际法院在1974年"渔业管辖案"判决中指出,随着渔业活动范围的增加,国际海洋法的发展结果是,曾经在公海对海洋生物资源的自由放任措施,被通过对他国权利及为万人需要保存而应采取适当措施义务的承认所替换。参见[日]坂元茂树:《区域渔业管理机构功能扩大对国际法发展的影响:从渔业规制到海洋管理》,载[日]柳井俊二、村濑信也编:《国际法的实践》,信山社2015年版,第459页。
② 参见[日]兼原敦子:《国家管辖范围外海洋生物多样性新协定:公海制度的发展视角》,《日本海洋政策学会会刊》第6期(2016年11月),第6—7页。

承财产之原则;第 311 条第 6 款规定,缔约国同意对第 136 条所载关于人类共同继承财产的基本原则不应有任何修正,并同意它们不应参加任何减损该原则的协议。第二,国际海底区域资源的平行开发制度。例如,《公约》第 153 条第 2 款规定,"区域"内活动由企业部进行,和由缔约国或国营企业、或在缔约国担保下的具有缔约国国籍或由这类国家或其国民有效控制的自然人或法人、或符合本部分和附件三规定的上述各方的任何组合,与管理局以协作方式进行。第三,设立了管理"区域"内活动的专职性机构。例如,《公约》第 156 条规定,兹设立国际海底管理局,按照本部分(即第 11 部分)执行职务;第 157 条第 1 款规定,管理局是缔约国按照本部分组织和控制"区域"内活动,特别是管理"区域"资源的组织。为行使管理局职能,依据第 158 条的规定,大会、理事会和秘书处是管理局的主要机关;而企业部是直接进行"区域"内活动以及从事运输、加工和销售从"区域"回收的矿物的管理局机关(第 170 条第 1 款);同时,理事会可设立其机关如经济规划委员会、法律和技术委员会(第 163 条),以协助管理局的工作。第四,管理局的职能和功能。其主要包括:管理性功能,对"区域"内资源的一切权利属于全人类,由管理局代表全人类行使(第 137 条第 2 款);分配性功能,管理局应通过任何适当的机构,在无歧视的基础上公平分配从"区域"内活动取得的财政及其他经济利益(第 140 条第 2 款);规范性功能,管理局可对"区域"内的活动和保护海洋环境、生产政策等制定规则、规章和程序(第 137 条第 2 款,第 145 条,第 151 条);职权性功能,管理局可对"区域"及其资源进行海洋科学研究并协调和传播研究和分析的结果(第 143 条第 2 款),管理局应采取措施取得有关"区域"内活动的技术和科学知识,并促进和鼓励向发展中国家转让这种技术和科学知识(第 144 条第 1 款)等。

除《公约》本身规范国际海底区域制度外,在其组成部分的附件三、附件四也规定了探矿、勘探和开发的基本条件,以及企业部的章程。[①] 但其内容包括在技术转让和财政上的负担等,因有损于技术的研发和市场经济的原则,致使一些发达国家抵制加入《公约》,并在其体系外缔结协议以开发"区域"内的资源,这样的举措不仅损害《公约》的普遍性,而且损抑人类共同继承财产原则目标的实现。于是,在联合国秘书长主持下,联合国于 1990—1994 年就《公约》体系中有关深海海底采矿所涉及的一些问题,共举行了两轮 15 次非正式磋商,并于 1994 年在

---

① 例如,《联合国海洋法公约》第 318 条规定,各附件为本公约的组成部分,除另有明文规定外,凡提到本公约或其一个部分也就包括提到与其有关的附件。

联合国第 48 届会议续会上通过了《第 11 部分执行协定》。

《第 11 部分执行协定》主要对"区域"制度的实质性条款作了修改,内容包括 9 个方面:关于管理局机关设置问题,关于先驱投资者保护问题,关于决策方面的内容,关于审查制度方面的内容,关于技术转让方面的内容,关于生产政策方面的内容,关于经济援助方面的内容,关于合同财政条款方面的内容,关于财务委员会建议范围内容。《第 11 部分执行协定》在内容上的修改,不仅满足了发达国家在技术和财政等方面的关切,而且推进了《公约》的普遍化进程,特别是使建立在人类共同继承财产原则上的国际海底区域制度的实施成为可能。

在此应该指出的是,人类共同继承财产原则在国际海底区域制度的创设,经历了一个曲折的发展过程。它既是与共有物原则、公海自由原则斗争的产物,也是广大发展中国家努力的结果。[1] 但不可否认的是,人类共同继承财产原则在《公约》中的确立反映了时代的发展趋势,一些发达国家尤其是美国接受此原则的主要依据是,为开发国际海底区域的矿物资源需要排除他国的参与,即为开发"区域"内资源需要取得排他性的权利,而这种排他性的权利在公海自由原则下是无法取得的。所以,为取得这种排他性权利需要建立与公海制度不同的新国际制度,从而认同了建立在人类共同继承财产原则基础上的国际海底区域制度。[2]

四、海洋生物多样性养护和可持续利用新执行协定展望

在海洋法的发展过程中,由于海洋科技的发展,使得国际社会开发海洋空间及资源的活动成为可能,而为使全人类尤其是发展中国家获得海洋利益,避免发达国家凭借其技术和资金优势独享成果,从而出现了修改大陆架范围、将人类共同继承财产运用于国际海底区域制度的呼声和要求,进而丰富和发展了海洋法体系。现今人类对海洋生物多样性的认知程度和相应的技术也获得了发展,所以如何规范其行为和活动,成为国际社会关注的热点议题。

结合联合国对海洋生物多样性养护和可持续利用新执行协定的审议过程,海洋法体系尤其是《公约》体系呈现如下发展趋势:

第一,立法模式的发展性。在《公约》体系的发展过程中,不是对其自身加以

---

[1] 关于国际海底区域的法律地位及资源开发制度内容,参见金永明:《中国海洋法理论研究》,上海社会科学出版社 2014 年版,第 49—68 页。

[2] 参见[日]田中则夫:《国际海洋法的现代形成》,东信堂 2015 年版,第 19—26 页。

修改和补充,而是通过制定"执行协定"的方式补充和完善海洋法体系,这可谓是立法模式的发展。从《维也纳条约法公约》第 30 条、第 59 条规定的内容看,后续条约如不违反先前条约的宗旨和目的,并就相互关系上在后续文本中加以说明或规定,则采用这种"执行协定"的模式以细化和修正先前条约的内容是可行的。例如,《第 11 部分执行协定》(1994 年)第 2 条第 1 款规定,本协定和第 11 部分的规定应作为单一文书来解释和适用;本协定和第 11 部分如有任何不一致的情况,应以本协定的规定为准。《跨界鱼类执行协定》(1995 年)第 4 条规定,本协定的任何规定不应妨碍《公约》所规定的国家权利、管辖权和义务;本协定应参照《公约》的内容并以符合《公约》的方式予以解释和适用。对于国家管辖范围外区域海洋生物多样性养护和可持续利用新执行协定的制定,也将采用此种模式。

当然,采用通过制定"执行协定"的方式,以补充、完善和发展《公约》体系制度的做法,也是因难以利用《公约》第 312 条的"修正"程序和第 313 条的"简化程序"以修正《公约》而作出的合理选择和合适的方法。①

第二,立法思想的发展性。如上所述,因受到海洋意念、认识和技术等方面的局限性,《公约》和《生物多样性公约》并未就海洋生物多样性的养护和可持续利用问题作出明确的规定,而为养护和可持续利用国家管辖范围外区域海洋生物多样性资源,有必要在国际社会设立一项具有法律拘束力的文书,已经成为国际社会的共识。但就其在具体适用的原则和制度上,存在公海自由原则和人类共同继承财产原则之间的对立和分歧,在具体适用的制度上包括在遗传基因资源的获取、利益分享、环境影响评估、技术转让等方面因受认识和技术的限制,也存在不同的意见,所以,如何管理生物多样性资源包括设立新的国际机构或扩大和明确国际海底管理局的职责和功能将是政府间会议讨论的焦点。

从《公约》依事项性规范和船旗国专属管辖的弊端看,因国家特别是发展中国家在资金和技术及装备等方面的局限性,无法消除开发利用海洋空间及资源产生的不利影响,所以在新制定的执行协定中采用综合性管理海洋的理念并由国际机构管理海洋生物多样性资源是理想的选择,这就面临限制公海自由而适用人类共同继承财产原则所蕴含的思想的挑战,而这能否在政府间会议上得到认可并被采纳,将是今后我们持续关注的重要问题。因为海洋生物多样性资源

---

① 例如,《公约》第 312 条第 2 款规定,适用于修正会议的作出决定的程序应与适用于第三次联合国海洋法会议的相同,除非会议另有决定;会议应作出各种努力就任何修正案以协商一致方式达成协议,且除非为谋求协商一致已用尽一切努力,不应就其进行表决。《公约》第 313 条第 2 款规定,如果一个缔约国反对提出的修正案或反对以简化程序通过修正案的提案,该提案应视为未通过。

的养护和可持续利用问题涉及对权利主体、资源属性、利益分配、环境保护和海洋科学研究等重要问题的规范和行动变革。

第三,多维合作的必要性。在《公约》体系中,规定了多种合作的模式和路径。在主体上,包括相关国家之间的合作(例如,《公约》第66条,第94条,第118条,第130条)、所有国家之间的合作(例如,《公约》第100条,第108条,第117条和第303条),以及国家与国际组织之间的合作(例如,《公约》第41条第4—5款,第61条和第64—65条,以及第197条,第200—201条,第242—244条)三种方式。在内容上,涉及用于国际航行的海峡内的海道和分道通航制的指定,专属经济区内生物资源的养护和管理,海洋环境的保护和保全,海洋科学研究等方面的国家与国际组织之间的合作;所有国家在公海上制止海盗行为,制止船舶违反国际公约在海上从事非法贩运麻醉药品和精神调理物质,以及养护公海生物资源采取措施、保护在海洋发现的考古和历史性文物等方面的合作;相关国家在专属经济区内的溯河产卵种群、公海内船旗国对船舶的管辖和控制以及对海难或航行事故的调查、公海内生物资源的养护和管理、内陆国出入海洋的权利和过境自由时避免过境运输迟延或其他技术性困难等方面的合作。

可见,在《公约》体系中存在多个层面和多个方面的合作内容和要求,这不仅是由海洋的综合性、特殊性和功能性决定的,也是联大决议(A/RES/69/292)决定在根据《公约》的规定就国家管辖范围外区域海洋生物多样性的养护和可持续利用问题拟订一份具有法律约束力的国际文书进程中,不应损害现有法律文书和框架以及相关的全球、区域和部门机构的本质性要求。即《公约》体系包括后续新的执行协定应遵守《公约》关于合作方面的要求。

第四,立法路径的可行性。从现今联合国主导的对海洋生物多样性的养护和可持续利用问题制定新执行协定的立法路径看,采纳了设立国际海底区域制度并制定《公约》的立法路径,即通过联大决议确立方向和原则,通过设立工作组和筹备委员会拟定文本草案,再供政府间会议讨论,以缔结新执行协定的路径。这应该是制定国际条约的基本方法,这种立法路径对于制定新的执行协定是可行的。但不可否认的是,在政府间会议上对一些具体问题的争议将是无法回避的,这需要国际社会尤其是大多数国家的共同努力和积极贡献。

总之,《公约》自1982年通过以来,在其发展和完善的过程中已积累了一定的经验和教训。如何将这些经验和教训融入新制定的执行协定中,消除其弊端,具体化《公约》的原则和制度,是国际社会面临的重大选择。即《公约》体系面临新的考验和发展机遇,这种考验和机遇特别体现在对公海自由原则的限制和以人类共同继承财产原则为基础扩大国际海底管理局的功能和范围的适用上,尤其是国际社会保护的海洋生物多样性利益与其他利益包括公海自由、人类共同继承财产原则以及渔业资源所保护的利益,处于一种什么样的关系,是超越还是平行的关系等问题,是需要继续研讨的重大问题。[①] 但如想在近期通过海洋生物多样性养护和可持续利用新执行协定,则采用建立在人类共同继承财产原则基础上的国际海底区域制度,包括明确和扩大国际海底管理局的职能,则是一个比较容易被国际社会接受且具有成本效益比较高的路径抉择。国家管辖范围外区域海洋生物多样性养护和可持续利用新执行协定的未来如何,仍有待我们持续观察和关注。

[①] A. Kanehara, "What Does a New International Legally Binding Instrument on Marine Biological Diversity of Areas beyond National Jurisdiction 'under the UNCLOS' Mean?", *Sophia Law Review*, Vol.59, No.4 (2016), pp.53–73.

第二部分 东海问题与海洋法

论东海问题与共同开发

随着世界各国对能源资源的需求日益增长,各国加大了开发利用海洋的力度,当然,我国也不例外。我国正在极力推进海洋开发战略,但由于我国周边海域复杂,形势极为严峻。我国不仅与他国存在岛屿归属争议,而且存在海域划界争端,涉及的国家众多,此境况严重阻碍了我国海洋开发的政策与开发利用海洋的进度。其中,中日间关于东海问题的争议就是明显的例证之一。

众所周知,迄今,中日间关于东海问题的磋商已进行了6次,双方在东海划界的原则与开发海域划定等方面,存在着严重的对立与分歧。为此,有必要研析双方的主张,尤其是日本对待东海问题的立场与态度及政策与措施,以利于我们认识其相关政策与发展趋势,进而缩小分歧,解决双方争议,使争议之东海变成友谊之海、合作之海。

一、中日关于东海问题争议之由来与双方的主张

(一)背景与由来

中日间东海问题争议对象——东海大陆架位于中国、日本、朝鲜三国之间,东西宽150—360海里,南北长630海里。[①] 根据《联合国海洋法公约》(以下简称《公约》)关于专属经济区和大陆架制度的有关规定,在东海东西部中国与日本的专属经济区和大陆架存在部分重叠海域,因此,双方存在划界争议。实际上,划界争议分为专属经济区和大陆架划界两种,考虑到200海里的专属经济区和大陆架重叠,且根据《公约》的有关规定,沿海国对专属经济区海床和底土的权利应

---

① 魏敏主编:《海洋法》,法律出版社1987年版,第182页。

按大陆架制度执行或行使。[①] 可见,沿海国对于海床及其底土的自然资源的权利,大陆架制度优先于专属经济区制度。

(二) 双方的主张

关于东海大陆架划界,我国主张,应在自然延伸的基础上按照公平原则协议划界以求公平解决为东海大陆架划界遵循的主要原则。[②] 据此,冲绳海槽构成我国东海大陆架与琉球大陆架的自然分界线,我国东海大陆架可延伸到200—370海里。

对此,日本主张,中间线或等距离线原则应为东海大陆架划界的原则。[③] 日方认为,中国与日本琉球岛架之间是"共大陆架",冲绳海槽不构成日中东海大陆架的自然分界,它只是紧密相连的中日大陆架之间的偶然凹陷,它同挪威海槽一样,不能成为划界的重要因素,因此,可不考虑中日相向大陆架间的具体情况而平分划界。据此划界,中日大陆架界限将在冲绳海槽以西。我国可能得到的大陆架范围约为140—180海里。而日本将获得冲绳海槽以西最有石油储藏远景的大部分海域。如果按照日方所主张的原则和方法划界,中方将失去约30万平方千米的大陆架面积。

另外,在东海大陆架划界争议中,钓鱼岛及其附属岛屿的归属及地位问题,也是双方争论的焦点。而钓鱼岛及其附属岛屿的地位直接影响东海大陆架划界,它在东海大陆架划界中的作用是不可低估的,为此,在钓鱼岛等的地位问题上,双方互不妥让。

可见,中日东海大陆架划界争议主要集中在以下三个方面:第一,划界的原则问题;第二,划界的方法问题;第三,钓鱼岛的地位与其在划界中的作用问题。

[①] 例如,《公约》第56条第3款规定,沿海国对专属经济区海床和底土的权利,应按照大陆架的规定行使。

[②] 例如,《中国专属经济区和大陆架法》(1998年)第2条规定,中国的大陆架,为中国领海以外依本国陆地领土的全部自然延伸,扩展到大陆边外缘的海底区域的海床和底土;中国与海岸相邻或者相向国家关于大陆架的主张重叠的,在国际法的基础上按照公平原则以协议划定界限。同时,中国在1996年批准《联合国海洋法公约》时,对于大陆架划界争端的原则,声明如下:中国与海岸相向或相邻的国家,通过协商,在国际法基础上,按照公平原则划定各自海洋管辖界限。参见国家海洋局政策法规办公室编:《中华人民共和国海洋法规选编》(第三版),海洋出版社2001年版,第11页、第3页。

[③] 例如,日本的《专属经济区和大陆架法》(1996年)第2条规定,日本根据《联合国海洋法公约》的规定,国家行使沿海国主权权利及其他权利的大陆架如下:(1) 从基线量起距离其每一点同基线最近点的距离为200海里的线内海域(该线从基线量起超过中间线时,其超过部分有中间线划定),但当存在我国与他国间协议划定的线时,则该线代替中间线;(2) 邻接上款大陆架海域外侧的海域,根据《联合国海洋法公约》第76条的规定,由政令确定。参见[日]松井芳郎等编:《基本条约集》(2006年),东信堂2006年版,第402—403页。

二、中日东海问题争议之实质

从日本对待东海问题的主张和态度中,可以看出,它们有模糊东海问题之意图,即试图混杂大陆架制度与专属经济区制度。为此,主要应认清以下几个问题。

(一) 关于专属经济区与大陆架的关系问题

日本认为,200 海里以内的大陆架制度已归入专属经济区制度,可用专属经济区制度阐释 200 海里内的大陆架制度。诚然,在 200 海里内专属经济区与大陆架存在重叠现象,且专属经济区制度远丰富于大陆架制度。但不可否认的是,从法律依据、内容和效果等规定的不同,可以看出,上述两个制度为平行而独立的制度,不存在主次之分。即使在第三次联合国海洋法会议上有国家提出将 200 海里内大陆架纳入专属经济区制度的提案,但遭到了否定,未被采纳。实际上,在相邻或相向国家间存在专属经济区和大陆架划界争议时,根据《公约》的规定,相关国家没有统一划分界限的义务,可根据不同的制度划分不同的界线。

(二) 关于确定大陆架界限的原则问题

考虑到中日间关于东海问题的争议主要集中在海底资源的归属和开发上,因此,双方应适用大陆架制度划分大陆架界限。其主要原因:第一,《公约》的法律依据。《公约》第 56 条第 3 款规定,关于沿海国对专属经济区内海床和底土的权利,应按照大陆架制度的规定行使。可见,对于海床和底土的权利,大陆架制度优先于专属经济区制度。第二,中日间存在关于渔业资源的协议(1997 年),划分专属经济区显已没有充分的现实必要。该协定对各方所属的海域与共同海域均规定了权利与义务,包括合作的义务。显然在东海划分专属经济区,确定其界限已没有充分的现实必要性。同时,中日间确定大陆架界限的法律应为《公约》。因为,双方均为《公约》的缔约国,对于有关《公约》涉及的问题与纠纷应该适用《公约》,由《公约》公平解决。实际上,对于划分大陆架界限的原则问题,存在两种对立的观点。一种观点认为,大陆架划界应适用中间线或等距离原则;另一种观点认为,大陆架划界应适用公平原则。同时,上述两种观点或主张,也是第三次联合国海洋法会议上争议的焦点。争论的结果,各方均未处优势。最终,《公约》对专属经济区和大陆架的划界作了折中的规定,且其内容完全一致。[①] 具体

---

① 朱晓青主编:《国际法》,社会科学文献出版社 2005 年版,第 150—151 页。

规定在《公约》的第 74 条和第 83 条。

另外,中日对大陆架划界的分歧与实践上的不同,主要表现在以下两个方面:

(1)海洋法会议上的立场不同。即中国坚持大陆架划界应适用公平原则;而日本则主张大陆架划界应适用等距离原则。

(2)国内法规定不同。中国的《专属经济区和大陆架法》(1998 年)第 2 条规定,中国与海岸相邻或相向国家关于专属经济区和大陆架的主张重叠的,在国际法的基础上按照公平原则以协议划定界限;而日本的《专属经济区和大陆架法》(1996 年)第 2 条规定,日本行使主权权利及其他权利的大陆架为:从基线量起距离其每一点同基线最近点的距离为 200 海里的线内海域(该线从基线量起超过中间线时,其超过部分由中间线划定),但当存在与他国间协议划定的线时,则该线代替中间线。

可见,日本在对待东海大陆架划界的原则问题上,是很难轻易让步的。即它会继续主张等距离原则划分大陆架界限。同时,这种主张也与最新的国际司法判例与国家实践相一致,即多数国际划界协议是先以中间线为出发点,在考虑相关因素、修正中间线后划定界限。① 为此,我国应继续坚持大陆架的基础——自然延伸的主张,采用大陆架与专属经济区分开划界的态度,以获有利于我国的划界结果。

(三)关于东海大陆架的自然分界线问题

中国基于大陆架是陆地领土的自然延伸的事实,主张中国东海大陆架界限至冲绳海槽,该海槽应为中日大陆架的自然分界线。而日本主张,冲绳海槽只是偶然的凹陷,且海槽周边包括凹陷处的隆起和凹陷部分的成分相同,海槽不应成为中日东海大陆架的自然分界线,中日为共大陆架。② 为此,今后我国的主要任务为,应从地理地质结构等方面,论证和说明该海槽的成分与结构与附近的大陆架不同,中日在东海属非共大陆架,以支撑我国的大陆架延伸至冲绳海槽的主张。

(四)钓鱼岛的地位与其在东海大陆架划界中的作用问题

中日双方均对钓鱼岛主张权利,同时由于钓鱼岛的战略地位重要性和附近

---

① [日]杉原高岭、水上千之等:《现代国际法讲义》(第 3 版),有斐阁 2004 年版,第 153 页。
② 参见余民才:《中日东海油气争端的国际法分析——兼论解决争端的可能方案》,《法商研究》2005 年第 1 期。

资源(油气资源和渔业资源)的可观性,近期要解决钓鱼岛的主权问题,难度很大,需要时间和智慧。为此,一个行之有效的办法是,中日双方应搁置钓鱼岛及其附属岛屿的主权争议,为尽早开采东海大陆架资源作出临时安排。而如何确立钓鱼岛在东海大陆架划界中的作用,则是应解决的一个紧迫问题。

三、中日东海大陆架划界应考量的要素

由于中日间迄今未缔结关于划分大陆架的协议,因此,双方适用的法律应为《公约》。具体来说,就是适用《公约》第83条的规定。同时,由于《公约》第83条未对"公平解决"作出任何规定,各方在认识与适用上就会产生分歧和对立。当然,中日间关于东海大陆架的划界,也不例外,因此,对其的解释只能依据国际司法判例和国家实践的发展。从国际和国家实践来看,在确定东海大陆架界限时,为达到公平解决,应考虑下列因素。

(一)冲绳海槽在划界中的作用

上已言及,我国基于大陆架的属性,主张中国的大陆架应至冲绳海槽,坚持该海槽应为中日大陆架的自然分界线;而日本主张,冲绳海槽只是偶然的凹陷,且其周边的地质结构与成分相同,不应夸大其作用,即在划界中应忽视其作用。为发挥冲绳海槽的作用,我国存在举证的问题。

(二)钓鱼岛的地位与作用

由于中日间存在关于钓鱼岛的主权争议,且双方对其的归属均互不妥让,因此,在东海划界过程中,如何确立钓鱼岛在划界中的地位与作用是一个很难回避和抉择的问题。从国际司法实践来看,关于主权或领土争议问题提交国际法院裁决的案例较多,无疑这是一个可行的方法,但至双方达成共识提交国际性法院裁决双方还应互相妥让,尤其是中国未对国际法院的管辖权作出选择,因此,利用国际法院裁决钓鱼岛主权争议的问题还有待时日。显然,钓鱼岛的归属直接影响划界界限,包括领海基线的确定问题,严重影响所属海域的大小和范围。目前可行的方法之一为搁置争议,在东海北部区域划出一定的海域实施共同开发,同时在开发协定中对钓鱼岛的地位作出相应的规定。有学者认为,鉴于钓鱼岛地处日本主张的"中间线"附近,且面积很小,主权正在争议,结合国际上关于岛屿在划界中的司法实践,在中日东海专属经济区大陆架划界中

赋予其零效力为宜。① 应该说,这是值得考虑的建议。

(三)海岸线的性质和长度及其比例

在东海,中国的海岸线是由陆地向海延伸而形成的,相关长度达约365海里,而日本在东海的海岸线是由各岛的外延形成的,属于岛链,长度为约205海里,从海岸线成型的性质与长度来看,中国在东海划界中为达到公平结果应多考虑上述因素的作用,即符合大陆架的范围应与海岸线的长度成比例的原则。

四、东海大陆架划界解决方法与实施共同开发意义

解决东海大陆架争议的方法主要为武力解决、政治解决和法律解决三种。从《联合国宪章》和中日间关于三个政治文件的原则与精神来看,同时结合中日关系的重要性以及近期双方的发展趋势,分析其利弊,拟采用政治和法律相结合的方法解决为妥。即先通过协商谈判的方法,尽量缩小双方的分歧,并采取互谅互让的原则与精神,期望解决双方引发的争端;在上述方法并不有效的情况下,则采取法律方法解决,例如,利用国际法院和国际仲裁解决争端。

从迄今中日间磋商成效来看,可以预见,东海问题的最终解决需要时间和智慧,但结果多为通过政治方法解决争议,实施共同开发制度。为此,有必要研析共同开发理论。

(一)共同开发要义

(1) 基本概念。共同开发是指两个或两个以上的国家通过谈判达成政府间协议,主要开发和分配尚未最后划界的领土争议重叠区潜在的自然资源,共同对重叠区包括其自然资源行使管辖权。

(2) 重要特征。共同开发的特征:第一,实践性,共同开发旨在对争议区域的潜在资源通过合作协议实施勘探开发,付诸实践;第二,有益性,有关国家搁置争议尽早实施勘探和开发,有利于各方消除分歧、获得实在的利益;第三,临时性,共同开发主要为开发争议区域的自然资源,其协定本身不是最终解决争议,也不影响争议区域的地位和最终的划界,具有过渡的性质;第四,共同性,共同开发协议旨在鼓励双方或多方对争议区域实施共同开发,禁止单方开发。

---

① 参见王可菊:《钓鱼岛及其在东海划界中的地位》,《中国海洋法学评论》2006年第1期。

(3) 法律依据。共同开发的法律依据最主要的是《公约》第 83 条第 3 款：在达成大陆架划界协议以前，有关国家应基于谅解和合作的精神，尽一切努力作出实际性的临时安排，并在此过渡期间内，不危害或阻碍最后协议的达成；这种安排应不妨碍最后界限的划定。尽管《公约》并未使用"共同开发"术语，显然"临时安排"包括"共同开发"，且"共同开发"为"临时安排"的重要形式。[1] 同时，通过协议"共同开发"已被各国采用和发展，实践证明，它具有强大生命力。[2] 另外，共同开发也得到国际法院的认可。例如，国际法院在北海大陆架案(1969 年)中认为，大陆架划界可通过协议解决，或达不成协议时通过公平划分重叠区域，或通过共同开发的协议解决。

(4) 主要类型。从大陆架是否确定划界来看，共同开发可分为两类：一是对跨越已定边界的自然资源的共同开发；二是对重叠区域未划定边界的自然资源实施勘探和开发的共同开发。但一般所指的"共同开发"，多指后者。具体可分为以下几种。第一，地质学上的合作方式。即对跨越已定边界线两侧一定范围内的共同矿床，根据各自领域内的储藏预测量确定年度采掘量。第二，共同作业方式。即根据双方的合同让各自有管辖权的开发者共同作业。第三，协作方式。即由各方开发者签订合同指定单独的作业管理者，为所有各方单独开发共同矿区，向有开发权的各方分配利益的协作方式。第四，共同开发方式。如果共同矿区是一整体，不可分割，则各方对大陆架的矿物资源共有，行使共同开发权。第五，合作开发方式。事先在缔结大陆架划界的协定中对将来发现的共同矿床资源加入合作开发的条款。[3]

(5) 可择模式。笔者认为，中日应结合自然延伸和中间线原则，考虑沿海国的具体情况(例如，海岸的一般形状、大陆架的物理与地质构造、海岸线的长度等)后，按比例协商划定东海大陆架界限。在缩小的争议海域可实施共同开发，为平衡双方利益可将重叠的海域划分为几个小区，赋予它们不同的地位和开发权限，作为主争议海域的辅助区域。为此，可借鉴《帝汶缺口条约》，并成立联合管理机构，对共同海域实施管制，并实施共同开发。而为实现上述目标，达到双赢的目的，要求各方作出适当的让步。目前，紧要的是应尽快推进协商机制，通过对话和交流，确定争议海域，为争议海域作出临时安排。为此，双方主要应遵

---

[1] 参见[日] 三好正弘：《再评联合国海洋法公约体制下的共同开发》，《法学研究》第 75 卷第 2 期(2002 年)。

[2] 参见秦晓程：《与海底资源共同开发有关的几个国际法问题》，《政法论坛》2000 年第 1 期。

[3] 参见[日] 山本草二：《国际法》，有斐阁 1999 年版，第 413—414 页。

守以下义务:第一,各方应为达成协议进行富有诚意的磋商,同时应采取让磋商具有实质意义的行动义务,以推进磋商进程;第二,各方应考虑所有特殊情况,为实现公平原则而行动的义务。应该指出的是,中日第六次东海问题磋商在应对东海不测事态的海上热线联络机制达成的原则共识,对于缓和双方的立场和应对危机管理将产生积极的影响,同时能避免不测事态的进一步升级,值得肯定和推进实施。

(二)实施共同开发意义

中日间在东海划出一定的海域实施共同开发具有以下意义:

第一,利于稳定关系。即利用政治方法解决争议,有利于稳定和发展双方关系,避免冲突、损害双方关系,并能为维护地区和平与发展包括合作作出贡献。它是国际和国内形势发展所需求的。

第二,利于改善关系。中日关系现处于严峻的状态,如何切实改善关系是双方的重要课题。东海问题的妥善合理解决,显然是改善双方关系的重要路径之一。即通过政治磋商,实施利于双方的共同开发制度,以逐步改善关系,包括增进在经贸、环保和知识产权等方面的合作与交流。

第三,利于法制稳定。迄今中日间提交国际法院与仲裁解决争端的案例,一个也不存在。尽管日本已选择了国际法院的管辖权,但中国并没有作相应的选择;中国与日本在加入《公约》时均未选择以解决有关本公约的解释或适用的争端的方法。如果日本单方面将争端提交国际法院或国际海洋法法庭,则中国面临应诉的问题,这将使中国处于难决的地步。因为中国一贯以来反对由第三方或法院裁决关于领土争端及涉及国家重大利益的问题。利用政治方法解决争端,利于稳定法制与政策,值得采用。

第四,利于现实需求。随着经济社会的发展,中日两国对能源资源的需求十分迫切,有合作开发的需要与可行性。为此,双方可在争议海域划出一定的区域,实施共同开发,以获取能源资源,为他国提供合作的典范,使争议之东海成为合作之海、友谊之海。至于合作开发的区域范围,可协商确定,并采取渐进的方式展开,待积累经验和条件成熟后稳步推进。

五、日本海洋政策与措施及对我国的启示

中日东海问题凸显后,日本出台了相关的海洋政策与措施,旨在完善组织机

构和相关法制。

(一) 执政党和在野党的政策和措施

基于自民党(执政党)"维护海洋权益的九个建议"(2004年6月15日),[①]日本政府于2004年6月设立了"与海洋权益有关的阁僚会议",并鼓励日本企业在东海(尤其是中日中间线以东)开采油气;2004年7月,日本政府开始在所谓的中间线以东有争议的区域租用挪威调查船进行油气勘探,以调查春晓油气田附近的地质结构。

此后,自民党于2005年3月29日制定了"维护东海海洋权益的紧急建议",并于2005年7月授予帝国石油公司东海油气试采权,2005年8月,宣布帝国石油公司办妥试采东海油气的一切手续。同时,民主党(在野党)于2005年10月21日,草拟了"关于在专属经济区等实施自然资源的勘探和进行海洋科学调查有关的主权权利及其他权利的法律案""海底资源开发促进法案"。其目的是维护日本专属经济区等的权益、合理管理外国人员进行的海洋科学调查,以确保《公约》规定的沿海国的权利。可见,上述政策与措施旨在对东海问题采取一系列的行动,以维护自身的中间线划界原则与主张。

(二) 政府与民间咨询机构的政策与措施及建议

为维护日本管辖海域,尤其是对专属经济区和大陆架的权利,日本政府于2005年7月将原来的《国土综合开发法》改名为《国土形成计划法》。在新名称法中,增加了海域(包括专属经济区和大陆架)的利用和保护的事项,即将专属经济区和大陆架海域的利用和保全也成了国土形成与规划的对象。[②] 实际上,日本政府的上述行为,源于日本财团的海洋船舶部于2002年5月出具的关于《海洋与日本:21世纪日本海洋政策建议书》的具体建议。

另外,应重点注意的是,日本海洋政策研究财团于2005年11月18日,向政府提交了《海洋与日本:21世纪海洋政策建议书》(简称《建议书》)。《建议书》由12名与海洋有关的专家学者组成的"海洋与沿岸海域研究委员会"经两年多的审议和讨论制定。《建议书》主要包括以下三个方面的内容:

---

① 参见日本海洋船舶财团海洋政策研究所编:《海洋白皮书:日本的动向,世界的动向》(2005年),2005年3月版,第186—187页。
② 参见日本海洋政策研究财团编:《海洋白皮书:日本的动向,世界的动向》(2006年),2006年3月版,第193—194页。

（1）立项制定海洋政策大纲。建议国家海洋政策大纲主要包括以下内容：明确基本观点；完善推进海洋政策的框架；强化解决问题的措施；加强合作；促进与海洋有关问题的理解、研究和教育；等等。

（2）完善确立海洋基本法的推进体制。由于日本对海洋问题采取由个别实体法处理转为综合管理海洋事务，该建议书指出有必要尽早完善海洋政策框架及法律根据。主要包括：第一，为推进综合海洋政策，有必要制定海洋基本法，内容包括基本理念、政策方针、海洋基本计划等的基本政策和措施、推进海洋政策的体制框架。第二，完善行政机构等。即为推进以海洋基本法为轴心的综合海洋政策，完善以下行政机构——设置与海洋有关的阁僚会议、任命海洋主管大臣等、规划和实行海洋政策的机构，是必不可少的。

（3）管理扩大到海洋"国土"和加强国际合作。具体建议：第一，强化对专属经济区、大陆架、远离陆地的海岛及其周边海域等的管理。第二，确立对扩大到海洋——"国土"、海上运输等的安全保障。第三，构建环境影响评价体系、保护海洋生态系统（保护生物多样性）等。第四，合理管制鱼类捕获量、保存渔业资源、开发矿物资源和海洋微生物资源等。第五，构建地方主体、市民参与型的管理体制，与他们联合管理海域等。第六，尽早策划制定区域防灾计划，对防灾、减灾问题向国民进行系统而彻底的教育和训练。第七，规划收集与海洋情报有关的国家战略、强化海洋情报管理机能等。第八，扩大海洋教育，研究与教育海洋管理，促进海洋科学技术研究等。其目的是管理国家管辖海域，综合治理海洋，包括处理和应对海洋突发事件。

（三）日本海洋政策与法案最新成就

日本海洋政策研究财团于2006年12月7日发表了关于海洋政策与法制方面的最新文件，即《海洋政策大纲——寻求新的海洋立国》（简称《海洋政策大纲》）《海洋基本法草案概要》。实际上，上述文件是根据2005年11月该财团向政府提交的《海洋与日本：21世纪海洋政策建议书》的建议，由海洋基本法研究会历时8个月（2006年4—12月）经过10次讨论审议而完成的。应该说，上述文件系中期研究成果，此后，海洋基本法委员会将会出台细化上述文件原则的具体法律——海洋基本法，再由议员提交国会审议，即所谓"议员立法"，以改变无相关海洋部、局提出法案的局面。如果国会审议获得通过，海洋基本法将成为日本综合性规范海洋问题的基本法律。

海洋基本法研究会成立于2006年4月，由多党（自民党、公明党和民主党）

的参议员和众议员(10名)、海洋方面的专家学者(15名)和作为观察员的有关省厅的官员(10名)共35名组成。从人员组成可以看出,其是一个综合考虑防卫、外交、历史、水产、资源、交通、海上执法、环境多方面人士组成的立法委员会,反映了日本的海洋立法所考虑内容的综合性。该研究会的事务局设在海洋政策研究财团。

海洋基本法研究会的任务是,通过调研和审议,为日本提出综合性的海洋政策与法案。其宗旨是,改变日本一直以来管辖海洋事务的纵向行政分割制度,让政府与民间成为一体,综合性地制订和推进国家海洋政策,使海洋与人类共生,确保国家利益。

可见,日本草拟或修改关于海洋问题的法律规范,旨在强化对海洋问题的管制,完善日本海洋制度。对此,我国不容忽视,应加强跟踪研究。

(1)《海洋政策大纲》。鉴于目前日本综合管理海洋问题的政策与体制,仍用纵向垂直功能分割的方法处理海洋问题。不要说综合性的海洋政策,连管理海洋问题的主管大臣和机构也没有,显然已无法应对海洋问题,包括提交海洋法案的机构和组织也不存在,为此,《海洋政策大纲》指出,有必要尽早构筑应对海洋问题的新体制。同时,要求把海洋政策作为国家的政策——国策,也有必要对资源丰富的海域实施综合性的管理及国际合作与协调。《海洋政策大纲》最后指出,推进综合性海洋政策的关键是尽早制定《海洋基本法》。即日本是以制定《海洋基本法》为途径,推进完善海洋机构设置与相关体制的。

(2)海洋基本法草案概要。关于《海洋基本法草案》的内容,主要为:

第一,海洋基本法目的:为保全海洋环境、开发利用海洋、确保海洋安全等海洋管理活动。第二,海洋政策的基本理念,即:保全海洋环境理念;确保海洋安全理念;可持续开发利用理念;充实海洋科学知识理念;综合管理海洋理念;国际合作理念。第三,各主体的职权与义务,制订推行政策与措施的方针,即应规定与海洋有关的单位和个人的职权和义务,规定制订和实施海洋管理措施的方针。第四,海洋基本计划。政府为综合而有计划地推进海洋管理方面的措施,应制订海洋基本计划。内容为明确国家、地方公共团体、企业、国民的职责和涉及制订海洋基本计划等有关海洋综合管理的基本施行政策,并对综合推进海洋行政的行政组织等方面的内容作出规定。实际上,海洋基本计划是综合和体制化海洋政策、具体规定海洋基本政策的计划。第五,设置海洋政策担当大臣。即内阁总理大臣应任命海洋政策大臣,以有效地统制专业性和连续性强的海洋政策、展开综合管理活动;同时,以基本理念为基础,体制化先前由各部门实施的纵向分割海洋事务的职责,推进综合管理海洋的国策。第六,设置综合海洋政策会议机构。为调查和审议制订海洋基本计划及综合管理海洋所需资源分配方针等方面的重要事项,应设置以内阁总理大臣为议长、海洋政策担当大臣为副议长,由内阁官房长官、内阁总理大臣指定的国务大臣及有识志士和有经验者为其他议员而组成的综合海洋政策会议机构。第七,其他相关规定。即为推进海洋综合管理政策与措施,应完善其他相关的必要规定。

应该指出的是,日本《海洋政策大纲》与《海洋基本法草案》是根据2005年的《建议书》要求而制定的,旨在完善日本的海洋政策与制度,以从体制机制上综合处理海洋问题。由此可看出,日本对待海洋问题的综合考虑和全面重视。为此,我国必须认真研究邻国——日本的海洋政策与相关法制的内涵与政策,以加强应对中日间海洋争议。

总之,日本今后将会实质性地推进海洋政策与法制及出台相应的对策和措施,包括进一步完善与海洋事务有关的机构、制定海洋总体战略、海洋基本法、修订专属经济区和大陆架法、制定专属经济区和大陆架法配套法律规范等,其目的是完善海洋政策与法制,维护海洋权益,实现海洋强国之愿望。

(四) 日本海洋政策与措施对我国的启示

为应对中日间的东海划界争议,和平合理有序地解决海洋问题,我国近期有必要在以下几个方面予以进一步完善:

第一,尽早出台海洋事业发展规划。无疑,该规划将确定我国中长期海洋事业的发展方向,对我国实施海洋开发战略,推进建设海洋强国进程具有重大意义。[①] 其内容主要应包括设置由各涉海部门参与的综合协商管理海洋事务的机构,合理可持续开发和利用我国管辖海域的海洋资源,加强深海资源勘探活动,保护海洋环境,积极参与国际、区域及双边海洋活动等,以综合协调海洋事务,合理管理海洋活动,确保国家海洋权益。

第二,制定海洋开发基本法。主要应明确该法的目的、原则、具体的计划和措施。例如,海洋资源的可持续开发和利用原则、海洋环境预防和治理原则、海洋的全面综合管理原则、海洋国际与区域及双边合作原则,等等。

第三,制定《专属经济区和大陆架法》配套法律规范等。我国《专属经济区和

---

① 可喜的是,我国制定的《国家海洋事业发展规划》近期已通过了专家评审,待修正完善后有望得到国务院的批准。参见《中国海洋报》2006年8月8日,第1版。

大陆架法》自 1998 年公布施行以来,迄今未制定相应的实施细则,例如,包括大陆架油气资源开发规则,建筑物设施与结构物安全区域管理办法,应对外国企业、船舶侵害我国大陆架和专属经济区资源开发活动的措施,应对外国船舶测量我国管辖海域活动的措施,等等,为应对海洋冲突,包括划界争议,必须尽快制定和完善相关配套法制。另外,为应对日本将于东海"中间线"东侧可能实施的开采活动,我国应做好相应准备:一是一旦日方采取开采行动,我国的维权机构应如何合理有效有度地应对。二是我国应否跨越"中间线"东侧采取有度的措施和行为,避免默认"中间线"为东海海域界线,造成既成事实。为此,我国主要应采取以下措施:中国海监及其附属机构应继续执行东海海域巡航活动,包括加强与海军的合作与信息交流,以及时发现问题,做好准备;深化中日东海问题第六次磋商达成的原则共识,即切实履行应对东海不测事态的海上热线联络机制,包括互通信息、加强沟通、合作处理突发事件。总之,在对待东海划界问题上,我国在磋商中应继续主张大陆架制度与专属经济区制度是平行而独立的制度,采取分开划界的做法,并坚持大陆架的法律基础——自然延伸,以获取属我国管辖的海域,确保油气资源开发供应。

第四,进一步宣布我国的领海基线。我国于 1996 年 5 月宣布大陆领海的部分基线和西沙群岛领海基线后,迄今未宣布其他岛屿的领海基线,为切实维护我国海洋权益,我国应进一步宣布其他所属岛屿的领海基线,以确定我国有权管辖的海域界限。当然,对于钓鱼岛附近的领海基线问题,如何与台湾合作则是一个难题。同时,近期我国在缓和民间人士保钓行为方面的政策与措施,是值得肯定的。

第五,确立争议海域划界的步骤和原则。近期,尤其是对于中日东海划界争议,我国应确定其划界的步骤和途径,考虑到双方的争议主要集中于资源的归属与开发问题,为此,我国应先对争议海域的大陆架进行划界,然后,根据协商谈判结果再划定专属经济区界线。当然,上述界线为一条线还是两条线,则是今后应谈判和研究的重大问题之一。同时,对于大陆架划界的原则问题,我国应继续主张以自然延伸为基础,按公平原则,协议划界,以求公平解决的观点。

六、结　语

中日两国在诸多问题上存在严重的对立与分歧,在东海问题上找出有效的方法与措施是改善双方关系的重要路径之一。显然,实施共同开发为一种合理的抉择,它既可延缓双方的冲突,又可通过合作开发获得实际的资源利益;它不仅有利于维护国际、地区的和平稳定与发展,而且有利于丰富和发展两国关系,包括增进两国在经贸、科技、知识产权、能源和环保等方面的合作与交流。可以预见,双方在东海问题上的博弈,需要时日和智慧,尤其需要政治决断,同时,双方的较量将是中长期的。为此,我国必须从长计议、认真对待、合理处理。

论东海问题本质与解决思路

中日两国政府代表于 2010 年 7 月 27 日在东京举行了首轮东海问题原则共识政府间换文谈判。在会谈中,双方认为《中日关于东海问题的原则共识》(简称《原则共识》)对中日双方是互惠互利的,是两国"战略互惠关系"的象征;双方就早日缔结条约达成一致共识;并就如何履行《原则共识》说明了各自的立场;双方认为谈判是有意义的;双方同意 2010 年秋天在北京举行第二轮谈判。[①] 这轮谈判是落实两国领导人就相关问题达成政治共识的具体步骤和措施。[②] 应该说,推动落实东海问题原则共识换文谈判,并加强海上危机管理磋商,是避免中日两国在东海发生对立和冲突事件,使东海成为和平、合作、友好之海的重要举措,也是两国政府外交部门所期望的。[③] 但不可否认的是,两国政府间的换文谈判是复杂而困难的,即使谈判取得成绩,其对于中日两国在东海问题上的进展将会是有限的,因为两国针对东海问题的对立和分歧依然存在,无法消弭,更重要的是《原则共识》内容是局部的、有限的,甚至是模糊不清的,需要补正。为此,我们需要分析东海问题的本质和辨析针对东海问题的若干分歧,并研究解决东海问题的具体对策。

[①] 参见王国培:《东海条约首轮谈判日本被曝抛新招:"龙井""春晓"一并解决》,载《东方早报》2010 年 7 月 28 日,第 A14—15 版。《中日关于缔结东海资源开发国际条约的第一轮谈判》,参见 http://www.mofa.go.jp/mofaj/kinkyu/2/20100727_193543.html,2010 年 7 月 28 日访问。

[②] 中国政府温家宝总理 2010 年 5 月 31 日在东京同日本首相鸠山由纪夫举行会谈时,达成了如下共识:双方同意正式启动落实东海问题原则共识的政府间换文谈判;加快建立两国防务部门海上联络机制;尽快商签海上搜救协定。参见 http://www.fmprc.gov.cn/chn/pds/ziliao/zt/dnzt/wjbdhrmzsfwbcxdrczrhhy/t704932.htm,2010 年 7 月 25 日访问。

[③] 例如,中日两国外长在东盟外长会议上的会谈均希望通过协商和谈判,东海问题能获得实质性的进展,并就海洋事务包括创设海上危机管理制度、缔结海上搜救协定等取得实质性的发展均寄予厚望。参见《中日外长会谈概要》,参见 http://www.mofa.go.jp/mofaj/kaidan/g_okada/asean_1007/china_gk.html,2010 年 7 月 25 日访问。

一、东海问题内涵界定

何为东海问题？迄今中日两国政府在海洋问题的相关协商或谈判,甚至在《原则共识》(2008 年 6 月 18 日)中均未明确其含义。为此,需要界定东海问题的内涵或含义。所谓的东海问题,主要包含两层含义。

(一) 在地理和地形层面上的东海问题

在地理上,东海(东中国海)是中国大陆东岸与太平洋之间的一个半封闭的边缘海,包围东海的陆地分别为中国的大陆和台湾岛,日本的琉球群岛与九州,以及韩国的济州岛。东海的北界从长江口以北的江苏海岸,沿北纬 33 度 17 分到济州岛西岸,再从济州岛东端以直线延伸到日本五岛列岛中的福江岛,沿九州岛西岸南下,经大隅诸岛、土葛喇群岛、奄美群岛、冲绳群岛至先岛群岛(一般将土葛喇、奄美、冲绳和先岛群岛统称为琉球群岛,日本称之为西南诸岛)。东海的南界从先岛群岛中的与那国岛沿直线到台湾东北部的三豹角,再沿台湾东北海岸至富贵角,最后由富贵角沿直线与福建省的海坛岛相连而成。东海的西界则为中国大陆的东岸:南起海坛岛,北达北纬 33 度 17 分的江苏海岸。东海南北长约 550—750 千米(300—400 海里),东西宽约 260—520 千米(140—280 海里),总面积达 752 000 平方千米。由中国大陆海岸与琉球群岛所构成的两条向海凸出的弧线,几乎在台湾附近相交,在其中间存在钓鱼岛及其附属岛屿(简称钓鱼岛列屿)。[①]

在地形上,东海的海床以极缓的坡度自中国大陆向东倾斜,海底有 1/3 的面积由水深不及 200 米的大陆架所构成,从 120 米等深线开始,平坦的海床就逐渐减少坡度,而后陡然下降到最深处(2 717 米)的冲绳海槽。冲绳海槽自日本九州开始,紧贴琉球群岛西侧成弧状向西南延伸至台湾附近。海槽内水深 1 000 米的海床超过总面积一半,水深超过 2 000 米的海床也约占 1/5,最深处在钓鱼岛列屿与先岛群岛中的八重山列岛之间,到了琉球群岛东岸,海床再度急剧下降到横亘于中国台湾与日本之间的琉球海沟,其平均深度达 6 500 米,它已不属于东海范围。冲绳海槽隔着琉球海脊与琉球海沟平行,海脊的顶端冒出海面而形成琉球群岛,在水面下的部分仍为海脊。所以,从地形学上看,东海就是由大陆架、冲

[①] 参见马英九:《从新海洋法论钓鱼台列屿与东海划界问题》,(台北)正中书局 1986 年版,第 13—15 页。

绳海槽与琉球海脊构成。而冲绳海槽成为分隔东海大陆架与琉球群岛的天然界限,它在海床(大陆架)划界中具有特殊的意义。从地质上看,冲绳海槽既不是大陆壳也不是海洋壳的边界特质。这种特质使其在东海划界中成为重要因素,也使钓鱼岛列屿的划界效力发生相应的变化。①

(二) 在利益和主权层面上的东海问题

随着《联合国海洋法公约》的生效(1994年11月16日,简称《公约》),中日两国均于1996年批准了《公约》而成为缔约国。② 而根据《公约》规范的专属经济区制度和修改的大陆架制度,在海岸相向的国家之间的海域距离不满400海里的情形下,就出现了海域主张重叠的现象,从而产生海域划界问题。③ 在东海出现的划界争议问题就属于根据《公约》制度缔约国主张权利而发生的利益冲突问题,即中日东海海域划界争议问题。同时,由于在中日两国之间存在钓鱼岛列屿主权争议问题,如何处理钓鱼岛主权争议问题,以及钓鱼岛列屿在东海划界中的作用问题,是两国在东海问题争议上的核心问题,即东海问题的本质。

可见,东海问题既包含海域划界问题,又包含钓鱼岛列屿主权归属及其在划界中的地位和作用问题,也包含冲绳海槽在东海(大陆架)划界中的作用问题。同时,由于东海问题的爆发起因于埃默利报告所称的东海储藏丰富油气资源的预测,所以,东海问题又是由资源争夺引发的争议问题,这些问题纠合在一起决定了东海问题的复杂性;同时,涉及东海问题的相关方众多,例如,中国、日本、美国和中国台湾地区,致使解决该问题更加困难。应该说,东海问题的核心是钓鱼岛列屿的主权归属问题,因为,如果钓鱼岛列屿的主权已经明确、不存在争议,则相应的领海基线就可以确定,争议海域就可以界定,相关的资源开发问题也会得到解决,东海海上危机也能得到控制。但鉴于钓鱼岛列屿的战略地位及其周围

---

① 参见马英九:《从新海洋法论钓鱼台列屿与东海划界问题》,(台北)正中书局1986年版,第15—23页。
② 例如,我国在第八届全国人大常委会第19次会议(1996年5月15日)决定,批准《联合国海洋法公约》。关于《全国人民代表大会常务委员会关于批准"联合国海洋法公约"的决定》内容,参见国家海洋局政策法规办公室编:《中华人民共和国海洋法规选编》,海洋出版社2001年版,第3页。日本国会于1996年6月7日通过决议,批准加入《联合国海洋法公约》,自1996年7月20日起对日生效。参见[日]松井芳郎等编:《基本条约集》(2009年),东信堂2009年版,第311页。
③ 所谓的专属经济区制度,根据《公约》第55条和第57条的规定,专属经济区是领海以外并邻接领海的一个区域;专属经济区从测算领海宽度的基线量起,不应超过200海里。所谓的修改的大陆架制度,是指《公约》对《大陆架公约》的大陆架制度的修改,根据《公约》第76条第1款的规定,沿海国的大陆架包括其领海以外依其陆地领土的全部自然延伸,扩展到大陆边外缘的海底区域的海床和底土,如果从测算领海宽度的基线量起到大陆边的外缘的距离不到200海里,则扩展到200海里。关于专属经济区和大陆架的划界方面的规定,则被规定在《公约》的第74条和第83条。

海域资源(生物资源和非生物资源)的丰富性,所以,相关方均对其主张主权,且不肯作出妥协和让步,致使其处于十分严峻的态势。

二、中日针对东海问题的若干分歧辨析

为了解决东海问题,中日两国进行了多次磋商和谈判,但由于两国在划界原则的适用上、在钓鱼岛列屿主权归属上存在严重的对立和分歧,特别是日本单方面提出的"中间线"的非法性,阻碍了协商和谈判的进程,致使两国迄今未缔结海域划界协议,从而在钓鱼岛列屿问题上寸步难行、毫无进展。而从迄今的东海问题谈判中,存在几个需要厘清的问题及其观点,否则无法真正理解和解决东海问题。

(一)海域划界问题的重点是什么

在东海海域存在专属经济区和大陆架划界两种制度。从中日两国划界谈判过程中可以看出,中国主要强调大陆架划界,并主张大陆架的基础——自然延伸,主张冲绳海槽在划界中的作用,坚持用公平原则划界;而日本侧重于专属经济区划界,强调应适用中间线原则,并根据国内法采取以钓鱼岛列屿为基点的"中间线"与中国划界的立场。这种并未聚焦的协商和谈判无法取得相应的成果是可想而知的。所以,在海域划界问题上,首先应确定划界的海域是什么?是专属经济区还是大陆架?然后再展开协商或谈判,包括确立冲绳海槽在划界中的作用。至于专属经济区和大陆架的界线是一条还是两条,则是以后再协商的问题,属于第二层次的问题。其次,还应确立协商或谈判的前提条件,即如何处理钓鱼岛列屿问题。

(二)如何处理钓鱼岛列屿的地位与作用问题

针对钓鱼岛列屿的主权问题,日本一直以来否定其存在争议,致使在东海问题上没有获得任何进展。如果日本未承认在钓鱼岛列屿主权问题上存在争议,则东海的中间线,包括争议海域就无法确定,相应的划界工作也就难以开展。考虑到钓鱼岛列屿基本处于中日东海中间的位置,结合国际司法判例实践,以及钓鱼岛列屿存在争议的事实及岛屿自身的特点,我国主张可将钓鱼岛列屿问题与海域划界问题分开处理,即中日海域的中间线不能以钓鱼岛列屿为基点,并赋予其在划界中零效力,至于钓鱼岛列屿的主权问题容后谈判确定。但这些

主张或建议并未得到日本的积极回音,其一再坚持钓鱼岛列屿主权问题不容谈判,致使中日关于东海问题的谈判出现僵局。[①]

(三)《原则共识》的地位、对立与缺陷

为打破中日关于东海问题的谈判僵局,实现两国首脑政治意愿中达成的共识,包括发展中日战略互惠关系,经过两国相关部门之间的协商,两国外交部门于2008年6月18日公布了《原则共识》。[②] 在性质上属于政治意愿的《原则共识》文件,主要包括两个方面的内容:

(1) 中日关于东海共同开发的谅解。其中的共同开发区块由7个坐标点组成,面积约为2 600平方千米。对上述共同开发区块的要求是,双方应经过联合勘探,本着互惠原则,才可选择双方一致同意的地点进行共同开发。前提是双方应努力为实施上述开发履行各自的国内手续,尽快达成必要的双边协议。至于在东海其他海域的共同开发则待双方继续磋商确定。

(2) 关于日本法人依照中国法律参加春晓油气田开发的谅解。即中国企业欢迎日本法人依照中国对外合作开采海洋石油资源的有关法律,参加对春晓油气田的开发。换言之,《原则共识》中春晓油气田的开发活动是一种主权属我国的合作开发。

由上可以看出,《原则共识》中既存在共同开发,也存在合作开发。对于春晓油气田的开发就是合作开发,如果日本法人不向中国企业提出合作开发的申请活动,则我国对春晓油气田的开发活动仍可继续进行。一般而言,共同开发与合作开发的关键性区别在于,主权是否存在争议。传统意义上的共同开发,是指对争议海域的矿床或海域边界附近的矿床连接在一起的资源进行共同开发的情形。《原则共识》中的上述指定区块的共同开发区域,既不是争议海域,也不是海域边界附近的矿床连接在一起的区域,因为确定领海基线的基点没有达成一致,所以,争议海域的范围就无法确定。为此,《原则共识》中指定的共同开发区块的法律地位是不确定的,应属于资源开发合作的区域。为此,《原则共识》中的共同

---

① 日本政府针对钓鱼岛列屿主张的最主要文件为:《日本关于钓鱼岛列屿领有权的基本见解》,其内容参见 http://www.mofa.go.jp/mofaj/senkaku/index.html。

② 与两国首脑达成的政治意愿有关的重要文件,主要为:第一,《中日联合新闻公报》(2007年4月11日)。与东海问题有关的内容为,为妥善处理东海问题,双方达成以下共识:坚持使东海成为和平、友好、合作之海;作为最终划界前的临时性安排,在不损害双方关于海洋法诸立场的前提下,根据互惠原则进行共同开发;根据需要举行更高级别的磋商;在双方都能接受的较大海域进行共同开发;加快磋商进程,争取在今年秋天就共同开发具体方案向领导人报告。第二,《中日关于全面推进战略互惠关系的联合声明》(2008年5月7日)。该联合声明指出,双方决定共同努力,使东海成为和平、合作、友好之海。

开发区块的法律地位有待今后的双边文件中确定。

迄今《原则共识》未取得实质性进展的原因,主要为双方对其的认识和理解存在分歧,表现在以下两个方面:一是合作开发与共同开发是否需要同时推进;二是在日本法人申请参与春晓油气田开发活动前,中方是否可继续进行单独开发活动。从《原则共识》的内容来看,合作开发和共同开发是不同的,并不需要同时进行;且在日本法人申请参与春晓油气田开发活动前,中国可继续实施单独开发,因为春晓油气田的主权属于中国,是不存在争议的。所以,要使东海问题得到合理解决,需要对《原则共识》进行正确的宣传和解释,避免产生误解,并出现不利情况。

此外,应特别强调的是,由于《原则共识》是中日两国之间关于东海问题协商的政治性质的首个文件,所以尽管其没有法律拘束力,但也应该切实遵守执行,避免给对方造成责难的口实,进而丧失信赖关系,影响此后双边文件的执行力。但《原则共识》存在致命的缺陷,主要包括以下两个方面:

第一,没有界定东海问题的内涵。上已言及,由于《原则共识》是首个中日两国关于东海问题的文件,其界定东海问题的内涵对于今后两国协商和谈判东海问题具有特别重要的指导意义,但遗憾的是,《原则共识》没有对东海问题作出界定。这也可以看出《原则共识》只是一个意向性、临时或过渡性质的文件,仍有待于完善和发展。这也决定了《原则共识》的地位为政治性质的临时性政策意愿,对双方无法律拘束力。

第二,没有涉及钓鱼岛列屿问题。因为《原则共识》没有界定东海问题的内涵,所以也就不会对日本一直以来主张对钓鱼岛列屿拥有主权的相关内容放入其中,从而未在钓鱼岛列屿问题上作出交代和说明,致使我们在钓鱼岛列屿问题上仍处于相当被动的境况。为改变这种不利和被动的局面,今后应在中日关于东海问题的文件中增加钓鱼岛列屿主权问题的相关内容,包括制度性安排或建议。

目前和今后进行的东海问题原则共识政府间换文谈判,则是一个很好的应该抓住的机会。为此,中国政府应在谈判中提出东海问题的内涵包括钓鱼岛列屿内容的建议,并使其制度化。

(四)针对冲绳海槽在划界中的作用分歧

上已论及,东海问题既涉及与地质地形有关的自然科学,也包含与主权和利益有关的社会科学,而对冲绳海槽的地质地形构造的判定属于自然科学的范畴,其在海域划界中的地位和作用问题则属于社会科学的范畴。

关于冲绳海槽在划界中的地位与作用问题，两国之间也存在严重的对立和分歧。概言之，中国主张，冲绳海槽为中日在东海的大陆架的自然分界线，中国在东海的大陆架延伸至冲绳海槽中心线，因为东海大陆架中的冲绳海槽在地理、地形和地质结构上具有把东海大陆架、陆坡与琉球群岛分开的明显特征，在海床与底土的划界上具有特殊意义，应是大陆架划界考虑的一个重要因素，即中国主张东海大陆架为非共大陆架。而日本认为，冲绳海槽只是东海大陆架的偶然凹陷，该海槽的凹陷部分和隆起部分的地质构造与附近的大陆架的构造相同，主张应忽视冲绳海槽在东海大陆架划界中的作用，即主张东海大陆架为共大陆架，试图在中日间平分东海大陆架。①

可见，中日两国之间针对东海问题存在严重的分歧，其主要集中体现在对海域划界的侧重点上、对钓鱼岛列屿的归属及其地位和作用上、对《原则共识》的理解和认识上，以及对冲绳海槽在划界中的作用等方面。为此，我们需要考量消除分歧、解决东海问题的具体对策。

三、解决东海问题的具体思路与对策建议

笔者预测，中日两国之间在核心利益上的冲突，将来自海上，所谓的海洋问题引发的争议。所以，如何合理处理和解决海洋问题是中日关系良好发展的重要方面，也是确保战略互惠关系健康发展的重要基础，而东海问题就是其中的重点问题之一。为此，在东海问题的解决上，要正确对待与慎重处理。

（一）在海域划界上的对策建议

上面述及，在东海海域划界中，中国主要强调大陆架划界，而日本强调专属经济区划界。其理论背景为：中国认为，专属经济区和大陆架制度是独立而平行的两种制度，且对于海底资源来说，大陆架制度优先于专属经济区制度；②而日本认为，《公约》引入200海里距离标准的专属经济区制度后，在未满400海里的情形下，大陆架制度已被专属经济区制度所吸收，所谓的针对专属经济区和大陆架

---

① 关于冲绳海槽在东海划界中的地位与作用方面的内容，可参见金永明：《中日东海问题原则共识内涵与发展趋势》，《东方法学》2009年第2期，第104页。
② 例如，《公约》第56条第3款规定，沿海国在专属经济区内关于海床和底土的权利，应按照大陆架制度的规定行使。

制度关系理论的独立说或平行说与吸收说之间的对立。[①] 应该说,专属经济区和大陆架制度是两个不同的制度,它们是相互独立的,主要表现在:两者设立的目的不同、法律基础不同、管辖范围不同、权利内涵不同和划界要素不同。[②] 所以,针对东海划界问题,需要分别处理,即需要确定专属经济区和大陆架的界线。对于我国来说,根据《专属经济区和大陆架法》第 2 条的规定,我国的专属经济区,为中国领海以外并邻接领海的区域,从测算领海宽度的基线量起延至 200 海里;我国的大陆架,为中国领海以外依本国陆地领土的全部自然延伸,扩展到大陆边外缘的海底区域的海床和底土。为此,需要适时公布我国专属经济区的具体界线的坐标;而我国主张大陆架至冲绳海槽中心线的主张依然有效,无须公布我国大陆架的界线坐标,因为,国家对大陆架的权利是固有的,是不需要公布的。例如,《公约》第 77 条第 3 款规定,沿海国对大陆架的权利并不取决于有效或象征性的占领或任何明文公告。

对于日本来说,日本根据《专属经济区和大陆架法》(1996 年)第 1 条的规定,宣布了 200 海里的专属经济区,同时指出,当专属经济区重叠时,重叠部分应由相邻或相向国家间的等距离中间线(从日本的基线量起的距离与他国的基线量起的距离相等的线)确定。为此,日本以包括钓鱼岛列屿为基点划定了"中间线",试图以其为划界的起始工作线。由于这条"中间线"是以钓鱼列屿为基点划定的,是我国政府无法承认和接受的,所以,该"中间线"不能成为划定专属经济区的起始工作线;要划定专属经济区的话,日本必须对该"中间线"作出修正,否则在东海问题上无法达成划界妥协,并缔结相关协议。

另外,从国际司法判例和国家实践来看,公平原则已成为划界的一般原则。尤其是国际法院的新近案例,对公平原则和关联情况的适用作了详细阐述。具体适用分为三个阶段:第一,在划界的初始阶段,法院应确定一条临时划界线,且不考虑任何关联情况,这种方法不仅在几何学上是客观的,而且对地域的划分也是适当的;对于相邻海岸而言,由等距离线确定,除非在特殊情况下证明该临时线并不可行,对于相向海岸国家,临时的划界线将由相对海岸的中间线构成。第二阶段,法院认为,在该阶段必须考虑海域划界取得公平结果,为此,应考虑是否存在相关因素以调整或修改临时的等距离线或中间线。第三阶段,通过当事国

---

① 关于专属经济区与大陆架制度的关系理论(吸收说、独立说或平行说)方面的内容,参见金永明:《东海问题解决路径研究》,法律出版社 2008 年版,第 36—39 页。
② 关于专属经济区和大陆架制度的异同内容,可参见金永明:《专属经济区与大陆架制度比较研究》,《社会科学》2008 年第 3 期,第 123—131 页。

相关海岸的比例作为证明工具,验证经过调整或修改的临时等距离线是否造成不公平的结果。①

(二) 在应对钓鱼岛列屿上的对策建议

由于日本现今"控制"着我国的领土——钓鱼岛列屿,并强化了其周边海域的警备体制,同时,在东海问题的磋商或谈判中日本始终坚持不能将其列入议题,致使我国在钓鱼岛列屿问题上依然相当地被动。为此,在应对钓鱼岛列屿问题上,我国在今后关于东海问题的磋商中可采取以下步骤:首先,应让日本政府承认两国在钓鱼岛列屿主权归属问题上存在争议;其次,应设法让日本政府解除对钓鱼岛列屿的警备体制;再次,强调钓鱼岛列屿问题可与划界问题分开,其在划界中不应作为划定领海基线的基点,在划界中赋予其零效力,至于其归属容后协商解决。

考虑到日本针对钓鱼岛列屿问题无法作出妥协的现状,包括搁置主权争议、修正"中间线"等,所以,我们必须寻求其他路径。具体可以利用的路径主要为以下两个方面:

第一,发挥台湾保卫钓鱼岛列屿的作用。在保卫钓鱼岛列屿问题上,大陆和台湾具有相同的观点和立场,这是两岸共同保卫钓鱼岛列屿的基础。例如,在东海,两岸均主张大陆架自然延伸至冲绳海槽,主张划界应适用公平原则。同时,大陆一贯主张钓鱼岛列屿为台湾的附属岛屿,而台湾已于1999年2月10日公告的《第一批领海基线、领海及毗连区外界线》的文件中将钓鱼岛列入,所以,台湾具有保护钓鱼岛列屿的法律责任。② 鉴于台湾地区力量薄弱,且两岸关系顺利发展的现状,两岸可就海洋问题实施合作,包括共同对钓鱼岛列屿周边海域实施巡航执法合作,以显示对其的管辖和控制。具体的路径可以在"两会"中缔结"两岸海洋问题合作框架协议",可由中国海监和台湾海巡部门具体承办该合作事项。③ 考虑到两岸针对钓鱼岛周边海域巡航执法合作的敏感性以及现今难以直接实施的现状,两岸可先在海难救助、渔业合作、应对外国军事船舶跟踪交接和补给援

---

① 国际法院新近案例相关内容,参见张卫彬:《海洋划界的趋势与相关情况规则——黑海划界案对我国海域划界的启示》,《华东政法大学学报》2010年第2期,第48—56页。

② 例如,《领海及毗连区法》(1992年)第2条规定,中国的陆地领土包括中国大陆及其沿海岛屿、台湾及其包括钓鱼岛在内的附属各岛。关于台湾《第一批领海基线、领海及毗连区外界线》内容,可参见崔延宏、尹章华编:《台湾海域法规汇编》,(台北)文笙书局2000年版,第194—196页。

③ 例如,2009年9月,中国海监与台湾海巡部门在厦门—金门海域联合开展了非法采砂、非法倾废的专项执法合作,取得了很好的效果。

助等开始合作,体现先易后难、逐步推进和不断提升的原则,实现最终保卫海洋权益的目的。

第二,发挥春晓油气田的正面作用。上文言及,中日已就东海问题原则共识举行政府间换文谈判,可以预测,谈判的重点集中在合作开发和共同开发两个方面。所谓的合作开发,是指日本法人参与春晓油气田的合作开发,目的是让日本的法人按比例参与春晓油气田的合作开发活动,并缔结相关文件。

鉴于日本在钓鱼岛列屿问题上立场强硬、无法妥协的态度,为此,我们应就如何发挥春晓油气田的正面作用采取相应的对策。具体来说,我国可以设置比较高的合作门槛,致使日本法人无法参与合作开发,除非日本在"中间线"或钓鱼岛列屿问题上作出妥协或让步。为此,在今后的谈判中,我国应利用春晓油气田的正面作用,达到"谈而不破"等目的。

(三)对东海问题原则共识政府间换文谈判的建议

《原则共识》包含两种活动,即合作开发和共同开发;又从《原则共识》内容来看,存在两种范围的共同开发:第一,对《原则共识》中指定共同开发区块的共同开发。对其的要求是,双方应经过联合勘探,本着互惠原则,才可选择双方一致同意的地点进行共同开发。前提是双方应努力为实施上述开发履行各自的国内手续,尽快达成必要的双边协议。第二,对《原则共识》以外东海海域的共同开发。即在东海其他海域的共同开发双方同意继续进行磋商。

鉴于中日两国均为能源资源消费和进口大国,两国在能源资源上的合作十分必要,在推进《原则共识》方面两国均有诚意,为此,日本法人可申请参与春晓油气田开发活动,或两国可在《原则共识》指定的共同开发区域选定一块海域实施联合勘探,以推进《原则共识》的发展,消除两国之间存在的误会。可以预见,两国如能在参与春晓油气田开发活动或选定共同开发区块方面获得进展,就实质性地推动了《原则共识》的发展。

至于日本在首轮东海问题原则共识政府间换文谈判中提出的将"龙井"纳入共同开发的建议,实际上其是对《原则共识》内指定共同开发区块的开发要求,是我国无法接受的。因为,"龙井"位于日本单方面主张的"中间线"的中国侧,日本这样做的目的是试图让中国承认其"中间线",并实现争议海域在"中间线"附近的目标,进而扩大在"中间线"附近的共同开发区域。对此,我国应加以阻止,并强调东海共同开发海域应扩大,特别是钓鱼岛周边海域也应纳入共同开发区域。即我国可在今后的东海问题原则共识政府间换文谈判中提出在东海其他海域实施共同开发(包括钓鱼岛列屿周边海域)的建议,这是符合《原则共识》精神与内容的。因为,《原则共识》指出,双方同意为尽早实现在东海其他海域的共同开发继续磋商。

另外,为能使我国的相关法规适用于依据《原则共识》达成的共同开发协议,我国应加快制定诸如日本《海洋构筑物安全水域设定法》等法规,以被选择适用于依据《原则共识》达成的共同开发协议的开发活动内。[1]

应注意的是,即使《原则共识》获得了发展,东海问题仍未得到有效的解决,只是延缓了东海问题的冲突和对立。而要使《原则共识》在东海问题上获得实质性的进展,必须对钓鱼岛列屿问题作出制度性安排或规范,特别是应将钓鱼岛列屿周边海域也纳入东海共同开发区域。

(四)继续就划界问题进行磋商应坚持的几项原则

笔者认为,合理最终解决东海问题,仍需要两国之间的协商和谈判,尤其需要继续就海域划界问题进行磋商。因为,缔结最终划界协议是解决海域划界问题的最好办法。所以,在东海划界谈判中,我国应继续坚持以下原则:第一,坚持大陆架的基础为自然延伸,划界应适用公平原则;第二,钓鱼岛列屿基本处于中日之间的中间位置,又无人居住,且主权存在争议,可以忽视其在划界中的效力,采用东海划界和钓鱼岛列屿分开解决的方式,并要求日方就钓鱼岛列屿问题表态;第三,鉴于双方对冲绳海槽的结构、地质地形等方面存在不同意见,为此,可采取成立联合调查海底地质地形研究的工作组,或委托第三方组织调查研究,根据调查报告判定东海大陆架是共大陆架还是非共大陆架,进而确定其在东海划界中的地位与作用;第四,如果谈判无法解决东海问题,可建议让国际法院或仲裁机构裁决,为此,我国应加强对诸如国际法院的制度的研究。

考虑到东海问题的复杂性和敏感性,即使就划界问题继续进行谈判,由于在划界适用的原则、钓鱼岛列屿等方面存在严重的对立和分歧,所以,无法在近期缔结最终的划界协议,为防止在东海发生危险或不测事态,避免误判,影响两国关系发展大局,建议在中日两国的防务部门(海军与海上自卫队)之间构建海上安全预防机制,在执法部门之间构筑热线联络机制,避免发生不必要的冲撞和事

---

[1] 关于日本《海洋构筑物安全水域设定法》内容,可参见金永明:《日本最新海洋法制与政策概论》,《东方法学》2009年第6期,第109—110页。

故。应该说,中日两国之间有关防务方面的新闻公报内容是利于构建海上安全预防机制的。例如,《中日两国防务部门联合新闻公报》(2009年3月20日)指出,双方同意为尽早建立中日防务部门间海上联络机制继续举行磋商。该共识得到了《中日防务部门联合新闻公报》(2009年11月27日)的再次确认。2010年7月26日,中日两国国防部门在日本防卫省就建立海上联络机制举行的磋商,就是一个良好的开端。[①] 在执法部门之间的联络机制,重要的是明确海洋管理部门的职权,即应确定具体的管理部门来处理。考虑到两国之间防务部门直接实施安全预防机制和执法机构之间热线联络机制尚未构筑的情形下,可以先实施海上搜救活动,包括举行海上联合搜救训练活动。《中日防务部门联合新闻公报》(2009年11月27日)指出,双方同意适时举行海上联合搜救训练,待积累经验后,再缔结海上搜救协定。

总之,两国首脑达成的政治意愿和《中日防务部门联合新闻公报》达成的相关共识,以及近期开展的相关磋商和谈判,是有利于两国构筑海上安全预防机制、缔结海上搜救协定等方面制度的,这对于使东海变成和平、友好、合作之海是不可或缺的。

四、结　语

综上可知,东海问题的本质是钓鱼岛列屿主权归属问题。因为,如果钓鱼岛列屿的归属确定,则测算领海基线的基点就可以确定,争议海域也可以界定,根本不存在所谓日本单方面主张的"中间线"划界问题,也无"中间线"附近的油气资源开发争议。日本在钓鱼岛列屿上的强硬态度和应对,目的是为了继续维持对钓鱼岛列屿的非法控制,试图在东海问题上采取各个击破的战术与中国周旋,以实现争取更多的海洋资源的目的。为此,我国应采取综合战略,包括力争将钓鱼岛列屿问题在今后的磋商或谈判中继续提出有力的主张和要求,使其在两国的文件或协定中作出说明或交代,即就钓鱼岛列屿问题作出制度性规定。另外,如何在两岸之间就海洋问题包括钓鱼岛列屿问题进行合作是一个需要研讨和实施的课题,因为它是有效保护钓鱼岛列屿的重要途径。同时,也应加强两岸对钓鱼岛列屿主权证据合作研究力度。

---

① 参见王国培:《中日加速磋商海上联络机制,日本国防重心向西南转移》,《东方早报》2010年7月27日,第A12—13版。

应该强调的是,解决东海问题的最好方法是缔结最终海域划界协议。鉴于两国针对海域划界的立场与主张根本对立的现状,所以需要就海域划界作出前提条件,即搁置钓鱼岛列屿争议,使其在划界中不发挥效力,包括不以其划定中间线。换言之,将钓鱼岛列屿归属问题与划界问题分离,但应在划界协议中规定钓鱼岛列屿的内容,特别是其归属容后谈判确定。而要实现上述目的,需要发挥春晓油气田的正面作用,以及在东海问题原则共识政府间换文谈判中提出的将钓鱼岛列屿周边海域也纳入共同开发的要求,并使其制度化。

剖析《日本关于钓鱼岛等岛屿领有权的基本见解》的错误性

近期,特别是进入2012年以来,日本针对钓鱼岛及其部分附属岛屿的单方面错误言行和措施不断,包括议员登岛、政府命岛、地方"购岛"和"国有化"岛屿等,并有继续"国有化"后续措施的发展趋势,呈现出"国有化"、有人化、军事化及开发化的特征,尤其是日本妄图通过"国有化",补正所谓的"国内法"缺陷,强化对其的"管理",以显示体现"管辖"的"国家主权",实现"有效控制"之目标。日本上述单方面挑战中国核心利益的系列行为和措施,严重侵犯中国主权和领土完整,伤害了中国人民的感情,极大地影响了中日关系的维系和稳定,严重地影响了区域及世界的和平及稳定。为此,深入批驳日本针对钓鱼岛及其附属岛屿的所谓政府立场("基本见解")是十分必要的,以支撑中国政府的立场与态度,确保中国的主权和领土完整,以及海洋权益,并为收复中国对钓鱼岛及其附属岛屿的管辖权和管理权提供学术基础是很有必要的。[1]

诸多的历史文献和国际法,证明钓鱼岛及其附属岛屿(以下简称钓鱼岛等岛屿,或钓鱼台列屿)为中国的固有领土。为制止和消除日本的错误言行,收复中国对钓鱼岛等岛屿的实际管辖权和控制权,批驳日本针对钓鱼岛等岛屿领有权基本见解是一个很重要的方面。[2] 而日本体现上述内容最主要文件是:日本外

---

[1] 中国国务院新闻办公室于2012年9月25日发布的《钓鱼岛是中国的固有领土》白皮书指出,钓鱼岛及其附属岛屿是中国领土不可分割的一部分;无论从历史、地理还是从法理的角度来看,钓鱼岛都是中国的固有领土,中国对其拥有无可争辩的主权。中国政府捍卫国家领土主权的决心和意志是坚定不移的,有信心、有能力捍卫国家主权,维护领土完整。参见 http://www.gov.cn/jrzg/2012-09/25/content_2232710.htm,2012年9月25日访问。

[2] 关于钓鱼岛及其附属岛屿的简称,本文使用"钓鱼岛等岛屿"。理由如下:第一,我国于1971年12月30日、2012年9月10日发布的《中国外交部声明》中使用了"钓鱼岛等岛屿";第二,中国国务院新闻办于2012年9月25日发布的《钓鱼岛是中国的固有领土》白皮书中也使用了"钓鱼岛等岛屿"。台湾地区将钓鱼岛及其附属岛屿简称为"钓鱼台列屿",例如,台湾地区行政管理机构公告(1999年2月10日):"第一批领海基线、领海及邻接区外界线",参见崔延宏、尹章华编辑:《台湾海域法规汇编》,(台北)文笙书局2000年版,第194—196页。

务省于 1972 年 3 月 8 日公布的《日本关于尖阁列岛(钓鱼岛等岛屿)领有权的基本见解》。①

一、《日本关于钓鱼岛等岛屿领有权的基本见解》内容

日本政府至 1895 年通过冲绳县当局等方法多次(或再三)对钓鱼岛等岛屿(日本称尖阁列岛或尖阁诸岛)进行了实地调查,不单认为其是无人岛,也慎重地确认其没有涉及清朝控制的痕迹,所以 1895 年 1 月 14 日内阁通过了在现地建设标志为内容的决定,并将其正式编入日本国的领土。

钓鱼岛等岛屿在历史上一贯属于日本的领土西南诸岛的一部分,钓鱼岛等岛屿并不包含在根据 1895 年生效的《马关条约》第 2 条日本从清朝割让的台湾及澎湖列岛之内。

同时,即使在《旧金山和约》中,钓鱼岛等岛屿也不包含在日本根据该和约第 2 条放弃的领土内,而是根据第 3 条作为西南诸岛的一部分置于美国的施政之下,并包含在日美于 1971 年 6 月 17 日签署的琉球群岛和大东诸岛协定(《归还冲绳协定》)将施政权归还日本的地域之中。上述事实非常明确地表明了钓鱼岛等岛屿为日本国的领土。

另外,钓鱼岛等岛屿不是台湾的一部分,这从中国对钓鱼岛等岛屿被包含在根据《旧金山和约》第 3 条置于美国施政权下的事实从未提出任何异议的做法,也是很明显的;中华人民共和国政府和台湾当局均是在 20 世纪 70 年代后半期开发东海大陆架的石油活动开始表面化后,才主张对钓鱼岛等岛屿的所有权而成为问题的。

最后,一直以来中华人民共和国政府及台湾当局从历史、地理、地质根据出发对钓鱼岛等岛屿主张所有权,但这些不足以成为主张所有权的国际法上的有效论据。

二、论析《日本关于钓鱼岛等岛屿领有权的基本见解》的错误性

针对日本关于钓鱼岛等岛屿的上述"基本见解"或立场,笔者认为,重要的有

---

① 《日本关于尖阁列岛(钓鱼岛等岛屿)领有权的基本见解》内容,参见 http://www.mofa.go.jp/mofaj/senkaku/index.html,2010 年 4 月 12 日访问。

以下几个方面的内容,现逐一论析及批驳如下:

(一) 钓鱼岛等岛屿是否为无主地,可否适用先占原则

实际上,钓鱼岛等岛屿在明、清时期即为中国领土而非无主地,这并非仅在中国官方册封史的文献中有记载,而且是国际上的共识。日本史地学家林子平的《三国通览图说》(1785年)附《琉球三省并三十六岛之图》中,将钓鱼台、黄尾山、赤尾山涂上与中国福建省相同之颜色,明确表示为中国领土。此外,有许多欧洲国家当年出版的地图,也是将钓鱼岛列屿标为中国领土。例如,法国出版家暨地理学家皮耶·拉比(Pierre Lapie)绘的《东中国海沿岸各国图》(1809年),将钓鱼岛、黄尾屿、赤尾屿绘成与台湾及其附属岛屿相同的红色,而将琉球群岛绘成绿色,明显地将钓鱼岛列屿归为台湾的附属岛屿;美国纽约出版的《柯顿的中国》的现代中国地图(1859年),也将钓鱼屿和黄尾屿划归中国版图;日本陆军参谋局绘制的《大日本全图》(1876年),钓鱼岛也不在琉球群岛之内;等等。因此,日本政府有关钓鱼岛等岛屿为无主地的论据,是不符合历史事实的,同时也是站不住脚的。[①]

钓鱼岛等岛屿不是无主地,就不能用先占原则作为其拥有领土主权的论据。日本政府提出的经过考察后,钓鱼岛等岛屿是无人岛的说法,只是为了有意将无人岛等同于无主地。

所谓的无主地,是指不属于任何国家的土地,但并不一定是没有住民的土地。而先占是指早于其他国家,通过对无主的土地实施有效控制而取得领域的方式。但要使对无主地的先占有效,需具备以下两个要件:第一,想先占无主地的国家需要有将此土地作为自己领有的意思,并通过一定的方式予以表示。第二,国家必须对该土地实施有效占有。所谓的有效占有,是指国家权利事实上行使于该地域。国际社会对于有效占有一般无统一的模式,要根据该土地的状况(地理条件和人口密度等)而定,对于居住困难的土地,诸如进行定期的巡航、必要时派遣国家机关等就可以认为是有效的占有,而单为插国旗等那样的象征性行为,一般不认为是有效的占有。[②]

尽管日本内阁于1895年1月14日,作出了在钓鱼岛等岛屿建立标志为内容并将其编入日本领土的决定,但日本所谓的对钓鱼岛等岛屿的多次调查和建立

---

① 参见郑海麟:《从历史与国际法看钓鱼台主权归属》,海峡学术出版社2003年版,第27—28页。
② [日]田佃茂二郎:《国际法新讲》(上),东信堂1994年版,第191—192页。

标志的内阁决定,都是秘密地进行的,且没有及时地对外公布,所以无国际法效力。这样做的主要原因是怕当时的清朝政府知晓引起争议。特别是所谓的多次调查,实质上是个谎言。因为根据1885—1895的明治时期相关官方文件可知,今日日本官方说法也与事实不符。证据之一:1892年1月27日冲绳县知事丸冈莞尔致函海军大臣桦山资纪,鉴于钓鱼岛等岛屿为"踏查不充分"之岛屿,要求海军派遣"海门舰"前往钓鱼岛等岛屿实地调查,然后海军省以"季节险恶"为由,未予派遣。证据之二:1894年3月12日,冲绳县知事奈良原繁致函内务省谓:"自明治18年(1885年),由本县属警部派出的调查以来,其间未再进行实地调查,故难有确实事项回报。"此一文件为1894年8月1日中日甲午战争爆发前的最后一份官方文件,不但直接反驳当今日本政府所称对所谓尖阁诸岛进行过再三彻底的调查的说法,也说明明治政府当年实是借甲午战争的胜利而窃占钓鱼岛等岛屿的。[①]

同时,至1969年5月5日止,日本政府没有在钓鱼岛等岛屿建立任何具有"管辖痕迹"或领土意思的标志,也就不符合上述国际法意义上的先占原则。[②]

(二) 钓鱼岛等岛屿是否为日本西南诸岛的一部分,抑或为台湾的一部分

上述日本针对钓鱼岛等岛屿的政府"基本见解"指出,钓鱼岛等岛屿历来为构成日本领土西南诸岛的一部分,根据《马关条约》第2条,钓鱼岛等岛屿并不在清朝割让给日本的台湾、澎湖列岛之内。

其实,日本声称钓鱼岛等岛屿向来为构成琉球西南诸岛的一部分,也是没有历史事实根据的。从历史上看,无论中国、琉球或日本的文献,根本找不出钓鱼岛等列屿划入琉球王国版图、构成西南诸岛的一部分的证据。相反,却有大量的文献证明,钓鱼岛等岛屿属于中国版图。日本声称钓鱼岛等岛屿为西南诸岛的一部分的理由主要有以下两个方面:

第一,根据1953年美国琉球民政府发布的27号布告所划定的经纬度线。美国琉球民政府于1953年12月25日发布并施行了《琉球列岛的地理境界》(即27号布告)。按该布告所划琉球列岛地理境界之经纬度,六点加起来即包括从北纬24—28度,东经122—133度之内的琉球群岛,而钓鱼台、黄尾屿、赤尾屿位于

---

① 参见台湾省外事主管部门:"钓鱼台列屿之主权声明"(2011年5月27日),第7页。
② 为显示对钓鱼岛等岛屿的行政管辖,1969年5月日本石恒市在各岛设置了钢筋水泥制的标识或标记。参见郑海麟:《钓鱼岛列屿之历史与法理研究》(增订本),中华书局2007年版,第117页。

北纬 25—26 度、东经 122—124 度之间,正好在其经纬度内。这便是日本声称钓鱼岛等岛屿属于琉球领土一部分的论据。①

需要指出的是,美国琉球民政府布告所划的琉球列岛地界的布告,是否具有国际法的效力? 根据国际法及有关国家间边界划分的惯例,涉及国家间边界问题时,应尊重历史上形成的自然疆界,如有争议,则必须与有关国家进行协商,单方面的意见是无法律效力的。

关于两国边界的划分,一般有四条标准。首先是地文疆界标准,一般以自然地理实体作为划界标准;其次是天文疆界标准,界线与地图经纬线吻合;再次为几何疆界标准,指从疆界上某一固定点到另一固定点划一条直线为界;最后为人类地理疆界标准,如民族疆界依民族分布划分、宗教疆界按居民宗教信仰区确认、强权疆界由战争和实力确定等。而美国琉球民政府确定的琉球列岛地界范围是依据天文疆界、几何疆界标准的划分法,即先划定经纬线,然后用几何法切割之。这种划分方法忽视了最重要的地文疆界标准,即横亘于东海大陆架和琉球群岛之间的东海海槽,以及由这一海槽分隔赤尾屿(属中国)和久米岛(属琉球)两地的分界标志。②

同时,美国琉球民政府也不能适用"群岛国"制度确定琉球地理境界。因为,琉球不是群岛国;钓鱼岛等岛屿与琉球群岛在地理上根本就不是统一的,也从来没有实现过政治上的完整,不符合适用"群岛国"制度的要件。所以,美国琉球民政府单方面划定的琉球地理境界范围无效。

实际上,中国与琉球的地文分界,自明、清以来,不仅有大量历史及官方文献记载,且为国际社会所接受。其分界的标志就是赤尾屿和久米岛。③ 所以,包含赤尾屿在内的钓鱼岛等岛屿根本不是琉球群岛西南诸岛的一部分。

第二,利用《马关条约》割让台湾、澎湖列岛时没有提到钓鱼岛等列屿这点来反推其属于西南诸岛。即日本政府认为,既然中国声称拥有对钓鱼岛等岛屿的主权,并且说其为台湾的附属岛屿,那么其理应包括在《马关条约》割让之列,而《马关条约》第 2 条规定割让台湾、澎湖及其附属岛屿,并无提及钓鱼岛等岛屿,可见该岛屿不在台湾、澎湖及其附属岛屿之内。既然不属于台湾、澎湖及其附属岛屿,那么就是西南诸岛的一部分。显然,这种推论是不能成立的。理由为:

首先,尽管《马关条约》第 2 条第 2—3 款中未提及钓鱼岛等岛屿,但并不能

---

① 参见郑海麟:《从历史与国际法看钓鱼台主权归属》,海峡学术出版社 2003 年版,第 22—23 页。
② 参见郑海麟:《从历史与国际法看钓鱼台主权归属》,海峡学术出版社 2003 年版,第 23—24 页。
③ 参见郑海麟:《从历史与国际法看钓鱼台主权归属》,海峡学术出版社 2003 年版,第 3—13 页。

推出钓鱼岛等岛屿为日本西南诸岛的一部分的结论。因为台湾全岛及所有附属各岛屿所涵盖的其他许多岛屿都没有在《马关条约》第2条中提及,如接近台湾本岛的兰屿、琉球屿、花瓶屿、彭佳屿等。

其次,钓鱼岛等岛屿由于台湾渔民经常出没作业的关系,习惯上将该列岛视为台湾附属岛屿。这是一种历史的自然形成,对于这种地理概念的历史形成,中日的文献资料均有反映。例如,明朝嘉庆帝派遣的"宣谕日本国"的特使郑舜功所撰《日本一鉴》(1555年)便记有:"钓鱼屿,小东小屿也"(小东即台湾);明治二十八年(1895年)日本海军省所撰《日清战史稿本》之《别记·台湾匪贼征讨》记载的尖阁岛位置,是在"台湾淡水港北方约90海里(小基隆之海面)",也是把钓鱼岛等岛屿视为台湾附属岛屿。

再次,钓鱼岛等岛屿明清时已纳入我国海防区域及清朝版图之内。明嘉靖四十年(1561年)郑若曾的《万里海防图》将钓鱼岛等岛屿列入;嘉靖四十一年(1562年),明朝抗倭最高统帅兵部尚书胡宗宪将钓鱼岛等岛屿列入《筹海图编》的"沿海山沙图"中,钓鱼岛等岛屿乃纳入我国东南海防体系。同时,随着台湾于康熙二十二年(1683年)正式纳入清朝版图,钓鱼岛等岛屿亦以台湾附属岛屿的身份一并纳入。清代御史巡察台湾的报告与地方编修的福建省及台湾府的地方志,为我方论证最具权威性的历史文献。其中包括:清康熙六十一年(1722年)巡视台湾的御史黄叔璥所著《台海使槎录》(1736年)卷二《武备》列出台湾府水师船艇的巡逻航线,并称"山后大洋,北有山名钓鱼台,可泊大船十余"。乾隆十二年(1747年)范咸《重修台湾府志》及乾隆二十九年(1764年)余文仪《续修台湾府志》均全文转录黄叔璥的记载。

同治十年(1871年)陈寿祺的《重纂福建通志》更将钓鱼岛等岛屿明载于"卷86'海防'各县冲要",并列入噶玛兰厅(今宜兰县)所辖。而从方志的"存史、资治、教化"性质而言,清代地方志书对于水师巡航泊于钓鱼岛等岛屿的记载,除了是历史记录,亦为清代持续不断行使主权的依据与表征,足以证明钓鱼岛等岛屿为噶玛兰厅冲要,并受之管辖,为台湾的一部分。可见,钓鱼岛等岛屿不仅是海防巡逻点,而且属于入台湾行政管辖,充分表现了中国的有效管辖。①

再次,历代中国、日本及琉球地图均将钓鱼岛等岛屿列入中国领土,而非琉球领土。即琉球国地图中向无钓鱼岛等岛屿。例如,康熙四十年(1701年),琉球国使臣蔡铎进献的《中山世谱》地图及说明中,记载琉球的36岛,其中并无钓鱼

---

① 参见台湾省外事主管部门:"钓鱼台列屿之主权声明"(2011年5月27日),第5页。

岛等岛屿。日本出版的一系列有关琉球的地图中也都无钓鱼岛等岛屿。1785年（乾隆五十年，日本天明五年）日本人林子平刊行的《三国通览图说》附《琉球三省并三十六岛图》，将钓鱼台列屿与中国同绘为粉红色，而与琉球36岛的淡黄色及日本的浅绿色完全不同，显然认为钓鱼台列屿乃中国之领土。林子平自称"此数国之图，小子未敢杜撰之"，而是依据清康熙五十八年（1719年）中国册封副使徐葆光所著的《中山传信录》及附图。该书是古代著名的信史，历代为中、日、琉三国学者所推崇。1863年（同治二年）湖北巡抚官邹世诒等修的《皇朝中外一统舆图》，清楚地标出以姑米山为琉球国界，钓鱼台、黄尾屿、赤尾屿归中国版图。①

此外，在中、日、琉外交文书中均确认琉球领域不含钓鱼台列屿。1879年（光绪五年）日本废琉球藩为冲绳县前夕，琉球紫金大夫向德宏在复日本外务卿寺岛宗则函中，确认琉球为36岛，而久米岛（赤尾屿）与福州之间"相绵亘"的岛屿为中国所有。1880年（光绪六年）日本驻华公使向清朝总理衙门提出之"两分琉球"拟案中，证明中、琉之间并无"无主地"存在。上述史实，充分证明钓鱼岛等岛屿为中国固有领土、台湾的属岛，不属于琉球。此一事实，在1884年以前，日本与琉球官方都一贯承认。直到1885年日本有意谋夺钓鱼岛等岛屿后，情况才开始改变。②

最后，从地理位置上看，钓鱼岛等岛屿与台湾岛都处于东海大陆架上，为中国大陆架向东南的延伸。从地质构造上看，钓鱼岛等岛屿属于台湾北部大屯山火山带，而西南诸岛则属于雾岛火山带。同时，西南诸岛与钓鱼岛等岛屿之间隔着一道深达2 700米的东海海槽（冲绳海槽）。

因此，钓鱼岛等岛屿为台湾附属岛屿不但有历史文献佐证，而且获得现代科学的验证。为此，《马关条约》第2条第2款规定割让的台湾全岛及所有附属各岛屿，理应包括钓鱼岛等岛屿，所以，钓鱼岛等岛屿系日本在甲午战争之后连同台湾一并占据之中国领土，依据《开罗宣言》《波茨坦公告》《日本投降文书》等，自应归还中国。

（三）钓鱼岛等岛屿是否属于国际条约中日本应放弃的领土

众所周知，1895年日本趁甲午战争清朝政府败局已定，在《马关条约》签订前3个月（1895年1月）窃取钓鱼岛等岛屿，划归冲绳县管辖的。1943年12月中美英发表的《开罗宣言》规定，日本将所窃取于中国的包括东北、台湾、澎湖列岛等

---

① 参见《明朝起钓鱼岛已列入中国防区》，载《文汇报》2012年9月18日，第5版。
② 参见台湾省外事主管部门："钓鱼台列屿之主权声明"（2011年5月27日），第5页。

在内的土地归还中国。1945年的《波茨坦公告》规定:"开罗宣言之条件必将实施。"1945年8月,日本接受《波茨坦公告》宣布无条件投降,这就意味着日本将台湾,包括其附属的钓鱼岛等岛屿归还中国。1945年9月2日,日本投降时,在《日本投降文书》第1条及第6条中明白宣示接受《波茨坦公告》。但受国际两极对抗及地缘战略所需,1951年9月8日,美国却同战败国的日本签订了非法的《旧金山和约》,将钓鱼岛等岛屿连同冲绳交由美国托管。对此,当时的周恩来总理兼外长代表政府郑重声明,指出《旧金山和约》没有中华人民共和国参加的对日单独和约,不仅不是全面的和约,而且完全不是真正的和约;中国政府认为是非法的、无效的,因而绝对不能承认的。[①] 1971年6月17日,日美签订《归还冲绳协定》,将钓鱼岛等岛屿划入"归还区域"交给日本。对此,曾在1971年6月11日,台湾当局就发表了"关于琉球群岛与钓鱼台列屿问题的声明"。其中关于钓鱼台列屿指出,台湾对于美国拟将钓鱼台列屿随同琉球群岛一并移交之声明,尤感惊愕。台湾认为,钓鱼台列屿系附属台湾省,构成中国领土之一部分,基于地理地位、地质构造、历史联系以及台湾省居民长期继续使用之理由,已与中国密切相连,台湾根据其保卫国土之神圣义务在任何情形之下绝不能放弃尺寸领土之主权。即主张了对钓鱼岛等岛屿的所有权,并强烈要求美国结束管理时将其交还中国。中国外交部于1971年12月30日发表声明,强烈谴责美日两国政府公然把我钓鱼岛等岛屿划入"归还区域",严正指出"这是对中国领土主权明目张胆的侵犯,中国人民绝对不能容忍";"美日两国在归还冲绳协定中,把我国钓鱼岛等岛屿列入'归还区域',完全是非法的,这丝毫不能改变中华人民共和国对钓鱼岛等岛屿的领土主权"。即中国政府及台湾地区通过外交途径主张了对钓鱼岛等岛屿的所有权。[②]

实际上,钓鱼岛等岛屿主权归属问题是中日双方之间的问题,没有中国的参与和同意,日本与任何第三方就此问题所作的安排都是无效的,并对中国没有拘束力;在处理第二次世界大战后领土归属问题上,日本只能严格遵守其接受的《波茨坦公告》和《开罗宣言》,美日之间的任何条约或协定不能变更钓鱼岛等岛屿的地位。况且美国政府早就声明:"把原从日本取得的对这些岛屿的行政权归还给日本,毫不损害有关主权的主张;美国既不能给日本增加在它们将这些岛屿

[①] 参见《周恩来外长关于美国及其仆从国家签订旧金山和约的声明》(1951年9月18日),载田桓主编:《战后中日关系文献集(1945—1970)》,中国社会科学出版社2002年版,第103—104页。
[②] 参见[日]濑户内四海:《钓鱼岛列屿的历史》,载 http://ameblo.jp/kablogsan/entry-10128484048.html,2010年4月12日访问。

行政权移给我们之前所拥有的法律权利,也不能因为归还给日本行政权而削弱其他要求者的权利。"① 可见,美国政府也没有因条约和协定而承认日本对钓鱼岛等岛屿拥有主权。美国迄今仍持这种立场,即在钓鱼岛等岛屿的主权问题上美国不持立场。

(四)大陆和台湾从历史、地理、地质主张对钓鱼岛等岛屿的所有权的目的何在

笔者认为,大陆和台湾从历史、地理和地质主张对钓鱼岛等岛屿的所有权的目的,是为了证明钓鱼岛等岛屿是我国的固有领土,是台湾的附属岛屿,是为了说明中国对钓鱼岛等岛屿拥有权原,即原始的权利。

从历史上看,钓鱼岛等岛屿不仅是中国人民最早发现、最早命名、最早开发和使用的,而且也是中国最早对其行使主权的。例如,在明代文献中已见钓鱼岛、赤尾屿和黄尾屿的名称;即使在美国施政下的琉球政府公文中,黄尾屿和赤尾屿等名称也原封不动地被使用,即中国对钓鱼岛等岛屿最先命名;早在我国明朝的诸多历史文献中,如上提及的《筹海图编》《武备志》《武备秘书》等书籍中,都载明钓鱼岛等岛屿在中国的海防范围之内,即钓鱼岛等岛屿早纳入中国海上防卫领域;明清时代,中国与自己的藩属琉球国往来甚多,除琉球每年派船纳贡外,每逢琉球新国王即位,中国皇帝都遣使前往册封,而在许多册封史录中都一致记载了中国与琉球的分界在赤尾屿和久米岛之间,即钓鱼岛等岛屿位于中国版图之内;康熙四十年(1701年),琉球国使臣蔡铎进献的《中山世谱》地图及说明中,记载琉球的36岛,其中并无钓鱼岛等岛屿,日本出版的一系列有关琉球的地图中也都无钓鱼岛等岛屿,即琉球国地图中向无钓鱼岛等岛屿。②

另外,我国人民对钓鱼岛等岛屿及其附近水域长期地予以了使用,主要表现在:第一,渔民捕鱼。我国台湾东北角的渔民自古即在钓鱼岛水域捕鲣鱼(台湾总督府编:《台湾之水产》,1915年)或避风,已有长久的历史。1970年钓鱼岛事件爆发后,9月18日日本《读卖新闻》报道台湾渔民在"尖阁列岛"(钓鱼岛等岛屿)一带"侵犯领海"与"不法上陆"是"日常茶饭事"。第二,药师采药。我国大陆及台湾中药师均曾在钓鱼岛采集海芙蓉(Statice Arbuscula),据称可治高血压及风湿。第三,工人作业。我国龙门工程事业公司曾雇工在岛屿附近打捞沉船及

---

① 季国兴:《中国的海洋安全和海域管辖》,上海人民出版社2009年版,第25—26页。
② 金永明:《东海问题解决路径研究》,法律出版社2008年版,第14—15页。

在岛上拆船,因此曾在钓鱼岛上建筑台车道及临时码头。①

从地理上看,钓鱼岛等岛屿由5个无人小岛与3个岩礁组成,位于台湾的东北与冲绳的西南,南距基隆102海里,北距冲绳首府那霸230海里;如以中日两国领土(包含无人小岛)计算,则钓鱼岛等岛屿距离最近的中国领土彭佳屿与最近的日本领土先岛群岛各为90海里左右,所以,钓鱼岛在地理位置上恰在中日两国的中央。钓鱼岛等岛屿所在的这种地理位置也是我们主张不给其在东海划界中赋予效力的论据之一。②

从地质上看,钓鱼岛等岛屿是新第三纪岩层被火山喷出物贯穿后形成的幼年锥形岛屿,与台湾北部沿海离岛花瓶屿、棉花屿及彭佳屿一样,都是观音山、大屯山等海岸山脉延伸入海后的突出部分,各岛多为隆起的珊瑚礁所围绕;而钓鱼岛等岛屿正好位于大陆架的边缘。其西面就是沉积物丰厚的台湾海盆,东面则隔冲绳海槽与先岛群岛相望。③ 为此,有必要阐述东海(东中国海)大陆架的地质和地形等情况。

东海是中国大陆东岸与太平洋之间的一个半封闭海,包围东海的陆地分别是中国大陆和台湾,日本的琉球群岛与九州,以及韩国的济州岛。东海南北长约550—750千米(300—400海里),东西宽约260—520千米(140—280海里),总面积达752 000平方千米(290 348平方英里)。从地形学来看,东海就是由大陆架、冲绳海槽与琉球群岛所构成,而冲绳海槽就成为分隔东海大陆架与琉球群岛的天然界限。因为冲绳海槽在地质上具有既非大陆壳也非海洋壳的边界特质,所以,冲绳海槽在地形上为东海大陆架和琉球群岛的天然界限。④ 即冲绳海槽两侧的地质结构完全不同,其东侧在地质上为琉球岛弧,地壳运动异常活跃,而西侧则为一个稳定的大型沉降盆地,所以,冲绳海槽构成中国东海大陆架与琉球岛架的自然分界线,它理应作为两国划分大陆架边界的事实根据。同时,从东海大陆架的沉积物特征和形成来看,其沉积物以富含生物遗骸的砂或砂质堆积物为特征,在成因上,其沉积物主要来自中国大陆,通过黄河、长江及其他中国河流输入东海堆积而成。⑤ 可见,东海大陆架是中国东部大陆的自然延伸。

既然从历史、地理和地质等足以说明钓鱼岛等岛屿为中国的固有领土,其根

---

① 参见台湾省外事主管部门:"钓鱼台列屿之主权声明"(2011年5月27日),第5—6页。
② 马英九:《从新海洋法论钓鱼台列屿与东海划界问题》,(台北)正中书局1985年版,第23页。
③ 马英九:《从新海洋法论钓鱼台列屿与东海划界问题》,(台北)正中书局1985年版,第23—24页。
④ 马英九:《从新海洋法论钓鱼台列屿与东海划界问题》,(台北)正中书局1985年版,第13—14页、第17页、第23页。
⑤ 赵理海:《海洋法的新发展》,北京大学出版社1984年版,第51—67页。

本不是无主地,即中国对钓鱼岛等岛屿具有原始的权利,因而日本在 1895 年通过内阁决定将其编入所谓的日本领土的行为就不具有法律效力。

(五) 中国大陆和台湾只是在 20 世纪 70 年代后期才主张钓鱼岛等岛屿的主权吗

众所周知,关于钓鱼岛等岛屿的主权争议,爆发于 1969 年在联合国远东经济委员会新成立的"联合勘探亚洲海底矿产资源协调委员会"的赞助下,由以艾默利为首的多国地质学家针对东海的物理勘探所出具的勘测报告(简称艾默利报告)。该报告有关东海石油蕴藏的乐观估计,在沿岸各方造成震撼,导致 70 年代东北亚的"海域石油之战"。[①] 但大陆和台湾针对钓鱼岛等岛屿的主权声明,历来存在。例如,上文中中国政府周恩来总理兼外长于 1951 年 9 月 18 日发表的关于《旧金山和约》的声明内容就包含了对钓鱼岛等岛屿的主张。更值得注意的是,中日外交关系是在 1972 年 9 月 29 日《中日政府联合声明》发布后才确立的。例如,《中日政府联合声明》第 4 款规定,中日两国政府决定自 1972 年 9 月 29 日起建立外交关系;第 8 款规定,中日两国政府为了巩固和发展两国间的和平友好关系,同意进行以缔结和平友好条约为目的的谈判。1978 年 8 月 12 日,中日两国政府缔结了《中日和平友好条约》。所以,在两国未建立外交关系前,中国政府针对钓鱼岛等岛屿问题的声明并不多见。但这不能表示中国政府默认了日本对钓鱼岛等岛屿的主权。同时,钓鱼岛等岛屿当时在美国的托管范围之内,中国认为《旧金山和约》中对于侵犯中国领土的内容对中国是非法、无效的。所以,也就没有更多地追究,因为事实上即使追究也毫无作用。为此,日本认为,中国大陆只是在 70 年代后期才主张钓鱼岛等岛屿的主权的所谓见解是完全不符合事实的,也是根本站不住脚的。

三、针对《日本关于钓鱼岛等岛屿领有权的基本见解》的几点意见

从上面分析《日本关于钓鱼岛等岛屿领有权的基本见解》内容,我们可以得出如下几点意见:

第一,日本在将钓鱼岛等岛屿编入所谓的日本领土时,其根本不是所谓的无

---

① 参见马英九:《从新海洋法论钓鱼台列屿与东海划界问题》,(台北)正中书局 1985 年版,第 19—21 页。相关内容,也请参见吴天颖:《甲午战前钓鱼列屿归属考——兼质日本奥原敏雄诸教授》,社会科学文献出版社 1994 年版,第 5—8 页。

主地,而是有主地,这个主人就是中国清朝,所以,日本不能用先占原则拥有对钓鱼岛等岛屿的主权,况且这种先占是有缺陷的。同时,其所谓的内阁决议是秘密作出的,未对外公布,世人毫无所知,所以在国际法上无效。

第二,钓鱼岛等岛屿根本不是琉球西南诸岛的一部分,而是台湾的附属岛屿,且应包含在《马关条约》割让的领土之内;并随着《马关条约》的废除,其自应归还中国。

第三,钓鱼岛等岛屿主权问题的解决需要由中日两国予以确定,日本与任何第三方缔结的条约和协定无法约束中国,也不能改变钓鱼岛等岛屿的法律地位。对于第二次世界大战后领土归属问题,包括钓鱼岛等岛屿问题应由国际条约(《波茨坦公告》《开罗宣言》等)予以确认。从这些国际条约可以确定的是,钓鱼岛等岛屿属于中国的领土,其所有权属于中国。

第四,钓鱼岛等岛屿现被日本非法地控制和占领。钓鱼岛等岛屿在1945年4月美军占领琉球后就已事实上脱离日本。因为,日本接受《波茨坦公告》,承认其领土限于四大岛及盟国决定的其他小岛后,琉球群岛和钓鱼岛等岛屿在法律上已完全脱离日本。同时,随《马关条约》的废除和台湾归还中国,中国已在法律上恢复了对钓鱼岛等岛屿的主权,但由于日美《归还冲绳协定》的错误做法,致使钓鱼岛等岛屿的施政权给了日本,使日本非法地控制和占领了钓鱼岛等岛屿。但这种非法占据,并不能改变钓鱼岛等岛屿的法律地位,也不能改变其属于中国的事实。因为非法行为不产生合法的权利。

第五,美国将钓鱼岛等岛屿行政权归还日本非法和无效。根据《开罗宣言》《波茨坦公告》等国际文件,美国依据《归还冲绳协定》归还琉球群岛及钓鱼岛等岛屿行政权之举,不仅未取得第二次世界大战盟国之同意;而且也违反联合国托管制度,因为《联合国宪章》第76条规定,托管之目的在于领导托管地趋向自治或独立,所以美国无权单方面地决定琉球群岛与钓鱼岛等岛屿的返还问题;相反,美国有从日本收回琉球群岛及钓鱼岛等岛屿行政权的义务。

第六,中国大陆和台湾并不是只在东海储备丰富资源的调查报告出来后,才开始主张对钓鱼岛等岛屿的主权的,而是一直在主张。

总之,《日本关于钓鱼岛等岛屿领有权的基本见解》是错误的,其一系列的错误言行无法改变钓鱼岛等岛屿是我国固有领土的事实和"占控"钓鱼岛等岛屿的非法性。希望日本尊重历史事实和国际法,改正错误言行和措施,与我国就钓鱼岛等岛屿展开谈判,探寻利用和平方式合作解决钓鱼岛等岛屿领土问题的新模式,以共享资源。

四、结　语

自 2012 年以来,由日本右翼挑起、政府怂恿,"目标"一致的所谓"购岛"计划及行为,以日本政府于 2012 年 9 月 10 日确立"购岛"方针(所谓的"平稳及安定地维护和管理"钓鱼岛及其部分附属岛屿),并于 9 月 11 日签署"购买"合同及 9 月 12 日完成所谓的"土地权所有者"登记手续"收场",即日本所谓的"国有化"计划及其后续措施,严重地侵犯了中国的主权和领土完整,破坏了中日邦交正常化的氛围,极大地伤害了中国人民的感情,激起了中国政府和人民的强烈不满及对抗,造成中日关系的严重倒退,由此引发的一切损害及损失应由追求短期政治利益的日本政党及部分政客来承担并补救。尤其应该指出的是,日本首相在联大的所谓坚持以用和平方法,运用国际法解决领土争议问题的发言及表态,是严重违背历史事实及国际法的错误言行,必须坚决地予以抵制。即造成钓鱼岛等岛屿问题长期得不到解决及升级并爆发的关键因素是:日本长期以来否定在钓鱼岛等岛屿问题上中日之间存在领土争议问题的错误立场所导致的。

从常设国际法院 1924 年 8 月 30 日审理马弗罗马提斯和耶路撒冷工程特许案(Mavromamat Palestine Concessions)的判决内容可以看出,所谓的国际争端或国际争议是指两个当事人(或国家)之间在法律或事实上的某一方面存有分歧,或在法律观点或利益上发生冲突。对照此观点,结合中日针对钓鱼岛等岛屿的立场及态度,中日在钓鱼岛等岛屿问题上确实存在争端或争议是显而易见的。

为此,我们要求日本政府和人民尊重历史事实和国际法,改正错误,承认在钓鱼岛等岛屿问题上存在争议,与中国展开平等谈判,相向而行,共同努力,切实找到解决问题的和平方法,以维持中日关系并稳定区域、世界的和平与安全。否则,中国依据已完善的相关法律,在捍卫中国主权和领土完整过程中发生摩擦甚至冲突升级的可能性就无法排除,其后果将非常严重。

日本外大陆架划界申请案
内涵与中国的立场

众所周知,《联合国海洋法公约》(以下简称《公约》)的重大成果之一为创设了200海里以外的大陆架制度,同时按照《公约》第76条,建立了审议200海里以外大陆架界限的机构——大陆架界限委员会。[①] 大陆架界限委员会自1997年成立以来,已举行了22届会议,并为推进200海里以外大陆架界限的实施做了一些基础性的工作,主要为制定和修订《大陆架界限委员会议事规则》,制定《大陆架界限委员会科学和技术准则》(简称《科技准则》)、《大陆架界限委员会内部行为守则》《审议提交大陆架界限委员会的划界案的工作方式》等文件,从而为国际社会提交大陆架外部界限主张案提供了基础和保障。当然,该委员会最重要的工作是审议沿海国大陆架外部界限主张案。自2001年12月20日俄罗斯向大陆架界限委员会提交首份大陆架外部界限主张案以来,国际社会开始了200海里以外大陆架界限相关制度进程,至2009年2月11日,已有17个大陆架外部界限主张案提交大陆架界限委员会。

在此应指出的是,所谓的200海里以外的大陆架,是指从测算领海宽度的基线量起超过200海里或200海里以外的部分,且其外部界限不应超过从测算领海宽度的基线量起350海里,或不应超过连接2 500米深度各点的2 500米等深线100海里。[②] 所谓的200海里以外大陆架外部界限制度,是指国家划定200海里大陆架外部界限应遵行的规范与程序方面的内容。换言之,大陆架制度包含了200海里以内的大陆架和200海里以外的大陆架。

[①] 例如,《联合国海洋法公约》附件二(大陆架界限委员会)第1条规定,按照第76条的规定,应依本附件以下各条成立一个200海里以外大陆架界限委员会。附件二第2条第1款规定,本委员会应由21名委员组成,委员应是地质学、地球物理学或水文学方面的专家,由本公约缔约国从其国民中选出,选举时应妥为顾及确保公平地区代表制的必要,委员应以个人身份任职。

[②] 参见《公约》第76条第4、5、8款。

本文将阐述日本外大陆架划界申请案的主要内容和调查大陆架及其外部界限的相关政策措施，并指出其特点；最后，对日本外大陆架划界申请案的有关内容阐释中国的立场。

一、日本外大陆架划界申请案内涵概要

2008年11月12日，日本通过联合国秘书长向联合国大陆架界限委员会提交了大陆架外部界限主张案。其内容主要包括：第一，申请范围。日本大陆架外部界限主张案涉及本州南部和东南7个海域，即九州-帕劳国间的海岭南部海域、南硫黄岛海域、南鸟岛海域、茂木海山海域、小笠原海台海域、冲大东海岭南方海域、四国盆地海域。第二，与美国的争端问题。包含在该主张案中的大陆架与他国间不存在争端，但美国如主张大陆架外部界限时，则在以母岛和南鸟岛为基点的海域，以及以南硫黄岛为基点的海域，存在潜在的重复区域，将是两国协商的对象；当然，日本向大陆架界限委员会提交大陆架外部界限主张案，以及大陆架界限委员会对主张案的审查和建议，并不影响日美间200海里以外大陆架的界限或划界问题。因为，美国政府向日本政府作出了以下说明，即大陆架界限委员会对日本大陆架外部界限主张案的审查和建议，美国不提出异议，也不影响两国间的划界。[①] 第三，与帕劳国的争端问题。在以冲之鸟礁为基点的海域，如果帕劳国主张大陆架外部界限，则可能存在潜在的重复区域，将是两国应协商的对象。但日本向外大陆架界限委员会提交的大陆架外部主张，以及大陆架界限委员会对日本大陆架外部界限主张案的审查和建议，并不影响两国之间200海里以外的大陆架的划界问题。因为，帕劳国政府已向日本政府表示，大陆架界限委员会对日本大陆架外部界限主张案进行的审查和建议不提出异议，也不影响两国之间的划界问题。

日本为能在2009年前向大陆架界限委员会提交大陆架外部界限主张案，主要采取了以下措施。第一，构筑组织机构与制定基本方针。即日本为向大陆架界限委员会提交大陆架外部界限主张案，在内阁设置了由政府主要部门参加的"与大陆架调查、海洋资源有关的相关省厅联络会议"，并于2004年8月6日制定了《大陆架界限基本方针》，以此基本方针为基础，在内阁官房的综合协调和在相关省厅机构的合作下，实施了大陆架调查工作。第二，调查活动分工合作。由于

[①] 针对日本的大陆架外部界限主张案，美国于2008年12月22日向联合国秘书长提交了照会申明，其内容与上相同。即美国与日本关于大陆架的潜在冲突不反对大陆架界限委员会对其的审议和作出相关建议。

大陆架及其外部界限的调查活动有多种,所以根据相关机构的职能作了分工。海上保安厅调查精密海底地形和勘探地壳构造;①文部科学省勘探地壳构造,具体由"海洋研究开发机构"实施;②经济产业省负责提取基底岩石,具体由"石油、天然气与金属矿物资源机构"③和"产业技术综合研究所"实施。④ 第三,决定提交大陆架外部界限主张案。于2007年7月20日施行的《海洋基本法》第19条规定,为开发、利用和保全大陆架和专属经济区,政府需采取必要的措施。同时,根据《海洋基本法》日本内阁于2008年3月18日通过的《海洋基本计划》,也要求政府对大陆架问题采取计划和综合的政策或措施,并作为海洋政策之一加以强调。另外,"与大陆架调查、海洋资源有关的省厅联络会议"机构职权也随着《海洋基本法》的施行,转移至根据《海洋基本法》设立的综合海洋政策本部下属的由各省厅局长级人员组成的机构。⑤ 为此,以麻生太郎内阁总理大臣为本部长的综合海

---

① 日本海上保安厅根据《海上保安厅法》(1948年4月27日制定,1948年5月1日起施行,于2001年11月2日进行了最后一次修改)第1条的规定,于1948年5月1日创设。例如,《海上保安厅法》第1条规定,为保护海上人员生命和财产,以及预防、搜查和镇压违法人员,设置国土交通大臣管理的外部机构——海上保安厅。关于海上保安厅的组织机构,《海上保安厅法》第10条规定,海上保安厅由海上保安厅的长官管辖,其接受国土交通大臣的指挥与监督,并统一管理海上保安厅业务,指挥监督其职员。根据《海上保安厅法》第2条的规定,海上保安厅的任务为:履行海上法令、海难救助,防止海洋污染,搜查和逮捕海上犯人,规制海上船舶交通,管理水路、与航标有关的事务,以及其他确保海上安全和附属事务,以确保海上安全和治安。参见日本海上保安厅政策评价宣传室编:《海上保安厅》,2006年4月版。

② 关于"海洋研究开发机构"(Japan Agency for Marine-Earth Science and Technology, JAMSTEC),其是以和平和福祉的理念为基础,通过综合合作实施与开发海洋基础研究、学术研究业务,提升海洋科学技术水准、促进学术研究发展为目的,于2004年4月1日起由原来的"海洋科学技术中心"(1971年10月设立)改称为"独立行政法人:海洋研究开发机构"。参见http://www.jamstec.jp/j/about/index.html,http://www.jamstec.jp/j/about/outline/index.html,2009年1月31日访问。

③ 关于"石油、天然气与金属矿物资源机构"(Japan Oil, Gas and Metals National Corporation),成立于2004年2月29日,为独立行政法人。其目的:为勘探石油、可燃性天然气及金属矿物提供必要资金,为促进和致力于提供稳定而低价石油、可燃性天然气和金属矿物资源的开发所必要业务予以支持,为预防因金属矿物等造成的矿害提供资金贷款和其他业务,为保护国民的健康和保全生活环境及健康发展金属矿物等作出贡献。参见http://www.jogmec.go.jp/about_jogmec/organization/index.html,2009年1月31日访问。"石油、天然气与金属矿物资源机构"的最新调查活动有:为调查海洋环境基础,受海洋研究开发机构委托,利用海洋研究开发机构的海洋调查船"kairei"和无人调查机"kaikou7000";于2009年1月7日从横滨新港出发,对伊豆、小笠原及冲绳海域的海底热水矿床周遍的海底环境进行了调查,预计需要20天时间。参见http://www.jogmec.go.jp/index.html,2009年1月31日访问。

④ 关于"产业技术综合研究所"(National Institute of Advanced Industrial Science and Technology)负责的基盘岩石调查,是指从日本周边海域的约200多个预定的挖掘点中采取岩石试验材料,判定其是否构成日本列岛的基底岩石种类及其边缘物,从而为扩展外大陆架的可能性提供地质学根据为目标。参见http://www.unit.aist.go.jp/igg/csj-pj/index.html,2009年1月31日访问。

⑤ 例如,(日本)《海洋基本法》第29条规定,为集中而综合地推进海洋政策的实施,在内阁设置综合海洋政策本部。关于综合海洋政策本部的职责,《海洋基本法》第30条规定,推进海洋基本计划方案的制定和实施;根据海洋基本计划,统一调整相关行政机构实施的政策;此外,策划、起草和综合调整海洋方面的重要政策。另外,根据《海洋基本法》第31—34条的规定,综合海洋政策本部由本部部长(内阁总理大臣)、副部长(由内阁官房长官、海洋政策大臣担任)以及其他成员(由政府所有国务大臣担任)组成。参见金永明:《东海问题解决路径研究》,法律出版社2008年版,第223—231页。

洋政策本部于 2008 年 10 月 31 日召开会议,决定向大陆架界限委员会提交日本大陆架外部界限主张案,主张的总面积约 74 万平方千米,相当于日本国土面积的约 2 倍。[①] 日本政府接受了综合海洋政策本部的决定后,通过联合国秘书长向大陆架界限委员会提交了日本大陆架外部界限主张案。

二、日本调查大陆架的对策与措施及其特点

日本为提交大陆架外部界限主张案,必须对大陆架(200 海里内、外的大陆架)进行调查活动,为此,日本采取了严密的措施和对策,其特点主要体现在以下几个方面。

(一) 组织机构的严密性和涉及机构的全面性

为推进大陆架调查工作,提交大陆架外部界限主张案,日本不仅设置了专司大陆架调查的联络会议,还在该联络会议下设立了大陆架调查工作组,并在其下设立了海域调查委员会、向联合国提交主张案起草委员会和国际环境培育委员会(2004 年 12 月 27 日),层层推进,步步深入,组织体系可谓严密、细致和周全。

日本"与大陆架调查、海洋资源有关的相关省厅联络会议"于 2004 年 8 月 4 日设立,2006 年 12 月 22 日对其一部分作了修改。[②] 其主要内容为:第一,设立宗旨。根据《公约》,为确实推进大陆架调查、为对 200 海里以外大陆架和专属经济区的划定所需采取的必要措施,以及对海洋资源的政策措施,通过相关省厅机构的紧密合作,在内阁设置"与大陆架调查、海洋资源有关的相关省厅联络会议"。第二,联络会议构成与职权。上述联络会议由以下 12 个部门的人员组成,

---

[①] 综合海洋政策本部成立以来,已召开 4 次(2007 年 7 月 31 日,2007 年 11 月 9 日,2007 年 3 月 18 日和 2008 年 10 月 31 日)会议。在第四次会议上,麻生太郎首相指出,鉴于大陆架的重要性,经过大家的 5 年努力,终于完成了向联合国提交资料的任务,但最终获得联合国的通过,还需要数年时间,希望大家继续紧密合作,为取得好的结果而作出最大的努力。参见 http://www.kantei.go.jp/kaiyou/kaisai.html,2009 年 1 月 31 日访问。

[②] "与大陆架调查、海洋资源有关的相关省厅联络会议"自成立以来已举行了 6 次会议和一次干事会会议。第一次 2004 年 8 月 6 日,讨论了日本水域的海洋法问题与管理现状,制定大陆架界限基本方针,日本水域的资源本部和勘探现状。第二次 2004 年 12 月 27 日,讨论了日本海洋巡防问题与管理现状,调整大陆架调查体制和预算,东海海底物探问题。第三次 2005 年 3 月 24 日,讨论外大陆架申请的调查状况,再次讨论日本海洋巡防问题和东海海底物探问题。第四次 2005 年 9 月 5 日,讨论了大陆架调查现状和 2006 年度预算概要,在海洋问题上与邻国的关系和现状,东海海底物探和试开采权许可问题。第五次 2006 年 3 月 23 日,再次讨论外大陆架调查状况、与邻国在海洋问题上的关系和现状。第六次 2007 年 6 月 13 日,再次讨论外大陆架调查状况,部分修改"大陆架界限基本方针"。干事会于 2004 年 9 月 27 日举行。参见 http://www.cas.go.jp/seisaku/tairikudana/kaisai.html,2009 年 1 月 31 日访问。

但议长认为必要时,可增加组员。12 个部门的人员为:内阁官房副长官(议长,负责事务)、内阁官房副长官辅助(副议长,负责外政),成员为内阁官房副长官辅助(负责内政)、内阁官房内阁审议官、外务省综合外交政策局局长、文部科学省研究开发局局长、水产厅长官、资源能源厅长官、国土交通省综合政策局局长、海上保安厅长官、环境省地球环境局局长和防卫省运用企划局局长。联络会议设干事,干事是相关行政机构的职员,并应是议长指定的上述机构的官员;议长认为必要时,可要求有识人士、组员以外的相关行政机构的职员及其他相关者出席会议;为顺利运作联络会议,设置工作组,其由相关府、省职员组成;联络会议的后勤工作由外务省、国土交通省、资源能源厅等相关行政机构协助,在内阁官房处理该工作;未定事项、与联络会议运作有关事项及其他必要事项由议长决定。第三,干事会。联络会议的干事会由以下 9 名干事组成:内阁官房内阁参事官、外务省综合外交政策局总务课课长、文部科学省研究开发局海洋地球课课长、水产厅资源管理部管理课课长、资源能源厅资源与燃料部政策课课长、国土交通省综合政策局环境与海洋课课长、海上保安厅总务政务课课长、环境省地球环境局环境保全对策课课长和防卫省防卫政策局调查课课长。[1]

  联络会议下的大陆架调查工作组由以下人员组成:议长由内阁官房副长官辅助担任,负责外政,组员为:内阁官房副长官(负责内政)、内阁官房内阁审议官、外务省经济局局长、文部科学省研究开发局局长、水产厅次长、资源能源厅次长、国土交通省综合政策局局长、海上保安厅次长、环境省地球环境局局长和防卫省运用企划局局长。在工作组中设立干事,干事为相关行政机构的职员,并由议长指定的官员担任。工作组的后勤事务由国土交通省协助,在内阁官房处理。未定事项、工作组运作的相关事项和其他必要事项,由议长决定。如果联络会议废止,则在联络会议上决定的事项由工作组承担。另外,工作组干事会由以下人员组成:内阁官房内阁参事官、外务省经济局海洋室长、文部科学省研究开发局海洋地球课课长、水产厅资源管理部管理课课长、国土交通省综合政策局环境与海洋课课长、海上保安厅海洋情报部海洋调查课课长、环境省地球环境局环境保全对策课课长和防卫省防卫局调查课课长等 9 个部门的 9 名人员组成。[2]

  大陆架调查工作组下的海域调查委员会负责制作调查实施计划、调整船舶调查日程。该委员会由以下机构人员组成:内阁官房大陆架调查对策室内阁参

---

① 参见 http://www.cas.go.jp/jp/seisaku/tairikudana/renrakukaigi.html,2009 年 1 月 31 日访问。
② 参见 http://www.cas.go.jp/jp/seisaku/tairikudana/wg.html,2009 年 1 月 31 日访问。

事官、文部科学省研究开发局海洋地球课课长、经济产业省资源能源厅资源与燃料部矿物资源课课长、国土交通省海上保安厅海洋情报部海洋调查课课长。海域调查委员会认为必要时,可指名让实施大陆架调查机构的相关承担者出席会议。同时,海域调查委员会可指名让评估、建言调查大陆架的委员担任顾问。海域调查委员会的后勤事务得由海上保安厅、文部科学省和经济产业省协助,在内阁官房处理。①

大陆架调查工作组下的向联合国提交主张案起草委员会任务主要是,根据调查大陆架的成果,起草和汇总向大陆架界限委员会提交的有关大陆架的地形和地质等方面的大陆架界限的情报。该委员会由以下人员构成:内阁官房大陆架调查对策室内阁参事官、外务省经济局经济安全保障课课长、文部科学省研究开发局海洋地球课课长、经济产业省资源能源厅资源与燃料部矿物资源课课长和国土交通省海上保安厅海洋情报部海洋调查课课长。该委员会下还设立了向联合国提交外大陆架界限的起草小组,组员由委员会指名组成,起草小组组长应经常出席委员会会议,并在委员会报告起草小组的工作进程。具体实施大陆架调查活动机构(独立行政法人海洋研究开发机构,独立行政法人石油、天然气和金属矿物资源机构,独立行政法人产业技术综合研究所及国土交通省海上保安厅)的承担者应经常出席委员会会议。委员会可指名让评估、建言大陆架调查活动的委员担任顾问。委员会的后勤工作得由外务省、文部科学省、经济产业省、海上保安厅协助,并在内阁官房处理。②

国际环境培育委员会。为收集联合国和其他国家主张大陆架外部界限的情报,培育联合国的审查对日本产生好的结果为目的的国际环境,并进一步调整相关政策和措施,在大陆架调查工作组下设立国际环境培育委员会。该委员会由以下人员组成:内阁官房大陆架调查对策室内阁参事官、外务省经济局经济安全保障课课长、文部科学省研究开发局海洋地球课课长、经济产业省资源能源厅资源与燃料部矿物资源课课长、国土交通省海上保安厅海洋情报部海洋调查课课长。该委员会可指名让评估、建言大陆架调查活动的委员作为顾问。国际环境培育委员会的后勤事务由外务省协助,在内阁官房处理。

需补充指出的是,实际上在设立"与大陆架调查、海洋资源有关的相关省厅联络会议"前,日本已于1980年设立了"海洋开发相关省厅联络会议",并对其进

---

① 参见 http://www.cas.go.jp/seisaku/tairikutana/kaiiki.html,2009 年 1 月 31 日访问。
② 参见 http://www.cas.go.jp/seisaku/tairikutana/seisakuiinkai.html,2009 年 1 月 31 日访问。

行了 6 次部分修改。① 同时,为确实而有效地推进大陆架调查工作,于 2002 年 6 月 7 日在内阁设置了"大陆架调查相关省厅联络会议",以期相关省厅联合实施。② 2003 年 6 月在"大陆架调查相关省厅联络会议"下设置了从专业角度出发对大陆架调查内容予以评估与建言为目的,由海洋科学和国际法专家组成的"大陆架调查评估与建言会议"。2003 年 12 月在内阁官房设置了对大陆架调查政策和措施予以统一而进行必要调整为目的的"大陆架调查对策室"。此后,于 2006 年 8 月将"大陆架调查相关省厅联络会议"改组为由内阁官房副长官任议长的"与大陆架调查、海洋资源有关的相关省厅联络会议",并制定了《大陆架界限基本方针》。③ 另外,随着《海洋基本法》的施行,"与大陆架调查、海洋资源有关的相关省厅联络会议"的职权由内阁总理大臣为本部长的综合海洋政策本部承担。

综上可知,为应对大陆架调查活动,日本设置了综合而全面的组织机构,并不断地加以补充扩展,通过全面协作以切实有效地为提交大陆架外部界限主张案作准备。由于谋划早,提前实现了提交大陆架外部界限主张案的预定计划。

(二) 大陆架调查政策方针内容具体,各项任务分工明确

针对大陆架问题,日本以《大陆架界限今后的基本观点》(2003 年 8 月制定)为基础,"与大陆架调查、海洋资源有关的相关省厅联络会议"于 2004 年 8 月 6 日制定了规定今后大陆架调查的方针和日程等为内容的《大陆架界限基本方针》(2007 年 6 月 17 日部分修改)。即自 2004 年 4 月起,在相关省厅的合作下,日本政府全力推进大陆架调查工作,计划于 2009 年 5 月前向大陆架界限委员会提交大陆架外部界限情报。《大陆架界限基本方针》的内容,主要为:

1. 关于大陆架主张的意义

如果日本的大陆架外部界限主张案能获得大陆架界限委员会的认可,则日本可对该大陆架进行勘探,并能确保对该大陆架的自然资源的开发行使主权权利。

---

① 关于"海洋开发相关省厅联络会议"的内容,即为推进综合实施海洋开发的政策和措施,寻求相关行政机构之间事务的紧密联络,在内阁设立"海洋开发相关省厅联络会议"。该联络会议由以下人员组成,但议长认为必要时,组员可增加。其构成为:内阁官房副长官(议长,负责事务),内阁官房副长官辅助(副议长)和文部科学省研究开发局局长(副议长),总务省情报通信政策局局长,外务省经济局局长,农林水产省水产厅次长,经济产业省资源能源厅次长,国土交通省综合政策局局长和环境省地球环境局局长。联络会议设置干事,干事为行政机构的职员,由议长指定的官员担任。联络会议的后勤工作得由相关省厅协助,在内阁官房和文部科学省研究开发局处理。未定事项、联络会议运作事项和其他必要事项由议长决定。参见 http://www.cas.go.jp/seisaku/kaiyou/konkyo.html,2009 年 1 月 31 日访问。
② 参见[日] 海上保安厅编:《海上保安厅年度报告》(2008 年),茑有印刷株式会社 2008 年版,第 15 页。
③ 参见[日] 海上保安厅编:《海上保安厅年度报告》(2006 年),国立印刷局 2006 年版,第 42 页。

2. 日本调查大陆架的动向和国际经验及相关措施

海上保安厅自1983年以来就把调查大陆架作为水路测量的一个环节予以实施,调查结果判明,日本可能存在的新大陆架海域面积约为国土面积的1.7倍。当然,活用大陆架的调查活动文部科学省和经济产业省也在实施。对于实际审查大陆架外部界限情报的方针,大陆架界限委员会已于1999年5月制定了《科技准则》。此后,2001年12月俄罗斯首次向大陆架界限委员会提交了大陆架外部界限主张案,审查结果,大陆架界限委员会提出了内容不认可的建议,其理由为:不充足地具备让大陆架界限委员会进行审查所需的客观、高度科学的详细数据。为此,为今后有效推进日本大陆架调查工作,2003年6月决定设立由海洋科学、国际法学者组成的"大陆架调查评估与建言会议",以对大陆架的调查内容提出建议。另外,2003年12月在内阁官房设立了统一政府相关政策和进行必要综合调整的"大陆架调查对策室"。具体的大陆架调查进程为:根据"大陆架调查评估与建言会议"的建议,自2004年4月起,在相关省厅的协助下,政府全力开始第一阶段的调查工作,同时,进一步探讨调查内容、有效的调查体制、缩减成本方面的对策措施。2004年7月15日,"大陆架调查评估与建言会议"认为,大陆架调查活动的调查方式和调查量完全满足大陆架界限委员会的审查水准。2007年5月24日,"大陆架调查评估与建言会议"根据最新科学认识提出了必须对第一阶段调查结果进行进一步调查的建议。

3. 大陆架具体实施方针

根据《公约》关于200海里以外大陆架的相关规定,在内阁官房大陆架调查对策室的综合调整下,相关省厅按以下方针采取措施。第一,实施海域调查活动。根据"大陆架调查评估与建议会议"的建议,2004年第一阶段的调查结果和联合国的相关情报,并根据调查计划,由以下机构分担实施2005年以后的第二阶段调查活动。具体为:海上保安厅实施精密海底地形调查和地壳构造勘探活动,文部科学省实施地壳构造勘探活动,经济产业省实施基底岩石采样活动,其他省厅尽可能合作提供情报及船舶等方面的设备。实际调查时,应最大限度地活用已实施的调查结果、必须共享海底地形方面的已存数据、相关省厅应与拥有该数据的海上保安厅进行紧密合作并实施调查活动,同时,在实务者会议上也应共享情报、调整调查日程。另外,为有效起草大陆架外部界限情报,应构筑统一收集、整理、保管及提供必要调查成果的体制。第二,起草和汇总大陆架外部界限情报。在内阁官房"大陆架调查对策室"的综合协调下,外务省、文部科学省、经济产业省和海上保安厅应合作,从2004年4月起应迅速开始起草大陆架外部界限的情报,尽早探讨包括海洋科学和国际法专家学者参与的汇总大陆架外部界限情报的组织体制。第三,向大陆架界限委员会提交大陆架外部界限的情报和收集联合国等机构的情报。由外务省向大陆架界限委员会提交情报,以外务省为中心收集联合国等机构的情报,通过注意大陆架界限委员会有关审查标准等方面的审议讨论情况,通过强化与联合国和其他主张国的关联情报收集工作,努力让大陆架界限委员会对日本的审查取得好的结果。

4. 今后的调查日程

日本向大陆架界限委员会提交大陆架外部界限情报应以以下日程为目标:2005年4月,开始第二阶段的调查工作;2007年6月选举大陆架界限委员会的委员;2008年6月,完成海域调查工作;2008年12月,结束大陆架外部界限情报的汇总工作;2009年1月,履行国内相关程序和向大陆架界限委员会提交大陆架外部界限主张案;2009年5月为向大陆架界限委员会提交大陆架外部界限主张案的截止期。[①]

上述政策的出台与实施,有力地支撑了日本大陆架调查活动的完成。

(三) 强有力的经费保障

上已言及,日本由三大行政机构相关部门分工实施大陆架外部界限调查活动,下面以海上保安厅为例,予以说明。

众所周知,沿海国向大陆架界限委员会提交的大陆架外部界限主张案,根据《科技准则》的建议,包括深海测量与测地学资料、地球物理与地质学资料、数码与非数码资料、资料说明清单,且提出的资料应能说明沿海国采用之方法与结果数据资料,以证明其所提出之外部界限的定点确实合法。另外,沿海国还应及时答复大陆架界限委员会包括审议大陆架外部界限主张案成立的小组委员会提出的有关划界的问题,以便大陆架界限委员会审议和作出建议。[②] 鉴于提交大陆架外部界限主张案数据的重要性,以及调查大陆架活动的困难性,海上保安厅虽然自1983年以来开始实施大陆架调查活动,存在许多前期成果和丰富的经验,但其在组织机构上的重视,国家在财政上的大力支持,确保了其调查工作的加速实施和完成。例如,海上保安厅为有效实施向联合国提交大陆架外部界限的情报,

---

① 参见 http://www.cas.go.jp/seisaku/tairikudana/kettei.html.2009年1月31日访问。
② 大陆架界限委员会在第五届会议上,即1999年5月13日以协商一致通过了《大陆架界限委员会科学和技术准则》(简称《科技准则》)。《科技准则》的通过,为各沿海国提出大陆架外部界限主张案提供了基础,也实质性地推进了200海里以外的大陆架制度的申请工作。

新设了大陆架情报管理官,以期对大陆架外部界限调查成果实施统一收集、管理、保管及提供情报的工作,构筑了完善的组织体制。[①] 在财政支持上,海上保安厅2005年度关于调查大陆架界限的经费为6 686百万日元,[②]2006年度经费为6 735百万日元,[③]2007年度经费为6 687百万日元,[④]2008年度经费为307百万日元。[⑤] 相关财政支持了海上保安厅2007年对南鸟岛周边海域和大东岛周边海域及离其陆岸很遥远的海域进行精密海底地形调查和地壳构造勘探的调查工作。另外,海上保安厅通过精密海底地形和地壳构造勘探测量船(例如,"昭洋""拓洋"号)调查大陆架的过程中,也发现了许多新的海山,即在父岛和南鸟岛之间海域发现了7个海山,并取得了相关科学数据,从而进一步扩张了日本主张的所谓的大陆架外部界限主张面积。[⑥]

可见,日本通过构建完善的组织体制包括制定政策方针等措施、任务分工和合作,以及在财政上的大力支持,完成了大陆架外部界限调查工作,致使大陆架外部界限主张案得以提前提交。日本的大陆架外部界限主张案如果获得通过,尤其在冲之鸟礁附近海域将对我国在远海的航行和调查测量工作及国家安全等带来不利的影响,值得关注。

三、日本外大陆架划界申请案问题与中国的立场

众所周知,200海里以外的大陆架制度是《公约》的新制度,其主要内容规定在《公约》第76条、第83条和附件二《大陆架界限委员会》中,同时《公约》设立了审议大陆架外部界限的专职机构——大陆架界限委员会。其职能主要是审查沿海国为200海里以外大陆架的界限所提出的各种资料,并按照《公约》第76条和1980年8月29日第三次联合国海洋法会议通过的最后文件附件二《关于使用一种特定方法划定大陆边外缘的谅解声明》提出建议,并经相关沿海国之请求,在编制上述资料时,提供科学和技术咨询意见。沿海国在大陆架界限委员会所提出之建议基础上所划定的大陆架外部界限具有确定性和拘束力。迄今,大陆架

---

① 参见[日]海上保安厅编:《海上保安厅年度报告》(2005年),国立印刷局2005年版,第40页。
② 参见[日]海上保安厅编:《海上保安厅年度报告》(2005年),国立印刷局2005年版,第40页。
③ 参见[日]海上保安厅编:《海上保安厅年度报告》(2006年),国立印刷局2006年版,第56页。
④ 参见[日]海上保安厅编:《海上保安厅年度报告》(2007年),国立印刷局2007年版,第43页。
⑤ 参见[日]海上保安厅编:《海上保安厅年度报告》(2008年),莴有印刷株式会社2008年版,第86、46页。
⑥ 参见[日]海上保安厅编:《海上保安厅年度报告》(2007年),国立印刷局2007年版,第32—33页。

界限委员会已接收了17个大陆架外部界限主张案,审议的工作量相当大。可以预见,沿海国将在以下方面关注大陆架界限委员会的审查工作:第一,审议国家主张案的效率问题;第二,国家主张案涉及的秘密保守问题;第三,资助发展中国家提交主张案的有关问题;第四,关注核准国家主张案的建议内容包括标准问题。

在日本的大陆架外部界限主张案中突出的问题是,其将冲之鸟礁作为岛屿处理,并以此为基点主张大陆架(包括200海里以外的大陆架)。实际上,冲之鸟礁不是《公约》第121条规定的岛屿,只是岩礁,根本无法主张大陆架。

冲之鸟礁位于我国台湾岛以东、硫球群岛以南海域,具体位置为北纬20度25分,东经136度05分。它实际上是一块珊瑚岩礁,在退潮时东西长4.5千米,南北宽1.7千米,周长约11千米,高潮时整个礁基本上都被淹没在海水中,只有"北小岛"和"东小岛"有两块小的礁石露出水面约50厘米。[①] 同时,由于冲之鸟礁周围拥有丰富的渔业资源和海底丰富的锰结核资源,所以日本试图以"冲之鸟"为领海基点,扩大海洋范围,为此,日本出巨资加固,即在两块礁石四周构筑了一个直径为50米的圆形钢筋水泥防护设施,并建了一个离海面约7米的海上观测平台,以避免其消失于水下。[②] 可谓"用心良苦"。日本提交的大陆架外部界限主张案就包含了以"冲之鸟"为基点的大陆架外部界限范围。

冲之鸟礁虽远离我国海岸,但对我国的影响严重。即由于日本的无理先占成了它以此主张200海里专属经济区和大陆架的基点,这不仅严重影响各国在该公海海域的航行自由和海洋科学研究,侵害周边国家的海洋利益,而且在军事上对我国进出太平洋海域构成严重威胁,必须引起高度重视。

鉴于上述考量,我国常驻联合国代表团于2009年2月6日向联合国秘书长提交了针对日本大陆架外部界限主张案的立场声明。主要内容如下:中国政府认真研究了日本划界案的执行摘要,尤其注意到该划界案以"冲之鸟岛"为基点划出的200海里大陆架范围,以及以"冲之鸟岛"为基点延伸的SKB、MIT和KPR三处200海里以外大陆架。应当注意,所谓的"冲之鸟岛"实际上是《公约》第121条第3款所指的岩礁。因此中国政府提请大陆架界限委员会委员、《公约》缔约国和联合国会员国注意,日本将冲之鸟礁列入其划界案中是不符合《公

---

① 参见高之国:《关于苏岩礁和"冲之鸟"礁的思虑和建议》,载高之国等主编:《国际海洋法发展趋势研究》,海洋出版社2007年版,第3—4页;[日]藤田久一、坂元茂树:《论领土与领海的概念》,《世界》第756期(2006年9月),第177—193页;日本海洋政策研究财团编:《海洋白皮书:日本的动向,世界的动向》(2006年),第59—60页。

② 参见高之国:《关于苏岩礁和"冲之鸟"礁的思虑和建议》,载高之国等主编:《国际海洋法发展趋势研究》,海洋出版社2007年版,第3—5页。

约》的。《公约》第121条第3款规定:"不能维持人类居住或其本身的经济生活的岩礁,不应有专属经济区和大陆架。"现有的科学资料充分表明,冲之鸟礁依其自然状况,显然是不能维持人类居住或其本身的经济生活的岩礁,不应有专属经济区和大陆架,更不具备扩展200海里以外大陆架的权利。鉴于冲之鸟礁不具备拥有任何范围大陆架的权利基础,日本划界案中以冲之鸟礁为基点划出的200海里以内及以外的部分均超出了《公约》有关委员会作出建议的授权。中国政府谨要求委员会不对上述部分采取任何行动。中国常驻联合国代表团请秘书长将上述立场周知委员会全体委员、《公约》全体缔约国和联合国全体会员国。

另外,韩国常驻联合国代表团于2009年2月27日也向联合国秘书长提交了针对"冲之鸟岛"与中国政府内容相同的照会申明。

可见,日本大陆架外部界限主张案中以"冲之鸟"为基点主张的大陆架和大陆架外部界限是不符合《公约》关于岛屿的相关规定的,大陆架界限委员会也无权对此发表建议。[①]

总之,国际社会以《公约》为基础的200海里以外的大陆架圈地运动已经产生,为此,我国应积极研究大陆架外部界限制度,以维护我国海洋权益。

我国虽然是一个海洋大国,但我国的200海里以外的大陆架范围极其有限。具体来说,在南海可能存在属于我国的200海里以外的大陆架。

同时,尽管我国为大陆架外部界限工作实施了国家专项计划,并积极准备提出主张,但我国是否应于2009年5月13日之前向大陆架界限委员会提交大陆架外部界限主张案,仍需在进行综合研究后判定。但从《公约》规定引申出的沿海国的义务来看,似乎应提交为妥。例如,《公约》附件二第4条规定,拟按照《公约》第76条划定其200海里以外大陆架外部界限的沿海国,应将这种界限的详情连同支持这种界限的科学和技术资料,尽早提交大陆架界限委员会,而且无论如何应于本《公约》对该国生效后10年内提出。但由于提交大陆架外部界限主张案的高度复杂性和高难度性,在《公约》的第11次缔约国会议(2001年)上通过了延长申请期限的决议,即决定:凡是在1999年5月13日以前正式批准或加入《公约》的国家,都可以从这一天开始起算法定的10年提交期限。当然,国际社会现有再次延长申请期限的呼声,但在大陆架界限委员会或《公约》缔约国会议未作出新的决议之前,沿海国原则上应予以遵守,否则将承担不履行《公约》义务的责任。为此,我国必须积极应对。

---

① 例如,《公约》第121条第1款规定,岛屿是四面环水并在高潮时高于水面的自然形成的陆地区域。

中国拥有钓鱼岛主权的国际法分析

随着《联合国海洋法公约》(简称《公约》)的生效(1994年11月16日),特别是其岛屿制度、专属经济区和大陆架制度,以及《公约》内组织机构(例如,大陆架界限委员会)的建立和运作,各国对岛屿的争占日趋激烈,试图以岛屿为基点主张更宽广的海域包括获取并拓展大陆架范围,以获得更多的海域资源。为此,日本试图在中国力量进一步上升前,利用美国亚太战略再平衡之际有求日本协助的境况下,妄图继续借重美国,力图进一步地非法霸占钓鱼岛及其附属岛屿(简称钓鱼岛列屿、钓鱼台列屿,俗称钓鱼岛),出现了日本政府"国有化"钓鱼岛及其部分附属岛屿的行为和措施,目的是体现所谓的"管理"或"管辖"并向国际社会宣示"主权",争取在今后可能的国际司法判决中获得"有利"的因素。由此,中日间针对钓鱼岛问题的对抗措施不断升级,严重影响了区域乃至世界的和平与安全。本文力图阐释钓鱼岛问题的由来、分析中日两国对其的主张,并通过对相关国际条约的分析,提出结论:中国对钓鱼岛列屿拥有无可争辩的主权,但为维护中日关系大局及区域安定,中国仍望通过和平方法合理地解决钓鱼岛问题争议。

一、钓鱼岛列屿的地理及其问题的由来

在阐释钓鱼岛列屿问题的由来之前,应先概述钓鱼岛列屿的基本地理位置及其气候状况等。

(一) 钓鱼岛列屿的地理位置及其名称

钓鱼岛列屿位于中国台湾岛的东北部,是台湾的附属岛屿,分布在东经123度20分—124度40分,北纬25度40分—26度,由5个岛屿和3块岩礁组成,即

由钓鱼岛、黄尾屿、赤尾屿、南小岛、北小岛以及南屿、北屿和飞屿等岛礁组成,总面积约 5.69 平方千米。在这些岛屿中,钓鱼岛的面积最大,约 3.91 平方千米。[1] 钓鱼岛列屿及钓鱼岛问题的名称由此而来。

钓鱼岛列屿具体位置。钓鱼岛距浙江省温州市约 356 千米、福建省福州市约 385 千米,台湾省基隆市约 190 千米,黄尾屿位于钓鱼岛东北约 27 千米处,赤尾屿位于钓鱼岛东约 110 千米处,北小岛位于钓鱼岛以东约 5 千米处,南小岛位于钓鱼岛东南约 5.5 千米处;北屿位于钓鱼岛东北约 6 千米处,南屿位于钓鱼岛东北约 7.4 千米处,飞屿位于钓鱼岛东南。[2]

从钓鱼岛列屿的地理位置,尤其从海域划界的角度看,钓鱼岛列屿可分作两组。第一组以赤尾屿一个岛礁为一组;第二组以其他 7 个岛礁为一组,因为它们彼此距离最远不超过 10 海里,在海域划界上可视为一体。[3] 此观点已具体体现在中国政府于 2012 年 9 月 10 日公布的《钓鱼岛列屿领海基线声明》中。[4]

(二) 钓鱼岛列屿的地质构造及气候状况

在地质上,钓鱼岛列屿是新第三世纪岩层被火山喷出物贯穿后形成的幼年锥形岛屿,与台湾北部沿海离岛的花瓶屿、棉花屿及彭佳屿一样,都是观音山、大屯山等海岸山脉延伸入海后的突出部分。各岛礁多为隆起的珊瑚礁所围绕,而钓鱼岛列屿正好位于大陆架的边缘。其西面就是沉积物丰厚的台湾海盆,东面则隔冲绳海槽与先岛群岛相望。从地形学看,东海就是由大陆架、冲绳海槽与琉球群岛所构成,而冲绳海槽就成为分隔东海大陆架与琉球群岛的天然界限,即冲绳海槽构成中国东海大陆架与琉球岛架的自然分界线,理应作为中日两国划分东海大陆架边界的事实根据。[5]

从东海大陆架的沉积物特征和形成来看,其沉积物以富含生物遗骸的砂或砂质堆积物为特征,在成因上,其沉积物主要来自中国大陆,通过黄河、长江及其

---

① 参见中国国务院新闻办公室:《钓鱼岛是中国的固有领土》(2012 年 9 月),人民出版社 2012 年 9 月版,第 2 页。
② 《国家海洋局、民政部受权公布我国钓鱼岛及其部分附属岛屿标准名称》(2012 年 3 月 3 日),参见 http://www.soa.gov.cn/soa/news/importantnews/webinfo/2012/03/1330304734962136.htm,2012 年 3 月 4 日访问。
③ 参见马英九:《从新海洋法论钓鱼台列屿与东海划界问题》,(台北)正中书局 1985 年版,第 24 页。
④ 关于《中国政府就钓鱼岛及其附属岛屿领海基线发表声明》内容,参见 http://www.gov.cn/jrzg/2012-09/10/content_2221140.htm,2012 年 9 月 11 日访问。
⑤ 参见马英九:《从新海洋法论钓鱼台列屿与东海划界问题》,(台北)正中书局 1985 年版,第 23—24 页、第 15—17 页。

他河流输入东海堆积而成。可见,东海大陆架是中国东部大陆的自然延伸。[①]

在气候方面,自菲律宾北流的北赤道洋流(通称黑潮),经台湾岛东岸再流向本列屿一带的洋面后,西折与我国大陆的沿岸海流回合,再转向东北方向流经赤尾屿附近而往北流。钓鱼岛列屿又与台湾岛同属一季风走廊,自台湾北部来此甚为方便,而自琉球来此由于季风及黑潮流向的关系,甚为不便。[②] 此为明清两朝赴琉球之册封史从福州出海后,何以必须行经钓鱼岛列屿前往那霸的理由。同时,又因为大陆沿海海流与黑潮在钓鱼岛列屿附近相会合,形成一大规模的旋涡,在最东的赤尾屿附近,海流时速可达4海里,波涛汹急,使得海底有机物不断上涌,成为鱼群摄食的最佳场所,故为一大渔场,盛产鲣鱼,系台湾东北海岸台北、基隆、苏澳地区渔民的主要传统捕鱼区。[③]

(三) 钓鱼岛问题的爆发及持续

钓鱼岛问题爆发源于1968年联合国远东经济委员会新成立的"联合勘探亚洲海底矿产资源协调委员会"的赞助下,由以艾默利为首的多国(地区)地质、海洋学家(由美、日、韩及中国台湾地区的12位地质学家、海洋学家组成),于10月12日—11月29日勘探黄海、东海海域后,在1969年,针对东海的物理勘探所出具的勘测报告(简称《艾默利报告》)。该报告有关东海石油蕴藏的乐观估计,在沿岸各方造成震撼,导致20世纪70年代东北亚的"海域石油之战"。[④] 即《艾默利报告》中关于东海蕴藏巨大石油资源的假设或预测,在中日韩之间引发了一场钓鱼岛主权归属及东海大陆架划界问题的争议。此后,东北亚国家(地区)中代表性的举动,主要为以下方面:

第一,1971年4月,美国国务院发言人发表意见,要求美国海湾国际石油公司停止在钓鱼台周围海域的石油开采活动。[⑤] 同时,1969年美日联合公报表示,

---

[①] 参见赵理海:《海洋法的新发展》,北京大学出版社1984年版,第51—67页。
[②] 参见丘宏达:《中国对于钓鱼台列屿主权的论据分析》,(香港)《明报月刊》第78期(1972年6月),第54页。
[③] 参见台湾省外事主管部门:"钓鱼台列屿之主权声明"(2011年5月27日),第3—4页。
[④] 参见马英九:《从新海洋法论钓鱼台列屿与东海划界问题》,(台北)正中书局印行1985年版,第19—21页;吴天颖:《甲午战前钓鱼列屿归属考——兼质日本奥原敏雄诸教授》,社会科学文献出版社1994年版,第5—8页;张钧凯:《马英九与保钓运动——兼论马政府时期的钓鱼台问题》,(台北)文英堂出版社2010年版,第5页。
[⑤] 参见[日]浦野起央:《尖阁诸岛·琉球·中国——日中国际关系史》,三和书籍2005年5月版,第49页。

美国将于 1972 年 5 月把琉球(连同钓鱼台)"交还"日本。[①]

第二,1969 年 6 月、1970 年 4 月,日本政府组织东海大学科研人员对钓鱼岛列屿周边海域实施了 2 次调查活动,调查认为在钓鱼岛附近海域蕴藏丰富的油气资源。[②]

第三,1969 年后,琉球政府船只开始炮击并驱赶台湾渔民在钓鱼岛列屿周边海域的捕鱼活动。[③]

第四,1969 年 5 月 9 日,琉球政府石垣市官员在钓鱼岛列屿的 5 个岛上设置显示"行政管辖"的"标设"。[④]

第五,1974 年 1 月,日韩签署所谓的共同开发大陆架案等。

以上这些事实充分反驳了日本认为,中国是在 20 世纪 70 年代预测在东海海底蕴藏丰富石油资源后,才开始主张或强化对钓鱼岛列屿的主权要求及管理措施的谬论。换言之,在《艾默利报告》出具之前,日本并未更多地关注钓鱼岛列屿。考虑到钓鱼岛列屿周边可能蕴藏着巨大的石油资源利益,以及对其大陆架资源的觊觎或所谓的"需求",才开始了一连串调查及"占据"钓鱼岛列屿的动作,而美国依据所谓的《归还冲绳协定》,非法地将琉球及钓鱼岛列屿"归还"日本的做法,以及其偏袒日本的态度,包括自愿、非自愿地所谓的钓鱼岛列屿适用《美日安保条约》第 5 条的表态,且日本长期以来否认在钓鱼岛列屿问题上的争议,使钓鱼岛列屿问题始终无法得到解决,从而衍生出中日两国间长达 40 余年的争论。

可以看出,钓鱼岛问题争议除战略地位重要外,还具有争夺资源(生物资源和非生物资源)的属性,包括日本试图以钓鱼岛列屿为基点主张管辖海域,以及与中国平分东海大陆架资源等。为此,有必要分析中国针对钓鱼岛列屿的主张及立场,同时批驳日本的错误和非法的持论依据。

二、中国对钓鱼岛列屿拥有主权的依据

中国针对钓鱼岛列屿的主权依据,主要建立在地理、地质构造、历史、使用及

---

① 参见张钧凯:《马英九与保钓运动——兼论马政府时期的钓鱼台问题》,(台北)文英堂出版社 2010 年版,第 5 页。
② 国家海洋局海洋发展战略研究所编:《钓鱼岛问题纪事》,1996 年,第 15—16 页。
③ 参见丘宏达:《中国对于钓鱼台列屿主权的论据分析》,(香港)《明报月刊》第 78 期(1972 年 6 月),第 59 页;台湾省外事主管部门:"钓鱼台列屿之主权声明"(2011 年 5 月 27 日),第 7—8 页。
④ 参见[日]浦野起央:《尖阁诸岛·琉球·中国——日中国际关系史》,三和书籍 2005 年 5 月版,第 154 页。

法理上。具体来说,体现在最早命名、最早使用、最早开发与管理等方面。中国长期以来命名、开发和使用及管理钓鱼岛列屿等行为,完全符合国际法。

(一) 在命名方面

钓鱼岛列屿最早为我国人民所发现和命名,在 15 世纪我国明朝永乐元年(1403 年)前后写成的《顺风相送》的"福建往琉球"条记中,首先提到了钓鱼屿等岛屿,作为航路指标地之一。其相关内容为:"太武放洋,用甲寅针七更船,取乌丘……用甲卯及单卯取钓鱼屿……用卯针,取赤坎屿……取古巴山、赤屿……"[①]日本现今称钓鱼岛列屿为"尖阁列岛"或"尖阁群岛",是因为 1843 年英国舰长见钓鱼台列屿中北小岛上有如针状的锥形石柱,远望有如教堂的尖塔(pinnacle),故称其为 Pinnacle Islands,日本人再意译为尖阁群岛。可见,在日本人命名以前,中国人已命名,使用达数百年之久。[②]

自明朝以来,钓鱼岛列屿名称,在我国册封琉球国王的众多史录中也有记载。例如,最早记载钓鱼岛列屿的使录为明嘉靖十三年(1534 年)陈侃的《使琉球录》;明朝万历七年(1579 年)册封使萧崇业编的《使琉球录》中,除记有钓鱼台外,还有一幅"琉球过海图",清楚地画有钓鱼台。这些都是我国人民发现钓鱼岛列屿的铁证。

在 18 世纪以前,许多国际上的行为显示,在多数场合下,某国因发现某地,而主张得以取得对某地的主权。其后的国际法学者,则对发现的法律效果,加以限制,认为只可以取得一种原始的权利(Inchoate title),必须在合理期间内予以有效管辖,才能取得主权。[③]但无论如何,我国人民基于对钓鱼岛列屿的首先发现和命名,在国际法上应拥有某种权利,这是毫无疑义的。也就是说,明清使臣为查勘航线、校正针路,曾多次前往钓鱼屿,并且将这些岛屿用作通往琉球的航海标志,这在国际法上已构成一种原始的权利。

(二) 在使用方面

我国人民除册封使作为航路指标外,由于钓鱼岛是我国固有领土,我国人民

[①] 关于《顺风相送》中"福建往琉球"条记内容的详细解释,参见郑海麟:《钓鱼岛列屿之历史与法理研究》(增订本),中华书局 2012 年版,第 4—8 页。

[②] 参见台湾省外事主管部门:"钓鱼台列屿之主权声明"(2011 年 5 月 27 日),第 4 页。有关日本人的"鱼钓岛""尖阁群岛"名称之由来内容,参见郑海麟:《钓鱼岛列屿之历史与法理研究》(增订本),中华书局 2012 年 9 月版,第 67—85 页。

[③] 参见 C. G. Fenwick, *International Law*, Third edition, Appleton-Century-Crofts, 1948, pp. 344 - 345. 转引自丘宏达:《中国对于钓鱼台列屿主权的论据分析》,(香港)《明报月刊》第 78 期(1972 年 6 月),第 54 页。

对该列屿及附近水域的使用,在过去数百年间,是司空见惯的事。主要为:

第一,渔民捕鱼及避风。例如,日据时期台湾总督府编的《台湾之水产》(1915年)指出,我国台湾东北角的渔民自古即在钓鱼岛水域捕鲣鱼或避风,已有长久的历史。1970年钓鱼岛事件爆发后,9月18日日本《读卖新闻》报道,台湾渔民在"尖阁列岛"(即钓鱼岛列屿)一带"侵犯领海"与"不法上陆"是"日常茶饭事"。日本明治23年(1890年)1月13日冲绳县知事上书日本内务大臣,要求在钓鱼台列屿上树立"国标"的理由,是要"取缔"水产(即管理当地水产),可见当时已有人使用该列屿,而使用人一定是中国人,如是日本人或冲绳人,则何必去"取缔"。① 这些日本文献及报道反证了我国人民长期在钓鱼岛列屿周边海域活动的事实。

第二,药师采药。我国大陆及台湾中药师均曾在钓鱼岛采集海芙蓉(Statice Arbuscula),据称其可治高血压及风湿。

第三,工人作业。我国龙门工程事业公司曾雇工在岛屿附近打捞沉船及在岛上拆船,因此曾在钓鱼岛上建筑台车道及临时码头。②

另外,据"日本尖阁列岛研究会"的一篇报告,更自供在1955年3月2日琉球船擅自侵入钓鱼岛领海时,被中国帆船炮击而造成3人下落不明的所谓"第三清德丸事件"。③

(三) 在地界方面

琉球王国与中国的边界自明代起便划分得很清楚。对于地方分界,从中国方面看,地界是赤尾屿;从琉球方面看,地界是古米山(久米岛)。这在陈侃《使琉球录》(1534年)"古米山,乃属琉球者";郭汝霖《使琉球录》(1561年)"赤屿者,界琉球地方山也;再一日之风,即可望古米山矣";徐葆光《中山传信录》(1719年)"古米山,琉球西南方界上镇山"三则史料中清楚记载着中、琉两国的地方分界。而中国和琉球王国的海域分界为,位于赤尾屿和古米山之间的黑水沟(即冲绳海槽)。这在郭汝霖《使琉球录》、谢杰撰《琉球录》(1579年)、夏子阳《使琉球录》(1606年)、汪楫《使琉球杂录》(1683年)、周煌《琉球国志略》(1756年)等书中均可证明。④

---

① 日本外务省编:《日本外交文书》第23卷(1952年),日本国际联合协会发行1952年版,第531页。
② 参见台湾省外事主管部门:"钓鱼台列屿之主权声明"(2011年5月27日),第5—6页。
③ 参见日本尖阁列岛研究会编:《尖阁列岛与日本的领有权》,《冲绳季刊》第56期(1971年3月),第13页。
④ 有关中国与琉球王国之间的边界划分内容,参见郑海麟:《钓鱼台列屿——历史与法理研究》(增订本),(香港)明报出版社2011年5月版,第140—144页。

（四）在管辖方面

钓鱼岛、黄尾屿、赤尾屿最早划入中国行政管制区域的时间，见诸明朝嘉靖四十一年（1562年）初刻的《筹海图编》卷一之《沿海山沙图》。此书由中国东南沿海防倭抗倭军事指挥部最高指挥官胡宗宪主持，地理学家郑若执笔编撰，具有官方文献性质。在《沿海山沙图》的"福七""福八"两图中，清楚地将钓鱼岛、黄尾屿、赤尾屿划入福建的行政管制范围（东南海防范围），表明这些岛屿至迟在明朝就已经纳入中国海防管辖范围之内。①

1605年（明万历三十三年）徐必达等人绘制的《乾坤一统海防全图》及1621年（明天启元年）茅元仪绘制的中国海防图《武备志·海防二·福建沿海山沙图》，也将钓鱼岛列屿划入中国海疆之内。

随着台湾于康熙二十二年（1683年）正式纳入清朝版图，钓鱼岛亦以台湾附属岛屿的身份一并纳入。清代御史巡察台湾的报告与地方编修的福建省及台湾府的地方志，为我方论证最具权威性的历史文献。其中包括：清康熙六十一年（1722年）第一任巡视台湾的御史黄叔璥所著《台海使槎录》（1736年）卷二《武备》列出台湾府水师船艇的巡逻航线，并称"山后大洋，北有山名钓鱼台，可泊大船十余"。乾隆十二年（1747年）范咸《重修台湾府志》及乾隆二十九年（1764年）余文仪《续修台湾府志》均全文转录黄叔璥的记载。同治十年（1871年）陈寿祺的《重纂福建通志》更将钓鱼岛明载于"卷86'海防'各县冲要"，并列入噶玛兰厅（今宜兰县）所辖。

从方志的"存史、资治、教化"性质而言，清代地方志书对于水师巡航泊于钓鱼台的记载，除了是历史记录，亦为清代持续不断行使主权的依据与表征，足以证明钓鱼台为噶玛兰厅冲要，并受之管辖，为台湾的一部分。

可见钓鱼台不仅是中国海防巡逻点，而且是台湾的行政管辖地，充分表现了中国对其的有效管辖。② 明清时代，中国与自己的藩属琉球国往来甚多，除琉球每年派船纳贡外，每逢琉球新国王即位，中国皇帝都遣使前往册封。而在许多册封史录中都一致记载了中国与琉球分界在赤尾屿和久米岛（即姑米山）之间，即赤尾屿以西为中国的领土。清朝沈复著《浮生六记》第五卷《海国记》中有关钓鱼

---

① 参见郑若曾：《筹海图编》，中华书局2007年版，第4—147页。关于《筹海图编》具体内容及其作用，参见管建强：《国际法视角下的中日钓鱼岛领土主权纷争》，《中国社会科学》2012年第12期，第124—128页。

② 参见台湾省外事主管部门："钓鱼台列屿之主权声明"（2011年5月27日），第5页。

岛的记载,证明钓鱼岛在中国的领域之内。例如,其载"嘉庆十三年(1808年),有旨册封琉球国王……十三日辰刻,见钓鱼台(即钓鱼岛),形如笔架。遥祭黑水沟(即东海海槽),遂叩祷于天后……十四日早,隐隐见姑米山,入琉球界矣"。①

(五) 在地图方面

中国地图包含钓鱼岛而琉球国地图中向无钓鱼岛诸岛。1579年(明万历七年)中国册封使萧崇业所著《使琉球录》中的"琉球过海图"清楚表明钓鱼屿、黄尾屿和赤尾屿。1744年(清乾隆九年)来华的法国人、耶稣会士蒋友仁(Michel Benoit)受清朝委托,于1767年绘制出《坤舆全图》。该图在中国沿海部分,用闽南话发音注明了钓鱼岛。

1863年(清同治二年)的《大清壹统舆图》中,明确载有钓鱼屿、黄尾屿、赤尾屿。从图中可以看出,由福建梅花所至琉球那霸港,中经东沙、小琉球、彭佳山、钓鱼屿、黄尾屿、赤尾屿,俱为中国命名。

1867年伦敦原版初印硬皮精装《大清国地理全图》,清楚地标注钓鱼岛(Tia Yu Su,闽南语发音标注)属于中国领土所辖范围。②

康熙四十年(1701年),琉球国使臣蔡铎进献的《中山世谱》地图及说明中,记载琉球的36岛,其中并无钓鱼岛等岛屿。

日本出版的一系列有关琉球的地图中也都无钓鱼岛列屿。例如,1785年(乾隆五十年,日本天明五年)日本人林子平刊行的《三国通览图说》附《琉球三省并三十六岛图》,将钓鱼台列屿与中国同绘为粉红色,而与琉球36岛的淡黄色及日本的浅绿色完全不同,显然认为钓鱼台列屿乃中国之领土。林子平自称"此数国之图,小子未敢杜撰之",而是依据清康熙五十八年(1719年)中国册封副使徐葆光所著的《中山传信录》及附图。该书是古代著名的信史,历代为中、日、琉三国学者所推崇。

1863年(同治二年)湖北巡抚官邹世诒等修的《皇朝中外一统舆图》,清楚地标出以姑米山为琉球国界,钓鱼台、黄尾屿、赤尾屿归中国版图。

更应注意的是,即使在1892年出版的《大日本府县地图并地名大鉴》也未将钓鱼岛列入日本领土之内。

民国三十四年(1945年)3月,由内政部地图发行许可、中国史地图表编纂社

---

① 〔清〕沈复:《浮生六记》(新增补),彭令整理,人民文学出版社2010年版,第82—83页。
② 参见《明朝起钓鱼岛已列入中国防区》,《文汇报》2012年9月18日,第5版。

出版的中韩日形势图明确标出钓鱼岛、赤尾屿、黄尾屿的地理位置,表明这些岛屿为中国领土。

另外,在中、日、琉外交文书中均确认琉球领域不含钓鱼台列屿。1879年(光绪五年)日本废琉球藩为冲绳县前夕,琉球紫金大夫向德宏在复日本外务卿寺岛宗则函中,确认琉球为36岛,而久米岛(赤尾屿)与福州之间"相绵亘"的岛屿为中国所有。1880年(光绪六年)日本驻华公使向清朝总理衙门提出之"两分琉球"拟案中,证明中、琉之间并无"无主地"存在。①

1895年4月中日《马关条约》签订后,清廷割让台湾全岛及其所有附属各岛屿,琉球南部诸岛,以及钓鱼岛列屿自然成了日本的囊中之物。

上述史实,充分证明钓鱼岛列屿为中国固有领土、台湾的属岛,不属于琉球。此一事实,在1884年以前,日本与琉球官方都一贯承认。直到1885年日本有意谋夺钓鱼台后,情况才开始改变。

三、批驳日本主张拥有钓鱼岛主权的论据

2012年以来,由日本右翼挑起、政府怂恿,所谓"保卫"钓鱼岛利益且目标一致的日本"国有化"钓鱼岛及其部分附属岛屿行为(简称"国有化"钓鱼岛行为)及后续措施的目的或原因之一,是为了补正日本针对钓鱼岛列屿国内法律的无效性,以显示日本对钓鱼岛列屿的"管理"并体现"管辖",试图在今后的国际司法判决中寻找"有利"的证据及要素。

(一) 日本将钓鱼岛等岛屿"编入"领土的经过

众所周知,日本凭借中日甲午战争胜利之际,于1895年1月14日通过所谓的内阁决议,秘密地将属于中国领土的钓鱼岛及其部分附属岛屿编入所谓的日

---

① 所谓的"两分琉球"或"分岛改约"案,是指经美国前总统格兰特(Ulysses Simpson Grant)应清廷顾虑舆论压力,求其"调停"后,由日方提出"分岛改约"以解决琉球问题的方案。即以琉球南部邻近台湾的宫古、八重山2岛及周围各小岛分予中国管辖(条约未提及钓鱼岛,可证钓鱼岛不在琉球南部诸岛之列);但中国方面则应"举其所许西人者,以及于我商民",实际是假琉球南部群岛的主权换取日本商人得以入内地自由通商和获得与西人"一体均沾"(即同等待遇)的不平等条款。1880年,中日双方就"分岛改约"问题达成协议,并预定于来年正月交割琉球南部诸岛。消息传出后,廷议大哗,有识之士认为是上了日本人的当。于是,清廷乃责成李鸿章统筹全局,速结琉球一案。他因受舆论压力,采用拖延换约之法,以待当时正在进行的中俄伊犁交涉案结,然后再行推翻"分岛改约"协议。日本驻华公使(当时负责"分岛改约"谈判)宍户玑见清廷迟迟不肯换约,乃愤然离华,琉球一案就此不了了之。日本吞并琉球虽始终未获中国方面的承认,但毕竟已成事实,清廷从此以后也不曾过问。参见郑海麟:《钓鱼岛列屿之历史与法理研究》(增订本),中华书局2007年4月版,第127—128页。

本领土,并在 1 月 21 日的内阁会议上决定由内务、外务大臣指示冲绳县知事:报请在岛上修建界桩事项已获批准。① 此后,日本内阁于 1896 年 3 月 5 日颁布、4 月 1 日开始实施的《冲绳县之郡编制的敕令》(第 13 号),主张所谓的将钓鱼岛及其部分附属岛屿被并入冲绳县八重山郡,成为国有地。②

(二) 日本针对钓鱼岛等岛屿国内法律的非法性及无效性

日本秘密将钓鱼岛及其部分附属岛屿编入所谓的日本领土的内阁决议(秘别 133 号),直到 1952 年日本外务省编辑出版的《日本外交文书》中才显现,而在此之前国际社会包括中国无法知晓。③ 所以,严重地违反了国家取得领土的基本要件:向国际社会予以公示。因此其不具有国际法的效力,是一种违法的行为。④ 同时,从《冲绳县之郡编制的敕令》(第 13 号)内容可以看出,在冲绳县的五郡中根本没有钓鱼岛等岛屿的内容。此外,根据明治宪法规定内阁只是天皇的辅助机构,日本的法令只有以天皇的名义发布才算有效,而从日本针对其他领土(例如,硫磺岛、南鸟岛等无人岛)编入日本领土均予以公示的实况来看,日本将钓鱼岛等岛屿纳入日本领土的手续明显不同,即《冲绳县之郡编制的敕令》未通过天皇敕令发布,所以毫无国内法的效力。⑤ 为此,日本是借甲午战争胜利之际窃占中国领土——钓鱼岛列屿,一点也不脱离事实。

(三) 日本将中国领土钓鱼岛等岛屿编入领土的法理基础的错误性

(1) 所谓的无主地主张。日本编入钓鱼岛等岛屿为其领土法理基础的错误性之一:依据日本政府针对钓鱼岛列屿的见解,即日本外务省于 1972 年 3 月 8

---

① 参见[日]浦野起央等编:《钓鱼台群岛(尖阁诸岛)问题研究资料汇编》,励志出版社、刀水书房 2001 年版,第 170—171 页。

② 关于《冲绳县之郡编制的敕令》(第 13 号)内容:第 1 条,除那霸、首里两区之区域外,冲绳县划为下列五郡。(1) 岛尻郡:岛尻郡各村、久米岛、庆良间诸岛、渡名喜岛、栗国岛、伊平屋诸岛、鸟岛及大东岛;(2) 中头郡:中头各村;(3) 国头:郡国头各村及伊江岛;(4) 宫古郡:宫古诸岛;(5) 八重山郡:八重山诸岛。参见[日]浦野起央等编:《钓鱼台群岛(尖阁诸岛)问题研究资料汇编》,励志出版社、刀水书房 2001 年版,第 175—177 页。

③ 日本内阁决议(1895 年 1 月 14 日)附件内容:对于内务大臣建议的位于冲绳县八重山群岛之西北称为久场岛、鱼钓岛之无人岛,近年有人试图从事渔业等,故须加以取缔之。对此,应按照该县知事呈报批准该岛归由冲绳县所辖,准其修建界桩。此事应如建议顺利通过。参见[日]浦野起央等编:《钓鱼台群岛(尖阁诸岛)问题研究资料汇编》,励志出版社、刀水书房 2001 年版,第 167—170 页。

④ 要使对无主地的先占有效,需具备以下两个要件。第一,想先占无主地的国家需要有将此土地作为自己领有的意思,并通过一定的方式予以表示;第二,国家必须对该土地实施有效占有。参见[日]田佃茂二郎:《国际法新讲》(上),东信堂 1994 年版,第 191—192 页。

⑤ 关于硫磺岛编入东京府(1891 年)、南鸟岛编入东京府(1898 年)内容,参见[日]百濑孝:《史料考证:日本的领土》,河出书房新社 2010 年 8 月版,第 61—65 页、第 87—89 页。

日发布的《日本关于尖阁列岛领有权的基本见解》(*The Basic View on the Sovereignty over the Senkaku Islands*)内容,认为钓鱼岛等岛屿是无人岛,也无清朝统治的痕迹,所以依据"无主地"原则,将其编入日本的领土,所谓的"无主地"先占原则的主张。[1] 为此,对1895年钓鱼岛列屿是否为"无主地"的分析,就显得十分重要。

从日本相关资料,特别是依据日本外务省的"基本见解"可以看出,自1885年起日本开始图谋侵占钓鱼岛等岛屿。其过程如下:1885年日本内务卿山县有朋密令冲绳县令西村舍三勘查钓鱼台列屿,以设立"国标"。1885年9月22日,西村以密函回报称:此等岛屿系经中国命名,且使用多年,载之史册,如在勘查后即树立"国标",恐未妥善,建议暂缓。山县有朋并不死心,再征询外务卿井上馨之意见。1885年10月20日,井上馨在答复山县有朋的极密函件"亲展第38号"中,亦指出"清国对各岛已有命名",且当时中国报纸报道(即1885年9月6日上海《申报》标题为《台湾警信》的报道)指出:"近有日本人悬日旗于其上,大有占据之势,促请清政府注意。"此时,日本明治政府因自忖力量不足,又察"近时清国报纸等揭载我国政府欲占据台湾近旁清国所属岛屿的传闻",乃未敢妄动,决定"当以俟诸他日为宜",且为免"招致清国猜疑",要求勘查之事"均不必在官报及报纸刊登"。为此,日本内务、外务两卿联合在1885年12月5日下达指示,要求冲绳县暂勿设立"国标"(国界标志)。同时,对当时福冈人古贺辰四郎开发钓鱼岛的申请,亦予批驳。[2] 可见,在1885年时,日本知悉钓鱼岛列屿根本不是无主地,已为中国命名和使用且载入史册,根本不是所谓的无清朝统治的痕迹,其确为属于中国的领土。1894年7月,中日甲午战争爆发,至10月底中方海、陆军皆已战败。1895年4月17日,中日在马关签署《马关条约》。依其第2条规定中国割让"台湾全岛及所有附属各岛屿"与澎湖列岛。日本内阁鉴于甲午战争胜利在望,乃以"今昔情况已殊"为由,在1895年1月14日秘密核准冲绳县于钓鱼岛设立"国标"。日本对钓鱼岛列屿的窃占,至此完成。

此外,即使依据所谓的"无主地"先占原则取得对钓鱼岛列屿的主权,但至1969年5月5日,日本政府没有在钓鱼岛列屿建立任何具有管辖痕迹或领土意

---

[1] 《日本关于尖阁列岛领有权的基本见解》内容,参见 http://www.mofa.go.jp/mofaj/senkaku/index.html,2010年4月12日访问。
[2] 参见台湾省外事主管部门:"钓鱼台列屿之主权声明"(2011年5月27日),第1页。此外,对于日本外务省"基本见解"内谎称的所谓"多次或再三对钓鱼岛等岛屿的实地调查"反驳内容,参见金永明:《再驳"日本关于钓鱼岛等岛屿领有权的基本见解"的错误性》,《东方法学》2012年第5期,第54—61页。

思的标志,也就不符合国际法意义上的先占原则。①

(2) 所谓的依据条约取得"主权"。日本将钓鱼岛列屿编入领土法理基础的错误性之二:主张依据条约取得,且并无中国的反对。即依据日本外务省的"基本见解",认为日本是依据《旧金山和约》《归还冲绳协定》等而取得对钓鱼岛列屿所谓的"主权",而不属依据《马关条约》割让的领土。

尽管《马关条约》第2条未提及钓鱼岛列屿,但并不能推出其为琉球西南诸岛一部分的结论。因为台湾全岛及所有附属各岛屿所涵盖的其他许多岛屿都没有在《马关条约》第2条中提及,如接近台湾本岛的兰屿、琉球屿、花瓶屿、彭佳屿等。

1951年9月8日,美日在旧金山签署的《旧金山和约》第3条规定的美国行政权管辖下的琉球列岛及其领海范围,并无涉及钓鱼岛列屿或日本所称的"尖阁群岛""尖头群岛"。而日本政府对《旧金山和约》第3条的地域范围解释时,明确指出"历史上的北纬29度以南的西南群岛(或诸岛),大体是指旧琉球王朝的势力所及范围"。此解释表明,《旧金山和约》规定交由美国托管的范围,不含钓鱼岛列屿,因为钓鱼岛列屿并非"旧琉球王朝的势力所及范围"。②

同时,钓鱼岛列屿由于台湾渔民经常出没作业的关系,习惯上已将该列屿视为台湾附属岛屿,这是一种历史的自然形成,对于这种地理概念的历史形成,中日的文献资料均有反映。例如,明朝嘉庆帝派遣的"宣谕日本国"的特使郑舜功所撰《日本一鉴》(1556年)便记有"钓鱼屿,小东小屿也"(小东即台湾),即钓鱼屿被视为台湾附属小屿;明治二十八年(1895年)日本海军省所撰《日清战史稿本》之《别记·台湾匪贼征讨》记载的尖阁岛位置,是在"台湾淡水港北方约90海里(小基隆之海面)",也把钓鱼岛列屿视为台湾附属岛屿。

其实,如上所述,日本要到1885年前后才通过西洋人的海图(主要是英国《海军水路志》)注意到钓鱼岛列屿的存在。而英国海军是通过闽台人获悉钓鱼岛列屿的命名,日本人则是通过英国人才注意到钓鱼岛列屿的存在。1900年,日本才给钓鱼岛列屿起名为尖阁列岛。

1945年日本战败投降后,根据《开罗宣言》《波茨坦公告》及《日本投降文书》等规定,钓鱼岛列屿本应作为台湾的附属岛屿归还中国。但美国基于冷战及地缘战略考虑,根据1951年9月签订的《旧金山和约》管理琉球,并依据1953年12

---

① 为显示日本对钓鱼岛等岛屿的行政管辖,1969年5月5日日本石垣市在各岛设置了钢筋水泥制的标识或标记。参见郑海麟:《钓鱼岛列屿之历史与法理研究》(增订本),中华书局2007年版,第117页。

② 参见郑海麟:《日本声称拥有钓鱼岛领土主权的论据辨析》,《太平洋学报》2011年第7期,第94页。

月25日生效的有关奄美大诸岛的《日美行政协定》,认为有必要重新指定琉球列岛美国民政府及琉球政府按照民政府布告、条令及指令所规定的地理境界,所以,美国民政府于1953年12月25日发布了《琉球列岛的地理境界》(第27号),将钓鱼岛列屿单方面地划入琉球群岛的经纬线内,并于1972年将钓鱼岛列屿连同琉球群岛一并"交还"日本。① 由此可见,美日私相授受中国钓鱼岛列屿领土的做法,才导致现今钓鱼岛列屿被日本非法实际控制的局面,从而衍生出长达40余年的中日钓鱼岛列屿领土主权之争。

至于日本声称的在《人民日报》(1953年1月8日)发表的《琉球群岛人民反对美国占领的斗争》曾把"尖阁列岛"包括在琉球群岛之中的所谓"主张",经查原文,这是一篇编译文章。因为该文没有作者,只注明资料字样,且"尖阁列岛"纯属日语写法,文中的冲绳地区嘉手纳翻译成"卡台那"(译音)。这显然不能成为代表中国政府或《人民日报》报社的立场。另外,对于1958年中国出版的《世界地图集》日本版图中按日语写有"尖阁诸岛",并作为琉球群岛的一部分对待,而在中国地图中的台湾省部分没有出现钓鱼岛的说法,经查,此地图集均注明系根据抗战时期《申报》地图绘制。而《申报》出版的地图,充其量只能反映日本殖民统治台湾时期把钓鱼岛划归琉球管辖的历史侧面,不足以证明历史的全貌,更不能作为在正常情况下辩明领土主权归属的依据。这也与中华民国驻长崎领事冯冕,1920年5月20日对救援中国渔民给冲绳县石垣村的感谢状"曾承认尖阁列岛属于日本"一样,只反映了当时的事实。因为,自1895—1945年日本殖民统治台湾期间,钓鱼台既为台湾附属岛屿,故俱为日本领土。②

四、国际条约确认钓鱼岛列屿应完全回归中国

日本窃占钓鱼岛列屿后,重新勘查琉球与台湾之间的沿海各岛屿,将这些用武力吞占的岛屿归为冲绳县管辖。1902年12月,冲绳县决定将"尖阁诸岛"划入石垣岛大浜间切,后又于1908年在施行冲绳县岛屿特别镇村制时,将其变更为八重山村登野城。③ 所以,要论述钓鱼岛列屿的国际法地位,必须从琉球问题谈起。

---

① 关于美国单方面划定琉球地理境界并依据"群岛基线"划定琉球群岛经纬线范围内容,参见郑海麟:《日本声称拥有钓鱼岛领土主权的论据辨析》,《太平洋学报》2011年第7期,第94—96页。
② 参见台湾省外事主管部门:"钓鱼台列屿之主权声明"(2011年5月27日),第7页。
③ 参见[日]浦野起央:《尖阁诸岛·琉球·中国——日中国际关系史》,三和书籍2005年5月版,第135页。

（一）琉球问题

琉球原为我国藩属，自 1879 年为日本窃占后，清廷交涉没有结果，就不了了之，但自 1880 年以后的历届中国政府，都没有承认过日本的窃占行为，也没有表示过放弃对这些岛屿的领土主权。琉球问题成为中日之间的一大悬案。

在第二次世界大战期间，琉球问题曾在 1943 年 11 月下旬举行的开罗会议中提出。但中国政府要求与美国共同占领及共同管理的要求，并未在《开罗宣言》(1943 年 11 月 26 日签署，12 月 1 日公布)中规定。1945 年 7 月 26 日《波茨坦公告》规定："日本之主权必将限于本州、北海道、九州、四国，及吾人所决定其他小岛内。"依此规定，琉球应由中美英及后来加入《波茨坦公告》的法国与苏联决定其归属。但此时琉球已于 1945 年 4 月由美军攻占，中国并未被允许参加占领。此后，中国政府要求托管及收回琉球的正当要求，也未被美国采纳。[①]

（二）钓鱼岛列屿问题

中国政府于 1945 年 10 月 25 日接收台湾，由于日本已在割让台湾后，将钓鱼岛列屿划归琉球，所以日本在台湾的官员移交过来的图册中，当然不包括钓鱼岛列屿。此后，钓鱼岛列屿虽在美国的"占领"或"管理"之下，但台湾渔民到钓鱼岛列屿周边海域的活动，直到 1968 年都没有受到干扰，所以朝野并未注意到这个问题，也未主动向美国提出交涉并收回的要求。但中国政府从未表示放弃对钓鱼岛列屿的主权，在美国表示要将该列屿的行政权"交还"日本时，就提出了异议，并一再要求美国交还给中国。这些事实表明，美国的所谓"占领"或"管理"只是形式，实质上中国人民早就将其当作自己的领土来使用。

在此应指出的是，钓鱼岛列屿在 1945 年 4 月美军占领琉球后就已事实上脱离日本，也根本不存在日本对钓鱼岛列屿主权的所谓"时效取得"。[②] 因为日本在 1945 年 9 月 2 日签署的投降文书，接受《波茨坦公告》，承认其领土限于四大岛及

[①] 中美两国之间关于琉球问题的协商内容，参见丘宏达：《中国对于钓鱼台列屿主权的论据分析》，(香港)《明报月刊》第 78 期(1972 年 6 月)，第 57—58 页。
[②] 日本认为"自 1895 年至 1971 年，尚未受到世界上任何国家之抗议而平稳地使用钓鱼岛列屿"，因此可用国际法上"时效"(prescription)的概念作为依据，来取得主权。参见台湾省外事主管部门："钓鱼台列屿之主权声明"(2011 年 5 月 27 日)，第 7 页。在理论上，"时效"是取得领土的一种方式，但其是否为国际法有效的法律原则，存在疑问。特别是，在国际社会中，因时效而主张取得领土(领域主权)，可谓没有先例。因此，许多国际法学者并不同意"时效取得领土或领域主权"的说法。所以，严格定义的"时效原则"其实并不存在于国际社会有关领域主权取得的规范中，甚至它不应该被适用于国家领域主权的取得过程中，否则将不免形成国际社会种种处心积虑的长期占有行为，滋生众多潜在的"恃强凌弱"的不公正的冲突。参见傅崐成：《南(中国)海法律地位之研究》，(台北)123 资讯有限公司 1995 年版，第 8—10 页。

盟国决定的其他小岛后,琉球群岛和钓鱼岛列屿在法律上已完全脱离日本。同时,随着《马关条约》的废除和台湾归还中国,中国已在法律上恢复了对钓鱼岛列屿的主权;但由于美日《归还冲绳协定》的错误做法,致使钓鱼岛列屿的施政权或行政权给了日本,使日本非法地控制和占领了钓鱼岛列屿。但这种非法占据,并不能改变钓鱼岛列屿的法律地位,也不能改变其属于中国的事实。因为不法行为不产生权利(Ex Inhuria Non Oritur Jus)。

(三) 钓鱼岛列屿的条约法地位

与钓鱼岛列屿的法律地位有关的国际条约,主要为《马关条约》《开罗宣言》《波茨坦公告》以及《日本投降文书》等。

(1)《马关条约》。《马关条约》签署于1895年4月17日,它是中日甲午战争的产物。其第2条规定,中国割让台湾全岛及所有附属各岛屿与澎湖列岛。1941年12月9日,国民政府发表对日本宣战布告,指出,中外所有一切条约的协定合同有涉及中日间之关系者一律废止。换言之,随着第二次世界大战的结束,中国收复台湾时应包括钓鱼岛列屿,恢复对其的主权,因为它是台湾的附属岛屿。

中日两国针对《马关条约》第2条的内容存在分歧。依据日本外务省"基本见解"内容,认为,日本取得钓鱼岛列屿并不是依据《马关条约》,而是依据此前3个月(1895年1月14日)的内阁决议,且认为其是琉球西南诸岛的一部分,而不是台湾的附属岛屿,所以并不属于应归还的领土。而是依据《旧金山和约》《归还冲绳协定》取得的领土,即所谓的依据这些条约取得的或返还的领土。

实际上,如上所述,在传统的琉球群岛的36岛中,根本不存在钓鱼岛列屿,且从地质地理等方面看,钓鱼岛列屿为台湾的附属岛屿,且早已纳入台湾的管辖范围。例如,明朝嘉庆年间出版的《日本一鉴》明文指出,"钓鱼屿,小东小屿也"。而小东是指台湾,在书中所附图中明白表示,可见钓鱼屿是台湾附属岛屿。

(2)《开罗宣言》等文件。中美英政府首脑于1943年12月1日公布的《开罗宣言》指出,我三大盟国此次进行战争之目的,在于制止及惩罚日本之侵略,三国决不为自己图利,并无拓展领土之意思;三国之宗旨,在剥夺日本从1914年第一次世界大战开始在太平洋上所夺得或占领之一切岛屿;在使日本所窃取于中国之领土,例如,东北四省、台湾、澎湖列岛等,归还中华民国;其他日本以武力或贪欲所攫取之土地,亦务将日本驱逐出境。

《波茨坦公告》第8款规定,开罗宣言之条件,必将实施;而日本之主权,必将限于本州、北海道、九州、四国及吾人所决定其他小岛之内。

《日本投降文书》内的《向同盟国投降文书》(1945年9月2日)规定,日本接受美中英政府首脑于1945年7月26日在波茨坦所发表,其后又经苏联所加入之公告列举之条款,日本担任忠实执行波茨坦宣言之各项条款。

依据这些条约文件内容,日本应放弃或归还的岛屿及领土,主要包括以下三个方面:第一,日本应归还第一次世界大战后夺得的太平洋上的一切岛屿,是指西太平洋群岛的岛屿,主要为加罗林群岛、北马里亚纳群岛、马绍尔群岛;第二,日本应归还窃取于中国的领土;第三,日本应放弃以武力或贪欲所攫取之土地。[1]

在此,钓鱼岛列屿是否属于《马关条约》内应放弃的内容,并不是关键分歧。因为,《开罗宣言》对领土内容的规定采用了不穷尽列举的方式,意在强调日本以任何方式窃取于中国的一切领土,不论是通过《马关条约》正式割让的台湾、澎湖,还是日本通过傀儡政府而实际占据的东北四省,或是以其他方式窃取的中国领土,均应归还中国。所以,即使日本辩称钓鱼岛列屿没有作为台湾附属岛屿在《马关条约》中一并割让给日本,也不能否认钓鱼岛列屿是日本利用甲午战争以武力或贪欲从中国窃取的领土,因而是必须归还中国的。[2]

(3)《旧金山和约》。朝鲜战争期间,美国为让日本发挥战时基地的作用,并使其占领合法化,积极推动与日本媾和,于1951年9月4日在旧金山召开会议,并在排除中国参加的情况下,缔结了《旧金山和约》(1951年9月8日通过,1952年4月28日生效)。《旧金山和约》第2条规定,日本放弃其对于台湾及澎湖列岛之一切权利、权利名义与要求;第3条规定,日本对于美国向联合国所作任何将北纬29度以南之西南群岛(包括琉球群岛及大东群岛)、孀妇岩以南之南方诸岛(包括小笠原群岛、西之岛及硫磺列岛)及冲之鸟岛与南鸟岛,置于托管制度之下,而以美国为其唯一管理当局之建议,将予同意。在提出此项建议并就此项建议采取确定性之行动以前,美国有权对此等岛屿之领土及其居民,包括此等岛屿之领水,行使行政、立法及管辖之权力。

对此,中国政府周恩来总理兼外长代表政府郑重声明,指出《旧金山和约》没有中华人民共和国参加的对日单独和约,不仅不是全面的和约,而且完全不是真

---

[1] 参见管建强:《国际法视角下的中日钓鱼岛领土主权纷争》,《中国社会科学》2012年第12期,第132页。

[2] 国纪平:《钓鱼岛是中国领土铁证如山》,参见 http://www.politics.people.com.cn/2012/c1001-19239223.html,2012年10月14日访问。

正的和约;中国政府认为是非法的、无效的,因而是绝对不能承认的。[①]

其实,如上所述,依据国际法文件,尤其是《日本投降文书》,琉球及钓鱼岛列屿在法律上已脱离日本,《旧金山和约》第3条只是确认这点,美日所谓日本对琉球有"剩余主权"的说法,在法律上完全站不住脚。因为众多的国际法学者著作中完全没有这个术语。同时,对于钓鱼岛列屿,因《马关条约》的废除与台湾回归中国,中国已恢复了对其的主权。只是美国还"占领"或"管理"它们,所以,中国未收复对钓鱼岛列屿的完全主权。[②]

(4)《归还冲绳协定》。第二次世界大战后,美国依据日本提交的琉球(包括钓鱼岛列屿)地理范围,于1952年2月29日、12月25日,琉球列岛美国民政府先后发布第68号令(即《琉球政府章典》)和第27号令(即关于"琉球列岛的地理界限或境界"布告),继承了日本"宣称"的琉球范围,依据经纬度划界法,无视中国领土(钓鱼岛列屿)的事实及中国政府的抗议,将中国领土钓鱼岛列屿划入托管(管理)范围。[③] 鉴于冷战对抗苏联的需要,为让日本发挥作用,1971年6月17日,日美签订了《归还冲绳协定》(1972年5月15日生效),将琉球包括钓鱼岛列屿纳入"归还区域"并"交还"日本,从而再次"剥夺"了中国完全收复钓鱼岛列屿的机会,造成中日钓鱼岛列屿主权争议。1971年12月30日,中国外交部发表严正声明指出:"美、日两国政府在'归还'冲绳协定中,把我国钓鱼岛等岛屿列入'归还区域',完全是非法的,这丝毫不能改变中华人民共和国对钓鱼岛等岛屿的领土主权。"同时,台湾当局对此也表示了坚决反对。即早在美国于1969年发表将于1972年5月把琉球(连同钓鱼台列屿)"交还"日本后,台湾在"关于琉球群岛与钓鱼台列屿问题的声明"(1971年6月11日)中指出,台湾对于美国拟将钓鱼台列屿随同琉球群岛一并移交之声明,尤感惊愕;台湾认为,钓鱼台列屿系附属台湾省,构成中国领土之一部分,基于地理地位、地质构造、历史联系以及台湾省长期继续使用之理由,已与中国密切相连,台湾根据其保卫国土之神圣义务在任何情形下绝不能放弃尺寸领土之主权。

面对中国政府和人民的强烈反对,美国不得不公开澄清其在钓鱼岛列屿主权归属问题上的立场。1971年10月,美国政府表示,"把原从日本取得的对这些

---

① 参见《周恩来外长关于美国及其仆从国家签订旧金山和约的声明》(1951年9月18日),载田桓主编:《战后中日关系文献集(1945—1970)》,中国社会科学出版社2002年版,第103—104页。
② 参见丘宏达:《中国对于钓鱼台列屿主权的论据分析》,(香港)《明报月刊》第78期(1972年6月),第58—59页。
③ 参见中国国务院新闻办公室:《钓鱼岛是中国的固有领土》(2012年9月),人民出版社2012年版,第10页。

岛屿的施政权归还给日本,毫不损害有关主权的主张。美国既不能给日本增加在他们将这些岛屿施政权移交给我们之前所拥有的法律权利,也不能因为归还给日本施政权而削弱其他要求者的权利。……对此等岛屿的任何争议的要求均为当事者所应彼此解决的事项"。1971年11月,美国参议院在批准《归还冲绳协定》时,发表声明称,尽管美国将该群岛的施政权交还日本,但是在中日双方对群岛对抗性的领土主张中,美国将采取中立立场,不偏向于争端中的任何一方。[①] 迄今,美国政府针对钓鱼岛列屿的主权问题仍持此立场。[②]

在此,美国依据《归还冲绳协定》"归还"琉球群岛及钓鱼岛列屿行政权之举,不仅未取得第二次世界大战其他盟国的同意,而且也违反《旧金山和约》要求将琉球予以托管的目的。所以,美国无权单方面地决定琉球群岛与钓鱼岛列屿的返还问题;相反,美国有从日本收回琉球群岛及钓鱼岛列屿行政权的义务。

(5)"中日和平条约"。为了修补《旧金山和约》排除中国政府参加的缺陷,"实施"其规范的内容,台湾当局与日本政府于1952年4月28日签署了"中日和平条约"(1952年8月5日生效),以结束中日战争状态并处理领土问题。"中日和平条约"第1条规定,台湾当局与日本国间之战争状态,自本公约生效之日起,即告终止;第2条规定,日本国放弃对于台湾及澎湖群岛以及南沙群岛及西沙群岛之一切权利、权利名义与要求;第4条规定,承认中国与日本国间在1941年12月9日以前所缔结之一切条约、专约及协定,均因战争结果而归无效。这些条款内容,基本与《旧金山和约》内容相同,尤其是第2条关于中国领土之规定。但其与《马关条约》《旧金山和约》相比,则存在以下缺陷或漏洞,主要体现在以下方面:第一,《马关条约》写明了割让台湾全岛及所有附属各岛屿、澎湖列岛的主权与治权,而在"中日和平条约"中并无明确规定,只写一切权利,其是否包含主权和治权,并未明确规定,留有任意解释的余地。第二,《马关条约》写明了割让"台湾全岛及所有附属各岛屿",但在"中日和平条约"中却无"所有附属各岛屿"的字样,这为日本吞并钓鱼岛列屿提供了"合法"的依据。第三,《旧金山和约》第3条规定,日本同意琉球群岛交由美国托管的任何建议,"中日和平条约"中不但没有提出异议,而且对琉球群岛只字未提,这实际上是放弃了对日本吞并琉球的历史清算。第四,"中日和平条约"第1款第2项规定,为对日本人民表示宽大与友好

[①] 参见中国国务院新闻办公室:《钓鱼岛是中国的固有领土》(2012年9月),人民出版社2012年版,第11页。

[②] 如 M. E. Manyin, *Senkaku (Diaoyu/Diaoyutai) Islands Dispute: U.S. Treaty Obligations*, Congressional Research Service, 25 September 2012。

之意起见,台湾当局自动放弃根据《旧金山和约》第 14 条甲项第 1 款日本国所应供应之服务之利益。这不但将日本人承认应对中国人民在战时造成损害及痛苦作出应有赔偿给放弃了,就连要求日本人服务的权利也放弃了。这是为中国人民的感情所不容的,亦是"中日和平条约"的又一大失误。[①]

总之,"中日和平条约"是一部在美国"斡旋"下的,利用台湾当局当时乞求生存的致命弱点,安排与日本签订的和约,且其是根本无法主张并反映全体中国人民合理权益的,未脱离不平等条约印记的条约。尤其是联合国大会于 1971 年 10 月 25 日通过了《恢复中华人民共和国在联合国组织中的合法权利问题》的第 2758 号决议,表明联合国承认自中华人民共和国成立之日起就当然拥有合法的代表权。所以,台湾当局在中华人民共和国政府成立后,擅自以中国主权的身份所订立的"中日和平条约"是无效的。[②] 这也可从《中日政府联合声明》第 2 款得到印证。[③]

(6) 条约效力分析。从对上述国际条约包括双边文件的内容可以看出,它们具有不同的位阶。第一、《开罗宣言》《波茨坦公告》及《日本投降文书》属于第一层次,它们具有造法或立法的功能,起引导及决定性的作用。第二,诸如《马关条约》《旧金山和约》《归还冲绳协定》《中日和平条约》等文件,属于第二层次的性质,它们具有合同或契约性的功能,起具体执行或实施的作用。当第二层次的条约内容与第一层次的条约内容发生冲突时,应遵守第一层次条约内容,因为其位阶较高。

对于《旧金山和约》,由于中国政府没有参加,并作出了反对的声明,因此与中国有关的内容,对中国政府无拘束力。因为《维也纳条约法公约》第 34 条规定,条约非经第三国同意,不为该国创设义务或权利;其第 35 条规定,如条约当事国有意以条约之一项规定作为确立一项义务之方法,且该项义务经一第三国以书面明示接受,则该第三国即因此项规定而负有义务。这些条款内容体现了国家主权平等原则和"协议不损害第三国及不得益第三国"的原则。

事实上,随着国际交往的发展及深入,条约确实也会对当事国以外的国家(第三国)产生影响,在条约是否拘束第三国的问题上,国际社会出现了必须由第三国的同意才有拘束力的观点(即严格解释的观点),以及在权利方面应承认"为

---

① 参见郑海麟:《钓鱼岛列屿之历史与法理研究》(增订本),中华书局 2007 年版,第 144—149 页。
② 参见管建强:《国际法视角下的中日钓鱼岛领土主权纷争》,《中国社会科学》2012 年第 12 期,第 134 页。
③ 《中日政府联合声明》(1972 年 9 月 29 日)第 2 款规定,日本国政府承认中华人民共和国政府是中国的唯一合法政府。

第三国的条约"对第三国也有拘束力的对立观点,从而在传统的国家义务基础上,出现了作为国际社会一员的国家的"对世的义务"(obligations erga omnes)或"普遍性的义务"的意见,为此出现了第三国也应遵守不是当事国的条约内容的主张。① 但由于何为"普遍性的义务"及强制性规则,包括其内容和范围未曾明确界定,又当普遍性义务与强制性规则发生冲突时如何处理,并不明确,所以这种观点并未成为主流。概言之,条约仍未能拘束无书面明示接受的非缔约国,这依然是一项重要的条约法原则,应该得到遵守。

总之,依据国际法文件,特别是《开罗宣言》《波茨坦公告》《日本投降文书》等的原则和精神,钓鱼岛列屿属于中国应收复的领土,毋庸置疑。同时,依据国际法文件,日本的领土限于四地及同盟国决定之小岛内。从1946年1月29日,同盟国最高司令官总司令部向日本政府发出《某些边远区域从日本的统治和行政中分离》的"第677号指令"(其明确剥夺日本对本土以外地域的支配管辖权并界定了日本的领土范围)以来,同盟国迄今未曾协商讨论决定日本的领土范围,包括琉球群岛的地位问题。鉴于钓鱼岛列屿主权问题危及或影响东亚区域及世界的和平与安全,联合国安理会有责任讨论此问题,或其可向国际法院申请咨询意见,以确定日本领土之范围,切实保卫第二次世界大战之胜利成果,并确保及遵循国际制度安排。②

五、钓鱼岛列屿问题解决方法及展望

钓鱼岛列屿问题十分复杂,既关联主权和领土完整,又牵涉历史和世界秩序的安定,但不可否认的是,利用和平方法依然是解决钓鱼岛列屿问题的重要而可行的方法,必须遵循。这不仅符合《联合国宪章》《联合国海洋法公约》规范之原则和精神,也符合中日四个政治文件的原则和要求。③

笔者认为,钓鱼岛列屿问题长期无法解决的要因之一为,日本否认在钓鱼岛列屿问题上存在争议,并拒绝与中国协商谈判。而从常设国际法院审理马弗提斯和耶路撒冷工程特许案(Mavromamat Palestine Concessions)的判决(1924年8月30日)内容可以看出,所谓的国际争端是指两国之间在法律或事实上的某一方面存有分歧,或者在法律观点或利益上发生冲突的状况。据此判决内容,结合

---

① 参见[日]松井芳郎等:《国际法》(第4版),有斐阁2002年版,第43页、第109—111页。
② 例如,《联合国宪章》第39条、第96条第1款;《国际法院规约》第65条第1款。
③ 例如,《联合国宪章》第2条第3款;《公约》第279条;《中日和平友好条约》第1条第2款。

中日两国针对钓鱼岛列屿问题的主张分歧及利益冲突,可以看出其在两国间是存在争议的,日本无法否认。①

钓鱼岛列屿问题长期无法解决的要因之二为,日本否认在钓鱼岛问题上存在"搁置争议"的共识。尽管"搁置争议"内容并未在《中日政府联合声明》(1972年9月29日)、《中日和平友好条约》(1978年8月12日)中显现,但《中日和平友好条约》换文(1978年10月23日)后的1978年10月25日,邓小平副总理在日本记者俱乐部上的有关回答内容,表明两国在实现中日邦交正常化、中日和平友好条约的谈判中,存在约定不涉及钓鱼岛问题的事实。② 换言之,中日两国领导人同意就钓鱼岛问题予以"搁置"。否则的话,针对邓小平在记者招待会上的回答,日本政府可作出不同的回答,而他们并未发表不同的意见,也没有提出反对的意见,这表明对于"搁置争议"日本政府是默认的。此后,日本政府也是以此"搁置争议"方针处理钓鱼岛问题的,具体方针为"不登岛、不调查及不开发、不处罚"。

应注意的是,由于邓小平副总理在日本记者俱乐部上的回答是在两国互换《中日和平友好条约》批准文件后举行的,所以,针对钓鱼岛列屿问题的回答,具有补充《中日和平友好条约》内容原则性、抽象性等缺陷的功能,即具有解释性的作用和效果。换言之,针对钓鱼岛列屿问题的回答内容,也具有一定的效力。

此外,如上所述,2012年9月,日本政府对"国有化"钓鱼岛行为目的,试图体现对其的"管辖"或"管理",以体现"主权",并在今后的国际司法判决中争取"有利"的要素。因为,从新近国际法院解决争议岛屿实践看,已可归纳出基本的模式,即国际法院在具体解决涉及领土主权的案例中,适用了一项具有优先顺序的三重性分级判案规则,具体为条约优先适用,然后考虑保持占有,最后适用有效控制理论。③

我们希望日本政府尊重事实和国际法,并倾听国内学者及前官员的正义之声,与中国政府展开平等的协商和谈判,包括利用现有双边对话及协商机制,例如中日战略对话机制、中日海洋事务高级别磋商机制、中日副外长级对话机制、中日东海问题原则共识政府间换文谈判机制等,以合理处理钓鱼岛列屿问题争

---

① 参见金永明:《中国制定海洋发展战略的几点思考》,《国际观察》2012年第4期,第11页。
② 邓小平副总理在日本记者俱乐部上的发言内容,参见《邓小平与外国首脑及记者会谈录》编辑组:《邓小平与外国首脑及记者会谈录》,台海出版社2011年版,第315—320页。
③ 参见张卫彬:《论国际法院三重性分级判案规则》,《世界经济与政治》2011年第5期,第77—93页。

议,使其不影响中日关系的大局,并共享资源利益。①

最后,应该指出的是,尽管中国政府依然具有利用和平方法合理解决钓鱼岛列屿问题的意愿,但也不应放弃发展海上军事实力的机遇。特别是,现阶段的海洋问题情势启示我们,我国制定国家海洋发展战略的时机已经到来,应加快完成和实施,包括加强两岸海洋问题合作规划、展开研讨,以完善海洋体制和机制,维护国家主权和领土完整,否则我国主动处理海洋问题的时机将消失,被动局面难以改变。

---

① 例如,[日]井上清:《"尖阁"列岛——钓鱼诸岛的历史解明》,第三书馆1996年10月版,第9—153页;[日]村田忠禧:《尖阁列岛·钓鱼岛争议——对21世纪人们智慧的考验》,日本侨报社2004年版,第4—73页;[日]保阪正康、东乡和彦:《日本的领土问题——北方四岛、竹岛、尖阁诸岛》,角川书店2012年2月版,第115—144页;[日]孙崎享:《日本的国境问题——尖阁竹岛北方领土》,筑摩书房2012年10月版,第57—94页。

中国维护东海权益的国际法分析

近日,中日两国之间围绕钓鱼岛和东海问题的争论再起。例如,日本内阁官房网站于 2016 年 4 月 15 日公布了与钓鱼岛有关的资料,妄称钓鱼岛是日本的"固有领土"。① 日本外务省网站于 2015 年 7 月 22 日发布了中国东海油气平台的位置、图片等信息,鼓吹"中国海洋威胁论",并要求中方停止在日方单方面主张的"中间线"中方一侧海域的开发活动。② 对此,中国外交部于 2015 年 7 月 24 日发表了《中国东海油气开发活动正当合法》的政策性立场文件。③

实际上,东海问题的核心为钓鱼岛主权争议问题,双方立场严重对立且不可调和。中国政府针对钓鱼岛问题的代表性立场为,外交部发言人洪磊于 2013 年 11 月 4 日谈及的内容:钓鱼岛是中国的固有领土,第二次世界大战结束时的有关国际文件已在法律上确认钓鱼岛应归还中国;20 世纪 70 年代初,美日私相授受钓鱼岛是非法和无效的,并不能改变钓鱼岛主权属于中国的事实;当前的钓鱼岛紧张事态,是由日方一手造成的,是日方企图改变现状,而不是中方。日本认为,从历史和国际法看,尖阁诸岛明确是日本固有领土,并不存在与尖阁诸岛有关应解决的领土问题,日本为保全领土将毅然和冷静地应对,通过遵守国际法,确保区域的和平与安定。④

---

① 参见 http://www.cas.go.jp/jp/ryodo/index.html,2016 年 4 月 19 日访问。
② 日本外务省发布中国东海油气平台的位置、图片等信息内容,参见 http://www.mofa.go.jp/mofaj/files/00091720.pdf and http://www.mofa.go.jp/mofaj/files/000091722.pdf,2015 年 7 月 23 日访问。
③ 《中国东海油气开发活动正当合法》内容,参见 http://www.fmprc.gov.cn/mfa_chn/wjbxw_602253/t1283725.shtml,2015 年 7 月 29 日访问。
④ 日本针对钓鱼岛问题的基本立场,参见日本外务省文件:《尖阁诸岛:不依力量而基于法律支配寻求和平之海》(2014 年 3 月),参见 http://www.mofa.go.jp/mofaj/area/senkaku/index.html,2014 年 5 月 10 日访问。关于"固有领土"内容,参见金永明:《论日本的所谓"固有领土"之含义》,《东方早报》2014 年 2 月 18 日,第 A11 版。"固有领土"含义,是指历史上未有任何国家对其提出任何异议的领土,即历史性权原;如果中日双方均依历史主张权原,则必须精查各方的历史。参见[日]芹田健太郎:《领土争端的法律和政治——宪法第 9 条及争端的和平解决》,《法律时报》第 84 卷第 12 期(2012 年 12 月),第 4 页。

即使中日两国于 2014 年 11 月 7 日就处理和改善中日关系达成四点原则共识后,日本政府依然坚持先前的政策和立场,即钓鱼岛是日本的领土,两国不存在主权争议。[①] 所以,为切实改善和发展中日关系,尤其是深化两国战略互惠关系内容,有必要依据国际法分析中日两国针对钓鱼岛问题的基本立场和法律主张,以维护我国在东海的权益。

一、钓鱼岛问题难解的要因

一般认为,东海问题争议主要包括岛屿主权归属争议、资源开发争议、海域划界争议和海空安全争议。在这些争议问题中,核心是岛屿主权归属争议,即钓鱼岛及其附属岛屿主权归属争议,其他争议问题由此引发或与其关联。现今的重点是管控东海海空安全,即构筑和实施东海海空安全的管理制度,以实现两国政府和平友好发展意愿,这是两国政府无法在钓鱼岛问题上达成妥协的过渡时期的安全措施。

而在中日关于钓鱼岛及其附属岛屿(以下简称钓鱼岛列屿或钓鱼岛列岛)的主权归属争议中,关键问题主要体现在:中日两国之间是否存在争议,是否存在"搁置争议"的共识,以及对国际法制度或国际秩序的理解和认识上的分歧等方面。

(一) 钓鱼岛列屿存在主权争议,日本不容否认

对于是否存在钓鱼岛列屿争议的问题,从国际实践看,并不是单方面的判断可以决定的,而需要从事实和法律立场予以阐释。诚然在国际法文件中,没有明确定义国际争议或国际争端的概念,但从国际法院多次引用常设国际法院在 1924 年 8 月 30 日审理马弗提斯和耶路撒冷工程特许案(Mavromamat Palestine Concessions)的判决内容可以看出,所谓的争端是指两个当事人(或国家)之间在法

[①] 例如,在日本第 187 次临时国会的众议院会议上,日本外务大臣岸田文雄于 2014 年 11 月 21 日在回答下世代党议员西野弘一关于尖阁诸岛的领有权问题的第 71 号提问时答辩指出,日本依然坚持先前的立场,即中日两国不存在需要讨论解决钓鱼岛的主权争议问题。参见 http://www.shugiin.go.jp/internet/itdb_shitsumon.nsf/shitsumon/187071.htm,2014 年 11 月 25 日访问。针对日本政府就钓鱼岛问题通过的上述答辩书,中国外交部发言人洪磊指出,钓鱼岛及其附属岛屿自古以来是中国的固有领土,中方对其拥有无可争辩的主权;中国政府维护国家领土主权的决心和意志坚定不移;我们要求日方停止一切损害中国领土主权的行为;……我们敦促日方信守承诺,拿出诚意,以实际行动维护和落实中日四点原则共识,妥善处理当前两国关系面临的突出问题,为推动两国关系改善发展作出努力。参见 http://www.fmprc.gov.cn/mfa_chn/fyrbt_602243/t1213754.shtml,2014 年 12 月 17 日访问。

律或事实论点上的不一致(desaccord),在法律主张或利害上的冲突(constradiction)及对立(opposition)。① 换言之,国际争议或国际争端是针对特定主题,两者间互相对抗的主张出现明显化的状况。正如国际法院在此后多次提及的,(国际)争议是由客观事实确定的,不依赖于当事者是否承认。② 对照此判决内容,结合中日两国针对钓鱼岛问题的立场与态度,中日两国在钓鱼岛问题上是存在争议的。③

从日本政府针对钓鱼岛问题的文件内容可以看出,其基本立场为,钓鱼岛为日本固有领土,这在历史和国际法上均没有怀疑,即使现今其仍被日本有效地支配,所以,对于钓鱼岛问题,不存在应解决领有权的问题,④即否认中日两国针对钓鱼岛问题存在争议。甚至日本外务省官员指出,如果中方认为存在争议,则中方可向国际法院提起诉讼。因为日本已于1958年9月作出了无保留地选择国际法院管辖权的声明,又于2007年7月9日就接受国际法院管辖的选择性声明作出了保留,所以一旦中方提交诉讼,则日本必须接受其管辖(应诉),从而事实

---

① 参见 PCIJ, Series A, No.2, p.11。例如,国际法院关于印度领域通行权案的本案判决,参见 ICJ Reports, 1960, p.34。国际法院关于萨尔瓦多和洪都拉斯之间的陆地、岛屿和海上边界争端案判决,参见 ICJ Reports, 1992, p.555, para.326。

② 参见[日]杉原高岭:《国际法讲义》,有斐阁2008年版,第544页。

③ 中国政府针对钓鱼岛问题的立场与态度文件,主要为:《中华人民共和国外交部声明》(1971年12月30日,2012年9月10日)、《钓鱼岛是中国的固有领土白皮书》(2012年9月)。以上资料,参见国家海洋信息中心编:《钓鱼岛——中国的固有领土》,海洋出版社2012年版,第25—30页;中华人民共和国国务院新闻办公室:《钓鱼岛是中国的固有领土》,人民出版社2012年版,第1—16页。日本政府(外务省)针对钓鱼岛("尖阁诸岛")问题的立场性文件,主要为:《日本关于尖阁诸岛领有权问题的基本见解》(1972年3月8日)、《日本针对尖阁诸岛的"三个真实"》(2012年10月4日)、《日本尖阁诸岛宣传资料》(2013年10月)。以上资料,参见[日]浦野起央等编:《钓鱼台群岛(尖阁诸岛)问题研究资料汇编》,(香港)励志出版社、(东京)刀水书房2001年版,第272—273页;[日]冈田充:《尖阁诸岛问题:领土民族主义的魔力》,苍苍社2012年版,第225—226页;以及 http://www.mofa.go.jp/mofaj/area/senkaku/pdfs/senkaku_flyer.pdf, 2013年10月30日访问。

④ 在日本,支持日本政府针对钓鱼岛问题见解的代表性学者系列新论文,主要为:[日]尾崎重义:《尖阁诸岛与日本的领有权》(绪论、1)、(2)、(3),《岛屿研究期刊》创刊号(2012年6月),第8—17页;《岛屿研究期刊》第2卷第1期(2012年10月),第8—27页;《岛屿研究期刊》第2卷第2期(2013年4月),第6—33页;[日]尾崎重义:《尖阁诸岛的法律地位——编入日本领土的经纬与法律权原》(上)、(中)、(下之一),《岛屿研究期刊》第3卷第2期(2014年4月),第6—27页;《岛屿研究期刊》第4卷第1期(2014年11月),第6—27页;《岛屿研究期刊》第4卷第2期(2015年3月),第6—24页。2016年4月15日,日本内阁官房网站公布了一些资料和图片,妄称钓鱼岛是日本的"固有领土"。代表性的资料为:内阁官房委托冲绳和平合作中心调查的《与尖阁诸岛有关资料在冲绳的调查报告书》(2015年3月)、《与尖阁诸岛有关资料的调查报告书》(2016年3月)。参见 http://www.cas.go.jp/jp/ryodo/report/senkaku.html, 2016年4月19日访问。代表性的已经刊发的论文材料:[日]滨川今日子:《围绕尖阁诸岛领有的论点——以日中两国的见解为中心》,《调查与情报》第565期(2007年2月28日);[日]中内康夫:《围绕尖阁诸岛问题与日中关系——从日本编入领土到现今的经纬与今后的课题》,《立法与调查》第334期(2012年11月);[日]岛袋绫野:《从外务省记录文书看感谢状的经过》,《石垣市立八重山博物馆纪要》第22期(2013年)。参见 http://www.ndl.go.jp/jp/diet/publication/issue/0565.pdf, 2016年4月19日访问。

上承认在两国之间存在钓鱼岛争议的情形。① 为此,在日方坚持强调不存在争议的情形下,中方需考虑是否主动提起诉讼的问题,并对国际司法解决方法作出评估,关键应作好法律诉讼或仲裁裁决的精细准备。

在日本学者中,也出现了日本主动提起司法诉讼或仲裁的观点,即由国际法院或仲裁庭裁定或判决是否存在争议的问题,以确保东海海空安全,避免因中国的"强力行为"或"危险行动",而在东海海空引发的安全事故和冲突事件。如果日本主动提起诉讼,则中国就面临是否应诉的问题。这对于我国一直坚持和主张以政治方法或外交方法优先解决与其他国家之间的领土争议问题的政策面临重大挑战。因为,我国不仅未就《国际法院规约》第 36 条第 2 款的管辖权作出选择性声明;②同时,我国已依据《联合国海洋法公约》(以下简称《公约》)第 298 条的规定,于 2006 年 8 月 25 日向联合国秘书长提交书面声明,指出,对于《公约》第 298 条第 1 款第(a)、(b)和(c)项所述的任何争端(即涉及海洋划界、领土主权、军事活动等争端),中国政府不接受《公约》第 15 部分第 2 节规定的任何国际司法或仲裁管辖。换言之,中国对于涉及国家重大利益的海洋争端,排除了适用国际司法或仲裁解决的可能性,坚持有关国家通过协商谈判解决的立场。也就是说,如果中国不撤回上述书面声明或不同意接受规定的程序,包括两国无法缔结协议提交国际司法或仲裁,则国际司法或仲裁机构就无法管辖此类争端。③ 那么,在中国不主动起诉的情形下,就只留下中国是否接受日本单独提起的争端并接受"应诉管辖"(forum prorogatum)的问题了。

所谓的"应诉管辖",是指相关方即无义务管辖权的一方,在对方是否同意接受国际法院管辖权毫不知情的情形下,向国际法院提起的诉讼,在此后的过程中,根据对方的明示或默示的意思表示接受法院管辖权,而赋予法院对该事件的管辖权并正式开始诉讼的状况。尽管通过应诉管辖的方法,国际法院可开始诉讼程序,但此方法并未在《国际法院规约》中作出明确的规定,只是从常设国际法

---

① 日本为避免突然受诉,于 2007 年 7 月修改了原来的声明并作出了保留,即对于其他国家作出接受国际法院管辖的声明,并在未满 12 个月向国际法院提起的争端,日本不应诉。参见[日]芹田健太郎:《领土争端的法律与政治——宪法第 9 条及争端的和平解决》,《法律时报》第 84 卷第 12 期(2012 年 12 月),第 3 页;[日]田中则夫、药师寺公夫、坂元茂树编:《基本条约集》(2014 年),东信堂 2014 年版,第 1189 页。

② 《国际法院规约》第 36 条第 2 款规定,本规约各当事国得随时声明关于具有下列性质之一切法律争端,对于接受同样义务之任何其他国家,承认法院之管辖为当然而具有强制性,不须另订特别协定:(一)条约之解释;(二)国际法之任何问题;(三)任何事实之存在,如经确定即属违反国际义务者;(四)因违反国际义务而应予赔偿之性质及其范围。

③ 《公约》第 298 条第 2 款规定,根据第 1 款作出声明的缔约国,可随时撤回声明,或同意将该声明所排除的争端提交本公约规定的任何程序。

院作出裁判后以惯例方式逐渐加以认可的,也得到了国际法院的案例确认。例如,国际法院于1948年3月25日对科孚海峡案作出的先决性抗辩判决就属于应诉管辖。即针对英国一方向国际法院提出的请求,阿尔巴尼亚在送交法院书记官的信中指出,尽管英国一方提起的诉讼并不合适,但为使自己国家表示对"国家间友好合作及和平解决争端各原则"的热情和诚意,并不错失机会,国家有在法院出庭的意思,从而接受了国际法院的管辖权。①

虽然应诉管辖在国际法院存在提起诉讼增加的趋势,但由于一方是在对方是否承诺管辖毫不知情的情形下向国际法院提起的诉讼,所以有容易利用这种方法提起诉讼的可能性(即政治利用可能性)。同时,如果事先知道对方不会应诉而提起诉讼时,也存在国际上宣传对方不诚意解决争端的意图而被利用的可能性。所以,在1978年修改《国际法院规则》时,增加了严格限制应诉管辖的新条款。例如,《国际法院规则》第38条第2款规定,"请求书应尽可能指明认为法院有管辖权的法律理由,并应说明诉讼请求的确切性质以及诉讼请求所依据的事实和理由的简明陈述";第5款规定,"当请求国有意以有待被告国表明的同意作为法院管辖权的根据,请求书应转交该被告国。但该请求书不应登入案件总表,也不应采取任何程序行动,除非并直到被告国同意法院对该案的管辖权"。

(二) 中日间存在"搁置争议"的共识,日本不容否认

对于"搁置争议"术语,虽然未在《中日联合声明》(1972年9月29日)、《中日和平友好条约》(1978年8月12日签署,1978年10月23日生效)等文件中显现,但1978年10月25日邓小平副总理在日本记者俱乐部上的回答,表明两国在实现中日邦交正常化、中日和平友好条约的谈判中,存在约定不涉及钓鱼岛问题的事实。② 邓小平副总理指出:"这个问题暂时搁置,放它十年也没有关系;我们这代人智慧不足,这个问题一谈,不会有结果;下一代一定比我们更聪明,相信其时一定能找到双方均能接受的好方法。"③换言之,中日两国领导人同意就钓鱼岛问题予以"搁置"。否则的话,针对邓小平副总理在日本记者俱乐部上的回答内容,日本政府可作出不同的回答,而他们并未发表不同的意见,也没有提出反对的意见,这表明对于"搁置争议"日本政府是默认的。此后,日本政府也是以此"搁置

---

① 参见[日] 田畑茂二郎:《国际法新讲》(下册),东信堂1995年版,第151—152页。
② 关于邓小平副总理在日本记者俱乐部上的发言内容,参见《邓小平与外国首脑及记者会谈录》编辑组:《邓小平与外国首脑及记者会谈录》,台海出版社2011年版,第315—320页。
③ 参见日本记者俱乐部编:《面向未来友好关系》(1978年10月25日),第7页,http://www.jnpc.or.jp/files/opdf/117.pdf,2014年8月12日访问。

争议"的原则和精神处理钓鱼岛问题的,具体表现为"不登岛、不调查及不开发、不处罚",从而维持了钓鱼岛问题的基本稳定。

应注意的是,由于邓小平副总理在日本记者俱乐部上的回答,是在1978年10月23日中日两国互换《中日和平友好条约》批准文后举行的,所以针对钓鱼岛问题的回答内容,具有补充《中日和平友好条约》内容原则性、抽象性的缺陷,具有解释性的作用和效果,即针对钓鱼岛问题的回答内容,也具有一定的效力。因为《维也纳条约法公约》第32条第2款规定,对于条约的解释,条约之准备工作及缔约之情况,也可作为解释条约之补充资料。

《中日渔业协定》(1997年11月11日签署,2000年6月1日生效)第1条规定,此协议适用海域是指中日两国的专属经济区;但两国的专属经济区界限至今未确定。其第2—3条规定,各国基于相互利益,根据此协定及自国的相关法令,可许可他方缔约国的国民及渔船在自国的专属经济区内作业,并发给许可证,也可征收合适的费用。同时,在作业时应遵守对方国家确定的渔业量及作业条件,而在决定作业条件时应尊重中日渔业共同委员会的协议内容。但此渔业协定只适用于北纬27度线以北的海域,位于钓鱼岛的北纬27度线以南海域不是该渔业协定适用的海域,所以,在此协定未规范的海域,仍适用如在公海那样的在自国登记的船舶由自国管理的"船旗国管辖"的原则。① 从上述规定可以看出,日本政府是同意将钓鱼岛周边海域作为争议海域处理的,承认两国对钓鱼岛周边海域存在争议,这些内容无疑是以两国存在"搁置争议"共识为基础的产物。

针对"搁置争议"共识是否存在的问题,日本坚持认为中方有这样的提议,但并未得到日本的同意或许可,只停留于听过(出席邓小平、园田会谈时日本外务省原中国课课长田岛高志的证言),即其是中方单方面的行为,而不是双方的行为,所以对日方无拘束力。② 特别是日本外务省官员指出,在所有《日本外交文书》中没有这些内容的记录。所以,自始至终不存在"搁置争议"的共识。而日本在1972年、1978年后,采取了尽可能地平稳而慎重地管理钓鱼岛的方针,包括限制建造建筑物及人员上岛,目的是为了避免与中国发生摩擦的事态,这是从发展中日友好关系的大局出发予以考虑并决策的。尤其是1976年、1996年建立灯塔时日方的反驳,均否定了"搁置争议"共识的存在。③

---

① 参见[日]丰下楢彦:《何谓"尖阁问题"》,岩波书店2012年版,第177—178页。
② 参见[日]田岛高志:《尖阁问题"中方不想谈,而日方只限于听过"——邓小平和园田会谈同席者的证言》,《外交》第18期(2013年3月),第77页。
③ 参见[日]田岛高志:《尖阁问题"中方不想谈,而日方只限于听过"——邓小平和园田会谈同席者的证言日》,《外交》第18期(2013年3月),第78页。

此外,自 1972 年 9 月中日两国发表《中日联合声明》,并依据《中日联合声明》在缔结和平友好条约的谈判过程中,日本众议院议员佐佐木委员于 1975 年 10 月 22 日在国会众议院预算委员会提问关于钓鱼岛问题时指出,"对于钓鱼岛问题,尽管在条约中并未言及,但达成了进行搁置的默契"对此向外务省予以确认。为此,宫泽国务大臣指出,"所谓的搁置这种形式在中日的条约谈判过程中并不存在这种事实"。1988 年 11 月 8 日,齐藤外务省条约局局长在众议院外交委员会上,回答"对于钓鱼岛问题,存在什么样的合意,或在什么样的状态下双方有认识"时指出,"尽管中国有争取并阐述了搁置的想法,但对日本来说,钓鱼岛被我国实际控制,是日本领土的一部分,所以,完全不考虑搁置之事,因此,搁置之事在中日间完全不存在合意"。① 也即日本政府极力否定中日两国之间存在"搁置争议"的共识。

而依据中国前驻日大使陈健先生在上海交通大学出席会议(2013 年 11 月 3 日)时提供的资料,当时田中首相针对周恩来总理的谈话表示:"好,不需要再谈了,以后再说。"②即当时的日本首相田中是作出回答的,与邓小平副总理和园田外相的谈话内容是不一样的。换言之,日方是同意"搁置争议"的,也即存在"搁置争议"的共识的。所以,所谓《日本外交文书》中无这些记录内容,是由于日本删除了与"搁置争议"谈话有关的内容,致使在《日本外交文书》中没有了在中日邦交正常化、中日和平友好条约谈判过程中与"搁置争议"有关的记录。③ 为此,中国外交部应就此内容予以明确,包括适时公布外交部相关档案,以证视听。

可见,日本政府违背历史事实,在钓鱼岛问题上否定争议、否定"搁置争议"的共识,是中日两国长期以来无法得到实质性进展或合理解决钓鱼岛问题的关键因素。当然,美国所谓的《美日安保条约》第 5 条适用于钓鱼岛列屿的表态以

---

① 参见[日]芹田健太郎:《尖阁》,载国际法案例研究会编:《领土》,庆应通讯1991年版,第161页,第163—164页。
② 中国前驻日大使陈健先生展示的资料内容全文如下:1972年9月27日,周恩来总理同日本首相田中角荣就中日邦交正常化问题举行会谈时,田中首相提出:"借这个机会我想问一下贵方对'尖阁列岛'的态度。"周总理表示:"这个问题我这次不想谈,现在谈没有好处。"田中首相表示:"既然我到了北京,这问题一点也不提一下,回去后会遇到一些困难,现在我提一下就可以向他们交代了。"周总理表示:"对。就因为在那里海底发现了石油,台湾把它大做文章,现在美国也要作文章,把这个问题搞得很大。"田中首相表示:"好,不需要再谈了,以后再说。"周总理表示:"以后再说。这次我们把能解决的大的基本问题,比如两国关系正常化的问题先解决,不是别的问题不大,但目前急迫的是两国关系正常化问题。有些问题要等待时间的转移来谈。"田中首相表示:"一旦能实现邦交正常化,我相信其他问题是能解决的。"以上内容,也可参见纪平:《钓鱼岛是中国领土铁证如山》,《人民日报》2012 年 10 月 12 日,http://www.politics.people.com.cn/n/2012/2012/c1001-19239223.html,2012 年 10 月 14 日访问。
③ 参见[日]矢吹晋:《尖阁问题的核心——日中关系会如何》,花传社2013年版,第32—42页。

及在《归还冲绳协定》时一并将钓鱼岛"交还"日本的做法等,也是钓鱼岛问题难解的重要因素。

二、钓鱼岛主权的国际法分析

如上所述,中日两国针对钓鱼岛问题的分歧,还体现在对国际法制度或国际秩序的理解和认识上,所以有必要分析与钓鱼岛问题有关的国际法,特别是与其有关的条约法内容,也有必要系统地阐述日本针对钓鱼岛问题的立场和主张。

(一) 日本针对钓鱼岛问题的基本立场

日本认为,在第二次世界大战后,日本的领土是依据1952年4月28日生效的《旧金山和约》以法律的形式确定的。尖阁诸岛依据《旧金山和约》第3条作为日本西南诸岛的一部分置于美国的施政下,并包含在1972年5月生效的美日关于琉球诸岛和大东诸岛协定(《归还冲绳协定》)返还给日本施政权的区域内。尖阁诸岛在历史上一贯构成日本领土——西南诸岛的一部分。尖阁诸岛是在1885年以后,经过多次或再三调查慎重确认其没有清朝统治的痕迹后,于1895年编入日本领土的。此后,根据日本政府的许可予以移民并在岛上经营鲣鱼生产的事业。而日本于1895年1月将其编入日本的领土,在国际法上属于正当地取得领土权的方式(所谓的无主地先占)。此后,于1968年预测在尖阁诸岛周边海域可能埋藏石油资源后,至1971年中国政府和台湾当局在主张领有权以前,日本以外的任何国家和地区均没有主张领有权,并提出异议。[①]

(二) 批驳日本针对钓鱼岛问题的错误立场

针对日本政府关于钓鱼岛列岛领有权的所谓上述主张,有以下国际法问题需要澄清。

1. 在1895年以前,钓鱼岛等岛屿不是无主地

从《日本关于尖阁诸岛领有权问题的基本见解》(1972年3月8日)可以看出,日本自1885年起,开始图谋侵占钓鱼岛等岛屿。其过程如下:1885年日本内务卿山县有朋密令冲绳县县令西村舍三勘查钓鱼台列屿,以设立"国标"。1885年9月22日西村以密函回报称:此等岛屿系经中国命名,且使用多年,载

---

① http://www.mofa.go.jp/mofaj/area/senkaku/index.html,2013年6月9日访问。

之史册,如在勘查后即树立"国标",恐未妥善,建议暂缓。山县有朋并不死心,再次征询外务卿井上馨之意见。1885年10月20日,井上馨在答复山县有朋的极密函件"亲展第38号"中,亦指出"清国对各岛已有命名",且当时中国报纸报道(即1885年9月6日上海《申报》标题为"台湾警信"的报道)指出:"近有日本人悬日旗于其上,大有占据之势,促请清政府注意"。此时,日本明治政府因自忖力量不足,又察"近时清国报纸等揭载我国政府欲占据台湾近旁清国所属岛屿的传闻",乃未敢妄动,决定"当以俟诸他日为宜",且为免"招致清国猜疑",要求勘查之事"均不必在官报及报纸刊登"。为此,日本内务、外务两卿联合在1885年12月5日下达指示,要求冲绳县暂勿设立"国标"。同时,对当时福冈人古贺辰四郎开发钓鱼岛的申请,亦予驳回。[1] 可见,在1885年时,日本知悉钓鱼岛等岛屿根本不是无主地,已为中国命名和使用且载入史册,根本不是所谓的无清朝统治的痕迹,其确为属于中国的领土。1894年7月,中日甲午战争爆发,至10月底中方海、陆军皆已战败。此时,日本内阁鉴于甲午战争胜利在望,乃以"今昔情况已殊"为由,于1895年1月14日秘密核准冲绳县于钓鱼岛设立"国标"。日本对钓鱼岛等岛屿的窃占,至此"完成"。

此外,即使依据所谓的"无主地"先占原则取得对钓鱼岛列岛的主权,但至1969年5月5日,日本政府没有在钓鱼岛列岛建立任何具有管辖痕迹或领土意思的标志,也就不符合国际法意义上的先占原则。[2] 那么,为何日本在此时突然设置了"标桩"?主要原因之一为,在发表《埃默里报告》之前的调查成员新野弘于1967年9月在日本的《科学与技术》的刊物上,独自发表了一篇专论,强调钓鱼岛列屿周边海域有蕴藏大量石油的可能,并向日本政府建言献策,要在联合国亚洲及远东经济委员会(ECAFE)公布中国黄海、东海及南海勘测报告之前,抢先向钓鱼岛列屿海域派出勘测队,以期获得更加准确的资料。受此"建言"影响,日本政府不仅实施了两次勘测活动,也加快了设置"标桩"的步伐。[3] 主要原因之二为,日本也认为钓鱼岛列屿是台湾的属岛,既然台湾已通过《马关条约》割让给了日本,所以无须再设置"标桩"了,从而"延缓"了设置"标桩"的进程。

---

[1] 参见台湾省外事主管部门:"钓鱼台列屿之主权声明"(2011年5月27日)。此外,对于《日本关于尖阁诸岛领有权的基本见解》谎称的所谓"再三对钓鱼岛等岛屿的实地调查"反驳内容,参见金永明:《再驳"日本关于钓鱼岛等岛屿领有权的基本见解"的错误性》,《东方法学》2012年第5期,第54—61页。

[2] 为显示日本对钓鱼岛等岛屿的行政管辖,1969年5月5日日本石垣市在各岛设置了钢筋水泥制的标识或标记。参见郑海麟:《钓鱼岛列岛之历史与法理研究》(增订本),中华书局2007年版,第117页。

[3] 参见吴天颖:《甲午战前钓鱼列屿归属考》(增订版),中国民主法制出版社2013年版,第6—9页。

2. 自1885年以来,日本并未对钓鱼岛等岛屿进行过多次调查

证据之一:1892年1月27日冲绳县知事丸冈莞尔致函海军大臣桦山资纪,鉴于钓鱼岛列屿为"踏查不充分"之岛屿,要求海军派遣"海门舰"前往钓鱼岛列屿实地调查,然后海军省以"季节险恶"为由,未予派遣。证据之二:1894年3月12日,冲绳县知事奈良原繁致函内务省谓:"自明治18年(1885年),由本县属警部派出的调查以来,其间未再进行实地调查,故难有确实事项回报。"而此一文件为1894年8月1日中日甲午战争爆发前的最后一份官方文件,不但直接反驳日本政府所称对所谓尖阁诸岛进行过多次或再三彻底调查的说法,也说明明治政府当年确实是借甲午战争的胜利而窃占钓鱼岛等岛屿的。①

实际上,日本用"出云丸"对钓鱼岛的所谓现场调查活动,只有一次,即1885年10月30日的上午10点到下午2点,前后最多也只有6个小时,根本不存在所谓的"多次调查"的说法。②

3. 所谓的依据许可对钓鱼岛列屿实施"有效统治",也属无效

日本辩称对钓鱼岛列屿进行了所谓的"有效统治",包括政府批准民间人士在岛上进行开发活动。由于钓鱼岛列屿是中国的领土,并不是无主地,也违反无主地先占的要件,尤其是日本政府秘密通过的内阁决议,不仅无国际法效力,也无国内法效力。因为,在日本秘密将钓鱼岛及其部分附属岛屿编入所谓的日本领土的内阁决议(秘别133号),直到1952年日本外务省编辑出版的《日本外交文书》中才显现,而在此之前国际社会包括中国无法知晓,③其严重地违反了国家取得领土的基本要件:向国际社会予以公示。因此,其不具有国际法的效力,是一种违法的行为。④ 同时,从《冲绳县之郡编制的敕令》(第13号)内容可以看出,在冲绳县的五郡中根本没有钓鱼岛等岛屿的内容。此外,根据明治宪法规定,内阁只是天皇的辅助机构,日本的法令只有以天皇的名义发布才算有效,而从日本针对其他领土(例如,硫磺岛、南鸟岛等无人岛)编入日本领土均予以公示的实况来看,日本将钓鱼岛等岛屿纳入日本领土的手续与其他领土编入手续明显不同,

---

① 参见台湾省外事主管部门:"钓鱼台列屿之主权声明"(2011年5月27日),第7页。
② 参见[日]村田忠禧:《日中领土问题的起源——公文书表明的不切实际的事实》,花伝社2013年版,第220—221页。
③ 日本内阁决议(1895年1月14日)附件内容:对于内务大臣建议的位于冲绳县八重山群岛之西北称为久场岛、鱼钓岛之无人岛,近年有人试图从事渔业等,故须加以取缔之。对此,应按照该县知事呈报批准该岛归冲绳县所辖,准其修建界桩。此事应如建议顺利通过。参见[日]浦野起央等编:《钓鱼台群岛(尖阁诸岛)问题研究资料汇编》,励志出版社、刀水书房2001年版,第167—170页。
④ 要使对无主地的先占有效,需具备以下两个要件:第一,想先占无主地的国家需要有将此土地作为自己领有的意思,并通过一定的方式予以表示;第二,国家必须对该土地实施有效占有。参见[日]田佃茂二郎:《国际法新讲》(上),东信堂1994年版,第191—192页。

即《冲绳县之郡编制的敕令》未通过天皇敕令发布,所以毫无国内法的效力。[①] 为此,日本是借甲午战争胜利之际窃占中国领土——钓鱼岛列屿,一点也不脱离事实。所以即使采取了所谓的有效统治,也属无效,因为不法行为不产生权利。[②] 换言之,自1895—1945年日本殖民统治台湾期间,钓鱼岛列屿既为台湾属岛,故俱为日本领土。日本人使用该岛自无他人抗议,古贺辰四郎父子的开发行为即为一例。[③]

4. 日本声称在20世纪70年代前没有任何国家对钓鱼岛列屿提出主权主张,不符合事实

1946年6月22日,美国主导下的盟军总司令部划定的日本渔区图,将中国钓鱼岛渔区划入日本渔区,遭到中国政府的反对,但盟军却知错不改,向中国和其他盟国解释说"日本粮荒急迫,应增加渔产,俾谋救急",希望盟国谅解。[④] 可见,盟军明知钓鱼岛不是日本的领土,且中国明确反对,却仍将钓鱼岛海域划入日本渔区,理由是出于对日本粮荒的救济。此外,1950年和1953年,美国琉球当局将托管范围包括钓鱼岛列屿的"依据"并非认为其是日本的领土,而是按照1944年的日本陆军地图地名索引确定的。[⑤] 所以,根本不符合日本声称的在20世纪70年代无任何国家提出对钓鱼岛列屿拥有主权的事实。

至于1920年,当时的中华民国驻长崎领事在救出遇难中国渔民的感谢状中,载有"日本帝国冲绳县八重山郡尖阁列岛(即钓鱼岛列屿)"的字样。这也无日本拥有钓鱼岛列屿领土主权的效果。因为如上所述,自1895—1945年日本统治台湾期间,钓鱼岛既为台湾属岛,故俱为日本领土。日本人使用该岛自无他人抗议,古贺辰四郎父子的开发行为即为一例。此可解释民国九年(1920年)我国驻长崎总领事馆冯冕何以在一份感谢状中承认"尖阁列岛"为日本领土,因为当时确实如此。[⑥]

---

① 关于硫磺岛编入东京府(1891年)、南鸟岛编入东京府(1898年)内容,参见[日]百濑孝:《史料考证:日本的领土》,河出书房新社2010年版,第61—65页、第87—89页。
② 关于"不法行为不产生权利"内容,参见王可菊:《不法行为不产生权利》,《太平洋学报》2013年第7期,第91—93页。
③ 日本窃占钓鱼台列屿后,即许可其国民在岛上开发。自1897年起,古贺辰四郎及古贺善次父子先后曾在钓鱼台上从事羽毛及鸟粪收集、标本制作、鲣鱼罐头工厂经营及农耕。前后二阶段,共历时二、三十年,终因成本过高及太平洋战争爆发而终止。参见台湾省外事主管部门:"钓鱼台列屿之主权声明"(2011年5月27日),第2,7页。
④ 参见胡德坤、韩永利:《旧金山和约与日本领土处置问题》,《现代国际关系》2012年第11期,第11页。
⑤ 参见胡德坤、韩永利:《旧金山和约与日本领土处置问题》,《现代国际关系》2012年第11期,第11页。
⑥ 参见台湾省外事主管部门:"钓鱼台列屿之主权声明"(2011年5月27日),第7页。另外,以"中华民国驻长崎领事冯冕"名义分别给予日本地方官员和各位救助者的感谢状共有7份,其原件现存于冲绳县石垣市立八重山博物馆。参见朱建荣:《辨析日本关于钓鱼岛主权主张的结构性缺陷》,《日本学刊》2013年第1期,第29页。

另外,对于日本声称的在1953年1月8日《人民日报》的记事中,写有琉球诸岛由包括钓鱼岛列屿在内的七组岛屿组成的记载,也无效力。经查原文,《琉球群岛人民反对美国占领的斗争》是一篇编译文章。因为该文没有作者,只注明"资料"字样,且"尖阁诸岛"纯属日语写法,文中的冲绳地区"嘉手纳"被按日语翻译成"卡台那"(译音),所以是一篇辅助阅读的资料。这显然不能成为代表中国政府或《人民日报》报社的立场。更为重要的是,此文对"琉球群岛"的定义范围也存在错误。因为依据《旧金山和约》,大隅诸岛不在琉球群岛之内,也不在美军占领的范围内,根本不存在"反对美军占领的斗争"事实。换言之,《人民日报》的文章只是资料性质的参考文献,且属于日本本土鹿儿岛的大隅诸岛也不在琉球群岛范围之内,其存在定义范围之错误,所以其无法代表中国政府的立场。

此外,至于1960年在中国发行的《中国世界地图集》中,把钓鱼岛列屿作为冲绳岛屿处理的辩称,也无作用。因为当时中国无单独测绘出版地图的能力和水平,此地图或是沿用日本占据台湾时期的地图,或是直接参看了日本的地图,证据之一为中国后来正式测绘的地图所使用的岛屿名称也有变化,例如,将土噶喇诸岛称为土噶喇列岛。[①] 所以,这种地图充其量只能反映日本殖民统治台湾期间把钓鱼岛划归琉球管辖的历史侧面,不足以证明历史的全貌,更不能以此作为辩明领土主权归属的依据。

事实上,日本是于1968年预测在钓鱼岛列屿周边海域埋藏丰富石油资源后,才开始加紧活动的。主要表现在:1969年6月、1970年4月,日本政府组织东海大学科研人员对钓鱼岛列屿周边海域实施了2次勘测调查活动,调查认为在钓鱼岛列屿附近海域蕴藏丰富的石油资源;[②]1969年后,琉球政府船只开始驱赶台湾渔民在钓鱼岛列屿周边海域的捕鱼活动,[③]目的是使驻琉美军与琉球政府共同派人前往钓鱼岛列屿周边海域调查石油矿藏;[④]1969年5月,琉球政府石垣市官员在钓鱼岛列岛的5个岛上设置了显示"行政管辖"的"标设";[⑤]1970年9月1日,琉球政府立法院通过了《关于尖阁列岛的领土权》的决议,指出"尖阁列岛"

---

① 针对日本辩称的《人民日报》文章、有关地图内容分析及其作用,参见朱建荣:《辨析日本关于钓鱼岛主权主张的结构性缺陷》,《日本学刊》2013年第1期,第32—34页。
② 国家海洋局海洋发展战略研究所编:《钓鱼岛问题纪事》,1996年,第15—16页。
③ 参见丘宏达:《中国对于钓鱼台列屿主权的论据分析》,(香港)《明报月刊》第78期(1972年6月),第59页;台湾省外事主管部门:"钓鱼台列屿之主权声明"(2011年5月27日),第7—8页。
④ 参见朱建荣:《辨析日本关于钓鱼岛主权主张的结构性缺陷》,《日本学刊》2013年第1期,第30页。
⑤ 参见[日]浦野起央:《尖阁诸岛·琉球·中国——日中国际关系史》,三和书籍2005年版,第154页。

在行政上属于冲绳石垣市;[①]1974年1月,日韩签署所谓的共同开发大陆架协定等。这些事实充分反驳了日本认为中国是在20世纪70年代预测在东海海底蕴藏丰富石油资源后,才开始主张或强化对钓鱼岛列屿的主权要求及管理措施的谬论。

5. 日本主张依据所谓的条约取得对钓鱼岛的"主权",违反国际法

日本认为,钓鱼岛列屿的"主权"是依据《旧金山和约》《归还冲绳协定》取得的,而不是依据《马关条约》割让的领土。尽管《马关条约》第2条未提及钓鱼岛列屿,但并不能推出其为琉球西南诸岛一部分的结论。因为台湾全岛及所有附属各岛屿所涵盖的其他许多岛屿都没有在《马关条约》第2条中提及,如接近台湾本岛的兰屿、琉球屿、花瓶屿、彭佳屿等。

1951年9月8日,美日等国在旧金山签署的《旧金山和约》第3条规定的美国行政权管辖下的琉球列岛及其领海范围,并无涉及钓鱼岛列屿或日本所称的"尖阁群岛""尖头群岛"。[②] 而日本政府对《旧金山和约》第3条的地域范围解释时,明确指出"历史上的北纬29度以南的西南群岛(或西南诸岛),大体是指旧琉球王朝的势力所及范围"。此解释表明,《旧金山和约》规定交由美国托管的范围,不含钓鱼岛列屿,因为钓鱼岛列屿并非"旧琉球王朝的势力所及范围"。[③] 所谓的钓鱼岛列屿是琉球西南诸岛的一部分,只是错误地反映了日本在割让台湾后重新将钓鱼岛列屿划归冲绳管辖的"事实",未能体现历史的真实面貌。

同时,钓鱼岛列屿由于台湾渔民经常出没作业的关系,习惯上将该列岛视为台湾附属岛屿,这是一种历史的自然形成。对于这种地理概念的历史形成,中日的文献资料均有反映。例如,明朝嘉庆帝派遣的"宣谕日本国"的特使郑舜功所撰《日本一鉴》(1564年)便记有:"钓鱼屿,小东小屿也"(小东即台湾),即钓鱼屿被视为台湾附属小屿的;明治二十八年(1895年)日本海军省所撰《日清战史稿本》之《别记·台湾匪贼征讨》记载的尖阁岛位置,是在"台湾淡水港北方约90海里(小基隆之海面)",也把钓鱼岛列屿视为台湾附属岛屿。

---

① 参见[日]浦野起央等编:《钓鱼台群岛(尖阁诸岛)问题研究资料汇编》,励志出版社、刀水书房2001年版,第192—198页。
② 《旧金山和约》第3条规定,日本对于美国向联合国所作任何将北纬29度以南之西南诸岛(包括琉球群岛及大东群岛)、孀妇岩以南之南方诸岛(包括小笠原群岛、西之岛及硫磺列岛)及冲之鸟岛与南鸟岛,置于托管之下,而以美国为其唯一管理当局之建议,将予同意。在提出此项建议并就此项建议采取确定性之行动以前,美国有权对此等岛屿之领土暨其居民,包括此等岛屿之领水,行使一切行政、立法及管辖之权力……
③ 参见郑海麟:《日本声称拥有钓鱼岛领土主权的论据辨析》,《太平洋学报》2011年第7期,第94页。

其实，日本要到 1885 年前后才通过西洋人的海图（主要是英国《海军水路志》）注意到钓鱼岛列屿的存在。而英国海军是通过闽台人获悉钓鱼岛列屿的命名，日本人则是通过英国人才注意到钓鱼岛列屿的存在。1900 年，日本才给钓鱼岛列屿起名为尖阁列岛。此外，在 1895 年 6 月 2 日，中日政府代表签署《有关接管台湾的公文》谈判时，日本代表水野弁理公使认为，有关台湾附属岛屿已有公认的海图及地图。此谈话表明，日本政府承认台湾附属岛屿已有公认的海图及地图，因而不需要在接管台湾的公文中列出钓鱼岛列屿，所以，日本政府实际上承认钓鱼岛列屿是台湾附属岛屿，因为钓鱼岛列屿在公认的海图及地图上早已表明它属于中国台湾。[1]

（三）钓鱼岛主权问题与国际法制度

1945 年日本战败投降后，根据《开罗宣言》《波茨坦公告》及《日本投降文书》等规定，钓鱼岛列屿本应作为台湾的附属岛屿归还中国。然而，钓鱼岛列屿至今仍被日本非法侵占，造成中国在法律上收回钓鱼岛列屿而未能在事实上收回的局面。[2] 换言之，钓鱼岛列屿非主权之争，而是管辖权或行政权之争。

值得注意的是，《开罗宣言》对领土内容的规定采用了不穷尽列举的方式，意在强调日本以任何方式窃取于中国的一切领土，不论是通过《马关条约》正式割让的台湾、澎湖，还是日本通过傀儡政府而实际占据的东北四省，或是以其他方式窃取的中国领土，均应归还中国。即便日方辩称钓鱼岛列屿没有作为台湾附属岛屿在《马关条约》中一并割让给日本，也不能否认该等岛屿是日本利用甲午战争或在甲午战争期间从中国"窃取"的领土，因而是必须归还中国的。[3]

但美国基于冷战及地缘战略考虑，根据 1951 年签订的《旧金山和约》管理琉球，并依据 1953 年 12 月 25 日生效的有关奄美大诸岛的《日美行政协定》，认为有必要重新指定琉球列岛美国民政府及琉球政府按照民政府布告、条令及指令所规定的地理境界，所以，美国民政府于 1953 年 12 月 25 日发布了《琉球列岛的地理境界》（第 27 号），将钓鱼岛列屿单方面地划入琉球群岛的经纬线内，并于 1972

---

[1] 参见李国强：《钓鱼岛主权若干问题辨析》，《太平洋学报》2013 年第 7 期，第 2—3 页；[日] 芹田健太郎：《尖阁》，载国际法案例研究会编：《领土》，庆应通讯 1991 年版，第 155—156 页；[日] 滨川今日子：《围绕领有尖阁诸岛的论点——以日中两国的见解为中心》，《调查与情报》第 565 期（2007 年 2 月 28 日），第 7 页。

[2] 参见王可菊：《不法行为不产生权利》，《太平洋学报》2013 年第 7 期，第 95 页。

[3] 国纪平：《钓鱼岛是中国领土铁证如山》，参见 http://politics.people.com.cn/2012/1012/c1001-19239223.html，2012 年 10 月 14 日访问。

年将钓鱼岛列屿连同琉球群岛一并"交还"日本。① 美日私相授受中国钓鱼岛列屿领土的做法,导致现今钓鱼岛列屿被日本非法实际控制的局面,从而衍生出长达40余年的中日钓鱼岛列屿领土主权之争。

在此,美国依据《归还冲绳协定》"归还"琉球群岛及钓鱼岛列屿行政权之举,不仅未取得第二次世界大战其他盟国的同意,而且也违反《旧金山和约》要求将琉球纳入联合国托管制度的目的。即美国出于自身战略利益考虑,没有将托管琉球的建议提交联合国审议,所以使得"从敌国分离的潜在的托管领土——琉球",始终没有受到联合国托管制度的约束,进而违反《旧金山和约》拟将琉球提交联合国托管的出发点和归宿。②

1943年10月,中美英苏发表了《四国关于普遍安全的宣言》,其宣布,四大国决心在打败敌人及处理敌人投降方面,采取共同行动。可以看出,盟国一致原则和不单独媾和为反法西斯四大国之间的庄重约定,各国必须遵守。所以,于1951年9月8日在没有中国参加、苏联没有签字,美日等国签署的《旧金山和约》突破了盟国的共同决定,改变了盟国对日本领土的许多规定,在国际法上无效。③ 中国政府周恩来总理兼外长代表政府郑重声明,指出《旧金山和约》没有中华人民共和国参加的对日单独和约,不仅不是全面的和约,而且完全不是真正的和约;中国政府认为是非法的、无效的,因而是绝对不能承认的。④

中国政府的上述立场和观点得到国际法的支持。例如,《维也纳条约法公约》第34条规定,条约非经第三国同意,不为该国创设义务或权利;第35条规定,如条约当事国有意以条约之一项义务之方法,且该项义务经一第三国以书面明示接受,则该第三国即因此项规定而负有义务。上述条款内容,体现了国家主权平等原则和"协议不损害第三国及不得益第三国"的原则。所以对于《旧金山和约》,由于中国政府没有参加,并作出了反对的声明,因此与中国有关的内容,对中国政府无拘束力。

---

① 关于美国单方面划定琉球地理境界并依据"群岛基线"划定琉球群岛经纬线范围内容,参见郑海麟:《日本声称拥有钓鱼岛领土主权的论据辨析》,《太平洋学报》2011年第7期,第94—96页。
② 对于《旧金山和约》第3条的含义是指,日本同意,琉球作为普通托管领土或战略托管领土,经过联合国大会或者安理会批准并置于联合国托管理事会、大会以及安理会的监督之下后,由美国作为唯一管理当局;而在此托管程序开始或完成之前,琉球暂由美国"施政"。换言之,一旦琉球完成联合国托管的程序,则正式成为托管领土,而在此之前,则是由美国临时施政的"潜在的托管领土"。参见罗欢欣:《论琉球在国际法上的地位》,《国际法研究》2014年第1期,第21—22页。
③ 胡德坤、韩永利:《旧金山和约与日本领土处置问题》,《现代国际关系》2012年第11期,第8—10页。
④ 《周恩来外长关于美国及其仆从国家签订旧金山和约的声明》,载田桓主编:《战后中日关系文献集(1945—1970)》,中国社会科学出版社2002年版,第103—104页。

在此特别应该指出的是,所谓的日本对钓鱼岛列屿的主权,尤其是第二次世界大战后对于日本的领土范围,日本试图割裂与重要的国际法文件之间的关系。即日本主张依据《旧金山和约》《归还冲绳协定》确定日本的领土范围,这就是所谓的对国际秩序或国际制度的认识差异,明显是日本的诡辩。

对于日本的领土范围,中美英政府首脑于 1943 年 12 月 1 日公布的《开罗宣言》指出,我三大盟国此次进行战争之目的,在于制止及惩罚日本之侵略,三国决不为自己图利,并无拓展领土之意思;三国之宗旨,在剥夺日本从 1914 年第一次世界大战开始在太平洋上所夺得或占领之一切岛屿;在使日本所窃取于中国之领土,例如,东北四省、台湾、澎湖列岛等,归还中华民国;其他日本以武力或贪欲所攫取之土地,亦务将日本驱逐出境。①

《波茨坦公告》第 8 条规定,开罗宣言之条件,必将实施;而日本之主权,必将限于本州、北海道、九州、四国及吾人所决定其他小岛之内。②

《日本投降文书》内的《向同盟国投降文书》(1945 年 9 月 2 日)规定,日本接受美中英政府首脑于 1945 年 7 月 26 日在波茨坦所发表,其后又经苏联所加入之公告列举之条款;日本担任忠实执行波茨坦宣言之各项条款。③ 同时,《中日政府联合声明》(1972 年 9 月 29 日)第 3 条规定,中华人民共和国政府重申:台湾是中华人民共和国领土不可分割的一部分;日本国政府充分理解和尊重中国政府的这一立场,并坚持波茨坦公告第 8 条的立场。④ 这些国际法文件均对日本有拘束力。

依据这些条约文件内容,日本应放弃或归还的岛屿及领土,主要包括以下三个方面:第一,日本应归还第一次世界大战后夺得的太平洋上的一切岛屿,其是指西太平洋群岛的岛屿,主要为加罗林群岛、北马里亚纳群岛、马绍尔群岛;第二,日本应归还窃取于中国的领土;第三,日本应放弃以武力或贪欲所攫取之土地。⑤

总之,依据国际法文件,特别是《开罗宣言》《波茨坦公告》《日本投降文书》及《中日政府联合声明》等文件的原则和精神,钓鱼岛列屿属于中国应收复的领土,毋庸置疑。因为这些条约属于最高层级的立法性或造法性条约,起引导及决定

---

① 《开罗宣言》内容,参见丘宏达编辑、陈纯一助编:《现代国际法参考文件》,(台北)三民书局 2002 年版,第 926—928 页。
② 《波茨坦公告》内容,参见丘宏达编辑、陈纯一助编:《现代国际法参考文件》,(台北)三民书局 2002 年版,第 928—929 页。
③ 《日本投降文书》内的《向同盟国投降文件》内容,参见丘宏达编辑、陈纯一助编:《现代国际法参考文件》,(台北)三民书局 2002 年版,第 930—932 页。
④ 参见《当前中日关系和形势教育活页文选》,红旗出版社 2005 年版,第 77—78 页。
⑤ 参见管建强:《国际法视角下的中日钓鱼岛领土主权纷争》,《中国社会科学》2012 年第 12 期,第 132 页。

性的作用,特别是当低级层次的立法性条约、合同性或契约性条约(例如,《旧金山和约》《归还冲绳协定》)与其发生冲突时,它们具有优先适用的性质和功能。同时,日本的领土限于四地及同盟国决定之小岛内。在这"小岛"内,自然不包括琉球。因为,第一,琉球群岛包含大小岛屿 150 多个,其中最大的岛屿冲绳有 1 200 余平方千米,人口 100 多万,是除日本四地(本州、北海道、九州、四国)以外的第五大岛屿,很难被看作"小岛";第二,在美国占领日本与琉球期间,对于日本与琉球的占领方式截然不同,采取了"分离式处理"的方式,对日本的政策也都"不包含琉球"。[1]

1946 年 1 月 29 日,同盟国最高司令官总司令部(General Headquarters of Supreme Commander for Allied Power, SCAP)向日本政府发出《某些边远区域从日本的统治和行政中分离的备忘录》(Memorandum for Imperial Japanese Government on Governmental and Administrative Separation of Certain Outlying Areas from Japan)的"第 677 号指令"规定了日本领土的范围:日本由四个本岛和约 1 000 个较小的邻接岛屿所组成,包括对马岛及北纬 30 度以北的琉球(西南)岛屿。同时,上述备忘录指出,"即日起日本帝国政府对日本以外的区域或此区域内的任何政府官员、职员或个人,停止实施一切政府的、行政的权力或权力意图",琉球被视作日本以外区域。这种"分离式处理"方式意味着,与盟军最高司令官总司令部间接管理下的日本不同,琉球被留在了美军的直接统治之下。

由于美国只是占领琉球,而且没有将琉球纳入主权的意愿,其他战胜同盟国也从来没有表达获得琉球主权的意愿。因此,琉球在战时占领期间的地位是:既不属于日本,也不属于美国,而是在国际共管下的一种地位未定的领土。更值得注意的是,美国从未真正地遵行国际共管制度规定。因为,美国在 1952 年 2 月 10 日将在北纬 29 度以北的吐噶喇群岛岛屿"返还"给了日本,违反了"第 677 号指令"规定的以北纬 30 度为界的内容。在 1952 年 4 月 28 日生效的《旧金山和约》中又认为日本的"剩余主权"可以包括在北纬 29 度以南,即南琉球群岛,美国在此区域行使的是"行政管理权"。1953 年 12 月 25 日,美国将此区域中的奄美群岛行政权交还日本。1968 年 6 月 26 日,美军将小笠原诸岛的行政权交还日本。1972 年 5 月 15 日美国又依据《归还冲绳协议》,将北纬 29 度以南的南琉球群岛,包括钓鱼岛列屿一并交还日本。[2] 美国这种单方面变更范围及"交还"领土

---

[1] 参见张亚中:《两岸共同维护钓鱼岛主权:国际政治的观点》,《台海研究》2013 年第 1 期,第 36—37 页。
[2] 参见张亚中:《两岸共同维护钓鱼岛主权:国际政治的观点》,《台海研究》2013 年第 1 期,第 37—38 页。

的行为,自然没有得到其他同盟国的同意,因而其是非法、无效的。

此后,同盟国未曾协商讨论决定日本的领土范围,包括琉球群岛的地位问题。鉴于钓鱼岛列屿主权问题危及或影响东亚区域及世界的和平与安全,联合国安理会有责任讨论此问题,或其可向国际法院申请咨询意见,以重申或再次确定日本领土之范围,切实保卫第二次世界大战之胜利成果,并遵循国际制度安排,维护国际秩序。①

三、中日针对东海问题的努力及效果

为解决东海问题争议,中日两国之间开始了关于东海问题磋商谈判,但即使双方经过 11 次的磋商谈判(2004 年 10 月 25 日—2007 年 10 月 11 日),仍未在东海问题上达成共识。② 此后,为实现中日双方领导人的政治意愿,经过多次磋商,2008 年 6 月 18 日中日两国外交部门公布了《中日关于东海问题的原则共识》,③其为切实推进东海问题的合理解决迈出了实质性的一步,可以说取得了一定的进展。从上述文件内容可以看出,中日双方搁置了东海划界争议,强调在实现划界前的过渡期间,在不损害双方法律立场的情况下进行合作,包括合作开发和共同开发,以共享东海资源利益。④ 此后,由于双方针对跨越"中间线"的春晓油气田的合作开发存在不同的理解和认识,所以即使已经缔结了《中日关于东海问题的原则共识》,迄今双方仍未在合作开发和共同开发上获得任何进展。⑤ 同时,由于中日在钓鱼岛周边海域发生渔船撞击事件(2010 年 9 月 7 日),停滞了两国政府间关于东海问题原则共识的谈判磋商进程。

---

① 例如,《联合国宪章》第 39 条、第 96 条第 1 款;《国际法院规约》第 65 条第 1 款。
② 关于中日东海问题磋商谈判内容,参见金永明:《东海问题解决路径研究》,法律出版社 2008 年版,第 4—7 页。
③ 例如,《中日联合新闻公报》(2006 年 10 月 8 日)指出,中日双方确认,为使东海成为和平、友好、合作之海,应坚持对话磋商,妥善解决有关分歧;加快东海问题磋商进程,坚持共同开发大方向,探讨双方都能接受的解决办法。《中日联合新闻公报》(2007 年 4 月 11 日)指出,为妥善处理东海问题,双方达成以下共识:(1)坚持使东海成为和平、友好、合作之海;(2)作为最终划界前的临时性安排,在不损害双方关于海洋法诸立场的前提下,根据互惠原则进行共同开发;(3)根据需要举行更高级别的磋商;(4)在双方都能接受的较大海域进行共同开发;(5)加快双方磋商进程,争取在今年秋天就共同开发具体方案向领导人报告。《中日关于全面推进战略互惠关系的联合声明》(2008 年 5 月 7 日)指出,双方应共同努力,使东海成为和平、合作、友好之海。
④ 《中日关于东海问题的原则共识》指出,双方经过认真磋商,一致同意在实现划界前的过渡期间,在不损害双方法律立场的情形下进行合作。
⑤ 例如,《中日关于东海问题的原则共识》指出,中国企业欢迎日本法人按照中国对外合作开采海洋石油资源的有关法律,参加对春晓油气田的开发;中日两国政府对此予以确认,并努力就进行必要的换文达成一致,尽早缔结,双方为此履行必要的国内手续。

此后,日本政府于 2012 年 9 月 10 日确立"购岛"方针(所谓的"平稳及安定地维护和管理"钓鱼岛及其部分附属岛屿),9 月 11 日签署"购买"合同,并于 9 月 12 日完成所谓的"土地所有者"登记手续"收场"。日本政府所谓"国有化"钓鱼岛、北小岛和南小岛的行为,无视中国政府的多次强烈抗议和严正警告,无视中日关系大局,不仅严重侵犯中国的主权和领土完整,也破坏纪念中日邦交正常化 40 周年的氛围,严重损害中日关系的发展进程。[①]

自日本政府"国有化"钓鱼岛行为后,我国出台了一系列的反制措施,尤其在法律上特别明显。主要为:2012 年 9 月 10 日,中国政府就钓鱼岛等岛屿的领海基线发表了声明,公布了钓鱼岛等岛屿作为基点的经纬度坐标,从而确立和明确了钓鱼岛等岛屿以直线基线为基础的领海制度及其他海域管辖范围。[②] 9 月 12 日,国家海洋局公布了领海基点保护范围选划及保护办法。9 月 13 日,中国常驻联合国代表李保东大使向联合国秘书长提交了中国钓鱼岛等岛屿领海基点基线坐标表和海域的文件。此外,国家海洋局、民政部受权于 2012 年 9 月 21 日公布了我国钓鱼岛海域部分地理实体标准名称,从而完善了中国针对钓鱼岛等岛屿的领海制度及一切法定手续。2012 年 12 月 14 日,中国政府向联合国秘书长提交了"东海部分大陆架外部界限划界案"。[③] 这是我国于 2012 年 3 月 3 日,经国务院批准,授权国家海洋局、民政部公布钓鱼岛及其部分附属岛屿名称以来的后续措施;[④]也是依据中国的海洋法(主要包括《中国政府关于领海的声明》《领海及毗连区法》《海岛保护法》等),以及《公约》作出的决定,目的是完善中国的海洋法制度尤其是领海制度,捍卫中国的领土主权和海洋权益,[⑤]也为我国对钓鱼岛周边海域实施常态化的巡航提供了法律基础和保障。

---

① 例如,2012 年 9 月 11—12 日,中国外交部亚洲司长罗照辉大使在北京应约与来华的日本外务省杉山晋辅就当前中日关系举行磋商。罗照辉全面阐述了中方在钓鱼岛问题上的严正立场,强调中国政府和人民维护领土主权的决心和意志坚定不移,要求日方立即撤销所谓"购岛"的错误决定。罗照辉强调,中方决不承认日方对钓鱼岛的非法侵占和所谓"实际控制",决不容忍日方对钓鱼岛采取任何单方面行动。日方必须立即纠正错误,回到双方达成的共识和谅解上来,回到对话谈判解决争议的轨道上来。参见《中方再次要求日方撤销"购岛"决定》,http://www.fmprc.gov.cn/mfa_chn/ziliao_611306/zt_611380/dnzt_611382/diaoyudao_611400/t968814.shtml,2014 年 12 月 17 日访问。
② 中国关于钓鱼岛及其附属岛屿领海基线的声明内容,参见 http://www.gov.cn/jrzg/2012-09/10/content_2221140.htm,2012 年 9 月 11 日访问。
③ 参见 http://www.un.org/depts/los/clcs_new/commission_documents.htm,2014 年 12 月 27 日访问。
④ 国家海洋局、民政部受权公布我国钓鱼岛及其部分附属岛屿名称内容,参见 http://www.soa.gov.cn/soa/news/important-news/webinfo/2012/03/1330304734962136.html,2012 年 3 月 4 日访问。
⑤ 例如,《公约》第 16 条规定,沿海国应将标注测算领海宽度基线或界限等的海图或地理坐标妥为公布,并应将各该海图和坐标表的一份副本交存联合国秘书长;第 319 条第 1 款规定,联合国秘书长应为本公约及其修正案的保管者。

尽管我国基本完善了钓鱼岛周边海域的领海制度,并实施了常态化的巡航管理制度,但在中日双方并未解决钓鱼岛问题争议,且互不妥让的情形下,两国执法机构的船只碰撞和摩擦事件发生的概率在明显地上升。同时,为强化对钓鱼岛周边海域的管理,日本不仅修改了《海上保安厅法》《在领海等区域内有关外国船舶航行法》,赋予了海上保安厅执法人员对"登岛"人员、在钓鱼岛周边海域活动的外国船只和船员的警察权,即强化了所谓的"应对措施";制订了新的《海洋基本计划》(2013—2017),整备了新的安保政策和措施,重点强化了对西南诸岛的"管理"。在这种情形下,我国仅公布钓鱼岛列屿的领海基线显然是不够的,还需完善周边海域的执法制度,包括外国船只在钓鱼岛周边海域的航行制度,中国管辖海域巡航执法制度等,重点应明确我国海洋管理机构的职权和惩罚措施,以处置执法过程中的违法活动或行为。

为应对包括钓鱼岛周边海域在内的东海空域飞行安全、避免诸如日本舰机再次擅自闯入我国按国际规则指定的军事演习海域和空域那样的事件,作为应急和反制措施,我国国防部依据国际惯例和国内法于2013年11月23日宣布了《中国关于划设东海防空识别区的声明》,并发布了《中国东海防空识别区航空器识别规则公告》,以进一步管控东海空域秩序和航行安全。[①] 但由于中国东海防空识别区与日本公布的防空识别区(1969年4月29日公布,1972年5月10日和1973年6月30日修改)大面积重叠,使两国的飞机尤其是军机在重叠区发生冲突事故的可能性明显增加,特别在他方飞机不遵守中国东海防空识别区航空器识别规则的情况下,进一步完善执法制度包括制定中国东海防空识别区航空器识别规则实施细则,应对具有不同性质的空域实施区别的管理制度,确保东海防空识别区的正常运作和合理管理,就显得特别关键。

《中日联合新闻公报》(2006年10月8日)指出,加强两国防务当局联络机制,防止发生海上不测事态。2007年4月11日,《中日联合新闻公报》指出,中日战略互惠关系的基本内涵包括加强防务对话与交流,共同致力于维护地区稳定;又强调了加强两国防务当局联络机制,防止发生海上不测事态的必要性和重要性。《中日关于全面推进战略互惠关系的联合声明》(2008年5月7日)指出,双

[①] 关于中国政府关于划设东海防空识别区的声明内容,参见 http://www.gov.cn/jrzg/2013-11/23/content_2533099.htm,2013年11月25日访问。关于中国东海防空识别区航空器识别规则公告内容,参见 http://www.gov.cn/jrzg/2013-11/23/content_2533101.htm,2013年11月25日访问。关于设立防空识别区的渊源、依据和国家实践等内容,参见李居迁:《防空识别区:剩余权利原则对天空自由的限制》,《中国法学》2014年第2期,第5—19页;刘伟民:《论防空识别区与国际法》,《国际法研究》2014年第3期,第5—15页。

方坚持通过协商和谈判解决两国间的问题;双方将共同努力,使东海成为和平、合作、友好之海。《中日关于东海问题的原则共识》(2008年6月18日)指出,双方经过联合勘探,本着互惠原则,在划定的共同开发区块中选择双方一致同意的地点进行共同开发,具体事宜双方通过协商确定;双方同意,为尽早实现在东海其他海域的共同开发继续磋商。这些文件中规范的内容,为中日双方就共同开发东海资源、构筑联络机制,维护东海安全和解决东海问题争议提供了重要政治基础,为双方进一步磋商谈判提供了保障。所以,两国应就东海海空安全问题重启对话和谈判,以切实管控东海海空安全秩序,稳定和发展中日关系,这是中日两国的重大职责,更是诚实履行国际文件的重大义务。2014年9月23—24日,在中国青岛举行的中日海洋事务高级别磋商,双方原则同意重新启动中日防务部门海上联络机制,就是一个很好的开端。①

随着两国政府代表于2014年11月7日达成《中日处理和改善两国关系四点原则共识》,可以预见,中日两国之间关于东海问题的磋商进程仍将继续。② 不可否认的是,尽管两国政府代表已达成了《中日处理和改善两国关系的四点原则共识》,但双方的基本立场仍未改变,所以真正解决东海问题争议仍需双方的共同努力和相向而行,其解决也不可能一蹴而就,可谓东海问题争议解决进程任重而道远,但上述四点原则共识的达成,为中日恢复各层面包括海洋问题的谈判创造了重要的基础和条件,这是不容否认的。③

四、钓鱼岛问题若干建议及中日关系展望

安倍的第二次上台,以及其右倾化的政策诉求及全球外交策略,迎合了日本多数国民的期待,有利于摆脱日本多年来的经济低迷和改变国际地位下降的颓势,也可基本保持日本政局的稳定,所以,在一定程度上得到了较高的支持率,即强势及集权领导人的出现,在一定程度上可以摆脱日本的战略困境,实现"经济

---

① 参见《中日重启海洋事务高级别磋商》,《东方早报》2014年9月25日,第A16版。中日海洋事务高级别磋商第三轮磋商全体会议及工作组会议2015年1月22日在日本横滨市举行,双方同意争取早日启动防务部门海空联络机制,并达成6点共识。参见 http://www.dfdaily.com/html/51/2015/1/23/1229797.html,2015年1月25日访问。
② 关于中日就处理和改善中日关系四点原则共识内容,参见 http://www.fmprc.gov.cn/mfa_chn/zyxw_602251/t1208349.shtml,2014年11月8日访问。
③ 例如,中日海洋事务高级别磋商第三轮会议于2015年1月22日在日本横滨举行,双方达成了6点共识。http://www.fmprc.gov.cn/mfa_chn/wjbxw_602253/t1230647.shtml,2015年1月25日访问。中日海洋事务高级别磋商第四轮会议于2015年12月7—8日在福建厦门举行,双方达成了7点共识。参见 http://www.nofa.go.jp/mofaj/press/release/press4_002758.html,2015年12月9日访问。

再生"和"外交再生"目标。① 但安倍政府今后如果未能在经济上有所突破和提升,尤其在国会强行通过安保法案后,造成更多的对立和不满,则是关系他能否继续执政的关键问题。

"解铃还需系铃人。"中国认为,只有正确对待历史,才有利于日本早日卸下历史包袱;日本方面应该本着对历史、对人民、对未来负责的态度,从维护中日关系友好、维护亚洲地区稳定与发展的大局出发,以慎重态度严肃对待和妥善处理历史问题,认真汲取历史教训,坚持走和平发展道路。② 毫无疑问,这是日本应有的态度和发展之道,且已被实践所证明。同时,由于中日关系的恶化,是由于日本对钓鱼岛问题的强硬立场导致的,所以合理地应对钓鱼岛问题是不可回避的重要问题。在钓鱼岛问题上,中日双方均没有回旋的余地。③ 在日本持续否认存在争议、否认"搁置争议"共识的境况下,我国应作好充分的应对准备。

(一)钓鱼岛问题若干建议

第一,加强对钓鱼岛问题细化研究。包括成立专门研究钓鱼岛问题的机构(例如,东海研究院),就具体问题展开系统性的全面细化研究,尤其应积极回应日方的政策和法律主张,在广泛吸纳学者代表性成果观点的基础上,适时公布中国针对钓鱼岛问题的政策建言书(学者版)或立场性文件,以弥补国务院新闻办《钓鱼岛是中国的固有领土白皮书》(2012年9月)内容的缺陷和不足。④ 更重要

---

① 日本安倍政权的政策目标为三个方面:经济再生,灾害复兴,推进安全环境的危机管理。参见[日]菅义伟:《安倍政权追求的政治》,《亚洲时报》2014年第9期(2014年9月1日),第5—6页。而安倍政权的主要外交课题为:强化日美同盟,日中关系、日韩和日朝关系,以及北方领土问题。参见[日]谷内正太郎:《安倍政权的对亚洲、美国外交》,《东亚》第559期(2014年1月),第16—19页。
② 习近平:《在纪念中国人民抗日战争暨世界反法西斯战争胜利69周年座谈会上的讲话》(2014年9月3日,北京),参见 http://www.gov.cn/xinwen/2014-09/03/content_2744972.htm,2014年9月4日访问。
③ 唐家璇在中日友好21世纪委员会中日关系研讨会上的主旨发言:《正本清源,标本兼治,推动中日关系向前发展》(2014年6月5日,长崎),参见 http://news.163.com/14/0605/22/9UOT22B300014JB5.html,2014年6月6日访问。
④ 近期(2010—),在钓鱼岛问题研究方面比较重要的论著,主要为,贾宇:《国际法视野下的中日钓鱼岛争端》,《人民日报》2010年10月3日;国纪平:《钓鱼岛是中国领土铁证如山》,《人民日报》2012年10月12日;刘江永:《从历史事实看钓鱼岛主权归属》,《人民日报》2011年1月13日;张海鹏、李国强:《论"马关条约"与钓鱼岛问题》,《人民日报》2013年5月8日;黄大慧:《钓鱼岛争端的来龙去脉》,《求是》2010年第20期(2010年10月);张新军:《国际法上的争端与钓鱼诸岛问题》,《中国法学》2011年第3期;郑海麟:《钓鱼岛主权归属的历史与国际法分析》,《中国边疆史地研究》2011年第4期;管建强:《国际法视角下的中日钓鱼岛领土主权纷争》,《中国社会科学》2012年第12期;郑海麟:《钓鱼台列屿——历史与法理研究》(增订本),(香港)明报出版社2011年版;吴天颖:《甲午战前钓鱼列屿归属考》(增订版),中国民主法制出版社2013年版;郑海麟:《钓鱼岛列屿之历史与法理研究》(最新增订本),海洋出版社2014年版;王军敏:《聚焦钓鱼岛——钓鱼岛主权归属及争端解决》,中共中央党校出版社2014年版;[日]井上清:《钓鱼岛的历史与主权》,贾俊琪、于伟译,新星出版社2013年版;[日]村田忠禧:《日中领土争端的起源——(转下页)

的是,应尽快确立钓鱼岛及其附属岛屿的正式名称,并统一使用,改变先前描述性的名称缺陷以及使用混乱的状态。为此,建议将其命名为钓鱼岛群岛。此名称不仅反映了钓鱼岛的特征,也与南海诸岛内的四大群岛相呼应,所以有被广泛接受的可能性。

第二,增强钓鱼岛周边海空巡航效果。尽管中国海警已进入钓鱼岛领海并实施了常态化的巡航制度,这只是体现存在和宣示主权,但并未体现实质性的管辖,应逐步减少诸如无害通过等那样的行为,提升巡航的法律效果。尤其应明确中国海警局的职责,包括制定中国海警局组织法,提升组建中国海警局的功效。在东海海空应继续保持紧张态势,以增强对日本的压力,使其改变强硬立场和态度,即采取对等的行为和措施,确保东海海空安全。更重要的是,应坚守钓鱼岛问题的最低目标:不登岛、不开发、不驻军。在钓鱼岛问题上,中日两国达成新的默契,不失为一种较好的管理方法,但现今尽快地达成新的默契的可能性不大,为此,应保持战略定力和耐力。此外,两岸在钓鱼岛问题上达成正式协议的可能性也不大,所以,中国大陆应自力综合性地应对日本在钓鱼岛问题上的挑战。

第三,进一步理顺海洋体制机制。尽管我国已成立了中央海权工作领导小组及其办公室和国家海洋委员会及其办公室,重组了国家海洋局等,这些均是很好的海洋机构,应就如何切实推进和指导海洋工作、海洋事务作出特别的安排和规划,并采取措施真正发挥专家管理海洋事务的作用,实现海洋强国战略目标。为此,应尽早制定中国海洋战略包括东海战略,制定综合规范海洋事务的海洋法,重点明确各机构的职责和权限、阐释中国的海洋政策和立场等。

第四,做好做细中日谈判的准备。不可否认,中日关系是重要的双边关系,所以如何依据中日关系四个政治文件的原则和精神,进一步理顺关系,消除障碍和疑惑,增进互信,通过对话谈判就显得特别重要。所谓的"正本清源、标本兼治"。[1] 我

(接上页)从历史档案看钓鱼岛问题》,韦平和等译,社会科学文献出版社 2013 年版。此外,在日本比较客观的著作还有[日] 孙崎享编:《检证尖阁问题》,岩波书店 2012 年版;[日] 矢吹晋:《尖阁问题的核心——日中关系会如何》,花伝社 2013 年版;[日] 矢吹晋:《尖阁冲突始于冲绳归还——作为日美中三角关系顶点的尖阁》,花伝社 2013 年版;[日] 村田忠禧:《史料彻底考证尖阁领有》,花伝社 2015 年版;等等。

[1] "正本清源"的意思,就是要恢复事物的本来面目,回归问题的本质。而所谓的"购岛"事件以及日本领导人参拜靖国神社,其要害是对《中日联合声明》等四个政治文件规定的各项原则和精神的严重背弃。所以,处理中日关系,需要我们严格遵循中日间四个政治文件的原则精神,重新确认中日邦交正常化的"原点"。而中日关系的"原点",就是"以史为鉴,求同存异,世代友好"。参见唐家璇在中日友好 21 世纪委员会中日关系研讨会上的主旨发言:《正本清源,标本兼治,推动中日关系向前发展》(2014 年 6 月 5 日,长崎), http://news.163.com/14/0605/22/9UOT22B300014JB5.html,2014 年 6 月 6 日访问。

们应该尽早规划并做好与日本谈判的各种准备工作。① 同时,中日应就战略和战术层面丰富和落实战略互惠关系,重点应创造条件规划中日关系的未来,包括制订第五个政治文件,以再次准确定位中日关系。笔者认为,符合新时代要求的中日关系是一种"新型中日战略互惠关系",主要内涵为:不冲突、不对抗,合作与竞争,共同发展和战略互惠。

第五,应正确处理与美国的关系。中国切不可排除美国在钓鱼岛问题上的作用,因为美国是引发、"交还"、操控和处理钓鱼岛问题的重要因素和决定性力量,所以,中国应利用美日之间的矛盾,尤其是美国在钓鱼岛问题上的立场(对主权不持立场、利用和平方法通过对话协商解决),切不可将美国完全推向日本,造成中国在海洋战略上的被动局面和不利态势。② 同时,应关注美日以修改日美防卫合作指针为契机,试图加强日本与其他国家之间的防卫合作步伐,增加所谓的防卫合作范围,企图强化美日之间的"无缝"对接,消除对解决南海问题、东海问题和台海问题的负面影响。③

第六,揭示日本隐藏核材料的阴谋。国际社会并未真切地了解福岛核泄漏事故的真相及危害,更未了解日本拥有诸多核材料的目的和用途。日本为隐瞒它们的事实和真相,减轻赔偿责任,利用和放大了钓鱼岛问题,以转移视线和关注点。为此,我们应就福岛核泄漏事故真相及危害,以及日本储藏诸多核材料的用途予以追究,让日本政府对此向国际社会作出明确的解释。

第七,适时利用琉球问题抑制日本对台政策。美国依据所谓的《归还冲绳协定》"交还"琉球群岛给日本的做法,不符合国际法,所以,琉球地位未定。也就是

---

① 例如,2015年4月22日,日本首相安倍晋三在与中国国家主席习近平见面时指出,"中日应加速实施《中日关于东海问题的原则共识》达成的协议"。参见http://www.mofa.go.jp/mofaj/a_o/c_m1/cn/page4_001136.html,2015年4月25日访问。
② 例如,美国总统奥巴马于2014年4月23—25日访问日本,并与日本首相安倍会谈时,强调和平解决钓鱼岛问题的重要性,不应使钓鱼岛状况升级,不应采取激烈的言论和挑衅性的行动,中日两国应努力寻找如何合理处理的智慧,即如果中日两国不通过对话及增进信任措施,则此问题将升级并造成重大错误。参见[日]神保太郎:《对媒体的批评》,《世界》2014年第7期,第61—62页。
③ 日本修改《日美防卫合作指针》(1997年)的建议,不仅得到了美国的认可,而且在日美安全保障协议委员会(2+2)共同发表的《面向更有力的同盟及共有更大责任》的文件中得到确认(2013年10月3日)。其规定,两国同意修改1997年的《日美防卫合作指针》,并指示防卫合作小委员会在2014年年底完成作业。参见[日]防卫省编:《日本的防卫白皮书(2014)》,日经印刷公司2014年版,第427—430页。为此,日美两国于2014年10月8日提交了《修改日美防卫合作指针的中间报告》。参见http://www.mod.go.jp/j/approach/anpo/sisin/houkoku_20141008.html,2014年10月9日访问。笔者认为,日美修改防卫合作指针的目的是进一步扩大日本自卫队对美国的全球支援和合作活动,加强自卫队与美军间的"无缝合作",即从"平时"到"有事"的"无缝合作",以实现"性质、责任、任务和范围"等方面的合作目标。2015年4月27日,美日两国通过的"美日防卫合作新指针"内容,参见http://www.mofa.go.jp/mofaj/files/000078187.pdf,2015年4月28日访问。

说,琉球问题依然是中日两国之间的一大悬案。为此,我国应继续加强对琉球问题的研究,以作为应对日本试图加强与台湾关系(包括制定"日台关系法"),冲击和干扰两岸和平发展进程的筹码。

第八,关注日本解禁集体自卫权后安保法制走向。尽管日本内阁已于2014年7月1日通过了修改宪法解禁集体自卫权的决议,但真正行使集体自卫权的关键在于修改相关法律,包括"自卫队法""周边事态法""武力攻击事态法""警察官职务执行法""PKO合作法""美军行动关联措施法"以及"日美防卫合作指针"等。[①] 为此,我国应继续关注这些法律的修改内容和实施状况,重点应关注日本使用所谓的集体自卫权的"范围"及使用武器的条件,并持续关注日本内阁及政府的立场和态度及具体的行为,及时作出相应的应对安排及批驳。[②]

(二) 中日关系的新发展与新展望

2014年11月7日,中国国务委员杨洁篪和日本国家安全保障局局长谷内正太郎分别代表各自政府,就处理和改善两国关系达成了四点原则共识,[③]其不仅为中日两国首脑在亚太经合组织(APEC)会议上的直接会谈创造了条件,也为恢复和发展中日关系提供了重要基础,得到国际社会的积极评价,包括美国国务院的正面评价和欢迎,所以,有必要论述中日两国就处理和改善中日关系达成的四点原则共识的内容、意义及作用。

第一,坚持中日四个政治文件的原则和精神,是稳固和发展两国关系的重要

---

① 日本内阁于2014年7月1日通过的《确保国家存亡和保护国民而无缝地完善安全保障法制》决议,规定了日本完善新安全保障法制的基本方针,即指出了日本完善安全保障制度相关法制的基本方向。具体内容参见防卫省编:《日本的防卫白皮书(2014)》,日经印刷公司2014年版,第376—378页。而上述内阁决议是在吸纳《安全保障法律基础再构筑恳谈会研究报告》(2014年5月15日)内容基础上作出的。

② 2015年4月12日,日本政府确定了制定一部"国际和平支援法"和修改十部安保法制的基本框架。这些法案将于2015年5月14日通过内阁决议,2015年5月15日提交国会审议。参见http://www.asahi.com/articles/photo/AS20150511004171.html,2015年5月12日访问。2016年3月29日起日本新安保法制开始施行。其包括由修改十部法律整合成一部法律的《和平安全法制整备法》和新制定的《国际和平支援法》组成。

③ 中日就处理和改善中日关系达成的四点原则共识内容为:(1)双方确认将遵守中日四个政治文件的各项原则和精神,继续发展中日战略互惠关系。(2)双方本着"正视历史、面向未来"的精神,就克服影响两国关系政治障碍达成一些共识。(3)双方认识到围绕钓鱼岛等海域近年来出现的紧张局势存在不同主张,同意通过对话磋商防止局势恶化,建立危机管控机制,避免发生不测事态。(4)双方同意利用各种多双边渠道逐步重启政治、外交和安全对话,努力构建政治互信。参见http://www.fmprc.gov.cn/mfa_chn/zyxw_602251/t1208349.shtml 或 http://www.mofa.go.jp/mofaj/a_o/c_m1/cn/page4_000789.html,2014年11月8日访问。尽管中日双方经过多次外交磋商达成了四点原则共识,但针对四点原则共识中的内容依然存在不同的分歧和解读。为此,我们应该整体全面地看待四点原则共识的内容,避免造成不必要的分歧和对立。四点原则共识的逻辑关系是,政治基础—基本共识—发展步骤,所以应该以维护大局,求同存异,保持克制和持续努力地展开对话和协商,以切实改善和发展中日关系,确保实现中日战略互惠关系目标。

政治基础,必须切实遵守,不容恶意践踏。因为它是经过实践证明处理和改善中日关系尤其是充实和发展战略互惠关系的基石。

第二,双方同意本着"正视历史、面向未来"的精神,就克服影响两国关系政治障碍达成共识,这是正确看待历史问题,处理和改善中日关系的重要保障。"正视历史、面向未来"的要点为"正本清源、标本兼治",即需要恢复事物的本来面目,回归问题的本质,确认中日邦交正常化以来的四个政治文件的原则和精神,特别应以"以史为鉴、求同存异、世代友好"的宗旨和精神处理与发展中日关系,利用和平方法解决双方之间存在的分歧和对立问题。

第三,通过平等协商和沟通等手段应对与处理诸如钓鱼岛重大敏感争议问题,包括构筑管控东海海空安全机制,是延缓和平息两国争议、恢复和改善中日关系的现实需求,切不能延误时机和停滞发展。为此,中日处理和改善两国关系四点原则共识指出,双方认识到围绕钓鱼岛等东海海域近年来出现的紧张局势存在不同主张,同意通过对话磋商防止局势恶化,建立危机管控机制,避免发生不测事态,这无疑是管控东海海空安全的必要举措,值得坚持和大力推进。

第四,中日两国关系的全面恢复和发展,并不能一蹴而就,需要一定的时间和可行的途径,对此必须有清醒的认识。中日处理和改善两国关系四点原则共识指出,双方同意利用各种多双边渠道逐步重启政治、外交和安全对话,努力构建政治互信。也就是说,中日双方主要将在政治、外交和安全领域创造多种条件展开对话,以就重大敏感问题达成理解和共识,提升双方政治互信为目标,进而改善和发展中日两国关系。应该说,这不仅是可以实现并且是一个可行的路径选择,因为当前中日两国在政治、外交和安全领域上的对立和分歧最为严峻和关键,这些领域是需要优先通过对话磋商解决的事项,进而再延伸或扩展到其他领域,例如历史、文化交流和经济合作等领域,以实现全面推进中日战略互惠关系目标。

不可否认,2014 年 11 月在北京举行的 APEC 会议是两国政府领导人重启政治互信的重要机会。日本政府领导人安倍晋三在会见中国国家主席习近平时,再次提出两国应回到战略互惠关系原点并推进合作发展、为预防东海海空偶然性冲突应开始构筑海上联络机制的重要性等内容,以进一步确认和履行新近达成的中日处理和改善两国关系四点原则共识内容,以恢复和发展中日关系。①

---

① 中国国家主席习近平在 APEC 会议期间会见日本首相安倍晋三内容,参见 http://www.gov.cn/2014-11/10/content_2776917.htm,2014 年 11 月 10 日访问。关于中日首脑就协商实施海上联络机制达成一致内容,参见 http://www3.nhk.or.jp/news/html/20141110/t10013089293000.html,2014 年 11 月 10 日访问。

尽管中日两国政府代表已就处理和改善两国关系达成了四点原则共识,不仅再次确认了中日战略互惠关系的基础,而且特别就重大敏感问题达成了通过对话磋商防止局势恶化,并建立危机管控机制的意愿,也明确了利用双多边渠道逐步重启对话,努力构建政治互信的途径和目标,这些均是值得肯定的事项,其不仅是双方对话和磋商重大敏感问题的基本前提,也是处理和改善两国关系的必要保障;但问题的关键在于两国政府应真正切实履行四点原则共识的内容,包括以实际行动处理重大敏感问题、平等地倾听对方的合理诉求与关切,努力构筑政治互信,这样才能逐步推动两国关系走上良性发展轨道。为此,需要双方相向而行,否则中日关系依然脆弱和严峻,两国间存在的重大敏感问题依然复杂而危险。总之,双方均应努力地遵守和实施四点原则共识规范的内容和措施,这样才能真正地处理和改善中日两国关系,并推进和充实中日战略互惠关系。[①]

五、结　语

不可否认,中日两国无论在地区还是世界,均为重要的国家,中日关系也是重要的双边关系。在中日双方均有意愿发展两国关系的良好背景下,如何处理两国间存在的重大敏感问题(例如,钓鱼岛问题)是一个重要且不可回避的现实问题,这对于稳固和发展中日关系特别重要和紧迫。为恢复和发展中日关系,中日两国应切实遵守两国政府代表就处理和改善两国关系达成的四点原则共识,以中日四个政治文件的原则和精神为基础,展开对话和协商,以合理管控东海海空安全、应对不测事态,提升政治和安全互信,并为充实和拓展中日战略互惠关系的内涵,持续稳固地发展中日关系作出努力。[②] 这是国际社会的共同期盼和合

[①] 李克强总理于2014年12月4日下午在人民大会堂会见第五届中日友好21世纪委员会双方全体委员时表示:"中日互为近邻,两国关系健康稳定发展对双方、对地区的和平、稳定与繁荣都很重要;中国政府发展对日关系的基本方针是一以贯之的,主张在中日四个政治文件确定的各项原则基础上,本着以史为鉴、面向未来的精神,继续克服政治障碍,推进中日战略互惠关系;只有着眼大局和长远,切实将双方达成的原则共识落到实处,两国关系改善进程才能持续推进;希望日方认真对待和妥善处理影响两国关系健康发展的问题。"参见http://www.gov.cn/guowuyuan/2014-12/04/content_2787049.htm,2014年12月7日访问。

[②] 2015年7月16日,国务委员杨洁篪同日本国家安全保障局长谷内正太郎在北京共同主持首次中日高级别政治对话时强调指出,中方坚持主张在四个政治文件基础上,本着以史为鉴、面向未来的精神,切实落实四点原则共识,推进中日关系向前发展。参见http://www.fmprc.gov.cn/mfa_chn/zyxw_602251/t1281919.shtml,2015年7月17日访问。2015年7月17日下午,国务院总理李克强在会见来华举行中日首次高级别政治对话的日本国家安全保障局长谷内正太郎时指出,中国政府重视发展对日关系,愿本着以史为鉴、面向未来的精神,在中日四个政治文件基础上推进中日战略互惠关系,增进理解与共识,管控矛盾和分歧,稳步推进交流合作,推动两国关系回到正常发展轨道。参见http://www.fmprc.gov.cn/mfa_chn/zyxw_602251/t1282225.shtml,2015年7月23日访问。

理要求!

  2016年4月30日,国务院总理李克强、国务委员杨洁篪在会见日本外相岸田文雄时强调了中日四个政治文件和四点原则共识的精神,期望两国将"互为合作伙伴、互不构成威胁"的共识落到实处,以实际行动为中日关系稳定改善作出更大的努力;中国外交部部长王毅在北京与日本外相岸田文雄会见时提出了改善中日关系的四点希望与要求。对此,岸田文雄表示,日方愿本着日中四个政治文件的精神,坚持"互为合作伙伴、互不构成威胁"的共识,同中方相互尊重,增进互信,管控分歧,努力把两国老一辈领导人开创的日中关系推向前进,构建面向未来的日中关系。[①] 总之,中日关系的改善及中日关系的新远景的实现,关键在于日本的行为和行动,对此,我们将拭目以待。

---

  ① 关于王毅就改善中日关系提出四点希望和要求内容,参见 http://www.fmprc.gov.cn/web/zyxw/t1360009.shtml,2016年4月30日访问。杨洁篪会见日本外相岸田文雄内容,参见 http://www.fmprc.gov.cn/web/zyxw/t1390016.shtml,2016年4月30日访问。李克强会见日本外相岸田文雄内容,参见 http://www.fmprc.gov.cn/web/zyxw/t1360032.shtml,2016年4月30日访问。

新时期东海海空安全机制研究

一、研究的界定与问题的提出

本文的研究范围,在时间上界定为自 2014 年以来中日为努力改善两国关系的低迷状态而作出的努力,在内容上界定为 2018 年 5 月 9 日中日两国防务部门签署的《海空联络机制谅解备忘录》(2018 年 6 月 8 日生效)以及与其创设的有关内容。正如中日两国政府首脑于 2018 年 11 月 30 日在出席阿根廷布宜诺斯艾利斯 G20 峰会见面时所确认的那样:"没有东海的安定,就没有中日关系真正的改善和发展。"[1] 同时,中国国家主席习近平于 2019 年 6 月 27 日在大阪 G20 峰会会见日本首相安倍晋三时,双方达成了积极推动构建建设性安全关系,以逐步确立稳固的战略互惠互信的共识。[2] 所以,对安定东海问题的海空联络机制或海空安全机制进行研究,对于进一步理解其在东海问题中的重要性,改善和稳固中日关系包括发展建设性安全关系有重大的价值和作用。

本文言及的"新时期"重点指 2018 年中日关系回到正常轨道以来,鉴于国际国内情势应发展中日关系的共识,以及从构筑契合新时代要求的中日关系的提出到稳固两国面向未来中日关系确立之间的过渡时期。而这种"过渡期间"及其时间长短特别考验两国对重大敏感问题包括东海问题的管控和处理,并严重影响两国构筑建设性的安全关系和契合新时代要求的两国关系的使命和目标。因

---

[1] 参见 http://www.mofa.go.jp/mofaj/a_o/c_m1/cn/page6_000230.html,2018 年 11 月 30 日访问。

[2] 参见 http://www.xinhuanet.com/politics/leaders/2019-06/27/c_1124681233.htm,2019 年 6 月 28 日访问。其实,中日两国首脑在布宜诺斯艾利斯会见时,已达成了构建建设性双边安全关系的原则共识,以不断增进战略安全互信。参见《习近平会见日本首相安倍晋三》(2018 年 12 月 1 日),https://www.fmprc.gov.cn/web/ziliao_674904/zt_674979/dnzt_674981/xzxt_xjpcf1127_695335/zxxx_695337/t1617999.shtml,2018 年 12 月 4 日访问。中日两国关于战略互惠关系的基本精神和基本内涵方面的内容,参见《中日联合新闻公报》(2007 年 4 月 11 日);中日两国关于战略互惠关系的共识和合作方面的内容,参见《中日关于全面推进战略互惠关系的联合声明》(2008 年 5 月 7 日)。

而此"过渡期间"的"新时期"需要面向未来的新理念的引领和契合新时代要求的新举措的具体实践,才能不断地稳固和升华中日两国之间达成的战略互惠互信共识及定位。

二、东海海空安全机制的创设及发展进程

众所周知,东海海空安全机制的标志性文件系,中国政府总理李克强在访问日本时于 2018 年 5 月 9 日中日两国防务部门签署的《中日防务部门之间的海空联络机制谅解备忘录》。[①]

在中日两国防务部门之间创设海空联络机制的目的,主要为:增进中日两国之间的相互理解和相互信赖,强化防卫合作;避免不测事态;防止海空不测事态发展到军事冲突或政治外交问题。其主要内容包括举行防卫部门之间的年度会议和专门会议;开设中日防卫部门之间的热线电话;规定中国人民解放军和日本自卫队舰船和航空器之间的联络方法。[②]

总之,《中日防卫部门之间的海空联络机制谅解备忘录》,是两国各界经过 10 年协商努力的结果。[③] 为此,有必要阐述缔结此谅解备忘录的发展历程。

（一）建立海空联络机制的提出

例如,应日本国政府邀请,中国国务院总理温家宝于 2007 年 4 月 11—13 日对日本进行正式访问时发布的《中日联合新闻公报》(2007 年 4 月 11 日)指出:"加强两国防务当局联络机制,防止发生海上不测事态。"这既是对日本内阁总理大臣安倍晋三于 2006 年 10 月 8—9 日对中国进行正式访问时发表的《中日联合新闻公报》(2006 年 10 月 8 日)"双方同意通过中日安全对话和防务交流,增进安全领域互信"的回应;也为中日两国于 2008 年 5 月 7 日签署《中日关于全面推进战略互惠关系的联合声明》中"加强安全保障领域的高层互访,促进多层次对话与交流,进一步加深相互理解和信任""共同努力,使东海成为和平、友好、合作之海"规范提供了基础。同时,以这些内容和精神为基础,中日两国外交部门于 2008 年 6 月 18 日公布了《中日关于东海问题的原则共识》,为实现使东海成为和

[①] 参见 http://www.mofa.go.jp/mofaj/a_o/c_m1/cn/page1_000526.html,2018 年 5 月 10 日访问。
[②] 参见 http://www.mofa.go.jp/mofaj/a_o/c_m1/cn/page4_005086.html,2019 年 6 月 28 日访问。
[③] 参见 http://www.mofa.go.jp/mofaj/a_o/c_m1/cn/page1_000526.html,2018 年 5 月 10 日访问。

平、友好、合作之海目标跨出了第一步。① 换言之,尽管《中日关于东海问题的原则共识》为仅具政治意愿的文件,不具有法律拘束力,但其对于东海问题的稳定和解决具有方向性的指导作用,而对于在东海具体实施共同开发、合作开发的方式及利益分配等事项,则需要在中日双方之间进行协商后缔结条约确定。

(二) 海空联络机制的谈判

自 2007 年 4 月中日两国首脑就缔结类似事故防止协定的海上联络机制达成意向后,于 2008 年 4 月—2012 年 6 月间共举行了三次磋商,在磋商中基本就海上联络机制达成框架,但由于 2012 年 9 月日本对钓鱼岛三岛的"国有化",致使磋商中断。② 同时,中国政府于 2012 年 9 月 10 日发布了钓鱼岛等岛屿的领海基线声明,中国国防部于 2013 年 11 月 23 日宣布了《中国关于划设东海防空识别区的声明》和《中国东海防空识别区航空器识别规则公告》,从而在东海海空发生事故和冲突的机会上升。③

为避免在东海海空发生不测事态及安全事故,改善中日关系,经过多方努力,于 2014 年 9 月 23—24 日在山东青岛举行了第二轮中日海洋事务高级别磋商会议,从而恢复了于 2012 年 1 月建立并于 2012 年 5 月在浙江杭州举行首轮磋商后因"船只冲撞事件"(2010 年 9 月)和"国有化"中断的谈判进程。④ 此外,随着中日两国政府代表于 2014 年 11 月 7 日《中日处理和改善中日关系四点原则共识》的达成,以及 2014 年 11 月 10 日中两国首脑在北京举行的亚太经合组织领导人非正式会议(APEC)上的见面,中日两国意识到管控海上不测事态和危机管理的重要性,从而加快了海洋事务磋商进程。⑤

---

① 《中日联合新闻公报》《中日关于全面推进战略互惠关系的联合声明》《中日关于东海问题的原则共识》内容,参见金永明:《东海问题解决路径研究》,法律出版社 2008 年版,第 239—255 页。
② 参见[日]浅井一男:《利用海上事故防止协定培育信赖——过去的事例和日中海空联络机制的课题》,《参考》(The Reference) 2015 年第 3 期,第 80 页。
③ 《中国关于钓鱼岛及其附属岛屿领海基线的声明》内容,参见 http://www.gov.cn/jrzg/2012-09/10/content_2221140.htm,2012 年 9 月 11 日访问。《中国关于划设东海防空区的声明》内容,参见 http://www.gov.cn/jrzg/2012-11/23/content_2533099.htm,2013 年 11 月 25 日访问。《中国东海防空区航空器识别规则公告》内容,参见 http://www.gov.cn/jrzg/2013-11/23/content_2533101.htm,2013 年 11 月 25 日访问。
④ 金永明:《新时代中国海洋强国战略研究》,海洋出版社 2018 年版,第 180 页。中日两国在钓鱼岛周边海域发生船只冲撞事件内容,参见金永明:《从国际法审视日本抓扣中国渔船与渔民事件的非法性》,《东方法学》2010 年第 5 期,第 146—150 页。
⑤ 《中日处理和改善中日关系四点原则共识》内容,参见 http://www.fmprc.gov.cn/mfa_chn/zyxw_602251/t1208349.shtml,2014 年 11 月 8 日访问;中日首脑在北京亚太经合组织领导人非正式会议上的会见内容,参见 http://www.gov.cn/xinwen/2014-11/10/content_2776917.htm,2014 年 11 月 10 日访问。

(三) 海空联络机制谈判的加速及文件的缔结

在第二轮中日海洋事务高级别磋商中,双方原则同意重新启动中日防务部门海上联络机制的谈判。[①] 此后,中日海洋事务高级别磋商机制达成的共识进一步推动了海空联络机制谈判进程以及文件的缔结。例如,第三轮中日海洋事务高级别磋商(2015年1月22日)达成的共识指出,中日双方对2015年1月12日举行的中日防务部门海上联络机制第四轮专家组磋商取得的进展予以积极评价,同意争取早日启动防务部门海空联络机制,并就此进行磋商。第四轮中日海洋事务高级别磋商(2015年12月7—8日)达成的共识指出,两国防务部门就早日启动海空联络机制进行了沟通,同意继续就此进行协商;双方还就开展防务交流交换了意见。第五轮中日海洋事务高级别磋商(2016年9月14—15日)达成的共识指出,双方同意加快中日防务部门海空联络机制磋商进程,尽早举行第六轮专家组磋商;双方同意继续推进两国防务交流。第六轮中日海洋事务高级别磋商(2016年12月7—9日)达成的共识指出,双方积极评价防务部门海空联络机制第六轮专家组磋商,并一致同意为尽早启动运行该机制继续做出努力。第七轮中日海洋事务高级别磋商(2017年6月29—30日)达成的共识指出,双方同意尽早启动防务部门海空联络机制,并同意进一步推进防务交流。第八轮中日海洋事务高级别磋商(2017年12月5—6日)达成的共识指出,双方就建立并启动防务部门海空联络机制取得积极进展;双方同意继续加强防务部门间的交流,增进互信。第九轮中日海洋事务高级别磋商(2018年4月19—20日)达成的共识指出,双方就防务部门海空联络机制的建立和尽早启动取得了进一步进展,同意加快有关准备工作;双方同意继续加强防卫部门间的交流,增进互信,双方并具体讨论了今后的交流计划。[②]

可见,中日海洋事务高级别磋商机制达成的共识内容有力地推动了海空联络机制的创设,在中日防务部门之间缔结了海空联络机制谅解备忘录后,中日海洋事务高级别磋商机制达成的共识就转为如何实施和完善"海空联络机制"上了。例如,第十轮中日海洋事务高级别磋商(2018年12月17—18日)达成的共识指出,双方欢迎2018年6月正式启动运行中日防务部门海空联络机制,并就

[①] 第二轮中日海洋事务高级别磋商机制共识内容,参见 http://www.mofa.go.jp/mofaj/press/release/press1_000031.html,2017年12月4日访问。

[②] 自第三轮到第九轮的中日海洋事务高级别磋商内容,参见金永明:《新时代中国海洋强国战略研究》,海洋出版社2018年版,第182—189页。

尽早建立和开通该机制下的直通电话交换了意见;双方对两国防务交流积极发展势头表示欢迎,就认真落实两国和两国防务部门领导人共识,推动加强防务交流交换了意见。① 第十一轮中日海洋事务高级别磋商(2019年5月10—11日)达成的共识指出,双方认为,防务部门海空联络机制自2018年6月正式启动以来,得到有效运用;双方对此表示欢迎,同意尽早开通直通电话;双方积极评价中日防务交流的良好势头,就继续推进防务部门高层互访等交流合作深入交换意见。②

此外,第一届"海空联络机制"年度会议和专门会议已于2018年12月在北京举行;③实现了日本首相安倍晋三于2018年10月25—27日访问中国时与中国政府总理李克强达成的在年内举行防卫当局间海空联络机制首次年度会议的目标。④ 此后,中日两国防卫部门之间的人员交流和舰船互访,为切实发挥海空联络机制作用并增进双方互信,以及推进海空联络机制完善步伐包括尽早创设热线电话联络机制,是非常重要而不可或缺的组成部分。⑤ 由于构建海空联络机制及缔结海上事故防止协定均是提升互信、维护海洋安全的重要措施,所以有必要考察国际社会一些代表性国家之间的有关实践及其作用方面的内容。

三、国际社会海空联络机制的实践及作用

不可否认,海空联络机制对于管控舰船和航空器之间的安全事故及预防不测事态有重要的作用。该海空联络机制起源于美苏,并被其他国家作为模板选用。

---

① 参见 http://www.fmprc.gov.cn/web/wjbxw_673019/t1622872.shtml,2018年12月18日访问。
② 《中日举行第十一轮海洋事务高级别磋商》内容,参见 http://www.xinhuanet.com/world/2019-05/11/c_1124480563.htm,2019年5月11日访问。
③ 参见 http://www.mofa.go.jp/mofaj/a_o/c_m1/cn/page4_005086.html,2019年6月28日访问。在这次会议上,中日双方就两国的海空安全保障政策、海空联络机制的运作情况以及今后的防卫交流等进行了直接和深入的意见交换,评价了海空联络机制,双方一致认为应继续致力于促进两国的信赖关系,同时双方就尽早开设热线电话快速协调,以便更有效地运用此机制,更好地促进良好的两国关系达成一致共识。参见日本防卫省防卫研究所编:《东亚战略概观(2019)》,2019年4月,第61—62页。
④ 参见 http://www.mofa.go.jp/mofaj/a_o/c_m1/cn/page4_004452.html,2018年10月27日访问。
⑤ 例如,2019年9月17—26日,中国人民解放军军官访问团访问日本,对于增进与日本防卫省和自卫队之间在安全保障上的交流和培育信赖有一定的促进作用。参见 https://www.spf.org/video/,2019年9月26日访问。2019年4月23日,日本海上自卫队"凉月"号驱逐舰受邀赴青岛参加我国举办的庆祝中国人民解放军海军成立70周年多国海军活动;中国海军导弹驱逐舰"太原"号于2019年10月访问日本参加国际阅舰式等,但因受19号台风灾害影响,预定2019年10月14日举行的自卫队阅舰式活动取消;2019年10月16日,日本海上自卫队护卫舰"五月雨"号和中国海军驱逐舰"太原"号在日本关东的南方海空域(公海)上进行了"日中亲善训练"的通信演习和演练,以提升海上自卫队的战术技术、强化与各国的协作,促进相互理解等。参见 https://www.mod.gp.jp/msdf/release/201910/20191021-1.pdf,2019年10月24日访问。

(一)《美苏海上事故防止协定》(1972年5月)

在第二次世界大战后,由于苏联主要开发核武器及导弹等武器,所以除潜水艇等外,苏联海军装备明显落后于西方国家,在大洋(公海)的存在及活动也不多。但自1962年古巴危机后,苏联认识到水上舰艇在大洋存在的重要性,开始建造扩大海军实力的大型巡洋舰、开发可搭载直升机的航母等船只,并在1963年成立了地中海舰队,于1968年起开始真正地进出印度洋,即增加了在大洋的活动频次,进而出现了在公海与其他西方国家的舰船和航空器等频繁接触的现象,并发生了多起事故和冲突,主要有:1967年5月在日本海发生的美国驱逐舰和苏联驱逐舰之间的冲突、1968年5月在挪威海发生的苏联侦察机低空监视美国航母及直升机时的坠落事故、1970年7月在瑞典南部海域发生的瑞典驱逐舰与苏联驱逐舰接触事故,以及1970年11月在地中海发生的英国航母与苏联驱逐舰之间的冲突事故。此外,航空器的低空飞行、突然飞入对方飞机飞行方向的做法,以及发射照明弹、运用火控雷达照射对方飞机等危险或妨碍行为也多次发生。为避免这些事故或冲突扩大到大规模的武装冲突,有必要在相关国家之间予以协调,以弥补海洋法规则的缺陷。而在20世纪60年代的海洋法中,并不存在关于军舰和军用飞机的活动以及发生冲突时应适用的规则。[1]

在海上尤其在公海上美苏两国之间的舰机存在严重对立和风险的情况下,苏联于1970年接受了美国提出的就海上事故防止事项进行磋商的建议。为此,美苏两国经过两次(1971年10月,莫斯科;1972年5月,华盛顿)磋商,最终于1972年5月25日在莫斯科举行的两国海军首脑会议上缔结了《美国政府和苏联政府关于防止海上事故的协定》(简称《美苏海上事故防止协定》)(Agreement Between the Government of the United States of America and the Government of the Union of Soviet Socialist Republics on the Prevention of Incidents on and over the High Seas, INCSEA)。该协定由10个条款组成,主要包括以下内容:预防冲突应遵守国际规则及"日内瓦海洋法四公约"等的国际法(第2条);对危险性动作的规范(第3—4条);禁止骚扰性/妨碍性行为(第3—4条);强化在海

---

[1] 尽管国际社会存在规范船舶安全航行的一般性国际规则,如《预防海上冲突国际规则条约》(1972年),但其主要规定的是防止舰船冲突的操作规则及使用灯火、信号等的技术性标准,无法就如美苏引发冲突的危险性行为予以充分应对。参见[日]浅井一男:《利用海上事故防止协定培育信赖——过去的事例和日中海空联络机制的课题》,《参考》(*The Reference*)2015年第3期,第70—72页。

上危险性行动的信息通知和交换(第5—7条);协定签署后有效期为3年,此后每3年自动更新(第8条);在两国海军之间进行定期磋商和信息交流(第9条)。[①]

可见,美苏两国通过缔结和实施《美苏海上事故防止协定》,不仅填补了海洋法规则对公海上的舰机行为没有作出明确规范的缺陷,而且通过对公海上的危险性行为或骚扰性行为予以禁止或规范的方式予以明确,尤其是通过热线联系、规范标准性程序、加强现场通讯、举行年度会议等,增进了互信,为避免海上事故的发生和冲突的升级,发挥了重要的作用,并成为其他国家处理同类问题的典范。

(二)《日俄海上事故防止协定》(1993年10月)

日本和苏联关于缔结海上事故协定的建议,在1990年9月的日苏外相定期磋商会议上由苏联外相提出,后在1991年4月苏联总统戈尔巴乔夫访问日本时由苏联方面再次提出缔结包括海上事故协定在内的日苏安全保障问题协议的建议。在日本接受此建议后,于1991年10月在两国外相之间开始了海上事故防止协定的磋商进程;1991年12月苏联解体后,与俄罗斯继续展开协商,于1993年10月13日在东京举行的日俄首脑会谈上签署了《日本政府和俄罗斯联邦政府关于防止领海外水域及其上空事故的协定》(简称《日俄海上事故防止协定》)。[②] 该协定由11个条款组成,内容为:舰船和航空器的行为规范、注意义务、禁止危险行为(第3—5条);强化海上交流(第6—7条);在相关机构之间进行定期磋商和交换情报(第9条)。

尽管《日俄海上事故防止协定》内容基本与《美苏海上事故防止协定》相同,但存在以下两个方面的区别:第一,在《日俄海上事故防止协定》及其附属书中增加了在舰船和航空器之间进行信息和情报交流的特别信号。例如,其第8条规定,两国政府应制定指导书,以使用在本协定附属书特别信号表所规定的信号,并发送给各自的舰船和航空器;本协定附属书构成此协定不可分割的一部分。第二,在《日俄海上事故防止协定》中不存在舰船和航空器之间的距离方面的规

[①] 《美苏海上事故防止协定》及其议定书内容,参见 https://www.state.gov/t/4791.htm,2019年7月4日访问。此后,为让非军用船舶和飞机也纳入管控范围,美苏两国于1973年5月缔结了《美苏海上事故防止协定议定书》。其第3条规定,此议定书在署名时即生效,并是《美苏海上事故防止协定》不可缺少的一部分。此外,苏联解体后,美国与俄罗斯于1998年交换了外交公文,确认俄罗斯继承《美苏海上事故防止协定》的所有权利和义务,所以它现在依然有效。参见[日]浅井一男:《利用海上事故防止协定培育信赖——过去的事例和日中海空联络机制的课题》,《参考》(*The Reference*)2015年第3期,第73页。
[②] 《日俄海上事故防止协定》内容,参见 http://www.mofa.go.jp/mofaj/gaiko/treaty/pdfs/A-H5-2203.pdf,2019年7月4日访问。

定。例如,《美苏海上事故防止协定》第 10 条规定,各国应指定依据该协定讨论具体政策委员会的成员,作为该委员会的业务之一,委员会需讨论相遇的舰船之间、航空器之间,以及舰船和航空器之间应保持的具体而特定的距离问题。① 此外,应该指出的是,《日俄海上事故防止协定》的缔结及实施,对于增进日俄防卫机构之间的交流、维护海上安全,以及增进防卫部门之间的信任和信赖关系发挥了应有的作用。

(三)《中美防止海上军事事故协定》(1998 年 1 月)

中美两国于 1994 年 10 月在黄海发生了围绕美国航母侦查活动的危险性事件,即美国航母对中国核舰艇派遣警戒机进行监视,中国以战斗机对抗,并长时间地呈现了互相对准炮口的紧张局面。此事件最后以中国方面离开相关海域收场,之后中国向美国警告,如再发生同类事件将开炮还击。以此为契机,美方向中方提出了构筑以海上事故防止协定为模型的框架性建议。为此,中美双方于 1997 年 12 月在华盛顿达成初步意向,并于 1998 年 1 月 19 日在北京由中美两国国防部长签署了《中美防止海上军事事故协定》(MMCA)。②

《中美防止海上军事事故协定》由 9 个条款组成,第 1 条规定了目的并鼓励双方当局承认的代表之间加强协า;第 2 条规定了协商的 3 种机制(年度会谈、工作磋商、特别会谈)及其会谈和磋商的议题;第 3—4 条规定了会谈议事录的制作及公开文件方面的内容;第 5—6 条规定了参加会谈和磋商时各自承担费用,并提供出入国便利,以及在第 7—9 条规定了协定由双方书面同意可修正、对协定的实施及解释不一致时由双方协商解决等内容。

从《中美防止海上军事事故协定》内容可以看出,其不存在如美苏、日俄海上事故防止协定中预防事故那样的共同性规则,即中美两国预防的事项需要由两国共同同意后再在协商机制上讨论对策并公布协商要点,这是由于中美两国之间在海上安全问题上的对立和分歧,尤其是对于专属经济区内的军事

---

① 所谓的"距离规则",即为防止冲突,在舰船和舰船之间、航空器和航空器之间进行物理性分离并规定特定距离的规则。例如,一国的舰船在举行演习时,他国的舰船或航空器应保持一定的距离,这是苏联鉴于过去的事例,特别是美国的航空器低空侦查挑衅苏联行为而提出的建议案,但美国认为,苏联提出此"距离规则"的目的阻碍了美国进行监视的任务,强烈拒绝采用距离规则。所以,尽管苏联在与美国协商海上事故防止协定的会议上提出了上述建议,最终没有明确规定在《美苏海上事故防止协定》中,而仅作为此后磋商的内容。关于日俄两国缔结海上事故防止协定的背景和理由内容,参见[日] 浅井一男:《利用海上事故防止协定培育信赖——过去的事例和日中海空联络机制的课题》,《参考》(The Reference)2015 年第 3 期,第 72—73 页。

② 参见[日] 浅井一男:《利用海上事故防止协定培育信赖——过去的事例和日中海空联络机制的课题》,《参考》(The Reference)2015 年第 3 期,第 78—79 页。

活动(军事测量活动、联合军事演习、谍报侦查活动)在"自由使用论"和"同意使用论"(或"事先许可论")之间存在对立和分歧并无法达成共识造成的。对于以收集情报为主的他国船舶在我国专属经济区内的军事活动问题,在《联合国海洋法公约》中并没有作出明确的规定,所以很难通过海洋法的规则予以解决。①

但不可否认的是,这些问题需要考虑专属经济区的立法宗旨及性质,以及这些活动是否损害了沿海国在经济和安全上的权利和利益,尤其在运用第59条"衡平原则"解决时需要考察诸如在《联合国海洋法公约》第56条第(2)款和第58条第3款的"适当顾及"、第300条的"诚意履行和权利滥用",以及第301条和第88条的"和平利用"等用语内涵,所以需要就具体问题进行协商解决。②

因此,即使中美两国达成了《中美防止海上军事事故协定》,但依然无法阻止后续与安全有关的对立行为和活动。例如,2009年3月8日,美国海军"无瑕"号船舶在南海的我国专属经济区内进行的军事测量或调查活动引发的对峙;2009年5月1日,美国海军监测船"胜利"号未经许可在我国黄海的专属经济区从事军事测量活动;以及2001年4月1日中美在海南岛的撞机事件,美国海军测量船"鲍迪奇"号在中国黄海专属经济区内的测量活动。③

即使中美两国国防部门经过努力于2014年11月签署了《重大军事行动相互通报机制谅解备忘录》和《海空相遇安全行为准则谅解备忘录》,并于2015年9月签署了《重大军事行动相互通报机制谅解备忘录附件》和《海空相遇安全行为准则谅解备忘录附件》,仍依然无法阻止美国单方面在南海诸岛周边海域实施的所谓航行自由行动。④

换言之,中美两国在专属经济区内的军事活动问题争议在海洋法规则的解释上存在对立和分歧,同时这些活动涉及和关联海洋科学研究、海洋调查等行为和活动,无法达成共识,所以如何基于专属经济区的立法宗旨和特殊地

---

① 参见 E. Papastavridis, "Intelligence Gathering in the Exclusive Economic Zone", *International Law Studies*, Vol.93 (2017), pp.474-475。

② 所谓的"适当顾及"并不是沿海国和其他国家的"结果性义务",而是"实施性义务",即在实施这些义务时,需要诚实地履行协商义务;而"诚实协商义务"是指兼顾"适当顾及"或"合理顾及"的行动是相关国家的义务。参见 E. Papastavridis, "Intelligence Gathering in the Exclusive Economic Zone", *International Law Studies*, Vol.93 (2017), pp.454-460。

③ 专属经济区内军事活动问题和中美专属经济区内军事活动争议内容,参见金永明:《中国海洋法理论研究》,上海社会科学院出版社2014年版,第17—35页、第176—186页。

④ 美国军舰在南海诸岛周边海域实施"航行自由行动"内容,参见金永明:《南海航行自由与安全的海洋法分析》,中国国际法学会编:《中国国际法年刊(2018)》,法律出版社2019年版,第410—438页。

位,结合《联合国海洋法公约》的相关条款(如第58条、第59条)进行分析和协调,并借鉴国际社会存在的海洋安全预防制度,例如《海上意外相遇规则》(Code for Unplanned Encounters, CUES),能为解决存在的海洋争议问题提供指导。对于中美两国来说,特别需要遵守两国军事部门已经达成的共识性制度就非常关键。[①]

四、东海海空联络机制的效果及后续任务

尽管中日两国东海海空联络机制谅解备忘录已经签署并开始实施,但并不意味着中日两国在东海的海空安全问题已经稳固,尤其是构建建设性安全关系仍应继续努力,包括切实实施其制度性规范。同时,应该指出的是,诸如《美苏海上事故防止协定》和《日俄海上事故防止协定》的目的,只是为了预防海上事故的发生以及处置不测事态的冲突,并不是最终解决海上安全问题的制度,具有预防性和临时性的特点。其主要目的是增进相关方之间的互信,了解对方行为规范及具体措施,为最终解决问题提供基础和条件。所以,我们应分析影响中日东海海空安全机制的一些因素及障碍,为发挥东海海空联络机制作用,提升中日两国政治安全互信作出贡献。笔者认为,影响东海海空安全机制的问题,主要包括以下方面。

(一)海域执法问题

中日东海海域执法问题特别体现在钓鱼岛及其附属岛屿周边海域冲突上。为应对日本"国有化"钓鱼岛三岛行为,中国政府于2012年9月10日就钓鱼岛等岛屿的领海基线发表声明,公布了钓鱼岛等岛屿作为基点的经纬度坐标,从而确立和明确了钓鱼岛等岛屿以直线基线为基础的领海制度及其他海域管辖范围。为履行法律职责,中国海监总队及中国海警局加强了对钓鱼岛及其附属岛屿周边海域的执法力度,从而与日本海上保安厅履行钓鱼岛周边海域海洋秩序的执

---

① 关于专属经济区的法律地位内容,参见 R. R. Churchill and A. V. Lowe, *The Law of the Sea*, Third Edition, Manchester University Press, 1999, p.166。《联合国海洋法公约》第59条并没有就未归属国家的事项作出明确的规定,仅要求参考有关一切情况,在公平(衡平)基础上加以解决,所以应根据各种情况,考虑各方的利益要素。参见 Alexander Proelss (Editor), *United Nations Convention on the Law of the Sea: A Commentary*, C. H. Beck/ Hart/ Nomos, 2017, p.459。国际社会针对专属经济区内航行和飞越行为方针内容,参见 Ocean Policy Research Foundation, *Guidelines for Navigation and Overflight in the Exclusive Economic Zone: A Commentary*, 2006, pp.3-85。

法活动范围发生重叠,并出现冲突的现象和可能性。[1]

在此应说明的是,进入新时代(2012—)以来,中国海洋维权执法机构中国海监总队的后续单位中国海警局及其主管机关国家海洋局的机构改革经历了两个阶段:

第一,重组国家海洋局。《国务院机构改革和职能转变方案》(2013年3月)指出,为推进海上统一执法,提高执法效能,将现国家海洋局及其中国海监、公安部边防海警、农业部中国渔政、海关总署海上缉私警察的队伍和职责整合,重新组建国家海洋局,由国土资源部管理;国家海洋局以中国海警局名义开展海上维权执法,接受公安部业务指导。[2]《国家海洋局主要职责内设机构和人员编制规定》(2013年6月)指出,国家海洋局应加强海上维权执法,统一规划、统一建设、统一管理、统一指挥中国海警队伍,规范执法行为,优化执法流程,提高海洋维权执法能力,维护海洋秩序和海洋权益。[3]

第二,撤销国家海洋局。《深化党和国家机构改革方案》(2018年3月)指出,将国家海洋局的职责整合,组建自然资源部,即不再保留国土资源部、国家海洋局,但自然资源部对外保留国家海洋局的牌子;海警队伍转隶武警部队,按照先移交、后整编的方式,将国家海洋局(中国海警局)领导管理的海警队伍及相关职能全部划归武警部队。[4]

为能使中国海警局依照《深化党和国家机构改革方案》和《武警部队改革实施方案》(2017年12月27日)的决策部署(海警队伍整体划归中国人民武装警察部队领导指挥,调整组建中国人民武装警察部队海警总队,称中国海警局)统一履行海上维权执法职责。第十三届全国人民代表大会常务委员会第三次会议于

---

[1] 其实,在我国政府公布钓鱼岛等岛屿的领海基点基线前,经国务院批准,国家海洋局中国海监东海总队自2006年7月起,已在我国东海管辖海域开展了定期维权巡航执法且成绩显著。此后,国家海洋局于2007年2月1日起,在我国管辖海域全面开展定期维权巡航执法工作,由中国海监总队负责全面协调,具体维权执法巡航工作由中国海监北海、东海、南海总队实施。参见国家海洋局海洋发展战略研究所课题组编:《中国海洋发展报告》(2013),海洋出版社2013年版,第59页。经中央编制委员会办公室批准,于1998年10月在国家海洋局设置了中国海监总队(部委正厅级),参照国家公务员制度管理;中国海监总队职责依照《关于印发中国海监总队主要职责内设机构和人员编制规定的通知》(国海人字〔2010〕359号)执行。而依据日本《海上保安厅法》(1948年4月27日通过,1948年5月1日起施行)第2条第1款的规定,日本海上保安厅的任务是,通过行使海上法令、救助海难、防止海洋污染、维护海上船舶航行秩序、预防和镇压海上犯罪、履行与海上船舶交通有关的规则、水路和航路标识有关的事务以及其他确保海上安全的事务和其他附属事项,以确保海上安全和治安。

[2] 参见 http://www.gov.cn/2013lh/content_2354443.htm,2013年3月15日访问。

[3] 参见 http://www.gov.cn/zwgk/2013-07/09/content_2443023.htm,2013年7月11日访问。

[4] 参见 http://www.xinhuanet.com/politics/2018-03/21/c_1122570517.htm,2018年3月21日访问。

2018年6月22日通过了《关于中国海警局行使海上维权执法职权的决定》(2018年7月1日起施行)。[①]

从上述决定可以看出,中国海警局的维权执法职权包括两个方面:一是中国海警局履行海洋维权执法职责,包括执行打击海上违法犯罪活动、维护海上治安和安全保卫、海洋资源开发利用、海洋生态环境保护、海洋渔业管理、海上缉私等方面的执法任务,以及协调指导地方海上执法工作。二是中国海警局执行打击海上违法犯罪活动、维护海上治安和安全保卫等任务,行使法律规定的公安机关相应执法职权;执行海洋资源开发活动、海洋生态环境保护、海洋渔业管理、海上缉私等方面的执法任务,行使法律规定的有关行政机关相应执法职权;中国海警局与公安机关、有关行政机关建立执法协作机制。

其中,中国海警局与其他行政机关(例如,自然资源部、生态环境部、农业农村部、海关总署等)的执法协作机制需要在今后的法律规章中予以规范,包括修改现有与海洋领域有关的法律规章。[②] 同时,依据《中共中央关于调整中国人民武装警察部队领导体制的决定》(2018年1月1日起施行),武装部队由党中央、中央军委集中统一领导,实行中央军委—武警部队—部队领导体制。据此,隶属武装警察部队的中国海警局在未能履行或不可能单独完成其海上维权职责时,将由体制内的中央军委统一领导和部署行动,但在何种情形下、在何种程度上,适用何种程序、启动何种程度的应对措施等内容,需要在今后的相关法规中予以确定。换言之,中国海警局为履行职权,并在配套措施尤其在相关法规模糊不全的情形下,中日两国执法船舶之间冲突事故的发生依然存在,尤其在中国海警局的应对行为含糊时尤为显著。为此,除我国应尽快补充完善相关法规外,应加强中日执法机构之间的沟通和协调,切实实施"海空联络机制谅解备忘录"内容,增进相关人员之间的交流和培训、加强执法过程中的统一性和透明性等,对于避免冲突事故和不测事态具有重要的保障作用。

当然,在东海除海域执法冲突外,还存在东海空域执法冲突事故隐患。因为中国国防部依据国际惯例和国内法,于2013年11月23日宣布《中国关于划设东海防空区的声明》并实施《中国东海防空识别区航空器识别规则公告》的范围,与日本防卫厅公布的相关防空识别区(1969年4月29日公布,1972年5月10日和

---

① 参见 http://www.npc.gov.cn/npc/xinwen/2018-06/22/content_2056585.htm,2018年6月22日访问。

② 金永明:《新时代中国海洋强国战略治理体系论纲》,《中国海洋大学学报(社会科学版)》2019年第5期,第27—28页。

1973年6月30日修改)大面积重叠,使两国的执法军机在重叠区发生冲突事故的可能性明显增加,也是应该管控的重要方面。

最后应该指出的是,日本修改了《海上保安厅法》(1948年4月27日通过,1948年5月1日起施行,2012年9月5日最后一次修改)和《在领海等区域内有关外国船舶航行法》(2008年6月11日通过,2008年7月1日起施行,2012年9月5日修改),赋予海上保安厅执法人员对"登岛"人员、在钓鱼岛周边海域活动的外国船舶和船员的警察权,即强化了所谓的"应对措施"。同时,又重点强化了对西南诸岛的"管理",包括加强尖阁专属警备、增加巡视尖阁领海警备并扩大能搭载直升机的大型船只数量,尤其是日本于2016年12月21日在内阁会议上通过了《强化海上安保体制方针》的决议,使得在东海发生执法冲突的可能性明显增加。[①]

(二) 资源开发问题

众所周知,中日两国之间的东海问题争议,起源于中国在东海的油气资源开发活动。即2004年5月27日,日本杏林大学平松茂雄教授乘飞机"调查"我国东海天然气开采设施建设情况,并于2004年5月28日在东京的《中日新闻》登载了"中国在日中边界海域建设天然气开采设施"和"日中两国间新的悬案"的文章。通过媒体炒作后,试图向日本政府施压,以维护日本单方面认定的"中间线"日方侧海域油气矿床利益。在这种背景下,中日两国政府就东海问题举行了11次磋商(2004年10月—2017年11月),但由于双方在东海海域划界适用的原则和方法,尤其在共同开发的海域划定方面存在严重的对立和分歧,因而未达成任何共识。[②] 但双方均有稳定东海局势的政治意愿,为使东海成为和平、友好、合作之海,依据中日双方领导人达成的共识(2007年4月、2007年12月),经过多次认

[①] 日本的《强化海上安保体制方针》主要包括五个方面的内容:第一,强化尖阁领海警备体制和完善同时应对大规模事态发生的体制;第二,强化海洋监视体制;第三,强化因核设施等引发的恐怖活动和发生重要事态的应对体制;第四,强化海洋调查体制;第五,完善基础包括培育人才、增加人员和扩大教育训练设施等。参见[日]海上保安厅编:《海上保安报告(2019)》,日经印刷公司2019年,第20—21页。

[②] 中日东海问题磋商内容,参见金永明:《东海问题解决路径研究》,法律出版社2008年版,第4—7页。日本学者针对海域划界的原则及发展趋势的代表性内容,参见[日]古贺卫:《日本周边海域划界中的各种法律问题》,载[日]栗林忠男、杉原高岭编:《日本海洋法的主要课题》,有信堂2010年版,第193—228页;[日]坂元茂树:《日本的海洋政策与海洋法》,信山社2018年版,第321—364页。从司法判例和国家实践看,对于海域划界问题已形成了"三阶段划界方法"。第一,划定临时的等距离线或中间线;第二,为实现公平结果考虑相关情况,并探讨是否有必要调整临时的等距离线或中间线;第三,对海岸线的长度和所分配海域面积的比例进行校验,判定是否带来不公平的结果以便修正。参见 ICJ Reports, 2009, pp.101-103, paras.115-122。

真磋商,一致同意在实现划界前的过渡期间,在不损害双方法律立场的情况下进行合作。为此,中日外交部门于 2008 年 6 月 18 日发布了《中日关于东海问题的原则共识》。①

该原则共识主要包括两个方面的内容:第一,在东海共同开发的谅解;第二,日本法人依据中国法律参加春晓油气田开发的谅解。② 但由于中日两国对春晓油气田的共同开发和合作开发的理解不一,利益分配难以妥协,担忧在今后的划界中有利于日本的立场包括承认"中间线"的嫌疑,迄今双方仍未达成任何共识及进展。这也体现了《中日关于东海问题的原则共识》是政治妥协的产物,可操作性不强。《中日关于东海问题的原则共识》是由双方外交部门各自发布,不存在统一用语的文本,显示其是双方临时性的妥协性的产物,不具有法律拘束力。

此后,由于在钓鱼岛周边海域的船只冲撞和人员抓扣事件(2010 年 9 月 7 日)、日本"国有化"钓鱼岛三岛(2012 年 9 月 11 日)等事件,严重地影响了中日关系,包括中断了于 2010 年 7 月 27 日启动的第一次东海问题原则共识政府间换文谈判后续进程、于 2012 年 1 月建立并于 2012 年 5 月在浙江省杭州市举行第一轮中日海洋事务高级别磋商机制的后续谈判,冲击了中日关系的基础。③ 为改善和发展中日关系,2014 年 11 月 7 日,中日两国政府代表达成了《中日处理和改善中日关系四点原则共识》,进而为中日两国首脑后续会谈创造了基础和条件,并为发展中日关系作出了贡献。④

在东海资源开发问题上难以得到发展的原因,在于双方的政策和立场不同。而体现日本政府的立场性文件为《日本针对东海资源开发的法律立场》(2015 年 8 月 3 日),体现中国政府的立场性文件为《中国东海油气开发活动正当合法》(2015 年 7 月 24 日)。⑤ 换言之,中日两国在东海海域划界的原则、方法以及冲绳海槽在划界中的地位和作用等方面存在不同的主张,所以,两国之间无法缔结东

---

① 关于《中日关于东海问题的原则共识》的内容和特点,参见金永明:《中日东海问题原则共识内涵与发展趋势》,《东方法学》2009 年第 2 期,第 99—109 页。
② 参见金永明:《东海问题解决路径研究》,法律出版社 2008 年版,第 253—255 页;[日]霞山会编:《日中关系基本资料集》(1972 年—2008 年),霞山会 2008 年版,第 636—637 页。
③ 金永明:《新时代中国海洋强国战略研究》,海洋出版社 2018 年版,第 176—181 页。
④ 《中日处理和改善中日关系四点原则共识》内容,参见 http://www.fmprc.gov.cn/mfa_chn/zyxw_602251/t1208349.shtml,2014 年 11 月 8 日访问。
⑤ 《中国东海油气开发活动正当合法》内容,参见 http://www.fmprc.gov.cn/mfa_chn/wjbxw_602253/t1283725.shtml,2015 年 7 月 29 日访问。《日本针对东海资源开发的法律立场》内容,参见 http://www.mofa.go.jp/mofaj/a_o/c_m1/page3_001302.html,2015 年 8 月 3 日访问。实际上,在《日本针对东海资源开发的法律立场》文件之前,存在一份核心内容基本相同的文件《日本政府针对东海资源开发的法律立场》(2006 年 11 月)。参见[日]霞山会编:《日中关系基本资料集》(1972—2008 年),霞山会 2008 年版,第 559—560 页。

海海域划界协议,而依据《中日关于东海问题的原则共识》,东海海域划界问题实际上已经搁置,留待今后再予以处理。[①]

从中日两国政府首脑会谈内容可以看出,针对《中日关于东海问题的原则共识》磋商谈判将再次启动。例如,中国国务院总理李克强于2018年5月访问日本时,中日两国首脑一致确认完全坚持东海资源开发的2008年原则共识,并同意进一步强化为实施其内容努力重启谈判及协商进程。[②] 这些内容在日本首相安倍晋三访华时(2018年10月)和中国国家主席习近平参加大阪G20峰会会见日本首相安倍晋三时(2019年6月),在两国政府首脑间得到再次确认。[③] 同时,这些内容在负责具体海洋事务的中日海洋事务高级别磋商共识中得到确认。例如,第十轮中日海洋事务高级别磋商(浙江乌镇,2018年12月17—18日)共识指出,双方就东海相关问题交换了意见,并探讨了开展海上合作的方式,包括双方确认坚持2008年东海问题原则共识,同意进一步加强沟通交流。[④] 第十一轮中日海洋事务高级别磋商(北海道小樽,2019年5月10—11日)共识指出,双方确认坚持2008年东海问题原则共识,同意进一步加强沟通交流。[⑤] 为此,我国应就重启东海问题原则共识谈判内容做好细致的准备。

(三) 海洋科学研究或调查活动

众所周知,中日两国除存在《中日渔业协定》(1997年11月11日签署,2000年6月1日生效)外,未缔结东海关于专属经济区和大陆架的划界协定,所以,原则上各国可以在自己主张的200海里专属经济区范围内行使主权权利和管辖权,但由于中日两国相向之间的东海海域未满400海里,所以对依据权原(title)主张的重叠海域存在需要海域划界的工作。而为维护东海安全秩序尤其是规范海洋科研或调查活动,中日两国部门(中国外交部和日本驻华大使馆)于2001年2月13日在北京互换了《实施〈海洋调查活动事先互相通报框架〉的备忘录》。其中的《海洋调查活动事先互相通报框架》(2001年2月14日起施行)源于2000年8月28日在北京举行的中日外相会谈,即其是双方一致同意对海洋调查船只问

[①] 参见金永明:《新时代中国海洋强国战略研究》,海洋出版社2018年版,第199—201页。
[②] 参见http://www.mofa.go.jp/mofaj/a_o/m1/cn/page1_000526.html,2018年5月10日访问。
[③] 参见http://www.mofa.go.jp/mofaj/a_o/c_m1/page4_004452.html,2018年10月27日访问;《外交部官员:习近平会见安倍晋三双方达成十点共识》第8点指出,双方将继续推动落实东海问题原则共识,共同努力维护东海和平稳定,实现使东海成为和平、合作、友好之海的目标。参见http://www.xinhuanet.com/politics/leaders/2019-06/27/c_1124681233.htm,2019年6月28日访问。
[④] 参见https://www.fmprc.gov.cn/web/wjbxw_673019/t1622872.shtml,2018年12月18日访问。
[⑤] 参见http://www.xinhuanet.com/world/2019-05/11/c_1124480563.htm,2019年5月11日访问。

题制定事先互相通报制度,通过后续事务性磋商达成的妥协性成果。其规定,中日双方在东海对方的近海进行海洋科学调查活动时,应在调查活动开始预定日的2个月前互相进行事先通报(对在2001年4月14日前进行的调查活动,应在明确计划后迅速通报)。[1]

对于在东海"对方的近海"实施调查活动的"近海"范围,存在不同的表述。"日本的备忘录"指出,是"中华人民共和国的近海(除领海)";而"中国的备忘录"指出,是"日本关切的水域的日本国近海(除领海)"。对于"事先通知的时间",其规定至少在开始预定日的2个月前事先通报,这时间比《联合国海洋法公约》规定的6个月前宽松多了。对于"通报的事项",应明确以下内容:实施海洋调查活动的机构名称,使用船舶的名称、种类、负责人;调查活动的概要(目的、内容、方法和使用的器材);调查活动的期间及区域。[2]

从上述内容可以看出,在通报的时间上,其比《联合国海洋法公约》第248条规定的进行海洋科学研究预定开始日期至少6个月前提供详细说明的要求低;也比日本于1996年7月20日制定的《关于外国在日本的领海、专属经济区或大陆架进行海洋科学研究的应对方针》所规范的要求,即他国事先应在6个月前通过外交途径提出海洋科学研究申请计划书的时间短。[3]

在通报的事项上,也没有规定调查活动区域的具体位置,也不存在邀请对方国家的机构和人员参加调查活动等方面的内容。在"近海范围"的认定上,也存在不同的主张;在双方发生适用和解释上的问题时,要求双方通过协商解决,也存在是否能够通过磋商解决的不确定性。同时,对于"调查活动"的概念,也没有作出明确的界定。因为即使在《联合国海洋法公约》中也存在诸如"研究或测量活动"(第19条第2款(j)项、第40条)、"海洋科学研究和水文测量"(第21条第1款(g)项)、"搜集情报"(第20条第2款(c)项)、"探矿和勘探"(第160条第2款(f)项(ii)目)等那样的用语,并无法就这些概念和术语进行统一性规范。[4] 所有

---

[1] [日]霞山会编:《日中关系基本资料集》(1972—2008年),霞山会2008年版,第497页。
[2] 参见[日]三好正弘:《专属经济区内的调查活动》,载[日]栗林忠男、杉原高岭编:《日本海洋法的主要课题》,有信堂2010年版,第177—179页。
[3] 日本针对管辖海域内的海洋科学研究活动内容,参见金永明:《中国海洋法理论研究》,上海社会科学院出版社2014年版,第28—29页。
[4] 例如,对于"海洋科学研究"概念,尽管《联合国海洋法公约》没有对其直接作出明确的定义,但从其第246条第3款的规定,可以反推出"海洋科学研究"的含义,即"增进关于海洋环境的科学知识以谋全人类利益"是重要因素或指标。同时结合《联合国海洋法公约》第243条的规定,海洋科学研究是指以海洋物理、化学、生物和地质学的特征等为对象,由多领域科学工作者研究海洋环境中的现象和过程及其关系方面的活动包括对自然资源的调查。参见[日]林司宣、岛田征夫、古贺卫:《国际海洋法》(第2版),有信堂2016年版,第145—147页。

以上这些缺陷,均表明这是从中日关系的大局出发,为建立和提升双方互信而作出的妥协性产物,因而在实践中存在困难性和不可操作性,并呈现各自不实施互相通报制度及发生调查活动对立的情况。

（四）海洋合作展望

众所周知,中国国务院总理李克强于 2018 年 5 月访问日本时,两国政府及其部门签署了 2 份协定和 8 份谅解备忘录,其内容涉及人文、医疗卫生、服务贸易、第三方市场合作以及建立海空联络机制等方面。[①] 日本首相安倍晋三于 2018 年 10 月访问中国时,两国政府及其部门签署了 12 份协定、谅解备忘录以及在两国政府部门、企业、经济团体之间涉及基础设施、物流、互联网、健康养护、金融等的 52 份谅解备忘录。[②] 此后,这些合作的内容和措施正在逐步地落实,并为促进中日关系的稳定发挥了良好的作用。但正如上述言及的,没有东海的稳定,就无法确保中日关系的持续稳定发展,更无法实现建设性安全关系的目标。因此,如何在海洋领域上进行切实的合作,是必须考虑的重要方面。

中日两国之间有很多的对话平台,例如,中日高级别政治对话、中日战略对话、中日经济高层对话、中日安保对话,以及即将设立的中日高级别人文交流磋商机制等,足见中日关系的重要性和复杂性。而在海洋领域比较固定的对话平台是中日海洋事务高级别磋商机制。该磋商机制自 2012 年 1 月设立以来至 2019 年 10 月已举行了 11 轮,磋商的内容涉及海空安全联络机制、海上犯罪、海上执法、海上搜救、海洋政策与海洋法交流、资源开发、海洋垃圾管理和防治海洋塑料垃圾、海洋渔业养护和管理、海洋污染和东海问题原则共识相关问题,以及重启中日海运政策论坛、海洋地质科学合作研究、海洋科考、北极政策和事务、涉海智库对话合作等方面。可见,该磋商机制内容的丰富性、多样性和专业性,也反映了磋商的艰巨性、复杂性和困难性。

不可否认的是,中日海洋事务高级别磋商机制的进展,为中日海洋合作作出了贡献,为中日关系的稳定发挥了作用;但也存在一定的局限性,尤其是未能就中日两国之间的实质性争议问题如钓鱼岛问题展开磋商,因而牵制了其他海洋问题的合作进程和效果,故能否在中日两国拟重新启动的东海资源开发的 2008 年原则共识磋商中将其纳入,成为磋商的核心议题并达成重要共识,是进一步稳

---

① 参见 http://www.mofa.go.jp/mofaj/a_o/c_m1/cn/page1_000526.html,2018 年 5 月 10 日访问。
② 参见 http://www.mofa.go.jp/mofaj/a_o/c_m1/cn/page4_004452.html,2018 年 10 月 27 日访问。

固和发展中日关系的必要基础。

应该指出的是,中日关系呈现波动的要因之一是,中日两国无法就重要而敏感的海洋议题进行实质性的磋商并达成具有法律拘束力的文件,因为中日双方在东海海域划界的原则和方法,以及冲绳海槽在划界中的地位和作用,尤其在钓鱼岛问题上是否存在争议、是否存在"搁置争议"的共识等方面存在严重的对立和分歧。[①] 所以,如何依据历史和国际法,联系海洋问题发展趋势,结合双方现存的共识性文件,例如,《中日关于东海问题的原则共识》《中日处理和改善中日关系四点原则共识》,遵循中日四个政治文件所蕴含的原则和精神,就重大安全敏感问题达成新的共识(如不开发,不上岛,不喧哗,不偏激)及和平合理地解决钓鱼岛问题是中日两国政府和人民的重大任务。换言之,就钓鱼岛问题达成实质性重要新共识,是稳固和发展中日两国走向契合新时代要求的中日关系的重要基础和保障。

五、结　语

不可否认,起源于美苏两国之间的海上事故防止协定是为了弥补海洋法规则的缺陷,避免发生冲突和不测事态并以相关国家政治意愿为基础的临时性措施。它不是最终解决海洋安全问题的方法,具有过渡性的特点,目的是在相互之间的接触和交往中提升政治互信,使行为活动有序和操作更为规范,以及行为结果的可预期性,并以专业者的态度处理各种事态以维护海洋安全,为最终解决海洋安全问题作出贡献。

同时,要使其发挥提升互信功效,需要在信息交换(如热线联系、定期会晤、事先通报活动等)、邀请对方参与活动和进行调查,以及减少和抑制军事活动方面采取有效手段。依据中日两国首脑的政治意愿,经过长达 10 年的努力,中日两国于 2018 年 5 月签署了《中国国防部和日本防卫省之间的海空联络机制谅解

---

① 中国政府针对钓鱼岛问题的政策和立场的代表性文件,主要为:《中华人民共和国外交部声明》(1972 年 12 月 30 日、2012 年 9 月 10 日)、《钓鱼岛是中国的固有领土》白皮书(2012 年 9 月)。日本政府针对钓鱼岛问题的政策和立场的文件,主要为:日本外务省《日本关于尖阁诸岛领有权问题的基本见解》(1972 年 3 月 8 日)、《日本针对尖阁诸岛的"三个真实"》(2012 年 10 月 4 日)、《日本尖阁诸岛宣传资料》(2013 年 10 月)等。针对日本关于尖阁诸岛立场的批判性内容,参见郑海麟:《日本声称拥有钓鱼岛领土主权的论据辨析》,《太平洋学报》2011 年第 7 期;金永明:《再驳"日本关于钓鱼岛列岛领有权基本见解"的错误性》,《东方法学》2012 年第 5 期;金永明:《批驳日本针对钓鱼岛列岛问题"三个真实"论据之错误性》,《太平洋学报》2013 年第 7 期;金永明:《批驳日本"尖阁诸岛宣传资料"论据的错误性》,《太平洋学报》2014 年第 4 期。从国际法视角针对钓鱼岛问题研究的日方代表性学者成果为,[日] 松井芳郎:《国际法学者评析尖阁问题:对争端解决的拓展》,日本评论社 2014 年版,第 1—182 页。

备忘录》(2018年6月8日生效),而要使其真正发挥作用需要在年度会议、热线联络、机构访问、人员交流、规则遵循等方面持续努力,才能真正维护东海海空安全。

  笔者认为,要使中日东海问题不发生冲突,更重要的是应就东海实质性争议问题进行磋商和谈判,以获得新的阶段性共识并为最终解决问题创造基础,所以,中日两国能否构筑契合新时代要求的中日关系,海洋问题直接关系其的成败和得失,为此,抓住中日两国展开的东海问题原则共识磋商十分重要。换言之,中日两国已真正到了该处理和解决这些敏感而复杂问题的时候了,其共识和成果也可为进一步规范和确立新时期符合面向未来的中日关系定位发挥核心作用。这是中日两国政府和人民的共同责任,也是我们期待的美好愿望!

第三部分　南海问题与海洋法

论南海问题法律争议与解决步骤

目前和今后相当长一段时间内,我国将面临南海问题的困境。如何合理地处理南海问题是一个很重大的课题,考验中国政府和人民的智慧,也是对研究者的一种挑战。南海问题的合理处理,不仅关涉我国由区域性大国向全球性大国(世界性大国)转型成功与否的重要指标,也关涉我国核心利益的维护及中国和平发展进程,所以必须积极认真对待。①

一、南海问题的成因分析

近期,南海问题凸显,特别引起国际社会的广泛关注,引发了多种讨论。笔者认为,南海问题显现的要因,主要集中在以下方面。

(一) 经济利益方面

世界经济重心已向亚太地区转移,亚洲各国所需的能源资源需求日趋增加,由此,对海洋及其资源的需求与依赖日益提升。换言之,各国开发利用海洋及其资源的力度进一步强化,包括抢占南沙岛礁及开发其资源的力度加大,依赖海洋及其资源发展的要素明显上升。例如,越南《海洋战略规划》提出了到 2020 年海洋经济产值占国内生产总值 53%—55%的目标。目前越南在海上开采的原油已占越南外汇收入来源的第一位,即越南在南海资源开发中获得了巨大的利益,并试图继续保持和获取更多的"利益",包括实施联合开发,所以,在南海问题上出

---

① 例如,《中国的和平发展》白皮书指出,中国坚决维护国家核心利益;中国的核心利益包括:国家主权,国家安全,领土完整,国家统一,中国宪法确立的国家政治制度和社会大局稳定,经济社会可持续发展的基本保障。参见中华人民共和国国务院新闻办公室:《中国的和平发展》,人民出版社 2011 年版,第 18 页。

现了强硬的立场与行为。① 当然,美国在南海也具有重大的经济利益,包括美国对东盟的投资利益,与东盟的贸易利益和参与南海资源开发活动利益等。

(二) 航行安全方面

南海是国际航行的重要通道,通过南沙海域的船舶总吨数相当于世界船舶总吨数的一半,占世界石油运输量的一半,其通航量为苏伊士运河的2倍、巴拿马运河的3倍。② 所以,维护南海特别是南沙群岛周边海域的和平与稳定,是符合包括美国在内的各国共同利益的。实际上,在南海特别是南沙群岛周边海域的航行是安全的、自由的,并未受到影响和阻碍。中国是维护南海特别是南沙群岛周边海域航行安全和自由的坚定维护者。③ 美国强调南海航行安全自由的目的表面上是为了维护国际社会的"共同利益",实质上是坚持其在他国专属经济区内的军事活动自由,具有极大的欺骗性。

(三) 争议岛屿方面

根据《联合国海洋法公约》(简称《公约》)及其附件《大陆架界限委员会》的相关规定和《公约》缔约国大会决议,主张外大陆架的国家应在2009年5月13日以前向大陆架界限委员会提交外大陆架划界案,以使大陆架界限委员会能审议国家外大陆架划界案,并提出建议。④ 为此,越南于2009年5月7日针对南海的大

---

① 参见 http://wenhui.news365.com.cn/hqsc/201107/t20110720_3090628.htm,2011年7月20日访问。
② 参见[日]秋元一峰:《东亚海域战略环境与南海问题》,《海洋安全保障信息》2011年第8期,第16—17页。
③ 参见 http://www.siis.org.cn/zhuanti_view.aspx?id=10209,2011年12月31日访问。
④ 例如,《公约》附件二(《大陆架界限委员会》)第4条规定,拟按第76条划定其200海里以外大陆架外部界限的沿海国,应将这种界限的详情连同支持这种界限的科学和技术资料,尽早提交(大陆架界限)委员会,而且无论如何应于本公约对该国生效后10年内提出。《大陆架界限委员会》第3条规定,委员会的职务为:(1)审议沿海国提出的关于扩展到200海里以外的大陆架外部界限的资料和其他材料,并按照第76条和1980年8月29日第三次联合国海洋法会议通过的谅解声明提出建议;(2)经有关国家请求,在编制(1)项所述资料时,提供科学和技术咨询意见。鉴于沿海国提交外大陆架划界案的高度复杂性和高难度性,在《公约》的第11次缔约国大会(2001年)上通过了延长申请期限的决议,即决定:凡是在1999年5月13日以前正式批准或加入《公约》的国家,都可以从这一天开始起算法定的10年提交期限。尽管沿海国提交外大陆架划界案的期限作了延长,但鉴于提交大陆架外部界限情报的复杂性,尤其是发展中国家无力于2009年5月13日之前向大陆架界限委员会提交划界案,所以,2008年6月《公约》缔约国大会第18次会议又通过了一项决议,规定沿海国只需在最后期限前提交一份初步信息,其中载有该国200海里以外大陆架外部界限的指示性资料,编制划界案情况的说明和准备提交正式划界案的日期,即认为遵守了最后期限的规定,而不需即刻正式提交划界案。以上内容,参见金永明:《海洋问题专论》(第一卷),海洋出版社2011年版,第63—68页。另外,《公约》第76条第8款规定,委员会应就有关划定大陆架外部界限的事项向沿海国提出建议,沿海国在这些建议的基础上划定的大陆架界限应有确定性和拘束力。

陆架单独提交了外大陆架划界案;越南和马来西亚于 2009 年 5 月 6 日针对南海南部海域的大陆架提交了联合外大陆架划界案。这些划界案严重侵害了我国在南海的主权、主权权利和管辖权。① 但大陆架界限委员会审议国家外大陆架划界案的前提是,审议的内容必须与相关国家无任何争议,如果存在争议,则其将不对争议部分予以审议。② 同时,随中国国力特别是经济总量的进一步提升,东盟某些国家试图在中国力量未得到进一步发展之前,更多地抢占和霸占南海特别是南沙群岛内的部分岛礁及其资源,并期望域外大国特别是美国参与其中解决争端,包括利用联合军事演习的方法,遏制和削弱中国的影响力,力图更多地获取这些国家在南海的"利益"。上述要素也是东盟某些国家加大抢占南海岛礁及其资源开发行为和力度的原因。

(四) 制度缺陷方面

尽管我国于 2002 年 11 月 4 日与东南亚各国签署了《南海各方行为宣言》,但由于其是一个原则性的宣言,缺乏具体的行为准则,特别是缺乏相应的组织机构及违反宣言行为的制裁措施,所以对于各国的行动无法认定,而各国往往采取利于自国利益的解释,致使冲突和争端无法获得认定和解决,而为追求更大的利益采取的行动也有进一步发展的趋势。尤其是各国在南海的单方面或联合行动,对其无法作出判断,从而无法确定其行为或行动是否使争议复杂化、扩大化和影响了南海的和平与稳定。③ 另外,在南海特别是南沙群岛周边海域举行的多国联合军事演习,也缺乏《公约》的制度性规范,但联合军事演习的频繁性、目标的明确性等,显然是违反和平利用海洋的目的和宗旨的,特别是违反专属经济区制度设立的宗旨和要求的,是应该加以反对的。④ 这就要求国际社会特别是东盟国家

---

① 例如,针对越南单独提交的划界案,我国外交部指出,中国对包括西沙群岛和南沙群岛在内的南海诸岛及其附近海域拥有无可争辩的主权,对相关海域的海床和底土拥有主权权利和管辖权;越方提交的所谓大陆架外部界限划界案,严重侵犯了中国的主权、主权权利和管辖权,是非法的、无效的;中国政府郑重要求该委员会不审议上述划界案。以上内容,参见《外交部就越南提交南海"外大陆架划界案"等答问》,http://www.gov.cn/gzdt/2009_05_08/content_1309143.htm,2009 年 5 月 9 日访问。
② 例如,《大陆架界限委员会议事规则》(2008 年)附件一《在存在海岸相向或相邻国家间的争端或其他未解决的陆地或海洋争端的情况下提出划界案》规定,如果已存在陆地或海洋争端,委员会不应审议和认定争端任一当事国提出的划界案,但在争端所有当事国事前表示同意的情况下,委员会可以审议争端区域内的一项或多项划界案;同时,向委员会提出的划界案和委员会就划界案核可的建议,不应妨碍陆地或海洋争端当事国的立场。
③ 例如,《南海各方行为宣言》第 5 款规定,有关各方承诺保持自我克制,不采取使争议复杂化、扩大化和影响和平与稳定的行动,包括不在现无人居住的岛、礁、滩、沙或其他自然构造上采取居住的行动,并以建设性的方式处理他们的分歧。
④ 关于专属经济区内军事演习内容,参见金永明:《如何应对专属经济区内的军事演习》,《东方早报》2010 年 11 月 29 日,第 A14 版。

应该与有关国家包括中国合力完善相关国际和区域制度规范,利用和平方法解决争端和冲突,实现南海的稳定和安全,特别应确保国际社会的共同利益——保障航行自由和安全。

二、南海问题的法律争议与解决路径

实际上,南海问题显现的根本原因在于在南海蕴涵着一些法律争议。它们的产生极其复杂,既有历史原因,又有经济社会发展和国际、区域制度缺陷所致,所以极难解决。但依据国际法,包括《联合国宪章》《公约》《南海各方行为宣言》等在内的国际制度,利用和平方法解决南海法律争议问题是必须遵行的原则。

(一)南海问题法律争议的类型与解决思路

在南海问题上,蕴涵着两种类型的法律争议。第一,中国与东盟某些国家之间的岛礁主权归属争议(或领土争议),以及由此衍生的其他争议(例如,海域划界争议、资源开发争议、海上执法争议)。第二,中国与美国在专属经济区内的军事活动(军事测量、谍报侦察和军事演习)争议。美国表面上说要维护南海周边海域的航行自由和通道安全,实质上是为了坚持所谓的在专属经济区内的军事活动自由。

鉴于南海问题法律争议的内涵与对象不同,应根据不同的类型采取不同的路径予以解决。对于与东盟某些国家(越南、菲律宾等)之间的岛礁主权归属争议,应与相关国家展开协商,利用和平方法依据国际法和区域制度予以解决;对于与美国之间的军事活动方面的争议,应考察《公约》的制度性规范,包括依据专属经济区制度和通过双边对话(中美海上安全磋商机制、中美亚太事务磋商机制等)方法协商解决。

(二)南海问题法律争议的解决方法

根据国际、区域及双边关于海洋问题的制度性规范,应利用和平方法解决国家之间的争端,这是国际法的一项基本原则。和平方法分为政治方法(或外交方法)和法律方法两种。

(1)对于南海岛礁主权归属争议问题,利用政治方法解决的难度在于,各国是否存在根据"搁置争议、共同开发"方针的政治意愿解决争端;同时,由于其他国家已抢占了南海特别是南沙群岛中的多数岛礁并正在实施开发活动,所以相应地缺乏实施共同开发的现实利益需求,以及争议海域模糊及共同开发海域难以界定的困境,从而出现实质性的操作困难。

利用法律方法解决南海问题的难度在于,中国和越南并未选择性地作出接受国际法院管辖权的声明,尽管菲律宾于1972年1月18日接受了国际法院的管辖权,但其对海洋管辖权、陆地领土争议问题作了保留,所以相关国家利用国际法院解决南海问题争议的可能性并不存在。[①] 另外,因中国于2006年8月25日,依据《公约》第298条规定,向联合国秘书长提交了针对海洋划界、领土争端、军事活动等争端,排除国际司法或仲裁管辖的书面声明。[②] 如果中国不撤回此书面声明,则包括国际海洋法法庭在内的司法机构也无法审理我国与东盟某些国家之间的岛礁主权归属争议问题。[③] 对于法律方法的仲裁来说,如果相关国家无法缔结同意将南海争议问题提交仲裁的特别协定,则仲裁机构也无法处理南海争议问题。

为此,尽管利用政治方法解决南海岛礁领土争议问题存在一定的困难,但也必须是努力的方向。这也正是中国政府一贯坚持的立场与方针,即坚持通过相关国家之间的协商或谈判,利用和平方法解决领土争议问题,这是符合包括《南海各方行为宣言》在内的原则和制度的,也是国际社会的普遍实践。

(2) 对于中美两国关于军事活动方面的对立和争议,起源于对《公约》相关制度或条款内容(包括专属经济区内的海洋科学研究,和平利用,以及《公约》第58条第3款)的不同解释、理解而形成的对立和分歧。但由于中美两国均没有选择性地接受国际法院的管辖权,所以无法利用国际法院针对条约的解释、国际法问题作出判决,即国际法院对此争议无管辖权。同时,美国迄今未批准加入《公约》,而中国作出了排除军事活动有关的争端使用国际司法或仲裁方法解决的书面声明,所以国际海洋法法庭也无法受理此类争议案件。

为此,只能通过政治方法(对话,交流和谈判)解决中美两国之间的对立和分歧。而可以利用的具体通道为中美海上安全磋商机制、中美亚太事务磋商机制,以及中美海洋法和极地事务对话机制等方法协商解决,目的是增加理解和共识,

---

① 例如,《国际法院规约》第36条第2款规定,本规约各当事国得随时声明关于具有下列性质之一切法律争端,对于接受同样义务之任何其他国家,承认法院之管辖为当然而具有强制性,不须另订特别协定:(1) 条约之解释;(2) 国际法之任何问题;(3) 任何事实之存在,如经确定即属违反国际义务者;(4) 因违反国际义务而应予赔偿之性质及其范围。
② 《中国依"联合国海洋法公约"第298条规定提交排除性声明》,《中国海洋法学评论》2007年第1期,第178页。
③ 例如,《公约》第298条第2款规定,根据第1款作出声明的缔约国,可随时撤回声明,或同意将该声明所排除的争端提交本公约规定的任何程序。

特别是针对《公约》主要原则、专属经济区制度内的权利和义务等寻求理解和共识,以增进互信。同时,为预防海上不测事态,中美应努力缔结预防海上事故协定,以共同遵守相关原则与规则,维护南海稳定与和平,确保国际社会共同利益。[1]

三、解决南海领土争议问题应采取的几个步骤

考虑到南海领土争议问题极其复杂,解决难度极大,很难一次性解决,可采用分步骤的方法逐步解决。即对于中国与东盟某些国家之间的南海领土争议问题,拟可采取以下步骤。

(一) 实施低层面(或低敏感)领域的合作

应该说,中国与他国存在解决或延缓南海问题争议的先例。例如,于2004年6月30日生效的《中越北部湾划界协议》;中国、菲律宾和越南于2005年3月14日签署的《在南中国海协议区三方联合海洋地震工作协议》;中国与东盟就推进落实《南海各方行为宣言》及后续行动进程,包括落实《南海各方行为宣言》指针达成共识(2011年7月20日),力争在南海防灾减灾、海洋搜救、海洋科研等方面予以合作;2011年10月11日,中越签署的《关于指导解决中越海上问题基本原则协议》;等等,这些均为维护南海稳定、增进互信和推进合作,为有关当事国最终和平解决争议创造了良好条件和氛围,值得坚持和推进实施。

换言之,在最终解决领土争议问题前,为预防事态的进一步恶化,在区域(中国与东盟)缔结低层面领域(例如,海洋环保,海洋科学研究,海上航行和交通安全,搜寻与救助,打击跨国犯罪包括但不限于打击毒品走私、海盗和海上武装抢劫以及军火走私)的工作协议或合作协议,则是一个延缓争议升级的有效方法与途径。这不仅符合《南海各方行为宣言》第6款宣言的原则,也符合《公约》第123条关于在半闭海沿岸国应就非生物资源以外领域开展合作的原则与要求。[2] 当

---

[1] 关于中美专属经济区内军事活动争议内容,参见金永明:《中美专属经济区内军事活动争议的海洋法剖析》,《太平洋学报》2011年第11期,第74—82页。

[2] 例如,《南海各方行为宣言》第6款规定,在全面和永久解决争议之前,有关各方可探讨或开展合作,可包括以下领域: (1) 海洋环保;(2) 海洋科学研究;(3) 海上航行和交通安全;(4) 搜寻与救助;(5) 打击跨国犯罪,包括但不限于打击毒品走私、海盗和海上武装抢劫以及军火走私。在具体实施之前,有关各方应就双边及多边合作的模式、范围和地点取得一致意见。《公约》第123条规定,闭海或半闭海沿岸国在行使和履行本公约所规定的权利和义务时,应互相合作,为此目的,这些国家应尽力直接或通过适当区域组织: (1) 协调海洋生物资源的管理、养护、勘探和开发;(2) 协调行使和履行其在保护和保全海洋环境方面的权利和义务;(3) 协调其科学研究政策,并在适当情形下在该地区进行联合的科学研究方案;(4) 在适当情形下,邀请其他有关国家或国际组织与其合作以推行本条的规定。

前的重要任务之一为,各国应依据达成的上述指针努力推进各领域的合作进程。

尽管《南海各方行为宣言》《关于指导解决中越海上问题基本原则协议》内容没有涉及渔业合作领域,但为切实保护渔民捕鱼权问题,减少冲突和抓扣事件的发生,相关国家之间就渔业问题合作是一个很重要的方面,所以,对此需要有共同的意愿和共识,并为实施渔业合作而努力。当相关方就渔业问题合作协商谈判时,可以预见,争议的焦点将集中于渔业合作区域的界定和执法管辖权冲突如何处理的问题。换言之,由于南海争议海域模糊不清、难以界定,所以渔业合作的区域范围难以确定,相应地捕鱼事件的管辖权就无法确定。而为减少南海捕鱼事件及冲突事故发生,相关方特别应努力构筑海上信息通报与事故处理制度,并主要遵守船旗国管辖原则。为此,相关方对渔业合作问题展开研讨,就显得尤为重要和迫切,在条件成熟时,也可考虑联合巡航执法管理模式与制度。

(二) 待低层面领域的合作深化,互信增强后,应尽快制定具有拘束力的行为准则

鉴于《南海各方行为宣言》存在一些缺陷,包括无法判定和处罚使南海争议复杂化、扩大化及影响南海稳定的行为和行动,所以,制定诸如南海各方行为准则那样的具有法律拘束力的文件就显得尤为重要。尽管 2004 年 12 月设立了中国与东盟联合工作组,自 2005 年 8 月—2010 年 12 月已举行了 6 次会议,但未能就制定具有法律拘束力的文件达成一致。为此,各方应继续就制定南海各方行为准则进行协商,并为协商一致而努力,这是符合区域制度的原则和要求的。《南海各方行为宣言》第 10 款规定,有关各方重申制定南海行为准则将进一步促进本地区和平与稳定,并同意在各方协商一致的基础上,朝最终达成该目标而努力。

中国政府对在条件成熟时讨论制订"南海各方行为准则"持开放的态度,并认为当前的重要任务是启动南海低层面领域的务实合作,待合作深化、互信增强后,再拟订南海各方行为准则较妥。[①] 应该说,采取这样的步骤是比较合理的,因为如果在各方间未达成足够的互信和共识,要想制定具有法律拘束力的文件是比较困难的。可以预见,在制定南海各方行为准则时遇到的难题之一为:如何处理他国已抢占或非法控制的原属于我国的岛礁行为及资源开发活动的法律属性,即这些行为或活动是无效、冻结,还是其他,对此各方会产生严重的对立和分歧。

---

① 参见 http://www.dfdaily.com/html/51/2011/11/19/699790.shtml,2011 年 11 月 19 日访问。

(三) 力图最终解决领土争议问题,抑或实施共同开发制度

应该说,利用和平方法通过缔结最终协议,是解决领土争议问题的最好方法,但由于南海领土争议问题涉及多方,牵涉领域和因素众多,包括历史、地理、国际关系和国际法等,也无法排除域外大国的干涉,又关联民族情绪和感情,一般各方无法作出妥协和让步,所以极难解决和平衡。为此,应坚持"搁置争议、共同开发"的原则,切实实施共同开发制度,包括淡化或弱化领土主权,设立诸如能源共同体那样的机构,实施共同开发。

最后应该指出的是,南海领土争议问题的解决需要得到台湾地区的支持,即实施两岸海洋问题合作特别紧要。从最近两岸关系的发展进程和两岸针对海洋问题立场基本相同的境况来看,两岸实施海洋问题合作的时机已经到来,具体可授权两会缔结海洋问题合作框架协议,特别应先在低层面领域推进实施,待条件成熟和合作深化后,再予以提升,坚持先易后难、循序渐进的原则,以共同保卫中华民族的主权和领土完整。

四、中越海上问题共识与原则协议意义

笔者认为,我国坚持利用和平方法通过双边协商谈判解决相关国家之间的海洋问题争议,中越近期在海上问题达成共识和原则协议,对于缓和南海问题争议,具有特别重要的意义。

第一,有利于两国关系全面健康发展。中越两国关系的全面发展需要有一个和平与友好的环境,针对包括南海问题在内的海上问题争议不应影响两国关系发展大局,只有这样才能实现"长期稳定、面向未来、睦邻友好、全面合作"的方针,实现"好邻居、好朋友、好同志、好伙伴"的目标。所以,两国在海上问题上达成的共识和原则协议十分紧要。

第二,有利于消除分歧和对立并增进互信。两国针对南沙岛礁领土问题存在对立的主张,这是不争的事实。为应对现状和促进两国关系发展,双方应积极倾听对方的主张,尊重历史事实和对方的利益,避免单方面的行为和活动,以防止争议和冲突升级。两国应利用磋商平台,积极处理存在的争议问题,包括通过谈判构筑临时性的制度性安排,尤应先在低敏感领域(例如,海洋环保、海洋科研、海上搜救、减灾防灾等)合作,以创造条件共同开发争议海域资源,增进互信,为最终合理解决领土争议问题创造良好氛围。

第三,有利于坚持利用政治方法解决海洋争议问题。由于中越两国均未对《国际法院规约》第 36 条作出选择接受国际法院管辖权解决争端的声明,又中国于 2006 年 8 月 25 日向联合国秘书长提交了将海洋边界争端问题排除司法管辖的书面声明,如果无法在两国之间缔结仲裁协议,则两国利用法律方法解决海洋问题争议的条件和基础就不具备,为此,只能利用政治方法解决两国之间存在的海洋争议问题。所以,《关于指导解决中国和越南海上问题基本原则协议》指出,针对中越海上争议,双方将通过谈判和友好协商加以解决,如果争议涉及其他国家,将与其他争议方进行协商。换言之,中越两国就海上问题达成共识和原则协议,为进一步通过双边对话和协商方法,解决海洋争议问题提供了政治保障。

第四,有利于其他国家积极仿效和借鉴。如果中越两国通过努力就海上问题以平等对话和友好协商方式解决海洋争议问题,包括缔结临时性的安排——共同开发制度,则无疑为他国间解决海洋问题争议提供重要参考和借鉴,也表明通过两国之间的共同努力,是可以解决相关国家之间的争议问题的,也可以排除域外大国参与南海问题解决的困境,并消除中国与东盟国家无法解决海洋问题争议的疑惑。

总之,中越两国就海上问题达成共识和原则协议,值得肯定,这对于维护地区和平与稳定将发挥重要的作用,包括为其他国家间解决海洋问题争议提供经验。国际社会应对此予以积极支持,肯定两国为解决海洋问题作出的努力,而不是批评与指责。当然,尽管中越两国已就海上问题包括南海问题达成了共识与原则协议,但离最终解决包括领土争议问题在内的海洋问题的合理解决,仍有很长的进程。特别应注意以下几个问题:

一是双方应诚意履行达成的共识与原则协议所包含的内容,并通过对话和协商方法消除分歧,避免单方面的行为和活动。因为,国家诚意履行义务是国际法的一项基本原则。

二是双方应积极利用已经创设的平台,包括两国政府边界谈判代表团团长定期会晤机制、热线联络机制、积极商讨低敏感领域的合作机制,并逐步过渡到就海洋资源共同开发问题予以磋商,实现共享资源目标。

三是双方应积极把握两国关系发展大局,避免因海洋问题处理不当和不测事件,影响两国处理海上问题的努力和合作进程,特别需要消除误解,增进理解,并积极宣传双方合作的积极领域,避免被媒体绑架和导引。

中越两国针对海上问题的共识和原则协议已经达成,这为我们合理解决海洋争议问题提供了重要的政治保障。当前的关键问题是,双方应积极诚意地履行义务,推进相关领域的合作进程,包括通过对话和磋商、学术研究和交流等,增进共识,构筑双方易于接受的方案和措施,以切实有效地解决两国之间存在的海洋争议问题,全面发展两国关系。

五、结　语

南海问题争议是一个十分复杂的问题,仍会不断地显现,南海问题的解决考验中国的外交政策和法律举措,但需坚持利用和平方法合理解决争议的原则。如何避免南海问题争议恶化和升级,是一个需要认真应对的重大问题。为此,我国应采取综合性的政策和措施予以处理,包括制定国家海洋发展战略,制定和完善海洋法制,特别应完善组织机构(例如,设立国家海洋事务委员会)和海洋法制,以提升解决海洋问题的效率和能力;此外,为捍卫国家主权和领土完整,发展军事力量也十分必要。

南沙岛礁领土争议法律方法
不适用性之实证研究

　　近期,南海问题已成为国际社会关注的热点问题,并有扩大与恶化的发展趋势。南海问题的显现,起源于东盟某些国家单方面的行为和活动,包括加大资源开发力度、侵占南沙部分岛礁、撤除我国在南沙岛礁的界牌、强化军事装备和力量,试图以武力"保卫"南海权益等;同时域外大国美国坚持所谓的航行自由与安全,不断举行联合军事演习,参与解决争端的立场等,也是使南海问题进一步升级的要因。为此,如何进一步合理处理南海问题特别是南沙群岛的岛礁主权归属问题,确保南沙群岛周边海域的航行安全与自由,是国际社会面临的重大课题。应该说,依据包括《联合国宪章》、《联合国海洋法公约》(简称《公约》)、《南海各方行为宣言》等在内的国际法及国际关系准则,利用和平方法解决南海问题争议是必须坚持和努力的方向。即为维护南海特别是南沙群岛周边海域的和平与稳定,确保航行自由和安全,我们必须考察造成南海问题紧张并升级的法律争议,同时应构筑预防机制,为此,本文特别探讨利用法律方法解决南沙岛礁领土争议问题适用之可能性。

一、坚持利用政治方法解决南沙岛礁领土争议问题之艰难性

　　应该说,利用和平方法,遵循国际法及国际关系准则,避免南海问题升级或恶化,是符合包括美国在内的大多数国家的愿望的。从国际法的视角看,利用和平方法解决争议的方法有两种,即政治方法(或外交方法)和法律方法。[①]

[①] 例如,《联合国宪章》第33条第1款规定,任何争端之当事国,于争端之继续足以危及国际和平与安全之维护时,应尽先以谈判、调查、调停、和解、公断、司法解决、区域机关或区域办法之利用,或各该国自行选择之其他和平方法,求得解决。

(一) 和平方法为处理国际争端之首要原则

在国家之间存在争端时,首先必须利用和平方法解决,这是国家必须遵守的原则和义务,其得到了多数国际法条约、区域制度性规范的明确肯定。例如,《联合国宪章》第 2 条第 3 款规定,各会员国应以和平方法解决其国际争端,避免危及国际和平、安全及正义。《公约》第 279 条规定,各缔约国应按照《联合国宪章》第 2 条第 3 款以和平方法解决它们之间有关本公约的解释或适用的任何争端,并应以此目的以《联合国宪章》第 33 条第 1 款所指方法求得解决。利用和平方法解决国际争端之原则,也得到了联合国大会于 1970 年 10 月 24 日通过的《关于各国依联合国宪章建立友好关系及合作之国际法原则之宣言》的确认。

我国于 2003 年 6 月 28 日批准加入的《东南亚友好合作条约》(1976 年 2 月 24 日通过,1976 年 6 月 22 日生效)第 2 条(基本原则)第 4 款规定,缔约国在处理相互关系中,以下列基本原则为指针,包括存在意见相异或存在争端时利用和平方法解决。

我国与东盟十国于 2002 年 11 月 4 日签署的《南海各方行为宣言》第 4 项宣言规定,有关各方承诺根据公认的国际法原则,包括 1982 年《公约》,由直接有关的主权国家通过友好磋商和谈判,以和平方式解决它们的领土和管辖权争议,而不诉诸武力或以武力相威胁。

(二) 坚持利用政治方法解决南沙岛礁领土争议问题

尽管利用政治方法是解决南沙岛礁领土争议问题的必要方法,但利用政治方法解决南沙岛礁领土争议问题存在一些困难或局限性。特别是尽管我国邓小平于 20 世纪 70 年代首先提出了"搁置争议、共同开发"的方针,以解决中日钓鱼岛领土主权争议归属争端;1984 年又明确提出了"主权属我、搁置争议、共同开发"解决南沙争端的方针,但此原则或方针受到不同程度的挑战,并未被多国现实地接受,尽管其存在明确的国际法依据。换言之,"搁置争议、共同开发"的政策或方针运用于南海特别是南沙岛礁领土争议问题时,依然存在一些困境。

第一,理论依据。由于"搁置争议、共同开发"方针,特别是"共同开发"是一个较新概念,在国际社会并未对共同开发的概念达成一致的观点,即在理论上存在理解和认识上的分歧。[①] 一般来说,所谓的共同开发,是指两个或两个以上的

[①] 学者们针对共同开发概念的不同阐述或规范,参见萧建国:《国际海洋边界石油的共同开发》,海洋出版社 2006 年版,第 12—16 页。

国家达成政府间的协议,其目的是为开发和分配尚未划界的领土争议重叠区的自然资源,而共同行使在此区域内的主权和管辖权。① 实际上,共同开发具有国际法的依据,最主要的是《公约》第74条第3款或第83条第3款。尽管《公约》上述条款并未使用"共同开发"术语,显然"临时安排"包括"共同开发",且"共同开发"为"临时安排"的重要形式。② 同时,通过协议共同开发已被各国采用和发展,实践证明,它具有强大生命力。③ 自20世纪50年代以来,迄今国际上共同开发的实践达20余个,分散于世界各地;共同开发已成为世界范围内的实践,其包括两种情况:一是在划界协定中规定共同分享利益和建立共同开发区;二是在未达成划界协议前,先在重叠区就共同开发达成协议。④ 此外,共同开发也得到国际法院的认可。例如,国际法院在北海大陆架案(1969年)中认为,大陆架划界可通过协议解决,或达不成协议时通过公平划分重叠区域,或通过共同开发的协议解决。可见,共同开发在理论上尽管对其概念存在分歧,但利用共同开发制度开发资源的国际实践众多,并不存在困境。

第二,现实困境。共同开发制度在理论上已不存在分歧,关键是缺乏实施共同开发的政治意愿或现实利益无法更多地获取,致使共同开发制度无法在南海问题上切实实施。从共同开发的特征来看,其具有实践性、有益性、临时性和共同性的特征。所谓的实践性,共同开发旨在对争议区域的潜在资源通过合作协议实施勘探开发,付诸实践的活动;所谓的有益性,有关国家搁置争议尽早实施勘探和开发,有利于各方消除分歧、获得实在的利益;所谓的临时性,共同开发主要为开发争议区域的自然资源,其协定本身不是最终解决争议,也不影响争议区域的地位与最终的划界,具有过渡的性质;所谓的共同性,共同开发协议旨在鼓励双方或多方对争议区域资源实施共同开发,禁止单方开发。⑤ 此外,共同开发具有双重性质,特别是除法律性质以外,政治性质浓厚。所谓的政治性,是指双方或多方本着互惠合作的原则,在政府首脑间达成共同开发的政治意愿与共识,以实施共同开发的制度。所谓的法律性,是指为落实共同开发制度,需要双方或多方制定双边或多边关于海底资源开发协议,以保障实施共同开发制度。⑥ 所

---

① 参见高之国:《国际法上共同开发的法律概念及有关问题》,载高之国等主编:《国际海洋法论文集(一)》,海洋出版社2004年版,第50页。
② 参见[日]三好正弘:《再评联合国海洋法公约体制下的共同开发》,《法学研究》第75卷第2期(2002年),第89—94页。
③ 参见秦晓程:《与海底资源共同开发有关的几个国际法问题》,《政法论坛》2000年第1期。
④ 参见季国兴:《中国的海洋安全和海域管辖》,上海人民出版社2009年版,第199—201页。
⑤ 参见金永明:《论东海问题与共同开发》,《社会科学》2007年第6期。
⑥ 参见金永明:《东海问题解决路径研究》,法律出版社2008年版,第86页。

以,共同开发作为一项政治性质浓厚的国际合作活动,在谈判前后,以及在探讨共同开发协议的过程中,均受到相关方政治意愿强弱或现实利益平衡的影响和制约。这在南海特别是南沙群岛周边海域已进行大量资源开发活动的国家来说,实施共同开发的意愿和现实需求就明显地缺乏了,从而即使通过协商谈判也无法实质性地缔结相关的共同开发协议。

第三,操作困境。由于在南海存在南沙岛礁主权归属争议,特别是存在主张重叠的状况,又牵涉多数国家,致使争议海域难以界定;同时,他国已抢占了多个南沙岛礁,并正在大力开发资源,从而严重地缩小了可以实施共同开发的区域范围。换言之,要在南沙群岛周边海域找出一些可以让双方或多方接受的区域实施共同开发制度,存在实际操作上的困难。

尽管"搁置争议、共同开发"遭到了一些冷遇,甚至受到了忽视,但其依然是我国必须坚持的解决包括南沙岛礁领土争议在内的海洋问题的政策与立场,关键是要找到突破口,采取新思路。

从最近的实践来看,经过多方努力,是可以实现"搁置争议、共同开发"的政策目标的。换言之,我国与他国利用和平方法尤其是通过协商谈判,根据"搁置争议、共同开发"的原则,存在解决海洋问题争议的先例。例如,于 2004 年 6 月 30 日生效的《中越北部湾划界协定》《中越北部湾渔业协定》;2005 年 3 月 14 日中国与菲律宾和越南签署的《在南中国海协议区联合海洋地震工作协议》。这些均被认为是为落实"搁置争议、共同开发"原则迈出了历史性的、实质性步伐的成果。尽管后者效果并不明显,甚至遭到了终止的命运,但其对于维护南海的暂时稳定,起到了很好的作用。

近期,中越两国将加快《指导中越海上问题基本原则协议》磋商,争取尽早签署协议;推进落实《南海各方行为宣言》及后续行动进程,力争尽早取得实质性进展,就是一个很好的利用政治方法解决南沙岛礁领土争议问题的积极信号,值得重视。① 另外,2011 年 7 月 20 日中国与东盟就落实《南海各方行为宣言》指针达成共识,也为南海问题包括南沙岛礁领土争议问题的政治解决提供了制度保障,值得坚持和推进实施。特别是 2011 年 10 月 11 日,中越两国缔结了《关于指导解决中国和越南海上问题基本原则协议》,2011 年 10 月 15 日《中越联合声明》的发布,均为两国利用和平方法解决双方存在的海洋问题争议提供了政治保障,对于

---

① 参见《戴秉国会见越南领导人特使、越南副外长胡春山》,http://www.gov.cn/ldhd/2011-06/26/content_1893079.htm,2011 年 6 月 27 日访问。

延缓包括南海问题在内的海上问题争议和冲突升级,解决海洋争议问题具有重要的意义,值得坚持和推进实施。

为此,如何采取有效措施,激活或制定此类工作协议,包括缔结其他领域(例如,海洋环保、海洋科学研究、海上航行和交通安全、搜寻与救助、打击跨国犯罪包括打击海盗行为等低敏感领域)的工作协议或合作协议应是一个努力的方向。此也符合相关国际制度规范和要求。《南海各方行为宣言》第 6 项指出,在全面和永久解决争议之前,有关各方可探讨或开展合作,包括以下领域:海洋环保、海洋科学研究、海上航行和交通安全、搜寻与救助、打击跨国犯罪包括但不限于打击毒品走私、海盗和海上武装抢劫以及军火走私,在具体实施之前,有关各方应就双边或多边合作的模式、范围和地点取得一致意见。此外,在半闭海的南海,尽力缔结此类工作协议或合作协议也是《公约》第 123 条关于在半闭海沿岸国就非生物资源以外领域应开展合作的原则所要求的。[①]

如果此类低层面或低敏感领域的合作协议或工作协议可以达成,并稳步推进,则对于消除各方分歧,缓和南海局势,延缓南海争议冲突,无疑会产生积极的作用。

二、利用法律方法解决南沙岛礁领土争议问题之不适用性

除利用政治方法外,还可利用法律方法解决南沙岛礁领土争议问题。尽管我国政府一直以来坚持用政治方法解决国家间争端的原则和立场,但在政治方法遭到冷落或效果不佳时,也可探讨利用法律方法解决诸如南沙岛礁领土争议问题之可能性。事实上,在国家间利益冲突十分明显,特别在领土主权问题上存在严重对立和分歧时,力图用包括"搁置争议、共同开发"原则通过政治方法解决诸如南沙岛礁领土争议那样的难题,是非常困难的。换言之,除政治方法外,我国应探讨利用法律方法解决南沙岛礁领土争议问题的可能性。

依据《公约》第 74 条或第 83 条的规定,在最终解决领土争议和缔结划界协议前,相关国家应遵守一些义务,主要为:谈判磋商义务,即为达成划界协议而进行谈判的义务;努力缔结临时安排义务,即各方为缔结临时安排而努力的义务;禁止单方行为义务,即禁止单方实施危害或阻碍最终划界协议达成的行为义务。

---

① 例如,《公约》第 123 条规定,闭海或半闭海沿岸国在行使和履行本公约所规定的权利和义务时,应互相合作。为此目的,这些国家应尽力直接或通过适当区域组织:(1) 协调海洋生物资源的管理、养护、勘探和开发;(2) 协调行使和履行其在保护和保全海洋环境方面的权利和义务;(3) 协调其科学研究政策,并在适当情形下在该地区进行联合的科学研究方案;(4) 在适当情形下,邀请其他有关国家或国际组织与其合作以推行本条的规定。

在此应注意的是,有关国家的上述义务应从何时开始?对此,国际社会主要存在以下几种观点或主张。第一,上述义务从对同一海域的主张发生重叠时开始;第二,上述义务从开始谈判临时安排时开始;第三,上述义务从成立临时安排时开始;第四,上述义务自最终划界起开始。① 从《公约》上述条款的宗旨来看,如果将有关国家的上述义务解释为从谈判开始后应遵循的话,则另一方有可能在谈判开始前就会对争议海域的资源等实施单方开发活动。因此,笔者认为,比较合理的解释为,有关国家从海域划界主张重叠时起,就应遵循上述相关义务。具体义务表现在以下方面:(1)诚实履行磋商义务。双方或多方应通过对话、谈判等方法,协商解决,即缩小争议分歧,互通信息,诚意履行使磋商有效的义务;(2)避免争议升级义务。即要求各方面对争议现状,不要采取单方面的行为和措施,保持克制,避免争议进一步升级;(3)推进磋商成果义务。即在磋商中,双方或多方承担为推进协议达成而努力的义务,坚持互谅互让,稳步推进磋商成果;(4)加强合作交流义务。即为达成最终协议或阶段性共识或合意,双方或多方应加强合作与交流,并遵守达成的共识。

(一) 利用法律方法解决国际争端的前提与条件

众所周知,由于国际法无强制性的管辖权,如想利用法律方法解决争端,必须接受司法机关的管辖或缔结仲裁协议,以便国际法院或仲裁机构有权处理和解决争议问题。针对南沙岛礁领土争议问题,考虑到在相关国家间缔结仲裁协议,利用仲裁机关裁决的可能性不大。为此,有必要了解国际法院制度。

根据《国际法院规约》第36条第2款的规定,本规约各当事国得随时声明关于具有下列性质之一切法律争端,对于接受同样义务之任何其他国家,承认法院之管辖权为当然而具有强制性,不须另订特别协定:(1)条约之解释;(2)国际法之任何问题;(3)任何事实之存在,如经确定即属违反国际义务者;(4)因违反国际义务而应予赔偿之性质及其范围。也就是说,如果要将争端提交国际法院,则必须作出接受国际法院管辖的声明。同时,国际法院受理的案件必须是法律争端的案件。

所谓法律争端,一般是指,与其说是否存在国际法规范,不如说以当事方均根据国际法发生的争端为基准更妥。国际法院将争端分为法律争端和非法律争端,且其只接受法律争端的目的,并不单是国际法院适用国际法判定或判决争

---

① 参见 R. Lagoni, "Interim Measures Pending Maritime Delimitation Agreements", *American Journal of International Law*, Vol. 78 (1984), p.364。

端,而是以当事方互相从法律观点出发提交国际法院处理争端为目的的,其也符合各方的真意。国际法院将非法律争端排除管辖的主要原因:国际法院并不具有如国内法院那样的强制性管辖权;国际法内容常与现实缺乏协调性,并具有固定的性质。因为,在国际社会,缺乏如国内那样的立法机关,而为变更国际法的内容,一般需要相关国家的同意,所以其内容即使与现实相脱离,要想将其变更为与现实相协调的内容,并不是一件容易的事。由此,就出现了国际法内容与现实相背离的境况,国际法院就将要求不利用国际法解决争端的事项除外,只接受和处理当事方均从法律观点出发引发的争端,从而出现了国际法院将非法律争端排除在外的情况。[①]

对于国际法院的管辖权来说,如上所述,相关国家原则上事先需要作出接受国际法院管辖权的声明。但当一方向国际法院提起诉讼时,就存在应诉管辖(forum prorogatum)的事例。所谓的应诉管辖,是指相关方即无义务管辖权的一方,在对方是否同意接受国际法院管辖毫不知情的情形下,向国际法院提起诉讼,在此后的程序中,根据对方的明示或默示的意思表示接受法院管辖权,而赋予法院对该事件的管辖权,正式开始诉讼的状况。尽管通过应诉管辖的方法,国际法院可开始诉讼程序,但此方法并未在《国际法院规约》中作出明确的规定,只是从常设国际法院起作为裁判惯例逐渐加以认可的,也得到了国际法院的案例确认。例如,国际法院于1948年3月25日对科孚海峡案作出的先决性抗辩判决就属于应诉管辖。即针对英国一方向国际法院提出的请求,阿尔巴尼亚在送交法院书记官的信中指出,尽管英国一方提起的诉讼并不合适,但为使自己国家表示对"国家间友好合作及和平解决争端各原则"的热情和诚意,并不错失机会,国家有在法院出庭的意思,从而接受了国际法院的管辖权。[②]

---

① 参见[日]田佃茂二郎:《国际法新讲》(下册),东信堂1995年版,第114—117页。当然,并不是说,国际法院排除了一切非法律的争端。《国际法院规约》第36条第1款规定,法院之管辖权包括各当事国提交之一切案件,及联合国宪章或现行条约及协约中所特定之一切事件。即如果当事国形成合意,则也可将法律以外的争端提交国际法院。但不管怎么说,国际法院可以受理的案件,不管采取什么方法,其前提是必须得到当事国的同意。

② 参见[日]田佃茂二郎:《国际法新讲》(下册),东信堂1995年版,第151—152页。尽管应诉管辖,在国际法院存在提起诉讼增加的优点,但由于一方是在对方是否承诺管辖毫不知情的情形下向国际法院提起的诉讼,所以有容易利用这种方法提起诉讼的可能性。同时,如果事先知道对方不会应诉而提起诉讼时,存在国际上宣传对方不诚意解决争端的意图而被利用的可能性。所以,在1978年修改《国际法院规则》时,增加了严格限制应诉管辖的新条款。例如,《国际法院规则》第38条第2款规定,请求书应尽可能地指明据以法院有管辖权的法律理由,并应说明诉讼请求的确切性质以及诉讼请求所依据的事实和理由的简明陈述。第5款规定,当请求国提出以被告国尚未表示的同意为法院管辖的根据,请求书应转交该被告国。但请求书不应登入总目录,也不应在程序中采取任何行动,除非并直到被告国同意法院对该案的管辖权。参见 *I.C.J.Reports*, 1947-1948, pp.18-19。

对于国际法院的当事者来说,可向国际法院提起诉讼或应诉的当事者一般限于国家。例如,《国际法院规约》第 34 条第 1 款规定,在法院得为诉讼当事国者,限于国家。另外,《国际法院规约》第 62 条和第 63 条规定,可参加诉讼的资格者也仅限于国家。而为能使国家成为诉讼当事者,首先必须是《国际法院规约》的当事国。[①] 由于国际法院是联合国的主要机关之一,所以联合国会员国当然是《国际法院规约》的当事国。[②] 非联合国会员国之国家得为《国际法院规约》当事国之条件,应由大会经安全理事会之建议就个别情形决定之。[③] 可见,国际法院的诉讼当事国原则上是《国际法院规约》的当事国,其他国家应根据联合国安全理事会规定的条件,才能成为诉讼当事国。[④]

对于国际法院适用的裁判准则,规定在《国际法院规约》第 38 条。其第 1 款规定,法院对于陈诉各项争端,应依国际法裁判之,裁判时应适用:(1) 不论普通或特别国际协约,确立诉讼当事国明白承认之规条者;(2) 国际习惯,作为通例之证明而经接受为法律者;(3) 一般法律原则为文明各国所承认者;(4) 在第 59 条规定之下,司法判例及各国权威最高之公法学家学说,作为确定法律原则之补助资料者。第 2 款规定,前项规定不妨碍法院经当事国同意本"公允及善良"原则裁判案件之权。可见,作为国际法院的裁判准则主要为国际条约、国际习惯法和一般法律原则,其他则为辅助的裁判准则。

对于国际法院的判决及效力问题。国际法院的判决在法律上拘束当事国,当事国负有履行国际法院判决的法律义务。这是国际法上的一项原则。例如,《联合国宪章》第 94 条第 1 款规定,联合国每一会员国为任何案件之当事国,承诺遵行国际法院之判决。对于判决的拘束力问题,《国际法院规约》第 59 条规定,法院之裁判除对于当事国及本案外,无拘束力。但也存在例外情况。例如,《国际法院规约》第 63 条第 1 款规定,凡协约发生解释问题,而诉讼当事国以外尚有其他国家为该协约之签字国者,应立由书记官长通知各该国家。第 2 款规定,受前款通知之国家有参加程序之权,但如该国行使此项权利时,判决之解释对该国具有同样拘束力。

---

① 例如,《国际法院规约》第 35 条第 1 款规定,法院受理本规约各当事国之诉讼。
② 例如,《联合国宪章》第 7 条规定,联合国之主要机关如下:大会、安全理事会、经济及社会理事会、托管理事会、国际法院及秘书处;第 92 条规定,国际法院为联合国之主要司法机关;第 93 条第 1 款规定,联合国各会员国为国际法院规约之当然当事国。
③ 参见《联合国宪章》第 93 条第 2 款。
④ 例如,《国际法院规约》第 35 条第 2 款规定,法院受理其他各国诉讼之条件,除现行条约另有特别规定外,由安全理事会定之。

(二) 法律方法解决南沙岛礁领土争议问题的障碍或局限性

如上所述,利用法律方法包括国际法院管辖国际争端,必须得到相关方的同意,同意的方法包括事先对《国际法院规约》第 36 条作出选择性声明,采用应诉管辖方法接受国际法院的管辖权。尽管菲律宾于 1972 年 1 月 18 日作出了接受国际法院管辖的声明,但其对与海洋管辖权和对陆地领土有关的争端作了保留。[①] 换言之,菲律宾针对与海洋管辖权和陆地领土有关的争端,不接受国际法院的管辖。其他国家(例如,越南、马来西亚等国)和中国均未就《国际法院规约》第 36 条作出选择性声明。也就是说,在南沙岛礁领土争议问题上利用《国际法院规约》第 36 条规定由国际法院管辖判决南沙岛礁领土争议问题有很大的困难。

考虑到中国、越南、菲律宾等国均为《公约》的成员国,需要考虑利用国际海洋法法庭解决南沙岛礁领土争议问题之可能性。

对于国际海洋法法庭(简称法庭)的管辖权,具体来说,主要分为以下三种:

(1) 属人管辖(ratione personae)。《公约》第 291 条规定,第十五部分规定的所有解决争端程序应对各缔约国开放,第十五部分规定的解决争端程序应仅依本公约具体规定对缔约国以外实体开放。《国际海洋法法庭规约》第 20 条规定,法庭应对各缔约国及满足一定条件的缔约国以外的实体开放。即法庭的属人管辖为:第一,不仅包括《公约》的缔约国,而且也包括满足《公约》第 305 条第 1 款条件的自治联合体、非自治区域及国际组织;第二,对于《公约》第十一部分明文规定的任何案件,除缔约国外,(国际海底)管理局、企业部、国营企业、自然人或法人也能成为当事者;[②]第三,按照案件当事所有各方接受的将管辖权授予法庭的任何其他协定所提交的任何案件,法庭应对缔约国以外的实体开放。当然,这些协定并非限于国际协定,只要案件当事所有各方接受法庭管辖,其主体范围就不受限制。[③]

(2) 属事管辖(ratione materiae)。《公约》第 288 条规定,国际法院或法庭对于按照《公约》第十五部分向其提出的有关本公约的解释或适用的任何争端,应具有管辖权;对于按照与本公约的目的有关的国际协定向其提出的有关协定的解释或适用的任何争端,也应具有管辖权;法庭海底争端分庭和第十一部分第五

[①] 参见[日] 松井芳郎等编:《基本条约集》(2010),东信堂 2010 年 4 月版,第 1183 页。
[②] 参见《公约》第 187 条。
[③] 参见[日] 高林秀雄:《联合国海洋法公约的成果与课题》,东信堂 1996 年版,第 221 页。

节所指的任何其他分庭或仲裁法庭,对按照该节向其提出的任何事项,应具有管辖权。《国际海洋法法庭规约》第 21 条规定,法庭的管辖权包括按照本公约向其提交的一切争端和申请,和将管辖权授予法庭的任何其他协定中具体规定的一切申请。

对于属事管辖,与国际法院相比,《国际法院规约》规定的是一切案件;[①]而《国际海洋法法庭规约》规定的是与《公约》有关的一切争端和申请。[②] 可见,国际法院的管辖事项多于法庭的管辖事项。这是由法庭的专业性决定的。

《国际海洋法法庭规约》第 22 条规定,如果同本公约所包括的主题事项有关的现行有效条约或《公约》的所有缔约国同意,则有关这种条约或《公约》的解释或适用的任何争端,可按照这种协定提交法庭。即只要条约的所有缔约国同意,就能将事件提交法庭。但"现行有效的条约"以什么时间为基准并未明确,是否可以理解为是制定《公约》时有效的条约。

(3) 管辖权的选择。《公约》第 287 条第 1 款规定,一国在签署、批准或加入本公约时,或在其后任何时间,应由自由用书面声明的方式选择法庭、国际法院、仲裁法庭、特别仲裁法庭的任何一个或一个以上的方法,以解决有关本公约的解释或适用的争端。即缔约国通过事前接受解决争端的方法,就选择了国际法院或法庭的管辖权;在接受同一程序的争端当事国之间,只要将争端提交这种程序;没有接受同一程序时,除没有特别协议外,只能提交仲裁法庭。

《公约》缔约国根据第 287 条通过声明的方式,可以接受国际法院或法庭的强制管辖权,同时,缔约国对于《公约》第 298 条所列举的争端也可以书面声明下列各类争端的一类或一类以上不接受自己选择的国际法院或法庭的强制管辖权。这种选择性的例外为:关于划定海洋边界或涉及历史性海湾或所有权的争端,军事活动以及关于行使主权权利或管辖权的法律执行活动的争端,以及正由安理会执行联合国宪章所赋予的职务的争端;同时,对于作出这种声明的缔约国,随时可撤回声明。[③]

我国自 1996 年批准《公约》以来,一直未选择《公约》第 287 条规定的有关本

---

① 例如,《国际法院规约》第 36 条第 1 款规定,法院之管辖包括各当事国提交之一切案件,以及联合国宪章或现行条约及协议中所特定之一切事件。
② 例如,《国际海洋法法庭规约》第 21 条规定,法庭的管辖权包括按照本公约向其提交的一切争端和申请,和将管辖权授予法庭的任何其他协议中具体规定的一切申请。
③ 《公约》第 298 条第 1 款、第 2 款。

公约的解释或适用的争端方法。① 我国于2006年8月25日,根据《公约》第298条规定,向联合国秘书长提交了书面声明,指出,对于《公约》第298条第1款第(a)、(b)和(c)项所述的任何争端(即涉及海洋划界、领土争端、军事活动等争端),中国政府不接受《公约》第十五部分第二节规定的任何国际司法或仲裁管辖。② 换言之,中国对于涉及国家重大利益的海洋争端,排除了适用国际司法或仲裁解决的可能性,坚持有关国家通过协商谈判解决的立场。此声明一方面表明了我国在上述争端中的一贯立场与态度;③另一方面,对于多依靠国际组织、利用国际司法手段解决国家间争端的国际发展趋势来说,似乎有点背离。当然,也不排除我国撤回上述声明,利用《公约》争端解决机制处理海洋争端的可能性。因为,《公约》第298条第2款规定,根据第298条第1款作出声明的缔约国,可随时撤回声明,或同意将该声明所排除的争端提交本公约规定的任何程序。

从以上对法庭的管辖权的分析可以看出,中国已就涉及海洋划界、领土争端和军事活动等争端作出了排除国际司法或仲裁管辖的可能性,如果中国不撤回上述声明或不同意接受规定的程序,则法庭处理南沙岛礁领土争议问题的可能性就不存在。尽管如此,我国也应做好提交国际司法机构解决南沙岛礁领土争议问题的证据准备工作,同时,应加强对国际司法制度的研究。特别是从国际法院在解决涉及领土主权的判例中,适用了一项具有层级结构的判案规则,即条约优先适用,再考虑实际保持占有,最后为有效控制。前者(条约和保持占有法律)是证明领土权利归属的直接方法;后者(有效控制)为间接方法。④ 这对于我们收集相关证据和研究国际司法制度具有重要的参考价值。

总之,利用法律方法解决南沙岛礁领土争议问题存在一些无法消除或克服的障碍,无法适用,在相关方之间无法缔结仲裁协议处理南沙岛礁领土争议问题的情形下,仍希冀于政治方法解决。这也正是我国坚持利用政治方法或外交方法解决南沙岛礁领土争议问题之本质所在。而在利用政治方法最终解决南沙岛

---

① 1996年5月15日第八届全国人民代表大会常务委员会第十九次会议通过了《关于批准联合国海洋法公约的决定》。参见国家海洋局政策法规办公室编:《中华人民共和国海洋法规选编》(第三版),海洋出版社2001年版,第3页。

② 关于《中国依联合国海洋法公约第298条规定提交排除性声明》内容,参见《中国海洋法学评论》2007年第1期,第178页。

③ 例如,我国在批准《联合国海洋法公约》时,作出了以下声明:"中国将与海岸相向或相邻的国家,通过协商,在国际法基础上,按照公平原则划定各自海管辖权界限。"参见国家海洋局政策法规办公室编:《中华人民共和国海洋法规选编》(第三版),海洋出版社2001年版,第3页。

④ 参见 A. Connerty, *A Manual of International Dispute Resolution*, Commonwealth Secretariat, 2006, p.34。

礁领土争议问题之前,我们需要商讨预防与应急处理南海问题进一步恶化的机制。笔者认为,可以操作的途径之一为,如上所述,在无法解决南沙岛礁领土争议和海域划界争议的情形下,相关国家特别是我国与东盟某些国家应在低层面的领域(例如,海洋环保,海洋科学研究,海上航行和交通安全,搜寻和救助,打击跨国犯罪包括但不限于打击毒品走私、海盗和海上武装抢劫以及军火走私)努力缔结合作协议或工作协议,并切实实施。同时,应继续努力与东盟国家展开谈判,以缔结具有法律拘束力诸如南海各方行为准则等那样的制度性规范,避免南海问题的进一步恶化。[①]

这些合作协议或工作协议不仅是《南海各方行为宣言》所要求的,也是符合《公约》制度原则及要求的。另外,应让更多的国家批准加入于 1985 年生效的《国际海事搜救公约》、于 1992 年生效的《制止危及海上航行安全非法行为公约》等国际条约,以更大范围地构筑国际合作体制,并为协调和发展南海问题合作框架制度提供基础。

三、中国应对南沙岛礁领土争议问题的若干对策

为使南海问题不复杂化、扩大化、国际化,我国应积极完善和修改国际、区域制度,努力缔结和实施双边协议,更重要的是应进一步完善我国针对海洋问题的政策与法律制度,并应采取综合性的力量予以处置。我国应对南海问题包括南沙岛礁领土争议问题的若干对策建议,主要体现在以下方面。

(一)在完善海洋政策方面的对策建议

(1)发布中国针对南海问题的政策性立场声明。国际社会针对中国的海洋政策与立场并不十分清晰,为此,需要我国适时公布中国针对南海问题的政

[①] 中国也认为,应与东盟就南海问题达成诸如《南海各方行为宣言》那样的具有法律拘束力的协议,这也是《南海各方行为宣言》所要求的,因为其第十项宣言指出,有关各方重申制定南海行为准则将进一步促进本地区和平与稳定,并同意在各方协商一致的基础上,朝最终达成该目标而努力。特别是中国对在条件成熟时讨论制订"南海各方行为准则"持开放态度,但当务之急是启动南海务实合作。参见《中国杨外长在第 18 届东盟地区论坛外长会上的发言》,http://www.mfa.gov.cn/chn/pds/ziliao/zt/dnzt/yjcdm2/t842181.htm,2011 年 7 月 30 日访问。另外,2004 年 12 月设立了中国与东盟共同工作组,自 2005 年 8 月举行第一次会议以来,至 2010 年 12 月,并未取得实质性的进展。笔者认为,无法缔结南海各方行为准则的难点之一为,如何处理他国已抢占或非法控制的原属于我国的岛礁行为及资源开发活动的属性,即这些行为及活动是无效、冻结,还是其他。对此,各方会有不同的认识和分歧,这或许是无法缔结南海各方行为准则的要因之一。

策性立场文件等那样的声明,并加强宣传。① 其内容应是总结和汇总我国针对海洋问题的一贯立场和态度,主要包括:坚持"搁置争议、共同开发"的方针,坚持和谐海洋理念,坚持和平解决争端原则,坚持主权平等合作解决海洋问题原则,坚持互利互惠方针,坚持有效和公平利用海洋资源原则,遵守近海防卫策略,坚决不称霸,等等。对于南海问题,我国特别应明确九段线的法律地位及属性。②

(2) 制定国家海洋发展战略及其规划。我国《国民经济和社会发展第十二个五年规划纲要》(2011 年 3 月 16 日)将"推进海洋经济发展"作为单章列出,指出我国坚持陆海统筹,应制定和实施海洋发展战略,以提高海洋开发、控制、综合管理能力。③ 为此,为推进海洋经济发展,重要的是确保海洋环境安全,包括合理解决诸如南海问题在内的争端,关键是制定和实施国家海洋发展战略及其规划,特别需要设立诸如国家海洋事务委员会等组织机构,以整合力量应对海洋问题及其争议。

可喜的是,目前的国际国内形势发展对于我国制定国家海洋发展战略和完善海洋体制机制十分有利,也是国际社会的普遍共识,以维护国家海洋权益,确保国际社会的共同利益。

一般来说,发展国家海洋事业的基本路径或路线图:首先,应明确国家核心利益,制定包括国家海洋发展在内的战略。对于我国来说,核心目标是建设海洋强国。其次,应完善国家海洋发展战略实施的海洋政策,包括强化海洋理念与意识,加强海洋事务协调,提高海洋及其资源开发、控制和综合管理能力,弘扬海洋传统文化,不断开拓创新海洋科技,拓展对外交流和合作,推动我国海洋事业不断取得新成就。再次,制定海洋基本法,以保障海洋发展战略和海洋政策的推进落实,重点为完善我国的海洋体制和机制,包括设立国家海洋事务委员会等组织机构。最后,制定实施海洋基本法的海洋基本计划,以补正海洋发展过程中的薄弱环节或领域。④

---

① 为进一步表明中国在联合国改革问题上的立场与态度,我国曾于 2005 年 6 月 8 日发布了《中国关于联合国改革问题的立场文件》。该文件的发布对于他国进一步理解我国针对联合国改革问题的立场与态度发挥了重要的作用,并深受国际社会的好评。相关内容参见侯放等:《新中国国际法 60 年》,上海社会科学院出版社 2009 年版,第 93—94 页。由于存在先例,所以,我国发布关于中国针对南海问题的政策性立场文件是可能的。
② 关于中国在南海 U 形线的法律地位与属性内容,参见金永明:《论南海问题特质与海洋法制度》,《东方法学》2011 年第 4 期,第 87—89 页。
③ 参见 http://www.gov.cn/2011h/content_1825838_4.htm,2011 年 3 月 17 日访问。
④ 参见金永明:《中国制定海洋基本法的若干思考》,《探索与争鸣》2011 年第 10 期,第 21—22 页。

(二) 在实施和完善海洋法制方面的建议

(1) 切实实施《海岛保护法》。为切实保护海岛的利用价值和其他附加价值,经过周密的调研和试点工作,我国于 2009 年 12 月 26 日在第十一届全国人大常委会第 12 次会议通过了《海岛保护法》,并于 2010 年 3 月 1 日起施行。《海岛保护法》对海岛的开发和利用作出了规范,其实施将对海岛管理产生极大的促进作用。当前,为切实实施《海岛保护法》,我国应迅速对南海岛礁包括南沙岛礁进行普查活动,并予以重新命名,再对其实施行政管理;加强对已管控岛礁的保护和管理,创造条件设置诸如航行标志、气象观测站等公益设施,为国际社会服务;实施海洋科学研究和海洋环境保护调查活动;加强在南海实施资源开发活动进程。

另外,为实施《海岛保护法》,我们应考虑以下几项配套措施,以切实发挥《海岛保护法》的功效:编制全国和地方海岛保护规划;根据各海岛的实情,采取有效措施,整治和修复海岛污染或破坏的生态环境;强化国家和地方各级政府对海岛管理的体制;对海岛实施进一步调查、巡访和监测制度,及时发现问题,采取救济措施。

(2) 宣布我国在南海的领海基线。我国自 1996 年 5 月 15 日宣布中国大陆领海的部分基线和西沙群岛的领海基线以来,迄今没有宣布其他的领海基线,致使我国的管辖海域十分模糊,执法困难。针对南海出现的问题,我国应进一步公布除西沙群岛外的其他群岛的领海基线,以明确管辖海域的范围,也便于巡航执法。[①]

(3) 制定《海洋基本法》。迄今,我国未出台综合规范海洋事务的法律,致使难以改变管理海洋事务的机构众多、职责不明、无法形成合力的弊端。笔者建议尽早以制定《海洋基本法》为契机,包括设立由国家高层领导为成员的"国家海洋事务委员会",以统一协调管理海洋事务。[②]

---

① 我国具有进一步宣布其他领海基线的法律基础。我国政府《关于中国领海基线的声明》(1996 年 5 月 15 日)指出,中国政府将再行宣布中国其余领海基线。但我国政府在宣布南沙群岛的领海基线时,需与台湾地区进行协调。台湾地区行政管理机构 1999 年 2 月 10 日公告了"第一批领海基线、领海及毗连区外界线",针对南沙群岛其规定,在我国传统 U 形线内之南沙群岛全部岛礁均为我国领土,其领海基线采直线基线及正常基线混合基线法划定,有关基点名称、地理坐标及海图另案公告。由于中国大陆与台湾地区曾在钓鱼岛及其附属岛屿的领海基线问题上达成默契,所以两岸经过沟通和协调,可就南沙群岛的领海基线宣布问题达成共识。

② 关于海洋基本法的制定问题,《中国海洋 21 世纪议程》(1996 年)已有涉及。其指出,我国应建立、健全以海洋基本法和综合管理法为主体、行业法和地方法相互配套的海洋法规体系和监督及时有效、执法高效有力的海洋执法队伍,实现依法治海,保证海洋和沿海经济、社会的可持续发展。参见国家海洋局编:《中国海洋 21 世纪议程》,海洋出版社 1996 年版,第 38—39 页。

(4) 制定《专属经济区和大陆架法》配套法律规范。《专属经济区和大陆架法》自 1998 年公布施行以来,迄今未制定相应的配套法规与实施细则。例如,大陆架的油气资源开发规则、海洋建筑物设施与结构物安全区域管理办法、应对外国企业、船舶侵害我国大陆架和专属经济区资源开发活动的措施,等等。为应对南海问题冲突,包括争议海域引发的争端,应尽快制定和完善相关配套法律规范,以细化上述法律的基本原则和规则,同时,对于进一步开发和利用南海资源具有积极的促进作用。另外,针对他国舰船在我国专属经济区内的测量活动,应修改《涉外海洋科学研究管理规定》第 4 条的规定,以明确我国采用广义的海洋科学研究(包括军事测量活动)活动需事前得到同意的立场,明确申请获得许可的程序,并适时提升该规定的位价。

(5) 应进一步加强海上执法制度。海洋开发与保护需要强有力的维权执法队伍作保证。我国管辖海洋事务存在多部门性和条块分割及缺乏统一协调性的缺陷,因而无法形成合力。为此,建议以制定海域维权巡航执法条例为契机,进一步整合涉海部门的海上维权执法力量,规范巡航执法行为,减少不必要的某些行为或活动,切实合理维护我国海洋利益。

(三) 在两岸海洋问题合作上的建议

海洋问题具有复杂性、敏感性,关联民族情绪,为确保中华民族主权和领土完整,维护国家海洋权益,两岸实施海洋问题合作十分紧要。

(1) 两岸海洋问题合作的必要性与可行性。在坚持"一个中国"(九二共识)的原则下,两岸磋商机制进一步健全,特别是两岸缔结了多个协议,包括旅游协议、空运协议、海运协议、邮政协议、食品安全协议、金融合作协议、打击犯罪及司法互助协议、船员劳务合作协议、农产品检疫检验合作协议、标准计量检验认证合作协议、经济合作框架协议、知识产权保护合作协议、核电安全合作协议等,并取得了实质性的利益,颇获两岸人民好评。这些协议的缔结为两岸实施海洋问题合作提供了重要基础和条件。

两岸海洋问题合作的必要性,主要体现在以下方面:中华民族保卫海洋利益使然;实际海洋冲突所要;海洋问题复杂所求;两岸前期合作发展所需;两岸关系发展所望。尽管迄今两岸针对海洋问题的合作已有先例,包括 2009 年 9 月,中国海监与台湾海巡部门在厦门—金门海域联合开展了打击海上非法采砂、非法倾废的专项执法合作;2010 年 9 月 16 日,海峡两岸在厦门、金门附近海域举行的海上联合搜救演练,均取得了良好的效果。所以,两岸存在海洋问题合作的必要性和可行性。

（2）两岸海洋问题合作的路径与原则。尽管两岸就海洋问题展开了一些合作，并取得了良好的成果，但这些合作依然是临时性、局部性和低层面的，大有发展之可能。为此，两岸可就海洋问题合作先行规划，待条件成熟后可在两会间缔结两岸海洋问题合作框架协议，以推进两岸海洋问题合作进程。具体来说，两岸可先在海难救助、渔业合作、补给援助、海洋调查、灾害预防、打击海盗等方面入手，待条件成熟后，再提升和拓展合作领域，包括实施合作巡航、军事演习等，遵循先易后难，逐步推进的原则。应该说，两岸在海洋问题上的合作是推进两岸从其他领域向政治领域过渡的重要切入点，也是可以有所作为的主要路径选择。

（3）加强两岸海洋问题合作研讨。由于两岸针对中国面临的海洋问题的法律立场基本一致，所以在两岸间展开海洋问题合作研讨活动十分必要与可能，包括共同举办学术研讨会、展开共同学术研究活动、出版与海洋问题有关的著作和资料、共同创设宣传海洋知识的网站等，以全面提升两岸海洋问题合作空间。

（四）在加强军事力量方面的建议

尽管我国一直坚持利用和平方法解决包括南海问题在内的国际争端的原则，但为保卫国家主权和领土完整，维护海洋权益，发展军事力量，加强防卫，无疑是一个重要的保障手段，也是国际社会的普遍选择。针对南海问题争议，我国不宜采用过激的军事防卫手段，以避免东盟国家向大国结集，并出现区域军备竞赛，但当和平方法用尽，依然无法解决争端，且他国一再挑战、严重损害我国海洋权益的情形下，我国应抓住时机，在确保维权维稳的状况下，应利用军事力量予以适度还击，以消除不利态势和局面。为此，发展军事力量就显得十分必要。同时，我国应创造机会，增加与他国之间的军事互访活动与交流机会，包括举行参加联合搜救、海洋科研调查等活动，以增进互信和了解。

四、结　语

我国面临诸多的海洋问题，需要采取和平方法解决海洋问题争议。在国际、区域关于海洋问题的协定或制度无法改变或缔结的情形下，我国应努力实施已达成的双边共识和原则协议，重点应完善和健全相关国内海洋政策和法制。同时，需要我国采取综合性力量（外交、经济、历史、文化、传媒、执法、军事等）应对和处理海洋问题，包括协调处理东海问题和南海问题，因为海洋问题具有综合性、复杂性、关联性和敏感性等特点。这对于确保国家战略发展机遇期,保障"推进海洋经济发展"的环境,具有重大意义。笔者认为,当前我国在海洋问题上的重要任务为,制定和实施国家海洋发展战略及其规划,特别应出台我国针对海洋问题包括南海问题的政策性立场文件,并加大宣传力度。

针对南海问题,应采取措施避免使南海问题国际化、复杂化、扩大化。为此,重要的是在最终解决南沙岛礁领土争议问题前,应制定以"搁置争议、共同开发"为原则的低层次领域的合作协议或工作协议,并努力缔结具有法律拘束力的协定,以避免南海问题的恶化或升级。

尽管我国一直坚持用政治方法解决与海洋问题有关的争议,但在利用政治方法无法最终解决南海问题争议时,且他国日益挑战我国,严重损害我国主权和领土完整、海洋权益时,我国应适度地使用军事力量;同时,应加强两岸海洋问题合作进程,以共同保卫中华民族的利益。

南海问题的政策及国际法制度的演进

南海问题是推进中国建设海洋强国必须面对和处理的重大问题,南海问题朝利于中国的发展,直接关系中国实现区域性海洋大国或海洋强国的进程和目标,所以必须合理有效地处置。如何使南海问题争议向制度性规范发展,实现海洋的功能性和规范性的目标,实现共享利益和维护权利的有机统一,则是一个重要的研究课题。为此,有必要对近年来国际社会针对南海问题的政策和国际法制度的演进予以评价。

一、南海问题的背景及其政策与国际法制度的显现(1992—2001年)

南海问题争议自20世纪70年代以来出现,表现之一为东盟一些国家就南沙群岛提出了非法的领土主张。呈现此境况的背景之一为国际社会对南海油气资源储藏量的乐观估计和判断,引发了东盟一些国家加快争抢南海岛礁及资源的步伐。[1] 例如,越南、菲律宾、马来西亚等国以军事手段占领南沙群岛部分岛礁,在其附近海域进行大规模的资源开发活动并提出主权要求,南沙群岛领土主权争议由此产生且日趋激烈。应该说,长期以来,尤其在第二次世界大战后相当长时期内,南海周边没有任何国家对我国在南海诸岛及其附近海域行使主权提出过异议,世界上绝大多数国家都对中国在南海诸岛的主权予以承认和尊重。[2]

---

[1] 20世纪50年代,"东亚和东南亚沿岸和近海地学计划委员会"在南沙海域进行地质和地球物理勘探,发现了储量丰富的石油天然气资源;1968年,联合国远东经济委员会下属的"亚洲外岛海域矿产资源联合勘探协调委员会"出具的调查报告,进一步揭示了南海海域石油储量丰富性的前景。20世纪60年代后期,外国一些石油公司、科研单位对南海进行地震、重力、磁力、测深和地质取样等方面的调查及估计等,加剧了南海问题争议的爆发。参见张良福:《中国与邻国海洋划界争端问题》,海洋出版社2006年版,第27页。

[2] 参见李国强:《中国南海诸岛主权的形成及南海问题的由来》,《求是》2011年第15期(2011年8月),http://www.qstheory.cn/zxdk/2011/201115/201107/t20110728_98322.htm,2014年1月15日访问。

背景之二为海洋法制度的成形和生效。影响海洋法出台的标志性事件系1945年9月28日美国发布了《关于大陆架的底土和海床的自然资源的政策的第2667号总统公告》（简称《杜鲁门公告》）。《杜鲁门公告》指出，美国政府认为，处于公海下但毗连美国海岸的大陆架的底土和海床的自然资源属于美国，受美国的管辖和控制。[①] 换言之，《杜鲁门公告》的目的是建立排他性的资源保护区以及获取大陆架的利益。在其影响下，联合国于1958年2月24日—4月27日在日内瓦召开了第一次海洋法会议。会议成果为通过了"日内瓦海洋法四公约"，以及《关于强制解决争端的任择签字议定书》。[②] 这些公约初步确立了海洋法的国际制度，包括领海、毗连区、大陆架和公海制度。尽管这些海洋法制度并不完善，但加快了各国抢占岛屿和开发海洋资源的进程，从而影响到南海问题争议的爆发。

背景之三为修改海洋法制度和建议制定新的海洋法制度的要求。即随着海洋科技的发展和人类对资源需求的日增，尤其是《大陆架公约》关于大陆架制度的可开发标准的模糊性受到了挑战，出现了需要修正和完善的必要。[③] 尤其是1967年8月17日，马耳他驻联合国大使帕多提议在第22届（1967年）联大会议议程中补充一项议题（《关于专为和平目的保留目前国内管辖范围外海洋下海床洋底及为人类利益而使用其资源的宣言和条约》）的建议，得到了采纳，从而推动了联合国第三次海洋法会议的召开（1973—1982年），以重新制定全面规范所有海域的法律制度，消除"日内瓦海洋法四公约"的缺陷，实现构建公正合理的国际海洋法律新秩序的目的。[④] 不可否认，联合国第三次海洋法会议的召开，以及会议审议的内容等，加速了东盟各国抢占和开发南海资源的行为及活动。

南海问题争议在20世纪90年代显现对立的势态，主要为中国于1992年2月25日制定了《领海及毗连区法》。其第2条规定，中国的陆地领土包括中华人民共和国大陆及其沿海岛屿、台湾及其包括钓鱼岛在内的附属各岛、澎湖列岛、东沙群

---

① 关于《杜鲁门公告》内容，参见北京大学法律系国际法教研室编：《海洋法资料汇编》，人民出版社1974年版，第386—387页。
② 联合国"日内瓦海洋法四公约"是指：《领海及毗连区公约》（1964年9月10日生效）、《公海公约》（1962年9月30日生效）、《捕鱼及养护公海生物资源公约》（1966年3月20日生效）和《大陆架公约》（1964年6月10日生效）。
③ 例如，《大陆架公约》第1条规定，"大陆架"是指邻接海岸但在领海范围以外，深度达200米或超过此限度而上覆水域的深度容许开采其自然资源的海床区域的海床和底土。在这一定义中包含了两项独立的、平行的标准，即200米水深标准和可开发标准。而随着海洋科技特别是资源开发装备和技术的发展，发达国家开发大陆架的深度有无限扩展的趋势，严重地损害了发展中国家的利益，所以出现了要求对大陆架的标准予以修正和完善的要求及趋势。
④ 参见金永明：《国际海底制度研究》，新华出版社2006年版，第1—8页。联合国第二次海洋法会议于1960年3月7—27日在日内瓦举行，以审议领海宽度和捕鱼区的界限，但由于各国意见分歧很大，同时时间仓促，未实现预期目标。参见魏敏主编：《海洋法》，法律出版社1987年版，第15—19页。

岛、西沙群岛、中沙群岛、南沙群岛以及其他一切属于中华人民共和国的岛屿。

为应对中国法律主张,1992年7月22日,东盟国家决定在南海问题上凝聚一致立场,通过了《东盟南海宣言》(ASEAN Declaration on the South China Sea),简称《马尼拉宣言》(Manila Declaration)。东盟国家的6国外长在马尼拉作出的《东盟南海宣言》是首次建立东盟区域对于南海问题基本认知与共识的基础文件,可以认为是东盟国家针对南海问题政策的雏形。

《东盟南海宣言》强调各方应自我克制,并通过和平且不采用武力解决的方式处理南海主权与管辖权的争端,同时也间接向中国传达了东盟希望各声索国自我节制的共同关切。它首次完整地勾勒各方期待的南海潜在合作领域,其中包括海上航行与交通安全、海洋环境保护、搜救行动、打击海盗与武装抢劫,以及反走私与贩毒等议题;也建议有关各方以东南亚地区友好合作原则作为制订南海国际行为准则的基础。

1994年,中国与越南在南沙群岛引起武装冲突事件。1995年11月《中越联合公报》第4条规定,双方同意成立海上问题专家小组,进行对话和磋商。中越海上问题专家小组于1995年11月举行了第一次会谈,经过5年的努力,在2000年的《中越联合声明》中,针对南海问题指出,双方将积极探讨在海上,诸如海洋环保、气象水文、减灾防灾等领域开展合作的可能性和措施。此外,中越还缔结了《中越北部湾划界协定》和《中越北部湾渔业合作协定》(2000年12月30日)。

1995年中菲美济礁冲突,更让东盟及其成员国深知当前的南海争端并非仅局限于东盟内部共识拟定上,要妥善处理南海争端,东盟国家必须共同面对同为南海主权声索国的中国。

在此背景下,域外大国美国政府于1995年5月10日发表了《关于南沙群岛和南中国海的政策声明》(简称《美国政府南海政策声明》)。[①] 其指出,美国强烈反对使用武力或威胁使用武力来解决领土争端,敦促所有领土提出要求各方加以克制,避免采取破坏稳定的行动;在维护南中国海的和平与稳定方面,美国有持久的兴趣;美国呼吁有领土要求各方在外交上加强努力,解决同领土争端有关的问题,要考虑到所有各方的利益,这样的外交努力将有利于该地区的和平与繁荣;美国愿意以有领土要求各方认为有帮助的任何方式给予帮助;美国重申欢迎东盟1992年发表的有关南中国海的宣言。美国同时指出,保持航行自由涉及美国的利益,使所有船只和飞机不受阻碍地在南中国海航行和飞行对于保持包括

---

① 参见吴士存主编:《南海问题文献汇编》,海南出版社2001年版,第377—378页。

美国在内的整个亚太地区的和平与繁荣是极为重要的;对于南中国海各岛屿、礁脉、环礁和沙礁主权的领土争端的法律依据,美国不表明态度;然而,对于南中国海不符合国际法,包括1982年《联合国海洋法公约》的任何海上领土要求或限制海上活动的行动,美国将深表关切。受《美国政府南海政策声明》影响,1995年8月10日,中国与菲律宾就南沙问题发表了联合声明。中菲南沙问题联合声明指出,双方同意,分歧未解决前,双方在南海地区的行为应恪守以下原则:(1) 有关争议应通过平等和相互尊重基础上的磋商和平友好地加以解决,即和平解决争议原则;(2) 双方将努力建立相互信任,加强本地区和平稳定的气氛,不诉诸武力或以武力相威胁解决争端,即建立信任及不使用武力原则;(3) 本着扩大共同点缩小分歧的精神,双方承诺循序渐进地进行合作,最终谈判解决双方争议,即求同存异及循序渐进解决争议原则;(4) 双方同意根据公认的国际法(包括《联合国海洋法公约》)的原则解决双方间的争议,即依据国际法包括《联合国海洋法公约》解决争议原则;(5) 双方对本地区国家为寻求适当时候在南海开展多边合作所提出的建设性主张和建议将持开放态度,即南海多边合作开放原则;(6) 双方同意在海洋低敏感领域推动合作,即推进海洋低敏感领域合作原则;(7) 有关各方将就南海海洋资源的养护进行合作,即南海海洋资源养护合作原则;(8) 争端应由直接有关国家解决,不影响南海地区的航行自由,即相关国家解决争端应不损害航行自由原则。

1996年,中菲发布的联合新闻公报指出,双方同意建立双边磋商机制,具体包括成立渔业、海洋环保和建立信任措施3个工作小组,尤其在增强双方的信任方面还具体列出了搜救行动、打击海盗和走私方面的合作。2000年5月,中菲两国达成《关于21世纪双边合作框架的联合声明》,双方表示将依据国际法原则,通过双边方式解决南海问题争议。可见,中菲两国针对南海问题的政策是不断深化和具体化的,从而基本保持了两国在南海问题上的合作进程,延缓了南海问题的争议。

另外,中国在批准加入《联合国海洋法公约》(1996年5月15日)的同时,中国政府依据《中国领海及毗连区法》(1992年2月25日)的规定,宣布了中国大陆领海的部分基线和西沙群岛的领海基线,即中国政府于1996年5月15日发表了《中国领海基线的声明》。[①] 该声明同时指出,中国政府将再行宣布中国其余领海

---

① 例如,《中国领海及毗连区法》第2条第2款规定,中华人民共和国的陆地领土包括中华人民共和国大陆及其沿海岛屿、台湾及其包括钓鱼岛在内的附属各岛、澎湖列岛、东沙群岛、西沙群岛、中沙群岛、南沙群岛以及其他一切属于中华人民共和国的岛屿。第3条规定,中华人民共和国领海的宽度采用直线基线法划定,由各相邻基点之间的直线连线组成;中华人民共和国领海的外部界限为一条其每一点与领海基线的最近距离等于12海里的线。

基线。1998年6月26日,中国制定了《中国专属经济区和大陆架法》,其第2条规定,中国的专属经济区,为从测算领海宽度的基线量起延至200海里;中国的大陆架为领海以外依本国陆地领土的全部自然延伸,扩展到大陆边外缘的海底区域的海床和底土,如果其距离不足200海里,则扩展至200海里;中国与海岸相邻或相向国家关于专属经济区和大陆架的主张重叠的,在国际法的基础上按照公平原则以协议划定界限。其第14条规定,本法的规定不影响中国享有的历史性权利。可见,中国依据联合国"日内瓦海洋法四公约"(1958年4月29日)和《联合国海洋法公约》的要求初步明确和构建了针对海洋问题的政策及法律制度,为合理解决中国与其他国家之间的领土争议和海域划界问题作出了制度性的规范,应该受到尊重。

在双边层面外,区域层面也达成了与南海问题有关的政策和制度性共识,例如,《中国与东盟国家首脑会晤联合声明:面向21世纪的中国—东盟合作》(1997年12月16日),其第8条指出:他们认为,维护本地区的和平与稳定符合所有各方的利益;他们承诺通过和平方式解决彼此之间的分歧或争端,不诉诸武力或以武力相威胁;有关各方同意根据公认的国际法,包括1982年《联合国海洋法公约》,通过友好协商和谈判解决南海争议;在继续寻求解决办法的同时,他们同意探讨在有关地区合作的途径;为促进本地区的和平与稳定,增进相互信任,有关各方同意继续自我克制,并以冷静和建设性的方式处理有关分歧;他们还同意,不让现有的分歧阻碍友好合作关系的发展。

在中越、中菲围绕南海问题争议进行双边政策和制度化协调过程中,中国分别于1999年6月与马来西亚、2000年5月与印度尼西亚签署了联合声明,表示要通过和平方式解决国际争端,共同维护南中国海的和平稳定。在此基础上,2002年11月,中国与东盟十国签署了《南海各方行为宣言》,使区域合作制度化,达成了南海问题的制度性共识,其可谓是南海问题国际法制度的显现。

二、南海问题的政策及国际法制度的形成(2002—2012年)

随着《联合国海洋法公约》的生效,尤其是其岛屿制度、专属经济区和大陆架制度的实施,各国加大了对海洋资源的开发利用力度。为合理地管理南海资源,在双边合作制度的基础上,如上所述,中国与东盟十国外长于2002年11月4日在金边签署了《南海各方行为宣言》(以下简称《宣言》),成为管理南海问题的国际法文件,可以认为是南海问题的国际法制度的形成标志。其主要内容如下:

其一,《宣言》的目的。其规定,认识到为增进本地区的和平、稳定、经济发展与繁荣,中国和东盟有必要促进南海地区和平、友好与和谐的环境;希望为和平与永久解决有关国家间的分歧和争议创造有利条件。

其二,《宣言》的原则。包括如下方面:(1)依据国际法作为处理国家间关系的基本准则;(2)在平等和相互尊重的基础上,探讨建立信任的途径;(3)尊重并承诺依据国际法原则所规定的在南海的航行及飞越自由;(4)依据国际法由直接有关的主权国家友好协商,以和平方式解决争议,不使用武力或以武力相威胁;(5)承诺保持克制,不采取使争议复杂化、扩大化和影响和平与稳定的行动,包括不在无人居住的岛礁或其他自然构造上采取居住的行动,应以建设性的方式处理分歧。本着合作与谅解的精神,努力寻求各种途径建立相互信任;(6)在解决争议之前,有关各方可探讨或开展在海洋低敏感领域的合作。在具体实施之前,有关各方应就双边或多边合作的模式、范围和地点取得一致意见;(7)有关各方愿通过各方同意的模式,就有关问题继续进行磋商和对话,包括对遵守本宣言问题举行定期磋商,推动以和平方式解决彼此间争议;(8)各方承诺尊重本宣言的条款并采取与宣言相一致的行动;(9)各方鼓励其他国家尊重本宣言所包含的原则;(10)有关各方重申制定南海行为准则将进一步促进本地区和平与稳定,并同意在各方协商一致的基础上,朝最终达成该目标而努力。

其三,《宣言》的效力及努力义务。尽管《宣言》的法律效力比较低,但各方应努力遵守以下政治性质的义务。主要为:(1)不采取使争议复杂化、扩大化和影响和平与稳定的行动,要求各方保持克制,即遵守保持克制和避免复杂化的义务;(2)应努力寻求各种途径建立相互信任,包括开展对话和交换意见,救助危险境地的所有公民,在自愿的基础上通报联合军事演习和通报有关情况,即遵守构筑信任及保持沟通义务;(3)探讨或开展海洋低敏感领域合作的方式(模式、范围和地点),在取得一致意见后开始实施,即遵守协商一致合作义务;(4)由直接的主权国家间依据国际法原则,以通过友好协商和谈判的和平方式解决彼此间的争议,而不诉诸武力或以武力相威胁,即遵守依国际法和平解决争议义务;(5)以协商一致的方式,努力制定南海行为准则,即遵守努力协商一致制定行为准则义务;(6)确保依据国际法原则规定的在南海的航行及飞越自由,即遵守确保国际航行及飞行自由原则;(7)区域外国家应尊重本《宣言》所包含的原则,即域外大国尊重《宣言》原则义务。

不可否认,《宣言》的签署和实施,为延缓南海问题争议的爆发起到了积极的作用。但由于其存在一些缺陷,所以无法最终地管控和解决南海问题争议。笔者认为,《宣言》的缺陷,主要体现在以下方面:一是缺少组织机构。即《宣言》无常设性的组织机构(例如,决策执行委员会、秘书处),从而无法对各国的行为或活动予以认定。二是缺少惩罚措施。由于《宣言》的抽象性和原则性,尤其缺乏具体的行为准则,也缺少对于违反《宣言》行为或活动的制裁或惩罚措施,而各国往往采取利于本国利益的解释,致使冲突和争端无法获得认定和解决;而为追求更大的利益,各国也有采取进一步行动的发展趋势,但对各国在南海的单方面或联合的行动,无法作出认定和判断,从而无法确定其行为或行动,是否使争议复杂化、扩大化和影响了南海的和平与稳定。[1] 所以,制定诸如南海行为准则那样的具有法律拘束力的文件,就显得特别重要。

此后,中国于2003年6月28日批准加入了《东南亚友好合作条约》及其两个修改议定书;《中越北部湾划界协定》及《中越北部湾渔业合作协定》于2004年6月30日生效;中国、菲律宾和越南于2005年3月14日签署了《在南中国海协议区三方联合海洋地震工作协议》,这些成果均被认为是依据《宣言》的原则和精神达成的成果,对于延缓和解决南海问题争议有重要的参考价值和作用。

此外,中国与东盟国家领导人通过的联合宣言:《中国与东盟国家联合宣言——面向和平与繁荣的战略伙伴关系》(2003年10月18日),确认了《宣言》的重要性。例如,中国与东盟国家联合宣言指出,在安全上,中国与东盟积极实践通过对话增进互信,通过谈判和平解决争议,通过合作实现地区安全的理念;为加强安全合作,决定落实《宣言》,讨论并规划后续行动的具体方式、领域和项目。为此,于2004年12月设立了中国与东盟联合工作组,自2005年8月—2010年12月举行了6次会议,但未能就制定具有法律拘束力的文件内容达成一致。所以,各方应继续就制定南海行为准则那样的文件进行协商,并为协商一致而努力,这是符合区域海洋制度的原则和要求的。《宣言》第10条规定,有关各方重申制定南海行为准则将进一步促进本地区的和平与稳定,并同意在各方协商一致的基础上,朝最终达成该目标而努力。

中国政府对在条件成熟时,讨论制订"南海行为准则"持开放的态度,并认为当前的重要任务是应启动南海低层面或低敏感领域的务实合作,待合作深化、互信增强后,再拟订"南海行为准则"较妥。[2] 应该说,采取这样的步骤是比较合理

---

[1] 例如,《南海各方行为宣言》第5条规定,有关各方承诺保持自我克制,不采取使争议复杂化、扩大化和影响和平与稳定的行动,包括不在现无人居住的岛、礁、滩、沙或其他自然构造上采取居住的行动,并以建设性的方式处理它们的分歧。

[2] 参见 http://www.dfdaily.com/html/51/2011/11/19/699790.shtml,2011年11月19日访问。

的,因为如果在各方间未达成足够的互信和共识,要想制定具有法律拘束力的文件是比较困难的。可以预见,在制定南海行为准则时遇到的难题之一在于如何处理他国已抢占或非法控制的原属于我国的岛礁行为及资源开发活动的法律属性,即这些行为或活动是无效、冻结,还是其他,对此各方会产生严重的对立和分歧。因此,即使中国与东盟各国就制定"南海行为准则"达成共识,而要最终签订具有法律拘束力的文件的任务仍很艰巨。

另外,鉴于《联合国海洋法公约》有关大陆架制度要求,即成为缔约国的沿海国应于2009年5月13日前向大陆架界限委员会提交国家200海里外大陆架划界案,致使南海问题争议再次升级;同时,2009年以来美国"重返亚太战略"或"亚太再平衡战略"的出台及部署,加剧了地区热点问题的爆发,也使诸如南海问题那样的争议的解决更为困难。一个重要的现象为,东盟某些国家强化了对南海诸岛的所谓管辖和管理,具体表现为制定国内法,"强化"对岛屿的"主权宣示",以符合大陆架界限委员会的审核条件并作出建议的"要求"。例如,2009年2月17日,菲律宾国会通过了领海基线法案;3月10日,菲律宾通过第9522号共和国法案《领海基线法》,将中国的黄岩岛和南沙部分岛礁划为菲律宾领土。2009年3月5日,马来西亚总理登陆南沙群岛的弹丸礁,宣示对该礁及其附近海域的"主权"。2009年5月6日,越南和马来西亚提交联合划界案;2009年5月7日,越南针对南海的划界案。2012年4月,中菲黄岩岛对峙事件;2012年,越南海洋法的制定。此后经过各方努力,制定了延缓南海问题争议的双边及区域性文件,例如,2011年10月11日,《关于指导解决中国和越南海上问题基本原则协议》;2011年10月15日,《中越联合声明》;2011年7月20日,中国与东盟就落实《宣言》指导方针达成一致(即落实《宣言》指导方针,2011年7月21日,中国-东盟外长会议通过)。[①] 这些成果为推动落实《宣言》进程,包括协商南海行为准则,推进南海务实合作铺平了道路,提供了保障。

在上述文件中,尤其是中国-东盟落实《宣言》指导方针,旨在指导落实《宣言》框架下可能开展的共同合作活动、措施和项目。其内容:(1) 依据《宣言》条款,以循序渐进的方式进行;(2) 各方将根据《宣言》的精神,继续推动对话和磋商;(3) 落实《宣言》框架下的活动或项目应明确确定;(4) 参与活动或项目应建立在自愿的基础上;(5)《宣言》范围内最初开展的活动应是建立信任措施;

---

① 中国与东盟落实南海各方行为宣言指导方针内容,参见 http://www.mfa.gov.cn/chn/gxh/tyb/wjbxw/t844329.htm,2011年8月2日访问。

(6)应在有关各方共识的基础上决定实施《宣言》的具体措施或活动,并迈向最终制订南海行为准则;(7)在落实《宣言》框架下达成共识的合作项目时,如有需要,将请专家和名人为有关项目提供协助;(8)每年向中国-东盟外长会报告《宣言》范围内达成共识的合作活动或项目的实施进展情况。

此后,由于2012年第45届东盟外长会议无法汇聚共识提出联合宣言,印度尼西亚便开始以区域大国的身份,由总统委派印度尼西亚外长出使东盟各成员国,在36小时内积极协商,并凝聚东盟的共同立场与利益。在印度尼西亚外长积极从事外交斡旋的努力下,其与柬埔寨外长在2012年7月20日针对南海问题的后续发展提出了"东盟南海六项原则"(ASEAN's Six-point Principles on the South China Sea),强调:(1)全面落实《宣言》及其有关声明;(2)落实《宣言》后续行动指针;(3)尽快达成"南海行为准则";(4)全面遵守包括《联合国海洋法公约》在内的被国际社会广泛认可的国际法;(5)各方继续保持克制,不使用武力;(6)依据《联合国海洋法公约》在内的、被国际社会广泛认可的国际法和平解决有关争议。[1]

2012年8月3日,美国国务院代理副发言人帕特里克·文特瑞尔(Patrick Ventrell)就南海问题发表声明。[2] 美国针对南海问题的声明指责中国进一步加剧南海地区紧张局势。主要内容为:(1)美国对南海局势紧张升级表示关切,正在对形势发展密切跟踪;近来局势发展中对抗性言论、资源开发分歧、胁迫性经济行动,包括使用障碍物阻止进入黄岩岛周边事件不断升级,特别是中国提升三沙市行政级别,在南海有争议地区建立一个新的警备区之举有违通过外交合作解决分歧,进一步加剧地区紧张局势升级风险。(2)美国在南海领土争端中不选边站队,也没有领土野心,但美国相信该地区国家应通过合作及外交努力解决分歧,而不应强迫、恫吓、威胁和使用武力。(3)为建立和平解决分歧的清晰程序规则,美国鼓励东盟国家和中国就最终完成南海行为准则取得有意义的进展,同时,美国支持东盟最近就南海问题达成的六点原则。

对此,中国外交部发言人秦刚就美国国务院发表所谓南海问题声明阐明了中方严正立场,指出,美国的所谓南海问题声明,罔顾事实,混淆是非,发出了严重错误信号,无助于有关各方维护南海乃至亚太地区和平稳定的努力;中方对此表示强烈不满和坚决反对。具体内容为:

---

[1] 参见《东盟外长发表关于南海问题六原则》,《文汇报》2012年7月21日,第4版。
[2] 美国南海问题声明内容,参见 http://www.state.gov/r/pa/prs/ps/2012/08/196022.htm,2012年8月8日访问。

第一,中国对南海诸岛及其附近海域拥有无可争辩的主权,历史事实清楚,包括1959年中国就设立了隶属广东省的西、南、中沙群岛办事处,对西沙、中沙和南沙群岛的岛礁及其海域进行行政管辖,这次设立三沙市是中国对现有有关地方行政管辖机构的必要调整,是中国主权范围内的事情。

第二,近20多年来,在中国和有关地区国家的共同努力下,保持了南海的和平稳定,航行自由和正常贸易得到充分保障,包括2002年中国与东盟国家共同签署的《宣言》,规定了利用和平方法直接由有关主权国家解决领土争议和管辖权争议,各方承诺不采取使争议复杂化、扩大化的行动,但个别国家再三破坏上述宣言的基本原则和精神,缺乏商谈"南海行为准则"的条件和气氛。

第三,美国对中国正常、合理之举的无端指责不能不使人们对美方的意图提出质疑……这种选择性视盲和发声有悖其所声称的对争议"不持立场""不介入"的态度,不利于地区国家的团结合作与和平稳定;美国应尊重中国的主权和领土完整,多做有利于亚太稳定繁荣的事,而不是相反。

在这种背景下,尤其在域外大国美国的参与下,中国针对制定"南海行为准则"的态度发生了变化。主要标志为中国同意与东盟就"南海行为准则"举行磋商。这是在中国与东盟就落实《宣言》第八次联合工作组会议后作出的决定。[①]为此,于2013年9月14—15日在中国苏州举行了中国-东盟联合工作组的第九次会议,各方同意遵循循序渐进、协商一致的磋商思路,从梳理共识开始,逐步扩大共识,缩小分歧,在全面有效落实《宣言》的过程中,继续稳步推进准则的进程,会议决定授权联合工作组就南海行为准则进行具体磋商,并同意采取步骤成立名人专家小组。[②] 这是值得祝贺的,体现了对南海问题的政策和国际法制度由功能化向规范化发展的趋势。[③]

可见,中国同意就南海行为准则开始磋商,对于南海问题向规范性方向发展,具有重大的意义,也可发挥中国的应有作用。

[①] 中国与东盟就落实《南海各方行为宣言》的第八次联合工作组会议于2013年5月29日在泰国曼谷举行。中国和东盟国家代表出席会议,会议表示愿意继续推进"南海行为准则"进程。参见《文汇报》2013年6月7日,第6版。

[②] 参见《中国海洋报》2013年9月17日,第1版。

[③] 所谓的南海问题的功能性,是指应合理地开发利用南海资源,尤其应加强在海洋低敏感或低层面领域的合作进程,以共享南海资源利益。所谓的南海问题的规范性,是指为合理地开发利用南海资源,应就制定诸如南海行为准则那样的具有法律拘束力的文件而共同努力,以规范各国的行为或活动,弥补包括南海各方行为宣言文件在内的制度性缺嵌,实现南海资源的有序开发和合理利用。参见金永明:《论南海资源开发的目标取向:功能性与规范性》,《海南大学学报(人文社会科学版)》2013年第4期,第5页。

三、南海问题的政策及国际法制度的发展(2013年)

如上所述,中国同意与东盟就南海行为准则开始正式磋商,是对南海问题国际法制度发展的重要贡献,对于规范各方在南海尤其在南沙群岛及其周边海域的行为或活动,有一定的拘束力,但对最终解决相关国家之间的领土争议问题,则只能规定原则性的条款,即相关国家之间针对南沙岛礁领土的主张不可轻易改变,在协商谈判解决领土主权问题时,也不会轻易地达成妥协,但南海行为准则对于延缓南海问题争议有积极的稳固作用,为此,在磋商制定南海行为准则的过程中,应注意以下问题及遵守以下几项原则:

第一,合理预期原则。制定南海行为准则涉及多方利益,需要有一个细致复杂的协调过程,以照顾各方的关切和利益,兼顾各方的舒适度和可接受度。南沙岛礁领土争议问题,依然需在声索国间通过直接的对话和谈判协商解决。任何试图利用其他方法包括利用法律或司法方法解决,存在一定的难度,存在曲折性。

第二,遵守协商一致原则。制定南海行为准则应继承包括《宣言》在内的原则和精神,寻求最广泛的共识,努力达成协商一致,不应把个别国家或几个国家的意志强加给其他国家,确保制度实施的有效性和稳定性。

第三,排除干扰原则。尽管各方均表示愿意继续推进南海行为准则进程,但仍未能就制定具有法律拘束力的文件内容达成一致,主要原因之一是受到了东盟内部某些国家及其他外部国家的干扰,所以,各方和其他国家应多做有利于推进南海行为准则进程的事,确保推进其进程的条件和环境。

第四,遵循循序渐进原则。南海问题争议十分复杂和敏感,不可能一蹴而就并一次性地最终解决,需要在坚持先前相关政策与制度原则和精神的基础上进行广泛而持续的努力,实现阶段性的突破,特别需要坚持先易后难、循序渐进的原则。当然,这些原则均符合国际法尤其是与南海问题有关的政策和国际法制度规范,必须坚持。

当前的任务之一是,应加强双边层面的合作进程,尤其应强化海洋低敏感领域的合作,推进区域合作步伐,包括制定和实施南海区域海洋领域合作制度,而其基础或前提是增进互信,尤其是巩固政治互信。

2013年10月8日,在印度尼西亚巴厘岛签署了《中国—东盟面向和平与繁荣的战略伙伴关系联合宣言》。其指出,我们强调共同维护南海和平稳定,确保海上安全,维护航行自由,将继续加强落实《宣言》,保持定期磋商,朝着《宣言》所确定的达成南海行为准则的目标而努力,以加强互信,维护地区和平、稳定和繁荣。2013年10月10日,中国李克强总理在第16次东盟与中日韩领导人会议上的讲话指出,我们愿积极探讨签署中国-东盟国家睦邻友好合作条约,遵守《宣言》精神,积极稳妥推进南海行为准则,妥善应对和处理地区热点敏感问题,避免其复杂化、扩大化。中方将考虑建立东亚海洋合作平台。中国将与东盟携手建设更为紧密的中国-东盟命运共同体;发展海上合作伙伴关系,推动海洋经济尤其是渔业、海上互联互通、海上环保和科研、海上搜救等领域务实合作,共同建设21世纪"海上丝绸之路"。这些具体的政策和制度性倡议均是积极推动南海问题争议解决的有效途径和方法。

在双边层面上,2013年10月15日,《新时期深化中越全面战略合作的联合声明》指出,双方同意继续推进在海洋环保、海洋科研、海上搜救、防灾减灾、海上互联互通等领域合作。双方同意切实管控好海上分歧,不采取使争端复杂化、扩大化的行动,用好两国外交部海上危机管控热线、两国农业部门海上渔业活动突发事件联系热线,及时、妥善处理出现的问题,同时继续积极探讨管控危机的有效措施,维护中越关系大局以及南海和平稳定。双方一致同意,全面有效落实《宣言》,增进互信,推动合作,共同维护南海和平与稳定,按照《宣言》的原则和精神,在协商一致的基础上朝着制定南海行为准则而努力。

这些针对南海问题的政治性文件,为增进互信具有重要的保障作用,也为延缓和合作处理南海问题提供了重要基础和保障,值得推进和具体落实。

总之,中国的发展已成为不可阻挡的历史潮流,如何让中国在南海问题的处理上发挥重大的作用,是各国所期待的。中国应以处理南海问题争议包括制定南海行为准则为契机,提供更多的公共产品,发挥大国的责任,为树立海洋秩序和海洋安全新理念,确立公正合理的海洋文化和价值观,是应持续努力的方向和重大任务。

四、结　语

以上规范南海问题的政策和国际法制度,包括双边、区域层面的交替递进,以及其蕴涵的原则和精神的一致性,无疑为解决南海问题争议提供了重要的条件和基础。为此,我们必须切实贯彻和具体落实,为维护南海区域的和平、稳定与发展,增进合作,共享南海资源利益作出贡献。由于南海问题争议复杂、敏感,不可能在短期内解决,故应考虑延缓南海问题争议的途径和方法,主要的目标取向为：实现海洋低敏感领域功能性和各方行为或活动的规范性的协调统一，为最终解决南海问题争议提供基础性的条件和保障，实现共享南海资源利益和维护海洋权利相统一的目标，为人类造福。同时，我国应以制定南海行为准则为契机，积极加快充实国家海洋体制机制步伐，包括进一步完善海洋法律制度，以维护我国领土主权和海洋利益，为实现海洋强国战略目标提供保障。

中美在专属经济区内军事活动争议的海洋法剖析

近期,南海问题已成为国际社会关注的热点问题,并有进一步扩大的趋势。南海问题的显现,一方面,起源于某些国家单方面的行为和做法,包括加大资源开发力度,侵占南沙部分岛礁,拆除我国在南沙岛礁的界牌和主权标志,试图以武力"保卫"南海权益等;另一方面,域外大国表面坚持的所谓航行自由与安全,不断在南海区域举行联合军事演习,参与争端解决等,也使南海问题进一步升级。换言之,在南海,蕴涵着两种类型的法律争议。一是中国与东盟某些国家之间的岛礁主权归属争议及海域划界争议(领土归属争议)。二是中国与美国在专属经济区内的军事活动(军事测量活动和联合军事演习等)之间的争议。美国表面上说要维护南海周边海域的航行自由和通道安全,实质上是为了坚持所谓的在专属经济区内的军事活动自由。

鉴于南海问题法律争议的内涵与对象不同,应根据不同的类型,采取不同的路径予以解决。对于与东盟某些国家(越南、菲律宾等国)之间的领土归属争议,应与相关国家展开协商谈判,利用国际法和区域制度予以解决;对于与美国之间的军事活动争议,应考察《联合国海洋法公约》(简称《公约》)的制度性规范,包括根据专属经济区制度达成共识,通过双边对话(中美海上安全、中美亚太事务磋商机制等)协商解决。依据国际法,包括《联合国宪章》《公约》《南海各方行为宣言》等在内的国际制度和原则,和平解决在南海的法律争议问题,是应该坚持的原则和努力的方向。本文依据海洋法制度,主要论述中美在专属经济区内军事活动方面的争议。

一、军事测量活动是否属于海洋科学研究

在南海,中美之间的重要冲突体现在:其一,专属经济区内的军事测量活动

应事前得到沿海国的同意还是可以自由使用;其二,专属经济区上空的情报收集活动、专属经济区内的军事演习活动,是否应得到沿海国的同意还是可以自由使用。现依据国际海洋法,以军事测量活动和军事演习为例,分析其内涵。由于《公约》中并未出现军事测量活动的术语,笔者只能从海洋和平利用和海洋科学研究的角度进行论述。

(一) 海洋的和平利用

事实上,海洋和平利用术语,在1958年的"日内瓦海洋法四公约"中并未出现。[①] 即使在《南极条约》《月球条约》《海底无核化条约》及联大决议等中"和平"用语被使用,成为人类在共同空间方面讨论国际管理的关键语言,但"和平利用"的概念也未在这些条约及决议中确立。[②]

在海洋法会议准备期间的海底和平利用委员会上,曾有国家及其代表就和平利用海洋的概念提出了方案。例如,在1973年的海洋法会议中,有国家代表提出了"国际海底应向所有国家开放……其利用应为和平目的所保留"的提案。[③] 该提案在海洋法会议中修改后被规定在《公约》第88条;[④] 又根据《公约》第58条第2款,和平利用海洋原则也应被用于专属经济区内。因为《公约》第58条第2款规定,第88—第115条以及其他国际法有关规则,只要与本部分不相抵触,均适用于专属经济区。尽管《公约》规定了和平利用海洋的原则,但并未规定具体的内容。其原因至少体现在以下两个方面:第一,当时美苏两国强烈要求尽量利用广阔的海洋空间,使沿海国的控制范围最小化,以获得共同的战略利益;第二,针对和平与军事利用的具体内容各国存在极大的分歧,这可从审议"海洋和平利用、和平与安全地带"议题的第4期(1976年)会议上得到证明。在这次会议上,有17个国家发表了意见,其可分为以下四种类型:[⑤]

第一种意见,主张海洋的完全非军事化和排除军事活动,代表性国家为厄瓜

[①] "日内瓦海洋法四公约"(1958年)为:《领海及毗连区公约》《公海公约》《捕鱼及养护公海生物资源公约》和《大陆架公约》。

[②] 例如,《南极条约》第1条第1款规定,南极应只用于和平目的;一切具有军事性质的措施,例如建立军事基地、建筑要塞、进行军事演习以及任何类型武器的试验等等,均予禁止。《月球条约》第4条第2款规定,各缔约国必须把月球和其他天体绝对用于和平目的;禁止在天体建立军事基地、设施和工事;禁止在天体试验任何类型的武器以及进行军事演习。

[③] UN Doc. A/AC.138/SC.II/L.27, art.18. *Report of the Committee on the Peaceful Uses of the Sea-bed and the Ocean Floor Beyond the Limits of National Jurisdiction* (1973), Vol.III, p.34.

[④] 《公约》第88条规定,公海应只用于和平目的。

[⑤] 参见[日]林司宣:《现代海洋法的成形与课题》,信山社2008年版,第206—207页。转引自 *Official Records of the Third United Nations Conference on the Law of the Sea*, Vol.V, pp.56-67.

多尔。

第二种意见,马达加斯加和菲律宾认为,禁止所有的军事活动是不能的,完全非军事化是不现实的,采取了反对的立场。

第三种意见,应仅对特定种类的军事活动加以禁止,马达加斯加和阿拉伯联合酋长国认为,在国际海域的演习、导弹试验和核试验等应加以禁止;伊朗和巴基斯坦主张,如果没有得到许可,在外国的专属经济区不能设置海上设施。

第四种意见,美苏认为,和平利用、和平地带、军事利用等问题超出了该次会议的范围,它们应属于处理减缩及管理军备等那样问题的会议上讨论的内容。特别是美国提出了如下警告:如果海洋法会议试图讨论这些复杂的问题,则只能让协商海洋法会议的努力尽快结束。同时美国认为,"和平利用"一般来说并没有禁止军事活动,以和平目的进行的军事活动是与《联合国宪章》和其他国际法相一致的。

根据上述情况,海洋法会议最后在《公约》中作出了第88条的规定。

另外,在20世纪80年代后期,一些发展中国家根据《联合国宪章》第2条第4款的内容,提出了要求在海洋法中增加不使用武力为一般原则的提案。该提案后又作为适用于所有海域的一般原则再次被提出,后经修正最终被规定在《公约》第301条。[①] 实际上,对此规定在国际社会存在以下解读:一般而言,在公海和专属经济区的军事活动并未被禁止。这种观点可从《公约》的规定中得到确认。例如,《公约》第58条第1款规定的在传统公海的航行和飞越自由等,也可在专属经济区内行使,军舰作为这些自由的一部分,习惯上可在公海进行演习、巡逻、监视等活动。这些自由也被1958年《公海公约》第2条作为公海自由得到确认。[②]

其实,在《公约》第19条第2款中,并没有将使用兵器的演习、发射和降落或接载军事装置、起落或接载飞机等认为是领海的无害通过;《公约》第30条规定,沿海国可要求不遵守沿海国关于通过领海的法律和规章的任何军舰立即离开领海,而在领海以外的海域不存在上述内容的规定;《公约》第95条(第58条第2款)规定,军舰在公海上有不受船旗国以外任何其他国家管辖的完全豁免权。另

[①] M. Nordquist (Editor-in-Chief), *United Nations Convention on the Law of the Sea 1982: A Commentary*, Vol.III (Dordrecht: M. Nijhoff, 1995), p.89. 例如,《公约》第301条规定,缔约国在根据本公约行使其权利和履行其义务时,应不对任何国家的领土完整或政治独立进行任何武力威胁或使用武力,或以任何其他与《联合国宪章》所载国际法原则不符的方式进行武力威胁或使用武力。

[②] M. Nordquist (Editor-in-Chief), *United Nations Convention on the Law of the Sea 1982: A Commentary*, Vol.V (Dordrecht: M. Nijhoff, 1989), pp.153-154.

外,《公约》第298条第1款规定,关于军事活动,包括从事非商业服务的政府船只和飞机的军事活动的争端,一国可以书面声明,不接受导致有拘束力裁判的强制程序规定的程序。

可见,《公约》尽管将和平利用海洋作为一般原则作出了规定,对于专属经济区内的军事活动问题,除与《联合国宪章》的使用或威胁使用武力外,一般并未加以禁止。但由于专属经济区是一种具有特殊法律地位的海域,也不是任何形态的活动抑或军事活动在这个区域均得以承认的,其受到一定程度的制约。这些制约,主要体现在以下两个方面:其一,应适当顾及沿海国的权利和义务,并应遵守沿海国的规定和其他法律及规章。例如,《公约》第58条第3款。问题是《公约》并未规定"适当顾及"的具体内容,因而成为争议的焦点。其二,应适用禁止滥用权利规定。例如,《公约》第300条规定,缔约国应诚意履行根据本公约承担的义务并应以不致构成滥用权利的方式,行使本公约所承认的权利、管辖权和自由。换言之,构成适用禁止滥用权利原则的基本要件为,滥用权利的结果是对他国造成损害。

尽管美国不是《公约》的缔约国,但诚意履行条约是一项国际法义务,且《公约》内的多数制度已成为习惯法规则,所以,美国也应遵守。例如,《维也纳条约法公约》第26条规定,凡有效之条约对其各当事国有拘束力,必须由各该国善意履行。

(二)海洋科学研究与军事活动关系问题

讨论军事活动问题的另一方面为分析与海洋科学研究之间的关系。至于海洋科学研究,《公约》第87条第1款第f项将海洋科学研究自由作为公海自由之一。但海洋科学研究活动在专属经济区内处于什么位置是一个很难确定的问题,与海洋科学研究相关的内容规定在《公约》的第13部分(第238—265条)。在这一部分,《公约》同样未对"海洋科学研究"作出定义。从相关条款可以看出,例如,《公约》第243条和第246条第3款规定,其应专为和平目的,增进关于海洋环境的科学知识及海洋研究并为全人类谋利益,内容包括研究海洋环境中发生的各种现象和变化过程的本质以及两者之间的关系。

另外,在《公约》第19条第2款第j项中,将各种海洋科学研究活动分为研究或测量活动,以及海洋科学研究和水文测量活动(《公约》第21条第1款第g项)两种。前者作为有害活动处理,后者作为无害活动处理。换言之,测量活动是作为有害活动处理的,而水文测量活动是作为无害活动处理的。同时,测量活动又是海洋科学研究的一部分,所以,在条款的规范与解释上就存在问题,造成不同的分歧和国家实践。一般而言,所谓的水文测量,是指为制作海图和航海安全而收集情报的活动,包括在比较浅的海域内收集水深、海底地形、海水流速、海波的状态、航行上的危险物等数据。[①] 但由于《公约》第 13 部分未涉及测量活动,所以测量活动应在第 13 部分的规定以外,即不应遵守《公约》第 13 部分的规定。在专属经济区内重要的问题是,军舰等进行水文测量活动以外的就海洋自然环境进行的科学调查活动,是否属于《公约》中的海洋科学研究活动的问题。

针对这个问题,美英等国认为,军舰等进行的调查活动不是以军事为目的,而是海洋科学研究,它不同于军事测量活动,因而不适用《公约》第 13 部分的规定。换言之,美英等国将军事测量活动与海洋科学研究活动分开处理,并坚持自由原则。而多数发展中国家将军事活动看作是全部的海洋科学研究活动的一部分,并认为,这些活动当然受到《公约》第 13 部分的规范。具体的制约为:海洋科学研究应专为和平目的而进行;海洋科学研究不应干扰海洋其他正当用途;通过适当途径以公布和传播的方式,提供关于拟议的主要方案及其目标的情报以及海洋科学研究所得的知识;在专属经济区内的海洋科学研究应得到沿海国的同意以及其他各种义务。[②]

而对于主要海军大国来说,军舰等的活动尤其无法接受测量活动结果公布义务和应事先得到沿海国的同意及相关义务等,同时为逃脱军事测量活动的《公约》第 13 部分的制约,一直坚持自由原则的立场。这也正是海洋法会议无法就军事测量活动达成妥协的主因,从而无法就相关问题作出规定。

总之,军事测量活动是否包含在海洋科学研究活动之内的问题,直接涉及相关国家的安全利益,又具有高度的政治性,所以在海洋法内解决的可能性不大,但作为现实问题又无法回避,为此只有在《公约》第 58 条第 3 款下,并根据特定活动的状况加以判断,即这些活动是否考虑了或适当顾及了沿海国的权利和义务,是否危及沿海国的安全。

二、军事演习活动是和平行为还是挑衅行为

一般来说,对于在他国的领海和专属经济区内的军事演习,我们只能就影响

---

① J. A. Roach and R. W. Smith, "Identification of Exessive Maritime Claims", *International Law Studies*, Vol. 66 (1994), p.248.
② 参见《公约》第 240 条第 1 款,第 3 款;第 244 条第 1 款;第 246—254 条。

我国的国防安全的可能性进行抗议;对于在我国专属经济区内的军事演习问题,我国应向演习国提出我国的关切,希望他们尊重我国在专属经济区内的权益,包括国防安全,并通过对话协商解决。

在军演前,实施国具有向相关国家通过外交渠道通报实施的时间和区域等内容的义务。现在的美国和他国间联合军演的规模和频度等,显然已超越一般军演范畴,且有明确的对象与非和平的意图,所以广受关注,特别是这些军演离我国管辖海域很近,带来的危害就更为深远。同时,它们今后还将继续这种类型的演习,尤其是这种体现军事实力、非和平解决的做法,严重违反当今国际关系中对话协商与合作的主流、争议和平解决的国际法原则,其受到谴责是理所当然的。换言之,使用或威胁使用武力的方法,不利于争议的解决,只会造成问题的严重化与解决的困难化。这就要求美国采取平等的态度,与相关国家之间进行磋商和协调,避免矛盾进一步升级甚至出现军备竞赛。

遗憾的是,在海洋法中,也不存在军事演习的概念或术语。尽管如此,也应结合海洋法中的其他条款予以考察。而一般意义上的军事演习,是指军队和舰队等通过模拟或设定实战状况而进行的军事训练活动;这种演习需在一定期间占有广阔的海域,并在演习期间将通常的诸如航行及渔业等活动的船只驱逐出该海域。国际社会规范军事演习的海洋法为《公海公约》(1958年制定,1962年生效)和《公约》(1982年制定,1994年生效)。《公海公约》第2条规定,公海自由除其他事项外,包括航行自由、捕鱼自由、铺设海底电缆和管道自由、公海上的飞行自由;所有国家在行使上述自由以及国际法一般原则所承认的其他自由时,应合理地照顾到其他国家行使公海自由的利益。《公约》第87条除规定上述公海的四项自由外,还增加了两项自由(建造国际法所容许的人工岛屿和其他设施的自由、科学研究的自由);并规定,所有国家在行使上述自由时须适当顾及其他国家行使公海自由的利益。

可见,《公海公约》和《公约》均对公海自由作了列举性的规定,在行使这些自由时要求行为国"合理照顾"或"适当顾及"其他国家行使公海自由的利益。所谓公海自由的原则,从历史上看只是为了保护人类的航行及渔业等利益,即其是为保护人类作为交通或生产手段利用海洋为目的而形成的原则。[1]

在公海的军事演习被认为是传统的公海自由之一。其理论依据为,海洋法

---

[1] 关于公海自由原则内容,参见《海洋法秩序与国际海洋法法庭》,http://www.mofa.go.jp/nofaj/press/wakaru/topics.vol61/index.html,2010年7月26日访问。

中不存在禁止军事演习的相关规定,所谓的在公海没有被禁止的行为,就是自由的。反之,也有学者认为,在公海的军事演习并不是自由的。首先,即使军事演习事实上在进行,但并没有形成其为公海自由的共识。其次,军事演习可能影响海域的资源甚至破坏海洋环境,就无法顾及其他国家行使公海自由的利益。再次,国际社会已存在对特定场所及形态禁止军事演习的条约,所以,军事演习不能作为公海自由之一。可见,针对公海的军事演习存在不同的观点,国际社会也缺乏相应的明确的规范,而事实上仍有不少国家继续在公海进行军事演习,并已成为惯例。为此,我们更应关注专属经济区内的军事演习问题。

对于专属经济区内的军事演习问题,国际社会存在三种观点。第一种观点认为,《公约》第58条原则上承认外国在他国的专属经济区内的军事演习,不需要沿海国的同意,即自由行为论,代表性国家为主要的海洋大国。第二种观点认为,是否承认军事演习应根据其行为的性质而定,即区别行为论,分为:诸如伴随发射鱼雷、射击舰炮等演习是禁止的;军事演习被解释为伴随军舰的活动,属于国际合法用途之一;像使用武器及爆炸物的演习,应事前与沿海国协商;对于一段时间内妨碍其他国家使用广阔海域的军事演习及导弹试验的合法性问题未定。第三种观点认为,伴随使用武器的演习等活动在《公约》中并未作出明确规定,即其是沿海国的权利还是利用国的权利未确定,所谓的未定行为论。可见,国际社会对军事演习问题存在不同的认识,因而存在不同甚至对立的国家实践。[①]

在《公约》的制定过程中,并未对军事演习问题进行讨论,所以,这里也只能从和平利用海洋的角度加以考察。与和平利用海洋有关的条款为《公约》第88条、第58条第2款和第301条,且如上所述,这些条款并未对"和平目的"作出定义,未能作出明确的界定。为此,对于专属经济区内的军事演习问题应根据其特征和性质进行具体分析,特别应结合专属经济区的立法宗旨与相关制度加以考察,并寻找对策。

专属经济区是一种介于领海与公海之间的特殊海域,有特殊的法律地位,这体现在国家对其的管辖权方面。例如,沿海国对专属经济区内自然资源有勘探和开发、养护和管理海床和底土及其上覆水域的自然资源为目的的主权权利,以及关于在该区从事经济性开发和勘探,如利用海水、海流和风力生产能源等其他活动的主

---

① 参见[日]林司宣:《现代海洋法的成形与课题》,信山社2008年版,第215—216页。

权权利;①同时,对海洋环境的保护和保全等具有管辖权。② 所以,针对他国在我国专属经济区内的军事演习问题,我们应具体分析军事演习活动的影响和性质。

由上可知,专属经济区制度蕴藏着最合适、有效地利用资源的思想,包括赋予沿海国对资源可行使主权权利,有采取合适的养护和管理资源的义务。为此,可分析军事演习活动是否给养护和管理资源、海洋环境等带来了影响,以证明利用国是否适当顾及了沿海国的权利和义务。

值得注意的是,在公海和专属经济区内,与军事活动有关的问题多具有政治属性,多数又属于军事机密,尤其是如上所述的军事大国、海洋大国在第三次联合国海洋法会议中尽力回避对军事活动问题(包括军事演习)作出明确规定的做法,致使一部分发展中国家争取专属经济区内的权利和利益最大化的努力受阻,从而在《公约》的相关条款中存在明显的缺陷,并出现了不同的解释和不同的国家实践。所以,对于军事演习问题,应根据各种军事演习的状态与性质,进行个案判断,特别应按照《公约》第58条第3款的规定予以判断。③

庆幸的是,对于专属经济区内未归属的权利和义务甚至发生冲突的情形下,可根据《公约》第59条的规定,应在公平的基础上参照一切有关情况,考虑到所涉及利益分别对各方和整个国际社会的重要性加以解决。该预备条款对于新时期的、具有高科技特点的军事演习问题来说,具有指导性的作用。

另外,由于军事活动争端可用书面声明方式,不接受《公约》的强制性程序。④所以,特别应在中美两国之间构筑信赖关系,具体可利用海上安全协商机制,包括缔结预防海上事故协定等条约,以防止海上争议问题的升级与恶化。⑤

总之,对于其他国家在我国专属经济区内的军事演习问题,我们应对的方法

---

① 参见《公约》第56条第1款。
② 参见《公约》第56条第款。
③ 《公约》第58条第3款规定,各国在专属经济区内根据本公约行使其权利和履行其义务时,应适当顾及沿海国的权利和义务,并应遵守沿海国按照本公约的规定和其他国际法规则所制定的与本部分不相抵触的法律和规章。
④ 参见《公约》第298条第1款。另外,我国于2006年8月25日依据《公约》第298条规定,向联合国秘书长提交了书面声明,即对于《公约》第298条第1款第(a)、(b)和(c)项所述的任何争端(即涉及海洋划界,领土争端,军事活动等争端),中国政府不接受公约第15部分第2节规定的任何国际司法或仲裁程序。参见《中国依〈联合国海洋法公约〉第298条提交排除性声明》,载《中国海洋法学评论》2007年第1期,第178页。可见,对于与中国之间存在的上述海洋问题争端,不适用国际司法或仲裁制度,将由相关国家通过政治方法解决。换言之,如果中国政府不撤回上述书面声明,则相关国家间对上述争端无法适用国际司法或仲裁程序。
⑤ 例如,美苏于1972年5月25日缔结的在公海及其上空预防事故的协定,对于确保海上安全发挥了很大的积极作用,此后,国际社会依此模型缔结了多个协定。因而,在南海为避免争议升级和恶化,缔结多边或双边预防海上事故协定就显得特别重要。参见[日]林司宣:《现代海洋法的成形与课题》,信山社2008年版,第228页。

是有限的,除上述通过双边会谈解决外,还可通过继续发表强烈的抗议和声明的方法,以逐步积累国家实践,使其成为硬法或习惯法。另外,作为缔约国可根据《公约》第 313 条的规定,利用简化程序提出修正案,以修改与军事演习有关的制度,使不是缔约国的美国处于尴尬的局面,造成对其的压力,并使与军事演习有关的制度尽早发展成为习惯法。但即使通过简化程序对《公约》提出修改案,由于修改程序要求极高,所以通过修正案的可能性极小。

三、军事活动争议的解决思路与我国的对策

鉴于中美在专属经济区内的军事活动存在严重的对立和分歧,为此,应考虑解决军事活动争议的思路,并提出具体的对策。

(一)中美军事活动争议解决思路

在南海,我国的大片海域已被多国划入他国的专属经济区,并且他国与欧美国家的跨国企业在大肆地开发南海资源,同时东盟的某些国家还时常非法地管制我国渔民的正常作业,并使其遭受不应有的待遇,南海丰富的油气资源和渔业资源成为各国竞相抢占和开发的目标。据中国地质部门预测,南海油气资源储量约达 420 亿吨,其中在南沙群岛附近海域的油气储量约达 350 亿吨。[①] 不仅如此,南海还是国际航行的重要通道,因为通过南沙海域的船舶总吨数相当于世界船舶总吨数的一半,其通航量为苏伊士运河的 2 倍、巴拿马运河的 3 倍。[②] 应该说,维护南海特别是南沙群岛周边海域的和平与稳定,是符合包括美国在内的各国的共同利益的。特别是对于经济快速发展的东南亚来说,对能源资源包括对海洋资源的需求将日益增加,所以必须合力确保该海域的通道运输安全。

美国在南海的利益主要体现在专属经济区内的军事测量活动及其上空的飞越方面,且与中国存在严重对立。例如,"无瑕"号军事测量活动和 EP-3 冲撞事件,就是因中美关于专属经济区内军事测量活动及侦察活动方面的分歧而引发的。对于专属经济区上空的飞机侦察活动,美国认为其属于公海自由中的飞越自由;中国认为其是非友好行为,这种侦察活动远远超越了飞越自由,是对权利的滥用,其他国家对海洋的利用须考虑沿海国的利益,并须被用于和平目的。同

---

① 参见赵理海:《海洋法问题研究》,北京大学出版社 1996 年版,第 23 页。
② 参见金永明:《中国应分层应对南海问题》,《东方早报》2010 年 7 月 29 日,第 A18 版。

样,对于在中国专属经济区内的军事测量活动问题,美国认为无须事先得到沿海国的同意,这种活动是自由的,因此它们的活动是合法的;中国认为,在专属经济区内的调查活动(不管是海洋科学研究还是军事测量活动),必须得到沿海国的同意,否则是非法的。对于收集情报的谍报活动,可以以损害沿海国的防务或安全(例如,《公约》第19条第2款第c项)为由加以反对。同时,由于其是海洋法会议期间未预测的一种活动,相关国家间可以根据《公约》第59条的规定解决。

中美在专属经济区内军事活动方面的认识和理解上的对立与分歧,可利用国际社会的力量,包括修改《公约》关于海洋科学研究方面的制度、增加军事活动方面的制度性规范,以及通过双边关于海上安全的机制磋商解决;而为预防海上事故,双方应努力构筑预防海上事故的联络和应急处理机制。

(二) 我国应对南海问题的对策建议

在国际、区域和双边关于海洋问题的制度无法创设或修改完善的情形下,为应对和处理海洋问题包括南海问题,我国尤应以南海问题为契机,进一步完善国内相关海洋政策与法制。具体的对策建议,主要包括以下方面:

第一,在完善海洋政策方面。我国应明确在南海划出的断续线或U形线的法律地位与属性;公布关于南海问题的政策性立场文件;[①]制定和实施国家海洋发展战略及其规划。[②]

第二,在完善和修改法制方面。我国应公布在南海特别是南沙群岛的领海基线;[③]制定管理海洋问题的海洋基本法,包括设立国家海洋事务委员会等机构;

[①] 为进一步表明中国在联合国改革问题上的立场与态度,我国曾于2005年6月8日发布了《中国关于联合国改革问题的立场文件》。该文件的发布对于他国进一步理解我国针对联合国改革问题的立场与态度发挥了重要的作用,并深受国际社会的好评。相关内容参见侯放等:《新中国国际法60年》,上海社会科学院出版社2009年版,第93—94页。可见,我国存在发布关于联合国改革问题的立场文件那样的先例,为此,我国发布海洋问题的政策性立场文件是可能的。

[②] 第十一届全国人民代表大会第四次会议审查通过的《中国国民经济和社会发展第十二个五年规划纲要》第14章将"推进海洋经济发展"作为单章列出,明确指出,我国应坚持陆海统筹,制定和实施海洋发展战略,提高海洋开发、控制、综合管理能力。参见http://www.gov.cn/test/2011-03/16/content_1825941_4.htm,2011年3月22日访问。

[③] 我国政府曾于1996年5月15日作出了《中国政府关于中国领海基线的声明》,宣布了中国大陆领海的部分基线和西沙群岛的领海基线,但未公布南沙群岛的领海基线。由于上述声明规定,中国政府将再行宣布中国其余领海基线,所以我国政府宣布关于南沙群岛的领海基线是有法律基础的。但应协调好与台湾的关系,因为台湾地区行政管理机构于1999年2月10日公告的《第一批领海基线、领海及毗连区外界线》的文件中,针对南沙群岛的领海基线明确规定,在传统U形线内之南沙群岛全部岛礁均为我国领土,其领海基线采直线基线及正常基线混合基线法划定,有关基点名称、地理坐标及海图,另案公告。应该说,中国大陆与台湾地区通过沟通和协商,是能协调好关于南沙群岛领海基线问题的,因为中国大陆和台湾地区曾在钓鱼岛及其附属岛屿的领海基点问题上有默契和配合的先例。

制定海洋安全法；修改和完善相关法律规范，包括《专属经济区和大陆架法》《中国涉外海洋科学研究管理规定》等；制定海域巡航执法条例等。

第三，在两岸海洋问题（南海问题）合作方面。由于两岸针对海洋问题的政策与法律立场相近，且迄今已有海洋问题合作的实践，所以，两岸实施海洋问题合作是必要而可行的。笔者建议，两岸可先在海洋环境、海洋科研、海洋调查、海洋渔业、物资补给、海难救助、灾害预防和打击海盗等领域展开常态化合作，遵循先易后难、循序渐进的原则，具体路径可授权两会，缔结两岸关于海洋问题的合作框架协议，以共同保卫中华民族的海洋利益。

第四，在军事力量方面。在无法利用和平方法最终解决南海问题争议，且他国一再挑战我国的海洋权益，并超越底线，严重损害我国海洋权益时，我国应利用军事力量予以适度地反击，以坚定捍卫国家主权和领土完整。为此，我国应发展军事力量，同时为增进相互间的理解和信赖，也应积极参与国际海洋安全合作事务。

四、结　语

我国面临诸多的海洋问题，这些问题的解决需要海洋法的理论与制度支撑，但海洋法也不是万能的，且法律往往具有滞后性，所以在国际、区域和双边关于海洋问题的协定或制度无法修改和完善的情形下，进一步健全和完善相关国内海洋政策和法制就显得尤为重要。

针对南海问题，应采取措施避免南海问题国际化、复杂化、扩大化，为此，重要的是在最终解决南海问题争议前，应制定以"搁置争议、共同开发"为原则的低层次领域的合作协议或工作协议，并努力缔结具有法律拘束力的协定，以避免南海问题的恶化或升级。同时，应与美国就军事有关的问题展开对话和磋商，以增进互信，寻求理解和共识，避免误判和冲突，维护南海的和平与稳定，特别是确保南海航行安全和自由，以维护国际社会的共同利益。

尽管我国一直坚持用和平方法解决与海洋问题有关的争议，但在利用和平方法无法最终解决南海问题争议时，我们不排除适度地使用军事力量，同时应推进两岸间的海洋问题合作交流，以共同保卫中华民族的利益。

笔者认为，我国在海洋问题上的重要任务为，制定和实施国家海洋发展战略及其规划，近期特别应出台我国针对海洋问题包括南海问题的政策性立场文件，并加大宣传力度；同时，应采取有效措施，加强两岸海洋问题合作进程。

中国南海断续线的性质及
线内水域的法律地位

　　近来,南海问题已成为国际国内社会关注的重要议题,且有继续发展并恶化的趋势。南海问题的显现与升级有多种原因,其中《联合国海洋法公约》的生效、东盟一些国家非法强化对南海诸岛的抢占及加大资源开发力度,以及域外大国的参与和偏袒等,是促发南海问题进一步升级的重要原因。尤其是中国政府针对马来西亚和越南联合提交外大陆架划界案(2009年5月6日)、越南提交外大陆架划界案(2009年5月7日)后,于2009年5月7日向联合国秘书长提交的照会中的附图(中国南海断续线地图)行为,使多国对我国的南海断续线的含义或性质产生了质疑,并要求我国必须明确中国在南海的真实意图。[①] 鉴于中国政府迄今仍未公开明确中国南海断续线的含义,为此,本文将结合历史和法理,重点阐述中国南海断续线的含义,包括其性质及线内水域的法律地位及属性,以便为进一步延缓和解决南海问题争议作出微薄的学术贡献。

一、针对南海断续线含义的学说分析

　　一般而言,所谓的南海问题主要包括南沙岛礁领土争议和海域划界争议两种类型。前者是南海问题的主要争议,后者为南海问题的次要争议,但两者之间又紧密相连,不可分割。因为,国际法中存在"陆地支配海洋"的原则或理论,所以,只有在确定陆地领土归属以后,才可确定具体的海域,并解决相应的海域划

[①] 中国常驻联合国代表团于2009年5月7日向联合国秘书长提交就马来西亚和越南联合外大陆架划界案,以及越南单独外大陆架划界案的照会中指出,中国对南海诸岛及其附近海域拥有无可争辩的主权,并对相关海域及其海床和底土享有主权权利和管辖权(见附图);中国政府的这一一贯立场为国际社会所周知。参见《中国对有关国家大陆架划界案和初步信息致联合国秘书长的照会》,载国家海洋局海洋发展战略研究所课题组编:《中国海洋发展报告(2011)》,海洋出版社2011年版,第593—598页。

界争议问题。而在南海问题争议中,最核心的问题为中国南海断续线的性质,以及线内水域的法律地位问题。

(一)国内学者针对南海断续线含义的学说

鉴于中国在南海划出及在地图上标注断续线的重要性,中国学者对南海断续线含义的研究由来已久,中国大陆学者发表了很多富有见地的研究成果,[①]中国台湾学者也有许多可资参考的相关研究成果。[②] 这些研究成果无疑为本文的写作提供了很好的基础和借鉴。从上述成果并结合其他研究成果看,针对南海断续线的含义或性质的学说或观点,主要包括以下方面:

1. 历史性水域说

其认为,中国对于线内的岛、礁、沙、滩以及海域享有历史性权利,断续线内的整个海域是中国的历史性水域。代表性人物为中国台湾学者宋燕辉和俞剑鸿、赵国材教授。[③] 支持此说的理由为以下两个方面:第一,1948年标注南海断续线的地图公开出版后,没有受到任何抗议或反对;第二,断续线内水域为历史性水域,不违反《联合国海洋法公约》第47条第1款的规定。同时,此说也得到了台湾地区行政管理机构南海政策的支持,即其于1993年4月13日核定"南海政策纲领"时,宣示:"南沙群岛、西沙群岛、中沙群岛及东沙群岛,无论就历史、地理、国际法及事实,向为我国固有领土之一部分,其主权属于我国;南海历史性水

[①] 近年,中国大陆学者针对南海断续线含义的研究成果(期刊论文),主要包括李金明:《中国南海疆域研究的问题与前瞻》,《南洋问题研究》2001年第3期;李金明:《南海"9条断续线"及相关问题研究》,《中国边疆史地研究》2011年第2期;贾宇:《南海"断续线"的法律地位》,《中国边疆史地研究》2005年第2期;王勇智、宋军、韩雪双、薛桂芳:《关于南海断续线的综合探讨》,《中国海洋大学学报(社会科学版)》2008年第3期;李金明:《南海断续线的法律地位:历史性水域、疆域线、抑或岛屿归属线?》,《南洋问题研究》2010年第4期;李金明:《中国南海断续线:产生的背景及其效用》,《东南亚研究》2011年第1期;李金明:《国内外有关南海断续线法律地位的研究述评》,《南洋问题研究》2011年第2期;郭渊:《南海断续线的形成及其历史涵义的解析》,《浙江海洋学院学报(人文科学版)》2011年第3期;黄伟:《论中国在南海U形线内"其他海域"的历史性权利》,《中国海洋大学学报(社会科学版)》2011年第3期;管建强:《南海九断线的法律地位研究》,《国际观察》2012年第4期;邹克渊:《对南海U形线的若干法律思考》;刘楠来:《从国际海洋法看"U"形线的法律地位》;张海文:《南海的传统海疆线的演变》,载钟天祥、韩佳、任怀锋编:《南海问题研讨会论文集》(2002年),海南南海研究中心。

[②] 中国台湾学者针对南海断续线的研究成果,主要包括傅崑成:《南(中国)海法律地位之研究》,123资讯有限公司1995年版;王冠雄:《南海诸岛争端与渔业共同合作》,台北秀威资讯科技股份有限公司2002年版;俞赐宽:《我国南海U形线及线内水域之法律性质和地位》,海南南海研究中心编:《海南暨南海学术研讨会论文集》(2001年);赵国材:《从现行海洋法分析南沙群岛的主权争端》,《亚洲评论》1999年春夏号。

[③] 参见李金明:《国内外有关南海断续线法律地位的研究述评》,载《南洋问题研究》2011年第2期,第54—55页;刘楠来:《从国际海洋法看"U"形线的法律地位》,载钟天祥、韩佳、任怀锋编:《南海问题研讨会论文集》(2002年),海南南海研究中心,第51页。

域界线内之海域为我国管辖之海域,我国拥有一切权益。"①

2. 历史性权利说

其认为,中国在断续线内享有历史性权利,这些历史性权利包括对岛、礁、沙、滩等的主权,以及对线内内水以外海域和海底自然资源的主权权利,同时承认其他国家在断续线内海域的航行、飞越、铺设海底电缆和管道等自由的权利。代表性人物为潘石英、许森安教授。②

3. 海上疆域线说

其认为,南海断续线标出了我国在南海诸岛的领土主权范围,确认了我国至少从15世纪起就被列入中国版图的南海诸岛的海上疆界,在此界线内的岛屿及其附近海域,受我国的管辖和控制。即南海断续线可以被看作海上疆域线,中国对断续线内海域的底土、海床和上覆水域的生物与非生物资源享有历史性权利。代表性人物为赵理海、陈德恭、傅崐成教授。③

4. 岛屿归属线说

其认为,南海断续线内的南海诸岛及其附近海域归属中国,受中国的管辖和控制;而断续线内水域的法律地位则视线内岛礁或群岛的法律地位确定。代表性人物为高之国、李金明、刘楠来和俞赐宽教授。④

应该说,上述针对南海断续线含义的各种学说,基本反映了我国学者的学术观点,具有一定的代表性。他们的共同之处是,中国对南海断续线内的所有岛、礁、沙、滩等拥有主权,对南海诸岛附近海域也拥有主权;不同之处在于对南海断续线内水域的法律地位存在差异。

(二)国外学者针对南海断续线含义的观点

针对南海问题,国外学者多关注南海断续线的法律地位问题。例如,巴里·

---

① 参见陈荔彤:《国际海洋法论》,元照出版公司2008年版,第18页。
② 参见潘石英:《南沙群岛·石油政治·国际法》,香港经济导报出版社1996年版,第60—63页;许森安:《南海断续国界线的内涵》,载海南南海研究中心编:《21世纪的南海问题与前瞻研讨会论文选》(2000年),第80—82页。
③ 参见赵理海:《海洋法问题研究》,北京大学出版社1996年版,第37页;李金明:《国内外有关南海断续线法律地位的研究述评》,载《南洋问题研究》2011年第2期,第59页;傅崐成:《南(中国)海法律地位之研究》,台北123资讯有限公司1995年版,第204—205页。
④ 参见 Zhiguo Gao, "The South China Sea: From Conflict to Cooperation", *Ocean Development & International Law*, Vol. 25 (1994), p.136;李金明:《国内外有关南海断续线法律地位的研究述评》,载《南洋问题研究》2011年第2期,第61页;刘楠来:《从国际海洋法看"U"形线的法律地位》,载钟天祥、韩佳、任怀锋编:《南海问题研讨会论文集》(2002年),海南南海研究中心,第56页;俞赐宽:《我国南海U形线及线内水域之法律性质和地位》,载海南南海研究中心编:《海南暨南海学术研讨会论文集》(2001年),第427—439页。

维恩(Barry Wain)主张,如果中国仅主张对断续线内岛礁拥有主权,应删去九段线。哈西姆·贾拉尔(Hasyim Djalal)指出,这些断续线既无定义,又无坐标,故其合法性和准确位置不清楚,中国不能主张对断续线内的全部水域拥有主权。新加坡学者许通美(2011)认为,中国的主权主张不明确,如果南海断续线是岛屿归属线就同《联合国海洋法公约》一致,否则与该公约不一致。对于南沙岛礁能否拥有海域问题,Marius Gjetnes 认为,按照《联合国海洋法公约》第 121 条之规定,南海断续线内没有岛屿而只有岩礁,最多享有 12 海里领海。Robert Beckman(2011)则以《联合国海洋法公约》为基础尝试对南海进行划界,完全忽视南海断续线在海域划界中的法律地位。还有部分学者甚至认为南海断续线内存在公海海域、国际海底区域,等等。①

这些学者的上述观点,试图极力否定中国在南海诸岛的历史性权利,企图抹杀南海断续线的效力和地位,甚至采用片面解释《联合国海洋法公约》的制度和作用,最终目的是削减中国在南海诸岛尤其在南沙群岛的领土主权和海洋权益。应强调的是,他们的这些观点严重地违反了国际法中的重要原则——时际法。所谓的时际法(Intertemporal Law)的概念,是指对于古代的国际事件,应以"当时"的法律来评断其效力,而非适用"当前"(即争端发生时或审判时)的国际法。②

另外,在中国政府向联合国秘书长提交针对越南和马来西亚联合划界案的反对照会后,印度尼西亚于 2010 年 7 月 8 日向联合国秘书长发出了照会,就我国的上述照会(附带南海断续线地图)提出了反对意见,指出中国南海断续线"明确缺乏国际法基础""侵害了国际社会的合法利益"。具体来说,印度尼西亚认为,

---

① 参见 B. Wain, "Beijing Should Erase the U-shaped Line", *the Asian Wallstreet Journal*, May 2000, p.10; H. Djalal, "Spratly Dispute Needs Democratic Settlement", *The Jakarta Post*, January 1995, p.5; Zou Keyuan, "The Chinese Traditional Maritime Boundary Line in the South China Sea and Its Legal Consequences for the Resolution of the Dispute over the Spratly Islands", *IJMCL*, Vol. 14, 1999; M. Gjetnes, *The Legal Regime of Islands in the South China Sea*, 2000; M. Chemillier-Gendreau, "Sovereignty over the Paracel and Spratly Islands", *Kluwer Law International*, 2000; Zou Keyuan, "South China Sea Studies in China: Achievements, Constraints and Prospects", *SYBIL*, Vol. 11, 2007; Hong Seoung-yong, *Maritime Boundary Disputes, Settlement Processes, and the Law of the Sea*, Martinus Nijhoff Publishers, 2009。

② 时际法原是国内法中用以解决新旧法律在时间上的使用范围问题的概念,现今在解决国家间领土争端时已常被提及。1928 年在帕尔马斯岛仲裁案(Palmas Island Arbitration)中,仲裁人胡伯(Max Hubes)首次明确地将时际法适用于该案后,时际法一再被国际司法机关在领土争端案件中所援用。胡伯在适用时际法的过程中,在解决权利与法律变化的关系时,将权利的创设和权利的存续加以区分,从而推导出时际法原则所应包含的两个要素:第一,权利的创设必须依照与之同时的法律来判定;第二,权利的存续必须依照涉及该权利存在的关键时候的法律予以确定。第一要素的实质是"法律不溯及既往",这为国际法学者所普遍接受。依照第二要素,基于第一要素取得的权利,如果没有按照法律的演进予以相应的维护就有丧失的可能,尽管新的法律不能追溯地使其自始无效。参见王可菊:《时际法与领土的取得——基于解决领土争端中的理论与实践》,《太平洋学报》2012 年第 5 期,第 20—26 页。

中国南海断续线违反国际法,南沙任何岛礁均不能主张 200 海里专属经济区。[1] 为此,我们有必要考察中国拥有南海诸岛主权的历史以及南海断续线的形成过程。

二、中国南海断续线的形成过程

在论述南海断续线的形成之前,需考察中国对南海诸岛的主权。而中国拥有南海诸岛主权,是中国人民在长期的历史发展过程中,通过最早发现、最早命名、最早经营开发,并由历代中国政府行使连续不断的行政管辖的基础上逐步形成的。这一发展过程有充分、确凿的历史依据,国际社会也是长期承认的。[2] 这完全符合国际法。

(一)中国拥有对南海诸岛无可争辩的主权

从历史看,南海诸岛自古以来就是中国的一部分。东汉杨孚《异物志》载:"涨海崎头,水浅而多磁石,缴外大舟,锢以铁叶,值之多拔。"三国时期万震《南州异物志》记录了从马来半岛到中国的航程,其载:"东北行,极大崎头,出涨海,中浅而多磁石。"在此所指的"崎头"是我国古人对礁屿和浅滩的称呼;"涨海"是我国古代对南海最早的称谓;"涨海崎头"指南海诸岛的礁滩。可见,至少在东汉时期,我国人民就发现和命名了南海。

宋代开始以石塘、长沙等专用名称指称南海诸岛。石塘又称千里石塘、万里石塘;长沙又称千里长沙、万里长沙、万里长堤。其中,"石塘"多指南沙群岛,而"长沙"多指西沙群岛。同时,宋代已将南海诸岛列入"琼管"范围,即"千里长沙""万里石塘"属于当时广南西路琼州的管辖范围。可见,南海诸岛纳入中国版图已现端倪。[3]

至明清两代,中国政府继续将南海诸岛列入中国版图并置于广东省琼州府万州辖下,行使了有效管辖。此外,宋代起,南海诸岛及其附近海域成为水师巡航的重要领域。例如,宋太祖在开宝四年(公元 971 年)平定南汉刘鋹后,建立巡海水师,巡管范围即包括西沙群岛。此后,明清将南海诸岛及其附近海域视为所

---

[1] 参见孙国祥:《南海形势新发展与两岸合作的前景与挑战》,载中国南海研究院编:《海峡两岸南海问题学术研讨会——两岸视角下的南海新形势论文集》(2011 年),第 5 页。
[2] 参见李国强:《中国南海诸岛主权的形成及南海问题的由来》,《求是》2011 年第 15 期。
[3] 参见李国强:《中国南海诸岛主权的形成及南海问题的由来》,《求是》2011 年第 15 期。

辖之地,中国水师巡卫海防、行使管辖成为惯例。其中,明朝初年郑和七下西洋的任务之一是巡视南海诸岛,也就是国际法意义上的宣示主权。①

另外,我国渔民自明清以来就在西沙、南沙群岛上作业,在海南渔民保存的《更路簿》和《航海图》中,就记载西沙群岛和南沙群岛的俗用地名达34处和75处,且每处都详记更路和方向。这些记载表明,我国渔民对南沙群岛非常熟悉和不断经营开发南沙群岛的历史事实。②

晚清至近代以来,中国政府继承了历代南海范围的传统海疆观,一方面,抵御外来侵扰、维护南海主权权益,包括第二次世界大战后收复日本取代欧美列强势力侵占的南海诸岛,派出军舰、官员,将南海归入广东省管辖。对于这种行使主权的行为,当时的周边国家没有提出异议。另一方面,更值得一提的是,中国历代政府多次统计和公布南海诸岛的名称,并在地图上标记,即中国政府于1935年、1947年、1983年三次对南海诸岛予以了命名、核定和公布,从而使中国在南海诸岛的主权地位更加牢固。

中华人民共和国成立后,中国政府于1958年9月4日公布了《关于领海的声明》。中国政府宣布:中国的领海宽度为12海里;这项规定适用于中国的一切领土,包括中国大陆及其沿海岛屿,和同大陆及其沿海岛屿隔有公海的台湾及其周围各岛、澎湖列岛、东沙群岛、西沙群岛、中沙群岛、南沙群岛以及其他属于中国的岛屿。对此,1958年9月14日,越南政府总理范文同致函中国总理周恩来,代表越南民主共和国政府郑重表示:"越南民主共和国承认和赞同中国政府1958年9月4日关于领海决定的声明,并将指示负有职责的国家机关,凡在海面上和中国发生关系时,要严格遵守中国领海宽度为12海里的规定。"③范文同的信函表明,越南承认西沙群岛和南沙群岛属于中国。

对于菲律宾来说,在20世纪70年代以前,与菲律宾有关的任何法律文件(包括1898年《美西巴黎条约》、1900年《美西华盛顿条约》、1946年《美菲一般关系条约》、1961年6月17日菲律宾第3046号共和国法案《菲律宾领海基线订定法》、1968年9月18日菲律宾第5446号法案)在关于其领土范围的规定中,均没有提到南沙群岛属于菲律宾。20世纪70年代以后,菲律宾为侵占南沙群岛才开

---

① 参见郑海麟:《中国对南海诸岛的领有权不容挑衅》,http://www.psc.org.cn/cms/Article/ShowArticle.asp? ArticleID=580,2011年6月26日访问。
② 参见张良福:《中国与邻国海洋划界争端问题》,海洋出版社2006年版,第68—70页。
③ 参见《人民日报》1958年9月22日;转引自张良福:《中国与邻国海洋划界争端问题》,海洋出版社2006年版,第78—80页。

始修改关于其领土范围的提法或发布新的关于其领土范围的文件。[①]

此外,我国于 1992 年 2 月 25 日制定和实施的《领海及毗连区法》再次确认了对南海诸岛的主权。例如,《领海及毗连区法》第 2 条第 2 款规定,中国的陆地领土包括中国大陆及其沿海岛屿、台湾及其包括钓鱼岛在内的附属岛屿、澎湖列岛、东沙群岛、西沙群岛、中沙群岛、南沙群岛以及其他一切属于中国的岛屿。

可见,中国针对南海诸岛的主张是连续的、一贯的,中国拥有对南海诸岛无可争辩的主权,符合国际法领土要求。

(二) 东盟一些国家对南沙群岛拥有主权的论据无效

由于东盟国家中非法抢占我国南海诸岛最多的国家为越南和菲律宾,所以,现以越南和菲律宾针对南海诸岛(南沙群岛)的主张为例,予以分析。

1. 越南声称对南海诸岛拥有主权的主张分析

在南海周边国家中,越南是唯一对西沙群岛和整个南沙群岛声称拥有主权的国家。其主要依据为:

第一,历史上的"占有"。越南声称是历史上第一个占领、组织、控制和勘探南沙群岛的国家。其途径是先把中国的西沙和南沙群岛改名为"黄沙"和"长沙"群岛,然后将史书中有关黄沙和长沙的记载都说成是中国的西沙和南沙群岛,这样就成了其所说的"最先占领国家"。[②] 其实,越南历史图籍中的黄沙、长沙都是越南近海中的一些岛屿、沙滩,与我国所称的西沙、南沙群岛毫无关系。[③] 越南这种偷梁换柱、张冠李戴的做法,无法改变中国拥有对西沙、南沙群岛主权的事实。

第二,越南声称作为法国的继承国继承了南沙群岛的主权。第二次世界大战后法国并没有拥有南沙群岛,且没有文件证实法国与越南做过移交。即使按照法国的说法,南沙群岛并没有交给后来已被准许独立的越南;同时,北越政权接管了南越,而北越曾承认过中国拥有西沙群岛和南沙群岛的主权,且现在的越南政府是继承北越而不是继承南越,所以依据"禁止反言"原则,越南必须坚持原先的承认。[④] 换言之,越南声称拥有对西沙、南沙群岛的主权主张是

[①] 参见张良福:《中国与邻国海洋划界争端问题》,海洋出版社 2006 年版,第 80—81 页。
[②] 参见李金明:《南海领土争议的由来与现状》,《世界知识》2011 年第 12 期;转引自《新华月报》2011 年 7 月(上半月),第 67 页。
[③] 参见韩振华主编:《我国南海诸岛史料汇编》,东方出版社 1988 年版,第 15—22 页。
[④] 参见李金明:《南海领土争议的由来与现状》,《世界知识》2011 年第 12 期;转引自《新华月报》2011 年 7 月(上半月),第 67 页。

不能成立的。

2. 菲律宾声称对南沙部分岛礁拥有主权的论据分析

菲律宾对南沙群岛的部分岛礁提出声称,其依据为1978年6月11日菲律宾第1596号总统法令所言的:(1)南沙群岛对菲律宾的安全和经济命脉至关重要;(2)菲律宾与南沙群岛最邻近;(3)南沙群岛在法律上不属于任何国家,是无主地,如果有其他国家提出主权要求,这种要求已因放弃而失效。[①]

其实,菲律宾的上述理由均无法成立。首先,菲律宾不能以安全和经济利益为由,随意地对他国的领土提出主权要求,尽管菲律宾为维系社会发展对能源资源需求强烈,但也不许对他国领土主权提出挑战;否则将混乱国际领土归属问题,严重影响国际秩序。其次,邻近不是国际法取得领土的合理方式。最后,南沙群岛根本不是无主地。第二次世界大战后,中国政府已从日本收回了对南沙群岛的主权,并加强对其的管辖,包括在太平岛派海军驻守,且从未对其放弃。[②]所以,菲律宾针对南沙部分岛礁的权利主张是根本无法成立的,也无法改变其属于中国的历史事实。

可见,东盟一些国家针对南海诸岛的主张(包括先占、继承、邻接、放弃等),均无法改变长期以来中国对南海诸岛拥有主权的历史事实和法理依据。而在诸多的历史和法理依据中更为重要的是中国在南海公布的断续线。为此,以下分析中国南海断续线的成形及背景等内容。

(三)中国南海断续线的成形及其背景

中国历代政府强化对南海诸岛管理的方法之一为经过调查和勘探后,多次为南海诸岛予以命名并在地图上予以标记,最具代表性的成果为,中华民国政府内政部于1947年12月1日正式公布的"南海诸岛新旧名称对照表",共计159个小岛或礁屿;1948年2月内政部正式对外出版注明所有岛礁名称的"南海诸岛位置图",在其内正式划有一条U形断续线,将东沙群岛、西沙群岛、中沙群岛和南沙群岛均包括在内,并将最南端的曾母暗沙明确标出,位于北纬4度左右。这一

---

① 参见李金明:《南海争端与国际海洋法》,海洋出版社2003年版,第83—88页。
② 第二次世界大战后,中华民国政府收复日本占领南海诸岛的过程为:1946年9月2日,中华民国政府发布关于收复西沙南沙群岛的训令,经内政、外交和国防三部会商后,派出以海军为主的接收人员,顺利接收了西沙和南沙群岛,并分别竖立"太平岛""南沙群岛太平岛""南威岛""西月岛"等石碑,重申中国对南海诸岛的主权。以上内容,参见李国强:《中国南海诸岛主权的形成及南海问题的由来》,《求是》2011年第15期(2011年8月)。

U形断续线并不连贯,共分为11段。① 至此中国南海断续线形成。

笔者认为,中国政府在南海划出断续线的背景,主要包括以下方面:

第一,外国入侵所迫。1933年法国军舰入侵南海(南沙群岛)九小岛一事,对中国人造成重大震荡,朝野人士均认为南海诸岛主权之维护刻不容缓。1934年12月21日,由国民政府内政部召集参谋部、外交部、海军司令部、教育部、蒙藏委员会组成的"水陆地图审查委员会"召开第25次会议,审定南海各岛礁中英岛名,并公布"关于我国南海诸岛各岛屿中英地名对照表"。这是中国政府第一次对南海诸岛的"准标准化"命名,正式将南海诸岛分为4个部分:东沙群岛、西沙群岛、南沙群岛(今中沙群岛)和团沙群岛(亦称珊瑚群岛,今南沙群岛)。在表中列出了南海诸岛132个岛礁滩洲地名。1935年4月,水陆地图审查委员会出版《中国南海各岛屿图》,这是国民政府公开出版的具有官方性质的南海专项地图,图中较为详细地绘出了南海诸岛,并将南海最南端标绘在大约北纬4度的曾母滩。1947年12月1日,中国政府内政部重新审定东、西、中、南四沙群岛及其所属各岛礁沙滩名称,正式公布了"南海诸岛新旧地名对照表",其中东沙群岛3个、西沙群岛33个、中沙群岛29个、南沙群岛102个,合计167个岛礁沙滩洲;并在图中标绘了11段线,构成U形的断续线。1948年2月内政部公布《中华民国行政区域图》,其附图即"南海诸岛位置图"。②

换言之,中国南海U形线雏形产生于法国侵占南沙群岛九小岛之时;定形于抗日战争之后,法国再度侵占西沙群岛的珊瑚岛和南沙群岛的部分岛礁,以及菲律宾企图将群岛"合并于国防范围之内"的背景下采取的防患措施,目的是为了维护中国政府在南海诸岛的领土主权,并向世界公布中国政府在南海的管辖海域,即中国政府公布南海U形线的目的是为确定中国对西沙、南沙群岛的主权和管辖范围。③

第二,海洋形势所然。众所周知,1945年9月28日美国发布了《关于大陆架的底土和海床的自然资源的政策的第2667号公告》(简称《杜鲁门公告》,目的是

---

① 参见傅崐成:《南海的主权与矿床——历史与法律》,幼狮文化事业公司1981年版,第192—202页;又见傅崐成:《南(中国)海法律地位之研究》,123资讯有限公司1995年版,第2—3页;李金明:《南海争端与国际海洋法》,海洋出版社2003年版,第50—52页。
② 参见李国强:《中国南海诸岛主权的形成及南海问题的由来》,《求是》2011年第15期。在此应注意的是,对于1947年12月1日中国政府公布命名南海诸岛的数量,李国强教授的数量(167个)与傅崐成教授的数据(159个)不一。由于无法确定真实数量,所以只能如实注明,特此说明!
③ 参见李金明:《国内外有关南海断续线法律地位的研究述评》,《南洋问题研究》2011年第2期,第59页;又见李金明:《南海争端与国际海洋法》,海洋出版社2003年版,第52—53页。

建立排他性的资源保护区以及获取大陆架的利益。① 此后,特别是拉美国家纷纷采取更加激进的 200 海里专属经济利益海域政策,在这种背景下,中国政府采取了比较温和的政策,公布了以"中间线"方式划定的 U 形线,试图区隔其他南海周边国家与中国在海域上的权利和利益空间,并保障中国本身在此海域的"历史利益"。② 当然,中国政府在南海划出 U 形线的行为,并不是受《杜鲁门公告》影响的海洋圈地运动,也不是为了扩大在海域中的权利主张范围;③而是在《杜鲁门公告》的影响下,加速了中国政府公布南海 U 形线的步伐,目的是为了维护南海诸岛的领土主权和管辖范围,确保历史性权利,并向国际社会予以宣告。

那么,中国在南海划出断续线的作用及效果又如何呢? 为此,我们有必要分析中国南海断续线的性质及线内水域的法律地位。

三、中国南海断续线的性质及线内水域的法律地位

中华民国政府于 1947 年 12 月在地图上公布南海 U 形线后,被中华人民共和国所承继,即在地图上也基本沿袭以前的画法。1953 年经周恩来总理批准,去掉了北部湾内的 2 条,此后出版的中国地图均改为 9 段线,并运用至今。④ 鉴于中国南海 U 形线在南海问题争议中的地位和作用的重要性,所以,有必要考察中国南海断续线或 U 形线的性质及线内水域的法律地位。

(一) 中国南海断续线或 U 形线的性质

如上所述,针对中国南海 U 形线的含义或性质,国际社会存在多种学说或观点,主要为以下 4 种类型:历史性权利说、历史性水域说、海上疆域线说和岛屿归属线说。⑤ 在这些学说中,有的学说强调 U 形线内水域的地位是依据中国在南海的历史性的利益或权利而形成的,例如历史性权利说和历史性水域说;有的学

---

① 《杜鲁门公告》内容,参见北京大学法律系国际法教研室编:《海洋法资料汇编》,人民出版社 1974 年版,第 386—387 页。
② 参见傅崐成:《南(中国)海法律地位之研究》,123 资讯有限公司 1995 年版,第 43—44 页。
③ 参见李金明:《国内外有关南海断续线法律地位的研究述评》,《南洋问题研究》2011 年第 2 期,第 59 页。
④ 参见邹克渊:《对南海 U 形线的若干法律思考》,载海南南海研究中心编:《南海问题研讨会论文集》(2002 年),第 27—28 页;转引自许森安:《南海断续国界线的内涵》,载海南南海研究中心编:《21 世纪的南海:问题与前瞻研讨会文选》(2000 年),第 83 页。
⑤ 有关国际社会针对中国南海 U 形线的争论及观点内容,参见李金明:《国内外有关南海断续线法律地位的研究述评》,《南洋问题研究》2011 年第 2 期,第 54—62 页。

说强调南海 U 形线本身的法律地位,例如海上疆域线说和岛屿归属线说,并在此基础上说明断续线的性质。

实际上,南海 U 形线本身的性质与 U 形线内水域的法律地位及属性是不同的两个方面,但它们又紧密关联,不可分割。一般而言,如上所述,只有在确立南海诸岛的领土尤其是南沙岛礁的主权归属后,才可以确定南海 U 形线内水域或海域的法律地位和属性,因为"陆地支配海洋"是国际海洋法的基本原则或理论。

应该说历史性权利说、历史性水域说,强调了中国南海 U 形线的特殊属性,尤其是历史上的权利,包括捕鱼权、航行权和测量权等,这是我国依据 U 形线在南海获取最大利益的重要因素,切不可放弃,但这些学说在证明中国于 U 形线内水域有效行使或持续行使过排他性的权利方面,存在缺陷。尽管国际社会并不存在明确界定历史性权利和历史性水域的概念,但学者多认为,由于历史性权利与国际法领土取得有关,所以必须具备以下三个要件:有效管辖、长时间管辖和其他国家的默认。即沿海国对该海域明显、有效、持续地行使主权并超过一定的实际时期,且得到国际社会的默认。[①]

换言之,主张基于历史性权利下的"历史性水域"至少要说明对该海域一直实施有效管辖且未曾中断的事实。对此,我国的理由未必成熟,难以得到国际社会的承认。

第一,从我国划定 U 形线至今,中国大陆和台湾行使的主权均仅限于各自有效控制岛屿的周边海域,对 U 线内水域未曾行使过任何公开及有效的主权行为。

第二,如上所述,虽然台湾地区行政管理机构于 1993 年 4 月 13 日在"南海政策纲领"中曾宣示:"南海历史性水域界线内之海域为我国管辖之海域";1999 年 2 月 10 日公告的"第一批领海基线、领海及邻接区外界线"表中提及"在我国传统 U 形线内之南沙群岛全部岛礁均为我国领土,其领海基线采直线基线及正常基线混合基线法划定,有关基点名称、地理坐标及海图另案公告"。但对于 U 线内水域是否为历史性水域,则无特别论及。同时,尽管 1998 年 6 月《中国专属经济区和大陆架法》第 14 条规定:"本法的规定不影响中国享有的历史性权利",但也

[①] 参见 L. H. Bouchez, *The Regime of Bays in International Law*, Maritime Nijhoff, The Hugue, 1964, p.281; S. B. Kaye, "Territorial Sea Baselines along Ice-Covered Coasts: International Practice and Limits of the Law of the Sea", *Ocean Development & International Law*, Vol. 1 (2004), p.90;俞赐宽:《我国南海 U 形线及线内水域之法律性质和地位》,载海南南海研究中心编:《海南暨南海学术研讨会论文集》(2001 年),第 427—439 页。此外,对于基于历史性权利的历史性水域,须具备以下三个要素的其他表述为:第一,沿岸国必须公开地主张该水体在其主权管辖范围之内,并行使主权;第二,沿岸国家必须长期有效地行使其主权;第三,行使主权必须是和平及持续的,并获得外国的知悉与默认。参见傅崐成:《海洋法专题研究》,厦门大学出版社 2004 年版,第 326—328 页。

没有作出具体的说明。

第三,在历次海洋法会议中,中国大陆和台湾从未对 U 线内水域提出过任何宣示。同时,印度尼西亚前驻德大使哈西姆·贾拉尔(Hasjim Djalal)及马来西亚海洋事务协会领导人 Ben Ahmed Hamzah 在我国提出主张后的历次"南海会议"上对该 U 形线之法律地位提出质疑和反对,所以,就构成"历史性权利"上的"时间要素"而言,过于短暂,且邻国反对,并未满足第三国"默示同意"的要件。[①]

对于海上疆域线说,由于构成国家领土的疆域是专属的,而中国从未将 U 形线内水域作为国家领土看待,也从未对外国船只在 U 形线内水域的自由航行提过抗议,海上疆域说也不能成立。

综上,对于南海 U 形线的法律地位,比较容易接受的学说为岛屿归属线说,即南海 U 形线最基本的性质或法律地位为岛屿归属线。换言之,南海诸岛内的所有岛礁沙滩洲均属于中国。南海 U 形线的岛屿归属线说,既符合国民政府内政部当年决定标绘 U 形线的原意和中华人民共和国成立后中国政府采取的一贯立场,也符合海洋法的相关制度规范。[②]

可见,我国在南海的断续线无法主张历史性水域线、历史性权利线及海上疆域线,而从法律含义和政策制度看,主张南海断续线为岛屿归属线比较合适,但问题是岛屿归属线无法满足我国长期以来拥有对南海诸岛的权利和管辖权,特别无法体现我国在南海诸岛尤其在南沙群岛的传统性权利及无法确保对诸如曾母暗沙之类领土的相关海域。所以,笔者认为,我国南海断续线的性质应为岛屿归属及资源管辖线。其基本内涵为:第一,断续线内所有岛礁沙滩洲的主权属于中国;第二,中国可选择部分南沙群岛采用直线基线划定群岛水域,但在群岛水域内应不妨碍其他国家的过境通行权;第三,中国对南沙群岛内的上覆水域、海床及其底土等自然资源享有主权权利,至于海域的范围,应根据海洋法制度和基于历史性权利下的水域确定,以体现对资源的管辖;第四,在中国内水以外的海域,其他国家继续享有航行、飞越、铺设海底电缆和管道的自由,以及与这些自由有关的海洋其他国际合法用途。[③] 针对南海断续线的这种定性,具体反映在南海断续线内水域的法律地位和属性方面。

---

① 参见魏静芬:《海洋法》,五南图书出版股份有限公司 2008 年版,第 331—332 页。
② 参见刘楠来:《从国际海洋法看"U"形线的法律地位》,载钟天祥、韩佳、任怀锋编:《南海问题研讨会论文集》(2002 年),海南南海研究中心,第 56 页。
③ 参见周忠海:《论海洋法中的"历史性所有权"》,载钟天祥、韩佳、云山、苏燕编译:《中外南海研究论文选编》(2001 年),海南南海研究中心,第 120—121 页。

(二) 南海断续线或 U 形线内水域的法律地位及属性

由于《联合国海洋法公约》(简称《公约》)内的多数制度已成为习惯国际法，所以，针对南海 U 形线内水域的法律地位及属性对照《公约》内的海域制度进行定性是比较合理的。这也符合作为《公约》缔约国的我国应遵守《公约》制度规范的要求。

首先，线内水域不是内水。因为中国政府从未表明线内水域为内水；中国政府从未反对其他国家在该线内水域船舶之自由航行。

其次，线内水域不是领海。中国《关于领海的声明》第 1 款指出，中国的领海宽度为 12 海里，其适用于中国的一切领土，包括中国大陆及其沿海岛屿，和……台湾及其周围各岛、澎湖列岛、东沙群岛、西沙群岛、中沙群岛、南沙群岛以及其他属于中国的岛屿；第 2 款指出，中国大陆及其沿海岛屿的领海以连接大陆岸上和沿海岸外缘岛屿上各基点之间的各直线为基线，从基线向外延伸 12 海里的水域是中国的领海。同时，中国《领海及毗连区法》第 3 条第 1 款规定，中国领海的宽度从领海基线量起为 12 海里。可见，只有在距离南海诸岛基线外 12 海里之内的带状水域，才是中国的领海，其他 U 形线内广大的水域，均非领海。

最后，线内水域也不是公海。如果 U 形线内之水域，除各岛礁四周 12 海里宽之领海外，都是公海的话，则中国政府就没有必要在 1947 年公布的"南海诸岛位置图"中划出 U 形线。鉴于 U 形线公布的目的是确定中国在南海诸岛的主权和管辖范围，所以，U 形线内水域必然与 U 线外水域不同，它不可能是公海。当然，依据中国政府《关于领海的声明》第 1 款的内容，可能在南海存在少量的公海。

笔者认为，对于断续线或 U 形线内水域的法律地位和属性，可以在岛屿归属线的基础上，依据《公约》规范的制度确定领海、毗连区和专属经济区范围，然后再考虑中国对南海诸岛的历史性权利或要素，以确定南海 U 形线内剩余水域或海域的法律地位及属性。换言之，断续线内部分水域是依据中国对南海诸岛的历史性权利而确定的，是一种具有历史性权利的特殊水域。也就是说，断续线内水域具有两种类型，并因来源不同而具有不同的性质，且两种类型的水域并不矛盾，可平行存在。

第一类为海洋法制度下的水域。即依据《公约》确立的海域，包括领海、毗连区和专属经济区等。考虑到南海诸岛的特殊性，存在多数的礁、滩、沙和洲等，所以，能否在南沙群岛以直线基线划出两三块群岛水域，实施群岛水域制度，是中国面临的挑战。因为,根据《公约》群岛国制度第 46 条的规定,所谓的"群岛"是指一群岛屿,包括若干岛屿的若干部分、相连的水域和其他自然地形,彼此密切相关,以致这种岛屿、水域和其他自然地形在本质上构成一个地理、经济和政治的实体,或在历史上已被视为这种实体。所以,中国需证明构成群岛水域的要件。中国政府《关于领海基线的声明》(1996 年 5 月 15 日)宣布西沙群岛领海基线的直线连线,为我国继续在南沙群岛利用直线基线宣布其基线提供了基础。[①]

从《公约》群岛国制度尤其是第 47 条第 1 款的规定来看,似乎排除了不属于"群岛国"的"洋中群岛"适用直线基线或群岛基线的可能性。[②] 但法律中存在对于相同的客体应适用相同标准的法律制度的理论,即无论它们是"群岛国"的"洋中群岛"还是非群岛国的"洋中群岛",均应适用相同的法律制度。因为它们均是构成国家领土不可分割的一部分,其政治、经济、安全等方面的地位及作用是相同的。同时,《公约》中也没有对非群岛国的"洋中群岛"的基线如何划定作出明确规定。

另外,从海洋法具体法律制度的形成及各国海洋立法实践看,任何国家无不针对本国之特殊情况,从最大限度维护其海洋利益出发,往往作出最有利及可行的选择与决策。所以,中国依据群岛基线在南沙群岛部分海域适用群岛水域制度是可行的,且他国有适用此制度的具体实践。例如,厄瓜多尔的加拉帕戈斯群岛(Galapagos Islands)、丹麦的费罗群岛(Faeroe Islands)、挪威的斯瓦巴德群岛(Svalbard Islands)、印度的安达曼·尼科巴群岛(Andaman & Nicobar Islands)及卡拉威普群岛(Lakshaweep Islands)、密克罗尼西亚群岛(Micronesia)。[③] 换言之,只要我国持续坚持此立场,则我国在南沙群岛部分海域适用群岛水域制度是可能的。

第二类为基于历史性权利下的特殊水域。在依据《公约》确立第一类海域后,中国可依据历史性权利在剩余的海域主张特殊水域。中国将南海的剩余水域主张为特殊水域的国内法主要基础为《专属经济区和大陆架法》第 14 条、《海洋环境保护法》第 2 条。[④]

[①] 例如,我国《领海及毗连区法》第 3 条第 2 款规定,中国领海基线采用直线基线法划定,由各相邻基点之间的直线连线组成;中国政府《关于领海基线的声明》规定,中国政府将再行宣布中国其余领海基线。
[②] 《公约》第 47 条第 1 款规定,群岛国可划定连接群岛最外线各点和各干礁的最外缘各点的直线群岛基线。
[③] 参见魏静芬:《海洋法》,五南图书出版股份有限公司 2008 年版,第 336—338 页。
[④] 例如,中国《海洋环境保护法》(1999 年)第 2 条规定,本法适用于中国内水、领海、毗连区、专属经济区、大陆架以及中国管辖的其他海域。

而中国在此特殊水域中享有各种优先的权利,以体现对断续线内资源的管辖,主要包括对其中的海洋各种资源进行管理、养护、勘探和开发之优先权利;保护与保全环境之优先权利;科学研究之优先权利;航海、航空交通管制的权利,甚至管制周边国家的相关航行活动。当然,由于一直以来中国政府未对断续线内水域的某些权利(例如,航海、航空管制权)予以管制,将会是争议的焦点。

可见,中国南海 U 形线的性质及其线内水域的法律地位及属性的定性问题,直接关系到我国在南海尤其在南沙群岛的主权及利益的维护和确保,而为使我国在南海诸岛利益最大化,对我国政府和人民的外交智慧提出了巨大的挑战,也是我们学者应继续合力抓紧研究和破解的重要课题。[①]

四、解决南海问题争议的方法及中国的具体措施

南海问题争议主要为南沙岛礁领土争议和海域划界争议。毫无疑问,利用和平方法解决南海问题争议,是必须遵循的原则和方法。

(一) 利用和平方法解决南海问题争议是必须坚持的原则和方法

在国家之间存在争端时,首先必须利用和平方法解决,这是国家必须遵守的原则和义务,其得到了多数国际法条约、区域制度性规范的明确肯定。例如,《联合国宪章》第 2 条第 3 款,《公约》第 279 条。利用和平方法解决国际争端之原则,也得到了联合国大会于 1970 年 10 月 24 日通过的《关于各国依联合国宪章建立友好关系及合作之国际法原则之宣言》的确认。我国于 2003 年 6 月 28 日批准加入的《东南亚友好合作条约》第 2 条(基本原则)第 4 款规定,缔约国在处理相互关系中,以下列基本原则为指针,包括存在意见相异或存在争端时利用和平方法解决。我国与东盟十国于 2002 年 11 月 4 日签署的《南海各方行为宣言》第 4 款规定,有关各方承诺根据公认的国际法原则,包括 1982 年《公约》,由直接有关的主权国家通过友好磋商和谈判,以和平方式解决它们的领土和管辖权争议,而不诉诸武力或以武力相威胁。

可见,利用和平方法解决南海问题争议是符合国际法和相关区域制度的原则和要求的,也是各国必须遵循的义务。和平方法包括政治方法(或外交方法)

[①] 有关南海 U 形线的法律地位方面的详细内容,参见傅崐成:《南(中国)海法律地位之研究》,123 资讯有限公司 1995 年版,第 201—210 页。

和法律方法两种。

(二) 利用法律方法解决南海问题争议存在障碍

利用法律方法包括国际法院管辖国际争端,必须得到相关方的同意,同意的方法包括事先对《国际法院规约》第 36 条作出选择性声明,或采用应诉管辖方法接受国际法院的管辖权。[①] 尽管菲律宾于 1972 年 1 月 18 日作出了接受国际法院管辖的声明,但其对与海洋管辖权和对陆地领土有关的争端作了保留。[②] 换言之,菲律宾针对与海洋管辖权和陆地领土有关的争端,不接受国际法院的管辖。其他国家(例如,越南、马来西亚等国)和中国均未就《国际法院规约》第 36 条作出选择性声明。也就是说,在南沙岛礁领土争议问题上利用《国际法院规约》第 36 条规定由国际法院管辖判决南沙岛礁领土争议问题有很大的困难。

考虑到中国、越南、菲律宾等国均为《公约》的成员国,据此,需要考虑利用国际海洋法法庭解决南沙岛礁领土争议问题之可能性。

我国自 1996 年批准《公约》以来,一直未选择《公约》第 287 条规定的有关本公约的解释或适用的争端方法。[③] 为此,我国于 2006 年 8 月 25 日,根据《公约》第 298 条规定,向联合国秘书长提交了书面声明,指出,对于《公约》第 298 条第 1 款第(a)、(b)和(c)项所述的任何争端(即涉及海洋划界、领土争端、军事活动等争端),中国政府不接受《公约》第十五部分第二节规定的任何国际司法或仲裁管辖。[④] 换言之,中国对于涉及国家重大利益的海洋争端,排除了适用国际司法或仲裁解决的可能性,坚持有关国家通过协商谈判解决的立场。当然,也不排除我国撤回上述声明,利用《公约》争端解决机制处理海洋争端的可能性。因为,《公约》第 298 条第 2 款规定,根据第 298 条第 1 款作出声明的缔约国,可随时撤回声明,或同意将该声明所排除的争端提交本公约规定的任何程序。

由于中国已就涉及海洋划界、领土和军事活动等争端,作出了排除国际司法或仲裁管辖的可能性,如果中国不撤回上述声明或不同意接受规定的程序,则国

---

① 所谓的应诉管辖(forum prorogatum),是指无义务管辖权的一方,在对对方是否同意接受国际法院管辖毫不知情的情形下,向国际法院提起诉讼,在此后的程序中,通过明示或默示的意思表示接受法院管辖,而赋予法院对该事件的管辖权,正式开始诉讼的状况。参见[日]田佃茂二郎:《国际法新讲》(下册),东信堂 1995 年版,第 151—152 页。
② 参见[日]松井芳郎等编:《基本条约集》(2010),东信堂 2010 年 4 月版,第 1183 页。
③ 1996 年 5 月 15 日第八届全国人民代表大会常务委员会第十九次会议通过了《关于批准联合国海洋法公约的决定》。参见国家海洋局政策法规办公室编:《中华人民共和国海洋法规选编》(第三版),海洋出版社 2001 年版,第 3 页。
④ 关于《中国依联合国海洋法公约第 298 条规定提交排除性声明》内容,参见《中国海洋法学评论》2007 年第 1 期,第 178 页。

际海洋法法庭处理南沙岛礁领土争议问题的可能性就不存在。

总之,利用法律方法解决南沙岛礁领土争议问题存在一些无法消除或克服的障碍,无法适用,在相关方之间无法缔结仲裁协议处理南沙岛礁领土争议问题的情形下,其仍希冀于政治方法解决。这也正是我国坚持利用政治方法或外交方法解决南沙岛礁领土争议问题之本质所在。

(三) 坚持利用政治方法解决南海问题争议

尽管利用政治方法(谈判、调查、调停、和解等)是解决南沙岛礁领土争议问题的必要方法,但由于南海问题争议涉及国家主权和重大利益,一般相关方很难作出让步和妥协,因此利用政治方法解决南海问题争议仍存在一定的困难或局限性。特别是虽然我国邓小平于1984年明确提出了"主权属我、搁置争议、共同开发"解决南沙争端的方针,但此原则或方针受到不同程度的挑战,并未被多国现实地接受,尽管其存在明确的国际法依据。换言之,"搁置争议、共同开发"的政策或方针运用于南海特别是南沙岛礁领土争议问题时,依然存在一些困境。主要体现在:东盟一些国家缺乏实施"搁置争议、共同开发"的政治意愿,难以启动;无现实利益需要,因为东盟一些国家已大力地开发了南海的资源;加上南海争议涉及多方,特别是争议海域难以界定,存在操作上的困难,所以"搁置争议、共同开发"的政策或方针遭遇冷落,并未受到尊重。

从实践看,2004年6月30日生效的《中越北部湾划界协定》《中越北部湾渔业协定》;2005年3月14日,中国与菲律宾和越南签署的《在南中国海协议区联合海洋地震工作协议》,是落实"搁置争议、共同开发"的具体成果。2011年7月20日,中国与东盟就落实《南海各方行为宣言》指导方针达成共识,也为南沙岛礁领土争议问题的政治解决提供了制度保障。特别是2011年10月11日中越两国缔结的《关于指导解决中国和越南海上问题基本原则协议》,2011年10月15日《中越联合声明》的发布,均为两国利用和平方法解决南海争议问题提供了政治保障,具有重要的意义。也就是说,双边制度性文件的制定和实施,为缓和与逐步解决南海问题争议提供了基础和条件。对此,国际社会应积极予以支持,而不是反对和指责。当前,重要的是在相关国家之间缔结在海洋低敏感领域的合作协议,以增进共识,并为缔结临时安排和最终解决南海问题争议创造良好环境和条件。

(四) 中国应对南海问题争议的基本立场与具体措施

南海问题事关中国核心利益的维护,关系我国由区域性大国向全球性大国成功转型的指标性问题,所以,必须积极稳妥合理地处理。①

(1) 中国解决南海问题争议应坚持的原则。我国应依据包括《公约》在内的国际法和国际关系准则,利用和平方法合理地处理南海问题争议,主要包括坚持和平解决争端原则、尊重各国主权平等原则、有效和公平及合理利用海洋资源原则、合作及交换意见原则等。

(2) 中国为解决南海问题争议应采取的具体措施。为真正实现我国于2009年提出的构建"和谐海洋"理念目标,中国应适度地提供公共产品,为全人类服务。针对南海问题争议,我国应倡议就国际海峡和海上通道安全进行研讨,以创设国际海上通道维护和管理制度,确保国际社会的共同利益;中国应努力与东盟国家缔结诸如南海共同巡航和渔业管理合作等制度,作出中国维护国际、区域和平与安全的积极贡献。

(3) 中国应遵守国际法并加强国际司法制度研究。在维护国家主权和海洋权益时,我国应严格地遵守国际法和区域制度,并加强对其的研究,减少执法过程中的不当行为,积极树立中国守法的国家形象。

针对南海争议问题,包括岛礁领土争议问题和海域划界问题,尤其应研究相关国际司法判例和国家实践,以不断地充实和调整我国的海洋政策和法律。对于岛礁领土争议问题,从国际法院的实践看,已形成了一项具有优先顺序的三重性分级判案规则,具体为条约优先适用,然后考虑占有,最后适用有效控制理论;也出现了有效控制效力大于原始权利,意在削弱历史性权利,凸显有效控制效力的倾向。② 对于海域划界争议,国际法院遵循了以下步骤。首先,临时划定中间线或等距离线;其次,考虑特殊/相关情况,看是否需要调整该临时等距离线或中间线,以便划界公平解决;最后,使用不成比例检验修改后的划界线是否公平,以及如果不公平,作必要的进一步的修改。所谓的比例概念,是指按照公平原则完成的划界应在归属于有关各国的大陆架的范围和它们各自海岸线长度间产生的一个合理程度的比例;比例的概念被用来作为海域划界的公平性事后检验,即不成比例检验。③

---

① 中国的核心利益包括:国家主权,国家安全,领土完整,国家统一,中国宪法确立的国家政治制度和社会大局稳定,经济社会可持续发展的基本保障。参见中国国务院新闻办公室编:《中国的和平发展》,人民出版社2011年版,第18页。
② 参见张卫彬:《论国际法院的三重性分级判案规则》,《世界经济与政治》2011年第5期,第77—93页。
③ 参见史久镛:《国际法院判例中的海洋划界》,高健军译,易显河校,《法治研究》2011年第12期;转引自人大复印资料《国际法学》2012年第3期,第69—78页。

为此,针对南海问题,我国应快速补正以下领域及措施:第一,适时发布中国针对南海问题或断续线的政策性立场声明(学者版、政府版)。第二,切实实施《海岛保护法》,尤其应对南沙群岛再次普查,重申命名,并加强行政管理;加快对已管控岛礁的保护和管理,创造条件设置诸如航行标志、气象观测站等公益设施,为国际、区域服务;实施海洋科学研究和海洋环境保护调查活动;加快南海资源开发活动进程等。在此尤应发挥新成立的三沙市的积极作用。第三,宣布我国在南海的领海基线,即我国应进一步公布南海除西沙群岛外的其他群岛的领海基线,以明确管辖海域的范围,也便于巡航执法。第四,应进一步加强海上执法力量并完善制度。近期发生的黄岩岛事件、钓鱼岛事件特别提醒我们,应加强海上执法力量并完善执法制度,包括明确处罚的职权机构、抓捕的管理单位、制裁措施等,为此,制定诸如中国管辖海域维权巡航执法管理和处罚条例等就显得十分紧要。

(4) 中国应对南海问题争议的基本思路。为延缓南海问题争议,重要的是遵守区域相关制度,包括《南海各方行为宣言》、落实《南海各方行为宣言》指导方针,关键是推进海洋低敏感领域合作进程。笔者认为,我国应对南海问题争议的基本思路可分为以下三个步骤:首先,中国应与东盟国家实施低敏感领域的合作,包括海洋环保、海洋科研、海上航行和交通安全、搜寻与救助、打击海盗等,这是符合《南海各方行为宣言》第6款和《公约》第123条规范的制度性要求的。其次,待低敏感领域的合作深化,互信增强后,应尽快制定具有法律拘束力诸如南海行为准则那样的文件。最后,中国应力图最终解决南海问题争议,抑或实施自主开发、合作开发和共同开发联动的政策及制度。

(5) 中国大陆应加强与台湾地区在海洋问题上的合作。即两岸海洋问题合作对于解决中国面临的海洋问题十分关键。中国现面临的关键海洋问题(例如,东海问题、南海问题)原因之一是由于两岸分裂,给其他国家争抢和霸占的机会,造成在海洋问题上的被动局面。鉴于两岸和平发展态势,尤其是两会缔结了18个合作协议的有利局面,两岸加强海洋问题合作的时机已经来临。为此,在两岸缔结海洋问题合作协议就显得十分重要,在合作过程中,可遵循先易后难、循序渐进的原则,以共同保卫中国的主权和领土完整。

当然,尽管我国一直坚持用和平方法解决与海洋问题有关的争议,但在用尽和平方法最终仍无法解决南海问题争议时,又在面对他国无理挑衅,严重损害我国主权和领土完整、海洋权益的情形下,我国也不排除使用军事力量维护国家利益的可能性。为此,适度地发展海上军事力量就显得十分必要。

五、结　语

　　近来,我国面临严峻海洋问题的实践启示我们,我国制定和实施国家海洋发展战略的时机已经成熟,且不容耽搁。国家海洋发展战略是维护国家海洋领土主权、海洋权益的重要保障,在国际、区域和双边关于海洋问题的制度无法修改、完善的情形下,制定和实施国家海洋发展战略以及海洋基本法,以完善国家海洋政策和法制,确保体制机制的健全和完善,是国际社会的普遍共识和有效途径,也是我国"十二五"规划纲要规定的政治任务。[①] 面对当前海洋问题的严峻态势,整合力量制定国家海洋发展战略已是我国当前的重大政治任务之一,必须引起各界人士的高度重视和关注,否则我国应对海洋问题的被动局面无法改变。对于南海问题争议,我国持续性地坚持南海断续线的基本立场特别重要。

[①]《中国国民经济和社会发展第十二个五年规划纲要》第 14 章(推进海洋经济发展)指出:"坚持陆海统筹,制定和实施海洋发展战略,提高海洋开发、控制、综合管理能力。"参见 http://www.gov.cn/2011h/content_1825838_4.htm,2011 年 3 月 17 日访问。

论南海仲裁案对海洋法的冲击

菲律宾于 2013 年 1 月 22 日依据《联合国海洋法公约》(以下简称:《公约》)第 286 条、287 条和附件七《仲裁》的规定单方面提起南海仲裁案;依《公约》体系设立的仲裁庭(以下简称:仲裁庭)无视中国政府的立场("不接受、不参与")执意推进仲裁程序,并于 2015 年 10 月 29 日作出了"关于管辖权和可受理性问题的裁决",于 2016 年 7 月 12 日作出"最终裁决",引发国际社会的极大关注。仲裁庭执意推进仲裁程序,利用其身份及《公约》体系的制度性缺陷,超越和扩大自身权限,作出了在事实认定和法律适用等方面存在严重错误的违法裁决。这样的裁决不仅不能解决争议,使南海问题争议更为复杂和困难,而且使现有的海洋法遭遇冲击,导致海洋法体系混乱,无法促进海洋法的发展,使国际海洋秩序面临重大挑战。

一、南海仲裁案损害海洋法的应有作用

国际司法或仲裁的基本功能之一是解决争端,即所谓的"定分止争"的功能。此菲方提起的诉求既非完全属于《公约》的解释或适用的争端,也非中菲两国之间存在的真实的争端,这些诉求不存在法律争议,仲裁庭对菲律宾提起的仲裁事项缺失管辖权。

(一)南沙岛礁地位及属性问题不是双方共同认可的争议

中菲两国之间在南海的核心争议是针对南沙部分岛礁的领土争议以及由此引发的海域划界争议,而依据《公约》第 288 条的规定和中国于 2006 年 8 月向联合国秘书长提交的排除性书面声明,在中菲两国无特殊协议的情形下,仲裁庭对其无管辖权。

从菲方所提仲裁 15 项诉求内容看,依据《中华人民共和国关于菲律宾共和国所提南海仲裁案管辖权问题的立场文件》(2014 年 12 月 7 日)(以下简称:《中国立场文件》),可以将菲律宾所提的仲裁事项主要归纳为三类:[①]一是中国在《公约》规定的权利范围以外,对"九段线"(即中国南海断续线)内的水域、海床和底土所主张的"历史性权利"与《公约》不符。二是中国依据南海若干岩礁、低潮高地和水下地物提出的 200 海里甚至更多权利主张与《公约》不符。三是中国在南海所主张和行使的权利非法干涉菲律宾基于《公约》所享有和行使的主权权利、管辖权以及航行权利和自由。[②]

仲裁庭对这些事项进行裁决之前,首先要确定相关岛礁的领土主权,并完成相关海域划界。可见,菲律宾要求在不确定相关岛礁主权归属的情况下,先适用《公约》的规定确定中国在南海的海洋权利,并提出一系列仲裁要求,违背了解决国际海洋争端所依据的一般国际法,也不符合国际司法实践的惯例。仲裁庭对菲律宾提出的任何仲裁请求作出判定,都将不可避免地直接或间接地对本案涉及的相关岛礁以及其他南海岛礁的主权归属进行判定,都将不可避免地产生实际的海域划界的效果。因此,中国政府认为,仲裁庭对该案的这些事项明显没有管辖权。[③] 相应地,即使仲裁庭对这些仲裁事项作出裁决,也无法解决南海核心争议问题。

对于南沙群岛内的海洋地物,仲裁庭认为,人类居住不是在某个地物上的短暂性居住,需要的是稳定的人类群体的居住;而在南沙群岛上,没有任何迹象表明,稳定的人类群体曾经形成于这些群岛上。所以,仲裁庭认为,南沙群岛上的所有高潮地物(包括太平岛、中业岛、西月岛、南威岛、南子岛和北子岛)都不能维持《公约》第 121 条第 3 款意义上的人类居住或其本身的经济生活,所以它们是《公约》第 121 条第 3 款规定的法律意义上的岩礁,都不能产生专属经济区或大陆架。[④] 尽管仲裁庭具有对《公约》的解释或适用的争端的权限,但其只具有解释《公约》条款的功能,不具有立法的功能。从仲裁庭上述对岛屿制度的严苛解释的内容看,其解释实际上已构成一种新的立法,所以超越了其自身的权限,具有

[①] 《中国立场文件》,http://www.gov.cn/xinwen/2014-12/07/content_2787663.htm,2014 年 12 月 8 日访问。
[②] 参见《中国立场文件》,第 8 段,第 3 页。
[③] 参见《中国立场文件》,第 26—29 段,第 5—6 页。
[④] 参见 In the Matter of the South China Sea Arbitration before an Arbitral Tribunal Constituted under Annex VII to the 1982 United Nations Convention on the Law of the Sea between the Republic of the Philippines and the People's Republic of China Award, 12 July 2016, pp.252-260, paras. 618, 621, 625 and 646。

违法性和无效性。相应地,仲裁庭对岛屿制度的这种严苛解释很难被国际社会及后续案例所接受,对海洋法的发展很难有积极的促进作用,相反会冲击海洋法的体系和权威。①

从《公约》岛屿制度的条款结构看,第121条第1—3款都是关于岛屿制度的规定,即:第1款规定了广义的岛屿概念;第2款是关于一般意义上的岛屿的规定,即具有与陆地领土相同地位的岛屿,可主张相应的海域方面的规定;第3款是关于岩礁的规定,它不是从岩礁的概念直接出发作出的规定,而是从岩礁效力的角度作出的规定。换言之,能维持人类居住或其本身的经济活动的岩礁与岛屿一样,可主张专属经济区和大陆架,即岩礁有可以主张专属经济区和大陆架的岩礁与不能主张专属经济区和大陆架的岩礁两种类型,同时第3款是对第2款的制约,也就是说,并不是所有的岩礁都能与该条第2款的岛屿一样可主张专属经济区和大陆架的。可见,《公约》第121条中的三款各具不同的特点,且构成岛屿制度的全部内容。《公约》第121条第3款作出如此模糊规定的主要原因,是因为对岩礁的概念包括人类居住和本身的经济生活等无法作出统一的定义。这可从讨论《公约》的第三次联合国海洋法会议上针对岛屿制度的争议内容得到佐证。②

鉴于岛屿制度的复杂性和国际社会上岛屿及岩礁形态的多样性,对于岛礁属性的判定问题,国际法院和国际海洋法法庭均予以了回避。③ 如上所述,尽管仲裁庭具有《公约》的解释或适用争端的权限,但中国迄今并未定性或明确南沙岛礁的属性,且中国是以"群岛"的方式整体主张海洋权利的。例如,中国常驻联合国代表团于2009年5月7日向联合国秘书长提交就马来西亚和越南联合外大陆架划界案以及越南单独外大陆架划界案的照会中指出,中国对南海诸岛及其

---

① 仲裁庭对岛屿制度的严苛解释,体现在以下方面:第一,对于维持人类居住,不仅要保持人类生活和提供健康的必需品,并需要支持一定时期及符合适当的标准;第二,对于维持经济生活,提供的必需品,不仅要满足经济生活的开始,而且要保证经济生活的继续,以及该经济活动要保持一定时期;第三,对于人类居住,仅仅有少量人群存在并不能构成永久性居住或惯常性居住,维持人类居住需要该地物能够提供支持、保持和提供食物、饮料和住处,以便人员可以永久地或惯常地居住于此,并持续一段时间;第四,对于本身的经济生活,要使经济活动成为一个地物的经济生活,维持经济生活的资源必须是本地的,而不是进口的。参见 In the Matter of the South China Sea Arbitration before an Arbitral Tribunal Constituted under Annex VII to the 1982 United Nations Convention on the Law of the Sea between the Republic of the Philippines and the People's Republic of China Award, 12 July 2016, pp.252-260, paras. 487, 489-490 and 500。

② 参见 In the Matter of the South China Sea Arbitration before an Arbitral Tribunal Constituted under Annex VII to the 1982 United Nations Convention on the Law of the Sea between the Republic of the Philippines and the People's Republic of China Award, 12 July 2016, pp.252-260, paras. 522, 540-551。

③ 参见邹克渊:《岛礁建设对南海领土争端的影响:国际法上的挑战》,《亚太安全与海洋研究》2015年第3期(2015年9月),第10页。

附近海域拥有无可争辩的主权,并对相关海域及其海床和底土享有主权权利和管辖权;中国政府的这一立场为国际社会所周知。[①] 所以对于南沙岛礁尤其是中国在南沙占据的岛礁地位问题,并不是中菲两国之间真正或真实的争议。所谓的争端,是指两者间在法律或事实论点上的不一致,在法律主张或利害上的冲突及对立,即针对特定主题,两者间互相对抗的主张出现明显化的状况。[②] 换言之,在南沙岛礁尤其是中国在南沙占据的岛礁地位或属性问题上,中国政府迄今未表明它们的性质和地位,也未依其单独的海洋地物主张相应的海域及权利,所以它们不是真实的争端,具有不可仲裁性。

(二) 仲裁事项为中国排除的争端事项具有不可仲裁性

众所周知,《公约》体系(《公约》及其9个附件)的重要特征之一就是其建立了全面而系统的争端解决机制。它不仅消除了1958年"日内瓦海洋法四公约"将争端解决机制单独规定的缺陷,而且设立了专门的解决机构即国际海洋法法庭,同时依据不同的争端规定了不同的解决方法。[③] 其要旨为:要求各国以和平方法解决争端,尊重各国协议所规定的自行选择的和平方法解决争端,并根据国家主权平等原则,赋予了各国自主选择争端解决方法的权利。[④] 其特征主要表现为以下几方面:

第一,依据争端种类存在各种不同的规定。一般性的海洋争端由第15部分的第279—299条处理;国际海底区域争端由第15部分的第5节的第186—191条处理;海洋科学研究争端由第13部分第6节的第264条处理;在第15部分,也存在根据争端事项的性质的不同规定。[⑤]

第二,存在选择性程序和强制性程序。选择性程序基本以《联合国宪章》第33条规定的方法为基础(《公约》第297条)。也就是说,缔约国具有使用和平方法解决争端的义务,并要求用《联合国宪章》第33条第1款的方法解决争端;如果争端方之间存在解决争端的协议(双边和区域性协议),则此协议优先。同时,

---

① 参见《中国对有关国家大陆架划界案和初步信息致联合国秘书长的照会》,国家海洋局海洋发展战略研究所课题组编:《中国海洋发展研究报告》,海洋出版社2011年版,第593—598页。
② 参见 PCIJ, Series A, No.2, p.11。国际法院关于印度领域通过权案的本案判决,参见 ICJ Reports, 1960, p.34。国际法院关于萨尔瓦多和洪都拉斯之间的陆地、岛屿和海上边界争端案判决,参见 ICJ Reports, 1992, p.555, para. 326。
③ J. Collier and V. Lowe, The Settlement of Disputes in International Law, Oxford University Press, 2000, p.84.
④ A. R. Carnegie, "The Law of the Sea Tribunal", International and Comparative Law Quarterly, Vol.28 (1979), pp.669-684.
⑤ 参见[日] 林司宣、岛田征夫、古贺卫:《国际海洋法》(第二版),有信堂2016年版,第175页。

在《公约》第 15 部分规定了强制性程序,只有在当事国选择的和平方法未能解决争端且不排除任何其他程序的情形下才可适用(第 280 条、第 281 条第 1 款)。换言之,如果当事国间仍在继续外交谈判或磋商,则不能采取强制性程序,同时,如果当事一方提起强制性仲裁程序,则其应就不能通过规定的程序解决争端进行举证。①

第三,对适用强制性程序作了限制。对于强制性程序,尽管《公约》规定了多种方法,但基本依据争端当事国的选择性声明,并限制了国际法院或国际海洋法法庭的强制性管辖权(第 297—298 条)。换言之,在《公约》第 15 部分存在多处排除适用强制性程序的防卫性规定,所以其并不是一种彻底并完整的强制性解决争端的制度。②

《公约》第 288 条第 1 款规定,法院或法庭,对于按照本部分向其提出的有关本公约的解释或适用的任何争端,应具有管辖权;第 4 款规定,对于法院或法庭是否具有管辖权如果发生争端,这一问题应由该法院或法庭以裁定解决。然而,我国于 2006 年 8 月 25 日根据《公约》第 298 条的规定,向联合国秘书长提交了书面声明。该声明指出,对于《公约》第 298 条第 1 款第(a)、(b)和(c)项所述的任何争端(即涉及海洋划界、领土争端、军事活动等争端),中国政府不接受《公约》第 15 部分第 2 节规定的任何国际司法或仲裁管辖。③

中国于 2006 年 8 月 25 日作出的排除性声明的效果是一经作出即应自动适用。在对排除性事项存在争议时,未经中方同意,其他国家不得针对中国就相关争端单方面提交强制争端解决程序。

对此,仲裁庭绕过中国这一不接受任何国际司法或仲裁管辖声明的法律效果,其认为,对于中国作出排除性事项的"关于海域划界的争端"应作狭义解释,其仅包括与海域划界本身有关的事项。然而对于排除性争端事项,中国认为"关于海域划界的争端",应作广义的解释,包括与海域划界争端有关的一切事项或要素。因为关于海域划界是一项整体、系统工程,它既涉及权利基础、岛礁效力等问题,也涉及划界的原则和方法以及为实现公平解决所必须考虑的所有相关因素。菲律宾将中菲海域划界问题拆分并将其中的部分问题提交仲裁,势必破坏海域划界问题的整体性和不可分割性,违背海域划界应以《国际法院规约》第

---

① 参见[日]林司宣、岛田征夫、古贺卫:《国际海洋法》(第二版),有信堂 2016 年版,第 176 页。
② 参见[日]林司宣、岛田征夫、古贺卫:《国际海洋法》(第二版),有信堂 2016 年版,第 176 页。
③ 关于《中国依联合国海洋法公约第 298 条规定提交排除性声明》内容,参见《中国海洋法学评论》2007 年第 1 期,第 178 页。

38条所指国际法为基础以及必须"考虑所有相关因素"的原则,将直接影响今后中菲海域划界问题的公平解决。①

即使不考虑中国政府不接受任何国际司法或仲裁管辖声明的法律效果,对排除性事项的解释发生争端由仲裁庭予以裁决,其也面临法律上疑问和破坏《公约》体系完整性的问题。这种裁决是以仲裁员自我满足为条件的,在事实认定和法律适用方面,并在如何确保不出庭一方的权利上,《公约》体系存在严重缺陷。②因为它不存在合理可行的具体救济措施。③ 进一步而言,如果国家有权作出排除性事项的声明,但这些事项是否属于可仲裁的事项,又是由仲裁庭决定的,则会造成国家对排除性事项的不可预见性,也影响国家自主选择解决争端方法的权利,损害国家主权,破坏《公约》争端解决机制,进而影响《公约》体系的完整性和权威性。

《公约》体系下的正确路径应该是,如果菲律宾认为其所提仲裁事项不属于中方2006年声明所涵盖的争端,但在中国对此持不同看法的情况下,菲律宾应先行与中国解决该问题,然后才能决定能否提交仲裁。如果按照菲律宾的逻辑,任何国家只要单方面声称有关争端不是另一国排除性声明所排除的争端,即可单方面启动强制仲裁程序,那么《公约》第299条的规定就变得毫无意义。④ 相应地,国家依据《公约》第298条的规定作出排除性事项的声明因存在不确定性,就毫无价值,从而动摇国家对《公约》体系的信心,损害《公约》维护海洋秩序的效果和作用。

二、南海仲裁案冲击了海洋法有关海洋争端解决体系的完整性

菲方指称依据《公约》第286条、第287条和附件七提起强制仲裁程序,"以

---

① 参见《中国立场文件》,第67段,第11页。例如,《公约》第74条第1款规定,海岸相向或相邻国家间专属经济区的界限,应在国际法院规约第38条所指国际法基础上以协议划定,以便得到公平解决。
② 《公约》附件七《仲裁》第9条规定,如争端一方不出庭或对案件不进行辩护,他方可请求仲裁法庭继续进行程序并作出裁决,争端一方缺席或不对案件进行辩护,应不妨碍程序的进行。仲裁法庭在作出裁决前,必须不但查明对该争端确有管辖权,而且查明所提要求在事实上和法律上均确有根据。
③ 例如,《公约》附件七(《仲裁》)第12条第1款规定,争端各方之间对裁决的解释或执行方式的任何争议,可由任何一方提请作出该裁决的仲裁法庭决定。
④ 参见《中国立场文件》,第73段,第11页。《公约》第299条第1款规定,根据第297条或以一项按照第298条发表的声明予以除外,不依第二节所规定的解决争端程序处理的争端,只有经争端各方协议,才可提交这种程序。即适用《公约》第297条和第298条的作用在于防止单方面将争端提交《公约》中的程序,而不损害双方通过合意适用该程序的权利。参见[英]J.G.梅里尔斯:《国际争端解决》(第五版),韩秀丽、李燕纹等译,法律出版社2013年版,第221页;J. G. Merrills, *International Dispute Settlement*, Fifth Edition, 2011, p.174.

求和平并永久地解决"双方争端。从形式上看,菲方提起的仲裁满足上述要件。换言之,菲方单方面提起仲裁并不需要他方的同意,菲方具有提起仲裁的主体资格,即主体适格性。然而,不可否认的是,其提起仲裁需要满足多项前提条件,特别应用尽相关协议规定的解决方法和交换意见的义务并履行用尽上述方法无法解决的举证义务,即仲裁的可受理性问题。这些条件是《公约》体系的根本性要求。仲裁庭不仅在双方没有用尽和平方法谈判解决争端的义务以及谈判解决争端的交换意见义务,而且将历史性权利排斥在《公约》调整对象之外,破坏了海洋法有关争端解决体系的完整性。

(一) 双方没有全部履行和平方法谈判解决争端的义务

《公约》第281条规定,作为有关本公约的解释或适用的争端各方的缔约各国,如已协议用自行选择的和平方法来谋求解决争端,则只有在诉诸这种方法而仍未得到解决以及争端各方间的协议并不排除任何其他程序的情形下,才适用本部分所规定的程序。《公约》第286条规定,在第三节(即适用第二节的限制和例外)限制下,有关该公约的解释或适用的任何争端,如已诉诸第一节(即一般规定)而仍未得到解决,经争端任何一方请求,应提交根据本节(即导致有拘束力裁判的强制程序)具有管辖权的法院或法庭。为此,菲方单方提起的南海仲裁申请要适用《公约》体系下的有效的仲裁程序,须解决的前提性问题是:在中菲两国间的协议(包括中菲系列联合声明和文件以及其他区域性文件)中是否用尽了协议规定的解决方法并排除了强制仲裁程序。其实,中菲之间就通过友好协商和谈判最终解决两国在南海的争端早有共识。1995年8月10日《中国和菲律宾共和国关于南海问题和其他领域合作的磋商联合声明》指出,双方"同意遵守"下列原则:有关争议应通过平等和相互尊重基础上的磋商和平友好地加以解决;双方承诺循序渐进地进行合作,最终谈判解决双方争议;争议应由直接有关国家解决,不影响南海的航行自由。1999年3月23日《中菲建立信任措施工作小组会议联合公报》指出,双方承诺遵守继续通过友好协商寻求解决分歧方法的谅解;双方认为,中菲之间的磋商渠道是畅通的,同意通过协商和平解决争议。2000年5月16日《中国和菲律宾共和国政府关于21世纪双边合作框架的联合声明》规定,双方致力于维护南海的和平与稳定,同意根据公认的国际法原则(包括1982年《公约》),通过双边友好协商和谈判促进争议的和平解决;双方重申1995年中菲两国关于南海问题的联合声明。2001年4月4日《中国—菲律宾第三次建立信任措施专家组会议联合新闻公报》指出,双方认识到两国就探讨南海合作方式所建立的双边磋商机制是富有成效的,双方所达成的一系列谅解与共识对维护中菲关系的健康发展和南海地区的和平与稳定发挥了建设性作用。

同时,上述中菲关于以谈判方式解决有关争端的共识在多边合作文件中也得到确认。例如,2002年11月4日签署的《南海各方行为宣言》第4条规定,有关各方承诺根据公认的国际法原则(包括1982年《公约》),由直接有关的主权国家通过友好磋商和谈判,以和平方式解决它们的领土和管辖权争议。中菲两国于2004年9月3日发表的《中国政府和菲律宾共和国政府联合新闻公报》指出,双方一致认为尽快积极落实中国与东盟于2002年签署的《南海各方行为宣言》有助于将南海变成合作之海。2011年9月1日,中菲发表的《中国和菲律宾共和国联合声明》指出,重申将通过和平对话处理争议,并重申尊重和遵守中国与东盟于2002年签署的《南海各方行为宣言》。

可见,在中菲双边文件中以谈判方式解决有关争端所使用的"同意"术语表明,两国之间相关义务的确立意图非常明显。同时,在《南海各方行为宣言》中使用的"承诺"术语,表明同意接受谈判的义务,所以对双方具有拘束力。换言之,尽管《南海各方行为宣言》整体是一份政治性质的文件,但并不能否定其某些条款是具有法律拘束力的,《南海各方行为宣言》第4条(即双方受到通过友好磋商和谈判解决两国之间的领土和管辖权争议的拘束)就是这样的例子。同时,尽管在上述中菲双边文件和《南海各方行为宣言》中没有明文使用"排除其他程序"的表述,但正如2000年南方蓝鳍金枪鱼仲裁案裁决所称:"缺少一项明示排除任何程序的规定不是决定性的。"[①]

此外,中国在涉及领土主权和海洋权益等重大问题上,一贯坚持由直接有关国家通过谈判的方式解决争端,并取得了一定的成绩。[②] 对此,国际社会包括菲律宾是知晓的。

综上所述,对于中菲两国在南海争端的所有问题,包括菲律宾提出的仲裁事项,双方在协议中同意的争端解决方式只是谈判,排除了其他任何方式,不适用强制仲裁程序。[③]

[①] 参见《中国立场文件》,第38—41段,第6—7页。
[②] 自20世纪60年代以来,中国通过谈判协商已经与14个陆地邻国中的12个国家解决了边界问题,划定的边界达到了20 000千米,占中国陆地边界的90%。此外,中国和越南通过谈判协商划定了两国在北部湾的海上界线(即《中越北部湾划界协定》和《中越北部湾渔业协定》,2014年6月30日生效)。参见《外交部边海司司长欧阳玉靖就南海问题接受中外媒体采访实录》(2016年5月6日),http://www.fmprc.gov.cn/web/wjbxw_673019/t1361270.shtml,2016年5月8日访问。
[③] 依据国际法,一项文件无论采用何种名称和形式,只要其为当事方创设了权利和义务,这种权利和义务就具有拘束力。参见《中国立场文件》,第38段,第7页。

(二) 双方没有全部履行以谈判解决争端的交换意见义务

《公约》第283条规定,如果缔约国之间对该公约的解释或适用发生争端,争端各方应迅速就以谈判或其他和平方法解决争端一事交换意见;如果解决这种争端的程序已经终止,而争端仍未得到解决,或如已达成解决方法,而情况要求就解决办法的实施方式进行协商时,争端各方也应迅速着手交换意见。

菲律宾声称,1995年以后中菲两国就菲律宾仲裁请求中提及的事项多次交换意见,但未能解决争端;菲律宾有正当理由认为继续谈判已无意义,因而有权提起仲裁。事实上,迄今为止,中菲两国从未就菲律宾所提仲裁事项进行过谈判。相反,中菲之间就有关争端交换意见,主要是应对在争议地区出现的突发事件,围绕防止冲突、减少摩擦、稳定局势、促进合作的措施而进行的。即使按照菲律宾列举的证据,这些交换意见也远未构成谈判。[①]

在和平解决国际争端的方法中,所谓的谈判是指直接由争端当事国通过外交手段或程序协调双方的主张并寻求解决争端的方法;其是一种一般性的最原始的争端处理方式。[②] 换言之,谈判是处理各种国际争端的基本方法,它不仅是一种解决争端的可能方法,而且也是预防争端产生的策略。[③]

国际法院在美国与加拿大的缅因湾划界案的判决(1984年10月12日)中指出,争端国有责任进行谈判以达成协议,并且以诚意达成此协议,以真实的意图获致积极且正面的结果。[④] 国际法院在北海大陆架案的判决(1969年2月20日)中指出,争端相关各方应有义务进行谈判并寻求达成协议,而且这并不是形式上的进行谈判而已,而是有义务要使谈判具有意义,而非各方持续坚持立场,甚至不打算修改原有立场。[⑤] 国际法院的上述意见表明,即在谈判过程中争端当事国主要应遵守诚意义务、积极努力义务,达成协议义务等内容。

值得注意的是,依据国际法和司法实践,一般性的、不以争端解决为目的的

---

① 参见《中国立场文件》,第45段和第47段,第7—8页。
② 参见[日]田畑茂二郎:《国际法新讲》(下册),东信社1995年版,第70页。
③ 参见[英] J.G.梅里尔斯:《国际争端解决》(第五版),韩秀丽、李燕纹等译,法律出版社2013年版,第2—3页;J. G. Merrills, *International Dispute Settlement*, Fifth Edition, 2011, p.2.
④ 参见 International Court of Justice (ICJ), "Case Concerning Delimitation of the Maritme Boundary in the Gulf of Maire Area (Canada v. United States of America)," Judgment of 12 October 1984, *I.C.J Reports 1984*, para.87,何思慎、王冠雄主编:《东海及南海争端与和平展望》,财团法人两岸交流远景基金会2012年版,第265页。
⑤ 参见 International Court of Justice (ICJ), "North Sea Continental Shelf Case (Federal Republic of Germany v. Netherlands)," *I.C.J Reports 1969*, p.47;何思慎、王冠雄主编:《东海及南海争端与和平展望》,财团法人两岸交流远景基金会2012年版,第265页。

交换意见不构成谈判。例如,2011年4月1日国际法院在格鲁吉亚—俄罗斯联邦案的判决中表示,谈判不仅是双方法律意见或利益的直接对抗,或一系列的指责和反驳,或对立主张的交换,谈判……至少要求争端一方有与对方讨论以期解决争端的真诚的努力,且谈判的实质问题必须与争端的实质问题相关,后者还必须与相关条约下的义务相关。①

以谈判解决争端的交换意见义务,也得到联合国大会决议的确认。联合国大会于1998年12月8日通过的《谈判的原则和指针》的联大决议中,规定了国家进行谈判的原则和各种义务。其主要包括:谈判应诚实地履行;国家应遵守相互达成的框架内实施谈判;国家应努力维持谈判的建设性气氛,谨慎采取可能损害谈判及其进程的所有行动;国家应经常致力于谈判的主要目的,完成或促进谈判的进程;谈判遇到阻碍时,国家应为相互可能接受的合理解决争端进行持续的最大努力。②

此外,如上所述,2011年9月1日,中菲两国发表了《中国和菲律宾共和国联合声明》,双方再次承诺通过谈判解决南海争端,但未待谈判正式开始,菲律宾却于2012年4月10日出动"德尔·皮拉尔"军舰,进入中国黄岩岛海域抓扣中国的渔船和渔民,蓄意挑起黄岩岛事件。对于菲律宾的挑衅性行动,中国被迫采取了维护主权的反制措施。2012年6月,经中国多次严正交涉,菲律宾从黄岩岛撤出相关船只和人员。③ 此后,中国再次向菲律宾建议重启中菲建立信任措施磋商机制,仍未得到菲律宾的回应。2012年4月26日,菲律宾外交部照会中国驻菲律宾大使馆,提出要将黄岩岛问题提交第三方司法机构,没有表达任何谈判的意愿。④

由此可见,中菲两国不仅没有进行充分地交换意见,而且交换意见的争端不是菲方提交仲裁的事项,所以菲方无任何理由及权利将所谓的争端事项单方面提交仲裁。

(三)仲裁庭仅以《公约》裁决历史性权利具有局限性和错误性

中国在南海拥有的主权、主权权利和管辖权,其依据不仅仅是《公约》,还包括一般国际法或习惯国际法。菲律宾所提的第1项和第2项诉求的争议涉及中

---

① 参见《中国立场文件》,第46段,第7—8页。
② 参见[日]田中则夫、药师寺公夫、坂元茂树主编:《基本条约集》(2014),东信堂2014年版,第881页。
③ 参见中国国务院新闻办公室:《中国坚持通过谈判解决中国与菲律宾在南海的有关争议》(2016年7月),人民出版社2016年版,第37页。
④ 参见《中国立场文件》,第48段,第8页。

菲两国在南海区域的海洋权利来源和海洋权利范围。仲裁庭认为,中国在南海区域超出《公约》规定范围并声索的历史性权利、其他权利和管辖权,已为《公约》的规定所废止,这一声索不符合《公约》的规定,没有法律效力。同时,仲裁庭认为,历史性权利在性质上是一般的,可以用来描述任何权利包括主权。[①] 仲裁庭裁定,中国对于"九段线"内区域生物资源和非生物资源所声索的历史性权利,不符合《公约》的规定,原因为它超越了中国依据《公约》可以享有的海域区域的界限;中国加入《公约》表明中国作出了一个承诺,即使与《公约》相矛盾的中国声索符合《公约》的各种规定,而《公约》的生效必然要求某些超出《公约》规定范围的先前声索必须作出妥协。[②] 因为《公约》是一个整体而全面性的法律文件。[③] 换言之,仲裁庭认为,《公约》覆盖了依据历史性权利的所有权利内容。笔者认为,从《公约》体系内容看,历史性权利内容其实并没有全部被《公约》包容并吸收。

1.《公约》条款内容虽然与历史性权利有相容性,但是历史性权利的位阶高于《公约》所规范的海域所涉的各种权利

历史性权利起源于历史性海湾。在1951年12月18日的国际法院英挪渔业案的判决中出现了历史性水域的概念。国际法院在该判决中确认,沿海国对海域的主权不限于海湾,也可及于邻接海岸的其他海域。[④] 换言之,历史性权利的渊源是一般国际法,同时,历史性权利包括排他性的权利(所有权)和非排他性的权利(使用权)。虽然第三次联合国海洋法会议就历史性海湾和历史性水域等问题进行了多次协商,但在最后通过的《公约》体系中未能就历史性海湾、历史性水域和历史性所有权的定义、性质、要件等作出明确的具体规定。《公约》在相关条款中使用了历史性所有权、历史性海湾等内容,例如《公约》第10条、第15条、第50条和第298条。《公约》的这些条款对历史性权利作出了一般性的规定或例外性的规定,并没有排斥历史性权利,所以,《公约》与历史性权利具有相容性。

如上所述,历史性权利既包括排他性权利,也包括非排他性权利。沿海国在《公约》规定的海域尤其在专属经济区和大陆架内的权利,主要为主权权利和管辖

---

① *In the Matter of the South China Sea Arbitration before an Arbitral Tribunal Constituted under Annex VII to the 1982 United Nations Convention on the Law of the Sea between the Republic of the Philippines and the People's Republic of China Award*, 12 July 2016, pp.116-117 and 96, paras.276-278 and 225.

② *In the Matter of the South China Sea Arbitration before an Arbitral Tribunal Constituted under Annex VII to the 1982 United Nations Convention on the Law of the Sea between the Republic of the Philippines and the People's Republic of China Award*, 12 July 2016, pp.111-112, paras.261-262.

③ 例如,《公约》"序言"规定,本公约缔约各国,意识到各海域区域的种种问题都是彼此密切相关的,有必要作为一个整体加以考虑,并在妥为顾及所有国家主权的情形下,为海洋建立一种法律秩序。

④ 参见贾宇:《试论历史性权利的构成要件》,《国际法研究》2014年第2期,第37—38页。

权。《公约》在上述海域的主权权利体现在如《公约》第 56 条、第 77 条规定的沿海国对海域内资源(生物资源和非生物资源)的勘探、开发、养护和管理,以及从事经济开发和勘探等活动上;在上述海域的管辖权体现在沿海国对海域内的人工岛屿、设施和结构的建造和使用,海洋科学研究,海洋环境保护和保全等方面。①

诚然,《公约》对包括传统捕鱼权和航行权等在内的历史性权利内容有所规范,但并未穷尽,这在上述的规定(如第 10 条、第 15 条、第 298 条)内有所体现。所以,历史性权利内涵被《公约》所全部吸收的观点是不能成立的。② 换言之,《公约》规范沿海国在其海域内的权利不能剥夺依据历史性权利所包含的所有权利,例如沿海国依据历史性权利对海底和海床及其底土资源的专属性管辖权。

2. 中国依历史性权利对南海诸岛行使了排他性的管控

从历史看,中国在南海海域行使的权利主要为包含在历史性权利内的捕鱼权和航行权,这是事实。所以,仲裁庭对中国并未在该海域内行使过排他性权利的认定在事实上存在错误。例如,1956 年 8 月,美国驻台机构一等秘书韦士德向中国台湾当局提出申请,美军人员拟前往黄岩岛、双子群礁、景宏岛、鸿庥岛、南威岛等中沙和南沙群岛岛礁进行地形测量。对此,中国台湾当局随后同意了美方的申请;1960 年 12 月,美国政府致函中国台湾当局,"请求准许"美军事人员赴南沙群岛双子群礁、景宏岛、南威岛进行实地测量,中国台湾当局批准了上述申请。③ 中国对其他国家在南海断续线内的资源开发活动长期持续地予以了反对,只是为维系南海区域的和平,保持了最大的克制,并未采取实质性的阻止活动,这不能成为中国未对南海断续线内海域行使管辖的依据。

中国的国内法和中国政府有关声明对于在南海的历史性权利的内涵及依据历史性权利所主张的海域范围依然不够清晰,但这并不能否定中国在南海拥有的历史性权利。④

---

① 例如,《公约》第 56 条,第 77 条。
② *In the Matter of the South China Sea Arbitration before an Arbitral Tribunal Constituted under Annex VII to the 1982 United Nations Convention on the Law of the Sea between the Republic of the Philippines and the People's Republic of China Award*, 12 July 2016, p.111, paras.261 - 262.
③ 参见《南海政策说贴》(2016 年 3 月 21 日),第 22 页。
④ 例如,《中国专属经济区和大陆架法》(1998 年 6 月 26 日)第 14 条规定,本法的规定不影响中华人民共和国享有的历史性权利。《中国海洋环境保护法》(1982 年 8 月 23 日)第 2 条第 1 款规定,本法适用于中华人民共和国内水、领海、毗连区、专属经济区、大陆架以及中华人民共和国管辖的其他海域。《中华人民共和国政府关于在南海的领土主权和海洋权益的声明》(2016 年 7 月 12 日)第 3 条规定,中国在南海的领土主权和海洋权益包括:第一,中国对南海诸岛,包括东沙、西沙、中沙和南沙群岛拥有主权;第二,中国南海诸岛拥有内水、领海和毗连区;第三,中国南海诸岛拥有专属经济区和大陆架;第四,中国在南海拥有历史性权利。关于《中华人民共和国关于在南海的领土主权和海洋权益的声明》内容,参见 http://world.people.com.cn/n1/2016/0712/c1002-28548370.html,2016 年 7 月 12 日访问。

三、南海仲裁案无助于海洋秩序尤其是海洋法的稳定和发展

从菲律宾所提仲裁事项内容可以看出,其提起仲裁的目的是为了抹杀中国在南海依据历史性权利可以主张的海域权利的属性,降低中国在南沙所占的岛礁的法律地位和属性,使中国无法依据所占岛礁主张更多的海域;试图将中国在南沙岛礁及其周边海域的行为和活动认定为侵犯菲律宾依据《公约》所拥有的权利,为菲方在南海获得更多的权利寻找"理据"。换言之,菲律宾发起的南海仲裁案的要害在于,片面选择性利用《公约》有关专属经济区等条款,力促传统的南海法理斗争核心发生转移,即从南沙岛礁归属问题转向对岛礁法律地位和南海断续线法律效力的质疑,达到其规避领土主权争议实质、侵蚀中国岛礁主权和海洋权益的目的。①

(一) 仲裁庭的"中期裁决"和"最终裁决"无法产生海洋法上的应有效力

1. 仲裁庭的"中期裁决"和"最终裁决"的主要内容

2015年10月29日,仲裁庭作出了"关于管辖权和可受理性问题的裁决"。②其主要内容为:仲裁庭根据《公约》及附件七的规定合法组成;中国在程序中的不出庭并不剥夺仲裁庭的管辖权;菲律宾启动本次仲裁的行为不构成程序滥用;不存在因其缺席而将剥夺仲裁庭的管辖权的必要第三方;根据《公约》第281条或第282条之规定,2002年11月《南海各方行为宣言》,中菲联合声明、《东南亚友好合作条约》以及《生物多样性公约》不排除《公约》强制程序的适用;争端双方已经根据《公约》第283条的规定交换了意见;仲裁庭对菲律宾第3、第4、第6、第7、第10、第11、第13项诉求具有管辖权;关于仲裁庭对菲律宾第1、第2、第5、第8、第9、第12、第14项诉求是否具有管辖权的决定将涉及不具有完全初步性质问题的审议,保留对其管辖权问题的审议至实体问题阶段;指令菲律宾对第15项诉求澄清内容和限缩其范围,并保留对第15项诉求的管辖权问题的审议至实体阶段;保留对本裁决中未裁决的问题进行进一步审议和指令。③

---

① 参见傅莹、吴士存:《南海问题和南沙争议经纬》,2016年,第65页。
② 参见 The Republic of the Philippines v. The People's Republic of China, Award on Jurisdiction and Admissibility, 29 October 2015。
③ The Republic of the Philippines v. The People's Republic of China, Award on Jurisdiction and Admissibility, 29 October 2015, p.149, para. 413.

2016年7月12日,常设仲裁法院公布南海仲裁案"最终裁决"。[①] "最终裁决"全面支持甚至超越菲律宾的诉求,否定中国在南海的立场与主张,造成中国在南海的权益严重受损,明显缺失公正性和合理性。仲裁庭"最终裁决"内容包括管辖权和实体性问题两个方面。对于管辖权,仲裁庭认为,菲律宾的每一诉求均涉及《公约》的争端,其有管辖权。对于实体性问题的裁决主要有以下方面。第一,仲裁庭裁定中国在《公约》规定的权利范围以外,不存在对"九段线"(即南海断续线)内海域资源享有历史性权利的法律基础。第二,仲裁庭裁定南沙群岛的所有高潮时高于水面的岛礁(包括太平岛、中业岛、西月岛、南威岛、北子岛、南子岛)在法律上均为无法产生专属经济区或者大陆架的岩礁。同时,仲裁庭认为,《公约》并未规定如南沙群岛的一系列岛屿可以作为一个整体共同产生海域区域。第三,仲裁庭认为,中国干扰菲律宾在礼乐滩的石油开采,试图阻止菲律宾渔船在其专属经济区内的捕鱼,保护并不阻止中国渔民在美济礁和仁爱礁附近的菲律宾专属经济区内的捕鱼,以及未经菲律宾许可在美济礁建设设施和人工岛屿,侵犯了菲律宾对其专属经济区和大陆架的主权权利。仲裁庭认为,在黄岩岛海域中国非法限制和阻止菲律宾渔民的传统捕鱼权。仲裁庭认为,在海洋环境方面中国的岛礁建设活动破坏了海洋环境;中国对渔民破坏环境的捕鱼方法和捕捞濒危物种的行为没有履行阻止义务。第四,对菲律宾请求仲裁庭裁定中国的某些行为,尤其是自本仲裁启动之后在南沙群岛大规模填海和建设人工岛屿的活动,非法地加剧并扩大了双方之间的争端,仲裁庭认为,中国违反了在争端解决过程中争端当事方具有防止争端的加剧和扩大的义务。[②]

2. 仲裁庭的裁决损害仲裁机构功能且无法产生对中国的拘束力

从《公约》体系条款看,即使中国不出庭,仲裁庭的"最终裁决"也具有拘束力。例如,《公约》附件七第9条规定,如争端一方不出庭或对其案件不进行辩护,他方可请求仲裁庭继续进行程序并作出裁判;争端一方缺席或不对案件进行辩护,应不妨碍程序的进行;仲裁庭在作出裁决前,必须不但查明对该争端确有管辖权,而且查明所提要求在事实上和法律上均确有根据。《公约》附件七第11条规定,除争端各方事前议定某种上诉程序外,裁决应有确定性,不得上诉,争端

---

① 参见 *In the Matter of the South China Sea Arbitration before an Arbitral Tribunal Constituted under Annex Ⅶ to the 1982 United Nations Convention on the Law of the Sea between the Republic of the Philippines and the People's Republic of China Award*, 12 July 2016。

② *In the Matter of the South China Sea Arbitration before an Arbitral Tribunal Constituted under Annex Ⅶ to the 1982 United Nations Convention on the Law of the Sea between the Republic of the Philippines and the People's Republic of China Award*, 12 July 2016, pp.471-477, para.1203.

各方均应遵守裁决。《公约》附件七第 12 条规定，争端各方之间对裁决的解释或执行方式的任何争议，可由任何一方提请作出该裁决的仲裁庭决定。为此目的，仲裁庭的任何出缺，应按原来指派仲裁员的方法补缺；任何这种争执，可由争端所有各方协议，提交《公约》第 287 条所规定的另一法院或仲裁庭。《公约》第 296 条规定，根据本节（导致有拘束力裁判的强制程序）具有管辖权的法院或仲裁庭对争端所作的任何裁判应有确定性，争端所有各方均应遵从。

然而，在中国自始至终坚持"不接受、不参与、不承认"的立场下，仲裁庭作出的裁决对解决南海争议及海洋法的发展显然无任何的效果和作用，因为仲裁庭的裁决无法得到中国的认可，所以其裁决也是无法得到执行的。

一般而言，国际司法或仲裁机构的功能主要为以下三个方面：解决争议的功能；法律解释或适用功能；法律秩序促进功能。[①] 如果按这些国际司法或仲裁机构的三大功能对南海仲裁案的裁决效果进行评价，则可得出如下结论：

首先，仲裁庭不仅不能解决中菲之间存在的核心争议（南沙岛礁领土主权争议及海域划界争议），因为仲裁庭对此无管辖权；同时，中菲两国之间的所谓附属争议，因为菲律宾提起的诉项不是中菲之间的真实争议，所以在中方不承认的情况下，无法产生"定分止争"的作用，无任何执行力和效果。换言之，仲裁庭作出的所谓裁决无法发挥解决争议的功能。

其次，对于法律解释或适用的功能，由于中国不出庭、不正式答辩等，仲裁庭无法全面地厘清和收集事实，因而在事实认定和法律适用方面存在自我满足的情形，无法作出准确的判定，尤其是仲裁庭扩大和超越权限，包括对太平岛地位的认定和变相划界结果，以及对岛屿制度的严苛解释等，超越了仲裁庭法律解释或适用的功能，自然无任何效力。[②]

最后，对于法律秩序的促进功能，国际案例无疑在国际法包括海洋法的发展过程中具有促进法律制度完善的功能，而仲裁庭作出的对岛屿制度的严苛解释性立法、南沙群岛无岛屿存在的认定，否定中国以一般国际法为基础在南海的历史性权利的合法性等裁决内容，能否被国际社会后续类似的司法裁判及国家实践所引用，存在极大的疑问。换言之，仲裁庭此裁决对国际法包括海洋法的促进

---

① 参见［日］玉田大：《论国际判决的效力》，有斐阁 2012 年版，第 148 页。
② 一般对于法院判决或仲裁判决的无效原因主要为：协议的无效，超越权限，缺乏判决的理由，仲裁员的腐败，以及严重违反基本的程序规则。参见［日］玉田大：《论国际判决的效力》，有斐阁 2012 年版，第 55 页。对于法院判决错误的修正程序是复核（再审）程序，行使此再审的要件为：原判决的事实误认，以及新事实的发现。具体要求规定在《国际法院规约》的第 61 条；而依据《公约》附件七第 12 条，对于仲裁引起的对裁决的解释或执行方式的争议，则仍由该仲裁庭决定。

作用基本无效,更无法依其裁决维护包括南海在内的海洋秩序,所以此裁决毫无法律秩序的促进作用。①

按照《公约》第 296 条,"被称为拘束力的内容是确定的;法庭的最终判决对当事方有拘束力",仲裁裁决或国际法院判决要对当事国和本案产生拘束力应"仅在……诉争问题具有同一性时方可适用"。② 其诉争的同一性主要体现在三个方面:当事者相同;请求事项及其原因相同。③ 从上述分析可以看出,中菲两国之间的诉争不存在同一性,仲裁庭的裁决显然无此功效。同时,仲裁庭在客观和全面地认定事实、适用法律方面存在的缺陷;《公约》缺少相关仲裁事项的认定标准和救济机制,无法确保不参与者的权益等方面,也是中国无法接受其裁决的重要理据。

(二) 南海仲裁案裁决引起相应的损害海洋法的不利影响

如前所述,菲律宾单方面提起的南海仲裁案对《公约》体系及南海争议本身带来不利影响,也无助于海洋法的发展,相反将带来诸多消极的影响,与《公约》的应有法律功能相悖。

第一,严重地损害《公约》体系的权威性和整体性。这包括破坏《公约》的立法宗旨和目的,损害国家自主选择争议解决方法的权利,尤其是对国家作出排除性声明事项有无管辖权的不可预见性,使国家对《公约》体系失去信心。同时,在国际社会也将呈现对历史性权利与《公约》之间的关系、岛屿新要件论等的争议景象。

第二,影响国家间通过双边和多边文件延缓争议的应有作用。因为仲裁庭将双边或多边的"协议",狭义地解释为"法律协议"的观点,即仲裁庭认为《南海各方行为宣言》成员国无意使其成为一项涉及争端解决的具有法律拘束力的协议,其是一个具有意愿性的政治文件的共识,有可能使得国家间利用此政治方法达成共识的意愿减少,国家间的信任措施无法提升和落实,从而使南海争议问题的解决更为困难。④

---

① 例如,《国际法院规约》第 38 条第 1 款第 4 项规定,在第 59 条(法院之裁判除对于当事国及本案外,无拘束力)规定之下,司法判例及各国权威最高公法学家学说,作为确定法律原则之补助资料者;第 60 条规定,法院之判决系属确定,不得上诉。
② 参见高圣惕:《论中菲南海仲裁案的不可受理性、仲裁庭裁决的无效性及仲裁庭无管辖权的问题》,《中国海洋法学评论》2015 年第 2 期,第 12—13 页。
③ 参见[日]玉田大:《论国际判决的效力》,有斐阁 2012 年版,第 39 页。
④ 参见 The Republic of the Philippines v. The People's Republic of China, Award on Jurisdiction and Admissibility, 29 October 2015, pp.82-88, paras.212-226。

第三,某些国家尤其是美国将依据所谓的最终裁决增加在南海的行为和活动,包括单独或联合他国的方式(1+X)实施所谓的航行自由活动,增加南海的安全威胁和应对难度,呈现持续的南海法理应对困局,并出现军备竞赛的情势。

第四,仲裁庭越权认定美济礁、仁爱礁以及礼乐滩纳入菲律宾专属经济区内的变相划界违法裁决,破坏了《公约》确立的海洋争端司法和仲裁解决程序应有规则,将造成海洋争端解决的任意化、无序化。

四、结　语

南海仲裁案是我国批准加入《公约》以来首起被动应对的海洋争议仲裁案件,可以预见,今后我国还会遭遇类似的案件。不可否认,菲律宾恶意提起的南海仲裁案,使仲裁员利用其职权,借用《公约》体系的制度性缺陷,超越权限(尤其在事实认定和法律适用上存在严重错误)作出的所谓裁决,不仅无法解决争议,无法发挥"定分止争"的作用,而且使南海争议更为复杂,损害《公约》体系的完整性和权威性,剥夺《公约》成员国自主选择争议解决方法的权利,不可避免地损害第二次世界大战后确立的国际法原则和制度,损害中国在南海诸岛的权益。中国政府"不接受、不参与、不承认"的政策立场,具有国际法依据,目的是维护《公约》的权威性和完整性,理应受到尊重。

为此,我国学者应以南海仲裁案为契机,不仅应系统地研究《公约》的争端解决机制,还应就《公约》内的制度性缺陷提出修改和完善的意见和建议,为进一步丰富和完善《公约》体系作出积极努力。

南海航行自由与安全的海洋法分析

导言：南海航行自由的安全性

一般而言,南海的航行自由是安全的,但也存在一些安全隐患。例如,依据国际海事组织于 2017 年 3 月 30 日发布的《海盗行为及武装抢劫船舶的 2016 年度报告》,自 1985—2016 年,在南海发生海盗行为及武装抢劫船舶的事件共计 2 427 件。最低为 1985 年 3 件,最高为 2003 年 152 件。其中 2012 年 90 件、2014 年 93 件、2015 年 81 件、2016 年 68 件。即在 2013—2016 年,海盗行为及武装抢劫船舶事件在南海基本呈递减趋势,相应地南海(区域)呈比较安全的态势。[①]

但自 2013 年 1 月 22 日菲律宾单方面提起南海仲裁案以来,美国为表示对其的支持和固化所谓的最终裁决案内容,多次派遣军舰擅自进入中国西沙群岛的领海、南沙群岛的周边海域,实施所谓的航行自由行动(FON),严重侵犯和威胁中国在南海诸岛的主权和安全利益,引发中美在南海尤其在南沙岛礁有关海域的航行自由活动的对立和分歧,在南海呈现舰机冲突安全事故隐患。

美国所谓的"航行自由计划"(Freedom of Navigation Program)于 1979 年由卡特政府提出,自 1983 年开始执行,挑战在全球各地被美国依据海洋法(包括习惯国际法,1958 年"日内瓦海洋法公约",以及 1982 年《联合国海洋法公约》)片面认定的"过度海洋主张"(Excessive Maritime Claims),以维护海洋尤其在公海的航行自由与安全目标。[②]

---

① 参见 *Reports on Acts of Piracy and Armed Robbery Against Ships Annual Report - 2016* (March 30, 2017) MSC.4/Circ.245, p.16。

② 依据美国国防部 2017 年 3 月公布的 2016 年度"航行自由计划"执行报告,其对 22 个国家进行了挑战,而被美国认定的"过度海洋主张"原因包括"过度的直线基线""军舰通过领海事先取得许可""历史性海湾主张"等。参见宋燕辉:《南海仲裁,"联合国海洋法公约"第 121 条第 3 款之解释及国家实践:美国之例》,载吴士存主编:《南海评论 2》,世界知识出版社 2018 年版,第 4 页。在被挑战的 22 个声索(转下页)

美国军舰未经中国政府许可擅自进入西沙群岛领海、南沙群岛周边海域的所谓航行自由活动,不仅侵犯和损害中国在南海的领域(领土、领海和领空)主权和安全利益,违反《中国政府关于领海的声明》《中国领海及毗连区法》等,而且极易造成安全冲突事故,危害中美两国军事部门有关协议的实施及效果,自然遭到中国政府的强烈反对和严正抗议。这种行为不仅不利于南海区域的安定,而且危害南海问题的解决进程。

鉴于南海尤其是南沙岛礁周边海域在航行自由与安全上的重要性,本文分析美国军舰在南海实施的所谓航行自由行动的性质及影响等,在南海的航行自由与安全问题上探究中美合作的途径及效果,以维护南海区域安全秩序。

一、美国军舰擅入南海诸岛海域事例及中国的态度

近年(2015 年 10 月—2019 年 11 月),美国军舰未经中国政府许可擅自进入中国西沙群岛领海、中沙群岛(黄岩岛)和南沙群岛周边海域(邻近海域,近岸水域)实施所谓的航行自由活动。依据媒体报道内容,且由中国外交部和国防部(南部战区)专门发表谈话的事例,主要有以下 20 件。[①]

(1) 2015 年 10 月 27 日,美国"拉森"号军舰进入南沙渚碧礁 12 海里内行使所谓的航行自由活动。[②]

(2) 2016 年 1 月 30 日,美国"威尔伯"号导弹驱逐舰未经许可进入中国西沙领海,实施所谓的无害通过制度。[③]

(3) 2016 年 5 月 10 日,美国海军"劳伦斯"号驱逐舰未经中国允许,非法进

(接上页)国(Clamant)中,既有如日本、菲律宾、韩国、泰国等美国的同盟国,也有如中国、巴西、印度、印度尼西亚、马来西亚和越南等美国的非同盟国。对美国学者航行自由的评析及批判内容,参见包毅楠:《中美海洋法论争的"美国之声"》,《国际法研究》2019 年第 2 期,第 3—10 页。

[①] 美国军舰在我国南海诸岛邻近海域实施航行自由行动的特点和性质内容,参见包毅楠:《美国军舰擅闯我国南海岛礁邻近海域的国际法实证分析》,《太平洋学报》2019 年第 6 期,第 52—63 页。

[②] 《外交部发言人陆慷就美国"拉森"号军舰进入中国南沙群岛有关岛礁邻近海域答记者问》内容,参见 http://www.fmprc.gov.cn/web/fyrbt_673021/t1309393.shtml,2015 年 10 月 28 日访问;《国防部新闻发言人杨宇军就美舰进入中国南沙群岛有关岛礁近岸水域发表谈话》内容,参见 http://news.mod.gov.cn/headlines/2015-10/27/content_4626242.htm,2015 年 10 月 28 日访问。

[③] 《外交部发言人华春莹就美军舰进入我西沙群岛中建岛领海事答记者问》内容,参见 http://www.fmprc.gov.cn/fyrbt_673021/t1336605.shtml,2016 年 1 月 31 日访问;《国防部新闻发言人杨宇军就美国军舰擅自进入我西沙领海发表谈话》内容,参见 http://news.mod.gov.cn/headlines/2016-01/30/content_4638189.htm,2016 年 1 月 31 日访问。

入中国南沙群岛有关岛礁邻近海域,实施所谓的航行自由活动。①

(4) 2016年10月21日,美国军舰"迪凯特"号驱逐舰擅自进入我国西沙领海,实施所谓的航行自由活动。②

(5) 2017年5月25日,美国海军"杜威"号军舰未经中国政府许可,擅自进入中国南沙群岛有关岛礁的邻近海域,实施所谓的航行自由活动。③

(6) 2017年7月2日,美国"斯坦塞姆"号导弹驱逐舰擅自进入中国西沙群岛领海,实施所谓的航行自由行动。④

(7) 2017年8月10日,美国海军"麦凯恩"号导弹驱逐舰擅自进入中国南沙群岛有关岛礁邻近海域,中国海军"淮北"号、"抚顺"号导弹护卫舰当即行动,对美舰进行识别查证,并予以警告驱离。⑤

(8) 2017年10月10日,美国海军"查菲"号导弹驱逐舰擅自进入中国西沙群岛领海,实施所谓的航行自由行动,中国海军"黄山"号导弹驱逐舰和两架歼-11B战斗机、1架直-8直升机紧急应对,对美舰予以警告驱离。⑥

(9) 2018年1月17日,美国海军"霍珀"号导弹驱逐舰未经中国政府许可,擅自进入中国黄岩岛12海里内海域,中国海军"黄山"号导弹驱逐舰当即行动,

---

① 《外交部发言人陆慷主持例行记者会》时的相关内容,参见 http://www.mfprc.gov.cn/web/fyrbt_673021/t1361960.shtml,2016年5月11日访问;《国防部新闻发言人杨宇军就美国军舰进入中国南沙群岛有关岛礁邻近海域发表谈话》内容,参见 http://www.mod.gov.cn/shouye/2016-05/10/content_4655672.htm,2016年5月11日访问。
② 《外交部发言人华春莹就美国军舰擅自进入中国西沙领海答记者问》内容,参见 http://www.fmprc.gov.cn/web/fyrbt_673021/t1407844.shtml,2016年10月22日访问;《国防部发言人吴谦就美国军舰擅自进入我西沙领海发表谈话》内容,参见 http://www.mod.gov.cn/topnews/2016-10/content_4751133.htm,2016年10月22日访问。
③ 《外交部发言人陆慷主持例行记者会》时的相关内容,参见 http://www.fmprc.gov.cn/web/fyrbt_673021/t1465186.shtml,2017年5月28日访问;《国防部对美舰识别查证、警告驱离》内容,参见 http://www.mod.gov.cn/topnews/2017-05/25/content_4781368.htm,2017年5月25日访问。
④ 《外交部发言人陆慷就美国"斯坦塞姆"号导弹驱逐舰擅自进入中国西沙群岛领海事答记者问》内容,参见 http://www.fmprc.gov.cn/web/fyrbt_673021/t1474743.shtml,2017年7月3日访问;《国防部新闻发言人吴谦就美国军舰擅自进入中国西沙群岛领海发表谈话》内容,参见 http://www.mod.gov.cn/info/2017-07/03/content_4788202.htm,2017年7月3日访问。
⑤ 《外交部发言人耿爽就美国军舰擅自进入中国南沙群岛有关岛礁邻近海域答记者问》内容,参见 http://www.fmprc.gov.cn/web/fyrbt_673021/t1483938.shtml,2017年8月11日访问;《国防部新闻发言人吴谦就美舰擅自进入中国南沙群岛有关岛礁邻近海域发表谈话》内容,参见 http://www.mod.gov.cn/topnews/2017-08/11/content_4788473.htm,2017年8月11日访问。
⑥ 《外交部发言人华春莹主持例行记者会》时的相关内容,参见 http://www.fmprc.gov.cn/web/fyrbt_673021/t1500839,2017年10月11日访问;《国防部新闻发言人就美国军舰擅自进入中国西沙领海发表谈话》内容,参见 http://www.mod.gov.cn/topnews/2017-10/11/content_4794392.htm,2017年10月11日访问。

对美舰进行识别查证,并予以警告驱离。①

(10) 2018 年 3 月 23 日,美国海军"马斯廷"号导弹驱逐舰未经中国政府许可,擅自进入中国南海有关岛礁邻近海域,中国海军 570 舰、524 舰迅即行动,依法依规对美舰进行识别查证,并予以警告驱离。②

(11) 2018 年 5 月 27 日,美国海军"希金斯"号和"安提坦"号军舰未经中国政府允许,擅自进入中国西沙群岛领海;中国海军依法对美舰实施查证识别,并予以警告驱离。③

(12) 2018 年 9 月 30 日,美国海军"迪凯特"号驱逐舰未经中国政府允许,擅自进入南沙群岛有关岛礁附近海域,中国海军 170 舰依法依规对美舰进行了识别查证,并予以警告驱离。④

(13) 2018 年 11 月 26 日,美国海军导弹巡洋舰"切斯劳维尔"号(Chancellorsville)未经中方允许,擅自进入了中国西沙群岛领海;中方随即派出军舰军机依法对美舰实施了查证识别,并予以警告驱离;中方向美方提出了严正交涉。⑤

(14) 2019 年 1 月 7 日,美国海军"麦克坎贝尔"号军舰未经中方允许,擅自进入中国西沙群岛领海;中国人民解放军南部战区组织海空兵力全程监控美舰

---

① 《外交部发言人陆慷答记者问》内容,参见 http://www.fmprc.gov.cn/web/fyrbt_673021/t1527156.shtml,2018 年 1 月 20 日访问;《国防部新闻发言人吴谦就美舰擅自进入中国黄岩岛邻近海域发表谈话》内容,参见 http://www.mod.gov.cn/topnews/2018-01/20/content_4802823.htm,2018 年 1 月 20 日访问。

② 《外交部发言人华春莹就美舰进入我南海岛礁邻近海域答记者问》内容,参见 http://www.fmprc.gov.cn/web/fyrbt_673021/t1545024.shtml,2018 年 3 月 24 日访问;《国防部新闻发言人任国强就美国军舰进入中国南海岛礁邻近海域发表谈话》内容,参见 http://www.mod.gov.cn/topnews/2018-03/23/content_4807714.htm,2018 年 3 月 23 日访问。

③ 《外交部发言人陆慷就美国军舰擅自进入中国西沙群岛领海答记者问》内容,参见 http://www.fmprc.gov.cn/web/fyrbt_673021/t1562830.shtml,2018 年 5 月 28 日访问;《国防部新闻发言人吴谦就美舰擅自进入中国西沙群岛领海答问》内容,参见 http://www.mod.gov.cn/topnews/2018-05/27/content_4815313.htm,2018 年 5 月 28 日访问。此外,2018 年 8 月 31 日,英国"海神之子"号船坞运输舰未经中国政府许可,擅自非法进入中国西沙群岛领海,中国军队依法依规派出舰机对英舰实施查证识别,并予以警告驱离,向英方提出严正交涉。《国防部新闻发言人任国强就英国军舰擅自进入中国西沙群岛领海发表谈话》内容,参见 http://www.mod.gov.cn/topnews/2018-09/06/content_4824306.htm,2018 年 9 月 6 日访问;《外交部发言人华春莹在 2018 年 9 月 6 日主持例行记者会问答》内容,参见 http://www.fmprc.gov.cn/web/fyrbt_673021/t1592689.shtml,2018 年 9 月 6 日访问。

④ 《外交部发言人华春莹就美舰非法进入南沙岛礁有关岛礁邻近海域答记者问》内容,参见 http://www.fmprc.gov.cn/web/fyrbt_673021/t1601544.shtml,2018 年 10 月 2 日访问;《国防部发言人吴谦就美舰擅自进入中国南海岛礁邻近海域发表谈话》内容,参见 http://www.mod.gov.cn/topnews/2018-10/02/content_4826058.htm,2018 年 10 月 2 日访问。

⑤ 参见《外交部发言人耿爽主持例行记者会》(2018 年 11 月 30 日)的回答,http://www.fmprc.gov.cn/fyrbt_673021/t1617774.shtml,2018 年 11 月 30 日访问。

情况,并进行识别查证、警告驱离;同时就此向美方提出严正交涉。①

(15) 2019 年 2 月 11 日,美国海军"斯普鲁恩斯"号和"普雷贝尔"号军舰未经中国政府允许,擅自进入中国南沙群岛仁爱礁和美济礁邻近海域;中国海军依法对美舰进行识别查证,并予以警告驱离。②

(16) 2019 年 5 月 6 日,美国"普雷贝尔"号和"钟云"号军舰未经中国政府允许,擅自进入中国南沙群岛南薰礁和赤瓜礁邻近海域;中国海军依法对美舰进行识别查证,并予以警告驱离。③

(17) 2019 年 5 月 20 日,美国军舰"普雷贝尔"号未经中国政府允许,擅自进入中国黄岩岛邻近海域;中国海军依法对美舰进行了识别查证,并予以警告驱离。④

(18) 2019 年 8 月 29 日,美国"迈耶"号驱逐舰未经中国政府允许,擅自闯入我南沙岛礁邻近海域(中国南海永暑礁和美济礁 12 海里范围内);中国人民解放军南部战区海空兵力依法依规对美舰全程进行跟踪监视和查证识别,并予以警告驱离。⑤

(19) 2019 年 9 月 13 日,美国海军"迈耶"号导弹驱逐舰未经中国政府允许,擅自闯入我西沙群岛领海;中国人民解放军南部战区海空兵力依法依规对美舰全程进行跟踪监视和查证识别,并予以警告。⑥

(20) 2019 年 11 月 20 日,美国海军"吉福兹"号濒海战斗舰未经中国政府允许,非法进入中国南沙群岛有关岛礁邻近海域;11 月 21 日上午,美"迈耶"号驱逐

---

① 《南部战区新闻发言人就美"麦克坎贝尔"号驱逐舰擅闯我西沙领海发表谈话》内容,参见 http://www.mod.gov.cn/topnews/2019-01/07/content_4833825.htm,2019 年 1 月 8 日访问;《外交部发言人陆慷主持例行记者会回答》内容,参见 http://www.fmprc.gov.cn/web/fyrbt_673021/t1627554.shtml,2019 年 1 月 8 日访问。

② 《南部战区新闻发言人就美军舰擅闯我南沙礁邻近海域发表谈话》内容,参见 http://www.mod.gov.cn/topnews/2019-02/11/content_4836053.htm,2019 年 2 月 12 日访问;《外交部发言人华春莹主持例行记者会回答》内容,参见 http://www.fmprc.gov.cn/web/fyrbt_673021/t1636893.shtml,2019 年 2 月 12 日访问。

③ 《外交部发言人耿爽主持例行记者会回答》内容,参见 https://www.fmprc.gov.cn/web/fyrbt_673021/t1661103.shtml,2019 年 5 月 6 日访问;《南部战区新闻发言人就美军舰擅闯我南海岛礁邻近海域发表谈话》内容,参见 http://www.mod.gov.cn/topnews/2019-05/06/content_4841259.htm,2019 年 5 月 6 日访问。

④ 《外交部发言人陆慷主持例行记者会回答》内容,参见 https://www.fmprc.gov.cn/web/fyrbt_673021/t1664956.shtml,2019 年 5 月 20 日访问;《南部战区新闻发言人就美舰擅闯中国南海有关岛礁邻近海域发表谈话》内容,参见 http://www.modu.gov.cn/topnews/2019-05/20/content_4841952.htm,2019 年 5 月 20 日访问。

⑤ 《美舰闯入中国南海岛礁 12 海里范围内南部战区回应》(原标题:南部战区新闻发言人就美舰擅闯中国南沙岛礁邻近海域发表谈话),参见 https://news.china.com/domestic/945/20190829/36928256.html,2019 年 8 月 29 日访问。

⑥ 《南部战区新闻发言人就美舰擅闯我西沙群岛领海发表谈话》内容,参见 http://www.mod.gov.cn/topnews/2019-09/13/content_4850366.htm,2019 年 9 月 14 日访问。

舰又擅自闯入中国西沙群岛领海；中国南部战区依法对美国有关舰船全程进行跟踪监视、查证识别并予以警告驱离。①

从上述美国军舰擅自进入我国管辖海域的范围看，主要是西沙群岛的领海、南沙群岛的周边海域(邻近海域、近岸水域)。即其依据单方认定的所谓"过度海洋主张"(包括西沙直线基线的过分要求、军舰在领海内无害通过的许可、潜在的管辖海域主张)和所谓的南海仲裁案最终裁决内容实施"航行自由行动"，侵犯和挑战中国在南海诸岛的权益(主权和安全利益)。② 中国政府尤其是国防部(南部战区)的态度是，及时发表专门的谈话及运用中国军舰进行识别查证并予以警告驱离，并指出美国的行为极易引发海空意外事故，中国坚决反对，要求美国停止诸如此类的挑衅活动。美国军舰擅入南海诸岛海域违反中国的国内法和国际法，且这种炫耀武力的单方面行为极易推动地区军事化进程，也不利于南海问题的解决，更损害包括军事互信在内的中美关系发展大局、影响海洋法律秩序。

二、美国军舰航行自由行动涉及的法律问题

针对美国军舰擅自进入我国西沙群岛领海、南沙岛礁周边海域实施所谓的航行自由行动行为，有必要考察美国军舰实施该行动涉及的法律问题，尤其是其行为所处海域的地位及其性质问题。如上所述，从美国军舰实施所谓的上述航行自由行动的活动范围看，近五年来，主要涉及的海域为西沙群岛的领海(9次)和南沙岛礁的周边海域(邻近海域、近岸水域，10次)，其行为涉及领海的无害通过制度及南沙有关岛礁周边海域的地位等法律问题。

(一)领海的无害通过制度

1. 领海的无害通过制度

依据《联合国海洋法公约》第2条的规定，领海是指沿海国的主权及于其陆地领土及其内水以外邻接的一带海域；此项主权及于领海的上空及其海床和底土。即沿海国对领海拥有完全的权利(立法、执法和司法管辖权)，因为领海是沿海

---

① 《外交部发言人耿爽主持例行记者会回答》内容，参见 https://www.fmprc.gov.cn/web/fyrbt_673021/t1718089.shtml，2019年11月22日访问；《南部战区新闻发言人就美舰擅闯我南海岛礁邻近海域发表谈话》内容，参见 http://www.mod.gov.cn/topnews/2019-11/22/content_4855396.htm，2019年11月22日访问。

② 关于"过度海洋主张"理论以及"航行自由行动"的演变过程内容，参见包毅楠：《美国"过度海洋主张"理论及实践的批判性分析》，《国际问题研究》2017年第5期，第106—128页。

国家的自然而不可分的附属物,即其采用了领海是"领土说"的观点。所谓的"领土说",是指领海是沿海国陆地领土的延伸,沿海国对其具有排他性的管辖权。①

众所周知,领海制度的例外是,外国船舶包括军舰在领海内的无害通过权。其法律依据为:第一,《联合国海洋法公约》第 17 条规定,在本公约的限制下,所有国家的船舶均享有无害通过领海的权利;第二,《联合国海洋法公约》第 30 条规定,如果任何军舰不遵守沿海国关于通过领海的法律和规章,而且不顾沿海国向其提出遵守法律和规章的任何要求,沿海国可要求该军舰立即离开领海。

尽管如此,军舰在领海内的无害通过制度在理论上存在模糊性,在实践上存在不同的做法。因为,现代海洋法体系(在成文法或条约中,现代海洋法体系内容主要为 1958 年"日内瓦海洋法公约"和 1982 年《联合国海洋法公约》)在实体上将判断"无害"的标准让渡于沿海国,从而导致不同的国家实践;在程序上军舰在领海内的无害通过的对立或争议的焦点为:"事先通知论"("事先许可论")和"自由使用论"。② 即多数发展中国家坚持"事先同意论",以确保沿海国在领海内的权益尤其是安全利益不受侵害;③而海洋强国多坚持"自由使用论",以扩大包括军舰在内的武器装备在他国的领海内有更多的活动空间和自由,以实施所谓的航行自由行动。④

2. 通过和无害通过的要件

(1) 通过的要件。《联合国海洋法公约》第 18 条第 1 款规定,通过是指为下列目的,通过领海的航行:(a)穿过领海但不进入内水或停靠内水以外的泊船处或港口设施;或(b)驶往或驶出内水或停靠这种泊船处或港口设施。第 2 款规定,通过应继续不停和迅速进行;通过包括停船和下锚在内,但以通常航行所附带发生的或由于不可抗力或遇难所必要的或为救助或遭难的人员、船舶或飞机的目的为限。

---

① 参见 D. P. O'Connell, "The Juridical Nature of the Territorial Sea", (1971) *45 British Year Book of International Law*, p.381。领海是"领土说"的观点,也体现在《领海及毗连区公约》(1958 年)的第 1—2 条中。同时,领海是陆地领土的自然延伸及不可分的附属物的效果是,仅领海是无法让渡给他国的。参见[日]林司宣、岛田征夫、古贺卫:《国际海洋法》(第 2 版),有信堂 2016 年版,第 18 页。
② 参见金永明:《论领海无害通过制度》,《国际法研究》2016 年第 2 期,第 66—68 页。
③ 对于军舰在领海内的无害通过上作出程序性(事先许可或通知)限制的国家有 40 多个。参见 J. A. Roach and R. W. Smith, *Excessive Maritime Claims*, Third Edition, Maritinus Nijhoff Publishers, 2012, pp.250-251, pp.258-259. 这些国家在国内法上作出军舰在领海内无害通过的限制性规定的法律依据是《联合国海洋法公约》第 310 条,目的是使该国国内法律和规章同本公约的规定取得协调。
④ 发展中国家和海洋强国依据国内法或《联合国海洋法公约》第 310 条对军舰在领海内的无害通过作出限制性规定及声明的内容。参见张新军:《美国航行自由计划在南海的新进展:"去管制"还是"再平衡"》,载吴士存主编:《南海评论 1》,南京大学出版社 2017 年版,第 49—53 页。

(2) 无害通过的要件。《联合国海洋法公约》第 19 条第 1 款规定,通过只要不损害沿海国的和平、良好秩序或安全,就是无害的;这种通过的进行应符合本公约和其他国际法规则。第 2 款规定,如果外国船舶在领海内进行下列任何一种活动(共计 12 种活动),其通过即应视为损害沿海国的和平、良好秩序或安全。

从《联合国海洋法公约》第 18—19 条的内容及结构看,如果"通过"不符合第 18 条规定的要件,则可由第 19 条规定的行为予以判断,即《联合国海洋法公约》采取了将"通过"的要件和"无害通过"的要件分开立法并规定的做法(分离性),以区别于"日内瓦海洋法公约"中的《领海及毗连区公约》第 14 条第 2 款和第 4 款对"通过"包含"无害通过"要件的整体性规定。①

而针对《联合国海洋法公约》第 19 条第 1 款与第 2 款之间的关系,在学界存在两种观点。第一,列举说。其认为,第 19 条第 2 款是依据船舶的行为或状态分类予以规制的,其只不过是对第 19 条第 1 款的列举,其行为是否有害应结合第 19 条第 2 款判断。第二,非列举说。其认为,第 19 条第 2 款不需要等待沿海国的举证,其是依据船舶的行为或状态标准设计的"推定性"规定,并不是对第 19 条第 1 款的全部列举。这些观点的法律效果是,如果外国船舶的"通过"行为即使不是第 19 条第 2 款的有害行为,或可能被认为不是第 19 条第 1 款的有害行为,沿海国仍可通过规定领海使用的条件,对这些船舶的"通过"进行管辖,因为《联合国海洋法公约》第 21 条赋予沿海国可对 8 种行为进行规范的权利。②

(3) 外国军舰应遵守领海无害通过的规章。如上所述,对于外国军舰在领海内的无害通过,国际社会在程序上存在"自由使用论"和"事先同意论"的对立,但外国军舰在领海内的无害通过最低限度应遵守沿海国关于领海无害通过的法律和规章,这是毫无异议的,且其已成为习惯国际法规则,所有国家均须遵守。③ 其

---

① 例如,《领海及毗连区公约》第 14 条第 2 款规定,通过是指为了横渡领海但不进入内水,或驶入内水或自内水驶往公海而通过领海的航行;第 4 款规定,通过只要不损害沿海国的和平、善良秩序或安全,就是无害的,此项通过的进行应符合本公约各条款和其他国际法规则。
② 参见[日]山本草二:《海洋法》,三省堂 1997 年版,第 125—127 页。
③ 关于美国对《联合国海洋法公约》的态度,美国基于其有关深海海床采矿制度的条款具有"无法弥补的缺陷",拒绝签署《联合国海洋法公约》;美国里根政府强调美国支持《联合国海洋法公约》的其他部分,并且如果第 11 部分中的异议条款内容(包括在授予采矿合同方面缺乏确定性,海床矿产产量的人为限制以及难于负担的经济要求)能被修正的话,美国政府将会支持批准。参见[美]路易斯·B.宋恩等:《海洋法精要》(第 2 版),傅崐成等译,上海交通大学出版社 2014 年版,第 192 页。但随着联合国对其第 11 部分内容修改的"执行协定"(即《关于执行 1982 年 12 月 10 日"联合国海洋法公约"第 11 部分协定,1994 年)的制定,美国主张的不满足第 11 部分的内容已基本消除;美国克林顿政府曾有意愿加入《联合国海洋法公约》,并得到了美国国务院、国防部、商务部等部门官员及学者们的支持,但在美国参议院外交委员会上因受保守委员对该公约条款误解和曲解等的影响,美国迄今仍未批准加入《联合国海洋法公约》。参见[日]林司宣、岛田征夫、古贺卫:《国际海洋法》(第二版),有信堂 2016 年版,第 124—125 页。

法律依据是《联合国海洋法公约》第 30 条。具体要求为：第一，遵守沿海国制定的法律。例如，《联合国海洋法公约》第 25 条和第 21 条第 1 款。第二，遵守沿海国指定或规定的海道航行。例如，《联合国海洋法公约》第 22 条。第三，对违反沿海国法律的处置措施。例如，《联合国海洋法公约》第 30 条。

（二）南沙岛礁邻近海域及近岸水域用语的模糊性

如上所述，针对美国军舰"拉森"号事件(2015 年 10 月 27 日)，《中国外交部发言人就美国军舰进入中国南沙群岛有关岛礁邻近海域答记者问》《国防部新闻发言人就美国军舰进入中国南沙群岛有关岛礁近岸水域发表谈话》以及在后续的声明或谈话中，涉及了"邻近海域"和"近岸水域"的用语。那么，在此语境下的南沙岛礁的"邻近海域"和"近岸水域"在现代海洋法体系下是具有何种地位的海域，即南沙岛礁邻近海域和近岸水域的法律地位问题。

1. 现代海洋法体系对海域的分类

海洋法是国际法的重要组成部分，其法律渊源自然包括条约（成文法）、国际习惯、一般法律原则，以及司法判例及各国权威最高之公法学家学说等内容。[①] 为此，现代海洋法体系可分为狭义说和广义说两种类型。广义说是指现代海洋法体系（成文法）、习惯国际法以及与海洋有关的所有规章和制度，包括国际组织诸如国际海事组织等机构通过的决议及制定的制度等；狭义说是指海洋法的两大体系（现代海洋法体系），即 1958 年"日内瓦海洋法公约"体系和 1982 年《联合国海洋法公约》体系。[②] 为便于分析，本文采用现代海洋法体系的狭义说。

依据 1958 年"日内瓦海洋法公约"体系，其将海域分为领海以外即公海，所谓的"二元论"结构。例如，《公海公约》第 1 条规定，"公海"一词是指不包括在一国领海或内水内的全部海域；《领海及毗连区公约》第 24 条第 1 款规定，沿海国得在毗连其领海之公海区内行使必要之管制以：(1) 防止在其领土或领海内违犯其海关、财政、移民或卫生规章之行为；(2) 惩治在其领土或领海内违犯前述规章之行为。

依据 1982 年《联合国海洋法公约》体系，其将海域分为：领海，群岛水域，专

[①] 参见《国际法院规约》第 38 条。
[②] "日内瓦海洋法公约"体系(1958 年)包括"日内瓦海洋法四公约"和《关于强制解决争端的任择签字议定书》。

属经济区/大陆架,公海,国际海底区域等,所谓的"多元论"结构。①

2. 1958 年"日内瓦海洋法公约"与 1982 年《联合国海洋法公约》体系之间的关系

《联合国海洋法公约》第 311 条第 1 款规定,在各缔约国间,本公约应优于 1958 年 4 月 29 日日内瓦海洋法公约。在此应注意的是,尽管美国不是《联合国海洋法公约》的成员国,但其内的领海制度、专属经济区制度等已成为习惯国际法,所以美国也应遵守《联合国海洋法公约》规范的相关制度。

3. 邻近海域和近岸水域性质的模糊性

可见,针对美国军舰在南沙岛礁周边海域(中国占据的南沙岛礁的周边海域)实施所谓的航行自由行动的海域,按照外交部和国防部所称的邻近海域和近岸水域,不是狭义现代海洋法体系下的具有合法地位的海域,也不是现代海洋法体系下的专有术语。

同时,针对马来西亚和越南联合提交的外大陆架划界案(2009 年 5 月 6 日)、越南单独提交的外大陆架划界案(2009 年 5 月 7 日),中国政府于 2009 年 5 月 7 日向联合国秘书长提交的照会(含断续线附图)中指出,中国对南海诸岛及其附近海域拥有无可争辩的主权,并对相关海域及其海床和底土享有主权权利和管辖权。② 在此,南海诸岛的附近海域、相关海域的性质和范围也是不确定的。③ 而从中国政府于 2011 年 4 月 14 日向联合国秘书长提交的补充照会内容看,南海诸岛尤其是南沙群岛的附近海域是指领海,相关海域主要是指专属经济区和大陆架。因为该补充照会指出,按照《联合国海洋法公约》、1992 年《中国领海及毗连区法》和 1998 年《中国专属经济区和大陆架法》有关规定,中国南沙群岛拥有领海、专属经济区和大陆架。④

此外,《中国政府关于在南海的领土主权和海洋权益的声明》(2016 年 7 月 12 日)指出,中国在南海的领土主权和海洋权益包括:(1) 中国对南海诸岛,包括东沙、西沙、中沙和南沙群岛拥有主权;(2) 中国南海诸岛拥有内水、领海和毗连

---

① 《联合国海洋法公约》体系主要指《联合国海洋法公约》序言、正文和 9 个附件。例如,《联合国海洋法公约》第 318 条规定,各附件为本公约的组成部分,除另有明文规定外,凡提到本公约或一个部分也就包括提到与其有关的附件。
② 参见 http://www.un.org/depts/los/clcs_new/shbmissions_files/vnm37_09/chn_2009re_vnm_c.pdf,2011 年 5 月 5 日访问。
③ 从"附近海域"应对的是"主权"表述看,此处的"附近海域"主要为领海;而从"相关海域"应对的是"主权权利和管辖权"的表述看,此处的"相关海域"主要为专属经济区和大陆架。参见金永明:《海上丝路与南海问题》,《南海学刊》2015 年第 4 期,第 1—2 页。
④ 参见 http://www.un.org/depts/los/clcs_new/submissions_files/vnm37_09/chn_2011_re_phl.pdf,2011 年 5 月 5 日访问。

区;(3)中国南海诸岛拥有专属经济区和大陆架;(4)中国在南海拥有历史性权利。① 即中国在南海除拥有《联合国海洋法公约》下的领海、毗连区和专属经济区及大陆架外,中国在南海还拥有历史性权利。但其内涵是不清楚的,对于以此为基础的海域也是模糊的。换言之,"历史性权利"的性质和具体内涵如《中国专属经济区和大陆架法》第14条规定那样,内容依然没有清晰化。②

既然美国军舰在南沙岛礁的邻近海域和近岸水域实施所谓的航行自由行动的位置,不是严格意义上现代海洋法体系下的海域,那么它们是具有何种性质和地位的海域? 为此,有必要分析《联合国海洋法公约》体系内涵,以界定南沙岛礁邻近海域和近岸水域的真实地位及作用。

三、《联合国海洋法公约》体系内涵及其适用

(一)《联合国海洋法公约》体系发展阶段

一般认为,现代海洋法体系中的核心内容《联合国海洋法公约》体系,经历了两个发展阶段。③ 在第一阶段即其通过阶段,《联合国海洋法公约》体系主要包括序言、正文和9个附件;而1994年《第11部分执行协定》(即《关于执行1982年12月10日〈联合国海洋法公约〉第11部分协定》)和1995年《跨界鱼类执行协定》(即《执行1982年〈联合国海洋法公约〉有关养护和管理跨界鱼类种群和高度洄游鱼类种群之规定的协定》)是对《联合国海洋法公约》体系的补充和完善,它们构成《联合国海洋法公约》体系的第二阶段。例如,《第11部分执行协定》第2条第1款规定,本协定和第11部分的规定应作为单一文书来解释和适用;本协定和第11部分如有任何不一致的情况,应以本协定的规定为准。《跨界鱼类执行协定》第4条规定,本协定的任何规定不应妨碍《联合国海洋法公约》所规定的

---

① 参见 http://world.people.com.cn/n1/2016/0712/c1002-28548370.html,2016年7月12日访问。
② 《中国专属经济区和大陆架法》第14条规定,本法的规定不影响中华人民共和国享有的历史性权利(historical right/ rights)。从该法的适用范围和内容可以看出,我国除依据距离原则和陆地支配海洋原则享有专属经济区和大陆架外,还可依历史性权利为基础对不同的海洋地物主张相应的管辖海域。
③ 如果将联合国大会于2015年6月19日作出的就国家管辖范围外区域海洋生物多样性的养护和可持续利用问题拟订一份具有法律拘束力的国际文书的决议(A/RES/69/292)内容,并自2018年9月启动政府间会议的协商进程内容纳入,则《联合国海洋法公约》将迎来第三个发展阶段。鉴于此新执行协定现处于审议讨论阶段,因而未将其纳入,仍依两个发展阶段进行分类。国家管辖范围外区域海洋生物多样性问题内容,参见金永明:《国家管辖范围外区域海洋生物多样性的养护和可持续利用问题》,《社会科学》2018年第9期,第12—21页。

国家权利、管辖权和义务;本协定应参照《联合国海洋法公约》的内容并以符合《联合国海洋法公约》的方式予以解释和适用。

这种在《联合国海洋法公约》外以"执行协定"的方式对原来规范的相关内容进行补充和完善的立法模式,既避免了利用"修正会议"(第312条)和"简易程序"(第313条)修改《联合国海洋法公约》的困难性,也符合《维也纳条约法公约》第30条、第59条的内容,所以,《第11部分执行协定》和《跨界鱼类执行协定》的有关规定具有合理性,并与《联合国海洋法公约》具有兼容性,即上述两个执行协定也是《联合国海洋法公约》体系的重要组成部分,并构成其发展的第二个阶段。①

(二)《联合国海洋法公约》体系内容

从《联合国海洋法公约》(以下简称《公约》)体系结构看,其内容主要包括以下方面:

(1) 基础性、一般性和原则性内容。例如,《公约》的"序言"和第1部分(用语),第16部分(一般规定)和第17部分(最后条款),附件一(高度回游鱼类)和附件九(国际组织的参加)。②

(2) 各种海域的管理制度。例如,《公约》第2部分(领海和毗连区),第5部分(专属经济区),第6部分(大陆架)和附件二(大陆架界限委员会),第7部分(公海),第11部分("区域"),附件三(探矿、勘探和开发的基本条件)和附件四(企业部章程)以及《第11部分执行协定》和《跨界鱼类执行协定》。

(3) 海洋的功能性制度。例如,《公约》第3部分(用于国际航行的海峡),第12部分(海洋环境的保护和保全),第13部分(海洋科学研究),第14部分(海洋技术的发展和转让)。

(4) 海洋的特殊性制度。例如,《公约》第4部分(群岛国),第8部分(岛屿制度),第9部分(闭海或半闭海),第10部分(内陆国出入海洋的权利和过境自由);

(5) 海洋的争端解决制度。例如,《公约》第15部分(争端的解决),附件五

---

① 《第11部分执行协定》主要为改善深海探矿尤其在财政和技术转让等方面的规范,以增加《联合国海洋法公约》的普遍性;《跨界鱼类执行协定》主要是为了解决公海生物资源尤其跨界鱼类被过度捕捞的问题。

② 在《联合国海洋法公约》文本内的《第三次联合国海洋法会议最后文件》(包括6个附件和附录)是对举行第三次联合国海洋法会议历程的说明和《联合国海洋法公约》体系在生效前的过渡期间的安排和措施等方面的内容,对于理解《联合国海洋法公约》的制定过程有重要的辅助作用。

(调解)和附件六(国际海洋法法庭规约),附件七(仲裁)和附件八(特别仲裁)。

笔者认为,上述 5 个方面的内容,构成《公约》体系的基本内容。①

(三)《公约》体系确定各类海域的原则及功能

《公约》中的海域范围依陆地支配海洋的原则和距离原则(如 12 海里的领海,24 海里的毗连区,200 海里的专属经济区和大陆架等)确定。其中"陆地支配海洋原则"发轫于北海大陆架案(1969 年),在 1978 年的爱琴海大陆架案和 2009 年的黑海划界案得到确认。例如,国际法院在北海大陆架案的判决中指出,沿海国对大陆架的权利,在法律上附属于邻接沿海国大陆架的领土主权并直接来源于主权;大陆架是适用"陆地支配海洋原则"的法律概念。② 在爱琴海大陆架案中,国际法院指出,沿海国在国际法上当然拥有在大陆架上的勘探和开发资源的权利,这种权利是沿海国对陆地主权的专属性的表现;即在法律上沿海国在大陆架上的权利是沿海国领土主权的发散,且其是自动的附属物。③ 而确定海域范围的"距离原则"是在《公约》中加以确立的。④ 换言之,"距离原则"可以根据条约条款内容的变化而变更,所以,在确定海域范围时,"陆地支配海洋原则"起主导的作用,而"距离原则"仅起辅助的作用。据此可将界定《公约》体系内海域范围的方式分为如下四种类型。

1. 界定海域的类型

(1) 需要国家宣布或声明的海域。例如,领海、群岛水域和专属经济区、海洋安全区、海洋开发区、海洋保护区等。⑤

(2) 不需要国家宣布或声明的海域。例如,200 海里内的大陆架。因为《公约》第 77 条第 3 款规定,沿海国对大陆架的权利并不取决于有效或象征的占领或任何明文公告。

(3) 需要国际机构(大陆架界限委员会、国际海底管理局)建议或核准的海域(矿区)。例如,200 海里外的大陆架、国际海底区域矿区。《公约》第 76 条第 8 款规定,从测算领海宽度的基线量起 200 海里以外大陆架界限的情报应由沿海国

---

① 金永明:《现代海洋法体系与中国的实践》,《国际法研究》2018 年第 6 期,第 32—34 页。
② 参见 *ICJ Reports*, 1969, p.31 and p.51。
③ [日]尾崎重义:《爱琴海大陆架案》,载[日]波多野里望、尾崎重义编著:《国际法院判决和意见》(第 2 卷,1964—1993 年),国际书院 1996 年版,第 137 页、第 146 页。
④ 例如,《公约》第 3 条、第 33 条第 2 款、第 57 条、第 76 条第 1 款和第 5 款。
⑤ 与海洋安全区有关的内容,例如,《公约》第 25 条第 3 款、第 52 条第 2 款、第 60 条第 4—5 款。与海洋开发区有关的内容,例如,《公约》第 246 条第 6 款。与海洋保护区有关的内容,例如,《公约》第 211 条第 6 款、第 234 条。

提交根据附件二(大陆架界限委员会)在公平地区代表制基础上成立的大陆架界限委员会;委员会应就有关划定大陆架外部界限的事项向沿海国提出建议,沿海国在这些建议的基础上划定的大陆架界限应有确定性和拘束力。

(4) 潜在的管辖海域。即沿海国虽未公布领海的基点和基线,但依据现代海洋法体系尤其是《公约》及国内法,沿海国对一定范围内的海域具有潜在管辖权的海域。美国军舰在南沙岛礁周边海域实施所谓的航行自由行动的海域的法律地位即为属于此类性质的海域,即依据中国国内法中国对南沙岛礁周边一定范围内的海域具有潜在的管辖权。例如,《中国海洋环境保护法》(1982 年通过,1999 年、2013 年和 2016 年修订)第 2 条规定,本法适用于中华人民共和国内水、领海、毗连区、专属经济区、大陆架以及中华人民共和国管辖的其他海域;《中国渔业法》(1986 年通过,2000 年和 2004 年修正)第 2 条规定,在中华人民共和国的内水、滩涂、领海、专属经济区以及中华人民共和国管辖的一切其他海域从事养殖和捕捞水生动物、水生植物等渔业生产活动,都必须遵守本法;《中国专属经济区和大陆架法》第 14 条规定,本法的规定不影响中国享有的历史性权利。即中国可依据国际法(包括一般国际法)尤其是《公约》和国内法,确定在南沙岛礁周边海域的管辖范围,以对不同性质的海域实施和管制航行自由行动。

2. 管辖海域的基本功能

沿海国对于确定的管辖海域具有主权、主权权利和管辖权,但在行使这些权利时特别应"适当顾及"其他国家(使用国)的权利,包括航行和飞越自由在内的权利,以实现沿海国和使用国之间的权利平衡。例如,《公约》第 87 条第 2 款规定,公海自由应由所有国家行使,但须适当顾及其他国家行使公海自由的利益。此处的"适当顾及"是对各国行使公海自由的限制,同时,"适当顾及"具有相互性。换言之,"适当顾及"要求所有国家在行使公海自由时,要意识和考虑到其他国家使用公海的利益,并避免有干扰其他国家行使公海自由的活动;各国要避免对其他国家的国民使用公海造成不利影响的行为的任何可能。[①] 实际上,海洋法的发展史就是沿海国的权益和使用国的权利,即公海自由尤其是航行和飞越自由权利的协调和平衡的历史。换言之,海洋法的历史即为沿海国家主张的管辖权和其他国家主张的海洋自由,沿海国的个别利益和国际社会的一般/普遍性利益相互对立和调整的历史。[②]

---

① 参见[美] 路易斯·B.宋恩等:《海洋法精要》(第 2 版),傅崐成等译,上海交通大学出版社 2014 年版,第 17 页。
② 参见[日] 水上千之:《海洋自由的形成(1)》,《广岛法学》第 28 卷第 1 期(2004 年),第 1—2 页。

（四）美国军舰航行自由行动的海域性质

1. 南沙岛礁邻近海域及近岸水域的性质

中国对南海诸岛拥有无可争辩的主权,所以中国可依据陆地支配海洋原则和《公约》的距离原则在南沙群岛主张管辖海域,但由于各种原因,中国迄今未公布南沙群岛的领海基点和基线,所以在形式上中国在南沙群岛的管辖海域范围并不明确。但依据《中国政府关于领海的声明》(1958年9月4日)、《中国领海及毗连区法》(1992年2月25日)、《全国人民代表大会常务委员会关于批准"联合国海洋法公约"的决定》和《中国政府关于中国领海基线的声明》(1996年5月15日),以及《中国专属经济区和大陆架法》(1998年6月26日)和《中国海洋环境保护法》《中国渔业法》等的相关规定,中国对南沙岛礁周边一定范围内的海域具有潜在的管辖权。换言之,中国对南沙群岛周边一定范围内的管辖海域可依据国内法包括基于历史性权利和《公约》制度确定。对于美国军舰在其周边海域尤其是12海里内实施的所谓航行自由行动即无害通过应具有管制权。[1] 即美国军舰在南沙岛礁12海里内的行动应遵守中国关于外国军舰在领海内的无害通过制度的法律和规章。

换言之,中国在南沙群岛的管辖海域由以中国作为《公约》缔约国的身份可以声明的海域(领海、毗连区和专属经济区)和依据历史性权利为基础可以主张的海域(历史性特殊海域或特殊历史性海域)组成。在它们之间的关系上,前者为主要部分,后者为次要部分,且它们的来源和依据不同,互相补充,共同构成中国在南沙群岛的管辖海域范围。[2]

在此特别应注意的是,中国能否以南沙群岛整体主张管辖海域,依据历史性权利可以主张的海域范围如何,历史性权利的特殊性及其具体权利是否全部被《公约》所覆盖,以及南沙群岛海洋地物的地位与性质如何,则是另外需要继续论

---

[1] 例如,《中国政府关于领海的声明》第1条规定,中国的领海宽度为12海里;这项规定适用于中华人民共和国的一切领土,包括中国大陆及其沿海岛屿,和同大陆及其沿海岛屿隔有公海的台湾及其周围各岛、澎湖列岛、东沙群岛、西沙群岛、中沙群岛、南沙群岛以及其他属于中国的岛屿。《中国领海及毗连区法》第2条规定,中华人民共和国领海为邻接中国陆地领土和内水的一带海域;中华人民共和国的陆地领土包括中国大陆及其沿海岛屿、台湾及其包括钓鱼岛在内的附属岛屿、澎湖列岛、东沙群岛、西沙群岛、中沙群岛、南沙群岛以及其他一切属于中国的岛屿。其第3条规定,中华人民共和国领海的宽度从领海基线量起为12海里。《全国人民代表大会常务委员会关于批准"联合国海洋法公约"的决定》第3条声明:中国重申对1992年2月25日颁布的《中国领海及毗连区法》第2条所列各群岛及岛屿的主权。《中国政府关于中国领海基线的声明》规定,中国政府将再行宣布中华人民共和国其余领海基线。

[2] 金永明:《中国南海断续线的性质及线内水域的法律地位》,《中国法学》2012年第6期,第36—48页。

证的重要问题。这些内容构成南海问题的关键,包括南海断续线的性质、历史性权利的位阶及其与《公约》之间的关系,以及群岛水域制度和海洋地物(岛屿、岩礁、低潮高地等)的认定和作用等方面。①

2. 美国军舰在南沙岛礁周边海域实施航行自由行动的意图

不可否认,美国军舰在南海实施所谓的航行自由行动目的和意图具有多重性。在政治安全方面,美国须履行对同盟国的保护义务以及通过执行国内国防预算以"确保"国际社会安全的义务;在外交方面,美国需履行诸如七国集团首脑、外长系列声明中对南海问题的表述内容;②在法律方面,美国需要维系包括南沙岛礁周边海域在内的所谓航行自由安全规则,包括采用美国自身的标准遏制过度的直线基线做法,固化南海仲裁案最终裁决内容,对毗连区安全事项行使管辖权予以反对,对专属经济区内的军事活动事先须获得同意加以反对等方面。③但从法律层面看,中美两国在南沙岛礁上的争议焦点为:中国在南沙群岛占据和建设的海洋地物是属于何种法律地位的问题,即它们是岛屿、岩礁,还是低潮高地,尤其在对南海断续线的性质及作用上的对立和分歧。④

美国认为,中国在南沙群岛占据的海洋地物是低潮高地,所以依据《公约》第

---

① 中国国际法学会:《南海仲裁案裁决之批判》,外文出版社2018年版,第183—299页。针对南海仲裁案仲裁庭对岛屿和岩礁裁决的批判性内容,参见高圣惕:《论南海仲裁案对"联合国海洋法公约"第121(3)条的错误解释》,《太平洋学报》2018年第12期,第24—34页。

② 例如,《海洋安全保障七国集团外长宣言》(G7 Foreign Ministers' Declaration on Maritime Security,2015年4月15日)指出,七国首脑要求所有国家,应用国际社会普遍承认的法律争端解决机制,依据国际法和平管理和解决海洋争议,应完全履行对国家有拘束力的相关法院/法庭作出的判决/裁决,强调沿海国在未划界的海域采取的对海洋环境产生永久性的物理变更的单方面的行动应予慎重和控制。《七国集团首脑宣言》(2015年6月8日)指出,依据国际法的各项原则,七国集团首脑承诺以规则为基础维持海洋秩序,担忧东海及南海的紧张局势;强调和平解决争议,不阻碍世界海洋自由而适用法律的重要性;强力反对威胁、强制或行使武力,包括采取大规模填埋方式试图改变现状的单方行动。参见http://www.mofa.go.jp/mofaj/ecm/ec/page4_001250.html,2015年6月10日访问。《海洋安全保障七国集团外长声明》(2016年4月11日)内容,参见http://www.mofa.go.jp/mofaj/files/000147443.pdf,2016年4月13日访问。《亚洲情势七国集团外长声明》(2016年9月20日)内容,参见http://www.mofa.go.jp/mofaj/files/000189834.pdf,2016年9月22日访问。《七国集团首脑声明》(2017年5月26—27日)内容,参见http://www.mofa.go.jp/mofaj/files/000260041.pdf,2017年5月28日访问。

③ 美国对中国西沙直线基线的立场文件,参见美国国务院于1996年7月9日发布的《海洋的界限——中国的直线基线要求》(No.117)报告(Limits in the Seas No.117: Straight Baseline Claim: China)。美国对航行自由包括对南海岛礁周边海域航行自由的政策发展历程内容,参见金永明:《海上丝路与南海问题》,《南海学刊》2015年第4期,第2—3页。美国依据"过度海洋主张"行使所谓"航行自由行动"目的内容,参见包毅楠:《美国"过度海洋主张"理论及实践的批判性分析》,《国际问题研究》2017年第5期,第117页。

④ 美国针对南海断续线性质的内容,参见美国国务院于2014年12月5日发布的《海洋的界限:中国在南海的海洋主张》(No.143)报告(Limits in the Seas No.143: China: Maritime Claims in the South China Sea)。

13条的规定,如果低潮高地全部与大陆或岛屿的距离超过领海的宽度,则该高地没有其自己的领海。此条款的目的是阻止沿海国为主张远离海岸的基线,从低潮高地蛙跳到另一低潮高地所作出的规定。① 同时,《公约》第7条第4款规定,除在低潮高地上筑有永久高于海平面的灯塔或类似设施,或以这种高地作为划定基线的起讫点已获得国际一般承认者外,直线基线的划定不应以低潮高地为起讫点。而近岸设施和人工岛屿不应视为海港工程(例如,《公约》第11条)。所谓的"海港工程"是指作为"陆地组成部分"的"结构"和"设施",在某种意义上包围和防护其中的水域,并"连接海岸"。② 为此,美国以国际社会利益保护者的身份在南沙岛礁周边海域实施所谓的航行自由行动,以挑战中国在南海的权益主张,并以遏制所谓的"过度海洋主张"要求为目的。在本质上"航行自由行动"不仅符合美国在南海区域内的"国家利益",也是美国涉入南海事务的机会和借口。换言之,美国的"航行自由行动"乃是包装"维护航行自由权"的国际法律外衣,实质目的是推行保障其"航行"权利的国内政策。③

鉴于中国现今已在南沙岛礁占据的有关岛礁完成了陆域吹填工程并建设了相关设施,美国为避免因中国行为造成的既有事实,为遏制中国依此主张管辖海域并扩大管辖范围,并预测对所谓的航行和飞越自由带来损害,从而进行了诸如军舰进入南沙群岛有关岛礁12海里内所谓的航行自由行动,以抹杀和消除中国在南海尤其在南沙岛礁的权利主张及其扩大化趋势。④

---

① 参见[美]路易斯·B.宋恩等:《海洋法精要》(第2版),傅崐成等译,上海交通大学出版社2014年版,第64页。美国认为,除非中国的陆域吹填工程已经使渚碧礁等获得岛屿地位,否则它们仅仅是一个低潮高地,本身并没有领海,因而也没有行使无害通过之必要。参见张新军:《美国航行自由计划在南海的新进展:"去管制"还是"再平衡"》,载吴士存主编:《南海评论1》,南京大学出版社2017年版,第47—48页。
② 参见[美]路易斯·B.宋恩等:《海洋法精要》(第2版),傅崐成等译,上海交通大学出版社2014年版,第64页。
③ 参见王冠雄:《美国军舰航行自由行动:法律与政策的冲撞》,《南海学刊》2018年第4期,第71页。
④ 外交部发言人华春莹主持例行记者会时(2015年6月30日)指出,根据既定作业计划,中国在南沙群岛部分驻守岛礁上的建设已于近日完成陆域吹填工程,下阶段中方将开展满足相关功能的设施建设。这些建设主要是为各类民事需求服务,以更好地履行中国在海上搜救、防灾减灾、海洋科研、气象观察、生态环境保护、航行安全、渔业生产服务等方面承担的国际责任和义务,也包括满足必要的军事防卫需求。参见http://www.fmprc.gov.cn/mfa_chn/fyrbt_602243/t1277205.shtml,2015年7月1日访问。在南海区域的基础设施建设方面,中国交通运输部有关负责人员指出,自2014年起中国逐步加大建设力度,使南海海域民用航海保障基础设施网络初步形成。除在南沙群岛有关进驻岛礁开工建设了5座灯塔外,我国还在西沙水域建成了晋卿岛等4座灯桩;在永兴岛等地设置了4座船舶自动识别系统基站,实现了西沙重点水域信号的全覆盖;开播了海上安全信息广播业务,实现了对西沙、中沙水域信号的覆盖。同时,在完善巡航机制方面,通过巡视检查,初步掌握了南海海域的水文气象、通航环境、船舶交通和作业、海域污染等情况,也制止和纠正了船舶在海上航行、停泊和作业中发生的各种违法行为。以上内容,参见《交通运输部介绍南海岛礁5座灯塔建设情况指出我国始终追求维护南海船舶航行安全》,《人民日报》2016年7月11日,第6版。

3. 美国军舰擅入中国南海诸岛管辖海域行为的不利影响和后果

这主要体现在以下方面：第一，严重损害我国南海诸岛主权及管辖海域安全，挑战我国相关法律和规章的合法性。例如，《国防部发言人吴谦就美舰擅自进入中国南沙群岛有关岛礁邻近海域发表谈话》(2017 年 8 月 11 日)指出，美方打着"航行自由"的幌子寻衅滋事，派军用舰机非法进入中国南海岛礁邻近海域，严重威胁中国主权和安全利益，严重危及双方一线人员生命安全，严重破坏地区和平稳定。[①] 同时，《中国领海及毗连区法》第 6 条第 2 款规定，外国军用船舶进入中国领海，须经中华人民共和国政府批准。[②] 从中国政府应对美国军舰擅自进入南海岛礁所谓的航行自由行动看，即不论美方采取任何挑衅行动，中国军队都将采取一切必要措施，坚决维护国家的主权和安全利益。《中国领海及毗连区法》第 10 条规定，外国军用船舶在通过中华人民共和国领海时，违反中华人民共和国法律、法规的，中华人民共和国有关主权机关有权令其立即离开领海，对所造成的损失或者损害，船旗国应负国际责任。换言之，我国应依据《公约》第 21 条第 1 款的规定进一步完善关于无害通过领海的法律以及相应的国内规章，包括事先许可或通知沿海国的程序和主管机构等方面的内容。

第二，美国军舰持续实施所谓的航行自由行动，损害中美两国军事部门于 2014 年 10 月达成的《重大军事行动相互通报机制谅解备忘录》《海空相遇安全行为准则谅解备忘录》以及于 2015 年 9 月签署的后续附件内容，不利于两国军事部门间的交流及互信的提升。[③] 例如，《国防部发言人吴谦就美舰擅自进入中国南沙群岛有关岛礁邻近海域发表谈话》(2017 年 8 月 11 日)指出，美方上述挑衅行为严重损害双方战略互信，为两军关系的发展制造了困难与障碍；我们强烈敦促美方立即改正错误，停止以所谓的航行自由为名行违法挑衅之实；美国的挑衅

---

① 参见 http://www.mod.gov.cn/topnews/2017-08/11/content_4788473.htm，2017 年 8 月 11 日访问。

② 《中国领海及毗连区法》第 6 条针对外国军舰在我国领海内的无害通过规范的是事先许可或事先批准，此内容与《全国人民代表大会常务委员会关于批准"联合国海洋法公约"的决定》的声明内容并不完全一致。其第 4 条规定，中华人民共和国重申：《联合国海洋法公约》有关领海内无害通过的规定，不妨碍沿海国按其法律规章要求外国军舰通过领海必须事先得到该国许可或通知该国的权利。从制定和解释法律("决定")的主体看，它们具有同样的地位，因为它们均是由全国人大常委会通过和决定的；从法律本身的位阶看，"法律"高于"决定"；从制定的时间看，对于同样的事项，是否应遵守"后法"优于"先法"的原则，那么这就面临需修改"先法"规定以及补充实施无害通过领海的程序性内容，以协调和统一针对同一事项的具体规范，并按程序行事。

③ 中美两国军事部门达成的《重大军事行动相互通报机制谅解备忘录》内容，参见 http://www.defense.gov/pubs/141112_MemorandumOfUnderstandingOnNotication.pdf；《海空相遇安全行为准则谅解备忘录》内容，参见 http://www.defense.gov/pubs/141112_MemorandumOfUnderstandingRegardingRules.pdf，2015 年 2 月 10 日访问。

行动只会促使中国军队进一步加强各项防卫能力建设,坚定捍卫国家主权和安全。①

第三,美国军舰在南海诸岛周边海域实施的所谓航行自由行动,损害中国与东盟国家、中菲两国之间达成的共识和意愿,为南海问题的解决带来变数及不可预见性。例如,《中国和东盟国家外长关于全面有效落实"南海各方行为宣言"的联合声明》(2016年7月25日)重申《南海各方行为宣言》在维护地区和平稳定中发挥的重要作用;承诺全面有效完整落实《南海各方行为宣言》,并在协商一致基础上实质性推动早日达成"南海行为准则";声明有关各方承诺根据公认的国际法原则,包括1982年《联合国海洋法公约》,由直接有关的主权国家通过友好磋商和谈判,以和平方式解决领土和管辖权争议,而不诉诸武力或以武力相威胁,等等。②《中华人民共和国与菲律宾共和国联合声明》(2016年10月21日)第40段指出,双方重申南海争议问题不是中菲双边关系的全部;双方就以适当方式处理南海争议的重要性交换了意见;双方重申维护及促进和平稳定、在南海的航行和自由的重要性,根据包括《联合国宪章》和1982年《公约》在内公认的国际法原则,不诉诸武力或以武力相威胁,由直接有关的主权国家通过友好磋商和谈判,以和平方式解决领土和管辖权争议。③ 这些内容不仅在《中华人民共和国与菲律宾共和国联合声明》(2018年11月21日)中得到确认,而且得到了发展。例如,在上述声明的第25段指出,双方认为,在中国和包括菲律宾在内的东盟国家共同努力下,南海形势更趋稳定;双方将同其他东盟国家一道,全面、有效落实《南海各方行为宣言》,保持"南海行为准则"单一磋商文本草案积极磋商势头,争取在协商一致的基础上早日达成有效的"南海行为准则"。在第26段指出,双方认识到建立信任措施对增进互信意义重大,并肯定了中菲南海问题双边磋商机制和海警海上合作联委会合作机制的重要性。在第27段指出,双方欢迎签署《中华人民共和国政府与菲律宾共和国政府关于油气开发合作的谅解备忘录》,愿积极商讨包括海上油气勘探和开发,矿产、能源及其他海洋资源可持续利用等在内的海上合作。④

第四,美国军舰如依据所谓的南海仲裁案最终裁决(2016年7月12日)内容

---

① 参见 http://www.mod.gov.cn/topnews/2017-08/11/content_4788473.htm,2017年8月11日访问。
② 参见 http://www.fmprc.gov.cn/web/zyxw/t1384157.shtml,2016年7月25日访问。
③ 参见 http://www.fmprc.gov.cn/web/zyxw/t1407676.shtml,2016年10月21日访问。
④ 参见 http://www.fmprc.gov.cn/web/zyxw/t1615198.shtml,2018年11月21日访问。

继续实施所谓的航行自由行动,则中美两国之间的安全对抗将加剧,南海区域将不会安宁,中美关系也将受到不利影响。无论美国在中国西沙群岛领海,还是在南沙岛礁周边海域包括在12海里内的潜在管辖海域实施所谓的航行自由行动,如上所述,均应遵守领海及潜在管辖海域(领海)内的无害通过制度,而超越无害通过的任何行为(即有害行为)均是对中国管辖海域的安全威胁和利益损害的挑衅行为,自然会持续遭到中国政府的强烈反对和严正抗议。例如,《国防部发言人就美国军舰擅自进入中国西沙群岛发表谈话》(2017年10月11日)指出,美方派军舰再次进入中国领海挑衅,侵犯中国主权和安全利益,损害中美两国两军战略互信,破坏地区和平稳定,极易引发意外事件,中国国防部坚决反对;中国军队将针对美军的一再挑衅行动,进一步加强海空战备建设和提高防卫能力水平,坚定捍卫国家主权和安全利益。[①]

四、中国维系南海权益的若干措施及展望

美国政府派遣军舰在南沙周边海域实施所谓的航行自由行动(主要目的是依自身的判断遏制沿海国"过度"的权利主张),并不会因中国的强力抗议、严正交涉及警告驱离等而停止,因为美国为遏制中国的海洋活动及权利主张、履行对同盟国的义务、维系所谓的航行自由规则等,依然会依据包括所谓的南海仲裁案的最终裁决内容等擅自以"1+X"模式派遣军舰不时地赴南海诸岛周边海域实施所谓的航行自由行动。为此,中国维系南海权益包括航行自由与安全的举措,主要为:

第一,应极力消除南海仲裁案最终裁决的消极影响,尤其在法律上的不利影响。中国重点应批驳仲裁庭对此案件的无管辖权及不可受理性问题,以及仲裁庭利用和扩大《公约》体系的制度性缺陷,尤其在事实认定和法律适用上作出错误裁决的无效性。[②] 同时,应进一步强化对岛屿制度的构成要件、群岛水域制度在远洋大陆国家适用的可能性、历史性权利与《公约》之间的关系,以及国际司法制度等方面的研究。

第二,利用中美两国之间已有的对话渠道,加强与美国的沟通和协调。尤其

---

① 参见http://www.mod.gov.cn/topnews/2017-10/11/content_4794392.htm,2017年10月11日访问。

② 金永明:《论南海仲裁案对海洋法的冲击》,《政治与法律》2017年第7期,第105—116页。对南海仲裁案的系统性批判内容,参见中国国际法学会:《南海仲裁案裁决之批判》,外文出版社2018年版,第1—446页。

应切实履行两国军事部门缔结的《重大军事行动相互通报机制谅解备忘录》和《海空相遇安全行为准则谅解备忘录》及其后续附件内容,以共同管控包括南海区域在内的海洋安全秩序。

第三,进一步明确中国在南海诸岛的法律制度。在南沙岛礁,包括依据陆域吹填后的新状态区域适时宣布南沙岛礁的最新位置、重新命名部分南沙岛礁的名称、创造条件逐步公布南沙岛礁的基点和基线,更重要的是应明确南海断续线的性质以及历史性权利的具体内涵,避免他国尤其是美国继续"误解和误判"。[①]对于在西沙群岛的领海制度,一方面,应依据《公约》第 21 条的规定,充实与无害通过有关的法律和规章;另一方面,对于美国军舰擅自持续地进入西沙领海内的活动,可以从航行安全和国家安全角度依据《公约》第 22 条和第 25 条的规定,指定领海内的海道和分道通航制以及为保护国家安全在领海内设立保护区等措施。

第四,中美主导创设航行自由的国际法论坛会议。以举行航行自由为主题的多次论坛的共识为基础,结合国际社会现存的针对航行自由的制度(例如,2005 年 9 月的《专属经济区内水域航行与上空飞越的行动指针》、2013 年 10 月的《亚太专属经济区内互信和安全构筑原则》),为缔结《公约》关于航行自由与安全问题的新执行协定作出贡献,以避免美国以自身的标准采取航行自由行动遏制沿海国的权利主张行为延续,并控制以航行自由行动为名损害航行自由制度事件的发生。[②]

最后应该强调指出的是,美国所追求的包括南海在内的航行和飞越自由,何尝不是中国所追求的核心利益。因为中国的原材料和商品进出口及社会经济活动等均依赖于海洋航行和飞越自由安全的确保,所以,中美两国在海洋的航行和飞越自由方面存在共同而广泛的利益,是必须且可以合作的重要领域。

不可否认,针对航行和飞越自由的海洋法规范,因《公约》的妥协性和模糊性,中美两国存在不同的理解和对立的实践,所以只有加强双方的交流和磋商,才能消弭对其的不同认识和理解,为进一步丰富和发展现代海洋法体系相关制度作出贡献,这是双方应该共同努力的方向和目标。而美国依单方面认定的"过

[①] 关于南海断续线(U 形线)的性质及历史性权利内涵内容,参见傅崐成、崔浩然:《南海 U 形线的法律性质与历史性权利的内涵》,《厦门大学学报(哲学社会科学版)》2019 年第 4 期,第 66—75 页。
[②] 关于《专属经济区水域航行和上空飞越的行动指针》内容,参见日本海洋政策研究财团编:《海洋白皮书:日本的动向、世界的动向》(2006 年),2006 年 3 月,第 195—197 页;《亚太专属经济区内互信和安全构筑原则》内容,参见 Ocean Policy Research Foundation, *Principles for Building Confidence and Security in the Exclusive Economics Zones of the Asia-Pacific*, 30 October 2013, pp.1 - 12。

度海洋主张"所采取的航行自由行动在效果上具有局限性,即其他国家并不因此而改变自身原有的法律立场和主张,相反会增加安全对立,无助于问题的解决。所以,只有加强中美之间的交流和合作,增进互信,才能实现依法治海的目标,并对现代海洋法体系的理解和实践起到主导作用,进而维护包括南海区域在内的海洋安全秩序,确保航行和飞越自由安全有序。

"一带一路"倡议的本质与
南海区域安全合作

"一带一路"倡议不仅成为中国和平发展战略的重要组成部分,而且是中国特色大国外交的新亮点和新成就,成为国际社会关注的焦点和学者们研究的热点,因而,对"一带一路"倡议之要义进行分析,具有理论价值和实践意义。

一、"一带一路"倡议的世界意义与中国贡献

(一)"一带一路"倡议的背景及提出

在世界经济低迷、全球格局变化和调整、全球治理机制脆弱、世界性问题多样复杂难控的国际背景下,依托我国改革开放以来取得的成就及经验,为发挥中国的多重身份和作用,我国适时地提出了"一带一路"倡议。即中国国家主席习近平于 2013 年 9 月和 2013 年 10 月,分别在访问哈萨克斯坦和印度尼西亚时,提出了共建"丝绸之路经济带"和"21 世纪海上丝绸之路"(简称"一带一路")的倡议。习近平主席在印度尼西亚国会作题为《携手建设中国—东盟命运共同体》的重要演讲中指出,东南亚地区自古以来就是"海上丝绸之路"的重要枢纽,中国愿同东盟国家加强海上合作,使用好中国政府设立的中国—东盟海上合作基金,发展好海洋合作伙伴关系,共同建设"21 世纪海上丝绸之路"。[①]

(二)"一带一路"倡议的后续言行及世界影响

"一带一路"倡议自提出以来,尤其于 2014 年 11 月 8 日习近平主席在北京举

[①] 参见 http://www.china.com.cn/news/world/2013-10/04/content_30202173.htm,2013 年 10 月 14 日访问。

行的"'加强互联互通伙伴关系'东道主伙伴对话会"上作题为《联通引领发展 伙伴聚焦合作》的讲话,进一步明确了"一带一路"中的重要基础性内容互联互通的重要性,加深了各国对其的理解和认同。即习近平主席在讲话中指出"一带一路"和互联互通是相融相近、相辅相成后,特就深化务实合作提出了五点建议,产生了一定的世界影响:(1)以亚洲国家为重点方向,率先实现亚洲互联互通;(2)以经济走廊为依托,建立亚洲互联互通的基本框架;(3)以交通基础设施为突破,实现亚洲互联互通的早期收获;(4)以建设融资平台为抓手,打破亚洲互联互通的瓶颈;(5)以人文交流为纽带,夯实亚洲互联互通的社会根基。这些合作的目的和远景是通过深化互联互通伙伴关系,优化亚洲区域安全合作,共建发展和命运共同体。①

上述内容和目标特别得到了中国国内重要文件的确认和拓展,使国际社会更进一步地认识和理解了中国倡议的"一带一路"的目标、合作领域和路径以及成效等内涵。例如,经国务院授权,于2015年3月28日由国家发展改革委员会、外交部、商务部联合发布的《推动共建丝绸之路经济带和21世纪海上丝绸之路的愿景与行动》;②中国推进"一带一路"建设工作领导小组办公室于2017年5月10日发布的《共建"一带一路":理念、实践和中国的贡献》,③以及于2019年4月22日发布的《共建"一带一路"倡议:进展、贡献和展望》。④ 换言之,中国提出"一带一路"倡议以来,在主要内容、组织机构、具体措施等方面的不断深化和保障,使"一带一路"的国际影响力日增并产生了积极效果,在国际社会认同并合作的意愿加强,体现了其强大的生命力,具有重要的世界意义。具体表现为以下两个方面:

其一,参与度和实际影响力加强。截至2019年3月底,中国政府已与125个国家和29个国际组织签署了173份合作文件。共建"一带一路"倡议及其核心理念已写入联合国、二十国集团、亚太经合组织以及其他区域组织等有关文件中。即"一带一路"倡议逐渐从理念转化为行动,从愿景转变为现实,建设成果丰硕,并产生了极大的影响力和吸引力。

其二,具体领域的合作进程成果丰硕。依据《共建"一带一路"倡议:进展、贡

---

① 习近平:《联通引领发展 伙伴聚焦合作》(2014年11月8日),载中共中央文献研究室编:《十八大以来重要文献选编(中)》,中央文献出版社2016年版,第208—213页。
② 关于《推进共建丝绸之路经济带和21世纪海上丝绸之路的愿景与行动》内容,参见 http://www.gov.cn/xinwen/2015-03/28/content_2839723.htm,2015年3月28日访问。
③ 参见 http://www.china.com.cn/news/2017-05/11/content_40789833.htm,2017年5月11日访问。
④ 关于《共建"一带一路"倡议:进展、贡献和展望》报告内容,参见 http://www.xinhuanet.com/world/2019-04/22/c_1124400071.htm,2019年4月22日访问。

献和展望》报告内容,其合作成果主要体现在以下方面:

(1) 在产业合作方面,中国同 40 多个国家签署了产能合作文件,同东盟、非盟、拉美和加勒比国家共同体等区域组织进行合作对接,开展机制化产能合作;中国与法国、意大利、西班牙、日本、葡萄牙等国签署了第三方市场合作文件。

(2) 在贸易规模方面,2013—2018 年,中国与沿线国家货物贸易进出口总额超过 6 万亿美元,年均增长率高于同期中国对外贸易增速,占中国货物贸易总额比重达到 27.4%。

(3) 在直接投资方面,2013—2018 年,中国企业对沿线国家直接投资超过 900 亿美元,在沿线国家完成对外承包工程营业额超过 4 000 亿美元。

(4) 在资金融通方面,截至 2018 年底,亚洲基础设施投资银行已从最初 57 个创始成员,发展到遍布各大洲的 93 个成员,累计批准贷款 75 亿美元,撬动其他投资近 400 亿美元,已批准的 35 个项目覆盖印度尼西亚、巴基斯坦、阿塞拜疆、阿曼、土耳其、埃及等 13 个国家;2014 年 11 月,中国政府宣布出资 400 亿美元成立丝路基金,2017 年 5 月,中国政府宣布向丝路基金增资 1 000 亿元人民币;截至 2018 年底,丝路基金协议投资金额约 110 亿美元,实际出资金额约 77 亿美元。

(5) 在教育培训方面,中国设立"丝绸之路"中国政府奖学金项目,与 24 个沿线国家签署高等教育学历学位互认协议;在 54 个沿线国家设有孔子学院 153 个、孔子课堂 149 个。

(6) 在对话机制方面,中国与相关国家先后组建了"一带一路"智库合作联盟、丝路国际智库网络、高校智库联盟等对话机制。可谓在各领域的收益丰硕,影响深远。

(三)"一带一路"倡议的价值取向

"一带一路"倡议提出后的合作成果仍在进一步深化和拓展。例如,于 2017 年 5 月 14—15 日在北京举行的以共商、共建和共享为宗旨和原则的"'一带一路'国际合作高峰论坛"达成系列合作共识、重要举措及务实成果,形成"一带一路"国际合作高峰论坛成果清单。其内容主要涵盖政策沟通、设施联通、贸易畅通、资金融通和民心相通五大类,共 76 大项,270 多项具体成果。① 于 2019 年 4 月 25—27 日在北京举行的以"共建'一带一路',开创美好未来"为主题的"第二

---

① 参见《"一带一路"国际合作高峰论坛成果清单》(2017 年 5 月 16 日),http://www.fmprc.gov.cn/web/zyxw/t1461873.shtml,2017 年 5 月 16 日访问。

届'一带一路'国际合作高峰论坛"上形成成果清单,在各国政府、地方、企业等之间达成的各类合作项目,共6大类283项。①

正如《"一带一路"国际合作高峰论坛圆桌峰会联合公报》(2017年5月16日)所指出的,"一带一路"作为一项重要国际倡议,为各国深化合作提供了重要机遇,取得了积极成果,未来将为各方带来更多利益。为此,我们将秉持和平合作、开放包容、互学互鉴、平等透明、相互尊重的精神,在共商、共建、共享的基础上,本着法治、机会均等原则加强合作;同时,我们重申需要重点推动政策沟通、设施联通、贸易畅通、资金融通、民心相通,强调根据各国法律法规和相关国际义务,采取切实行动。

可见,其价值取向为,通过携手推进"一带一路"建设和加强互联互通倡议对接的努力,为国际合作提供新机遇、注入新动力,有助于推动实现开放、包容和普惠的全球化。② 如果借用习近平主席在"一带一路"国际合作高峰论坛开幕式上的演讲内容,"一带一路"的主要目的是借用丝路精神(以和平合作、开放包容、互学互鉴、互利共赢为核心),结合现实维度(即我们正处在一个挑战频发的世界,包括世界经济增长需要新动力,发展需要更加普惠平衡,贫富差距鸿沟有待弥合;地区热点持续动荡,恐怖主义蔓延肆虐等),急需改变和平赤字、发展赤字、治理赤字的环境和局面,而如何应对这些难题,则是国际社会的严峻挑战。③ 所以,"一带一路"倡议具有世界性的时代意义。

(四)"一带一路"倡议的中国贡献

为切实推进"一带一路"建设进程,确保"一带一路"倡议的有效实施,中国在具体措施上有所作为,包括为推进"一带一路"建设、筹建亚洲基础设施投资银行、设立丝路基金、成立相应的组织机构。例如,设立推进"一带一路"建设工作领导小组,从而拓展和确保"一带一路"建设的成效。其中的一个表现形式为,在中国国内的政府文件中多次对相关内容有所规范和引领,④例如:

---

① 《第二届"一带一路"国际合作高峰论坛成果清单》内容,参见《人民日报》2019年4月28日,第5页。
② 参见http://www.ydyl.people.con.cn/nl/2017/0516/c411837-29277121.html,2017年5月16日访问。
③ 习近平:《携手推进"一带一路"建设——在"一带一路"国际合作高峰论坛开幕式上的演讲》(2017年5月14日),参见http://www.gov.cn/guowuyuan/2017-05/14/content_5193708.htm,2017年5月15日访问。
④ 例如,国务院《政府工作报告》(2015年3月5日)指出,推进丝绸之路经济带和21世纪海上丝绸之路建设,筹建亚洲基础设施投资银行,设立丝路基金;加快互联互通、大通关和国际物流大通道建设;构建中巴、孟中印缅等经济走廊。参见李克强:《政府工作报告——2015年3月5日在第12届全国人民代表大会第3次会议上》,人民出版社2015年版,第9页、第20页。

国务院《政府工作报告》(2016年3月5日)指出,亚洲基础设施投资银行正式成立,丝路基金投入运营;"一带一路"建设成效显现,国际产能合作步伐加快,高铁、核电等中国装备走出去取得突破性进展;扎实推进"一带一路"建设,统筹国内区域开发开放与国际经济合作,共同打造陆上经济走廊和海上合作支点,推动互联互通、经贸合作、人文交流;构建沿线大通关合作机制,建设国际物流大通道;推进边境经济合作区、跨境经济合作区、境外经贸合作区建设;坚持共商共建共享,使"一带一路"成为和平友谊纽带、共同繁荣之路。①

国务院《政府工作报告》(2017年3月5日)指出,推进"一带一路"建设,与沿线国家加强战略对接、务实合作;扎实推进"一带一路"建设,坚持共商共建共享,加快陆上经济走廊和海上合作支点建设,构建沿线大通关合作机制;深化国际产能合作,带动我国装备、技术、标准、服务走出去,实现优势互补;加强教育、科技、文化、卫生、旅游等人文交流合作;高质量办好"一带一路"国际合作高峰论坛,同奏合作共赢新乐章。②

2018年3月5日国务院《政府工作报告》指出,要推进"一带一路"国际合作;坚持共商共建共享,落实"一带一路"国际合作高峰论坛成果;推动国际大通道建设,深化沿线大通关合作;扩大国际产能合作,带动中国制造和中国服务走出去;优化对外投资结构;加大西部、内陆和沿边开放力度,提高边境跨境经济合作区发展水平,拓展开放合作新空间。③

除在中国政府的重要文件中规范"一带一路"倡议的进程和方向外,中国政府领导人在多个国际场合也进一步地深化和拓展了对"一带一路"的合作内容,保障了"一带一路"的推进进程。例如,中国国务院总理李克强《在第18次中国—东盟(10+1)领导人会议上的讲话》中指出,近几年,我们加快21世纪海上丝绸之路建设,推动形成中国和东盟命运相系、利益相融、情感相依的良好局面;中方愿推动"一带一路"倡议同区域国家发展战略对接,包括充分发挥亚洲基础设施投资投行、丝路基金、中国—东盟投资合作基金等平台的作用。④

中国国家主席习近平在20国集团工商峰会开幕式上的主旨演讲《中国发展

---

① 参见李克强:《政府工作报告——2016年3月5日在第12届全国人民代表大会第4次会议上》,人民出版社2016年版,第5页、第30—31页。
② 参见李克强:《政府工作报告——2017年3月5日在第12届全国人民代表大会第5次会议上》,人民出版社2017年版,第6页、第29页。
③ 参见李克强:《政府工作报告——2018年3月5日在第13届全国人民代表大会第1次会议上》,人民出版社2018年版,第33页。
④ 参见 http://www.fmprc.gov.cn/web/ziliao_674904/zt_674979/dnzt_674981/lzlzt/lzlcxhybfwmlxy_684796/zxxx_684798/t1317207.shtml,2015年11月23日访问。

新起点、全球增长新蓝图》(2016年9月3日,杭州)中指出,"一带一路"倡议,旨在同沿线各国分享中国发展机遇,实现共同繁荣;中国倡导的新机制新倡议,不是为了另起炉灶,更不是为了针对谁,而是对现有国际机制的有益补充和完善,目标是实现合作共赢、共同发展;中国对外开放,不是要一家唱独角戏,而是要欢迎各方共同参与;不是要谋求势力范围,而是要支持各国共同发展;不是要营造自己的后花园,而是要建设各国共享的百花园。①

中国政府及其领导人在重要文件和内外场合对"一带一路"的诚意和有力阐释,不仅显示出中国对"一带一路"内容和理解的深化,而且通过进一步的阐释得到了国际社会的理解和支持,具体表现在"一带一路"国际合作高峰论坛上,包括参加国家和国际组织代表的众多性及对"一带一路"倡议内涵解释的发展性、引领性和全面性。例如,首届"'一带一路'国际合作高峰论坛"(2017年5月)由29个国家的元首和政府首脑出席,140多个国家和80多个国际组织的1 600多名代表参会,论坛形成了5大类、76大项、279项具体成果,这些成果已全部得到落实。②

二、"一带一路"倡议之要义

中国政府在2017年5月14日主办的"'一带一路'国际合作高峰论坛"上阐明了"一带一路"的性质、内容、目标和愿景,成为建设"一带一路"倡议的行动指南。

(一)"一带一路"倡议的性质和任务

中国国家主席习近平在为出席"'一带一路'国际合作高峰论坛"的外方代表团团长及嘉宾举行欢迎宴会和文艺演出的致辞时指出,"一带一路"传承古丝绸之路精神,共商"一带一路"建设,是历史潮流的延续,也是面向未来的正确抉择。同时,"一带一路"建设承载我们对文明交流的渴望,将让人类文明更加绚烂多彩;承载我们对和平安宁的期盼,让各国共同打造和谐家园,建设和平世界;承载我们对未来共同发展的追求,帮助各国共同打造甘苦与共、命运相连的发展共同

---

① 参见http://www.fmprc.gov.cn/web/ziliao_674904/zt_674979/dnzt_674981/xzxzt/xjpzxzcg20_687489/zxxx_687491/t1394306.shtml,2016年9月4日访问。
② 参见"一带一路"建设工作领导小组办公室于2019年4月22日发表的《共建"一带一路"倡议:进展、贡献与展望》报告,http://www.xinhuanet.com/world/2019-04/22/c_1124400071.htm,2019年4月22日访问。

体;承载我国对美好生活的向往,让理想变为现实,让人民幸福安康。[①] 上述内容对"一带一路"任务的阐释,为我们理解"一带一路"倡议的性质指明了方向。

(二)"一带一路"倡议的空间范围

如上所述,中国政府为共建"一带一路",成立了推进"一带一路"建设工作领导小组,在国家发展和改革委员会设立了"一带一路"建设工作领导小组办公室。依据其于2017年5月10日发布的《共建"一带一路":理念、实践与中国的贡献》,"一带一路"有5个方向。其中丝绸之路经济带有三个走向:一是从中国西北、东北经中亚、俄罗斯至欧洲、波罗的海;二是从中国西北经中亚、西亚至波斯湾、地中海;三是从中国西南经中南半岛至印度洋。21世纪海上丝绸之路有两个走向:一是从中国沿海港口过南海,经马六甲海峡到印度洋,延伸至欧洲;二是从中国沿海港口过南海,向南太平洋延伸。[②] 这对于我们理解"一带一路"的空间和地理范围有重要的指导意义和实际作用。

(三)"一带一路"的基本内容

众所周知,"一带一路"建设是一项系统工程,需坚持共商、共建和共享原则,积极推进沿线国家发展战略的相互对接。而依据中国政府于2015年3月制定并发布的《推动共建丝绸之路经济带和21世纪海上丝绸之路的愿景与行动》,合作的重点领域为"五通",即:政策沟通,这是"一带一路"建设的重要保障;设施联通,这是"一带一路"建设的优先领域;贸易畅通,这是"一带一路"建设的重点内容;资金融通,这是"一带一路"建设的重要支撑;民心相通,这是"一带一路"建设的社会根基。[③] 换言之,中国将与"一带一路"沿线国家重点通过五个领域的不同层面的合作,推进"一带一路"进程,共享"一带一路"共建成果。

(四)"一带一路"倡议的目标与愿景

依据中国政府针对"一带一路"的政策性文件,"一带一路"的目标和愿景,可归纳为以下5个方面:(1)要着力推动合作共赢,打造对话不对抗、结伴不结盟

---

① 参见 http://www.gov.cn/xinwen/2017-05/15/content_5193787.htm#1,2017年5月15日访问。
② 参见 http://www.china.com.cn/news/2017-05/11/content_40789833.htm,2017年5月11日访问。
③ 《推动共建丝绸之路经济带和21世纪海上丝绸之路的愿景与行动》内容,载中央文献研究室编:《十八大以来重要文献选编(中)》,中央文献出版社2016年版,第442—455页。

的伙伴关系,将"一带一路"建设成和平之路,这是在政治上的目标;(2) 要着力聚焦发展这个根本性问题,推动经济大融合、发展大联动、成果大共享,将"一带一路"建成繁荣之路,这是在经济上的目标;(3) 要着力打造开放型合作平台,促进生产要素有序流动、资源高效配置、市场深度融合,将"一带一路"建成开放之路,这是在开放模式上的目标;(4) 要着力推动创新驱动发展,优化创新环境、集聚创新资源、打造创新高地,将"一带一路"建成创新之路,这是在发展动力上的目标;(5) 要着力深化多层次人文交流,推动各国相互理解、相互尊重、相互信任,将"一带一路"建成文明之路,这是在文化和价值上的目标。①

换言之,"一带一路"的目标和愿景体现了以下特色:在政治安全上和平;在经济贸易上繁荣;在发展路径上开放;在发展手段上创新;在文化上维系文明。所以,"一带一路"建设是一项系统性和综合性的工程,需要各方相向而行,采取具体有效措施合力共进,这样才能实现共同发展和共同获益及利益共享目标。

应该指出的是,现今国际社会对建设"一带一路"具体目标和愿景达成的共识为:促进和平、推动互利合作、尊重《联合国宪章》宗旨原则和国际法,这是共同的责任;实现包容和可持续增长和发展、提高人民生活水平,这是共同的目标;构建繁荣、和平的人类命运共同体,这是共同的愿望。② 这些目标和愿望完全符合国际社会的发展趋势和人类的共同利益及福祉,应该得到各国的遵循和认可。因为其符合人类发展的规律和各国的共同期待。具体来说,就是把"一带一路"倡议建设成为和平之路、繁荣之路、开放之路、绿色之路、创新之路、文明之路、廉洁之路,推动经济全球化朝着更加开放、包容、普惠、平衡、共赢的方向发展。③

(五)"一带一路"倡议的合作与保障措施

为建设"一带一路",重点推动政策沟通、设施联通、贸易畅通、资金融通、民心相通进程,应依据各国法规和相关国际义务,通过与各国尤其是沿线国家的不同层面(多边、区域和双边)的合作模式积极有序推进,主要遵循平等协商、互利共赢、和谐包容、市场运作、平衡和可持续五大原则加快合作进程,并努力取得实效为目标。换言之,建设"一带一路"遵循开放、包容、自愿、互利、共赢的基本原

---

① 《张高丽出席"一带一路"国际合作高峰论坛高级别全体会议并致辞》,参见 http://www.gov.cn/guowuyuan/2017-05/14/content_5193708.htm,2017 年 5 月 15 日访问。
② 《"一带一路"国际合作高峰论坛圆桌峰会联合公报》(2017 年 5 月 16 日),参见 http://ydyl.people.com.cn/n1/2017/0516/c411837-29277121.html,2017 年 5 月 16 日访问。
③ 《共建"一带一路"倡议:进展、贡献和展望》报告,参见 http://www.xinhuanet.com/world/2019-04/22/c_1124400071.htm,2019 年 4 月 22 日访问。

则,这完全符合国际关系准则和国际法的原则,具有强大的生命力和可操作性,这从国际社会对"一带一路"的认识和参与程度可以得到证明。

而为建设"一带一路",并呈现持续的积极作用和效果,创设和丰富"一带一路"运作平台和保障措施,无疑是建设"一带一路"的重要基础,对此,中国的作用和贡献巨大。例如,中国在原有组织构架的基础上,国家发展和改革委员会成立"一带一路"建设促进中心,正式开通"一带一路"官方网站,发布海上丝路贸易指数;中国从2018年起举办中国国际进口博览会;新增丝路基金1 000亿元人民币;设立中俄地区发展投资基金;中国财政部联合多边开发银行设立多边开发融资合作中心;中国国家开发银行设立"一带一路"基础设施专项贷款、"一带一路"产能合作专项贷款、"一带一路"金融合作专项贷款;中国进出口银行设立"一带一路"专项贷款额度、"一带一路"基础设施专项贷款额度;成立亚洲金融合作协会;中国政府将加大对沿线发展中国家的援助力度,未来3年总体援助规模不少于600亿元人民币;成立"一带一路"新闻合作联盟;"一带一路"智库合作联盟启动"增进'一带一路'民心相通国际智库合作项目";建立"一带一路"国际商事争端解决机制和机构;等等。[①] 这些全面而综合性的具体措施和平台的创设和拓展,将保障"一带一路"建设的成效,发挥了中国的主导作用和积极贡献。

(六)"一带一路"倡议的效果

不可否认,"一带一路"倡议已成为中国和平发展战略的重要组成部分,成为中国特色大国外交的核心理念和新举措,是构建人类命运共同体的重要实践平台,[②]同时其逐渐成为世界性的共识和经济合作发展的重要平台和共同产品。

如上所述,"一带一路"倡议自提出并在后续得到不断丰富和完善后,得到了多数国家的积极响应和参与,体现了其强大的生命力和创新性。换言之,在效果上,共建"一带一路"为世界经济增长了新空间,为国际贸易和投资搭建了新平台,为完善全球经济治理拓展了新实践,为增进各国民生福祉作出了新贡献,成为共同的机遇之路、繁荣之路。[③] 这种具有传统文化精神的中国方案,体现了中

---

① 中共中央办公厅、国务院办公厅印发的《关于建立"一带一路"国际商事争端解决机制和机构的意见》(2018年6月)内容,参见《人民日报》2018年6月28日,第1、3版。
② 关于"人类命运共同体"的发展过程、基本内容、价值取向和目标愿景等内容,参见金永明:《新时代中国海洋强国战略治理体系论纲》,《中国海洋大学学报(社会科学版)》2019年第5期,第23—24页。
③ 习近平:《齐心开创共建"一带一路"美好未来——在第二届"一带一路"国际合作高峰论坛开幕式上的主旨演讲》(2019年4月26日),参见http://www.xinhuanet.com/politics/leaders/2019—04/26/c_1124420187.htm,2019年4月26日访问。

国智慧,作出了中国贡献,值得坚持和深化。

但由于"一带一路"沿线国家及其他参与主体形态不一、发展程度不同、需求不同、文化多样等,所以,在"一带一路"倡议实施过程中势必会出现各种困难和挑战,并出现一些争议问题,但如能坚守"一带一路"倡议所蕴含的原则和精神,依据国际法和国际关系准则,包括国际商事争端解决机制等,则一定能够解决前进过程中的各种问题和争议,增强各国共商共建共享"一带一路"倡议的信心和责任,这是我们对待"一带一路"倡议及建设的应有姿态。

中共中央办公厅、国务院办公厅于2018年6月印发的《关于建立"一带一路"国际商事争端解决机制和机构的意见》、由中国外交部和中国法学会联合于2018年7月主办的"'一带一路'法治合作国际论坛"上发布的《"一带一路"法治合作国际论坛共同主席声明》,对于处理"一带一路"建设过程中运用法治思维和法律方法解决争议问题尤其是商事争议有重要的指导和推动作用。[①]

三、海上丝路困境:南海安全问题

在"一带一路"中的海上丝绸之路的空间范围和走向上无法回避南海区域,因而也无法回避南海问题。对于南海问题的核心,主要体现在两个方面:一是南沙岛礁领土主权争议问题,以及由此引发的海域划界和资源开发问题;二是在南海诸岛周边海域实施的所谓航行自由行动问题,所谓的海洋安全问题。

这些问题由于成因及对象不同,所以需要采取不同的方法和路径加以处理,但南海区域内的国家之间的合作是处理南沙岛礁的关键,而南海区域的海洋安全问题,则是中美两国需要协商和处理的问题。现以南海诸岛周边海域内美国军舰实施所谓的航行自由行动为例展开分析。

在2015年10月—2019年11月,依据媒体报道,美国军舰未经中国政府许可擅自进入中国南海诸岛周边海域实施所谓的航行自由行动已达20次。对此,中国政府(外交部和国防部包括南部战区)均及时发表专门的谈话予以谴责和抗议及运用中国军舰进行识别查证并予以警告驱离,以捍卫中国在南海的主权、安

---

① 最高人民法院负责人就《关于建立"一带一路"国际商事争端解决机制和机构的意见》答记者问内容,参见《人民日报》2018年6月28日,第3版;而关于《"一带一路"法治合作合作国际论坛共同主席声明》内容,参见 http://www.fmprc.gov.cn/web/wjbxw_673019/t1573634.shtml,2018年7月5日访问。

全和海洋权益。[①] 但美国军舰并不因为中国政府的强力反对和抗议而取消在南海诸岛周边海域的所谓航行自由行动。那么,美国军舰实施所谓的航行自由行动的目的和意图是什么?这种航行自由行动的效果如何?中国政府应如何应对并消除此困境,这是本部分分析的主要内容。

(一)美国军舰在他国海域实施航行自由行动的目的

美国所谓的"航行自由计划"(Freedom of Navigation Program)于 1979 年由卡特政府提出,自 1983 年开始执行,挑战在全球各地被美国依据海洋法(包括习惯国际法,1958 年"日内瓦海洋法公约"以及 1982 年《联合国海洋法公约》)片面认定的"过度海洋主张"(Excessive Maritime Claims),以维护海洋尤其在公海的航行自由与安全目标。[②]

依据美国国防部 2017 年 3 月公布的 2016 年度"航行自由计划"执行报告,其对 22 个国家进行了挑战,而被美国认定的"过度海洋主张"原因包括"过度的直线基线""军舰通过领海事先取得许可""历史性海湾主张"等。在被挑战的 22 个声索国(Clamant)中,既有如日本、菲律宾、韩国、泰国等美国同盟国,也有如中国、巴西、印度、印度尼西亚、马来西亚和越南等美国的非同盟国。[③]

但美国在其单方面认定的声索国中,实施的以"航行自由计划"为名义的所谓航行自由行动,并没有改变这些国家的立场,包括对直线基线的适用、军舰通过领海事先取得许可等的国内规章,即美国实施所谓的航行自由行动结果并没有得到其预期的效果。相反,这种所谓的航行自由行动,已引起多数国家包括中国的抗议和不满,并存在严重的安全冲突隐患。

(二)美国军舰在南海诸岛周边海域实施航行自由行动的理据及意图

在美国军舰未经中国政府许可擅自进入南海诸岛周边海域实施所谓的航行自由行动中,有 9 次进入西沙群岛的领海,有 10 次进入南沙群岛的周边海域。这些行动涉及军舰在领海内的无害通过制度,以及在南沙岛礁周边海域的航行

[①] 美国军舰在南海诸岛周边海域实施所谓的航行自由行动内容,参见金永明:《南海航行自由与安全的海洋法分析》,《中国国际法年刊(2018)》,法律出版社 2019 年版,第 420—438 页;包毅楠:《美国军舰擅闯我国南海岛礁邻近海域的国际法实证分析》,《太平洋学报》2019 年第 6 期,第 52—63 页。
[②] 宋燕辉:《南海仲裁、〈联合国海洋法公约〉第 121 条第 3 款之解释及国家实践:美国之例》,载吴士存主编:《南海评论 2》,世界知识出版社 2018 年版,第 4 页。
[③] 宋燕辉:《南海仲裁、〈联合国海洋法公约〉第 121 条第 3 款之解释及国家实践:美国之例》,载吴士存主编:《南海评论 2》,世界知识出版社 2018 年版,第 4—5 页。

自由行动尤其是"周边海域"的法律地位问题。

(1) 美国军舰在西沙群岛领海内的"航行自由行动"。众所周知,在《中国政府关于领海的声明》(1958年9月4日)中,中国政府宣布中国的领海宽度为12海里,并适用于中国的一切领土,包括中国大陆及其沿海岛屿,以及南海诸岛(东沙群岛、西沙群岛、中沙群岛和南沙群岛)。为此,中国在《中国政府关于中国领海基线的声明》(1996年5月15日)中宣布了西沙群岛领海基线为各相邻基点之间的直线连线。对此,美国国务院于1996年6月9日发布了《海洋的界限——中国的直线基线要求》(No.117)的报告,以批判中国在西沙群岛以直线基线主张的过度权利要求。[①] 所以,美国近期在西沙群岛领海内的所谓的航行自由行动是以这些文件为依据的。

诚然,依据《联合国海洋法公约》领海制度尤其是第5条、第7条的规定,各国可选择适用正常基线和直线基线,但应该说选择适用直线基线是例外,且需要符合一些要求,如海岸线极为曲折,或者如果紧接海岸有一系列岛屿;同时,依据第8条第2款的规定,如果按照第7条(直线基线)所规定的方法确定直线基线的效果使原来并未认为是内水的区域被包围在内成为内水,则在此种水域内应有本公约所规定的无害通过权。所以,美国认为中国在西沙群岛的直线基线要求违反《联合国海洋法公约》规范,中国在西沙群岛主张的权利超越了群岛国利用直线基线划定群岛水域的要求,因而是违法的,所以可实行航行自由行动。

此外,美国认为,中国政府在《中国领海及毗连区法》(1992年2月25日)第6条所规定的外国军舰进入中国领海须经中国政府批准的内容也违反《联合国海洋法公约》。因为《联合国海洋法公约》并未规定外国军舰在他国领海内的无害通过须获得事先批准的要求,同时这种事先批准的做法也只是少数国家的做法。据此,美国认为,军舰在他国领海内的无害通过无须得到沿海国的事先批准。

(2) 美国军舰在南沙岛礁实施航行自由行动海域的法律地位。如上所述,美国军舰未经中国政府许可已在南沙群岛周边海域实施了10次航行自由行动。而在中国外交部和国防部发表的谈话中涉及了"邻近海域"或"近岸水域"的用语,那么这些用语在海洋法体系中处于什么样的法律地位,并须遵守何种航行自由制度呢?

众所周知,在海洋法体系中针对海域的区分已由"日内瓦海洋法公约"体系

---

① 美国国务院第117号报告内容,参见 United States Department of State, Office of Ocean Affairs, *Limits in the Seas No.117: Straight Baseline Claim: China*, Washington: United States Department of States, 9 July 1996。

的"二元论"(领海和公海)发展到《联合国海洋法公约》体系的"多元论"(领海、群岛水域、专属经济区/大陆架、公海)。从它们对海域的划分类型看,不存在"邻近海域"或"近岸水域"的用语,即它们不是严格意义上的海洋法体系中的专用术语。

诚然,国家对海域范围的界定在形式上需要以国家宣布领海的基点和基线为条件,在中国未对南沙群岛公布相应的领海基点和基线的情形下,我国在该区域的海域范围并不清晰,但依据中国的国内法和国际法尤其是《联合国海洋法公约》,我国对一定范围内的海域具有潜在的管辖权,尤其在12海里范围内的海域应属于中国的领海。在该海域内的他国军舰应遵守我国关于领海无害通过的法律、规章。在此应注意的是,我国在一定范围内的管辖海域的范围具体如何,须根据南沙群岛中的海洋地物的整体性或部分性或单一性加以确定。即我国长期以来是以南海诸岛中的"群岛"整体主张权利的,相应地领海适用直线基线制度,但这种做法是否能得到国际社会的认可,则存在疑问。尤其是如所谓菲律宾南海仲裁案裁决指出的那样,在南海诸岛不存在可以主张专属经济区的岛屿,以及无法以整体性群岛主张海域基础的所谓最终裁决内容,极大地冲击我国在南海诸岛的后续行动,所以美国为遏制我国的权利主张要求,采取了航行自由行动。

(三)中国应对美国军舰在南海诸岛"航行自由行动"的措施及建议

美国军舰在中国西沙领海内的"航行自由行动"应遵守沿海国关于无害通过领海的法律、规章,这是毫无疑问的。《联合国海洋法公约》第30条规定,如果任何军舰不遵守沿海国关于通过领海的法律和规章,而且不顾沿海国向其提出遵守法律和规章的任何要求,沿海国可要求该军舰立即离开领海。这就要求我国依据《联合国海洋法公约》第21条第1款的规定进一步完善关于无害通过领海的法律以及相应的国内规章,包括事先许可或通知的程序和主管机构等内容。

同时,为保护沿海国在领海内的国家安全包括航行安全,沿海国可为外国船舶的通过而指定或规定的海道和分道通航制;沿海国也可在领海的特定区域暂时停止外国船舶的无害通过等措施,以防止他国的违法行动。但考虑到西沙群岛周边海域并不是国际惯用及繁忙的航道,又不能在领海内的特定区域长期停止他国船舶的无害通过,所以这种措施具有局限性,防止非法无害通过的效果不大。对此,一个比较有效的措施是,就我国在西沙群岛的领海制度进行修正,核心是采用直线基线和正常基线相结合的方法再次宣布我国在西沙的领海基点和基线,并完善无害通过的程序性规定,以适度回应美国长期以来对西沙群岛直线基线的关切,也可协调我国在领海内的无害通过实行事先许可或通知的统一性要求,消除其中的缺失。因此,对这些国内相关的法律和规章的修改及评估应提上日程。

对于美国军舰在南沙群岛"周边海域"内的航行自由行动,在一定程度上有固化南海仲裁案裁决内容的意图。我国应根据陆域吹填后的实况,并根据美国军舰在南海诸岛周边海域的航行自由行动频次及损害要素,采取措施部分地公布在南沙群岛的领海基点和基线,以明确我国在该区域的管辖海域的范围。为此,应以一般国际法为基础继续强化对南海断续线的性质以及线内水域法律地位的研究,并清晰历史性权利的具体内涵,为确保以历史性权利为基础主张特殊历史性海域提供支撑。[①] 在我国公布南沙岛礁的领海基点和基线之前,针对美国军舰在南海诸岛周边海域内的航行自由行动,应使用"潜在的管辖海域"的用语对抗美国。中国的管辖海域的用语在《中国海洋环境保护法》的第2条和《中国渔业法》的第2条均有涉及,是一个可以借用的用语。而对于在南海诸岛周边海域12海里范围内的"航行自由行动"应适用中国关于领海无害通过的法律、规章予以管制。

诚然,美国军舰依据自身单方面认定的"过度海洋主张"为基础在他国实施所谓的航行自由行动并不因为他国的强力反对而停止,相反这种行为有溢出效果,包括在钓鱼岛及其附属岛屿周边海域实施所谓的航行自由行动,使我国处于难以应对的困境及态势。我国应对这种行为将是长期而艰巨的,重要的是应根据国际社会的发展态势以及我国建设海洋强国战略、推进21世纪海上丝绸之路的需要,逐步完善包括领海无害通过在内的法律、规章,以逐步得到国际社会的承认而作出努力,维系以规则为基础的海洋秩序,确保依法治海目标的实现,从而改变对中国的印象,为发挥中国的更大作用提供帮助。

四、南海区域合作展望

不可否认,南海区域是国际航道的重要场所,所以在南海区域实施不同层面的合作,不仅符合《南海各方行为宣言》和《联合国海洋法公约》的要求,也符合各

[①] 关于南海断续线(U形线)的法律地位和历史性权利内涵的最新成果,参见傅崐成、崔浩然:《南海U形线的法律性质与历史性权利的内涵》,《厦门大学学报(哲学社会科学版)》2019年第4期,第66—75页。美国国务院针对南海断续线的性质和地位的第143号报告内容,参见 United States Department of State, Bureau of Oceans and International Environmental and Scientific Affairs, *Limits in the Seas No. 143, China: Maritime Claims in the South China Sea*, 5 December 2014。

国发展实际和需求,以稳定南海区域秩序,并共享南海资源和空间利益。即中国和东盟国家之间加强在海洋低敏感领域上的合作特别重要,以增加政治互信和提升合作潜力及效果,并为最终解决南海争议创造条件。

现今在南海区域合作方面,中国和东盟国家之间制定南海行为准则是一个重要任务。南海行为准则不仅可以弥补《南海各方行为宣言》的不足,也可对各国在南海的行为予以指导及控制,更可为维系南海秩序作出贡献,以实现海洋功能性和规范性统一目标。因此,中国和东盟国家之间合作制定南海行为准则对于维护南海秩序特别重要,是需要协商合作的重大问题。

笔者认为,南海行为准则具有多重属性,它既是南海问题的危机管控机制,同时也是解决南海问题争议的框架性、原则性文件,对于最终处理南海争议问题有重要的指导作用。但南海行为准则最终将以何种形态呈现,则是包括南海区域内外国家关注的重大问题,因为其关系这些国家在南海区域的多种利益和地位及作用,所以,对于南海行为准则的谈判进程不可避免地会受到多种因素的制约,其成形及出台的日期以及性质和地位也存在变数。

总之,共建"一带一路"倡议,目的是聚焦互联互通,深化务实合作,携手应对人类面临的各种风险挑战,实现互利共赢、共同发展目标。① 而21世纪海上丝绸之路,是共建"一带一路"倡议的重要方面,其推进实施首先需要南海区域国家之间的合作管理,这样才能稳定南海秩序、维系南海安全,为合理使用南海的资源和空间提供保障,并为构建南海区域命运共同体作出贡献。

---

① 参见习近平:《齐心开创共建"一带一路"美好未来——在第二届"一带一路"国际合作高峰论坛开幕式上的主旨演讲》(2019年4月26日),http://www.xinhuanet.com/politics/leaders/2019-04/26/c_1124420187.htm,2019年4月26日访问。

第四部分

海洋法与中国的实践

新中国在海洋政策与法律上的成就和贡献

经过60年的发展,特别是在改革开放30年来,中华人民共和国(简称新中国)在海洋法制和政策上取得了很大的成就。为此,有必要系统阐释新中国成立以来我国在海洋政策与法制建设上的成就与贡献。

一、新中国在海洋法制与政策上的成就

(一) 新中国在海洋法制上的成就

笔者将新中国成立60年以来我国在海洋法领域的发展,大致分为以下几个阶段:

1. 海洋法制的萌芽阶段(1949—1978年)

新中国在此阶段制定的海洋法律规范主要有:1954年《海港管理暂行条例》、1955年《关于渤海、黄海及东海机轮拖网渔业禁渔区的命令》、1958年《关于领海的声明》、1961年《进出口船舶联合检查通则》、1964年《外国籍非军用船舶通过琼州海峡管理规则》、1974年《防止沿海水域污染暂行规定》、1977年《中国国境卫生检疫条例实施规则》等。

我国在此阶段的海洋立法不仅数量有限,而且立法层次较低,没有一部法律,其中最重要的是1958年《关于领海的声明》。尽管其只宣布了领海的宽度与一些基本原则,仅是立法性的声明,未作具体的任何规定,也没有公布领海基线的基点。但由于它第一次宣布了我国领海宽度为12海里,对于维护我国的国防安全和海洋权益,仍具有十分重要的历史意义。

2. 海洋法制的发展阶段(1979—1990年)

改革开放后,新中国在该阶段的海洋立法情况大有改观,不仅海洋法规的数量大增,而且立法层次也有所提高。主要体现为:

(1) 在海洋资源的利用管理方面。主要制定了1979年《渔政管理工作暂行条例》和《关于对在我沿海进行石油勘探的外国籍工程船舶、船员及随船人员的管理办法》、1980年《关于划定南海区和福建沿海机动渔船底拖网禁渔区线的意见》和《渔港监督管理规则(试行)》、1981年《关于东、黄海水产资源保护的几项暂行规定》、1982年《对外合作开采海洋石油资源条例》、1986年《渔业法》。

(2) 在航行安全方面。主要为1979年《国际航行船舶试行电讯卫生检疫规定和对外国籍船舶管理规定》,1983年《海上交通安全法》,其适用于在我国沿海水域航行、停泊和作业的一切船舶、设施和人员以及船舶、设施的所有人、经营人;中国港务监督机构是对沿海水域的交通安全实施统一监督管理的主管机关。同时,该法规定了船舶检验和登记,船舶、设施上的人员,航行、停泊和作业,安全保障,危险货物运输,海难救助,打捞清除,交通事故的调查处理等方面的管理措施和制度,以及违反该法必须承担的法律责任。[①]

(3) 在海洋环境保护方面。主要为1982年《海洋环境保护法》、1983年《防止船舶污染海域管理条例》、1983年《海洋石油勘探开发环境保护管理条例》、1985年《海洋倾废管理条例》、1989年《防止拆船污染环境管理条例》、1990年《防止陆源污染物污染损害海洋环境管理条例》和《防止海岸工程建设项目污染损害海洋环境管理条例》等,初步形成了海洋环境保护法律体系。

3. 海洋法制的成形阶段(1991—2009年)

新中国在该阶段的海洋立法特征为,随着《联合国海洋法公约》(以下简称《公约》)的生效(1994年11月16日)和我国全国人大常委会关于批准《公约》的决定(1996年5月15日)以及其对我国的生效(1996年6月7日),我国根据国际习惯、《公约》规范和其他海洋制度制定和修改了大批相关海洋法律规范,从而建立了我国海洋法律体系的基本框架,即我国海洋法律体系基本成形。

(1) 在制定海洋基本法制方面。我国于1992年制定了《领海及毗连区法》;于1998年制定了《专属经济区和大陆架法》。这两项法律确立了我国的领海制度、毗连区和大陆架的宽度及其具体的划界原则,从而形成了我国海洋法制的基

---

① 参见《海上交通安全法》第9—10条、第26条、第42—43条、第44—47条。

本框架,为制定其他法律提供了基础。①

(2) 在制定海洋其他部门法制方面。具体表现在以下方面:

第一,在海域使用管理方面,我国于2001年10月27日通过并公布《海域使用管理法》。中国海域使用制度的建立,对规范海域使用秩序,保护用海人的合法权益,促进海洋的综合管理提供了必要的法律手段。它是中国在海域使用管理方面的重大举措,是确立中国海域使用法律制度的依据,其目的为加强海域使用管理,维护中国海域所有权和海域使用权人的合法权益,促进海域的合理开发和可持续利用。

第二,在渔业资源管理方面。为加强对渔业资源的保护、增殖、开发和合理利用,发展人工养殖,保障渔业生产者的合法权益,促进渔业生产的发展,适应社会主义建设和人民生活的需要,1986年1月20日通过了《渔业法》,2000年10月31日和2004年8月28日对其作了两次修正。根据《渔业法》第2条规定,本法适用于在中华人民共和国的内水、滩涂、领海、专属经济区以及中华人民共和国管辖的一切其他海域从事养殖和捕捞水生动物、水生植物等渔业生产活动。

第三,在海洋环境保护方面。为保护和改善海洋环境,保护海洋资源,防治污染损害,维护生态平衡,保障人体健康,促进经济和社会的可持续发展,1982年8月23日全国人大常委会通过并公布了《海洋环境保护法》。于1999年12月25日,通过了对该法的修订草案。新《海洋环境保护法》,自2000年4月1日起施行。另外,为实施《海洋环境保护法》相关内容,国务院于2007年9月25日发布了《关于修改〈中华人民共和国防治海岸工程建设项目污染损害海洋环境管理条例〉的决定》,并制订了《防治海洋工程建设项目污染海洋环境管理条例》等配套规定。

(二) 新中国在海洋政策上的成就

值得指出的是,新中国在海洋法制建设的过程中,尤其在海洋法制的成型阶段,海洋政策的作用功不可没,在相当程度上海洋政策与法制密不可分,是海洋政策推动了海洋法的制定与修改。主要体现在以下方面:

1. 在制定中国综合海洋政策方面

第一,中国政府根据1992年联合国环境与发展大会的精神,制订了《中国21世纪议程》,确立了中国未来发展的可持续发展战略。为在海洋领域更好地贯彻

---

① 参见《领海及毗连区法》第3条、第5条和第4条;《专属经济区和大陆架法》第2条。

《中国 21 世纪议程》精神,促进海洋的可持续开发利用,国家海洋局于 1996 年 5 月编制了《中国海洋 21 世纪议程》,它是《中国 21 世纪议程》在海洋领域的深化和具体体现,因而也是《中国 21 世纪议程》的重要组成部分,可作为海洋可持续开发利用的政策指南。

第二,2008 年 2 月 7 日,国务院公布了《国家海洋事业发展规划纲要》(简称《规划纲要》),从机遇与挑战、指导思想、基本原则、发展目标,海洋资源的可持续利用,海洋环境和生态保护,海洋经济的统筹协调,海洋公益服务,海洋执法与权益维护,国际海洋事务,海洋科技与教育,实施规划的措施 10 个方面,系统规划了我国 2006—2010 年发展海洋事业的目标,具有重要的指导意义。

2. 在制定全国性海洋开发规划方面

第一,1995 年 5 月国务院批准了《全国海洋开发规划》,目的是根据国家经济发展需要,结合海洋资源的实际情况,寻求人口、资源、环境之间以及经济、社会、生态之间的最佳协调形式;同时为实现战略目标,统筹安排海洋资源的开发利用和保护,协调和解决海洋开发中的矛盾和问题,以宏观指导和调控全国海洋开发活动,加速海洋开发进程,为实现国民经济建设的战略目标发挥作用。

第二,我国政府根据《海域使用管理法》《海洋环境保护法》及有关法律法规和政策,于 2002 年制定了《全国海洋功能区划》。

第三,2003 年 5 月 9 日,国务院批准了《全国海洋经济发展规划纲要》,要求各地结合实际,认真贯彻执行。其是我国政府为促进海洋经济综合发展而制定的第一个具有宏观作用的指导性文件,它对于我国加快海洋资源的开发利用,促进沿海地区经济合理布局和产业结构调整,努力促使海洋经济各产业形成国民经济新的增长点,进而保持国民经济持续健康快速发展、实现全面建设小康社会目标具有重大意义。

3. 在对外宣传海洋事业方面

为介绍我国海洋事业的发展情况,我国在国际海洋年(1998 年)发表了《中国海洋事业的发展》政府白皮书。其由前言、海洋可持续发展战略、合理开发利用海洋资源、保护和保全海洋环境、发展海洋科学技术和教育、实施海洋综合管理、海洋事务的国际合作组成,全面、系统阐述了我国在海洋事业上的成就与发展过程中应遵循的基本政策和原则。它是我国首次颁布的海洋事业成就与政策报告,对于他国了解我国的海洋政策具有重要作用。

4. 在完善我国海洋法制方面

为具体落实我国《领海及毗连区法》规定的我国的领海范围,完善领海法,我国政府根据《领海及毗连区法》,于1996年5月15日发表《中国政府关于中国领海基线的声明》。它宣布了中国大陆领海的部分基线和西沙群岛的领海基线。上述大陆领海的部分基线和西沙群岛领海基线为各相邻基点之间的直线连线;同时,该声明还规定,中国政府将再行宣布中国其余领海基线。

5. 在适应国际社会发展与履行国际义务方面

第一,根据国际社会的发展趋势,1996年5月15日第八届全国人民代表大会常务委员会第十九次会议决定,批准《公约》,使我国成为《公约》的缔约国。

第二,2006年8月25日,中国依据《公约》第298条规定,向联合国秘书长提交书面声明,对于《公约》第298条第1款第(a)、(b)和(c)项所述的任何争端(即涉及海洋划界、领土争端、军事活动等争端),中国政府不接受《公约》第15部分第2节规定的任何国际司法或仲裁管辖。换言之,我国与其他国家之间关于海洋问题的上述争端不适用裁判包括仲裁制度,将由相关国家通过协商解决上述争端,即通过政治方法协商解决国家之间的争端问题。

第三,2009年5月11日,我国常驻联合国代表团向联合国秘书长提交了《中国关于确定200海里以外大陆架外部界限的初步信息》(简称《初步信息》),内容涉及中国东海部分海域200海里以外大陆架外部界限。《初步信息》指出,中国在东海的大陆架自然延伸超过200海里,而且依据从大陆坡脚量起60海里确定的外部界限线点没有超过从测算领海宽度的基线量起350海里。中国提交《初步信息》行为表明,我国已履行了《公约》规定的义务和《公约》缔约国大会通过的决议。

二、中国面临的海洋问题与实施海洋开发的必要性

(一) 中国面临严峻的海洋问题

尽管新中国成立后我国一直在努力完善关于海洋问题的政策与法制,并初步构建了基本海洋法制和政策体系,取得了重大的成就,但鉴于我国的海洋地理环境的相对不利和实际发展趋势所然,我国面临的海洋问题十分严峻。

根据《公约》相关制度规定,我国的管辖海域面积约达300万平方千米,其中我国的领海面积为38万平方千米。同时,《公约》引入了专属经济区制度,使得我国与周边国家存在多个海域划界问题,争议的海域面积多达150万平方千米。主要表现在以下几个方面:

第一,在东海,我国与日本存在海域划界争议,包括钓鱼岛列屿领土主权归属争议问题,同时钓鱼岛列屿被日本非法地"控制"着,解决该问题面临巨大挑战。当前,如何进一步推进《中日关于东海问题的原则共识》(2008年6月18日)的实施,是延缓中日在东海问题上发生冲突的有效途径。笔者认为,推进上述原则共识有效实施的重点为制定双方接受的具体的开发方案,是两国面临的主要任务。而在对待钓鱼岛列屿问题上,首先,应让日本承认对其的主权归属存在争议,两国在平等的基础上予以磋商,寻求缓和局势甚至解决的办法。其次,应让日本削弱对钓鱼岛列屿附近海域的警备体制,可以考虑共同巡航的措施。为此,大陆尤其应与台湾合作,尽力实施联合巡航制度。而在两岸联合实施巡航制度之前,可以先进行两岸海难救助、渔业合作、补给援助等措施,待条件成熟后推进实施。最后,在中日两国间无法解决钓鱼岛列屿主权归属的情况下,应将钓鱼岛列屿周边海域作为海洋自然保护区来对待,并实行联合管制。

第二,在南海,大片海域已被越南、菲律宾、马来西亚、印度尼西亚、文莱等国分别划入各自的专属经济区。南沙群岛全部岛礁共178个,各国已进占51个,其中,他国进占40多个。例如,越南进占了29个、马来西亚进占了5个、菲律宾进占了8个。而被我国大陆控制的只有7个,台湾为2个。同时,南海各国有继续霸占南海岛礁的趋势,包括制定国内法侵占南海岛礁、宣示对南海岛礁的主权等。换言之,在南海既存在海域划界问题,也存在岛礁归属争议问题,面临的形势十分复杂而严峻。另外,在南海,已发现了多国的船舶(包括军舰)在我国专属经济区内的测量或调查活动问题,严重威胁我国的国家安全,也应认真对待。例如,2009年3月8日,美国海军"无瑕"号船舶在南海的我国专属经济区内进行军事测量活动或调查活动。在南海重要的任务是,尽快制定《南海各方行为宣言》的具体细则,例如,南海各方行为准则,并切实执行,以维护南海稳定。

第三,在黄海,我国也面临与韩国、朝鲜的海域划界问题。我国虽然与他们之间不存在岛屿主权争议,但对各自一些岛屿享有的效力存在分歧,而这些分歧影响海域划界问题。与东海、南海相比,黄海似乎比较缓和,但近期也发现了美国军船在我国黄海的专属经济区内的活动,因此,也不能放松,应提前规划、研究。[①]

---

① 例如,2009年5月1日,美国海军监测船"胜利"号未经许可在我国黄海的专属经济区内从事军事测量活动,对此,我国外交部严正指出,美国海军监测船"胜利"号违反有关国际法和中国法律法规规定,在未经许可情况下进入黄海中国专属经济区活动;中方对此表示关切,已要求美方采取有效措施避免再次发生类似事件。参见 http://www.gov.cn/gzdt/2009-05/06/content_1306112.htm,2009年5月7日访问。

总之,在海洋权益的维护上,我国面临诸多海洋问题,急待处理与解决。海洋问题已引发国家安全问题,如何保障我国海洋权益、维护海洋安全,则是必须面对的重大问题。

一般认为,海洋安全是指国家的海洋权益不受侵害或遭遇风险的状态,也称为海上安全、海上保安。海上安全分为传统海上安全和非传统海上安全。传统海上安全主要为海上军事安全、海防安全,海上军事入侵是最大的海上军事安全威胁;海上非传统安全主要为海上恐怖主义、海上非法活动(海盗行为)、海洋自然灾害、海洋污染和海洋生态恶化等。[①]

在人类广泛利用海洋的全球化时代,尤其是海上非传统威胁日益严重危及人类的生存与发展的当下,海上安全已成为需要全球共同合作应对的问题。

(二) 中国实施海洋开发的必要性

第一,我国面临的上述海洋问题,要求我国合理开发利用和保护海洋,主要表现在争议海域面积众多;岛屿尤其在南海的岛屿被占情况严重;海洋资源开发利用受到挑战,特别是渔业资源的权益面临挑战;在我国专属经济区内的权益受损,影响国家安全等。

第二,我国进口石油的数量日益提升,要求我国合理开发利用海洋。海洋是人类可利用的最后的资源宝库。我国自1993年首次成为石油净进口国以来,进口石油数量不断飙升。其中,2002年为6 941万吨,2003年上升为9 112万吨,2004年飙升到1.227亿吨,2004年比2003年增加34.7%,2005年达1.3亿吨,2007年达1.968亿吨,有不断增加的趋势。

第三,国家开发海洋的政策,要求我国应加快开发海洋进程。党的十六大报告提出了"实施海洋开发"的任务;国务院在2004年《政府工作报告》中提出了"应重视海洋资源开发与保护"的政策,在2009年《政府工作报告》中提出了我国应"加快合理开发利用海洋"的政策,为我国加快海洋开发进程提供了理论和政策指导。

第四,改革开放的成就,使我国具备了开发海洋的条件和基础。改革开放以来我国海洋产业不断发展,海洋产业总产值不断提升。例如,2006年我国主要海洋产业总产值超过1.8万亿元,比2005年增加约8 400亿元,同比增长16.9%;[②]

[①] 参见国家海洋局海洋发展战略研究所课题组编:《中国海洋发展报告》,海洋出版社2007年版,第88页。

[②] 参见《中国海洋报》2007年2月6日,第1版。

2007年,我国海洋生产总值达到 2.49 万亿元,占国内生产总值的 10.11%;[①]2008年,全国海洋生产总值为 2.96 万亿元,同比增长 11%,占国内生产总值的 9.87%。海洋经济已成为国民经济增长的新亮点,并有继续增长的潜力和趋向。显然,海洋经济的快速发展,是实施海洋开发的重要基础。另外,我国的海洋部门规划进一步完善,海洋管理工作全面推进,国际合作进一步加强,海洋科技力量不断提升等,均为我国加快海洋开发提供了保障和条件。

总之,对于海洋地理相对不利、周边海域形势复杂、海洋开发意识薄弱且进度延缓的我国来说,实施海洋开发是我国获取社会经济发展所需能源资源的必要路径选择,必须加快推进实施。

三、解决海洋问题的具体对策建议

我国已具备开发海洋,实施国家海洋开发战略的基础和条件。为切实实施国家海洋开发战略,解决具体的海洋问题,重点应遵守和执行国际、区域和双边关于海洋问题的制度,关键是制定和完善国家相关海洋政策与法制。

(一)国际与区域及双边关于海洋问题的制度

众所周知,国际社会综合规范海洋开发活动主要法律为《公约》。《公约》建立了专属经济区和大陆架资源开发制度;确立了人类共同继承财产在《公约》中的地位,并将此原则用于"区域"制度;建立了国际争端解决机制等方面的制度规定,为各国合理开发海洋提供了基础和保障。

在区域和双边层面,我国与东南亚各国签署了《南海各方行为宣言》,加入了《东南亚友好合作条约》及其两个修改议定书。《中越北部湾划界协定》和《渔业合作协定》已于 2004 年 6 月 30 日生效。中国、菲律宾和越南于 2005 年 3 月 14 日签署了《在南中国海协议区三方联合海洋地震工作协议》。这些制度安排如果得到各方的遵守,为我国实施海洋开发创造了条件。但现状是,尤其在南海的一些其他国家的行为并不乐观。在这种背景下,我国政府提出了构建和谐海洋的理念。

(二)构建和谐海洋理念的内涵

在中国人民海军诞生 60 周年之际,我国根据国际国内形势发展需要,提出

---

① 参见《中国海洋报》2008 年 5 月 23 日,第 1 版。

了构建"和谐海洋"的倡议,以共同维护海洋持久和平与安全。构建"和谐海洋"的理念是我国国家主席胡锦涛于 2005 年 9 月 15 日在联合国成立 60 周年首脑会议上提出构建"和谐世界"的理念以来在海洋领域的具体化,体现了国际社会对海洋问题的新认识、新要求,标志着我国对国际法尤其是海洋法发展的新贡献。

1. 提出构建"和谐海洋"理念的必要性

21 世纪被称为"海洋"世纪。合理开发利用海洋资源,可确保人类社会发展所需的资源供应,通过合理规划和经略海洋,可维护海洋安全,保障国家安全。可以预见,我国今后的国家安全将主要来自海上,其理由:第一,我国与周边主要国家的陆地勘界工作已基本完成,来自陆地边界的安全问题将减少;第二,随全球化的不断深入,我国利用海洋的广度与深度将日益拓展,由此引发的海洋问题势必增加,例如:海盗行为引发的海上通道安全、船舶航行与碰撞引发的海洋污染、船舶和军舰调查活动引发的信息安全、海啸引发的住民生命财产安全等;第三,我国为海洋地理相对不利的国家之一,与周边多数国家存在海域划界问题,尤其在岛屿主权归属问题上存在争议,而合理公正地处理海洋争端问题对于确保我国海洋安全十分重要。我国进一步加大海洋保护、维权力度势在必行,且刻不容缓。可见,为确保国家发展战略机遇期,维护国际和区域及周边稳定,我国提出的构建"和谐海洋"理念十分必要。

2. "和谐海洋"内涵的国际法分析

我国提出的"和谐海洋"理念内容为:坚持联合国主导,建立公正合理的海洋;坚持平等协商,建设自由有序的海洋;坚持标本兼治,建设和平安宁的海洋;坚持交流合作,建设和谐共处的海洋;坚持敬海爱海,建设天人合一的海洋。

可见,我国提出的"和谐海洋"理念是时代发展的需要,且具有深厚的国际法基础。海洋问题复杂而敏感,且彼此关联,需要综合考虑和应对。事实证明,单靠一个国家显然是无法应对和处置的,所以,需要发挥国际组织尤其是联合国的主导作用,以构建公正合理的海洋管理制度。各国在开发利用海洋时,由于利益和立场不同,势必会产生纠纷,因此,在遇到海洋问题的纠纷时,需要通过协商解决,在此应确保谈判过程中的平等地位,坚持国际法的基本原则——国家主权平等原则,以维护海洋的正常秩序。同时,由于海洋问题的关联性和复杂性,需要实施综合管理,因此,在处理海洋问题时必须坚持标本兼治的原则。例如,近期的索马里海盗行为已严重影响了公海的航行安全,仅靠军舰护航无法从根本上解决通道安全问题,需要依靠国际社会的力量特别是区域国际组织的力量,进一步提升索马里过渡政府的警备能力,并铲除贫困和落后根源,这就需要国际社会的支援和贡献。国际问题的解决需要各种力量的组合,尤其需要通过合作解决,而合作具有国际法基础。例如,《联合国宪章》第1条规定,各国应促成合作,以解决国际问题;第2条规定,各会员国应尽力协助,实施联合国依宪章规定而采取的行动;第11条规定,联大得考虑关于维持国际和平及安全之合作之普遍原则;第49条规定,会员国应通力合作,彼此协助,以执行安理会决定之办法;等等。此外,为合理开发利用海洋资源,为人类服务,应保护海洋,以实现天人合一目标,实现可持续发展。

3. "和谐海洋"是对"和谐世界"在海洋领域的细化

我国在提出构建"和谐世界"理念的同时,也提出了具体的原则,例如坚持多边主义、坚持互利合作、坚持包容精神、坚持稳妥方针等。可见,上述原则与"和谐海洋"提倡的原则是一致的,体现了"和谐海洋"是对"和谐世界"理念的继承和在具体领域的深化和发展。目前,为构建"和谐海洋",我国的重要任务之一是制定和实施国家海洋战略,并将其提升为基本国策,重点应明确构建"和谐海洋"的举措,包括协调和完善及实施国际与区域、双边关于海洋问题的制度。世界主要国家已制定了相关海洋战略与政策,并在不断地完善海洋法制。我国为合理开发利用海洋资源,维护海洋权益,确保海洋安全,出台与实施国家海洋战略已刻不容缓,以实现"和谐海洋"之目标。

(三)应对海洋问题的政策与法制建议

1. 在完善中国海洋政策方面的建议

第一,切实推进《规划纲要》实施,并制订地方相关计划。《规划纲要》是新中国成立以来首次发布的海洋领域总体规划,是海洋事业发展新的里程碑,对促进海洋事业的全面、协调、可持续发展和加快建设海洋强国具有重要的指导意义。同时,应根据《规划纲要》制定地方或区域海洋事业发展计划,内容主要包括设置由各涉海部门参与的综合协商管理海洋问题的机构,合理可持续开发和利用我国管辖海域的海洋资源,加强深海资源勘探活动,保护海洋环境,积极参与国际、区域及双边海洋活动,和平合理地解决海洋争端等,以综合协调与管理海洋问题,合理管理海洋活动,确保国家海洋权益。当然,海洋事业发展计划的制订与实施,应由多部门参与和多学科组织推进,并加强协调,以形成综合合力。

第二,适时制定出台国家海洋战略。鉴于海洋对我国的发展日益重要,我国应尽快制定出台国家海洋战略,即将国家合理开发利用海洋作为国家的基本政策。从战略上重视海洋问题引发的安全问题,制定和实施国家海洋战略,为构建

"和谐海洋"提供保障作用。

2. 在完善我国海洋法制方面的建议

海洋开发战略及其规划纲要的推进实施,需要健全的相关海洋法制作保障。为此,我国在切实履行《公约》、区域及双边条约、国家海洋法规制度的同时,我国主要应在以下几个方面,完善国内海洋法律制度。

(1) 确立海洋在《宪法》中的地位。即建议在《宪法》第9条中增加"海洋"为自然资源的组成部分,以确立"海洋"在《宪法》中的地位,加强对"海洋"的保护。[①]同时,应进一步加强海洋宣传及教育活动。

(2) 制定海洋开发基本法。主要应明确该法的目的、原则、具体的计划和措施。例如,海洋资源的可持续开发和利用原则、海洋环境预防和治理原则、海洋的全面综合管理原则、海洋国际与区域及双边合作原则,等等。

(3) 制定《专属经济区和大陆架法》配套法律规范等。我国《专属经济区和大陆架法》自1998年公布施行以来,迄今未制定相应的配套法规与实施细则,例如,包括大陆架油气资源开发规则,建筑物设施与结构物安全区域管理办法,应对外国企业、船舶侵害我国大陆架和专属经济区资源开发活动的措施,应对外国船舶测量我国管辖海域活动的措施,等等。为应对海洋冲突,包括划界争议,必须尽快制定和完善相关配套法制,以细化上述法律的基本原则与规则。

(4) 制订海洋事务部门新法律规范。海洋事务具有综合性与独立性,我国应在制订海洋基本法的基础上制订海洋事务部门新法律规范,主要为:

第一,海岸带管理法。我国海岸带漫长,海岸带区域资源丰富,是我国经济社会发展的重要依托。而目前我国对海岸带的管理存在机构众多、职责不明、布局混乱、污染严重、效率低下等弊端。为此,应制定对海域、陆域相连的海岸带进行综合协调管理执法的海岸带管理法,以规范海岸带开发利用活动的综合、有序、合理和高效性,并对陆域、海域相连的海岸带实施统一的管理制度。

第二,海洋安全法。海洋既是我国社会经济发展所需资源能源的来源地,又是运输物资的重要交通通道,也是保卫国家安全的重要领域。一般来说,海洋安全主要可分为海洋领土安全、海洋资源安全、海上交通安全、海洋信息安全、海洋环境安全以及海洋非传统安全等。为此,我国应及早制订涉及上述内容的海洋安全法,以维护国家安全、确保海洋权益。

---

① 我国《宪法》第9条第1款规定,矿床、水流、森林、山岭、草原、荒地、滩涂等自然资源,都属于国家所有,即全民所有;第2款规定,国家保障自然资源的合理利用,保护珍贵的动植物,禁止任何组织或者个人用任何手段侵占或者破坏自然资源。

(5) 进一步宣布我国的领海基线及明确我国管辖海域界限。我国于 1996 年 5 月宣布了大陆领海的部分基线和西沙群岛领海基线后,迄今未宣布其他岛屿的领海基线。为切实维护我国的海洋权益,我国应进一步宣布其他所属岛屿的领海基线,以明确确定我国有权管辖海域界限。[①]

(6) 应进一步加强海上执法。海洋开发战略及《规划纲要》的实施,需要强有力的维权执法队伍作保证。鉴于我国管辖海洋事务存在多部门性和条块分割性及缺乏统一协调性,因而无法形成综合合力,为此,我国应进一步整合涉海部门的海上维权执法力量,包括配置相应的设施、增强对执法人员的培训、组建海岸警卫队等,以加强海上执法力量,维护我国海洋利益。

四、结 语

21 世纪被称为海洋世纪,世界各国均已在海洋问题上公布了相关战略与对策,并正在推进实施海洋开发活动。我国在海洋问题上的形势十分严峻,且十分复杂,为确保社会经济协调与可持续发展,保障能源资源供应,构建和谐社会,我国实施海洋开发战略是一种可行而必要的路径选择。为此,我国一方面应制定和实施国家海洋战略,积极推进实施《规划纲要》及其相关地方(区域)海洋事业发展计划,修改与完善国家海洋开发法制,以完善海洋组织机制和体制;另一方面,应继续加强国际、区域与双边海洋问题合作,确保构建和谐社会发展进程中所需能源资源供应,维护我国海洋权益,为构建"和谐海洋"作出贡献。

[①] 我国进一步宣布其他所属岛屿的领海基线的法律依据为:《中华人民共和国政府关于中华人民共和国领海基线的声明》,其规定:"中华人民共和国将再行宣布中华人民共和国其余领海基线。"

中国海洋安全战略研究

当前和今后,我国面临着如何处理海洋问题争议引发的海洋安全问题。而为维护海洋安全,必须具有战略视野,以合理管控海洋问题,维护海洋权益,确保国家战略机遇期,并推进国家统一大业及和平发展进程。为此,本文拟对中国海洋安全战略框架及内容等予以探析。

一、中国海洋安全战略基本框架

(一) 目的宗旨

海洋安全关系我国的生存利益和发展利益,关系我国由区域性大国转向全球性或世界性大国或强国的成功转型,需要强化对300万平方千米海域的管辖并积极参与对公海的全球治理机制;特别需要确保重要海峡通道安全,其直接关系到我国的生存与发展,需要有攻克两弹一星的国家意志,积极稳妥地处理海洋安全问题,以维护包括国家主权和领土完整在内的核心利益,确保海洋权益,发展海洋事业,维护海洋秩序,为促进中国和平发展进程与国家和平统一大业提供保障。[1]

(二) 指导思想

为确保我国的战略机遇期,实现中国和平发展和国家统一,进而实现海洋强国目标,须处理好中美制海权的竞争与对立问题。应该说,中国与他国特别是美

---

[1] 中国的核心利益包括:国家主权,国家安全,领土完整,国家统一,中国宪法确立的国家政治制度和社会大局稳定,经济社会可持续发展的基本保障。参见中华人民共和国国务院新闻办公室编:《中国的和平发展》(2011年9月6日),人民出版社2011年版,第18页。

国间的制海权的竞争将是长期的,而制海权的竞争主要体现在对国际重要海峡的控制及其通道安全,以及对海洋问题争议引发的冲突上。为此,我国需要合理管控海洋问题,应对美国所谓的"海空一体化"战术,积极参与国际海洋事务建设进程,使其对我国的威胁或影响减少至最低限度,以确保国家海洋权益,实现"和谐海洋"理念和国家安全目标,进而实现世界性海洋大国目标。[①] 为此,应对我国面临的主要海洋问题(东海问题、南海问题、极地问题、国际海底问题和其他海洋问题等)进行逐个研究,并提出具体的政策和法制保障对策建议,以利于我国政府有关部门决策参考。

(三)战略目标

为使来自海洋问题的威胁最小限度地影响或阻碍我国和平发展进程,有利于我国发展利益的实现和国家和平统一事业的推进,并实现世界性海洋大国或强国目标,我国有必要确定各时期的战略目标(综合性目标和阶段性目标)。

(1)近期战略目标(2012—2020年)。主要为设法稳住海洋问题的升级或爆发,采取基本稳定现状的立场,逐步采取可行的措施,设法减少海洋问题对我国进一步的威胁或损害,以利用好战略机遇期。具体目标为,完善海洋体制机制建设,包括设立国家海洋事务委员会等组织机构,完善海洋领域的政策和法律制度,为收复岛屿和岩礁创造条件。

(2)中期战略目标(2021—2040年)。创造各种条件,利用国家综合性的力量,设法解决个别重要海洋问题(例如,南海问题),实现区域性海洋大国目标。具体目标为,逐步收复和开发他国抢占的岛屿和岩礁,并采取自主开发为主、合作开发和共同开发为辅的策略。

(3)远期战略目标(2041—2050年)。在我国具备充分的经济和科技等综合性实力后,全面处置和解决海洋问题,完成祖国和平统一大业,实现世界性海洋大国目标。具体目标为,无阻碍地管理300万平方千米海域,适度自由地利用全球海洋及其资源。

---

① 为应对中国在南海所谓的"反进入和区域拒绝"(Anti-access/ Area Denial,简称为A2/ AD)战略,美国国防部于2010年2月发表了新的"空海一体战构想"(a joint air-sea battle concept)。即美国为打破具有挑战行动自由、具备高性能的所谓反进入和区域拒绝的能力,探讨了能对空、海、地、宇宙和网络空间发挥综合能力的空海战力运用问题。具体的战力计划包括:扩大长距离攻击能力;强化海水下的作战能力(开发无人潜水艇);强化前沿展开战力,增强基地设施的抗制性和即时应对态势;强化向宇宙的进入及其利用;破坏敌人的探测及战斗指挥系统;强化驻外美军的存在和应变能力等。参见[日]秋元一峰:《东亚海域战略环境与南中国海问题》,《海洋安全保障情报》2011年第8期,第25—26页。

(四) 战略任务

结合国际发展现状,在综合分析和评估国际海洋安全形势的前提下,指出我国面临海洋安全的要因和具体的海洋问题,在分析各个海洋问题的缘由、争议焦点、解决方法后,提出具体的对策建议。换言之,通过对各个海洋问题的研究,提出具体的政策和法律制度完善建议,包括发表东海问题或钓鱼岛问题政策白皮书、南海问题或九段线政策白皮书、构筑国际和区域性的航行安全管理制度、提出修改和完善《联合国海洋法公约》相关制度建议等。

二、中国海洋安全战略内涵

(一) 海洋安全战略的基本范畴

1. 海洋安全的概念与种类

所谓的海洋安全,是指国家的海洋权益不受侵害或不遭遇风险的状态,也称为海上安全或海上保安。海上安全分为传统的海上安全和非传统海上安全两类。传统的海上安全主要为海上军事安全、海防安全,而海上军事入侵是最大的海上军事威胁;海上非传统安全主要为海上恐怖主义、海上非法活动(海盗行为)、海洋自然灾害、海洋污染和海洋生态恶化等。[①] 一般来说,传统的海洋安全有减少的趋势,而非传统安全有增加的趋势,所以维护海洋安全的重点是管理和控制非传统海上安全方面的海洋问题。

2. 世界地缘政治经济的变迁与海洋作用的凸显

世界经济中心已转向亚太,又由于亚太地缘环境的重要性和复杂性,美国军事战略东移,在亚太出现了经济和军事(安全)分离的双重权力结构。即随着中国的发展,中美之间的结构性竞争无法避免,即美国担心中国的发展威胁美国在亚太的主导权和既得利益,为此,美国采取了加强与同盟国、准同盟国和其他国家之间的互动,目的是遏止中国的发展,消耗中国的资源,造成周边环境复杂而严峻的态势。中美之间的竞争将特别体现在制海权上,具体体现在海洋问题争议和通道航行安全方面。

---

① 参见国家海洋局海洋发展战略研究所课题组编:《中国海洋发展报告》,海洋出版社2007年版,第88页。

同时,随着《联合国海洋法公约》的生效,其规范的专属经济区和大陆架制度,使相邻或相向国家间主张的海域重叠,所以,须在相关国家之间进行海域划界。而在最终缔结划界协议前,各方为强化对主张海域的管辖权,将采取相应的措施,这些措施因影响他国主张的权益,所以会发生冲突和摩擦。尤其是在相关国家之间存在岛屿领土争议问题时,相关的海洋问题争议就尤为突出。即各国为发展社会经济,依赖海洋及其资源的力度和强度不断加大,海洋的重要性日益显现,相应的海洋问题争议因《联合国海洋法公约》的生效而不断增加和加剧。换言之,如何确保国际航行通道安全、管控海洋问题争议是中国必须处理的重大问题。

3. 海洋安全战略与海洋发展战略等之间的关系

应该说,海洋安全战略是国家海洋发展战略的重要组成部分,因此,海洋安全战略内涵须符合国家海洋发展战略要求。针对国家海洋发展战略,我国《国民经济和社会发展第十二个五年规划纲要》明确规定,我国应坚持陆海统筹,制定和实施海洋发展战略,提高海洋开发、控制、综合管理能力。① 这为我国制定和实施国家海洋发展战略提供了重要政治保障。

一般来说,发展国家海洋事业的基本路径或路线图为:首先,应明确国家核心利益,制定包括国家海洋发展战略在内的战略。对于我国来说,核心目标是建设海洋强国;其次,完善国家海洋发展战略实施的海洋政策,包括强化海洋理念与意识,加强海洋事务协调,提高海洋及其资源开发、控制和综合管理能力,弘扬海洋传统文化,不断开拓创新海洋科技,拓展对外交流和合作,推动我国海洋事业不断取得新成就;再次,制定海洋基本法,以保障海洋发展战略和海洋政策的推进落实,重点是完善我国的海洋体制和机制,包括设立国家海洋事务委员会等组织机构;最后,制定实施海洋基本法的海洋基本计划,以补正海洋经济发展过程中的薄弱环节或领域。②

从国内国际情势来看,现今我国制定和实施国家海洋发展战略的时机已经成熟。③ 当然,我国制定的海洋发展战略应符合国家总体战略,以及国家新安全

---

① 参见http://www.gov.cn/2011lh/content_1825838_4.htm,2011年3月17日访问。
② 参见金永明:《中国制定海洋基本法的若干思考》,《探索与争鸣》2011年第10期,第21—22页。
③ 21世纪以来,国际社会制定的海洋战略和海洋法制,主要包括2000年美国海洋法、2004年美国与海洋报告、2004年美国国家海洋行动计划、2007年美国21世纪海权合作战略,以及2009年美国海洋政策;2002年加拿大海洋战略、2005年加拿大海洋行动计划;2004年英国海洋研究开发基金、2009年英国海岸带使用法;2000年韩国21世纪海洋、2005年韩国海洋宪章;2006年欧盟海洋政策绿皮书——面向未来的欧洲海洋政策:欧洲的海洋理念,以及2009年澳大利亚为海洋战略的国防白皮书。日本的海洋战略与海洋法制,主要为:2005年日本21世纪海洋政策建议书、2006年海洋政策大纲、2007年海洋基本法和海洋基本计划、2009年处罚与应对海盗行为法、2010年为促进专属经济区和大陆架的保全和利用对低潮线保全和相关设施完善等。参见金永明:《东海问题解决路径研究》,法律出版社2008年版,第96—122页;金永明:《日本海洋法制研究》,《国际关系研究》2011年第4辑,第330—332页。

观。同时,海洋发展战略应结合国际和国内发展态势予以适度调整,以确保国家的战略机遇期,并为促进国家和平统一大业服务。

(二) 影响或威胁中国海洋安全的海洋问题及观点

1. 东海问题

现今何谓东海问题,并无统一的观点。笔者认为,东海问题主要包括岛屿归属争议、海域划界争议、资源开发争议和海上执法争议。东海问题的核心为钓鱼岛及其附属岛屿归属争议,其他争议问题均由此引发或与其关联。[1]

针对东海问题的核心——钓鱼岛及其附属岛屿归属争议问题,我国应适时在公布标准名称的基础上,加大对其的管理(包括规定行政区划、加强对岛屿的管理及资源调查活动、加快公共设施建设等),以体现对其的实际控制和管辖。[2] 同时,应加强两岸海洋问题合作进程,包括公布钓鱼岛及其附属岛屿的基线基点及经纬度。

2. 南海问题

其主要包括南沙岛礁领土归属争议,以及由此引发的海域划界争议、资源开发争议和海上执法争议等。陆地支配海洋,如果岛屿归属不能确定,则海域划界及其他争议问题就难以界定和解决,因此,重点应从历史地理和国际法分析领土归属理论,兼顾中国传统历史对领土的取得和管理要素,并结合国际司法判例进行研究。[3]

在无法解决领土归属争议前,应采取"搁置争议、共同开发"的模式,以共享资源。在此,共同开发的概念应理解为广义的概念,包括自主开发、合作开发和共同开发;共同开发的资源不仅是非生物资源,也包括生物资源。换言之,要对"搁置争议、共同开发"予以新的阐释,以创造新的模式和新的机制。同时,对南沙岛礁展开调查活动,加强对已占岛礁的管控,包括实施旅游活动,努力争取占领和收复更多的岛礁,并加强开发活动力度。同时,应制定和实施双边海洋低敏感领域的合作协议,参与区域安全机制建设。

---

[1] 参见金永明:《论东海问题本质与解决思路》,《太平洋学报》2010 年第 11 期,第 87—95 页。
[2] 根据《海岛保护法》的规定,国家海洋局对我国海域海岛进行了名称标准化处理。即经国务院批准,国家海洋局、民政部公布了包括钓鱼岛及其部分附属岛屿在内的 71 个岛屿的标准名称。参见 http://www.soa.gov.cn/soa/news/importantnews/webinfo/2012/03/1330304734962136.htm,2012 年 3 月 4 日访问。
[3] 南海问题与海洋法内容,参见金永明:《论南海问题特质与海洋法制度》,《东方法学》2011 年第 4 期,第 78—91 页。

3. 军事活动问题

主要为中美在专属经济区内的军事活动(谍报侦察活动、军船测量活动和联合军事演习)应遵守自由原则,还是事先应得到沿海国同意之间的对立和分歧。在海洋法领域考察军事活动的学说和争议后,指出在海洋法领域无法解决具有政治要素的军事活动问题,应通过双边对话机制协商解决,目的是增进互信和共识,消除分歧,尽力缔结危机管理与预防机制,促进国际、区域发展及和平与安全。[①]

4. 冲之鸟礁问题

即冲之鸟是岛屿还是岩礁的问题,涉及专属经济区或大陆架的界限,并影响我国海上发展利益的拓展和保护问题。为此,根据海洋法中的岛屿制度,认为应严格解释海洋法中的岛屿制度,特别是其构成要件,并考察大陆架界限委员会的审核动向。[②]

5. 海盗行为问题

海盗是人类的天敌,是属于国际社会打击的行为。为此,我国应在参与打击索马里、亚丁湾海盗活动的基础上,掌握海上打击海盗行为活动的特性和技巧,进一步完善国内法制,并灵活地运用于其他海域(南海、东海区域),特别应积极参与马六甲海峡的保护活动,增进其通航能力和安全性。[③]

6. 海上执法问题

针对不同的海域(管辖海域、争议海域、公共海域等),采取不同的原则和方式实施执法活动,尽力减少冲突和冲撞事件,改进执法过程中的缺陷行为,应制定诸如海域巡航执法条例等,努力构筑执法热线联络机制和预防危机管理机制。尤其要处理好渔业纠纷和抓扣事件,避免因此造成与他国之间的外交对立。为此,应对国内渔业活动予以管理(包括设置新的装备、报废老旧船只、增强教育培训等),并对渔业有关的政策与法律制度进行修正和完善,目的是合理实施渔业活动,确保渔民利益。

7. 海洋生态安全问题

当前,我国海洋生态面临多重危机:近海环境污染态势及危害严重,防控难

[①] 专属经济区内军事活动问题内容,参见金永明:《中美专属经济区内军事活动争议的海洋法剖析》,《太平洋学报》2011 年第 11 期,第 74—81 页。

[②] 冲之鸟礁与岛屿制度内容,参见金永明:《岛屿与岩礁的法律要件论析——以冲之鸟问题为研究视角》,《政治与法律》2010 年第 12 期,第 99—106 页。

[③] 海盗行为内容,参见金永明:《论海盗行为与国际法——以索马里海盗为视角》,《国际关系研究》2009 年第 2 辑,第 91—104 页。

度加大;近海生态系统大面积退化,且正处于剧烈演变阶段,是保护和建设的关键时期;海洋生态环境灾害频发,海洋开发潜在风险极高;次级沿海新兴经济区发展面临新的危机和挑战。生态环境的管理和保护需要有全局意识和长远的战略考量。发展蓝色经济在我国已经提到战略高度,但仍有两个方面的限制:一是在理论依据上缺乏支持;二是实践上缺乏具体操作。蓝色经济建设如何与海洋生态环境保护相结合,国内外相关研究相对比较缺乏。因此,在我国海洋生态逐步恶化的背景下,如何加强并提升我国环渤海、黄海、东海、南海各海区的跨区域生态保护与管理,如何进一步深化我国与沿海各国国际生态保护合作,是保护我国海洋生态环境的重大课题。

8. 极地资源开发问题

对于北极的领土归属及其资源开发问题,因在北极现无规范性的国际制度,所以应探讨国际海底制度,即建立在人类共同继承财产原则基础上的国际海底制度,以及管理国际海底活动的机构——国际海底管理局适用于北极制度的可能性,以共同保护北极脆弱的生态环境,维护可能的航行安全和利益。同时,也应考察南极条约体系中针对领土问题的制度,即冻结领土权的制度,适用于北极的可能性与主要障碍。[①] 概言之,为确保我国在北极的利益(航行和科研活动等利益),我国应积极参与制定北极国际制度的活动,并发表自己的主张。另外,还应加强与北极区域国家的双边合作进程。

9. 国际海底资源开发问题

国际海底蕴藏着丰富的战略资源,应积极利用我国在国际海底制度上已取得的优势,即我国已批准获取了在东北太平洋和西南印度洋国际海底的两个矿区(多金属结核和热液硫化物矿区),为此,我国应创造条件加快对已核准的国际海底资源的开发进程,并完善国内开发国际海底资源的法律或规章,特别需要在政策和融资及税收等方面予以支持,以推进我国国际海底资源开发活动,继续确保优势地位。

(三)中国维护与他国和地区关系的政策与方针

1. 中美日关系

为合理处理海洋问题,维护海洋安全,稳固大国关系特别重要,应正确处理

---

① 国际海底制度和南极条约体系内容,参见金永明:《国际海底制度研究》,新华出版社2006年版,第26—71页。

中美日之间的关系。如上所述，随着世界经济重心的转移，在亚太区域出现了经济和军事(安全)分离的双重权力结构，美国担心中国的发展将挑战美国的霸权、主导权和既得利益，故采取遏止和利用中国并存的手段。而中美之间的矛盾为结构性矛盾，无法回避，必须正确应对。当前，应通过各种对话渠道加强与美国的沟通和协调，目的是让美国尊重中国的核心利益和重大关切，避免冲突，共同维护区域及国际和平安全与发展。

日本是一个区域性大国，由于中日海上生命线重叠，中日海上利益冲突不可避免，特别反映在钓鱼岛归属争议问题和南沙群岛周边海域的航行安全方面。为此，应让日本承认在钓鱼岛问题上存在争议，解除对其的警备体制，中日应对此展开对话和谈判，为最终解决钓鱼岛问题共同努力。在最终解决钓鱼岛问题之前，考虑并实施"搁置争议、共同开发"制度，使海洋问题不影响中日战略互惠关系发展进程。

2. 中国与东盟关系

在南海问题的处理上，中国特别应处理好与东盟各国之间的关系。南海问题已呈现出区域化、国际化的趋势，主要表现在中国与东盟各国之间的《南海各方行为宣言》，已发展为中国与东盟国家就落实《南海各方行为宣言》指导方针达成一致，以及域外大国(美国、日本、澳大利亚和印度等)的参与等方面。所以，如何处理南海问题不仅考验中国政府和人民的智慧，也关系我国由区域性大国转向世界性大国的指标性问题。

在南海问题上，特别是在南沙群岛主权归属争议问题上，我国一方面应与东盟各国就具体的岛屿归属争议问题展开磋商；另一方面也应做好与东盟两个以上国家之间的协商谈判工作。[①] 同时，又要处理域外大国参与争议问题的立场和态度。考虑到南海问题十分复杂，解决十分困难，所以在最终解决领土归属争议问题之前，应加强在海洋低敏感领域的合作，包括实施区域或双边共同巡航、构筑渔业合作管理制度等。

在南海问题上，我国重要的政策之一，应适时公布中国关于南海九段线的政策白皮书(学者版、政府版)，公布南沙岛礁领海基线，并加强对已占岛礁的管理，包括调查岛礁的地理分布及资源，公布标准名称，并在地图上标记，拓展基础设施等；采取措施争取收复占领其他岛礁，并创造条件实施管理和开发活动。目标

---

① 例如，《国际法院规约》第62条规定：(1) 某一国家如认为某案件之判决可影响属于该国具有法律性质之利益时，得向法院声请参加；(2) 此项声请应由法院裁决之。

是改变我国在海洋问题上的被动局面,积极采取措施应对和管理海洋问题。

3. 加强两岸海洋问题合作进程

台海问题直接关系到我国和平统一大业,也关系到我国和平发展进程和海洋安全。由于两岸针对海洋问题的法律立场与态度相同或相近,所以两岸具备海洋问题合作的基础。为此,在两岸关系和平发展进程中,应积极运作两会缔结的多项合作协议,特别需要深入运作经济合作框架协议,努力缔结两岸文化合作协议,在此基础上缔结两岸海洋问题合作框架协议,共同维护中华民族的海洋权益,造福两岸人民,推进和平统一大业。[①]

三、中国海洋安全战略具体措施

(一)中国海洋安全的战略路径

通过发展海洋经济,特别是绿色经济,综合处理各个海洋问题,确保海洋经济发展环境,维护海洋安全。如上所述,我国《国民经济和社会发展第十二个五年规划纲要》第十四章"推进海洋经济发展"指出,我国应坚持陆海统筹,制定和实施海洋发展战略,提高海洋开发、控制和综合管理能力。换言之,我国发展海洋事业的路径选择是通过发展海洋经济来实现的;重要任务是制定和实施国家海洋发展战略。为此,我国必须在战略机遇期尽快完善海洋体制机制建设,完善海洋法制,创造条件和基础,确保实现管辖300万平方千米海域和开发利用全球海洋及其资源目标。

(二)中国海洋安全的战略措施

为实现海洋经济发展,需要解决影响或危害海洋经济发展的各种海洋问题,完善和补缺影响海洋经济发展的各种要素或领域,采取综合性的海洋管理和合作方法,实现海洋强国目标。概言之,我国经略海洋的路线图为:国家战略—国家海洋发展战略—国家海洋安全战略—国家海洋政策—国家海洋法制—国家海洋计划(规划)。研究海洋安全战略的目标为:强化和完善管理海洋的体制和机制,进一步完善海洋政策和法律制度,以实现我国由区域性海洋大国向世界性海

---

① 两岸海洋问题合作内容,参见金永明:《钓鱼岛列屿解决方法与两岸海洋问题合作》,载吴建德、王海良等主编:《两岸关系新论》,丽文文化事业股份有限公司2012年版,第44—51页。

洋大国的成功转型。

总之,中国维护海洋安全的宗旨为:通过发展海洋经济,提升海洋产业和管理水平,强化对海洋的综合管控能力。中国维护海洋安全的原则和任务为:不让海洋问题爆发,掌握在可控状态,包括积极管理已占岛屿和岩礁,设法阻止他国再占岛礁及开发活动,逐步收复他国强占的岛屿和岩礁;创造条件实施资源开发活动(自主开发、合作开发和共同开发);积极参与国际海洋事务,共同确保公共利益,争取自身海洋利益,发展中国的适度作用和综合优势,维系国际海洋秩序,确保战略机遇期,推进中国和平发展和国家统一大业。中国维护海洋安全的目标为:确保国家 300 万平方千米海域不受挑战,可自由开发和利用全球海洋及其资源,确保中国自由驰骋于全球海域。

经初步分析,中国维护海洋安全的具体举措,主要包括以下几个方面:

1. 国际层面的举措

(1) 深入研究和遵守《联合国海洋法公约》的原则和制度,适度发挥中国的综合优势和作用,争取修改和完善《联合国海洋法公约》相关制度,包括就军事活动问题努力缔结新的补充协定。

(2) 发挥中国的主导作用,就国际海峡和海域通道安全举行论坛,在此基础上缔结国际通道维护和管理制度,确保国际社会的共同利益。

(3) 加强对国际司法制度特别是国际法院制度的研究,为今后利用国际司法制度解决岛屿争议和海域划界问题等提供理论储备。

2. 区域层面的举措

(1) 努力缔结中国与东盟国家之间的南海共同巡航和渔业管理合作制度,维护南海区域和平与航行安全,保障各国资源能源供应。换言之,应缔结区域性低敏感海洋领域的合作制度,如努力构筑区域性共同巡航和渔业管理合作制度、尽力缔结执法联络机制和危机管理制度,维护区域海洋秩序,共享海洋及其资源利益。

(2) 中国应延缓就缔结诸如南海各方行为规则那样的具有法律约束力的谈判进程。努力与东盟的个别国家就争议岛屿归属问题展开双边谈判,并争取业绩,以向国际社会证明通过双边谈判可以解决中国与东盟国家之间的岛屿归属争议问题,延缓或阻止南海问题的国际化进程。

(3) 发挥上海合作组织的优势和作用,加快该组织内资源合作步伐。同时,中国应与俄罗斯加快海洋问题合作进程,包括在北极区域就资源调查和环境保护、科学考察等活动展开合作,以丰富中俄战略合作伙伴关系内涵。

3. 国内层面的举措

（1）我国应抓住当前的有利时机，结合主要国家海洋战略和政策实践，制定和实施国家海洋发展战略，完善海洋体制和机制。同时，依据国家整体战略和海洋发展战略，制定中国海洋安全战略。中国海洋安全战略应符合国际和国内发展趋势和需要，符合包括《联合国海洋法公约》为主的国际法原则和制度，以共同维护国际和区域海洋秩序，确保共同利益和国家利益（生存和发展利益）。

（2）我国应遵循国际法和海洋法的原则和制度，综合而合理地处理中国面临的各种海洋问题，使其对我国的影响或威胁降至最低程度。在此特别应适用国际、区域合作原则，以实现和谐海洋目标。

（3）进一步明确中国政府针对海洋问题的政策与立场，发布中国针对海洋问题的政策白皮书，包括加强两岸海洋问题合作，发布中国针对钓鱼岛问题和南海九段线政策白皮书，公布我国所属领土岛礁的领海基线并加强对其的开发和管理。

（4）进一步完善我国的海洋政策与法律制度。深入考察我国针对海洋问题的政策，包括"搁置争议、共同开发"，海洋争议问题解决模式，分析利弊得失；提升国民海洋意识，开展海洋教育活动，包括创设海洋论坛、组建海洋网站、建立海洋研究基金会、扩大海洋教育和研究机构规模；进一步制定和完善我国海洋法律制度，包括制定海洋基本法、海域巡航执法条例、修改涉外海洋科学研究管理条例、完善相关部门法规等。

（5）为完善或补缺海洋要素或领域缺陷，发展中国海洋事业，我国应完善并实施海洋领域规划，例如海洋产业规划、海洋科技规划、海洋资源调查与环境保护规划、开发和保护海岛规划、海洋人才发展规划等，以全面提升应对和处理海洋问题的能力与水准。

四、结　语

从国际国内情势可以看出，我国已到了必须逐步解决海洋问题争议的重要时刻。为此，我国制定和实施国家海洋发展战略及国家海洋安全战略，就显得十分紧要，特别应进一步完善我国海洋体制和机制建设，以实现阶段性目标，维护国家海洋权益，确保我国核心利益的维护。同时，应充分发挥中国的综合优势，为更多地提供国际社会的共同产品作出自己的贡献，即中国进一步参与国际海洋事务治理进程十分关键。

中国制定海洋发展战略的几点思考

近期,中菲黄岩岛船只对峙事件仍在持续,利用外交方法或政治方法解决两国之间的争议问题依然严峻,不可乐观。这次由菲律宾舰船袭扰我国渔民正常作业的登临和抓扣行为,严重侵犯了我国主权和领土完整以及海洋权益,挑战中国坚决捍卫和保卫核心利益的战略决心。[①] 今次黄岩岛船只对峙事件的重要启示之一为,我国应加快制定和实施中国海洋发展战略进程。这也是当前我们面临诸多海洋问题、发展海洋经济、处理和解决海洋突出问题,实现中国由区域性海洋大国向世界性海洋大国转型的必要路径选择。

一、中国面临的海洋问题及其要因

众所周知,当前和今后我国面临诸多的海洋问题,对这些海洋问题的处理和解决,直接考验中国政府和人民的智慧,尤其是中国外交政策的定位和抉择。从海域来看,中国面临的最突出的海洋问题是东海问题、南海问题。

(一) 东海问题

迄今,国际社会对于东海问题仍无明确的界定,即使在中日外交部门于 2008 年 6 月 18 日公布的《中日关于东海问题的原则共识》(简称《原则共识》)中也没有明确其内涵。一般认为,东海问题主要包括岛屿归属争议、海域划界争议、资源开发争议和海上执法争议。在这些争议中,尽管它们之间互相关联、不可分割,但中日海洋问题争议的关键是岛屿归属争议和海域划界争议,核心是岛屿归

---

① 依据《中国的和平发展》白皮书,中国的核心利益包括:国家主权、国家安全、国家统一、中国宪法确立的国家政治制度和社会大局稳定、经济社会可持续发展的基本保障。参见中国国务院新闻办公室:《中国的和平发展》(2011 年 9 月),人民出版社 2011 年版,第 18 页。

属争议,即中日针对钓鱼岛及其附属岛屿(简称钓鱼岛列屿)的主权归属争议。

为了解决中日海洋问题争议,中日两国就海洋问题进行了多次磋商和谈判,但由于日本政府否定历史事实和无视中国的关切,长期坚持否定两国之间存在钓鱼岛列屿主权归属争议的立场和态度,致使两国海洋问题谈判无实质性的成果。例如,中日两国曾自1998年8月启动了第一轮中日东海划界磋商谈判,后因日本对中国于2003年开发春晓油气田设置障碍,在2003年12月举行的第八轮磋商后,终止了两国东海划界谈判;2004年5月东海问题爆发后,两国针对东海问题举行了11次磋商,但因双方对争议岛屿的归属、海域划界的原则和方法等,存在严重的对立和分歧,致使中日东海问题的谈判处于僵持的状态。[1] 此后经过秘密的多次协商,特别为实现根据两国首脑达成的为将东海变成和平、友好、合作之海的政治意愿,两国外交部门于2008年6月18日分别公布了《原则公识》。[2] 换言之,两国针对东海问题的争议有了一个阶段性的成果,但由于两国针对实质性问题(岛屿归属、海域划界)未达成一致认识,所以依然存在着分歧和对立。也就是说,中日再次搁置了东海划界争议,希望在一定的海域范围内尽快地实施合作开发和共同开发制度,即在东海问题上,日本采取了各个击破的战术。具体来说,日本否认岛屿归属争议、搁置划界争议、争取在资源开发问题上获得实质性的利益。

为打破《原则共识》毫无进展的局面,缩小分歧,依据两国政府首脑于2011年12月25日达成的将东海变成和平、合作、友好之海的政治意愿,中日两国于2012年5月15—16日在浙江杭州,举行了中日首轮海洋事务高级别磋商会议,目的是增进对两国相关海洋机构及其职权的互相深入的理解和认识。[3] 在这次会议上,双方代表分别介绍了各自针对海洋问题的政策和法律制度;双方同意继续就海洋问题举行磋商,并决定于2012年下半年在东京举行中日第二轮海洋事

---

[1] 中日东海问题磋商进程及对东海问题的分歧和对立内容,参见金永明:《东海问题解决路径研究》,法律出版社2008年版,第2—16页。
[2] 例如,《中日联合新闻公报》(2007年4月11日)指出,为妥善处理东海问题,双方达成以下共识:(1)坚持使东海成为和平、友好、合作之海;(2)作为最终划界前的临时安排,根据互惠原则进行共同开发;(3)根据需要举行更高级别的磋商;(4)在双方都能接受的较大海域进行共同开发;(5)加快磋商进程,争取在2007年秋天就共同开发具体方案向领导人报告。《中日关于全面推进战略互惠关系的联合声明》(2008年5月7日)指出,双方确认,共同努力,使东海成为和平、合作、友好之海。
[3] 中日政府首脑在2011年12月25日举行的会谈上,就海洋问题达成了以下目标:合作推进将东海变成和平、合作、友好之海。具体措施为:(1)双方同意构筑"中日高级别海洋事务磋商",并原则同意缔结中日海上搜救协定;(2)两国同意继续保持沟通并就东海问题原则共识政府间换文谈判进行努力。

务高级别磋商会议。① 应该说,中日两国需要有一个综合处理海洋问题的高层平台,今次中日海洋事务高级别磋商会议的举行,为中日两国政府部门之间展开实质性的会谈,增进互信和理解,具有十分重要的意义,应持续推进和实施。可以预见,由于中日海洋问题争议复杂,不可能通过几次磋商和谈判就能解决,所以,中日海洋问题争议磋商谈判进程依然曲折和艰巨,所谓任重而道远。

(二) 南海问题

南海问题的显现,主要是由于东盟某些国家试图依赖域外大国的支撑,不断采取单方面的行为和活动引发和升级的,以获取各自在南海的更多的"权益"。换言之,南海问题特别是南沙岛礁领土争议问题的凸显,有多种原因,既有历史因素,也有经济社会发展和国际、区域性制度缺陷所致,又涉及域外大国关注的所谓航行自由及安全方面的"利益"。因此,南海问题十分复杂,解决十分困难。笔者认为,南海问题显现的要因,主要体现在以下方面。

1. 经济利益方面

世界经济重心已向亚太地区转移,亚洲各国所需的能源资源需求日趋增加,由此,对海洋及其资源的需求与依赖日益提升。换言之,各国开发利用海洋及其资源的力度进一步强化,包括抢占南沙岛礁及开发其资源的力度加大,依赖海洋及其资源发展经济的要素明显上升。例如,越南《海洋战略规划》提出到 2020 年海洋经济产值占国内生产总值 53%—55% 的目标。目前,越南在海上开采的原油已占越南外汇收入来源的第一位,即越南在南海资源开发中获得了巨大的利益,并试图继续保持和获取更多的"利益",包括实施联合开发,因而,在南海问题上出现了强硬的立场与行为。② 当然,美国在南海也具有重大的经济利益,包括美国对东盟的投资利益、贸易利益,以及参与南海资源开发活动利益等。

2. 航行安全方面

南海尤其是南沙海域是国际航行的重要通道,当今通过南沙海域的船舶总吨数相当于世界船舶总吨数的一半,占世界石油运输量的一半,其通航量为苏伊士运河的 2 倍、巴拿马运河的 3 倍。③ 所以,维护南海特别是南沙群岛周边海域

---

① 中日首轮海洋事务高级别磋商会议内容概要,参见 http://www.mofa.go.jp/mofaj/area/china/jc_kk_1205.html,2012 年 5 月 16 日访问。
② 参见 http://wenhui.news365.com.cn/hqsc/201107/t20110720_3090628.htm,2011 年 7 月 20 日访问。
③ 参见[日] 秋元一峰:"东亚海域战略环境与南海问题",《海洋安全保障信息》2011 年第 8 期,第 16—17 页。

的和平与稳定,是符合包括美国在内的各国的共同利益的。实际上,在南海特别是南沙群岛周边海域的航行是安全的、自由的,并未受到影响和阻碍。而中国是维护南沙群岛周边海域航行安全和自由的坚定维护者。[1] 美国强调南海航行安全自由的目的表面上是为了维护国际社会的"共同利益",实质上是坚持其在他国专属经济区内的军事活动自由,具有极大的蛊惑性和欺骗性。[2]

3. 争议岛屿方面

根据《联合国海洋法公约》(简称《公约》)及其附件(《大陆架界限委员会》)的相关规定和《公约》缔约国大会决议,主张外大陆架的国家应在2009年5月13日以前,向大陆架界限委员会提交外大陆架划界案,以使该委员会能审议国家外大陆架划界案,并提出建议。为此,越南于2009年5月7日,针对南海的大陆架单独提交了外大陆架划界案;越南和马来西亚于2009年5月6日,针对南海南部海域的大陆架提交了联合外大陆架划界案。这些划界案严重侵害了我国在南海的主权、主权权利和管辖权。[3] 但大陆架界限委员会审议国家外大陆架划界案的前提是,审议的内容必须与相关国家无任何争议,如果存在争议,则其不对争议部分予以审议。[4] 同时,随中国国力特别是经济总量的进一步提升,东盟某些国家试图在中国力量未得到进一步发展之前,更多地抢占和霸占南海特别是南沙群岛内的部分岛礁及其资源,并期望域外大国特别是美国参与其中解决争端,包括利用联合军事演习等方法,遏制和削弱中国的影响力,消耗中国的战略资源,力图更多地获取这些国家在南海的"利益"。上述要素也是东盟某些国家加大抢占南海岛礁及其资源开发行为和力度的原因。

4. 制度缺陷方面

尽管我国于2002年11月4日与东南亚各国签署了《南海各方行为宣言》,但由于其是一个原则性的宣言,缺乏具体的行为准则,特别是缺乏相应的组织机构

---

[1] 参见 http://www.siis.org.cn/zhuanti_view.aspx? id=10209,2011年12月31日访问。
[2] 关于中美针对专属经济区内军事活动争议内容,参见金永明:《中美专属经济区内军事活动争议的海洋法剖析》,《太平洋学报》2011年第11期,第74—81页。
[3] 例如,针对越南单独提交的划界案,我国外交部指出,中国对包括西沙群岛和南沙群岛在内的南海诸岛及其附近海域拥有无可争辩的主权,对相关海域的海床和底土拥有主权权利和管辖权;越方提交的所谓大陆架外部界限划界案,严重侵犯了中国的主权、主权权利和管辖权,是非法的、无效的;中国政府郑重要求该委员会不审议上述划界案。以上内容,参见《外交部就越南提交南海"外大陆架划界案"等答问》,http://www.gov.cn/gzdt/2009_05_08/content_1309143.htm,2009年5月9日访问。
[4] 例如,《大陆架界限委员会议事规则》(2008年)附件一《在存在海岸相向或相邻国家间的争端或其他未解决的陆地或海洋争端的情况下提出划界案》规定,如果已存在陆地或海洋争端,委员会不应审议和认定争端任一当事国提出的划界案,但在争端所有当事国事前表示同意的情况下,委员会可以审议争端区域内的一项或多项划界案;同时,向委员会提出的划界案和委员会就划界案核可的建议,不应妨碍陆地或海洋争端当事国的立场。

及违反宣言行为的制裁措施,所以对于各国的行动无法认定,而各国往往采取利于自国利益的解释,致使冲突和争端无法获得认定和解决,尤其是各国在南海的单方面或联合行动,无法作出判断,从而无法确定其行为或行动是否使争议复杂化、扩大化和影响了南海的和平与稳定。[①]

另外,在南海特别是南沙群岛周边海域举行的多国联合军事演习,也缺乏《公约》的制度性规范,但联合军事演习的频繁性、目标的明确性等,显然是违反和平利用海洋的目的和宗旨的,特别违反专属经济区制度设立的宗旨和要求的,是应该加以反对的。[②] 这就要求国际社会特别是东盟国家应该与有关国家包括中国合力完善相关国际和区域制度规范,利用和平方法解决争端和冲突,实现南海的稳定和安全,特别应确保国际社会的共同利益——保障航行自由和安全。

二、中国海洋问题显现的原因与解决思路

近来,为什么中国会在国际地位日益提升,经济实力明显增强,尤其是他国与我国经济日趋紧密的时刻,会产生如此频发而复杂的海洋问题,引发海洋安全并影响国家安全呢?

(一) 中国海洋问题增多并显现的原因

笔者认为,我们面临诸多海洋问题并显现的原因,主要表现在以下方面:

第一,我国与主要周边国家的陆地划界工作基本结束,来自陆地的威胁将明显减少。例如,《中国的和平发展》白皮书指出,中国坚持通过对话谈判处理同邻国的领土争端问题,已与 12 个陆地邻国解决了历史遗留的边界问题,所以来自陆地的威胁将会相应地减少。

第二,随全球化的进一步发展,我国利用海洋及其资源的力度和频度进一步拓展,需要保护和照顾的海洋利益日益扩大,相应地海洋问题纠纷或争端也将增加。

第三,我国是海洋地理相对不利的国家之一,与多个国家之间存在海域划界争议和岛屿归属争议,如果不能很好地处理相关国家之间的海洋争端,则海洋问

[①] 例如,《南海各方行为宣言》第 5 款宣言规定,有关各方承诺保持自我克制,不采取使争议复杂化、扩大化和影响和平与稳定的行动,包括不在现无人居住的岛、礁、滩、沙或其他自然构造上采取居住的行动,并以建设性的方式处理它们的分歧。

[②] 关于专属经济区内军事演习内容,参见金永明:《如何应对专属经济区内的军事演习》,《东方早报》2010 年 11 月 29 日,第 A14 版。

题频发不可避免。

第四,随我国对外开放政策的进一步深入,特别是经济总量的不断提升、海洋科技装备的进一步完善,我国具备了由陆地转向海洋的经济基础和科技条件,尤其是我国海上力量的布局和发展,在一定程度上使其他国家对中国的意图造成误解,从而引发相关的海洋问题。

(二) 中国解决突出海洋问题的基本思路

现仍以中国突出的海洋问题——东海问题和南海问题为例,予以阐述。

1. 解决东海问题的基本思路

如上所述,东海问题的核心为钓鱼岛列屿主权归属争议。具体来说,分为中日两国之间对此是否存在争议,以及是否存在"搁置争议、共同开发"的共识两个方面。

对于中日之间就钓鱼岛列屿问题是否存在争议的问题,并不是一国自认为是"固有领土",就不存在领土争议问题了。这只是一个政治性质的口号,并不是一个法律术语。对于是否存在争议的问题,需从国际法予以考察。从常设国际法院审理马弗罗提斯和耶路撒冷工程特许案(Mavromamat Palestine Concessions)的判决(1924年8月30日)可以看出,所谓的争端是指两者之间法律或事实上在某一方面存有分歧,或者在法律观点或利益上发生冲突。从此判决内容、中日针对钓鱼岛列屿的实况可以看出,钓鱼岛列屿问题在中日之间是存在争议的,日本无法否认。

对于是否存在"搁置争议、共同开发"的共识问题。尽管"搁置争议"内容,并未在《中日联合声明》《中日和平友好条约》等文件中显现,但1978年10月25日邓小平副总理在日本记者俱乐部上的回答,表明两国政府在实现邦交化、中日和平友好条约的谈判过程中,存在约定不涉及钓鱼岛列屿问题的事实,即中日两国领导人同意就钓鱼岛列屿问题予以搁置。[①] 此后,日本政府也是以"搁置争议"方针处理钓鱼岛列屿问题的。

为此,在解决东海问题上的基本思路为:首先,应让日本承认在钓鱼岛列屿问题上存在争议,双方应就此问题进行平等协商和谈判;其次,应让日本削弱或解除对钓鱼岛列屿周边海域实施的非法的"警备体制",确保大陆和台湾渔民正

[①] 邓小平副总理在日本记者俱乐部回答钓鱼岛列屿问题的内容,参见《邓小平与外国首脑及记者会谈录》编辑组编:《邓小平与外国首脑及记者会谈录》,台海出版社,2011年版,第315—320页。

常的捕鱼活动;再次,应考虑两岸海洋问题合作事项,以共同保卫钓鱼岛列屿;最后,如果中日两国无法就钓鱼岛列屿主权归属问题达成妥协,则可考虑将其提交国际法院或仲裁解决的方案。

2. 解决南海问题的基本思路

所谓的南海问题,主要为南沙岛礁领土争议问题,核心为中国南海 U 形线或九段线的法律地位及其线内海域的属性问题。从中国南海 U 形线出台的背景和意图看,中国政府公布南海 U 形线的主要目的为,宣示中国在南海的主权,即南海 U 形线的最基本的法律地位为岛屿归属线,而其线内海域应依据陆地支配海洋原则,对照《公约》规范的海域制度和中国国内法(例如,《中国政府关于领海的声明》《领海及毗连区法》《专属经济区和大陆架法》)确定其地位、属性及管辖权。①

考虑到南海问题涉及多国(多方),主张重叠严重,争议十分复杂,一般难以解决,又中国政府于 2006 年 8 月 25 日向联合国秘书长提交了涉及国家重大利益的问题(海洋划界、领土争端、军事活动争议等)排除国际法司法或仲裁管辖的书面声明。如果中国不撤回上述声明,也不与他国缔结有关争议的仲裁协议,则国际司法或仲裁机构就无管辖权,当然也无法处理此类问题。所以,利用政治方法或外交方法是解决南海问题的必由之路,也是我国一贯坚持的政策和方针。这种政治方法的实现,关键是相关国家应共同努力,相向而行,寻找利益的交汇处和共同点。

当前,由于"搁置争议、共同开发"在东盟的一些国家间缺乏政治意愿,又无现实利益需求,加上争议海域难以界定,致使此政策或方针遭遇冷落,并未受到尊重,但不可否认的是,其依然是解决包括南海问题在内的重要方针,关键是找到突破口,开拓新路径。②

笔者认为,我国解决南海问题的基本思路,可分为以下三个步骤:首先,中国应与东盟国家之间实施低敏感领域的合作,包括海洋环保、海洋科学研究、海上航行和交通安全、搜寻与救助、打击海盗等,这是符合《南海各方行为宣言》第 6 款和《公约》第 123 条规范的制度性要求的。其次,待低敏感领域的合作深化,互信增强后,应尽快制定具有法律约束力的行为准则。最后,力图最终解决南沙岛

---

① 中国在南海划出 U 形线或九段线的背景及其法律地位与属性方面的详细内容,参见金永明:《论南海问题特质与海洋法制度》,《东方法学》2011 年第 4 期,第 87—89 页;金永明:《中国基于南海 U 形线的主张果真毫无依据吗?》,《东方早报》2012 年 4 月 24 日,第 A17 版。

② 有关"搁置争议、共同开发"内容,参见金永明:《"搁置争议、共同开发"的新思路》,《东方早报》2011 年 7 月 25 日,第 A16 版。

礁领土争议问题,抑或实施共同开发制度。①

近期,中国和东盟就落实《南海各方行为宣言》指导方针达成一致(2011年7月20日),中越两国在海上问题上达成共识和原则协议(例如,2011年10月11日,中越两国签署《关于指导解决中越海上问题基本原则协议》),这些新路径为实现上述步骤,解决南海包括南沙岛礁领土争议问题创造了有利条件,提供了制度性保障,对于延缓南海问题升级具有重要的作用和意义,应予肯定,值得坚持和推进实施。

三、中国海洋发展战略内涵阐释

为充分应对中国面临的突出海洋问题,需要整合力量综合性地处理和解决东海问题和南海问题,中国需要适时发布针对钓鱼岛列屿问题、南海问题尤其是南海U形线的政策性文件或白皮书。当然,这些内容也可在国家海洋发展战略中体现或规范,以使国际社会了解和理解中国针对海洋问题的政策与立场,避免误解、误判。

(一)中国制定海洋发展战略的必要性

1. 国际背景

随海洋世纪的来临和《公约》的生效(1994年11月16日),特别是《公约》内专属经济区和大陆架制度的实施,国际社会尤其在主要海洋大国,出现了争相出台海洋战略和海洋法制的国际趋势,以在国际、区域相关制度尚未成型、无法修正完善的背景下,更多地获取海洋及其资源和利益。② 国际社会的这种趋势,要求我国尽早地制定和实施国家海洋发展战略,否则我国将会处于不利或被动的地位。

2. 国内背景

近年来,党和政府高度重视海洋政策的制定和完善工作,并一以贯之。例

---

① 关于解决南海问题步骤内容,参见金永明:《解决南海问题的现实步骤》,《东方早报》2012年4月24日,第A17版。
② 国际社会主要海洋大国出台的海洋战略和法制,主要为:2000年美国海洋法、2004年美国与海洋报告、2004年美国国家海洋行动计划、2007年美国21世纪海权合作战略,以及2009年美国海洋政策;2002年加拿大海洋战略、2005年加拿大海洋行动计划;2004年英国海洋研究开发基金、2009年英国海岸带使用法;2000年韩国21世纪海洋、2005年韩国海洋宪章;2006年欧盟海洋政策绿皮书——面向未来的欧洲海洋政策:欧洲的海洋理念;2005年日本的海洋与日本:21世纪海洋政策建议书、2006年日本海洋政策大纲、2007年日本的海洋基本法、2008年日本的海洋基本计划等。

如,党的十六大报告(2002年)中就提出了"实施海洋开发"的任务;国务院在《政府工作报告》(2004年)中提出了"应重视海洋资源开发与保护"的政策;在我国《国民经济和社会发展第十一个五年规划纲要》(2006年)中指出了我国应"促进海洋经济发展"的任务;在2009年的《政府工作报告》中又强调了"合理开发利用海洋资源"的政策。更值得一提的是,我国《国民经济和社会发展第十二个五年规划纲要》(简称《第十二个五年规划纲要》)(2011年)设立专章(第十四章"推进海洋经济发展")明确规定:"我国应坚持陆海统筹,制定和实施海洋发展战略,提高海洋开发、控制、综合管理能力。"[1]这为我国加快制定和实施国家海洋发展战略提供了重要的政治保障。

可见,国际和国内形势已经明确地要求我国应尽快出台统筹海洋事务的国家战略,这是时代的要求,也是我国解决当前海洋突出问题争议的必然选择。在国际、区域和双边关于海洋问题的制度或协议还未健全或难以修正完善的情形下,处理和应对海洋问题争议的有效途径之一为制定国家海洋发展战略和完善海洋法制,这种抉择对我国也不例外。

(二) 中国海洋发展战略的基本内涵

从我国《第十二个五年规划纲要》内容可以看出,我国提出了应制定和实施海洋发展战略的任务和要求。这是我国实现和平发展和推动经济健康发展的重要路径选择,因为海洋经济已成为我国国民经济中的重要组成部分。例如,在2007—2011年,全国海洋生产总值占国内生产总值的比重基本处于10%左右。换言之,我国制定和实施海洋发展战略是通过发展海洋经济的路径推进和完善的,这种价值取向和路径选择,更易被国际社会所接受,而为推进海洋经济发展,必须解决诸如东海问题和南海问题等突出问题,以确保周边安全环境和条件,也更需进一步明确我国的海洋政策和方针,这些内容无疑落实到了中国海洋发展战略之中。

1. 中国海洋发展战略的定位与目标

中国海洋发展战略无疑是国家和平发展战略的重要组成部分,应符合国家发展的总体战略和目标,包括推进国家统一大业、实现和平发展,而实现国家现代化和人民共同富裕是中国和平发展的总体目标。[2] 对于中国海洋发展战略的

---

[1] 由于国家《第十二个五年规划纲要》规定:"我国应制定和实施国家海洋发展战略",所以,本文内容包括标题采用此术语,而不用国家海洋战略,以求统一。特此说明。

[2] 参见中国国务院新闻办公室:《中国的和平发展》(2011年9月),人民出版社2011年版,第9页。

目标,首先为区域性海洋大国和海洋强国,进而发展为世界性海洋大国和海洋强国。具体来说,笔者认为,我国海洋发展战略的目标可分为以下三个阶段:

(1) 近期战略目标(2012—2020年)。主要为设法稳住海洋问题的升级或爆发,采取基本稳定现状的立场,逐步采取可行的措施,设法减少海洋问题对我国的进一步的威胁或损害,以利用好战略机遇期。具体目标为,完善海洋体制机制建设,包括设立国家管理海洋事务等组织机构,完善海洋领域的政策和法律制度,为收复岛屿和岩礁创造基础条件。

(2) 中期战略目标(2021—2040年)。创造各种条件,利用国家综合性的力量,设法解决个别重要海洋问题(例如,南海问题),实现区域性海洋大国目标。具体目标为,逐步收复和开发他国抢占的岛屿和岩礁,并采取自主开发为主,合作开发和共同开发为辅的策略。

(3) 远期战略目标(2041—2050年)。在我国具备充分的经济和科技等综合性实力后,全面处置和解决海洋问题,完成祖国和平统一大业,实现世界性海洋大国目标。具体目标为,无阻碍地管理300万平方千米海域,适度自由地利用全球海洋及其资源。

2. 中国海洋发展战略的内容

一般来说,发展国家海洋事业的基本路径或路线图为:首先,应明确国家核心利益,制定包括国家海洋发展在内的战略。对于我国来说,核心目标是建设海洋强国。其次,完善国家海洋发展战略实施的海洋政策,包括强化海洋理念与意识,加强海洋事务协调,提高海洋及其资源开发、控制和综合管理能力,弘扬海洋传统文化,不断开拓创新海洋科技,拓展对外交流和合作,推动我国海洋事业不断取得新成就。再次,为制定海洋基本法,以保障海洋发展战略和海洋政策的推进落实,重点为完善我国的海洋体制和机制,包括设立国家海洋事务委员会等组织机构。最后,为制订实施海洋基本法的海洋基本计划,以补正或充实我国海洋事业发展过程中的薄弱环节或领域。

3. 中国海洋发展战略实施的保障措施

为切实实施国家海洋发展战略,重要的是完善组织机构(例如,国家海洋事务委员会),固化国家海洋发展战略内的政策,即需要制定海洋基本法。

笔者认为,我国制定的海洋基本法,应包括以下主要内容:宣布国家海洋政策,即汇总一直以来我国针对海洋问题的政策,包括"搁置争议、共同开发",构筑和谐海洋理念,并对外作出宣传和解释;设置管理海洋事务的国家机构,以统一高效协调管理国家海洋事务;公布国家发展海洋的重要领域,包括发展海洋产业和活动,积极开发、利用和管理海洋及其资源,保护海洋环境,确保通道安全,研发海洋技术,加强对管辖海域的管理及调查活动,增强国民对海洋的教育和宣传工作,强化国际海洋合作等。具体来说包括以下方面:推进海洋资源的开发和利用;加强对海洋环境的监测和保护;推进专属经济区和大陆架等资源的开发活动;确保海上运输安全;确保海洋安全;强化海洋调查工作;研发海洋科学技术;振兴海洋产业和加强国际竞争力;强化对沿岸海域的综合管理;拓展海洋新空间、新资源的开发与利用活动;保护岛屿及其生态;加强国际协调和促进国际合作;增进国民对海洋的理解和认识,提升国民海洋意识,培育海洋人才等。

我国制定海洋基本法的原则,应遵循包括《公约》在内的国际法的原则和制度,即:协调海洋的开发、利用与海洋环境保护原则;确保海洋安全原则;提升海洋教育规模和布局原则,增进对海洋的科学认识和理解;促进海洋产业健康有序发展原则;综合协调管理海洋事务原则;参与协调国际海洋事务原则;等等。

应该指出的是,尽管我国制定的海洋基本法的内容,是为了宣布我国针对海洋问题的政策性宣言,但对于其他国家进一步理解和认识我国针对海洋问题的立场与态度十分重要。由于我国的海洋政策特别是海洋经济发展政策,具有连续性和一贯性的特点,是对先前的海洋政策与立场的汇总和提炼,所以不会对其他国家造成不利的影响。同时,由于海洋基本法重点是政策性的宣言,对海洋的部门法和具体法规并不会带来冲击和矛盾,相应地也未产生大幅修改和协调的问题。换言之,可以很好地处理海洋基本法与现存其他部门法之间的关系,以维护现存海洋法律体系的完整性。

四、结 语

国际国内形势发展及近期海洋问题冲突事件启示我们,我国必须尽快制定和实施国家海洋发展战略,以进一步完善海洋体制和机制,而确保我国海洋发展战略内的政策和措施的实施,必须用法律予以固化,为此,制定诸如海洋基本法等法律,就显得尤为重要。这对于我国处理和解决海洋问题,减少海洋问题对我国的威胁,维护我国核心利益和海洋权益,实现我国由区域性海洋大国转向世界性海洋大国特别重要和迫切;同时,国家海洋发展战略的出台也有利于国际社会认识和理解我国针对海洋问题的政策和方针,对我国和平发展道路的顺利推进、国家统一大业的实现,均有积极的意义。

中国海洋强国战略体系与法律制度

党的十八大报告在"大力推进生态文明建设"内容中明确提出,我国应"提高海洋资源开发能力,发展海洋经济,保护生态环境,坚决维护国家海洋权益,建设海洋强国"。[①] 习近平总书记在主持中共中央政治局就建设海洋强国研究进行第八次集体学习时(2013年7月30日)指出,建设海洋强国对于推动经济持续健康发展,维护国家主权、安全、发展利益等,具有重大的意义,同时,特别强调了建设海洋强国的基本内涵,即"四个转变"。[②] 这为我们研究中国海洋强国战略内涵提供了重要的方向和任务,必须切实贯彻落实。换言之,我国首次正式提出了建设海洋强国的国家战略目标,据此有必要论述建设海洋强国的内涵及其发展进程,实现海洋强国战略目标的路径及其特征,以及建设海洋强国的具体措施,尤其是法律制度,以提供保障作用。

一、中国海洋强国战略的内容及发展进程

(一)中国海洋强国的具体内容及其关系

从党的十八大报告中针对建设海洋强国的内容可以看出,国家推进海洋强国建设的具体路径为发展海洋经济,手段及措施是不断提高海洋资源开发能力,

---

[①] 胡锦涛:《坚定不移沿着中国特色社会主义道路前进 为全面建成小康社会而奋斗——在中国共产党第十八次全国人民代表大会上的报告》(本文简称"党的十八大报告",2012年11月8日),人民出版社2012年11月版,第39—40页。

[②] 习近平总书记在中共中央政治局第八次集体学习时强调建设海洋强国的"四个转变"内容为:要提高资源开发能力,着力推动海洋经济向质量效益型转变;要保护海洋生态环境,着力推动海洋开发方式向循环利用型转变;要发展海洋科学技术,着力推动海洋科技向创新引领型转变;要维护国家海洋权益,着力推动海洋权益向统筹兼顾型转变。参见 http://www.gov.cn/ldhd/2013-07/31/content_2459009.htm, 2013年8月1日访问。

这是发展海洋经济的保障,前提是急需解决我国面临的重大海洋问题(例如,东海问题、南海问题),以坚决维护国家主权和领土完整及海洋权益,并保障实施海洋及其资源开发的安全环境,从而实现保护海洋生态环境及建设海洋强国目标。

(二) 中国建设海洋强国的必要性及可能性

我国长期以来注重开发陆地资源,不重视海洋资源的开发及利用,尤其是海洋意识不强,海洋科技装备落后,开发和利用海洋及其资源的政策及措施不强,延滞了我国推进海洋事业发展进程;又加上中国的地理位置、历史及其他原因,即主客观要素或原因,致使我国在海洋问题上的举措并不充分和有力,从而积累了诸多的海洋问题,且有不断恶化的倾向,呈现严重影响及损害国家主权和领土完整的趋势。随着改革开放的不断深化,我国的经济实力和海洋科技装备实力不断提升(例如,海洋石油201、海洋石油981的建成与使用,"蛟龙"号载人潜水器7 000米级海试在马里亚纳海沟试验区的成功),已经初步具备了经略海洋的基础和条件。在陆地资源无法承载中国进一步发展的态势下,需要不断开发利用海洋及其资源,包括进出口原材料及产品依托海洋,即在对外交流不断深化、国际经济不断融合的背景下,海洋及其资源对中国的必要性、重要性不断显现,且积极开发利用海洋及其资源的条件也已成为可能。尤其是随着《联合国海洋法公约》的实施,包括专属经济区、大陆架制度及岛屿制度的实施,以及区域海洋制度(例如,《南海各方行为宣言》)的模糊性和缺陷,各国对海洋空间及其资源的开发和保护活动加剧,从而引发了诸如东海问题、南海问题等敏感问题,恶化了中国周边的海洋安全环境。在多国加强海洋活动包括制定和实施海洋战略、海洋法制,强化海洋管理的当今时代,我国须紧随各种海洋情势及其发展趋势,采取具体措施,以加快制定和实施国家海洋战略步伐。可见,党的十八大报告中提出的建设海洋强国战略目标是时代的产物和要求,完全符合时代发展之潮流。

(三) 中国海洋强国战略的发展进程

建设海洋强国战略目标,是我国党和政府应对海洋问题尤其是21世纪以来对海洋政策特别是海洋经济发展政策的深化和提升,具有连续性及一贯性的特点。例如,早在党的十六大报告(2002年)中就提出了"实施海洋开发"的任务。国务院在2004年的《政府工作报告》中提出了"应重视海洋资源开发与保护"的政策。在《十一五规划纲要》(2006年)中提出了我国应"促进海洋经济发展"的要求。在2009年的国务院《政府工作报告》中又强调了"合理开发利用海洋资源"

的重要性。《第十二个五年规划的建议》(2011年)指出,我国应"发展海洋经济"。以此为基础的《十二五规划纲要》(2012年)第十四章"推进海洋经济发展"指出,我国要坚持陆海统筹,制定和实施海洋发展战略,提高海洋开发、控制、综合管理能力。上述文件中的内容无疑为我国推进海洋事业发展,特别是建设海洋强国提供了重要政治保障。可见,建设海洋强国目标是我国结合当前国际国内发展形势特别是海洋问题发展态势,也是我国长期以来应对海洋问题的政策和措施需要汇总和提升的背景下提出的,是一项明显地具有政治属性的重要任务,现已成为国家层面的重大战略。

(四) 中国建设海洋强国战略与构建"和谐海洋"理念紧密关联

我国在国内层面提出的建设"海洋强国"目标,是与我国在国际层面提出的构建"和谐海洋"理念相呼应的,是完善国际层面应对海洋问题的重要国内措施。即我国曾在2009年中国人民海军诞生60周年之际,根据国际国内形势发展需要,提出了构建"和谐海洋"理念的倡议,以共同维护海洋持久和平与安全。构建"和谐海洋"理念的提出,是我国国家主席胡锦涛于2005年9月15日在联合国成立60周年首脑会议上提出构建"和谐世界"理念以来在海洋领域的具体化,体现了国际社会对海洋问题的新认识、新要求,标志着我国对国际法尤其是海洋法发展的新贡献。[①]

二、中国建设海洋强国的路径及基本特质

从上述我国针对海洋问题的政策和措施看,我国通过发展海洋经济的路径来推进国家海洋事业的发展,并提升国家开发利用海洋及其资源的能力,从而为建设海洋强国提供服务和保障。这种安排及选择是由海洋经济在我国经济社会发展进程中的地位决定的,也易被国际社会所接受,因而是一个比较合适且容易接受的路径。

(一) 推进海洋强国建设的路径选择

我国的海洋经济产值在国内生产总值中的地位与作用正日益提升,并有继

[①] 我国提出"和谐海洋"理念内容为:坚持联合国主导,建立公正合理的海洋;坚持平等协商,建设自由有序的海洋;坚持标本兼治,建设和平安宁的海洋;坚持交流合作,建设和谐共处的海洋;坚持敬海爱海,建设天人合一的海洋。"和谐海洋"理念内容,不仅是时代发展的要求和产物,也具有深厚的国际法基础。相关内容。参见金永明:《海洋问题专论》(第一卷),海洋出版社2011年版,第376—377页。

续发展的趋势,这是推进我国"海洋强国"建设的重要路径选择。特别是进入 21 世纪以来,我国海洋经济总量持续增长,例如,在 2001—2006 年,全国海洋生产总值对国民经济的贡献率或占比由 8.71% 上升到 10.06%。2007 年,我国的海洋生产总值为 24 939 亿元,占当年国内生产总值的比重为 10.11%。[①] 2008 年,我国的海洋生产总值为 29 662 亿元,占国内生产总值的比重为 9.87%。2009 年,我国的海洋生产总值为 31 964 亿元,占国内生产总值的比重为 9.53%。2010 年,我国的海洋生产总值为 38 439 亿元,占国内生产总值的比重为 9.70%。[②] 2011 年,我国的海洋生产总值为 45 570 亿元,占国内生产总值的比重为 9.70%。[③] 2012 年,我国的海洋生产总值达 50 087 亿元,占国内生产总值的比重为 9.60%。[④] 可见,我国的海洋生产总值基本占国内生产总值约 10%,是一个可以大有作为的产业,也是推进绿色发展的重要领域,更有利于生态文明建设进程。为此,我国必须紧紧抓住,采取有力措施推进海洋经济发展。

(二) 中国的安全威胁主要来自海上

为发展海洋经济,我国必须合理处理影响海洋经济发展的重要海洋问题,消除海洋经济发展障碍,以维护海洋权益,并保障海洋经济发展的安全环境。可以预见,影响当今与未来中国安全的威胁主要来自海上,所谓的海洋问题引发的海洋安全乃至国家安全问题。[⑤] 主要理由为:

第一,我国与主要周边国家的陆地勘界工作基本结束,来自陆地的威胁将明显减少。例如,中国已同 12 个陆地邻国解决了历史遗留的边界问题,坚持通过对话谈判处理同邻国的领土问题,并取得了成功,确保了与周边国家间的和平稳定关系。[⑥]

第二,随着我国对外开放政策的进一步深化、全球化的深入,我国开发利用海洋及其资源的频度和力度将不断拓展及提升,由此,来自海洋的问题必然增

---

① 参见《中国海洋报》2008 年 5 月 23 日,第 1 版。
② 参见《中国海洋报》2011 年 3 月 4 日,第 1 版。
③ 参见《中国海洋报》2012 年 12 月 7 日,第 3 版。
④ 参见《中国海洋报》2013 年 3 月 27 日,第 1 版。
⑤ 海洋安全是指国家的海洋权益不受侵害或遭遇风险的状态,也被称为海上安全、海上保安。其分为传统的海上安全和非传统的海上安全。传统的海上安全主要为海上军事安全、海防安全,而海上军事入侵是最大的海上军事安全威胁;海上非传统安全主要为海上恐怖主义、海上非法活动(海盗行为)、海洋自然灾害、海洋污染和海洋生态恶化等。参见国家海洋局海洋发展战略研究所课题组编:《中国海洋发展报告》,海洋出版社 2007 年版,第 88 页。
⑥ 参见中国国务院新闻办公室:《中国的和平发展》(2011 年 9 月),人民出版社 2011 年 9 月版,第 8 页。

加。特别是在海洋经济发展已成为我国国民经济的重要组成部分,并有继续发展的态势,同时我国进一步依赖海洋及其资源的趋势仍将继续增强的情况下(目前,我国进出口货物运输总量约90%是通过海洋运输的,进口石油的99%、进口铁矿石的95%、进口铜矿石的80%,也都依靠海上运输),保护与海洋有关的利益诸多,相应的海洋问题必增。[①]

第三,我国是一个海洋地理相对不利的国家,与多国存在岛屿归属和海域划界争议问题。如果这些问题(例如,东海问题、南海问题)不能很好地控制并解决,将影响我国的海域安全(包括管辖海域显现的安全和潜在的安全),特别是海上通道安全和海上冲突事故的发生,将影响我国的海洋安全及国家安全利益。

第四,我国的经济发展已具备由陆地转向海洋的基础和条件,同时我国海上力量的布局和发展,包括国防力量的加强,例如,航空母舰"辽宁"号的入列及使用,很容易被他国误读和误判,相应地引发海洋问题的可能性也将增加。

(三)中国海洋强国战略的基本指标

国际社会并不存在"海洋强国"的具体指标及特征,也无统一规范的定义或概念。鉴于海洋在国际社会发展中的重要性,尤其是《联合国海洋法公约》的生效(1996年11月16日),且其已成为综合规范海洋问题的法典,因而,依据和对照《联合国海洋法公约》的原则和制度,界定"海洋强国"的基本指标或特征是比较合理的。结合中国的国情和经济社会发展趋势,笔者认为,中国海洋强国战略的基本特征,主要为:

1. 海洋经济发达

这里的海洋经济为广义的概念,是指与海洋经济活动有关的产业,包括海洋油气资源的勘探、开发和运输领域的产业,船舶制造及修复技术产业,渔业加工制造及养殖产业,环境保护产业等相当发达。特别需要发展战略性海洋新兴产业,例如海洋生物医药产业、海水淡化和海水综合利用、海洋可再生能源产业、海洋重大装备业和深海产业,以持续支撑海洋经济发展,实现海洋经济向质量效益型转变目标。

2. 海洋科技先进

具有支撑开发利用海洋及其资源和保护海洋环境的先进科技装备,以及应对海洋环境监测、污染及灾害等的先进技术及装备。换言之,需要具有与海洋经

---

① 参见金永明:《中国海洋经济发展的要义与法制建设》,《文汇报》2011年1月5日,第12版。

济发展水平相称的海洋科学技术及装备,以保障海洋经济发展后劲,实现海洋科技向创新引领型转变目标。

3. 海洋生态环境优美

我国应具备综合管理海洋及其资源的能力,特别需要具有预防、保护和修复海洋环境污染的能力,实现可持续利用目标。为此,需要进一步构建和完善我国周边海域数据的监测、汇集及处理的体系,并加大对污染者或损害者的惩罚措施;同时,应积极开发海洋娱乐项目,以更好地服务国民需求,享受海洋生态环境优美的益处和成果,实现海洋开发方式向循环利用型转变目标。

4. 具有构建海洋制度及体系的高级人才队伍

人才是各项工作顺利推进的关键要素。作为"海洋强国",应在国际和区域及双边海洋领域的制度建构中,具有充分的话语权并被采纳,以体现国家的立场与主张,反映国家的需求和利益。为此,应该积极创造条件,培养与海洋领域有关的高级人才队伍,使这些领域的人才不断涌现,并为国家海洋事业贡献力量,体现海洋大国的人才优势,为完善海洋制度提供保障。

5. 海上国防能力强大

党的十八大报告指出,我国应建设与国际地位相称、与国家安全和发展利益相适应的巩固国防和强大军队,是我国现代化建设的战略任务。[1] 在海洋问题上,为应对我国生存、发展及拓展的海洋利益,我国应加强海上国防能力建设,以坚定捍卫国家主权和领土完整及海洋权益,特别需要遵循统筹兼顾综合协调的原则。换言之,建设强大的海上国防能力,是我国合理处理海洋问题争议、海洋灾害事故及应急处置海洋问题,确保海洋安全环境的重要保障,也是建设海洋强国战略的重要指标,以实现海洋维权向统筹兼顾型转变的目标。

在上述构成海洋强国战略的主要指标中,它们之间的关系为:发展海洋经济是建设海洋强国的重要手段和基础;海洋科技是建设海洋强国的技术保障,也是增强海洋开发能力的重要支柱;海洋生态环境优美是建设海洋强国的重要目的之一;高级海洋人才队伍不断涌现是建设海洋强国的持续动力和捍卫国家海洋权益的重要利器;强大海上国防力量是建设海洋强国的必要依托和保障力量。总之,它们之间紧密关联,不可分割,应该全面规划和整体部署,共同推进和提升,切不可偏废任何一个方面,否则我国建设海洋强国进程将受阻或延误。

---

[1] 胡锦涛:《坚定不移沿着中国特色社会主义道路前进为全面建成小康社会而奋斗——在中国共产党第十八次全国人民代表大会上的报告》(2012年11月8日),人民出版社2012年11月版,第41页。

(四) 中国海洋强国战略的基本特征

中国海洋强国战略是中国和平发展战略的重要组成部分,应符合中国的具体国情和实际。其基本特征,主要体现在以下方面。

(1) 和平性。中国海洋强国战略的成型和实施,坚守通过和平的方法和手段予以不断地丰富和完善的原则。这完全符合时代发展的潮流和趋势,符合中国倡导的新安全观(互信、互利、平等、协作),也符合中国和平发展进程目标。

(2) 互利性。中国海洋强国战略的实施不以中国获取最大海洋资源及利益为目的,应兼顾其他国家的合理诉求和关切,寻求适当的利益平衡,以确保互利、共赢原则的实现。

(3) 合作性。海洋问题错综复杂,紧密关联,单靠一个国家很难妥善地应对和处理,在实现中国海洋强国战略的进程中,应采取合作的方式推进实施。

(4) 阶段性。海洋问题复杂、敏感,尤其在主权问题上相关国家一般很难作出妥协和让步。中国在实施海洋强国战略的过程中,应采取阶段性的步骤比较公平地解决。换言之,应坚守在条件成熟时比较公平合理地解决海洋问题,相应地在条件并不成熟的情形下,不强行采取措施以解决海洋问题争议的立场和政策。

(5) 安全性。中国在实施海洋强国的进程中,将会采取有力措施确保国际海域的通道安全,包括继续派遣海军参与实施打击海盗行为,以确保国际社会使用海域的安全和海洋利益,尤其是航行和飞越自由安全。

中国海洋强国战略的上述主要特征,完全符合中国一贯的主张和追求,也符合国际法包括《联合国宪章》《联合国海洋法公约》《南海各方行为宣言》等的原则和要求,应该容易被国际社会所接受。

由上可知,中国建设海洋强国战略进程的步骤将是有序的,目标将是有限的,重点是维护和确保中国的海上权益,力量运用方式将是和平的和综合性的,以区别于传统海洋霸权国家的模式,后者多依靠军事力量,包括设置军事基地和海外据点,以及海外殖民地的方式扩展海洋霸权。换言之,中国将采取综合性的力量,包括政治、外交、经济、法律和文化、军事等多种手段,采取合作的方式,同时发展与中国实力相称的军事力量,有序解决推进海洋强国建设进程中遇到的困难和挑战,维护和确保海上权益,以逐步实现海洋强国战略目标。

综上,中国海洋强国战略的概念可以界定为:中国将以国际社会规范的原则和要求,通过和平的方法发展海洋经济、发展海洋科技装备,提升海洋资源开发和利用能力,加强对海洋资源和利益的综合管理包括完善海洋体制机制建设;适度发展海上军事力量,在不损害国家核心利益的基础上,力争运用和平方法解决海洋问题争议,争取海洋利益相对最大化,以实现保护海洋环境,维护国家海洋权益,确保国家海洋安全,把我国建设成为与中国的国情与现实发展需求相适应的海洋国家,实现具有中国特色的海洋强国之梦。总之,中国海洋强国的政治目标可以界定为——不称霸及和平发展。

(五) 中国海洋强国战略的定位

党的十八大报告指出,我国仍将处于并将长期处于社会主义初级阶段的基本国情没有变,人民日益增长的物质文化需要同落后的社会生产之间的矛盾这一主要矛盾没有变,我国是世界最大发展中国家的国际地位没有变。[①] 据此,我国应分阶段有步骤地推进海洋强国建设目标。

1. 区域性海洋强国

党的十八大报告指出,综观国际国内大势,我国发展仍处于可以大有作为的重要战略机遇期。针对建设海洋强国战略目标,我国应使来自海洋问题的威胁对我国和平发展进程的影响或阻碍降到最低程度。[②] 笔者认为,在此战略机遇期内,重点应解决我国与东盟国家之间存在的南海问题争议,以确立区域性海洋强国地位。

在应对和处理南海问题争议时,尤其应遵守《南海各方行为宣言》及后续在各国间规范的原则和制度,包括《联合国海洋法公约》在内的国际法原则和制度,通过和平方法尤其是政治方法或外交方法解决南海问题。需要找寻各方利益的共同点和交汇点,在追求自身国家利益的同时,也应合理照顾他国的关切及主张,达成较好的平衡,基本确保各国在南海开发利用海洋及其资源的利益,实现可持续的良性发展目标。[③] 为此,我国应加快构筑中国—东盟海上丝绸之路步伐,包括与东盟国家之间积极协商,制定南海行为准则等,以稳妥地处理南海问

---

① 胡锦涛:《坚定不移沿着中国特色社会主义道路前进为全面建成小康社会而奋斗——在中国共产党第十八次全国人民代表大会上的报告》(2012 年 11 月 8 日),人民出版社 2012 年 11 月版,第 16 页。

② 我国和平发展的不懈追求是,对内求发展、求和谐,对外求合作、求和平。具体而言,就是通过中国人民的艰苦奋斗和改革创新,通过同世界各国长期友好相处、平等互利合作,让中国人民过上更好的日子,并为全人类发展进步作出应有的贡献。这已上升为国家意志,转化为国家发展规划和大政方针,落实在中国发展进程的广泛实践中。参见中国国务院新闻办公室:《中国的和平发展》(2011 年 9 月),人民出版社 2011 年 9 月版,第 9 页。

③ 有关南海问题争议及解决方法内容,参见金永明:《南沙岛礁领土争议法律方法不适用性之实证研究》,《太平洋学报》2012 年第 4 期,第 20—30 页。

题,积极利用南海的海洋资源和空间。

2. 世界性海洋强国

为实现我国建设海洋强国战略目标,我国应在成为区域性海洋大国或强国的基础上,合理地处理和解决东海问题和台海问题,以实现国家和平统一大业,确立世界性海洋强国地位。

针对包括钓鱼岛问题在内的东海问题,我国已初步构建了钓鱼岛及其附属岛屿及周边海域的领海领空制度。[①] 今后我国应努力在完善国内相关法律制度方面进一步采取措施,特别应完善我国在钓鱼岛及其附属岛屿周边海域的巡航执法管理制度,在其领海内规范外国船舶的无害通行制度规章,以及中国东海防空识别区航空器识别规则实施细则等;同时,应补充完善诸如设立中国海警组织法等制度性规范,以坚定地捍卫国家主权和领土完整。此外,针对钓鱼岛问题以外的东海问题,诸如东海海域共同开发、合作开发问题,我国应继续与日本展开协商和谈判工作,以切实履行中日外交部门于2008年6月18日公布的《中日关于东海问题原则共识》的要求和义务,以实现共享东海海底资源、安定东海秩序之目标。为此,我国应尽早制定诸如在东海海域实施共同开发等制度性规范,以被今后选择适用于东海共同开发制度内。

为实现将东海之海变成和平、合作、友好之海愿望,中日两国应继续利用现有双边对话协商机制,例如中日海洋问题高级别磋商机制、中日战略对话机制、中日副外长级对话机制以及中日东海问题原则共识政府间换文谈判机制,尤其应将钓鱼岛问题也纳入中日对话协商议题,以综合性地解决包括钓鱼岛问题在内的东海问题争议。

为实现我国区域性海洋强国和世界性海洋强国之建设海洋强国战略目标,我国在各个时期的战略目标(综合性目标和阶段性目标)可分为以下几个阶段:

第一,近期战略目标(2014—2020年)。主要为设法稳住海洋问题的升级或爆发,采取基本稳定现状的立场,逐步采取可行的措施,设法减少海洋问题对我国的进一步的威胁或损害,以利用好战略机遇期。具体目标为,完善海洋体制机制建设,包括完善诸如国家海洋事务委员会等组织机构,完善海洋领域的政策与法律制度,为收复岛礁创造条件。

[①] 中国关于钓鱼岛及其附属岛屿领海基线的声明内容,参见 http://www.go.cn/jrzg/2012-09/10/content_2221140.htm,2012年9月11日访问。中国政府关于划设东海防空识别区的声明(2013年11月23日)、中国东海防空识别区航空器识别规则公告(2013年11月23日)内容,参见 http://www.gov.cn/jrzg/2013-11/23/content_25533099.htm, http://www.gov.cn/jrzg/2013-11/23/content_2533101.htm, 2013年11月25日访问。

第二,中期战略目标(2021—2040 年)。创造条件,利用国家综合性的力量,设法解决个别重要问题(例如,南海问题),实现区域性海洋大国/强国目标。具体目标为,逐步收复和开发他国抢占的岛礁,并采取自主开发为主、合作开发和共同开发为辅的策略。

第三,远期战略目标(2041—2050 年)。在我国具备充分的经济和科技等综合实力后,全面处置和解决海洋问题,完成祖国和平统一大业,实现世界性海洋大国目标。具体目标为,无阻碍地管理 300 万平方千米海域,适度自由地利用全球海洋及其资源。[①]

第四,终期战略目标(2051—2080 年)。即在我国改革开放约 100 周年之际,运用我国的综合性实力,实现世界性海洋强国目标。具体目标为,具有快速应对各种海洋灾害、海洋事故等的投送和处置能力,使海洋问题引发的灾害活动得到及时有效处置;同时,为国际社会提供多种公共产品和治理海洋的制度设计的能力,实现和谐海洋和综合治理海洋的目标。

三、中国建设海洋强国的具体措施与法律制度

中国推进海洋强国建设的具体措施,主要体现在国内层面、区域层面和国际层面。

(一)中国推进海洋强国的具体措施

1. 国内层面的措施

在国内推进我国海洋事业发展、建设海洋强国的具体措施,主要为:

(1)我国应抓住当前的有利时机,结合国家制定和实施海洋战略和政策实践,制定和实施国家海洋发展战略,完善海洋体制和机制,以共同维护国际和区域海洋秩序,确保国际社会的共同利益和国家利益(生存和发展利益)。

(2)我国应遵循国际法和海洋法的原则和制度,综合而合理地处理中国面临的各种海洋问题,使其对我国的影响或威胁降至最低程度。在此特别应适用国际、区域合作原则,以实现和谐海洋目标。

(3)进一步明确中国政府针对海洋问题的政策与立场,发布中国针对海洋问题的政策白皮书,包括加强两岸海洋问题合作进程,发布中国针对南海断续线政

---

① 参见金永明:《中国海洋安全战略研究》,《国际展望》2012 年第 4 期,第 2—3 页。

策白皮书(学者版、政府版),公布我国所属领土岛礁的领海基线并加强对其的开发和管理。[①]

(4) 进一步完善我国的海洋政策与法律制度。深入考察我国针对海洋问题的政策,包括"主权属我、搁置争议、共同开发",海洋争议问题解决模式,分析利弊得失;提升国民海洋意识和开展教育活动,包括创设海洋论坛、组建海洋网站、建立海洋研究基金会、扩大海洋教育和研究机构规模;进一步制定和完善我国海洋法律制度,包括制定海洋基本法、海域巡航执法条例、修改涉外海洋科学研究管理条例、完善相关部门法规等。

(5) 为完善或弥补海洋要素或领域缺陷,发展中国海洋事业,拓展海洋利用范围,我国应完善并实施海洋领域具体规划,例如海洋产业规划、海洋科技规划、海洋资源调查与环境保护规划、开发和保护海岛规划、海洋人才发展规划、深海开发规划、极地利用及合作规划等,以全面提升应对和处理海洋问题的能力与水准,确保中国在海上的发展和拓展利益,满足海洋强国指标或要求。

2. 区域层面的措施

现以南海问题为例,笔者认为,我国为实现区域性海洋强国的具体措施,主要为:

(1) 我国应努力缔结中国与东盟国家之间的南海共同巡航和渔业管理合作制度,维护南海区域和平与航行安全,保障各国资源能源供应。换言之,应缔结区域性低敏感海洋领域的合作制度,如努力构筑区域性共同巡航和渔业管理合作制度,尽力缔结执法联络机制和危机管理制度,维护区域海洋秩序,共享区域海洋及其资源利益。

(2) 中国不仅应延缓就缔结诸如南海各方行为规则等具有法律约束力的谈判进程作出努力,也应适时提出自己的文本及具体愿望,以供讨论。持续努力与东盟的个别国家就争议岛屿归属问题展开双边谈判,并争取业绩,以向国际社会证明通过双边谈判可以解决中国与东盟国家之间的岛屿归属争议问题,延缓或阻止南海问题的区域化、国际化进程。

(3) 发挥上海合作组织的优势和作用,加快该组织内资源合作步伐。同时,中国应与俄罗斯加快海洋问题合作进程,包括在北极区域就资源调查和环境保护、科学考察等活动展开合作,以丰富中俄战略合作伙伴关系内涵。

---

① 关于中国南海断续线的性质及线内水域的法律地位内容,参见金永明:《中国南海断续线的性质及线内水域的法律地位》,《中国法学》2012年第6期,第36—48页。

(4) 切实实施区域层面规范的制度,并加强双边合作进程。南海及其附近海域是周边国家生存和可持续发展的重要资源保障,中国政府于 2012 年 1 月批准了《南海及其周边海洋国际合作框架计划(2011—2015 年)》。这是主要依据《南海各方行为宣言》原则和精神,加强各国间合作并共享南海资源的重要制度,目的是通过学术交流、合作调研、能力建设、学位教育与培训、加强与国际组织和国际计划合作等方式,推动与南海及印度洋、太平洋周边国家在海洋领域的合作,以增进双边互信、维护地区和平、共同开发利用海洋、应对气候变化等作出贡献。通过一年的运作,已在各国高层达成了海洋合作共识,建立了双边机制化的合作平台(例如,中国与印度尼西亚海洋与气候中心、中泰气候与海洋生态系统联合实验室),在多边共同实施了一批合作项目(例如,中国与印度尼西亚、泰国、马来西亚等国家开展了季风观测、海气相互作用等合作项目)。[1] 应该说,在中国与东盟国家之间缔结的实施海洋低敏感领域的合作制度,是进一步延缓南海问题升级、避免复杂化和国际化及最终解决南海问题争议的重要基础,各国必须持续努力并长期贯彻执行。现今重要的任务是,应加快协商讨论中国与东盟之间的海上丝绸之路建设步伐,加快诸如南海行为准则磋商进程,为合理处理南海问题争议创造有利的制度性条件和基本框架,以共享南海资源利益,确保南海区域安全。

3. 国际层面的举措

我国为实现世界性海洋强国的具体措施,主要为:

(1) 深入研究和遵守《联合国海洋法公约》的原则和制度,适度发挥中国的综合优势和作用,争取在修改和完善《联合国海洋法公约》相关制度包括就军事活动问题努力缔结新的补充协定方面作出中国的贡献,提升中国的话语权。

(2) 发挥中国的主导作用,就国际海峡和海域通道安全举行论坛,在此基础上缔结国际通道维护和管理制度,确保国际社会的共同利益。

(3) 加强对国际司法制度特别是国际法院制度的研究,为今后利用国际司法制度解决岛屿争议和海域划界问题等提供理论储备。

(4) 加强国际舆论宣传力度,特别需要向国际社会及时宣传中国的海洋政策及意图,针对一些疑难海洋问题,可以聘请欧美国家的专家学者提供咨询意见并发表观点,为中国的海洋政策及海洋问题解决提供重要学术支持,争取主动或有

---

[1] 参见《中国与南海及其周边海洋国家海洋合作取得四大成果》,《中国海洋报》2012 年 12 月 28 日,第 1 版。

利的国际地位,努力占领舆论高点。

尽管为推进海洋强国建设,实施上述不同层面的措施是十分重要的,但从国际实践看,保障国家推进海洋强国建设的关键性具体措施,是制定国家海洋发展战略和完善海洋体制机制。因为,在国际、区域和双边关于海洋问题的制度还未健全或难以修正的情形下,国家应对和处理海洋问题的关键举措无疑依然是制定国家海洋发展战略,而为保障海洋发展战略的实现,应制定和实施综合管理海洋事务的法律,例如,海洋基本法,以统一高效地处理海洋问题,适应我国海洋体制机制改革需要。为此,有必要论述中国海洋发展战略及海洋基本法的内容。

(二) 中国海洋发展战略的提出及其内容

我国《十二五规划纲要》明确规定,我国应坚持陆海统筹,制定和实施海洋发展战略,提高海洋开发、控制、综合管理能力。这为我国制定和实施国家海洋发展战略提供了重要政治保障。换言之,制定和实施国家海洋发展战略是一项重要政治任务,必须认真研究并尽快顺利完成及积极实施。

一般来说,发展国家海洋事业、建设海洋强国的基本路径或路线图为:首先,应明确国家核心利益,制定包括国家海洋发展战略在内的战略。[①] 对于我国来说,核心目标为建设海洋强国。其次,完善国家海洋发展战略实施的海洋政策,包括强化海洋理念与意识,加强海洋事务协调,提高海洋及其资源、控制和综合管理能力,弘扬海洋传统文化,不断开拓创新海洋科技,拓展对外交流和合作,推动我国海洋事业不断取得新成就。再次,制定海洋基本法,以保障海洋发展战略和海洋政策的推进落实,重点是进一步完善我国的海洋体制和机制。最后,制定实施海洋基本法规范的海洋领域的基本计划,以弥补海洋经济发展过程中的薄弱环节或领域。[②]

(三) 海洋基本法的基本内涵及意义

尽管我国已基本构建了涉海领域的法律制度,形成了海洋法律体系,但其最致命的缺陷是,我国没有在《宪法》中规定开发利用和保护海洋的条款内容。[③] 在

---

① 中国的核心利益包括:国家主权,国家安全,领土完整,国家统一,中国宪法确立的国家政治制度和社会大局稳定,经济社会可持续发展的基本保障。参见中国国务院新闻办公室:《中国的和平发展》(2011年9月),人民出版社2011年9月版,第18页。
② 参见金永明:《中国制定海洋发展战略的几点思考》,《国际观察》2012年第4期,第12—13页。
③ 我国《宪法》第9条规定,矿藏、水流、森林、山岭、草原、荒地、滩涂等自然资源,都属于国家所有,即全民所有;由法律规定属于集体所有的森林和山岭、草原、荒地、滩涂除外。

不修正《宪法》中增加"海洋"地位内容的前提下,确立"海洋"地位的方法之一应为制定综合规范海洋事务的基本法律制度,例如海洋基本法,是一条有效而可行的路径选择。

1. 海洋基本法的内容

笔者认为,我国制定的海洋基本法,应包括以下主要内容:宣布国家海洋政策,即汇总一直以来我国针对海洋问题的政策,包括"主权属我、搁置争议、共同开发"政策,构建和谐海洋理念,并对外作出宣传和解释;明确管理海洋事务的国家机构,例如,国家海洋事务委员会,以统一高效协调管理国家海洋事务;公布国家发展海洋的重要领域,包括发展海洋产业和活动,积极开发、利用和管理海洋及其资源,保护海洋环境,确保通道安全,研发海洋技术,加强对管辖海域的管理及调查活动,增强国民对海洋的教育和宣传工作,强化国际海洋合作等。具体而言,主要包括以下方面:推进海洋及其资源的开发和利用;加强对海洋环境的监测和保护;推进专属经济区和大陆架等资源的开发与利用活动;确保海上运输安全;确保海洋安全;强化海洋调查工作;研发海洋科学技术;振兴海洋产业和加强国际竞争力;强化对沿岸海域的综合管理;拓展海洋新空间、新资源的开发与利用活动;保护岛屿及其生态;加强国际协调和促进国际合作;增进国民对海洋的理解和认识,培育海洋人才;等等。

2. 海洋基本法的原则

我国制定海洋基本法的原则,应遵循包括《联合国海洋法公约》在内的国际法的原则和制度,具体的原则为:协调海洋的开发、利用与海洋环境保护原则;确保海洋安全原则;提升海洋教育规模和布局原则,以增进对海洋的科学认识和理解;促进海洋产业健康有序发展原则;综合协调管理海洋事务原则;参与协调国际海洋事务原则;等等。

应该指出的是,尽管我国制定的海洋基本法的内容,是为了宣布我国针对海洋问题的政策性宣言,但对于其他国家进一步理解和认识我国针对海洋问题的立场与态度亦十分重要。由于我国的海洋政策特别是海洋经济发展政策,具有连续性和一贯性的特点,是对先前的海洋政策与立场的汇总和提炼,所以,不会对其他国家造成不利的影响。同时,由于海洋基本法内容重点是政策性的宣言,对海洋领域的部门法和具体法规不会带来冲击和矛盾,相应地也未产生大幅修改和协调的问题。换言之,可以很好地处理海洋基本法与现存海洋领域其他部门法之间的关系,以维护现存海洋法律体系的完整性。

总之,我国制定海洋基本法的主要目的为,确保国家海洋发展战略、海洋政策的实施,发展海洋经济,合理解决海洋问题争议,保护海洋环境,维护海洋权益,确保国家核心利益,核心是促进海洋体制和机制建设。海洋基本法是为统领海洋事务的综合性法律。

3. 海洋基本法的意义

笔者认为,我国制定海洋基本法的意义,主要为:

(1) 补缺和提升"海洋"的地位。如果全国人民代表大会制定了海洋基本法,则提升了"海洋"及海洋基本法的法律地位。例如,我国《宪法》第62条规定,全国人民代表大会有制定和修改刑事、民事、国家机构和其他的基本法律的职权。同时,也弥补了《宪法》第9条中未将"海洋"作为自然资源列入的缺陷,并可为"海洋"入宪创造基础和条件。

(2) 完善海洋法律体系意义。海洋基本法的制定,也为进一步完善我国海洋法律体系指明了方向与要求。因为海洋基本法的内容或海洋具体领域的发展,要求我们进一步制定和完善相关领域的法律制度,例如海洋安全法、海洋开发法、海岸带管理法、海洋科技法等,从而推进完善我国海洋法律体系建设,包括补充现存海洋法律的个别法或部分法的缺陷,引领海洋事务的整体性,并为进一步丰富和发展中国特色社会主义法律体系作出贡献。

(3) 协调涉海部门职权意义。海洋基本法的制定,对于进一步协调我国涉海部门之间的关系,包括理顺职责和功能、弥补缺陷、消除职权重叠和缺失、避免不利竞争、增强执法能力、提升应对和处理海洋问题能力、提高效率等,有很大的推进作用。

(4) 带动海洋问题研究深入开展。海洋基本法的制定,无疑需要一个过程。在这一调研、审议和立法的过程中,可以吸引一大批人员参与海洋问题研究工作,热爱乃至献身海洋事业,以进一步培育和壮大我国研究和管理海洋问题人才队伍,为解决海洋问题争议提供理论支撑。同时,也可利用此机会,设立海洋宣传网站,增设海洋教育和海洋问题研究机构,以及海洋问题研究基金会等组织机构,以全面提升我国海洋研究水平和海洋意识。[①]

总之,海洋基本法的主要内容或目标为通过明确海洋发展战略,海洋政策或方针,确立发展海洋的重要领域,明确管理海洋问题机构职责,核心为完善我国海洋体制机制,包括进一步完善我国海洋法律体系。为此,在制定海洋基本法的过程中,必须打破涉海部门之间的利益诉求,要站在中华民族国家利益的高度进

---

① 参见金永明:《中国制定海洋基本法的若干思考》,《探索与争鸣》2011年第10期,第21—22页。

行协调和规划,包括在今后出台具体的海洋部门法或公布我国其他领海基线时,协调与台湾地区之间的关系,以求配合和达成共识或默契,并逐步改变我国应对海洋问题长期以来被动、消极以及缺乏全局观、整体观等的不利局面,争取为合理处理海洋问题争议提供重要指针。

四、结　语

笔者认为,国际国内形势尤其是海洋问题情势发展,要求我国积极经略、规划及管理海洋的时代已经来临,而发展海洋经济是经略海洋的重要突破口或抓手,我们必须紧紧抓住。我国应以重组国家海洋局,设立国家海洋事务委员会,以中国海警局名义维权执法为契机,加快制定和实施国家海洋战略和海洋基本法,以全面提升开发、利用海洋资源和管控海洋问题的能力和水平,保护海洋生态环境,坚决维护海洋权益,为切实推进中国海洋事业发展,建设和实现海洋强国战略目标,作出法制上的应有贡献。

中国海洋强国建设中的外交创新及话语权问题

党的十九大报告指出,我国"要坚持陆海统筹,加快建设海洋强国;要以'一带一路'建设为重点,坚持引进来和走出去并重,遵循共商共建共享原则,加强创新能力开放合作,形成陆海内外联动、东西双向互济的开放格局"。[①] 即其提出了加快建设海洋强国的目标,并突出了推进其过程中应坚持的原则和重点以及方向。这不仅是我国适应新时代的任务,而且深化和提升了党的十八大报告首次完整提出建设海洋强国战略目标的具体要求和方向,完全符合海洋在新时代中国特色社会主义伟大工程中的意蕴,即加快建设海洋强国是新时代中国特色社会主义的应有之义。

一、中国海洋强国战略目标的提出及发展

(一) 中国海洋强国战略目标的提出及深化

党的十八大报告指出,我国应"提高海洋资源开发能力,发展海洋经济,保护生态环境,坚决维护国家海洋权益,建设海洋强国"。[②] 这是构成建设海洋强国的基本内涵。同时,习近平总书记在主持中共中央政治局就建设海洋强国研究进行第8次集体学习时(2013年7月30日)强调了建设海洋强国的基本要求,即"四个转变",具体为:要提高资源开发能力,着力推动海洋经济向质量效益型转变;要保护海洋生态环境,着力推动海洋开发方式向循环利用型转变;要发展海

[①] 习近平:《决胜全面建成小康社会,夺取新时代中国特色社会主义伟大胜利——在中国共产党第十九次全国代表大会上的报告》(2017年10月18日),人民出版社2017年版,第33—35页。

[②] 胡锦涛:《坚定不移沿着中国特色社会主义道路前进,为全面建成小康社会而奋斗——在中国共产党第十八次全国代表大会上的报告》(2012年11月8日),人民出版社2012年版,第39—40页。

洋科学技术,着力推动海洋科技向创新引领型转变;要维护国家海洋权益,着力推动海洋权益向统筹兼顾型转变。① 这些要求合理反映了海洋战略的本质特性及基本功能,在建设海洋强国的过程中具有主导的地位和作用,意义重大。

建设海洋强国战略的目标是党和政府应对海洋问题尤其是 21 世纪以来对海洋政策特别是海洋经济发展政策的深化和提升,并在后续的一系列重要会议及其文件中得到巩固,它们具有连续性和一贯性的特点,并成为国家层面的战略共识及指导方针。例如,在党的十六大报告,2004 年《政府工作报告》《十一五规划纲要》,2009 年《政府工作报告》《第十二个五年规划的建议》和《十二五规划纲要》,2014 年《政府工作报告》《第十三个五年规划的建议》和《第十三个五年规划纲要》,以及 2015 年和 2016 年的《政府工作报告》中均确认了上述内容。②

(二) 中国建设海洋强国的指导方针及重点路径

在我国建设海洋强国的过程中,应确保海洋政治和安全环境,尤其应解决我国面临的重大海洋争议问题,例如,南海问题和东海问题。党的十八大以来提出的一系列外交新理念新政策新倡议,是指导我国建设海洋强国和解决海洋争议问题的方针,具有重要的理论和实践意义。

例如,在外交政策理念上,我国提出了人类命运共同体。在构筑人类命运共同体的过程中,在政治上,要运用新型国际关系,坚持持续发展国家间的伙伴关系;在安全上,要运用新安全观,建设共建共享的安全格局;在经济上,要运用新发展观,坚持合作共赢并繁荣世界的原则;在文化上,应坚持包容和交流互鉴的做法;在生态上,应坚持绿色低碳的理念。③ 同时,在处理各种国际问题包括海洋争议问题时,应坚持正确的义利观和亲诚惠容的理念,以稳固和发展国家间关系并处理相关争议问题。这些外交方针和原则充分体现了中国对外政策的稳定性和连续性,不仅顺应时代潮流,而且经过实践检验,是中国外交必须长期坚持的基本方针。④ 当然,这些外交方针和原则也是指导和处理海洋事务的基本方针。

正如党的十九大报告指出的,在加快建设海洋强国的过程中,应以"一带一

---

① 参见 http://www.gov.cn/1dhd/2013-07/31/content_2459009.htm,2013 年 8 月 1 日访问。
② 关于中国海洋强国战略体系内容,参见金永明:《论中国海洋强国战略的内涵与法律制度》,《南洋问题研究》2014 年第 1 期,第 18—28 页。
③ 关于构建人类命运共同体的内容,参见习近平:《共同构建人类命运共同体——在联合国日内瓦总部的演讲》(2017 年 1 月 18 日),http://www.fmprc.gov.cn/web/ziliao_674904/zt_674979/dnzt_674981/xzxzt/xjpdrsjxgsfw_688636/zxxx_688638/t1431760.shtml,2017 年 1 月 21 日访问。
④ 杨洁篪:《深入学习贯彻党的十九大精神,奋力开拓新时代中国特色大国外交新局面》,《求是》2017 年第 23 期,第 6 页。

路"倡议为重点,这是我国推进海洋强国建设的重要途径。"一带一路"倡议自2013年9月提出以来,至2017年1月已有100多个国家和国际组织积极响应和支持,40多个国家和国际组织同我国签署了合作协议。[①] 可见,"一带一路"倡议深受国际社会的好评和期待,具有强大的生命力,体现了其价值和意义。"一带一路"倡议得到如此好的效果,主要得益于我国对"一带一路"倡议内涵的不断深化和保障措施的完善及具体项目的落实,符合时代发展潮流。例如,2015年3月28日由国家发展改革委、外交部和商务部联合发布的《推动共建丝绸之路经济带和21世纪海上丝绸之路的愿景与行动》;[②]中国推进"一带一路"建设工作领导小组办公室于2017年5月10日发布的《共建"一带一路":理念、实践和中国的贡献》;[③]国家发展改革委、国家海洋局于2017年6月20日联合发布的《"一带一路"建设海上合作设想》;[④]以及我国主导下设立的亚洲基础设施投资银行和丝路基金;等等。

(三) 中国完善海洋强国战略体制机制之要义

我国已经提出了建设海洋强国的战略目标并正在加快推进,为适应和实现新时代中国特色社会主义建设进程及目标,我国的海洋强国建设进程应分阶段有步骤地实施,具体分为三个阶段,即区域性海洋强国、世界性海洋大国和世界性海洋强国。而从国际实践看,国家推进海洋强国战略的路线图是:制定海洋战略,确立海洋政策,制定保障战略和政策实施的法律,在法律中明确海洋机构的职权和海洋具体领域的发展规划。

对于我国来说,海洋强国战略的目标是:在政治上不称霸及和平发展,坚决维护国家主权、领土完整;我国的海洋政策是尊重历史和事实,依据国际法包括《联合国海洋法公约》的原则和制度,优先利用政治或外交的方法解决海洋重大争议,并坚持"主权属我、搁置争议、共同开发"的方针,维护海洋安全;在法制上,我国的当务之急是制定和实施海洋基本法,以综合协调海洋事务,并进一步明确各海洋管理机构的职权和任务,明确应不断完善的海洋部门法内容,以及确定重

---

① 习近平:《共担时代责任,共促全球发展——在世界经济论坛2017年年会开幕式上的主旨演讲》(2017年1月17日),参见 http://www.fmprc.gov.cn/web/ziliao_674904/zt_674979/dnzt_674981/xzxzt/xjpdrsjxgsfw_688636/zxxxx_688638/t1431319.shtml,2017年1月21日访问。
② 参见 http://www.gov.cn/xinwen/2015-03/28/content_2839723。
③ 参见 http://www.china.com.cn/news/2017-05/11/content_40789833.htm,2017年5月11日访问。
④ 参见 http://www.soa.gov.cn/xw/hyyw_90/201706/t20170620_56591.html,2017年6月21日访问。

点发展的海洋领域,并制定海洋领域具体规划。我国海洋强国战略的实施需要海洋体制机制的有力保障,而这些制度的落实需要由海洋基本法和海洋领域规划予以完善,以实现依法治海目标,提升国家对海洋的治理和处置能力,为我国实现现代化目标作出贡献。①

二、党的十八大以来中国外交政策的新发展与新探索

中国进入新时代尤其是党的十八大以来,以习近平同志为核心的党中央,密切关注国际大势,把握时代脉搏,统筹国际国内两个大局,积极运用国际国内两种资源,深刻阐述国际和时代格局变化及趋势,为世界和平与发展,实现合作共赢,保障我国发展环境,提出了系统化、具体化的外交新理念、新政策和新倡议。不仅丰富和发展了中国特色的大国外交理论体系,构成中国特色外交重大战略思想,也为全球治理提供了重要思想和行动指南,更指出了具体的方案、平台和路径,作出了中国外交的创新性贡献,体现了中国的担当和责任,引领世界发展方向,具有划时代的意义。

如何合理统筹地运用这些外交新理念、新政策和新倡议所蕴含的理论基础和具体实践(外交行为),对于丰富和完善全球治理包括海洋治理,维系海洋秩序,合理解决海洋争议,进一步消弭南海仲裁案带来的不利法理影响,改变中国"不守法"形象,总结南海仲裁案的经验和教训,坚决维护海洋权益,实现"依法治海"(软实力)目标,建设海洋强国,推进"一带一路"倡议,提升国家治理体系和治理能力现代化等有重要的价值和指导意义。② 这不仅体现了中国的担当、责任和作为,也弘扬了中国的文化精髓,值得坚持和遵循,更有学术研究和深化的必要与价值。

党的十八大以来,中国外交的新政策主要体现在以下方面:

(一) 在外交政策目标方面

第一,人类命运共同体。其核心为责任共同体和利益共同体。基本内容为:

---

① 依据《国家海洋局2016年法治海洋建设情况报告》(2017年6月19日),在海洋管理制度体系建设、海洋行政权力规范运行、海洋行政权力运行监督、海洋组织机构领导机制完善等方面取得了新进展、新成就,并明确了法治海洋建设的努力方向,这无疑为加快建设海洋强国提供了重要保障。参见 http://www.soa.gov.cn/xw/hyyw_90/201706/t20170620_56572.html,2017年6月21日访问。

② 对于南海仲裁案的内容及影响,参见金永明:《论南海仲裁案对海洋法的冲击》,《政治与法律》2017年第7期,第105—116页。

世界命运由各国共同掌控,国际规则由各国共同制定,全球事务由各国共同管理,发展成果由各国共同分享。[①] 这样,才能真正地推进和实现人类命运共同体,即构筑人类命运共同体的关键在于综合性和行动力。

第二,新安全观。中国积极倡导共同、综合、合作、可持续的亚洲安全观,通过搭建地区安全和合作新架构,努力走出一条共建、共享、共赢的亚洲安全之路,确保共同持续的安全环境。

(二) 在外交理念及模式方面

第一,新型国际关系。即坚持合作共赢,推动建立以合作共赢为核心的新型国际关系包括新型大国关系,坚持互利共赢的开放战略,把合作共赢理念体现于政治、经济、安全和文化、生态等领域。换言之,合作是稳定国家间关系和实现世界和平与发展的唯一可行的方法,而各项原则具有深厚的国际法基础,得到国际法的确认和规范,例如,《联合国宪章》第1—2条、第11条和第49条。对于我国来说,中美加强高层及各级别交往,拓展双边、地区和全球层面各领域合作,妥善处理和管控敏感问题,尤其应依中美新型大国关系的原则和精神(不冲突不对抗、相互尊重、合作共赢)发展两国关系特别重要。

第二,正确义利观。在国际合作中,其基本内涵为:要注意利,更要注重义;只有义利兼顾,才能义利兼得;只有义利平衡,才能义利共赢。

第三,亲诚惠容理念。中国周边外交的基本方针,就是坚持与邻为善、以邻为伴,坚持睦邻、安邻、富邻,突出亲、诚、惠、容理念。

(三) 在外交作为及路径方面

第一,"一带一路"倡议。"一带一路"建设秉持共商、共建和共享原则,其不是要替代现有地区合作机制和倡议,而是要在已有机制基础上,推动沿线国家实现发展战略相互对接、优势互补。对于"一路",即21世纪海上丝绸之路,中国愿同东盟国家加强海上合作,使用好中国政府设立的中国—东盟海上合作基金,发展好海洋合作伙伴关系,共同建设21世纪海上丝绸之路。这些原则和路径深受国际社会的好评和期待,具有强大的生命力,体现了其价值和意义,完全符合世界发展趋势和潮流。

[①] 参见习近平:《共同构建人类命运共同体——在联合国日内瓦总部的演讲》(2017年1月18日), http://www.fmprc.gov.cn/web/ziliao_674904/zt_674904/zt_674979/dnzt_674981/xzxzt/xjpdrsjxgsfw_688636/zxxx_688638/t1431760.shtml,2017年1月21日访问。

第二，加快互联互通。包括政策沟通、设施联通、贸易畅通、资金融通、民心相通五大领域，创设亚洲基础设施投资银行，目的是实现基础设施、制度规章和人员交流三位一体，实现联动和共同、有序发展目标。

第三，建设海洋强国。坚持陆海统筹，坚持走依海富国、以海强国、人海和谐、合作共赢的发展道路，通过和平、发展、合作、共赢方式，包括运用21世纪海上丝绸之路倡议所设立的公共平台和机制，加快合作领域步伐，扎实推进海洋强国建设进程，以共享海洋空间及资源，实现人与海的和谐统一。

这些外交新政策所蕴含的理念和价值正在推进落实，并被国际社会所接受和吸纳，同时，这些外交新政策特别体现了中国文化的价值和作用，体现了中国的智慧、方案、担当及责任。这些外交新政策是中国长期以来在外交理论和实践上的提炼和升华，具有一贯性和连续性的特质，必须毫不动摇地持续坚持和推进落实。

三、中国外交新政策在依法治海中的作用及具体实践

（一）中国外交新政策在依法治海中的地位与作用

党的十八大报告指出，中国将继续高举和平、发展、合作、共赢的旗帜，坚定不移致力于维护世界和平、促进共同发展；针对和平与发展两大议题，通过合作、共赢，增强命运共同体意识，即在追求本国利益时兼顾他国合理关切，在谋求本国发展中促进各国共同发展，建立更加平等均衡的新型全球伙伴关系，同舟共济，权责共担，增进人类共同利益。[①]

党的十九大报告指出，中国将高举和平、发展、合作、共赢的旗帜，恪守维护世界和平、促进共同发展的外交政策宗旨，坚定不移在和平共处五项原则基础上发展同各国的友好合作，推动建设相互尊重、公平正义、合作共赢的新型国际关系；中国将与各国人民同心协力，构建人类命运共同体，建设持久和平、普遍安全、共同繁荣、开放包容、清洁美丽的世界；同时，坚持以对话解决争端，以协商化解分歧，统筹应对传统和非传统安全威胁，反对一切形式的恐怖主义；中国决不会以牺牲别国利益为代价发展自己，也决不放弃自己的正当权益，任何人不要幻

---

① 胡锦涛：《坚定不移沿着中国特色社会主义道路前进　为全面建成小康社会而奋斗——在中国共产党第十八次全国代表大会上的报告》，人民出版社2012年版，第47页。

想让中国吞下损害自身利益的苦果。① 中国针对独立自主的上述外交政策和实践,不仅是一贯的,而且是连续的,今后也不会改变。

不可否认,要实现上述目标,必须增强国家治理体系和治理能力现代化水平,其基础和保障为实施"依法治国"战略。为此,为贯彻落实党的十八大报告作出的战略部署,加快建设社会主义法治国家,中国共产党第十八届中央委员会第四次全体会议通过了《中共中央关于全面推进依法治国若干重大问题的决定》(2014年10月23日)。

在上述决定中,全面推进依法治国的总目标是,建设中国特色社会主义法治体系,建设社会主义法治国家。具体内容为:在中国共产党的领导下,坚持中国特色社会主义制度,贯彻中国特色社会主义法治理论,形成完备的法律规范体系、高效的法治实施体系、严密的法治监督体系、有力的法治保障体系,坚持依法治国、依法执政、依法行政共同推进,坚持法治国家、法治政府、法治社会一体建设,实现科学立法、严格执法、公正司法、全民守法,促进国家治理体系和治理能力现代化。②

《中共中央关于全面推进依法治国若干重大问题的决定》指出,我国应积极参与国际规则制定,推动依法处理涉外经济、社会事务,增强我国在国际法律事务中的话语权和影响力,运用法律手段维护我国主权、安全、发展利益。③ 这为我国积极利用外交渠道宣介中国的海洋政策及增强国际话语权等提供了重要方向和有力保障。

作为海洋事务主管单位,国家海洋局为贯彻落实《中共中央关于全面推进依法治国若干重大问题的决定》,结合海洋工作实际,就海洋系统全面推进依法行政,加快建设法治海洋作出了《中共国家海洋局党组关于全面推进依法行政加快建设法治海洋的决定》(2015年7月20日),以在维护海洋权益、促进海洋经济发展中树立法治权威,在维护人民利益中彰显法治理念,在海洋管理中体现法治思维,在海洋领域改革中坚持法治底线。即通过加快法治海洋建设,健全完善海洋法律法规和标准体系,依法履行海洋管理职能,严格规范海洋管理权力运行,到2020年建成法制完备、职能科学、权责统一的海洋管理体系;建设廉洁勤政、权威高效、执法严明的海洋管理队伍;构建法治统筹、公正文明、守法诚信的海洋管理

---

① 习近平:《决胜全面建成小康社会,夺取新时代中国特色社会主义伟大斗争——在中国共产党第十九次全国代表大会上的报告》,人民出版社2017年版,第58—59页。
② 参见《中共中央关于全面推进依法治国若干重大问题的决定》,人民出版社2014年版,第4页。
③ 参见《中共中央关于全面推进依法治国若干重大问题的决定》,人民出版社2014年版,第39页。

秩序;以实现综合规范管理海洋的目标,为建设海洋强国提供坚实的基础和制度保障。① 这些内容构成中国建设海洋强国的前提及制度性框架和保障。

可见,党的十八大以来的中国外交新政策蕴含的目标和理念,完全符合"依法治海"的目标和理念。中国外交新政策完全可以运用到海洋治理之中,并指导海洋外交行为,构筑和平、合作、共赢的海洋新秩序,实现"依法治海"目标。总之,中国外交新政策在海洋治理和依法治海中具有重要的地位和指导作用。

(二) 中国外交在维护海洋秩序上的新尝试及具体实践

众所周知,为构建和谐世界,中国提出了和谐海洋的理念,以指导和管理海洋事务,维护海洋和谐秩序。而上述中国外交新政策的目标和理念、路径和措施,完全符合世界和平与发展的潮流和海洋发展态势,尤其是《联合国海洋法公约》的特质(和平性、有效性、合理性、平衡性),并体现了中国文化的本质,即"以和邦国""和而不同""以和为贵"的思想,具体体现为包容性、多样性、共存性和合作性的文化价值,这是包括中国在内的其他国家应该努力的方向和最终目标。②

正如我国国务院新闻办公室于2017年1月11日发布的《中国的亚太安全合作政策》白皮书所指出的,亚太地区的发展日益引人注目,成为全球最具发展活力和潜力的地区,地区国家进一步加大对亚太地区的重视和投入;而随着国际关系格局的深刻调整,亚太地区格局也在发生重要深刻变化。③ 为此,我国可以首先在亚太地区发挥主导作用,以维护和稳定亚太区域的和平与发展秩序,使中国成为亚太和平与发展的建设者和贡献者。换言之,中国成为世界强国的第一步是为亚太地区的和平与发展作出贡献,然后再将在亚太的外交政策和具体作为运用到其他地区,使中国成为世界性的强国,即我国的世界性强国发展进程应以分步走和阶段性的政策和目标取向为准则和路径。

中国在亚太地区发挥作用的主要政策主张和具体作为,完全符合党的十八大以来坚持和倡导的外交政策的理念和目标。经分析,中国维护亚太地区和平与发展的政策主张包括以下方面:(1) 在经济上,促进共同发展,夯实亚太和平

---

① 《中共国家海洋局党组关于全面推进依法行政加快建设法治海洋的决定》内容(2015年7月20日通过,2015年8月7日公布),参见 http://www.soa.gov.cn/zwgk/gsgg/201508/t20150807_39403.html,2015年8月19日访问。
② 中国海洋政策的特点及性质内容,参见金永明:《中国海洋政策的文化之维》,《亚太安全与海洋研究》2016年第5期,第1—8页。
③ 《中国的亚太安全合作政策》白皮书(2017年1月)内容,参见 http://www.scio.gov.cn/zxbd/wz/Document/1539488.htm,2017年1月11日访问。

稳定的经济基础。(2)在政治上,推进伙伴关系建设,筑牢亚太和平稳定的政治根基。(3)在合作机制上,完善现有地区多边机制,巩固亚太和平稳定的框架支撑。(4)在制度建设上,推动规则建设,完善亚太和平稳定的制度保障。(5)在军事交流上,密切军事交流合作,增强亚太和平稳定的保障力量。(6)在环境建设上,妥善处理分歧矛盾,维护亚太和平与稳定的良好环境。这样的政策主张不仅是一贯的,而且是可行的,完全符合我国长期以来的具体实践和国家总体战略要求和部署。

我国维护亚太和平与稳定的理念和路径主要包括遵循亚洲新安全观(共同、综合、合作和可持续的安全观)、构筑亚太地区多维安全架构(包括多样性、共同性、共识性和同步性),以及发展多组双边关系和积极处置地区热点和非传统安全问题,以体现睦邻、安邻、富邻和亲、诚、惠、容的周边外交政策和理念,发挥中国的作用。

不可否认,为维护亚太地区的和平与发展,海洋争议是一个重要而不可忽视的问题。对其的稳妥处理直接影响亚太地区的政治和经济及外交关系。对此,中国针对海洋争议尤其是领土和海洋权益争议的政策主张是:应在尊重历史事实的基础上,根据公认的国际法和现代海洋法包括《联合国海洋法公约》所确定的基本原则和法律制度,通过直接相关的主权国家间的对话谈判寻求和平解决;在有关问题解决前,各方应开展对话,寻求合作,管控危机,防止矛盾激化升级,共同维护地区和平与稳定。中国针对海洋争议的政策立场是:优先通过双边协商谈判和平解决争议;在无法解决争议前,依据制定规则和管控危机等手段,以维持和平与稳定;最后力争解决海洋争议,以共享海洋空间及资源利益。这些原则和政策特别体现在新时代的中国对南海问题和东海问题的处理和应对上。

对于东海问题,尤其是日本政府所谓"国有化"钓鱼岛三岛问题,中国政府及时地予以声明和发表意见,包括:于2012年9月10日,中国政府就钓鱼岛等岛屿的领海基线发表声明;2012年9月12日,国家海洋局公布了领海基点保护范围选划及保护办法;2012年9月13日,中国常驻联合国代表李保东大使向联合国秘书长提交中国钓鱼岛等岛屿领海基点基线坐标表和海域的文件;国家海洋局、民政部受权于2012年9月21日公布我国钓鱼岛海域部分地理实体标准名称;国务院新闻办公室于2012年9月25日发布《钓鱼岛是中国的固有领土》白皮书;2012年12月14日,中国政府向联合国秘书长提交"东海部分大陆架外部界限划界案";中国国防部依据国际惯例和国内法于2013年11月23日宣布《中国关于划设东海防空识别区的声明》《中国东海防空识别区航空器识别规则公告》,

以进一步管控东海空域秩序和航行安全;针对日本外务省网站于2015年7月22日发布中国东海油气平台的位置、图片等信息,鼓吹"中国海洋威胁论",中国外交部于7月24日表明了"中国东海油气开发活动正当合法"的政策性立场文件等,以坚定捍卫我国在东海的海洋权益,并取得了较好的效果。同时,中国加强与日本的持续沟通和协调,包括:于2006年6月18日两国外交部门公布《中日关于东海问题的原则共识》,于2014年11月7日两国政府代表达成《中日处理和改善两国关系四点原则共识》,并积极展开东海问题磋商进程,包括自2012年1月启动中日海洋事务高级别磋商机制以来至2017年12月已举行八轮磋商会议,就海洋领域的具体合作达成多项共识。[①] 可见,中国政府对待东海问题的立场和态度,坚守了以通过对话协商,和平解决和合理管控重大海上争议问题的意愿和立场,这对于稳定和处理东海问题尤其是海空安全有重要的作用。

对于南海问题,尤其是越南针对我国"981"钻井平台作业的干扰行为,菲律宾于2013年1月22日单方面提起的南海仲裁案,中国政府在各种不同的场合和时间节点就南海问题的政策阐释了严正的立场和态度,包括:中国政府于2014年6月8日发布的《"981"钻井平台作业:越南的挑衅和中国的立场》;[②]2014年12月7日中国外交部受权发表的《中国政府关于菲律宾所提南海仲裁案管辖权问题的立场文件》;[③]《中国外交部关于应菲律宾共和国请求建立的南海仲裁案仲裁庭关于管辖权和可受理性问题裁决的声明》(2015年10月29日);[④]《中国外交部关于坚持通过双边谈判解决中国和菲律宾在南海有关争议的声明》(2016年6月8日);[⑤]中国国务院新闻办公室发布的《中国坚持通过谈判解决中国与菲律宾在南海的有关争议》白皮书(2016年7月);[⑥]《中国政府关于应菲律宾请求建立的南海仲裁案仲裁庭所作裁决的声明》(2016年7月12日),等。[⑦] 中国政府在上述文件中的政策和立场不仅得到了众多学术团体(例如,中国法学会、中国国际法学会、中国海洋法学会)的支持,而且在双边文件和多边文件中得

---

① 针对东海问题的有关内容,参见金永明:《中国维护东海权益的国际法分析》,《上海大学学报(社会科学版)》2016年第4期,第1—20页。
② 参见http://www.fmprc.gov.cn/mfa_chn/zyxw_602251/t1163255.shtml,2014年6月9日访问。
③ 参见http://www.gov.cn/xinwen/2014-12/07/content_2787671.htm,2014年12月8日访问。
④ 参见http://www.fmprc.gov.cn/web/zyxw/t1310470.shtml,2015年10月30日访问。
⑤ 参见http://www.fmprc.gov.cn/web/zyxw/t1370477.shtml,2016年6月8日访问。
⑥ 中国国务院新闻办公室:《中国坚持通过谈判解决中国与菲律宾在南海的有关争议》白皮书(2016年7月),人民出版社2016年版,第1—49页。
⑦ 参见http://world.people.com.cn/n1/2016/0712/c1002-28548370.html,2016年7月12日访问。

到支持和肯定。①

对于美日等国所声称的海洋航行和飞越自由问题,不仅包括南海尤其在南沙周边海域的航行和飞越自由不受任何影响,也包括在世界其他海域的航行自由与安全的维护和确保,何尝不是中国的核心利益! 所以,中美应就海洋航行自由与安全问题展开平等磋商和谈判,在两国尤其在安全方面已达成共识的基础上,通过谈判形成新的共识,以及适用国际社会已存的制度作为指导海洋活动包括航行和飞越自由的行为准则,并为进一步丰富和发展相关国际法尤其是海洋法制度提供参考和借鉴,这是双方应该努力的方向,也是中美两国应该可以作出贡献的重要合作领域,必须坚持和提升。②

在此应该指出的是,针对重大海洋争议问题,中国始终坚持通过谈判协商和平解决争议,坚持通过制定规则和建立机制管控争议,坚持通过互利合作实现共赢,坚持维护南海和平稳定及南海航行和飞越自由;对于侵犯中国领土主权和海洋权益、蓄意挑起事端破坏南海和平稳定的挑衅行动,中国将不得不作出必要反应;任何将南海问题国际化、司法化的做法都无助于争议的解决,相反只会增加解决问题的难度,危害地区和平稳定。③ 这种政策立场已被南海仲裁案所肯定,中国对此的立场今后也不会改变,因为这是我国的一贯立场和基本态度。

四、中国维护国家海洋权益的话语权问题

如何能使中国针对海洋问题的政策主张及具体做法让国际社会进一步知晓并理解,在此,中国外交的行为模式和方法就显得特别重要。换言之,中国外交在宣传和传播中国的海洋政策和主张方面,具有自身独特的有利条件和不可推

---

① 《中国法学会关于菲律宾共和国单方面提起的南海仲裁案的声明》(2016 年 5 月 25 日)内容,参见 http://news.xinhuanet.com/legal/2016-05/25/c_1118932058.htm,2016 年 5 月 26 日访问;中国国际法学会:《菲律宾所提南海仲裁案仲裁庭的裁决没有法律效力》(2016 年 6 月 10 日)内容,参见《中国国际法学会年刊南海仲裁案管辖权问题专刊》,法律出版社 2016 年版,第 1—29 页;《中国海洋法学会关于菲律宾共和国单方面提起的南海仲裁案的声明》(2016 年 5 月 30 日)内容,参见 http://news.xinhuanet.com/2016-05/30/c_1118957545.htm,2016 年 5 月 30 日访问。《中国和东盟外交部长关于全面落实〈南海各方行为宣言〉的联合声明》(2016 年 7 月 25 日),参见 http://www.fmprc.gov.cn/web/zyxw/t1384157.shtml,2016 年 7 月 25 日访问;《中华人民共和国和俄罗斯联邦关于促进国际法的声明》(2016 年 6 月 26 日),参见 http://www.fmprc.gov.cn/web/zyxw/t1375313.shtml,2016 年 6 月 26 日访问。
② 中美关于航行自由与安全的对立和分歧内容,参见金永明:《中国海洋法理论研究》,上海社会科学院出版社 2014 年版,第 17—35 页、第 176—186 页。
③ 中国政府针对海上问题包括东海问题和南海问题的立场及态度,参见中国国务院新闻办:《中国的亚太安全合作政策》白皮书(2017 年 1 月),http://www.scio.gov.cn/zxbd/wz/Document/1539488/1539488.htm,2017 年 1 月 11 日访问。

卸的责任。这对于加快建设海洋强国,有效实施"一带一路"倡议,分阶段和有步骤地解决海洋争议问题,包括消除南海仲裁案的不利法理影响、理解中国的目的和意图等,具有重要的作用和意义。中国外交在维护和确保国家海洋权益方面的行为模式和方法及作用,主要体现在以下方面。

(一) 活用多个外交场合,积极宣传和解释我国的海洋政策立场和主张

尽管我国已设立了多个海洋组织机构,例如,中央海权工作领导小组及其办公室、国家海洋委员会及其办公室、重组了国家海洋局、设立了中国海警局,但由于其组织体系在法律或法规上不够明确、职权不清,部门利益难以调和等原因,国家海洋机构改革进程艰难,所以依然存在需要理顺海洋组织机构及体制机制的任务,例如,制定和实施海洋法,中国海警局组织法等,以进一步明确各海洋机构的法律职权和权限,切实贯彻实施《国务院机构改革和职能转变方案》(2013年3月14日)规范的内容和要求。而在这些组织机构体制并未明确规范的情形下,对外宣传海洋政策和立场的任务无疑落到了外交部的身上。为此,外交部应协调组织国内机构及人员,开展对海洋的基础理论、动态及对策的系统性研究,包括推进委托项目研究计划和进程,以此研究成果为基础在多个外交场合主动对外宣介和发布有关海洋政策性立场文件就显得特别重要。

(二) 通过培训海洋知识,提升外交人员的知识水平

由于多种原因,外交部录用的人员多以外语专长为主,缺乏相应的专业知识,这种情况很难在外交场合发挥专业性的解释作用。鉴于海洋问题的专业性、敏感性和复杂性,没有一定的专业知识是无法对外作出有力的宣传和解释的,一个比较有效的方法是强化对外交人员的海洋知识培训。对于培训的师资力量,可以让各级学会(例如,中国法学会、中国国际法学会等)以及在高校和研究机构设立的专业性组织及人员担任。对于培训教材问题,可以在原有教材基础上进行重写重编,以增加时效性和针对性的内容,并突出理论性和合理性。当然,对于海洋专题研究,也可以组织出版一些专业性较强的优秀学术著作,以供培训之用,也可为研究者及其他人员进一步学习和加深研究相关内容提供参考和借鉴,这样既可避免研究宣传无合适素材的困境,也对提升我国海洋研究水平有助益。

(三) 有组织地选派国际法学者,赴多个外交领事机构锻炼和研究

对于南海仲裁案来说,尽管我国多个驻外的外交和领事机构代表在所在地

已发表了有关宣传和阐释中国南海政策的文章和论文,对于当地政府和人民对其了解有一定的帮助,但无法系统地解释他们存在的疑惑,也不具有连续性,并影响后续效果及作用。为此,可以选派高校和研究机构的国际法专家学者赴我国驻外的外交和领事机构锻炼和研究,以向当地政府和人民系统地阐释我国的海洋政策及立场,并加强与他国学者之间的交流,增进理解和认识。同时,为能使更多的人员加盟国际法研究,应提升国际法在高校和研究机构中的地位和作用,为我国外交提供更多的国际法优质人才,以适应中国大国外交的现实需要。为此,也可有计划地公派一些国际法青年学者赴国际著名的大学、研究机构和国际司法机构进修及访问和留学,为服务我国外交提供人才储备并作出学术贡献。在此,我国应尽快组织制定和落实国际法优秀人才的选派评价及运用机制,公正合理地处理这些事项,并提供制度性保障。

(四)采取开放的态度,推动与他国专家学者之间的互动交流和研究步伐

针对海洋战略性问题包括重大海洋争议问题,在国家之间很难作出妥协让步的情形下,加强多国及两国学者之间的交流和对话,对于阐释海洋政策、理解对方的关切、稳控海洋争议的爆发并促进双边及区域关系缓和等有重要的正面作用。外交部应采取更开放的态度,鼓励各国学者间展开实质性的对话交流,并在条件成熟时开展共同的专题研究,也可鼓励和资助其他国家的专家学者研究海洋战略性问题。在此,设立诸如国际交流合作机制、国际交流基金等就特别紧要。当然,为宣介我国的海洋政策与立场,在其他国家发表英文论著也很重要,以弥补在外交上阐释海洋政策与立场的不足和缺陷。在外交部的主导及安排下,也可以选择在国外的重要期刊及报纸有组织地刊发学者们的海洋研究系列论文,重点结合历史与国际法展开论述,以消弭包括南海仲裁案在内的不利法理后续影响,增加中国在海洋问题上的话语权和影响力,为进一步完善海洋法制度作出贡献。

(五)提交完善海洋规则的方案或建议,为规范海洋秩序作出贡献

在南海仲裁案中,外界有所谓中国不是一个"守法"者的看法,而为避免这种现象造成的损害以及这种情况再次出现,我们应该以法理为重点就我国的海洋政策与立场尤其是南海问题争议进行系列性地阐述,以正视听。其实,我国绝不是一个不守法及违法的国家,仅是对《联合国海洋法公约》中的某些制度性缺陷和认识存在不同的理解和实践,而这些不同的主张和实践正是《联合国海洋法公

约》体系中先天性地存在争议的重要内容,也是今后需要不断完善的重要方面。为此,我国应就《联合国海洋法公约》中的某些内容,例如,岛屿制度的法律要件,历史性权利与《联合国海洋法公约》之间的关系,群岛水域制度适用于大陆国家远洋群岛的可能性,以及国家对于强制性仲裁程序作出的排除性声明事项的内容及效力,仲裁庭的管辖权范围及对案件的事实认定和法律适用的救济程序和措施等提出我国的方案,为进一步规范完善海洋秩序,提升海洋法治水平,完善海洋法制作出贡献。同时,我国不仅要在国内加快包括海洋法的立法进程,也应就海洋科学研究的范围、专属经济区内的军事活动问题和领海内军舰的无害通过制度等法规内容进行修改,即扩大适用范围、减少沿海国批准或事先通知的限制,强化海洋综合管理,为我国经济兼顾大洋发展、发展蓝水海军及海运大国等提供法制基础保障。

五、结　语

最后应该指出的是,中国基于党的十八大以来外交新政策所蕴含的理念和目标、路径及措施,在海洋秩序、依法治海中的作用和贡献如何,应对外交行为的效果和作用予以评估。有必要定期将中国外交在不同场合的做法进行资料收集汇总,根据反馈的信息进行效果评价,以便对我国外交的多种行为作出适度的模式和方法调整,以更好地适应海洋情势发展需要,为树立中国外交强国地位,发挥外交在完善海洋秩序和依法治海的作用,以及确保其为维护我国海洋权益上的实质性贡献服务。这无疑是我们所期待和希望的愿景,也是作为大国的中国的应有责任。换言之,中国的外交行为应多维、多向并积极作为,为丰富和发展海洋秩序和海洋法治作出中国在外交上的应有贡献。这不仅是维护亚太安全秩序的需要,也是维护世界和平与发展的需要,更是国际社会对中国的期待,是中国的应有职责。

新时代中国海洋强国
战略治理体系论纲

党的十九大报告指出,经过长期努力,中国特色社会主义进入了新时期,这是我国发展的历史方位。[①] 为此,系统地梳理自党的十八大报告首次完整提出中国海洋强国战略目标以来的发展进程和具体成就,对于构筑和完善新时代中国加快建设海洋强国的治理体系有重大的价值和作用。

一、中国海洋强国战略治理体系的演进及内涵

笔者认为,自中国海洋强国战略目标完整提出到新时代中国海洋强国战略治理体系的成形,主要经历了以下四个阶段。

(一)中国海洋强国战略目标的提出

党的十八大报告首次完整提出了中国海洋强国战略目标,具体包括四个方面的内容,即我国应"提高资源开发能力、发展海洋经济、保护生态环境、坚决维护国家海洋权益,建设海洋强国"。[②] 这些领域构成中国海洋强国战略的基本内容。其中提高资源开发能力、发展海洋经济,是我国建设海洋强国的基本手段和具体路径,而壮大海洋经济、保护生态环境、坚决维护国家海洋权益,是建设海洋强国的重要目标。

[①] 习近平:《决胜全面建成小康社会夺取新时代中国特色社会主义伟大胜利——在中国共产党第十九次全国代表大会上的报告》(2017年10月18日),人民出版社2017年版,第10页。
[②] 胡锦涛:《坚定不移沿着中国特色社会主义道路前进为全面建成小康社会而奋斗——在中国共产党第十八次全国代表大会上的报告》(2012年11月8日),人民出版社2012年版,第39—40页。

(二) 中国海洋强国战略目标的发展

习近平总书记在主持中共中央政治局就建设海洋强国研究进行集体学习时(2013年7月30日)强调了建设海洋强国的四个基本要求,即"四个转变",具体内容为:"要提高资源开发能力,着力推动海洋经济向质量效益型转变;要保护海洋生态环境,着力推动海洋开发方式向循环利用型转变;要发展海洋科学技术,着力推动海洋科技向创新引领型转变;要维护国家海洋权益,着力推动海洋权益向统筹兼顾型转变。"[1]这些要求是对中国海洋强国战略目标的发展。

(三) 中国海洋强国战略治理体系的成形

党的十九大报告指出,我国"要坚持陆海统筹,加快建设海洋强国;要以'一带一路'建设为重点,形成陆海内外联动、东西双向互济的开放格局"。[2] 即提出了加快建设海洋强国的目标,并指明了在建设海洋强国过程中应坚持的原则和重点以及方向,从而形成新时代中国海洋强国战略治理体系。

(四) 中国海洋强国战略目标的强化

对中国海洋强国战略目标的强化,主要表现在以下方面:第一,2018年3月8日,习近平总书记在参加第十三届全国人民代表大会第一次会议山东代表团审议时强调,海洋是高质量发展要地;要加快建设世界一流的海洋港口、完善的现代海洋产业体系、绿色可持续的海洋生态环境,为海洋强国建设作出贡献。第二,2018年6月12日,习近平总书记在青岛海洋科学与技术试点国家实验室考察时强调,发展海洋经济、海洋科研是推动我们海洋强国战略很重要的一个方面,一定要抓好;关键的技术要靠我国自主来研发,海洋经济的发展前途无量。[3]这些内容是对中国海洋强国战略目标的进一步强化和提炼。

由上可知,建设海洋强国已成为我国的基本国策,必须长期坚持和持续发展。重要的是应在关心海洋、认识海洋、经略海洋,尤其应在发展海洋经济、加快海洋科技创新步伐方面,采取措施并在发挥其作用上积极施策和谋划,即应切实实施中国海洋强国战略治理体系。这样,才能加快实现中国海洋强国战略终极

---

[1] 参见 http://www.gov.cn/ldhd/2013-07/31/content_2459009.htm,2013年8月1日访问。
[2] 习近平:《决胜全面建成小康社会夺取新时代中国特色社会主义伟大胜利——在中国共产党第十九次全国代表大会上的报告》(2017年10月18日),人民出版社2017年版,第33—34页。
[3] 参见 http://theory.people.com.cn/n1/2018/0615/c40531-30060680.html,2018年6月25日访问。

目标——构建人类命运共同体视域下的海洋命运共同体。

二、中国加快建设海洋强国的价值取向与目标愿景

自党的十八大以来形成的习近平新时代中国特色社会主义外交思想,成为指导中国加快建设海洋强国的基本原则和行动指南,形成习近平新时代中国海洋强国战略思想。而在新时代中国特色社会主义外交思想中最核心的内容是构建人类命运共同体。

一般认为,人类命运共同体理念的提出发轫于2013年10月24—25日在北京举行的中国周边外交工作座谈会上。国家主席习近平指出,要让命运共同体意识在周边国家落地生根。人类命运共同体理念的成形源于在联合国大会上的表述。例如,国家主席习近平于2015年9月28日在第70届联合国大会一般性辩论时指出,我们要继承和弘扬《联合国宪章》的宗旨和原则,构建以合作共赢为核心的新型国际关系,打造人类命运共同体。人类命运共同体的深化,体现在国家主席习近平于2017年1月18日在联合国日内瓦总部的演讲,表现在五个(政治、安全、经济、文化和生态)方面,构成人类命运共同体基本内涵或体系。

其具体内容及价值取向为:在政治上,要运用新型国际关系,坚持持续发展国家间的伙伴关系,通过平等对话和协商,建设一个持久和平的世界;在安全上,要运用新安全观(共同、综合、合作、可持续),坚持共建共享,建设一个普遍安全的世界;在经济上,要运用新发展观(创新、协调、绿色、开放、共享),坚持合作共赢,建设一个繁荣的世界;在文化上,应坚持包容和交流互鉴的做法,建设一个开放包容的世界;在生态上,应坚持绿色低碳的理念,建设一个清洁美丽的世界。同时,在处理各种问题和争议时,应坚持包括正确的义利观和亲诚惠容在内的外交理念及遵循法治的原则,以稳固和发展国家间关系并合理处理争议问题。

鉴于海洋问题和海洋事务的综合性和复杂敏感性,习近平新时代中国特色社会主义外交思想所蕴含的原则和精神,以及国家治理体系及治理能力现代化,所包含的新发展观、新安全观、新合作观、新文明观、新生态观和新治理观完全契合海洋战略的本质,构成习近平新时代中国海洋强国战略思想的核心,并为构筑人类命运共同体视阈下的人类海洋命运共同体提供参考和指导。

为此,人类海洋命运共同体含义下的中国海洋强国战略目标及愿景可界定为:在政治和安全上的目标是,不称霸及和平发展,即坚持总体国家安全观和新安全观,坚决维护国家主权、安全和发展利益;在经济上的目标是,运用新发展观

发展和壮大海洋经济,共享海洋空间和资源利益,实现合作发展共赢目标。其对外的具体路径是通过构筑新型国际关系,运用"一带一路"倡议尤其是21世纪海上丝绸之路建设进程;其对内的具体路径为坚持陆海统筹,发展和壮大海洋经济;在文化上的目标是,通过弘扬中国特色社会主义文化核心价值观,建构开放包容互鉴的海洋文化;在生态上的目标是,通过保护海洋环境构建可持续发展的海洋生态环境,实现"和谐海洋"倡导的人海合一目标,进而实现绿色和可持续发展目标。换言之,上述目标和价值取向是实现人类命运共同体视域下的海洋命运共同体之愿景,即海洋命运共同体是实现"和谐海洋"理念和中国海洋强国战略的终极目标和最高愿景。[①]

2019年4月23日,国家主席、中央军委主席习近平在青岛集体会见应邀出席中国人民解放军海军成立70周年多国海军活动的外方代表团团长时,从海洋的本质及其地位和作用、构建21世纪海上丝绸之路的目标、中国参与海洋治理的作用和海军的贡献,以及国家间处理海洋争议的原则等视角,指出了合力构建海洋命运共同体的重要性。[②] 这为我国加快建设海洋强国、21世纪海上丝绸之路,完善全球海洋治理体系等提供了方向和指针,具有重要的时代价值和现实意义。

应注意的是,海洋命运共同体的构建如同人类命运共同体构建一样,需要分阶段、有步骤、层次性地推进和实施,以实现阶段性的目标和任务,特别需要依据海洋的本质和特点予以规范和治理。为此,始终遵循上述的理念和价值取向就特别关键。

三、中国加快建设海洋强国的内外路径及含义

党的十九大报告指出,我国加快建设海洋强国的基本路径是推进"一带一路"倡议中的21世纪海上丝绸之路进程,具体行动是发展海洋经济,基础是加快

[①] 我国于2009年中国人民解放军海军诞生60周年之际,根据国际国内形势发展需要,提出了构建"和谐海洋"理念倡议,以共同维护海洋持久和平与安全。其内容为:坚持联合国主导,建立公正合理的海洋;坚持平等协商,建设自由有序的海洋;坚持标本兼治,建设和平安宁的海洋;坚持交流合作,建设和谐共处的海洋;坚持敬海爱海,建设天人合一的海洋。构建"和谐海洋"理念的提出,是我国国家主席胡锦涛于2005年9月15日在联合国成立60周年首脑会议上提出构建"和谐世界"理念以来在海洋领域的具体化,体现了国际社会对海洋问题的新认识、新要求,标志着我国对国际法尤其是海洋法发展的新贡献。参见金永明:《海洋问题专论》(第一卷),海洋出版社2011年版,第376—377页。

[②] 《习近平集体会见出席海军成立70周年多国海军活动外方代表团团长》内容,参见 http://www.xinhuanet.com/politics/leaders/2019-04/23/c_1124404136.htm,2019年4月23日访问。

发展海洋科技创新步伐。这些内容已经得到党的十九大报告和《政府工作报告》的确认。例如,《政府工作报告》(2018年)指出,我国应壮大海洋经济,坚决维护国家海洋权益。换言之,中国加快建设海洋强国的对外路径是利用21世纪海上丝绸之路并与其他国家尤其是与东盟国家之间加强在海洋低敏感领域的合作,以发展海洋经济;对内是利用陆海统筹原则或理念,发展和壮大海洋经济,以提升国内统筹协调海洋治理体系和海洋治理能力现代化水平,实现海洋综合性管理目标,为实现绿色经济和可持续发展作出海洋的独特贡献。

"一带一路"倡议自2013年9—10月提出以来,得到了诸多国家的积极响应及参与,已由"倡议"转化为具体的行动和实践并产生了积极的效果,体现了强大的生命力和影响力。[①] 例如,"首届'一带一路'国际合作高峰论坛"(2017年5月14—15日)由29个国家的元首和政府首脑出席,140多个国家和80多个国际组织的1 600多名代表参会,论坛形成了5大类、76大项、279项具体成果,这些成果已全部得到落实。[②] 于2019年4月25—27日在北京举行的以"共建'一带一路',开创美好未来"为主题的"第二届'一带一路'国际合作高峰论坛"上形成的成果清单,在各国政府、地方、企业等之间达成的各类合作项目,共6大类283项,成果丰硕。[③]

可见,"一带一路"倡议已成为习近平新时代中国特色社会主义思想在外交上的新举措和新成果,是新时代中国对外开放的新模式,是中国新一轮改革开放的国际化创举,也是践行人类命运共同体的新平台。[④] "一带一路"的成功实践,得益于中国党和政府对其的不断深化和发展,体现了中国的智慧和贡献。

中国政府对"一带一路"倡议的深化和发展,主要是通过发布文件和设立平台并采取措施的方式丰富和发展"一带一路"倡议进程的。其中,重要的文件有:

---

① 中国国家主席习近平于2013年9月和2013年10月,分别在访问哈萨克斯坦和印度尼西亚时,提出共建"丝绸之路经济带"和"21世纪海上丝绸之路"(简称"一带一路")倡议内容,参见习近平:《习近平谈"一带一路"》,中央文献出版社2018年版,第1—5页,第10—13页。

② 参见"一带一路"建设工作领导小组办公室于2019年4月22日发表的《共建"一带一路"倡议:进展、贡献与展望》报告,http://www.xinhuanet.com/world/2019-04/22/c_1124400071.htm,2019年4月22日访问。

③ 《第二届"一带一路"国际合作高峰论坛成果清单》内容,参见《人民日报》2019年4月28日,第5版。

④ 中国的改革开放与"一带一路"倡议存在三点共性:第一,两者均以发展经济,完善交通、物流、电网等基础设施为优先方向;第二,优先完备吸引外资的据点。即改革开放时,在全国范围内设立由经济特区向自由贸易试验区转换的方式吸引外资据点,在"一带一路"沿线国家设立以中国企业为中心的类似经济特区那样的合作园区;第三,以共同发展和共同富裕为目标。即改革开放的先富论与"一带一路"倡议理念合作共赢是一致的。参见[日]江原规由:《"一带一路"现状与日本》,《国际问题》第673期(2018年7—8月),第45—46页。

经国务院授权,由国家发展和改革委员会、外交部、商务部联合发布的《推动共建丝绸之路经济带和21世纪海上丝绸之路的愿景与行动》(2015年3月28日)、中国推进"一带一路"建设工作领导小组办公室发布的《共建"一带一路":理念、实践和中国的贡献》(2017年5月10日)、国家发展和改革委员会、国家海洋局联合发布的《"一带一路"建设海上合作设想》(2017年6月20日)、中共中央办公厅、国务院办公厅发布的《关于建立"一带一路"国际商事争端解决机制和机构的意见》(2018年6月)、由中国外交部和中国法学会联合发布的《"一带一路"法治合作国际论坛共同主席声明》(2018年7月)、中国推进"一带一路"建设工作领导小组办公室发布的《共建"一带一路"倡议:进展、贡献和展望》(2019年4月22日)。设立的平台及相应的措施,主要有:设立亚洲基础设施投资银行、丝路基金、"一带一路"建设工作领导小组、"一带一路"国际合作高峰论坛、"一带一路"新闻合作联盟和"一带一路"智库合作联盟以及中国国际进口博览会等。

　　这些文件的公布和平台的设立,主要目的是推进"一带一路"的实施并解决"一带一路"过程中的各种问题,实现"一带一路"倡议的目标和愿景。即在政治安全上和平,在经济贸易上繁荣,在发展路径上开放,在发展手段上创新,在文化上维系特色和文明。可见,"一带一路"建设是一项系统工程,需要各方相向而行,特别通过政策沟通、设施联通、贸易畅通、资金融通、民心相通等途径,采取有效措施合力共进,包括坚持共商共建共享原则,实现共同发展、共同获益和共同进步的目标。

　　"一带一路"倡议不仅是国际区域新型合作倡议,也具有整合国内区域发展的含义。例如,国务院《政府工作报告》(2018年3月5日)指出,要加大西部、内陆和沿边开放力度,提高边境跨境经济合作区发展水平,拓展开放合作新空间。在这方面,"一带一路"倡议可发挥重要的作用。同时,如上所述,2018年的国务院《政府工作报告》指出,我国应壮大发展海洋经济,坚决维护国家海洋权益。为此,我国应利用"一带一路"倡议尤其是21世纪海上丝绸之路加快发展海洋经济,尤其应坚持陆海统筹的理念拓展蓝色经济空间。例如,习近平主席在集体会见出席海军70周年多国海军活动外方代表团团长时指出:"中国提出21世纪海上丝绸之路倡议,就是希望促进海上互联互通和各领域务实合作,推动蓝色经济发展,推动海洋文化交融,共同增进海洋福祉。"[①]

[①] 参见http://www.xinhuanet.com/politics/leaders/2019-04/23/c_1124404136.htm,2019年4月23日访问。

在国内坚持陆海统筹理念发展海洋经济,不仅是由海洋经济在我国国民经济中的地位决定的,而且是我国拓展蓝色经济空间的必然产物。[①] 例如,《中国国民经济和社会发展第十三个五年规划纲要》第41章"拓展蓝色经济空间"中指出,我国要坚持陆海统筹,发展海洋经济,科学开发海洋资源,保护海洋生态环境,维护海洋权益,建设海洋强国。[②]

在坚持陆海统筹理念发展和壮大海洋经济的过程中,重点要做好以下几个方面的工作:

第一,在顶层设计上,要坚持陆海统筹。即应兼顾陆地和海洋的禀赋和特质,特别是在陆地和海洋的承载度和弥补性上做好顶层设计,包括在战略取向上合理规划。

第二,在总体布局上,要坚持陆海统筹。即在国家整体战略包括海洋战略的实施过程中,要兼顾陆地和海洋的功能性和产业性布局,充分发挥陆地和海洋的独特优势和互补作用。

第三,在协调规划上,要坚持陆海统筹。即在实施海洋强国战略的过程中,要合理分配海洋和陆地的经济效益和特殊作用,避免在陆地和海洋收益上的抵冲效果,发挥乘数效应。

第四,在执行实施上,要坚持陆海统筹。即在具体实施海洋领域规划时,要发挥陆地和海洋的特色和优势,发挥互相支撑和弥补缺陷的作用,争取利益最大化。

第五,在保障制度上,要坚持陆海统筹。即为确保海洋强国战略目标的实现,应加强陆地和海洋管理机构之间的协调和衔接,特别应制定明确管理机构职权的组织法,以及完善海洋部门法规,以保障中国海洋强国战略目标的推进和实现。[③]

总之,在顶层设计、总体布局、协调规划、执行机构和保障制度上,应加强陆地和海洋的联动性和互补性,实行综合性地管理陆地国土及海洋的空间和资源,合理地开发和利用陆地和海洋的空间及资源,实现可持续发展,并拓展蓝色经济空间,以强化我国海洋经济发展过程中的国家海洋治理体系,提升海洋治理能力现代化水平,为加快建设海洋强国作出贡献。

---

① 进入新世纪以来,我国海洋经济总量及其在国内生产总值中的比重等方面的内容,参见金永明:《新时代中国海洋强国战略研究》,海洋出版社2018年版,第32—34页。
② 《中国国民经济和社会发展第十三个五年规划纲要》,人民出版社2016年版,第100页。
③ 金永明:《新时代中国海洋强国战略研究》,海洋出版社2018年版,第249—250页。

四、中国深化海洋强国战略治理体系的保障措施

中国加快建设海洋强国以及海洋强国战略目标的实现,应切实完善国家海洋治理体系,提升海洋治理能力现代化水平,特别需要在党和国家机构改革的大背景下进一步完善海洋体制机制以提供保障。自进入新时代以来,我国在海洋体制机制上的改革已经历了两个阶段。

(一)重组国家海洋局阶段

主要文件为:2013年3月15日的《国务院机构改革和职能转变方案》、2013年6月9日国务院办公厅印发的《国家海洋局主要职责内设机构和人员编制规定》。

在《国务院机构改革和职能转变方案》的"重新组建国家海洋局"部分指出:为推进海上统一执法,提高执法效能,将现国家海洋局及其中国海监、公安部边防海警、农业部中国渔政、海关总署海上缉私警察的队伍和职责整合,重新组建国家海洋局,由国土资源部管理;主要职责是,拟订海洋发展规划,实施海上维权执法,监督管理海域使用、海洋环境保护等;国家海洋局以中国海警局名义开展海上维权执法,接受公安部业务指导;为加强海洋事务的统筹规划和综合协调,设立高层次议事协调机构国家海洋委员会,负责研究制定国家海洋发展战略,统筹协调海洋重大事项;国家海洋委员会的具体工作由国家海洋局承担。[1]

在《国家海洋局主要职责内设机构和人员编制规定》的"前言"和"职能转变"中指出,设立国家海洋局为国土资源部管理的国家局。其"加强的职责"为:第一,加强海洋综合管理、生态环境保护和科技创新制度机制建设,推动完善海洋事务统筹规划和综合协调机制,促进海洋事业发展;第二,加强海上维权执法,统一规划、统一建设、统一管理、统一指挥中国海警队伍,规范执法行为,优化执法流程,提高海洋维权执法能力,维护海洋秩序和海洋权益。其在"内设机构"中指出,国家海洋局内设机构战略规划与经济司承担国家海洋委员会办公室日常工作;国家海洋局内设机构海警司(海警司令部、中国海警指挥中心)组织起草海洋维权执法的制度和措施,拟订执法规范和流程,承担统一指挥调度海警队伍开展海上维权执法活动具体工作,组织编制并实施海警业务建设规划、计划,组织开展海警队伍业务训练等工作。其在"其他事项"中规定了国家海洋局与其他机构

---

[1] 参见http://www.gov.cn/2013lh/content_2354443.htm,2013年3月15日访问。

(公安部、国土资源部、农业部、海关总署、交通运输部、环境保护部)之间的职责分工。[①]

(二)撤销国家海洋局阶段

主要文件为:2018年3月21日中共中央印发的《深化党和国家机构改革方案》、2018年6月22日第十三届全国人民代表大会常务委员会第三次会议通过《关于中国海警局行使海上维权执法职权的决定》。[②]

在《深化党和国家机构改革方案》的第一部分"深化党中央机构改革"第17项指出,为坚决维护国家主权和海洋权益,更好统筹外交外事与涉海部门的资源和力量,将维护海洋权益工作纳入中央外事工作全局中统一谋划、统一部署,不再设立中央维护海洋权益工作领导小组,有关职责交由中央外事工作委员会及其办公室承担,在中央外事工作委员会办公室内设维护海洋权益工作办公室;中央外事工作委员会及其办公室在维护海洋权益方面的主要职责是,组织协调和指导督促有关方面落实党中央关于维护海洋权益的决策部署,收集汇总和分析研判涉及国家海洋权益的情报信息,协调应对紧急突发事态,组织研究维护海洋权益重大问题并提出对策建议等。

在《深化党和国家机构改革方案》的第三部分"深化国务院机构改革"第24项指出,为统一行使全民所有自然资源资产所有者职责,统一行使所有国土空间用途管制和生态保护修复职责,着力解决自然资源所有者不到位、空间规划重叠等问题,将国土资源部的职责,国家发展和改革委员会的组织编制主体功能区规划职责,住房和城乡建设部的城乡规划管理职责,水利部的水资源调查和确权登记管理职责,农业部的草原资源调查和确权登记管理职责,国家林业局的森林、湿地等资源调查和确权登记管理职责,国家海洋局的职责,国家测绘地理信息局的职责整合,组建自然资源部,作为国务院组成部门;自然资源部对外保留国家海洋局牌子;主要职责是,对自然资源开发利用和保护进行监管,建立空间规划体系并监督实施,履行全民所有各类自然资源资产所有者职责,统一调查和确权登记,建立自然资源有偿使用制度,负责测绘和地质勘查行业管理等;不再保留国土资源部、国家海洋局、国家测绘地理信息局。

---

① 参见 http://www.gov.cn/zwgk/2013-07/09/content_2443023.htm,2013年7月11日访问。
② 《深化党和国家机构改革方案》内容,参见 http://www.xinhuanet.com/politics/2018-03/21/c_1122570517.htm,2018年3月21日访问;《关于中国海警局行使海上维权执法职权的决定》内容,参见 http://www.npc.gov.cn/npc/xinwen/2018-06/22/content_2056585.htm,2018年6月22日访问。

在《深化党和国家机构改革方案》的第六部分"深化跨军地改革"第 58 项指出,按照先移交、后整编的方式,将国家海洋局(中国海警局)领导管理的海警队伍及相关职能全部划归武警部队。

为能使中国海警局依照《深化党和国家机构改革方案》和《武警部队改革实施方案》(2017 年 12 月 27 日)的决策部署(海警队伍整体划归中国人民武装警察部队领导指挥,调整组建中国人民武装警察部队海警总队,称中国海警局)统一履行海上维权执法职责,第十三届全国人民代表大会常务委员会第三次会议于 2018 年 6 月 22 日通过了《关于中国海警局行使海上维权执法职权的决定》(2018 年 7 月 1 日起施行)。

依据上述决定,中国海警局行使海上维权执法的职权,主要包括以下两个方面:第一,履行海上维权执法职责,包括执行打击海上违法犯罪活动、维护海上治安和安全保卫、海洋资源开发利用、海洋生态环境保护、海洋渔业管理、海上缉私等方面的执法任务,以及协调指导地方海上执法工作。第二,执行打击海上违法犯罪活动、维护海上治安和安全保卫等任务,行使法律规定的公安机关相应执法职权;执行海洋资源开发利用、海洋生态环境保护、海洋渔业管理、海上缉私等方面的执法任务,行使法律规定的有关行政机关相应执法职权;中国海警局与公安机关、有关行政机关建立执法协作机制。

可见,在《关于中国海警局行使海上维权执法职权的决定》中规定了中国海警局维权执法的范围或任务以及在执行任务时与其他有关行政机关之间的关系两个方面的内容,从而使中国海警局在隶属中央军委领导和其他行政机关执法之间的职权上得到了协调。其中,中国海警局与其他行政机关(例如,自然资源部、生态环境部、农业农村部、海关总署等)的执法协作机制需要在今后的法律、规章中予以规范,包括修改现存有关海洋领域的法律、规章,以适应国家机构改革发展需要,更重要的是,为行使中国海警局在海洋维权执法中的职权应尽快制定中国海警局组织法,以在较高层次的法律上进一步明确其职权和范围或任务。[①]

最后应该指出的是,中国海洋强国战略的加快推进需要海洋体制机制的完善,尤其应符合现今国家机构体制改革发展要求,实施陆海统筹理念;应加快制定综合规范海洋事务的基本法(例如,海洋基本法),以明确涉海各行政机构的职

[①] 其中《自然资源部职能配置、内设机构和人员编制规定》内容,参见 http://www.mnr.gov.cn/bbgk/sdfa/,2018 年 9 月 11 日访问;《生态环境部职能配置、内设机构和人员编制规定》内容,参见 http://www.cenews.com.cn/news/20180911_884728.html,2018 年 9 月 12 日访问。

权,包括综合协调海洋事务的国家海洋委员会的具体职权,为加快建设海洋强国作出制度上的保障。

五、中国加快建设海洋强国的核心任务和身份定位

在加快建设海洋强国的过程中,我国应根据国际和国内形势特别是海洋发展情势,分阶段有步骤地处置我国面临的核心海洋争议问题,例如南海问题和东海问题,以实现区域性海洋强国和世界性海洋大国目标。换言之,正确处理南海问题和东海问题是我国推进海洋强国战略的核心任务和重要目标。

在应对和处理南海问题争议时,应遵守《南海各方行为宣言》及后续在各国间规范的原则和制度,依据包括《联合国海洋法公约》在内的国际法的原则和制度,优先通过和平方法尤其是政治方法或外交方法解决南海问题;需要找寻各方利益的共同点和交汇点,在追求自身国家利益的同时,也应合理照顾其他国家的关切和主张,达成较好的平衡,基本确保各国开发利用南海的空间和资源利益,实现可持续的良性发展目标。[1] 为此,我国应加快构筑中国—东盟海上丝绸之路建设步伐,包括与东盟国家之间积极协商,制定南海行为准则等,以稳妥地处理南海问题,尤其应加快合作步伐,避免持续复杂化、扩大化和国际化,实现积极利用南海的海洋空间和资源、稳定南海区域安全目标,政策取向是实现南海空间和资源的功能性和规范性的统一。[2] 当然,在南海岛礁周边海域实施所谓的航行自由行动,也是需要我国重点对待的问题。[3]

针对包括钓鱼岛问题在内的东海问题,我国已初步构建了钓鱼岛及其附属岛屿及周边海空制度。[4] 今后我国应努力在完善国内相关法制上进一步采取措施,特别应完善在钓鱼岛及其附属岛屿周边海域的巡航执法管理制度,包括在领海内规范外国船舶的无害通过制度规章以及中国东海防空识别区航空器识别规则实施细则等。此外,针对钓鱼岛问题以外的东海问题,诸如东海海底资源共同

---

[1] 有关南海问题争议及解决方法内容,参见金永明:《南沙岛礁领土争议法律方法不适用性之实证研究》,《太平洋学报》2012年第4期,第20—30页。
[2] 关于南海资源开发的目标取向内容,参见金永明:《论南海资源开发的目标取向:功能性与规范性》,《海南大学学报(人文社会科学版)》2013年第4期,第1—6页。
[3] 关于南海岛礁周边海域"航行自由行动"内容,参见金永明:《南海航行自由与安全的海洋法分析》,载中国国际法学会:《中国国际法年刊》(2018),法律出版社2019年版,第410—438页。
[4] 《中国关于钓鱼岛及其附属岛屿领海基线的声明》(2012年9月10日)内容,参见http://www.gov.cn/jrzg/2012-09/10/content_2221140.htm,2012年9月11日访问;《中国政府关于划设东海防空识别区的声明》和《中国东海防空识别区航空器识别规则公告》(2013年11月23日)内容,参见http://www.gov.cn/jrzg/2013-11/23/content_2533099(2533101).htm,2013年11月25日访问。

开发、合作开发问题,我国应继续与日本展开协商和谈判工作,以切实履行中日外交部门于 2008 年 6 月 18 日公布的《中日关于东海问题原则共识》的要求和义务,以实现共享东海海底资源、安定东海秩序之目标,为稳固和发展中日关系作出贡献。①

换言之,我国在处理海洋争议问题时,重要的是应以规则为基础维护海洋秩序和遵循海洋规则,即"依法治海",包括依法主张权利、依法使用权利、依法解决权利争议。为此,我国应根据自身的地位、作用和要求,尤其是全面依法治国包括依法治海的要求,适时地调整和转换角色、定位。② 主要包括以下方面:

第一,从海洋规则的遵守者到制定者的转换。即长期以来因多种原因,我国很少提出有关的具体规则及见解,我国是忠实的海洋规则遵守者,现今我国应依据实情创造条件和机会努力向规则制定者角色转换。

第二,从海洋规则的"破坏者"到遵循者的转换。所谓的"破坏者"直接表现在南海仲裁案的应对和处理上,所以我国应采取多种措施阐释我国针对南海仲裁案的立场和见解,消除"破坏者"的印象及定性,逐步实现向海洋规则的遵循者的转换。③

第三,从海洋规则的维护者到引导者的转换。中国是国际秩序包括海洋秩序的维护者,这是受到历史和基础条件制约的,而随着我国经济和科技装备的发达,认识海洋程度的加深,我国应就海洋规则的发展和完善提出自己的建议和要求,即要培育议题设置和制度创设的能力,实现由海洋规则的维护者到引导者的转换。

---

① 《外交部官员:习近平会见安倍晋三双方达成十点共识》(2019 年 6 月 27 日)第 8 点指出,(中日)两国领导人同意,妥善处理敏感问题,建设性管控矛盾分歧;双方将继续推动落实东海问题原则共识,共同努力维护东海和平稳定,实现使东海成为和平、合作、友好之海的目标。参见 http://www.xinhuanet.com/politics/leaders/2019-06/27/c_1124681233.htm,2019 年 6 月 28 日访问。《中日举行第十一轮海洋事务高级别磋商》(2019 年 5 月 11 日)第 13 项指出,双方确认坚持 2008 年东海问题原则共识,同意进一步沟通交流。参见 http://www.xinhuanet.com/world/2019-05/11/c_1124480563.htm,2019 年 5 月 11 日访问。

② 例如,《中共中央关于全面推进依法治国若干重大问题的决定》(2014 年 10 月 23 日)指出,我国应积极参与国际规则制定,推动依法处理涉外经济、社会事务,增强我国在国际法律事务中的话语权和影响力,运用法律手段维护我国主权、安全和发展利益。参见《中共中央关于全面推进依法治国若干重大问题的决定》,人民出版社 2014 年版,第 39 页。《中共国家海洋局党组关于全面推进依法行政建设法治海洋的决定》(2015 年 7 月 20 日通过,2015 年 8 月 7 日公布)指出,应在维护海洋权益、促进海洋经济发展中树立法治权威,在维护人民利益中彰显法治理念,在海洋管理中体现法治思维,在海洋领域改革中坚持法治底线。参见 http://www.soa.gov.cn/zwgk/gs-gg/201808/t20150807_39403.html,2015 年 8 月 19 日访问。

③ 中国政府针对南海仲裁案的立场及态度,参见中国外交部:《中国政府关于菲律宾所提南海仲裁案管辖权问题的立场文件》(2014 年 12 月 7 日),http://www.gov.cn/xinwen/2014-12/07/content_2787671.htm,2014 年 12 月 8 日访问;《中华人民共和国关于在南海的领土主权和海洋权益的声明》(2016 年 7 月 12 日),http://world.people.com.cn/n1/2016/0712/c1002-28548570.html,2016 年 7 月 12 日访问。中国国际法学会:《南海仲裁案裁决之批判》,外文出版社 2018 年版,第 1—446 页。

第四,从海洋规则的模糊者到精确者的转换。我国在应对海洋问题时,存在一些模糊的表述或用语,例如,近岸水域、邻近海域、相关海域和历史性权利等,为进一步明确相关术语和权利范围及具体内涵,我国有必要依据国际海洋法的规则和制度对这些用语和概念予以清晰,尽早实现由模糊者到精确者的转换。

第五,从海洋规则的实施者到监督者的转换。因受经济、意念、技术和能力等的限制,我国不仅很少提出有关的规则和观点,而且虽然对于加入的条约,依据其要求,不断地丰富和完善国内海洋法制度并加以实施,但我国所规范的原则和制度受到其他国家的挑战,又无暇顾及其他国家的言行。[①] 我国应适度地创造条件和机会对其他国家实施的海洋规则和制度予以监督和评估,实现由实施者向监督者的转换。

第六,从执行海洋规则的特色者到普通者的转换。我国依据国情和社会发展特点,构筑了中国特色社会主义法律体系包括国内海洋法律体系,如何让国际社会认可我国的相关立场和观点,理解我国的海洋政策,有必要增加解释的机会,使国际社会理解我国的特点和愿望,逐步实现由特色者向普通者的转换,以合理地保护海洋权益,增进共同利益。

第七,从海洋规则的承受者到供给者的转换。由于受到多种条件的限制,一直以来我国提供的海洋公共产品并不多,但随着我国对外开放的深化,经济基础和技术的发展,我国具备了提供海洋公共产品的能力及意愿,例如,索马里海军护航行动、"一带一路"倡议、丝路基金、"一带一路"国际合作高峰论坛等,我国应逐步为提供海洋公共产品作出努力,发挥中国的作用,实现由海洋公共产品的承受者到供给者的转换。

当然,中国在海洋事务上的角色和定位的成功转换,并非易事,需要作出长期持续的不懈努力,尤其是我国提出的完善海洋秩序的意见和建议,需要得到其他国家的认可和支持,即需要具有理论上的合理性和实践上的可操作性。当然,中国在海洋事务上的角色和定位的成功转换并发挥作用,不仅有利于维护国际海洋秩序,增进共同利益,而且对于消除海洋规范的制度性缺陷,特别是补充完善《联合国海洋法公约》制度,消除依单一性事项的管理弊端,实现综合管理海洋目标,构筑和完善以规则为基础的海洋制度,具有重要的影响,同时对于加快建设海洋强国、构建和实现海洋命运共同体目标也有重要的促进作用。

[①] 参见金永明:《现代海洋法体系与中国的实践》,《国际法研究》2018 年第 6 期,第 42—43 页。

海洋命运共同体的基本内涵与保障制度

海洋命运共同体将成为现今和未来较长时期内指导我国海洋事务、加快建设海洋强国、推进 21 世纪海上丝绸之路的重要指导方针和目标愿景。对此,有必要论述海洋命运共同体的基本内涵及发展途径和保障措施等内容,以观察和评估我国针对海洋事务的业绩及处置海洋问题的能力,即考察我国海洋治理体系及海洋治理能力现代化水平。鉴于海洋命运共同体倡议提出的期间较短,相应的研究成果不多见,本文对海洋命运共同体的基本内涵予以系统思考和论述,具有一定的学理价值和实际意义。[①]

一、海洋命运共同体的提出及渊源

2019 年 4 月 23 日,国家主席、中央军委主席习近平在青岛集体会见应邀出席中国人民解放军海军成立 70 周年多国海军活动的外方代表团团长时,从海洋的本质及其地位和作用、构建 21 世纪海上丝绸之路的目标、中国参与海洋治理的作用和海军的贡献,以及国家间处理海洋争议的原则等视角,指出了合力构建

[①] 在中国知网上(2019 年 9 月 30 日),与海洋命运共同体以及人类命运共同体在海洋领域的运用等方面的学术成果,主要为:(1) 张耀:《"人类命运共同体"与中国新型"海洋观"》,《山东工商学院学报》2016 年第 5 期;(2) 江河:《人类命运共同体与南海安全合作——以国际法价值观的变革为视角》,《法商研究》2018 年第 3 期;(3) 陈思静:《人类命运共同体与海洋法的发展》,《理论探索》2018 年第 5 期;(4) 李志文:《国家管辖范围外海域遗传资源分配的国际法秩序——以"人类命运共同体"理念为视角》,《吉林大学社会科学学报》2018 年第 6 期;(5) 邹克渊:《国际海洋法对构建人类命运共同体的意涵》,《中国海洋大学学报(社会科学版)》2019 年第 3 期;(6) 陈秀武:《"海洋命运共同体"的相关理论问题探讨》,《亚太安全与海洋研究》2019 年第 3 期;(7) 仲光友、徐绿山:《关于构建"海洋命运共同体"理念的认识和思考》,《政工学刊》2019 年第 8 期;(8) 姚莹:《"海洋命运共同体"的国际法意蕴:理念创新与制度建构》,《当代法学》2019 年第 5 期。

海洋命运共同体的必要性和重要性。① 这为我国加快建设海洋强国、推进 21 世纪海上丝绸之路,完善全球海洋治理体系等提供了方向和指针,具有重要的时代价值和现实意义。

习近平主席从海洋的空间及资源的本质和特征作出的概括性总结,揭示了海洋的空间和资源对人类社会发展的依赖性和重要性。随着海洋科技及装备的发展和各国依赖海洋空间和资源程度的加剧,各国在开发和利用海洋时,因存在不同的利益主张和权利依据,所以在有限的海域范围内无法消除各国之间存在的争议问题,而对于这些争议问题,应优先使用政治或外交方法予以直接沟通和协调,以取得妥协和平衡,消除因海洋争议带来的危害,以共同利用海洋的空间和资源。即在和平解决国际争端的方法中,所谓的谈判,是指直接由争端当事国通过外交手段或程序协调双方的主张,并寻求解决争端的方法,是一种一般性的最原始的争端处理方法。② 换言之,谈判是处理各种国际争端的基本方法,具体体现在谈判不仅是一种解决争端的可能方法,而且也是预防争端产生的策略。③

当政治方法或外交方法无法解决海洋争议问题时,则可采取管控危机包括制定管理危机的制度(如海空联络机制、海上事故防止协定),以提升政治互信和合作利益,反对或禁止以使用武力或威胁使用武力的方法解决争议。④ 当然,在解决海洋争议问题的条件并未完全成熟时,则可采取"搁置争议、共同开发"的模式。这种做法和价值取向体现了尊重各方的权利主张和要求,照顾了各方的关切,以实现共同获益的目标,体现共商、共建、共享的全球治理观的基本原则和精神。换言之,我国提出的海洋命运共同体理念或愿景符合时代发展趋势,符合海洋治理体系原则,符合维系海洋秩序/海洋规则要求,并且是我国长期以来针对海洋问题的政策的延展和深化,所以合力构建"海洋命运共同体"是必须坚持和遵循的重要目标和方向。

---

① 参见 http://www.xinhuanet.com/politics/leaders/2019-04/23/c_1124404136.htm,2019 年 4 月 23 日访问。
② 参见[日]田佃茂二郎:《国际法新讲》(下册),东信堂 1995 年版,第 70 页。而"国际争端"是指两个国家之间在法律或事实论点上的不一致,在法律主张或利害上的冲突及对立。See $PCIJ$, Series A, No. 2, p.11; $ICJ\ Reports$, 1992, p.555, para.326.
③ 参见[英]J.G.梅里尔斯:《国际争端解决》(第五版),韩秀丽、李燕纹等译,法律出版社 2013 年版,第 2—3 页。
④ 对于维护海上安全秩序的海空联络机制的来由与发展方面的内容,如美苏海上事故防止协定(1972 年 5 月)、日俄海上事故防止协定(1993 年 10 月),参见金永明:《新时期东海海空安全机制研究》,《中国海洋大学学报(社会科学版)》2020 年第 1 期,第 4—7 页。

当然,海洋命运共同体理念的提出并不是应景性的或随意性的产物,它是我国针对和谐世界、和谐海洋理念的细化和发展,也是人类命运共同体在海洋领域的运用和深化,更是共同体原理的具体要求,即海洋命运共同体具有广泛和深厚的渊源及法律基础。

众所周知,我国在 2009 年 4 月中国人民解放军海军成立 60 周年之际,根据国际国内形势特别是海洋形势发展需要,提出了构建"和谐海洋"的倡议或理念,以共同维护海洋持久和平与安全。构建"和谐海洋"理念的提出,也是我国国家主席胡锦涛于 2005 年 9 月 15 日在联合国成立 60 周年首脑会议上提出构建"和谐世界"理念以来在海洋领域上的目标具体化,体现了国际社会对海洋问题的新认识、新要求,标志着我国对国际海洋法发展的新贡献。[①] 可见,"海洋命运共同体"是对"和谐海洋"理念的继承和发展。

一般认为,人类命运共同体理念或思想的提出并得到重视源于 2013 年 10 月 24—25 日在北京举行的中国周边外交工作座谈会上。国家主席习近平指出,要让命运共同体意识在周边国家落地生根。[②] 人类命运共同体理念的成形源于在联合国大会上的表述。国家主席习近平于 2015 年 9 月 28 日在第 70 届联合国大会一般性辩论时指出,我国要继承和弘扬《联合国宪章》的宗旨和原则,构建以合作共赢为核心的新型国际关系,打造人类命运共同体。[③] 人类命运共同体的深化,体现在国家主席习近平于 2017 年 1 月 18 日在联合国日内瓦总部的演讲,表现在五个方面(政治、安全、经济、文化和生态),这些内容构成人类命运共同体的基本体系。[④] 人类命运共同体的固化及升华,体现在中国共产党第 19 次全国代

[①] 我国提出的"和谐海洋"理念内容为:坚持联合国主导,建立公正合理的海洋;坚持平等协商,建设自由有序的海洋;坚持标本兼治,建设和平安宁的海洋;坚持交流合作,建设和谐共处的海洋;坚持敬海爱海,建设天人合一的海洋。参见金永明:《中国海洋法理论研究》,上海社会科学院出版社 2014 年版,第 217—218 页。

[②] 习近平:《坚持亲诚惠容的周边外交理念》,载习近平:《论坚持推动构建人类命运共同体》,中央文献出版社 2018 年版,第 67 页。其实,《中国的和平发展》白皮书(2011 年 9 月)中出现了在经济领域、发展路径和目标取向上提出了"人类命运共同体之目标"的用语,参见中华人民共和国国务院新闻办公室:《中国的和平发展》,人民出版社 2011 年版,第 23—24、18 页。当然,在"周边外交工作座谈会"前,习近平主席的有关讲话中,也曾出现了诸如"中非命运共同体""亚洲命运共同体""命运共同体意识""中国-东盟命运共同体""亚太命运共同体意识"等用语。参见习近平:《论坚持推动构建人类命运共同体》,中央文献出版社第 2018 年版,第 15—16、29、38、51 页和第 54、62—63 页。

[③] 习近平:《携手构建合作共赢新伙伴,同心打造人类命运共同体》,载习近平:《论坚持推动构建人类命运共同体》,中央文献出版社 2018 年版,第 254 页。

[④] 习近平:《共同构建人类命运共同体》,载习近平:《论坚持推动构建人类命运共同体》,中央文献出版社 2018 年版,第 416—422 页。

表大会上的报告及在中国的《宪法》和《中国共产党党章》中。①"推动构建人类命运共同体"成为指导中国特色社会主义现代化建设的重要方针和行动指南,也成为习近平新时代中国特色社会主义外交思想的核心内容和行动纲领,更成为学者们持续研究的热点和重要问题。②

二、海洋命运共同体的法律基础

笔者认为,建立在和谐海洋、人类命运共同体理念基础上并获得发展和深化的海洋命运共同体理念的法律基础是"共同体"原理,即为构建海洋命运共同体需要把"共同体"原理深度融入海洋法体系尤其是《联合国海洋法公约》体系之中。这是由海洋法体系自身需要共同体原理,海洋法体系可以保障海洋命运共同体的构建和实施,以及共同体原理能为实现海洋命运共同体目标决定的。

在现代海洋法体系中,狭义的成文法为1958年的"日内瓦海洋法公约"体系和1982年的《联合国海洋法公约》体系。③ 在其相互关系上,《联合国海洋法公约》第311条第1款规定,在各缔约国间,本公约应优于1958年4月29日日内瓦

---

① 例如,我们呼吁,各国人民同心协力,构建人类命运共同体,建设持久和平、普遍安全、共同繁荣、开放包容、清洁美丽的世界;中国人民愿同各国人民一道,推动人类命运共同体建设,共同创造人类的美好未来。参见习近平:《决胜全面建成小康社会 夺取新时代中国特色社会主义伟大胜利——在中国共产党第十九次全国代表大会上的报告》(2017年10月18日),人民出版社2017年版,第58—60页。中国《宪法》(2018年3月11日)"序言"指出,中国坚持独立自主的对外政策,坚持互相尊重主权和领土完整、互不侵犯、互不干涉内政、平等互利、和平共处的五项原则,坚持和平发展道路,坚持互利共赢开放战略,发展同各国的外交关系和经济、文化交流,推动构建人类命运共同体。参见《中华人民共和国宪法》,法律出版社2018年版,第60页。

② 在中国知网上(2019年8月22日),与人类命运共同体和国际法有关的成果,主要为:(1)黄德明、卢卫彬:《国际法语境下的"人类命运共同体意识"》,《上海政法学院学报》2015年第6期;(2)李赞:《建设人类命运共同体的国际法原理与路径》,《国际法研究》2016年第6期;(3)龚柏华:《"三共"原则是构建人类命运共同体的国际法基石》,《东方法学》2018年第1期;(4)罗欢欣:《人类命运共同体思想对国际法的理念创新——与"对一切的义务"的比较分析》,《国际法研究》2018年第2期;(5)张辉:《人类命运共同体:国际法社会基础理论的当代发展》,《中国社会科学》2018年第3期;(6)张乃根:《试探人类命运共同体的国际法理念》,《中国国际法年刊(2017)》(法律出版社2018年版);(7)徐宏:《人类命运共同体与国际法》,《国际法研究》2018年第5期;(8)张乃根:《人类命运共同体入宪的若干国际法问题》,《甘肃社会科学》2018年第6期;(9)车丕照:《"人类命运共同体"理念的国际法学思考》,《吉林大学社会科学学报》2018年第6期;(10)人类命运共同体与国际法课题组:《人类命运共同体的国际法构建》,《武大国际法评论》2019年第1期。

③ 日内瓦海洋法公约体系包括"日内瓦海洋法四公约"和"关于强制争端解决的任择签字议定书";《联合国海洋法公约》体系主要包括正文、9个附件和两个"执行协定"(即《关于执行1982年12月10日联合国海洋法公约第十一部分的协议》和《1982年12月10日联合国海洋法公约有关养护和管理跨界鱼类种群和高度洄游鱼类种群的规定执行协议》)。对于《联合国海洋法公约》体系的发展阶段、主要内容和重要原则,以及其与"执行协定"之间的关系等内容,参见金永明:《现代海洋法体系与中国的实践》,《国际法研究》2018年第6期,第32—37页。

海洋法公约。同时,从《联合国海洋法公约》的结构和内容看,其具有综合性/全面性和穷尽性、优先性。① 因为其内容不仅是对海洋法的编纂和发展,而且也具有适用上的独特优势,从而,现今的海洋事务和海洋秩序受《联合国海洋法公约》体系规范和管理,其无疑是一部具有综合性、权威性的立法性条约或框架性条约。②

从海洋法发展历史看,其是沿海国的权益和使用国的权利即公海自由尤其是航行和飞越自由权利的协调和平衡的历史,即海洋法的历史就是沿海国家主张的管辖权和其他国家主张的海洋自由,沿海国的自身利益和国际社会的一般利益相互对立和调整的历史。③ 换言之,在由海洋空间(多种不同地位的海域)和海洋功能(如海洋科学研究、海洋环境的保护和保全、海洋技术的发展和转让)内容为主构成的《联合国海洋法公约》体系中,存在两大原理:传统自由原理和主权原理的平衡和协调。其中,传统自由原理以海洋为媒介,主要目的是发展发达国家尤其是海洋强国的国际贸易和商业;而主权原理基本以保护沿海国的利益为目的,并希望扩大沿海国的管辖空间。即现代海洋法体系尤其是《联合国海洋法公约》体系是以上述传统自由原理和主权原理为支柱形成并发展的产物。④

但由上述两大原理形成的海洋法体系尤其是《联合国海洋法公约》体系,无法持续确保海洋生物资源的养护和海洋环境保护问题,无法维护国际社会的共同利益(如生物资源利益、海洋环境利益)。因为以"陆地支配海洋原则""距离原则"界定的国家管辖海域范围(国家海洋空间)和以"公平原则"或"衡平原则"划定海域范围的规定,没有考虑生态系统的一体性及其环境要素,如果人为地界定海域管辖范围或确定海域划界线区隔海洋生态系统,则对于保护海洋生物资源及生态系统是困难的,也是不可能的。⑤ 同时,由于沿海国管辖范围的扩大包括200海里专属经济区的设立,使得一些国家尤其是发展中国家无力和无法管理宽

---

① 例如,所谓的"穷尽性"体现在《联合国海洋法公约》"序言"中,其指出,本公约缔约各国确认本公约未予规定的事项,应继续以一般国际法的规则和原则为准据;所谓的"优先性"体现在《联合国海洋法公约》第311条的规定中。
② 参见[日]兼原敦子:《从南海仲裁裁决分析国际法妥当性的论理》,《国际问题》第659期(2017年3月),第28页;[日]山本草二:《联合国海洋法公约的历史性意义》,《国际问题》第617期(2012年12月),第1页。
③ 参见[日]水上千之:《海洋自由的形成(1)》,《广岛法学》第28卷第1期(2004年),第1—2页。
④ 参见[日]田中嘉文:《联合国海洋法公约体制的现代课题与展望》,《国际问题》第617期(2012年12月),第6页。
⑤ 对于由"距离原则"界定的海洋空间(海域)的内容,例如,《联合国海洋法公约》第3条、第33条第2款、第57条;对于由"公平原则"或"衡平原则"划定的海域界限的内容,例如,《联合国海洋法公约》第74条、第83条。

阔的海域包括监测和处罚非法渔业活动、污染海洋环境行为,从而影响对诸如生物资源的养护和海洋环境等共同利益的保护,所以,国际社会出现了以共同体原理综合管理海洋的观点,以维护国际利益空间(domaine public intanational)。

国际利益空间也被称为"国际公域"。国际公域,是指依据国际法,不专属于任何国家的空间区域,也不接受任何国家的排他性控制,而可被国际社会共同利用的空间;①也有观点认为,所谓的国际利益空间是指与国际共同体的利益有关的空间,或者与多数国家的国民利益直接有关的空间,通常指海洋空间、河流、大气和宇宙空间。而这里的海洋空间主要是指国家管辖范围外的区域(如公海、国际海底区域),即国际利益空间是指以与利用空间有关的共同利益为基础的概念,国际空间是国际社会实现共同利益的场所。② 所以,为实现国际空间尤其是保护海洋空间利益目标,需要由职权的国际组织和国家采用如生态系统管理和事先预防原则等那样的新模式、新方法共同对国际利益空间予以管理,才能实现海洋可持续利用和发展目标。③

从国际法的主体看,国家和国际组织管理国际社会的活动是其基本职责,所以由国际组织和国家共同管理诸如海洋资源和空间那样的国际利益空间是应有之义,这是共同体原理的合理要求和归宿,以实现共同空间利益保护目标。在此应指出的是,国家不仅是国际法的主要主体,也是国际法制度的主要决策者和实施者,国家在国际层面具有双重性,即其既是条约的制定者,也是条约的实施者,所谓的"双重功能性"。④ 对于由国际组织管理国际利益空间的制度在《联合国海洋法公约》体系中已经存在,即建立在人类共同继承财产原则基础上的国际海底区域(简称"区域")制度,并设立了由管理和控制"区域"内活动的专门机构国际海底管理局。⑤ 所以,国际海底管理局在立法和执法(管辖)上的职权,可以确保国际海底区域制度的实施和效果。⑥

---

① 参见[日]桑原辉路:《国际公域的观念》,《一桥论丛》第 97 卷第 6 期(1987 年),第 867—868 页。
② 参见[日]田中嘉文:《联合国海洋法公约体制的现代课题与展望》,《国际问题》第 617 期(2012 年 12 月),第 10—11 页。
③ 国际组织和国家保护国际利益空间的模式和方法内容,参见 Y. Tanaka, "Protection of Community Interests in International Law: The Case of the Sea", *Max Planck Yearbook of United Nations Law*, Vol.15 (2011), pp.329 - 375。
④ 参见[日]田中嘉文:《联合国海洋法公约体制的现代课题与展望》,《国际问题》第 617 期(2012 年 12 月),第 10 页;国家双重功能性和国际法内容,参见[日]西海真树:《"国家的双重功能"与现代国际法》,《世界法年度报告》第 20 期(2001 年),第 77—106 页。
⑤ 参见《联合国海洋法公约》第 136 条和第 157 条第 1 款。
⑥ 国际海底管理局在立法上的职权,体现在《联合国海洋法公约》第 145 条、第 146 条、第 147 条第 2 项第(a)款、第 160 条第(o)项第(1)和(2)款,以及附件三第 17 条第 1 项。国际海底管理局在执法(管辖)上的职权,体现在《联合国海洋法公约》附件三第 18 条第 1 项、第 2 项,《联合国海洋法公约》的第 185 条。

换言之,以人类共同继承财产原则为基础的国际海底区域制度是适用共同体原理的重要举措,其中人类共同继承财产原则是共同体原理的组成部分,并成为《联合国海洋法公约》体系中的基本原则及不得修改和减损的重要原则;[①]海洋命运共同体的构建以共同体原理为基础,国家作为国际社会的重要一员,依据双重功能性,也应该发挥维护国际利益空间尤其是海洋空间可持续利用和发展的作用。这就是中国倡导构建海洋命运共同体的本质和法律基础。

三、海洋命运共同体的目标愿景与基本范畴

如上所述,海洋命运共同体是人类命运共同体在海洋领域上的运用和深化,并具有创造性。因此,有必要考察人类命运共同体的基本体系包括其内容和原则、路径和目标,进而为海洋命运共同体的构建提供方向和遵循。

从人类命运共同体的形成过程可以看出,其基本内容主要包括以下方面:第一,坚持对话协商,建设一个持久和平的世界;第二,坚持共建共享,建设一个普遍安全的世界;第三,坚持合作共赢,建设一个共同繁荣的世界;第四,坚持交流互鉴,建设一个开放包容的世界;第五,坚持绿色低碳,建设一个清洁美丽的世界。[②] 这些内容不仅指出了构建人类命运共同体的具体方式和方法,而且规范了在各领域(政治、安全、经济、文化、生态)的具体的方向和目标,构成人类命运共同体的基本内容。[③]

在构建人类命运共同体的过程中,应遵守的原则及要求,主要为:第一,要相互尊重、平等协商,坚决摒弃冷战思维和强权政治,走对话而不对抗、结伴而不结盟的国与国之间交往新路,即尊重各国主权平等原则,并建立平等相待、互商互谅的伙伴关系;第二,要坚持对话解决争端、以协商化解分歧,统筹应对传统和非传统安全威胁,反对一切形式的恐怖主义,即利用和平方法解决争端并综合消除安全威胁的原则,营造公道正义、共建共享的安全格局;第三,要同舟共济,促进贸易和投资自由化便利化,推动经济全球化朝着更加开放、包容、普惠、平衡、共赢的方向发展,即尊重公平和开放的自由贸易并实现共同发展的原则,谋求开放

---

① 例如,《联合国海洋法公约》第 311 条第 6 款规定,缔约国同意对第 136 条所载关于人类共同继承财产的基本原则不应有任何修正,并同意它们不应参加任何减损该原则的协议。
② 习近平:《共同构建人类命运共同体》,载习近平:《论坚持推动构建人类命运共同体》,中央文献出版社 2018 年版,第 418—422 页。
③ 参见金永明:《新时代中国海洋强国战略治理体系论纲》,《中国海洋大学学报(社会科学版)》2019 年第 5 期,第 23 页。

创新、包容互惠的发展前景;第四,要尊重世界文明多样性,以文明交流超越文明隔阂、文明互鉴超越文明冲突、文明共存超越文明优越,即应遵守包容互鉴共进并消除歧视的原则,促进和而不同、兼收并蓄的文明交流;第五,要坚持环境友好,合作应对气候变化,保护好人类赖以生存的地球家园,即应遵守环境保护并集约使用资源的原则,构筑崇尚自然、绿色发展的生态体系。[①]

由上可见,在构建人类命运共同体进程中应遵循的原则包括《联合国宪章》在内的国际法的基本原则和国际关系准则。因为人类命运共同体的构建需要以国际法为基础并提供保障,所以它们与"共商、共建、共享"原则所蕴含的内涵完全一致,必须得到全面贯彻和执行,不可偏离任一方面的原则。具体而言,人类命运共同体构建和实施的基础为国际规则,这些国际规则的成立和修改需要各国的参与和协调并反映其意志,而在此过程中应体现和贯彻"共商、共建、共享"的原则,这样成立和完善的国际法才能发挥应有的持续作用。

同时,如前所述,海洋命运共同体起源于"和谐海洋"理念,所以"和谐海洋"理念蕴含的原则和价值目标,也是构建海洋命运共同体时应遵循的原则和方向。

"和谐海洋"理念既是时代发展的需要,也具有深厚的国际法基础。海洋问题复杂和敏感,且彼此关联,需要综合考虑和应对。[②] 事实证明,针对海洋问题,单靠一个国家显然是无法应对和处置的,所以需要发挥国际组织尤其是联合国的主导作用,以构建公正合理的海洋管理制度。各国在开发利用海洋空间和资源时,由于利益和立场不同,势必会产生各种纷争,所以在遇到海洋问题的纷争时,需要通过协商解决,在此应确保各方谈判过程中的平等地位,坚持国际法的基本原则——国家主权平等原则,以维护海洋的正常秩序。同时,由于海洋问题的关联性和复杂性,需要实施综合管理,因此在处理海洋问题时必须坚持标本兼治的原则。此外,国际问题包括海洋问题的解决需要各种力量的组合,尤其需要通过合作解决,而合作具有国际法的基础。例如,《联合国宪章》第1条、第2条、第11条、第49条;《联合国海洋法公约》第100条、第108条、第117—118条、第123条、第197条、第242条、第266条、第270条、第273条、第287条;"各国依照宪章彼此合作之义务"的原则,也得到联合国大会于1970年10月24日通过的

---

① 参见习近平:《决胜全面建成小康社会 夺取新时代中国特色社会主义伟大胜利——在中国共产党第19次全国代表大会上的报告》,人民出版社2017年版,第58—59页;习近平:《携手构建合作共赢新伙伴,同心打造人类命运共同体》,载习近平:《论坚持推动构建人类命运共同体》,中央文献出版社2018年版,第254—258页。

② 例如,《联合国海洋法公约》"序言"指出,本公约各缔约国意识到各海洋区域的种种问题都是彼此关联的,有必要作为一个整体加以考虑。

《关于各国依照联合国宪章建立友好关系及合作之国际法原则之宣言》决议确认。最后,为合理开发利用海洋资源,为人类服务,应保护海洋,以实现天人合一目标,实现可持续发展。① 可见,"和谐海洋"理念内容之目标,为我国构建"海洋命运共同体"提供了重要基础和行为规范,必须得到全面有效执行。

综上,海洋命运共同体的基本含义和价值目标可界定为:在政治上的目标是,不称霸及和平发展,即中国坚定奉行独立自主的和平外交政策,尊重各国人民自主选择发展道路的权利,维护国际公平正义,反对把自己的意志强加于人,反对干涉别国内政,反对以强凌弱,中国无论发展到什么程度,永远不称霸,永远不搞扩张;在安全上的目标是,坚持总体国家安全观和新安全观(互信、互利、平等、协作),坚决维护国家主权、安全和发展利益,即中国决不会以牺牲别国利益为代价发展自己,也决不放弃自己的正当权益,任何人不要幻想让中国吞下损害自身利益的苦果,中国奉行防御性的国防政策,中国发展不对任何国家构成威胁;②在经济上的目标是,运用新发展观(创新、协调、绿色、开放和共享)发展和壮大海洋经济,共享海洋空间和资源利益,实现合作共赢目标。其对外的具体路径是通过构筑新型国际关系运用"一带一路"倡议尤其是 21 世纪海上丝绸之路建设进程,加强与其他国家在海洋多领域尤其在海洋低敏感领域上的合作;对内的具体路径为坚持陆海统筹,发展和壮大海洋经济,实现海洋综合性管理目标。在文化上的目标是,通过弘扬中国特色社会主义核心价值观,建构开放包容互鉴的海洋文化,即建构和而不同、兼收并蓄的全球新型海洋文化观;在生态上的目标是,通过保护海洋环境构建可持续发展的海洋生态系统,实现"和谐海洋"理念倡导的人海合一目标,进而实现绿色和可持续发展目标。③

四、海洋命运共同体的实践路径和保障制度

为实现海洋命运共同体的目标愿景和价值,必须找到合适和可行的构建海洋命运共同体的具体实践路径。鉴于各国发展程度不同、利益诉求不同、发展战

---

① 参见金永明:《中国海洋法理论研究》,上海社会科学院出版社 2014 年版,第 65—66 页;金永明:《新时代中国海洋强国战略研究》,海洋出版社 2018 年版,第 79—80 页。
② 习近平:《决胜全面建成小康社会 夺取新时代中国特色社会主义伟大胜利——在中国共产党第 19 次全国代表大会上的报告》,人民出版社 2017 年版,第 59 页;中华人民共和国国务院新闻办公室:《新时代的中国与世界》(2019 年 9 月),人民出版社 2019 年版,第 37 页。
③ 参见金永明:《新时代中国海洋强国战略治理体系论纲》,《中国海洋大学学报(社会科学版)》2019 年第 5 期,第 24 页。

略不同、所处环境和要求不同、文化及制度规范相异等,海洋命运共同体的构建如人类命运共同体的建构一样,需要有阶段、分步骤、有重点地推进实施。这也是由海洋命运共同体的本质属性或法律属性决定的。

毫无疑问,海洋命运共同体的推进和实施的主体是人类。这里的"人类"是指全人类,既包括今世的人类,也包括后世的人类,体现了海洋是公共产品、国际利益空间及人类共同继承财产、遵循代际公平原则的本质性要求。而代表人类行动的主体为国家、国际组织及其他重要非政府组织,其中国家是构建海洋命运共同体的主要及绝对的主体,起主导及核心的作用。这是由国家系国际法的主体地位或核心地位所决定的。在客体上,海洋命运共同体规范的是海洋的整体,既包括人类开发利用海洋空间和资源的一切活动或行为,也包括对赋存于海洋中的一切生物资源和非生物资源的保护和养护,体现了有效合理使用海洋空间和资源的整体性要求,这是由海洋的本质属性(如公益性、关联性、专业性、流动性、承载力、净化力等)所决定的,也体现了对海洋的规范性和整体性要求,以实现可持续利用和发展目标。[①] 笔者认为,海洋命运共同体可分为三大类:第一,按海洋区域或空间范围分类,例如地中海、南海、东海命运共同体;第二,按海洋功能分类,例如海洋生物资源共同体、海洋环境保护共同体、海洋科学研究共同体,以及海洋技术装备共同体;第三,按海洋领域分类,例如海洋政治、海洋经济、海洋文化、海洋生态、海洋安全共同体。在运作方式上,应坚持共商共建共享的原则以及其他符合国际法的基本原则,采取多维多向合作的方式予以推进,以实现共同管理、共同发展、共同获益、共同进步的目标,体现共同体原理所追求的目标和价值取向。

为实现上述目标愿景,海洋命运共同体的构建应通过双边和区域协议优先在南海、东海问题上予以实施,以实现和平、友好、合作之海目标,即努力构建南海、东海命运共同体。换言之,在南海和东海问题上的作为和贡献,是中国构建海洋命运共同体的具体路径和实践平台。这是由南海和东海问题在我国经济社会建设和发展过程中的地位和作用所决定的,也是我国建设海洋强国的重要指标性问题,并符合区域发展要求和趋势。所以,南海问题和东海问题的政策取向及解决模式,使其不严重地影响我国国家整体战略目标及发展进程,不仅考验中国政府和人民的智慧,也关联中国海洋强国战略目标进程,涉及国家海洋治理体

---

① 例如,《联合国海洋法公约》在"序言"中指出,本公约缔约各国应在妥为顾及所有国家主权的情形下,为海洋建立一种法律秩序,以便利国际交通和促进海洋的和平用途、海洋资源的公平而有效的利用、海洋生物资源的养护以及研究、保护和保全海洋环境。

系和治理能力现代化水平,更关系国家治理体系及治理能力现代化水平的巩固和提升。

对于南海区域内的南海问题,主要包括两个方面:第一,南沙岛礁领土主权问题争议以及由此延伸的海域划界争议和资源开发争议问题,这是中国与部分东盟国家之间存在的争议问题。第二,中国与以美国为首的国家针对南海诸岛海洋地物的性质和地位及在其周边海域的航行自由对立问题。① 由于这些海洋争议问题缘由不同、对象不同,所以应采用不同的路径予以处理。

在南海问题争议中涉及的法律问题,主要为:中国南海断续线的性质及线内水域的法律地位,岛屿与岩礁的性质和地位及其在划界中的作用,历史性权利与《联合国海洋法公约》之间的关系问题,历史性权利的来源及具体内涵,大陆国家远洋岛屿(群岛)适用群岛水域直线基线的可能性,低潮高地是否为领土以及可否占有的问题,国家依据《联合国海洋法公约》第 298 条作出的排除性声明事项的范围及解释问题等方面。②

这些法律问题既具有一般性,又具有特殊性,并涉及有关国家重大利益和关切,所以须予以谨慎处理,包括应与相关国家通过协商谈判予以解决,即优先使用政治方法或外交方法予以解决,而运用法律方法包括仲裁在相关方无法缔结协议或未明确同意仲裁的情况下,并在《联合国海洋法公约》体系本身存在一些制度性缺陷和不足时,就更难以妥善解决,这已由南海仲裁案实践予以证明。③

为此,在双边层面,利用"双轨思路"(即有关争议由直接当事国通过友好协商谈判寻求和平解决,而南海的和平与稳定则由中国与东盟国家共同维护)与直

---

① 关于美国军舰在南海诸岛的航行自由行动问题,参见金永明:《南海航行自由与安全的海洋法分析》,载中国国际法学会:《中国国际法年刊(2018)》,法律出版社 2019 年版,第 410—438 页;包毅楠:《美国军舰擅闯我国南海岛礁邻近海域的国际法实证分析》,《太平洋学报》2019 年第 6 期,第 52—63 页。中美两国与"航行自由行动"有关的文件,主要为:中美两国军事部门达成的《重大军事行动相互通报机制谅解备忘录》和《海空相遇安全行为准则谅解备忘录》,参见 http://www.defense.gov/pubs/141112_MemoradumOfUnderstandingOnNotication.pdf 和 http://www.defense.gov/pubs/141112_MemoradumOfUnderstandingRegardingRules.pdf,2015 年 2 月 10 日访问。

② 关于南海断续线内容,参见高之国、贾兵兵:《论南海九段线的历史、地位和作用》,海洋出版社 2014 年版,第 1—49 页;傅崐成、崔浩然:《南海 U 形线的法律性质与历史性权利的内涵》,《厦门大学学报(哲学社会科学版)》2019 年第 4 期,第 66—75 页。对于岛礁的地位、历史性权利与《联合国海洋法公约》之间的关系内容,参见[日]田中嘉毅:《对南海仲裁裁决的考察:以历史性权利与联合国海洋法公约第 121 条第 3 款的解释为中心》,《国际法外交杂志》第 117 卷第 2 期(2018 年 8 月),第 4—29 页。中国针对南海仲裁案的立场及态度内容,参见中国国际法学会:《南海仲裁案裁决之批判》,外文出版社 2018 年版,第 1—446 页。针对《联合国海洋法公约》附件七(仲裁)制度内容,参见贾兵兵:《联合国海洋法公约争端解决机制研究:附件七仲裁实践》,清华大学出版社 2018 年版,第 39—170 页。

③ 参见金永明:《南沙岛礁领土争议法律方法不适用性之实证研究》,《太平洋学报》2012 年第 4 期,第 20—30 页;金永明:《论南海仲裁案对海洋法的冲击》,《政治与法律》2017 年第 7 期,第 105—116 页。

接有关的国家通过协商,依据历史和国际法包括《联合国海洋法公约》是可行而有效的途径,这可从中菲两国之间的具体实践及业绩予以证明。[1] 对于中美两国之间在南海诸岛周边海域存在的航行自由对立问题,由于无法在《联合国海洋法公约》框架内解决,所以需要通过双边对话协商并遵守已经达成的相关共识和协议予以处理。[2]

在南海区域层面,重要的是遵守《南海各方行为宣言》(2002年11月4日),落实《南海各方行为宣言》指导方针(2011年7月20日),实施《中国与东盟国家应对海上紧急事态外交高官热线平台指导方针》和《中国与东盟国家关于在南海使用"海上意外相遇规则"的联合声明》两个共识文件以及《中国和东盟国家外交部长关于全面有效落实"南海各方行为宣言"的联合声明》(2016年7月25日),核心是制定和实施"南海行为准则"(包括"南海行为准则"的地位和性质、适用范围、预防冲突和争端解决原则的确立等),以消除《南海各方行为宣言》存在的缺陷,实现对南海区域空间和资源活动的功能性和规范性统一目标,并为最终解决南海争议问题提供指导或框架性准则。[3]

对于东海区域内的东海问题,主要包括两个方面的争议:第一,针对钓鱼岛及其附属岛屿的领土主权争议问题,包括是否存在"主权争议"和"搁置争议"共识;第二,由岛屿领土主权争议引发的资源开发争议、海域划界争议和海空安全争议等。[4] 对于这些争议,中日两国存在一些共识和协议,例如,《中日渔业协定》(1997年11月11日签署,2000年6月1日生效)、《中日关于东海问题的原则共

---

[1] 例如,中国国家主席习近平于2019年8月29日在北京会见访华的菲律宾总统杜特尔特时,根据《中菲油气开发合作的谅解备忘录》和《关于建立政府间联合指导委员会和企业间工作的职责范围》,中菲双方宣布成立油气合作政府间联合指导委员会和企业间工作组,推动共同开发尽快取得实质性进展。《中菲宣布成立油气合作政府间联合指导委员会和企业间工作组》,参见 http://www.xinhuanet.com/politics/leaders/2019-08/29/c_1124938959.htm,2019年8月30日访问。

[2] 对于中美两国在专属经济区内军事活动争议内容,参见金永明:《中美专属经济区军事活动争议的海洋法剖析》,《太平洋学报》2011年第11期,第74—81页;对于中美两国在领海内军舰的无害通过活动争议内容,参见金永明:《论领海无害通过制度》,《国际法研究》2016年第2期,第66—68页。

[3] 2019年5月18日,落实《南海各方行为宣言》第17次高官会在中国杭州举行,会议确认了"南海行为准则"单一磋商文本草案阶段性审读成果,同意加快推进磋商,力争早日达成"南海行为准则"。《落实"南海行为准则"第17次高官会在华成功举行》,参见 https://www.fmprc.gov.cn/web/wjbxw_673019/t1664675.shtml,2019年5月20日访问。中国政府总理李克强在出席第14届东亚峰会时(2019年11月4日)的讲话中指出,"南海行为准则"旨在增进互信、加强合作、管控分歧,不介入当事国之间的领土和管辖权争议,目的是为南海和平稳定提供制度保障;"南海行为准则"是中国和东盟国家11方共同制定、共同遵守、共同实施的重要地区规则,体现11国的共同利益和关切;磋商"南海行为准则"应以《南海各方行为宣言》为基础,同时更富有实质内容、更具有有效性和可操作性,目的是更好维护南海和平稳定,促进地区国家合作。参见 http://www.xinhuanet.com/world/2019-11/05/c_1125192230.htm,2019年11月4日访问。

[4] 参见金永明:《中国维护东海权益的国际法分析》,《上海大学学报(社会科学版)》2016年第4期,第1—20页。

识》(2008年6月18日)、《中日处理和改善两国关系的四点原则共识》(2014年11月7日),以及《中国国防部和日本防卫省之间的海空联络机制谅解备忘录》(2018年5月9日签署,2018年6月8日生效)和《中日政府之间的海上搜救合作协定》(2018年10月26日签署,2019年2月14日生效)。如何切实实施这些共识和协议,合理兼顾对方关切,是稳定东海问题争议的重要方面,以切实构建契合新时代要求的中日关系,进而实现东海成为和平、友好、合作之海的目标,这是中日两国应该努力的方向。[①]

应该指出的是,为保障南海和东海区域稳定,重要的是在倾听各方主张和立场的基础上,通过平等协商,分析存在的问题,并依据历史和国际法予以解决,以实现"依法治海"的目标。换言之,依据规则主张权利,使用规则利用和维持权利,依靠规则和平解决权利争议,是保障实现诸如南海、东海命运共同体的重要基础。当然,此处的规则主要是双方、多方接受的国际法规则(包括国际习惯和成文法),即被多数国家所接受的国际法包括海洋法规则。如果对这些规则存在不同的理解和认识,则需要对其进行举证,其理据被其他方接受后才可适用。所以,进一步研究和分析《联合国海洋法公约》体系内容的共同性和差异性,并在达成共识的基础上,依其处置海洋争议问题,是构建南海、东海命运共同体的重要保障。

我国针对海洋争议问题的基本立场和态度,可归纳为以下方面:通过平等协商努力达成协议;如果无法达成协议,则制定管控危机的制度,包括兼顾对方的立场和关切,实施主权属我、搁置争议、共同开发的制度;通过加强合作尤其是海洋低敏感领域(如海洋环保、海洋科学研究、海上航行和交通安全、搜寻与救助、打击跨国犯罪等)的合作,增进互信,包括达成政治性共识,为最终解决海洋争议创造基础和条件,以规范各方的行为和活动,实现海洋功能性和规范性的统一,实现合理有效利用海洋的空间和资源目标。[②]

[①] 中国国家主席习近平于2019年6月27日在大阪会见日本首相安倍晋三时指出,我们要共同致力于构建契合新时代要求的中日关系,使中日关系成为维护世界和平、促进共同发展的重要积极因素;希望日方恪守迄今共识和承诺,妥善处理好历史等敏感问题,共同维护东海和平稳定。《习近平会见日本首相安倍晋三》,参见 http://www.xinhuanet.com/politics/leaders/2019-06/27/c_1124681266.htm,2019年6月28日访问。《外交部官员:习近平会见安倍晋三 双方达成十点共识》(2019年6月27日)第8点指出,(中日)两国领导人同意,妥善处理敏感问题,建设性管控分歧;双方将继续推动落实东海问题原则共识,共同努力维护东海和平稳定,实现使东海成为和平、友好、合作之海的目标。参见 http://www.xinhuanet.com/politics/leaders/2019-06/27/c_1124681233.htm,2019年6月28日访问。

[②] 例如,中国针对南海问题及南海仲裁案的立场及态度内容,主要为:《中国政府关于菲律宾共和国所提南海仲裁案管辖权问题的立场文件》,参见 http://www.gov.cn/xinwen/2014-12/07/content_2787671.htm,2014年12月8日访问;《中国外交部关于坚持通过双边谈判解决中国和菲律宾在(转下页)

这种立场和态度完全符合构建海洋命运共同体的价值取向和目标愿景。合理处置在南海区域和东海区域引发的南海问题和东海问题，是我国推动构建海洋命运共同体的重要实践步骤和平台，直接关系到构建海洋命运共同体的使命和成败。换言之，以国际法包括《联合国海洋法公约》体系所蕴含的原则和制度，处理诸如南海、东海等海洋争议问题，是保障实现南海、东海命运共同体的制度性基础，必须遵循。

五、海洋命运共同体的目标愿景展望

如上所述，我国根据海洋自身的本性和特点，以及海洋的空间和资源在经济社会发展中的地位和作用，提出了合理使用海洋和解决海洋问题的政策和倡议，最终目标是构建海洋命运共同体。这不仅符合人类对海洋秩序的要求，而且符合我国长期以来针对海洋的政策和立场，是对"和谐海洋"理念的细化和发展，更是人类命运共同体在海洋领域的运用和深化，其由共同体原理的理论基础予以支撑，因而是一个合理的目标愿景。但正如构建人类命运共同体一样，构建海洋命运共同体并实现其目标，也要克服多种困难和挑战，需要运用多种模式和方法包括双边、区域和国际层面的有效合作加以推进，特别需要处理好我国面临的诸如南海问题、东海问题等重大问题，这对于构建和实现海洋命运共同体总体目标具有重大意义。

要解决这些海洋重大问题，实现海洋命运共同体的目标，需要运用和平的方法，通过直接协商对话解决，重要的是应运用国际社会存在并广泛接受的国际法规则(如《联合国宪章》和《联合国海洋法公约》)予以处理，即"依法治海"，并积极参与国际海洋新规则的制定工作、发表意见，特别应该遵守已经达成的共识和协议，为最终解决海洋争议创造条件和基础，包括在无法达成共识和协议时制定和实施危机管控制度，以延缓和消除紧张态势，为实现和平、友好、合作之海作出

(接上页)南海有关争议的声明》，参见 http://www.fmprc.gov.cn/web/zyxw/t13704.shtml，2016年6月8日访问;《中华人民共和国关于在南海的领土主权和海洋权益的声明》，参见 http://world.people.com.cn/n1/2016/0712/c1002-28548370.html，2016年7月12日访问;中华人民共和国国务院新闻办公室:《中国坚持通过谈判解决中国与菲律宾在南海的有关争议》白皮书(2016年7月)，参见中华人民共和国外交部边界与海洋事务司编:《中国应对南海仲裁案文件汇编》，世界知识出版社2016年版，第97—124页。中国政府针对东海油气资源的政策与立场内容:《中国东海油气开发活动正当合法》，参见 http://www.fmprc.gov.cn/mfa_chn/wjbxw_602253/t1283725.shtml，2015年7月29日访问;中国政府针对钓鱼岛问题的政策性文件，主要为:《中华人民共和国外交部声明》(1971年12月30日，2012年9月10日)，参见国家海洋信息中心编:《钓鱼岛——中国的固有领土》，海洋出版社2012年版，第25—30页;中华人民共和国国务院新闻办公室:《钓鱼岛是中国的固有领土》白皮书(2012年9月)，人民出版社2012年版，第1—16页。

贡献。

为逐步推进海洋命运共同体建设进程,设立和运用诸如"一带一路"倡议那样的平台是十分必要的。[①] 我们既可以运用已有平台(如海上丝路基金、中国—东盟投资合作基金),也可以通过创设新的海洋领域专业平台(如海洋安全论坛、海洋生态论坛、海洋文化论坛、海洋经济论坛),推动海洋命运共同体的构建,以逐步实现海洋命运共同体的目标愿景,为人类可持续利用海洋作出新的更大的贡献。

总之,海洋命运共同体的目标愿景是美好的,但构建海洋命运共同体的进程是曲折的,需要我们付出长期而艰巨的努力,核心是确保和拓展共同利益、国际空间利益,强化多维多向合作进程,尤其需要合理地处理影响海洋秩序的重大海洋争议问题,使其不影响或少影响构建海洋命运共同体的总体进程。这应该是我们长期持续努力的方向和追求的目标。

[①] "一带一路"倡议之本质及其具体成就内容,参见 Jin Yongming, "The Essence of the Belt and Road Initiative and Regional Cooperation in the South China Sea", *The Hiroshima Law Journal*, Vol. 43, No. 2(2019), pp.41 - 70。

论 文 索 引

为便于读者进一步理解海洋法理论和海洋问题内容，现将笔者相关内容的论文一并按序分类列出，以供备查及参考。

1.《论领海无害通过制度》，《国际法研究》2016 年第 2 期，人大复印资料《国际法学》2016 年第 8 期。

2.《专属经济区与大陆架制度比较研究》，《社会科学》2008 年第 3 期。

3.《专属经济区内军事活动问题与国家实践》，《法学》2008 年第 3 期。

4.《专属经济区内军事活动问题对策研究》，《国际法研究》第 4 卷（2011 年 4 月）。

5.《中美专属经济区内军事活动争议的海洋法剖析》，《太平洋学报》2011 年第 11 期；《香川法学》第 32 卷第 1 期（2012 年 6 月）。

6.《岛屿与岩礁的法律要件论析》，《政治与法律》2010 年第 12 期，人大复印资料《国际法学》2011 年第 3 期。

7.《人类共同继承财产法律性质研究》，《社会科学》2005 年第 3 期。

8.《国际海底资源开发制度研究》，《社会科学》2006 年第 3 期，人大复印资料《世界经济导刊》2006 年第 5 期。

9.《国际海底制度评价》，《中国国际法年刊（2005）》，世界知识出版社 2007 年版。

10.《国际海底区域的法律地位与资源开发制度（1）》，《广岛法学》第 28 卷第 2 期（2004 年 11 月）。

11.《国际海底区域的法律地位与资源开发制度（2）》，《广岛法学》第 29 卷第 4 期（2006 年 3 月）。

12.《国际海洋法法庭与国际法院比较研究》，《中国海洋法学评论》2005 年第 1 期；《国际法与比较法论丛》第 13 辑（2004）。

13.《〈联合国海洋法公约〉组织机构特质研究》,《东方法学》2011年第1期。

14.《论海洋法的发展与挑战》,《南洋问题研究》2015年第3期;《京都产业大学世界问题研究所纪要》第31卷(2016年3月)。

15.《国家管辖范围外区域海洋生物多样性的养护和可持续利用问题》,《社会科学》2018年第9期,人大复印资料《国际法学》2019年第2期。

16.《论东海大陆架划界争议与发展趋势》,《政治与法律》2006年第1期。

17.《日本的海洋立法新动向及对我国的启示》,《法学》2007年第5期。

18.《论东海问题与共同开发》,《社会科学》2007年第6期,人大复印资料《中国外交》2007年第10期。

19.《论东海资源问题与解决方法》,《广岛法学》第31卷第3期(2008年1月)。

20.《中日东海问题原则共识内涵与发展趋势》,《东方法学》2009年第2期。

21.《日本最新海洋法制与政策概论》,《东方法学》2009年第6期,人大复印资料《国际法学》2010年第5期。

22.《日本海洋立法新动向》,《现代国际关系》2010年第3期。

23.《从国际法审视日本抓扣中国渔船与渔民事件的非法性》,《东方法学》2010年第5期。

24.《论东海问题本质与解决思路》,《太平洋学报》2010年第11期。

25.《批驳"日本关于钓鱼岛等岛屿领有权的基本见解"的错误性》,《云南大学学报(法学版)》2011年第2期,人大复印资料《国际法学》2011年第7期。

26.《再驳"日本关于钓鱼岛等岛屿领有权的基本见解"的错误性》,《东方法学》2012年第5期。

27.《日本"国有化"钓鱼岛行为之要因:海洋战略与海洋法制概要》,《东方法学》2012年第6期。

28.《日本"国有化"钓鱼岛行为之原因及中国的应对》,《太平洋学报》2012年第12期。

29.《批驳日本针对钓鱼岛列岛"三个真实"论据之错误性》,《太平洋学报》2013年第7期。

30.《批驳日本"尖阁诸岛宣传资料"论据的错误性》,《太平洋学报》2014年第4期,人大复印资料《国际法学》2015年第5期。

31.《日本积极和平主义政策研究》,《国际观察》2015年第2期。

32.《中国拥有钓鱼岛主权的国际法分析》,《中国法学》(英文版)第2卷第2

期(2013 年 5 月);《当代法学》2013 年第 5 期。

33.《钓鱼岛主权若干国际法问题研究》,《中国边疆史地研究》2014 年第 2 期。

34.《中国维护东海权益的国际法分析》,《上海大学学报(社会科学版)》2016 年第 4 期。

35.《中日海洋事务高级别磋商机制的由来与发展》,《东亚展望》2018 年第 6 期。

36.《新时期东海海空安全机制研究》,《中国海洋大学学报(社会科学版)》2020 年第 1 期。

37.《论南海问题特质与海洋法制度》,《东方法学》2011 年第 4 期,人大复印资料《国际法学》2012 年第 1 期。

38.《论南海问题法律争议与解决步骤》,《云南大学学报(法学版)》2012 年第 1 期。

39.《论南海资源开发的目标取向:功能性与规范性》,《海南大学学报(人文社会科学版)》2013 年第 4 期。

40.《南沙岛礁领土争议法律方法不适用性之实证研究》,《太平洋学报》2012 年第 4 期,人大复印资料《国际法学》2012 年第 9 期。

41.《论海洋法解决南海争议的局限性》,《国际观察》2013 年第 4 期。

42.《中国南海断续线的性质及线内水域的法律地位》,《中国法学》2012 年第 6 期。

43.《南海问题的政策及国际法制度的演进》,《当代法学》2014 年第 3 期。

44.《海上丝路与南海问题》,《南海学刊》2015 年第 4 期;《中国论坛季刊》2016 年春季(2016 年 3 月)。

45.《美国军舰进入南沙岛礁领海的可能影响及应对策略》,《海南大学学报(人文社会科学版)》2015 年第 4 期。

46.《南海仲裁案对海洋法的冲击》,《政治与法律》2017 年第 7 期,人大复印资料《国际法学》2017 年第 9 期;《中国法学》(英文版)第 6 卷第 4 期(2017 年 7 月);《早稻田法学》第 94 卷第 1 期(2018 年 12 月)和第 94 卷第 2 期(2019 年 3 月)。

47.《南海航行自由与安全的海洋法分析》,《中国国际法年刊(2018)》,法律出版社 2019 年版。

48.《"一带一路"倡议本质与南海区域合作》,《广岛法学》第 43 卷第 2 期

(2019年10月);《中国海洋大学学报(社会科学版)》2019年第3期。

49.《论中国海洋政策与法律制度》,《广岛法学》第30卷第4期(2007年3月)。

50.《新中国在海洋政策与法律上的成就和贡献》,《毛泽东邓小平理论研究》2009年第12期。

51.《中国海洋安全问题与海洋法制完善研究》,《香川法学》第29卷第3—4期(2010年3月)。

52.《中国海洋问题现状与对策研究》,《广岛法学》第34卷第4期(2011年3月)。

53.《中国制定海洋基本法的若干思考》,《探索与争鸣》2011年第10期。

54.《中国海洋安全战略研究》,《国际展望》2012年第4期,人大复印资料《中国外交》2012年第10期。

55.《中国制定海洋发展战略若干思考》,《国际观察》2012年第4期。

56.《中国建设海洋强国的路径及保障措施》,《毛泽东邓小平理论研究》2013年第2期。

57.《论中国海洋强国战略的内涵与法律制度》,《南洋问题研究》2014年第1期;《中国法学》(英文版)第4卷第1期(2015年1月);《京都产业大学世界问题研究所纪要》第30卷(2015年3月)。

58.《中国海洋政策的文化之维》,《亚太安全与海洋研究》2016年第5期;《中国论坛季刊》2016年秋季(2016年10月);《广岛法学》第40卷第3期(2017年1月)。

59.《"一带一路"倡议之要义与上海》,《中国论坛季刊》2017年秋季(2017年9月)。

60.《海洋强国建设中的外交创新及话语权问题》,《毛泽东邓小平理论研究》2018年第2期;《中国论坛季刊》2018年秋季(2018年10月);《广岛法学》第42卷第2期(2018年10月)。

61.《现代海洋法体系与中国的实践》,《国际法研究》2018年第6期;《中国法学》(英文版)第7卷第6期(2018年11月)。

62.《新中国在海洋政策与法制上的成就》,《东亚展望》2019年第3期。

63.《新时代中国海洋强国战略治理体系论纲》,《中国海洋大学学报(社会科学版)》2019年第5期。

主要参考文献

一、中文著作

1. 赵理海:《海洋法的新发展》,北京大学出版社1984年版。
2. 马英九:《从新海洋法论钓鱼台列屿与东海划界问题》,正中书局1985年版。
3. 刘楠来、王可菊等:《国际海洋法》,海洋出版社1986年版。
4. 魏敏主编:《海洋法》,法律出版社1987年版。
5. 赵理海主编:《当代海洋法的理论与实践》,法律出版社1987年版。
6. 王铁崖主编:《国际法》,法律出版社1995年版。
7. 傅崐成:《南(中国)海法律地位之研究》,123资讯有限公司1995年版。
8. 鹿守本:《海洋管理通论》,海洋出版社1997年版。
9. 郑海麟:《钓鱼台列屿之历史与法理研究》(第二版),明报出版社1998年版。
10. 吴慧:《国际海洋法法庭研究》,海洋出版社2002年版。
11. 李浩培:《条约法概论》,法律出版社2003年版。
12. 李国强:《南中国海研究:历史与现状》,黑龙江教育出版社2003年版。
13. 郑海麟:《从历史与国际法看钓鱼台主权归属》,海峡学术出版社2003年版。
14. 高健军:《中国与国际海洋法:纪念〈联合国海洋法公约〉生效10周年》,海洋出版社2004年版。
15. 萧建国:《国际海洋边界石油的共同开发》,海洋出版社2006年版。
16. 张良福:《中国与邻国海洋划界争端问题》,海洋出版社2006年版。
17. 鞠德源:《钓鱼岛正名》,昆仑出版社2006年版。
18. 郑海麟:《钓鱼岛列屿之历史与法理研究》(增订本),中华书局2007

年版。

19. 鞠海龙：《亚洲海权地缘格局论》，中国社会科学出版社2007年版。
20. 高之国、张海文主编：《海洋国策研究文集》，海洋出版社2007年版。
21. 杨金森：《海洋强国兴衰史略》，海洋出版社2007年版。
22. 金永明：《东海问题解决路径研究》，法律出版社2008年版。
23. 陈德恭：《现代国际海洋法》，海洋出版社2009年版。
24. 张文木：《论中国海权》（第二版），海洋出版社2010年版。
25. 万鄂湘主编：《国际法与国内法关系研究》，北京大学出版社2011年版。
26. 郑海麟：《钓鱼台列屿：历史与法理研究》（增订本），明报出版社2011年版。
27. 张新军：《权利对抗构造中的争端：东海大陆架法律问题研究》，法律出版社2011年版。
28. 吴士存：《南沙争端的起源与发展》（修订版），中国经济出版社2013年版。
29. 吴天颖：《甲午战前钓鱼列屿归属考》（增订版），中国民主法制出版社2013年版。
30. 杨金森：《海洋强国兴衰史略》（第二版），海洋出版社2014年版。
31. 李景光主编：《国外海洋管理与执法体制》，海洋出版社2014年版。
32. 高健军：《〈联合国海洋法公约〉争端解决机制研究》（修订版），中国政法大学出版社2014年版。
33. 金永明：《中国海洋法理论研究》，上海社会科学院出版社2014年版。
34. 高之国、贾兵兵：《论南海九段线的历史、地位和作用》，海洋出版社2014年版。
35. 郑海麟：《钓鱼岛列屿之历史与法理研究》（最新增订本），海洋出版社2014年版。
36. 王军敏：《聚焦钓鱼岛：钓鱼岛主权归属及争端解决》，中共中央党校出版社2014年版。
37. 杨翠柏：《南沙群岛主权法理研究》，商务印书馆2015年版。
38. 金永明：《海洋问题时评（第一辑）》，中央编译出版社2015年版。
39. 刘江永：《钓鱼岛列岛归属考：事实与法理》，人民出版社2016年版。
40. 管建强：《中日战争历史遗留问题的国际法研究》，法律出版社2016年版。

41. 修斌：《日本海洋战略研究》，中国社会科学出版社 2016 年版。
42. 廉德瑰、金永明：《日本海洋战略研究》，时事出版社 2016 年版。
43. 杨泽伟主编：《海上共同开发国际法问题研究》，社会科学文献出版社 2016 年版。
44. 中国外交部边界与海洋事务司编：《中国应对南海仲裁案文件汇编》，世界知识出版社 2016 年版。
45. 吴士存主编：《国际海洋法最新案例精选》，中国民主法制出版社 2016 年版。
46. 贾宇、高之国主编：《海洋国策研究文集(2017)》，海洋出版社 2017 年版。
47. 刘应本、冯梁：《中国特色海洋强国理论与实践研究》，南京大学出版社 2017 年版。
48. 何志鹏等：《国际法的中国理论》，法律出版社 2017 年版。
49. 胡波：《后马汉时代的中国海权》，海洋出版社 2018 年版。
50. 中国国际法学会：《南海仲裁案裁决之批判》，外文出版社 2018 年版。
51. 黄大慧等：《钓鱼岛争端的来龙去脉》，中国民主法制出版社 2018 年版。
52. 王泰平：《中日关系的光和影》，安徽人民出版社 2018 年版。
53. 金永明：《海洋问题时评(第二辑)》，中央编译出版社 2018 年版。
54. 陈岳、蒲俜：《构建人类命运共同体》(修订版)，中国人民大学出版社 2018 年版。
55. 习近平：《论坚持推动构建人类命运共同体》，中央文献出版社 2018 年版。
56. 习近平：《习近平谈"一带一路"》，中央文献出版社 2018 年版。
57. 金永明：《新时代中国海洋强国战略研究》，海洋出版社 2018 年版。
58. 张战等：《构建人类命运共同体思想研究》，时事出版社 2019 年版。
59. [荷]鱼果·格劳秀斯：《论海洋自由或荷兰参与东印度贸易的权利》，马忠法译，张乃根校，上海人民出版社 2005 年版。
60. [英]蒂莫西·希利尔：《国际公法原理》，曲波译，中国人民大学出版社 2005 年版。
61. [澳]维克托·普雷斯科特、克莱夫·斯科菲尔德：《世界海洋政治边界》(第二版)，吴继陆、张海文译，海洋出版社 2014 年版。
62. [美]路易斯·B.宋恩等，《海洋法精要》(第二版)，傅崐成等译，上海交通大学出版社 2014 年版。

63. [英]马尔科姆·N.肖:《国际法上、下》(第六版),白桂梅、高健军、朱利江、李永胜、梁晓晖译,北京大学出版社 2011 年版。

64. [斐济]萨切雅·南丹主编:《1982 年〈联合国海洋法公约〉评注》,焦永科等译,海洋出版社 2009 年版。

65. [斐济]萨切雅·南丹、[以]沙卜泰·罗森(Rosenne S.)主编:《1982 年〈联合国海洋法公约〉评注(第二卷)》,吕文正、毛彬译,海洋出版社 2014 年版。

66. [斐济]萨切雅·南丹主编:《1982 年〈联合国海洋法公约〉评注》(第三卷),吕文正、毛彬译,海洋出版社 2016 年版。

67. [美]迈伦·H.诺德奎斯特主编:《1982 年〈联合国海洋法公约〉评注》(第四卷),吕文正、毛彬译,海洋出版社 2018 年版。

二、日文著作

1. 横田喜三郎:《国际海洋法(上卷)》,有斐阁 1977 年版。

2. 小田滋:《国际海洋法(下卷)》(增订版),有斐阁 1969 年版。

3. 高林秀雄:《领海制度研究》(第二版),有信堂 1979 年版。

4. 高林秀雄:《领海制度研究——海洋法的历史》(第三版),有信堂 1987 年版。

5. 小田滋:《探究海洋法的渊源》,有信堂 1989 年版。

6. 小川芳彦:《条约法的理论》,东信堂 1989 年版。

7. 林久茂:《海洋法研究》,日本评论社 1995 年版。

8. 杉原高岭:《国际法院制度》,有斐阁 1996 年版。

9. 太寿堂鼎:《领土归属的国际法》,东信堂 1998 年版。

10. 芹田健太郎:《岛屿领有与专属经济区划界》,有信堂 1999 年版。

11. 高野雄一:《国际社会与法》,东信堂 1999 年版。

12. 高野雄一:《集团安保与自卫权》,东信堂 1999 年版。

13. 日本国际法学会编:《陆地、空间和宇宙》(日本与国际法的 100 年第 2 卷),三省堂 2001 年版。

14. 日本国际法学会编:《海洋》(日本与国际法的 100 年第 3 卷),三省堂 2001 年版。

15. 国际法事例研究会编:《条约法》,庆应义塾大学出版会 2001 年版。

16. 山本草二:《海洋法》,三省堂 2001 年版。

17. 小田滋:《注解〈联合国海洋法公约〉》(上卷),有斐阁 2002 年版。

18. 栗林忠男:《注解〈联合国海洋法公约〉》(下卷),有斐阁 1994 年版。

19. 高林秀雄:《〈联合国海洋法公约〉的成果与课题》,东信堂 1996 年版。

20. 石井明等编:《记录与考证:日中邦交正常化和日中和平友好条约缔结谈判》,岩波书店 2003 年版。

21. 坂元茂树:《条约法的理论与实际》,东信堂 2004 年版。

22. 水上千之:《海洋法展开与现在》,有信堂 2005 年版。

23. 水上千之:《专属经济区制度》,有信堂 2006 年版。

24. 松井芳郎主编:《判例国际法》(第 2 版),东信堂 2006 年版。

25. 冈部达味:《日中关系的过去与将来——超越误解》,岩波书店 2006 年版。

26. 林 司宣:《现代海洋法的形成与课题》,信山社 2008 年版。

27. 杉原高岭:《国际法学讲义》,有斐阁 2008 年版。

28. 村濑信也、江藤淳一主编:《海洋划界的国际法》,东信堂 2008 年版。

29. 山本草二主编:《海上保安法制:海洋法与国内法的交错》,三省堂 2009 年版。

30. 玉田大:《国际裁判判决效力论》,有斐阁 2012 年版。

31. 高原明生、服部龙二编:《日中关系史(1972—2012)》,东京大学出版会 2012 年版。

32. 松井芳郎:《国际法学者评析尖阁问题:对争端解决的拓展》,日本评论社 2014 年版。

33. 柳井俊二、村濑信也编:《国际法的实践》,信山社 2015 年版。

34. 田中则夫:《国际海洋法的现代形成》,东信堂 2015 年版。

35. 坂元茂树编著:《国际海峡》,东信堂 2015 年版。

36. 林司宣、岛田征夫、古贺卫:《国际海洋法》(第二版),有信堂 2016 年版。

37. 松井芳郎、富冈仁、坂元茂树等编:《21 世纪的国际法与海洋法的课题》,东信堂 2016 年版。

38. 栗山尚一:《战后日本外交的轨迹与课题》,岩波书店 2016 年版。

39. 国分良成:《从中国政治审视日中关系》,岩波书店 2017 年版。

40. 田岛高志:《外交证言录:日中和平友好条约谈判与邓小平访日》,岩波书店 2018 年版。

41. 毛里和子:《现代中国外交》,岩波书店 2018 年版。

42. 坂元茂树:《日本的海洋政策与海洋法》,信山社 2018 年版。

43. 药师寺公夫、坂元茂树等编:《判例国际法》(第 3 版),东信堂 2019 年版。

三、英文著作

1. Ian Brownlie, *Principles of the Public International Law*, Fifth Edition, Clarendon Press Oxford, 1998.

2. John Collier and Vaughan Lowe, *The Settlement of Disputes in International Law*, Oxford University Press, 1999.

3. R. R. Churchill and A. V. Lowe, *The Law of the Sea*, Third Edition, Manchester University Press, 1999.

4. Zou Keyuan, *China's Marine Legal System and the Law of the Sea*, Martinus Nijhoff Publishers, 2005.

5. Zou Keyuan, *Law of the Sea in East Asia*, Routledge, 2005.

6. D. Freestone, R. Barnes and D. Ong (Editors), *The Law of the Sea: Progress and Prospect*, Oxford University Press, 2006.

7. Sir Robert Jennings and Sir Arthur Watts (Editors), *Oppenheim's International Law*, Ninth Edition, Oxford University Press, 2008.

8. Olivier Corten and Pierre Klein (Editors), *The Vienna Conventions on the Law of Treaties: A Commentary*, Volume I, Volume II, Oxford University Press, 2011.

9. James Kraska, *Maritime Power and the Law of the Sea: Expeditionary Operations in World Politics*, Oxford University Press, 2011.

10. Bardo Fassbender and Anne Peters (Editors), *The Oxford Handbook of the History of International Law*, Oxford University Press, 2012.

11. George K. Walker (General Editor), *Definitions for the Law of the Sea: Terms Not Defined by the 1982 Convention*, Martinus Nijhoff Publishers, 2012.

12. Donald R Rothwell, Alex G Oude Elferink, Karen N Scott and Tim Stephens (Editors), *The Oxford Handbook of The Law of the Sea*, Oxford University Press, 2015.

13. James C. Hsiung, *An Anatomy of Sino-Japanese Disputes and U.S. Involvement: History & International Law*, CN Times Books, 2015.

14. Alexander Proelss (Editor): *United Nations Convention on the Law of the Sea: A Commentary*, C. H. Beck, Hart, Nomos, 2017.

15. Gordon Houlden and Nong Hong (Editors), *Maritime Order and the Law in East Asia*, Routledge, 2018.

16. Yoshifumi Tanaka, *The International Law of the Sea*, Third Edition, Cambridge University Press, 2019.

后 记

呈现在读者面前的拙作《中国海洋法理论研究》,是笔者在公开发表的论文和文章中,选择与海洋法的重大理论和制度有关的,并与中国的突出海洋问题(南海问题和东海问题)发展态势关联的研究成果的集成;同时,也是拙作《海洋问题专论》(第一卷、第二卷)(海洋出版社 2011 年、2012 年版)内的部分论文的选辑。这些成果由于写作时间的因素及个人学识浅薄的关系,其中的论点及内容存在稍微重复、改动甚至变化的情况,从其内容可以看出,基本反映了作者运用海洋法研究中国面临的海洋问题的发展历程及轨迹。为此,今后笔者仍有继续及深化相关海洋问题研究的必要,因为本书中的某些观点还不成熟甚至偏颇,有待比较深入的论证及补充,期待各位读者批评指正。此外,本书的出版也期望为我国建设"海洋强国"战略提供学术和学理支撑,并为解决我国的突出海洋问题贡献微薄的力量。

在论文和文章及课题的研究过程中,特别得到了所在单位上海社会科学院各级领导的关心和支持,主要为王战院长,黄仁伟副院长,叶青副院长、所长,顾肖荣研究员,周建明所长等。同时,为举行各种海洋问题研讨会,也得到了众多学术机构和团体的大力帮助,主要为沈国明书记、何勤华校长、杨洁勉院长,以及金应忠秘书长等。此外,在课题申请及承担方面,也得到了以下人士的提挈和关照,主要包括中国太平洋学会张登义会长、鹿守本常务副会长、陈泽卿秘书长,中国海洋发展研究中心高艳常务副主任。

在论文和文章的写作方面,特别得到了以下人员的指导,主要为:刘楠来研究员、王可菊研究员、李国强研究员、郑海麟研究员、李金明教授、谢必震教授、刘江永教授、傅崐成教授、吕文正研究员、周忠海教授和黄硕琳教授。在课题的调研方面,特别得到了以下人员的帮助,包括陈泽宪所长、孙世彦研究员、刘兆兴研究员、高恒研究员、高之国所长、张文木教授、王崇敏教授、邹立刚教授等,以及秋山昌广会长、秋元一峰主任研究员、坂元茂树教授和吉中信人教授、西谷元教授、增田雅之研究员等。

在论文和文章的出版方面,特别得到了以下人员的帮助,主要为:陈贻健编辑,王灏编辑,朱萍编辑等。在科研工作及论文的写作和研究等方面,也得到了家人一贯的大力支持和体谅。

总之,本人在海洋问题研究方面取得的点滴成绩,均是大家帮助、指导和提挈的结果,特此感谢!

感谢周洪钧导师在百忙之中,欣然答应为本书写序,借此鸣谢。感谢上海社会科学院出版社周河编辑的全力支持,使本书能尽早保质面世。

最后,期望各级领导和专家学者继续大力支持本单位及本人的科研工作,使海洋法为解决我国重大的海洋问题提供重要的学理支撑和保障发挥作用,并为国家政府部门决策提供咨询参考意见,为国家推进"海洋强国"建设作出微薄的贡献。

于上海社会科学院
2013 年 3 月 18 日

第二版说明

呈现在读者面前的《中国海洋法理论研究》(第二版)是《中国海洋法理论研究》(上海社会科学院出版社2014年版)的升级版,由30篇论文组成。

该版内容基本保留了原版的特色和区块,以确保连续性。它们之间的区别主要体现在以下三个方面:第一,删除了"中国海洋问题时评"(中英文);第二,增加了新近发表的14篇论文,替换了1篇论文;第三,增加了新的研究内容,包括"一带一路"倡议、海洋强国战略、海洋命运共同体。其中删除的时评和论文内容,可参见《中国海洋法理论研究》姊妹篇《海洋问题时评》(第1—2辑)的中文版(中央编译出版社2015年、2018年版)、英文版(中央编译出版社2017年、2019年版),以及《新时代中国海洋强国战略研究》(海洋出版社2018年版)。

著者出版第二版的主要目的是,通过汇编自己最新的学术成果,寻找差距,以鞭策自己及拓宽视野。在此,特别感谢日本国际交流基金资助使我能在东京大学访问研究,并专注于此项工作。

最后,感谢长期以来各界师友和同仁在本人学术成长过程中的指导和帮助,感谢家人的持续支持,感谢上海社会科学院出版社杜颖颖、赵秋蕙编辑热情细致的工作,使本书能保质出版,以求教于各位方家。

金永明

于东京大学法学部研究室
2019年12月30日